重庆市统计局　国家统计局重庆调查总队　编

CHONGQING MUNICIPAL BUREAU OF STATISTICS
NBS SURVEY OFFICE IN CHONGQING

# 统计年鉴

2007年(总第18期 NO.18)

重庆市统计局 国家统计局重庆调查总队 编
CHONGQING MUNICIPAL BUREAU OF STATISTICS
NBS SURVEY OFFICE IN CHONGQING

中国统计出版社
China Statistics Press

（京）新登字041号
© 中国统计出版社。
版权所有。未经许可，本书的任何部分不准以任何方式在世界任何地区以任何文字翻印、拷贝、仿制或转载。
Copyright ©China Statistics Press
All rights reserved. No part of the publication may be reproduced or transmitted in any form or by any means, electronic or mechanical, including photocopying, recording, or any information storage and retrieval system, without written permission from the publisher.

图书在版编目（CIP）数据

重庆统计年鉴.2007/重庆市统计局 国家统计局重庆调查总队 编.
—北京：中国统计出版社，2007.6
ISBN 978-7-5037-5157-8

Ⅰ.重…
Ⅱ.重…
Ⅲ.统计资料—重庆市—2007—年鉴
Ⅳ.C832.719-54

中国版本图书馆CIP数据核字（2007）第051838号

# 重庆统计年鉴 2007

作　　者：重庆市统计局 国家统计局重庆调查总队
责任编辑：郑淼淼
E-mail：yearbook@stats.gov.cn
责任校对：励娜
封面设计：杨力
出版发行：中国统计出版社
通信地址：北京市西城区三里河月坛南街57号中国统计出版社
邮　　编：100826
电　　话：(010)63376907
印　　刷：金雅迪彩印
经　　销：新华书店
开　　本：890×1240毫米 1/16
字　　数：165万字
印　　张：33
印　　数：1-3000
版　　别：2007年6月第1版
版　　次：2007年6月第1次印刷
书　　号：ISBN 978-7-5037-5157-8/F·2457
定　　价：280.00元

中国统计版图书，版权所有，侵权必究。
中国统计版图书，如有印装错误，本社发行部负责调换。

努力把重慶建設
成爲長江上游的
經濟中心

江澤民
一九九四年十月十三日于重慶

春江水暖
鴨先知

辛巳小雪 王鴻筆

# 《重庆统计年鉴—2007》

# CHONGQING STATISTICAL YEARBOOK 2007


## 编辑委员会

顾　　问：王鸿举

主　　任：童小平

副 主 任：唐英瑜　刘启义

委　　员：（以姓氏笔画为序）

丁　纯　于学信　马千真　王　卫

王显刚　乔广奇　伍敬肃　刘　涛

吕厚宜　吴　冰　吴玉英　张定宇

李川渝　杨庆育　汪　俊　沐华平

陈代书　周　旭　屈　谦　昉　玲

易忠良　朋　琳　段泽勇　徐　刚

秦文武　曹光辉　彭智勇　蓝庆华

## EDITORIAL BOARD

Advisor: Wang Hongju

Chairman: Tong Xiaoping

Vice-chairmen: Tang Yingyu Liu Qiyi

Editorial Board: (in order of strokes of Chinese surname)

Ding Chun　Yu Xuexin　Ma Qianzhen　Wang Wei

Wang Xiangang　Qiao Guangqi　Wu Jingsu　Liu Tao

Lü Houyi　Wu Bing　Wu Yuying　Zhang Dingyu

Li Chuanyu　Yang Qingyu　Wang Jun　Mu Huaping

Chen Daishu　Zhou Xu　Qu Qian　Fang Ling

Yi Zhongliang　Peng Lin　Duan Zeyong　Xu Gang

Qin Wenwu　Cao Guanghui　Peng Zhiyong　Lan Qinghua

## 编辑部

主　　编：郑子彬　李涛明

副 主 编：吴　丹　李长春

编　　辑：（以姓氏笔画为序）

王　军　王　建　王月婷　刘　剑

华建新　朱小钢　江　涛　余浩然

岑　健　李　鸣　阳志静　杨弘毅

邹德传　陈清明　周　红　周　虹

周　强　周小平　贺开贵　赵　兵

钟黎杰　项铁林　秦　瑶　袁　俐

顾永祥　曹　中　曹世福　彭祖林

童泽圣　谢嘉渝　廖　思

责任编辑：励　娜　马勇强

资料整理：（以姓氏笔画为序）

乐　鹏　刘向东　孙卓霖　巩委伟

邬利萍　张　丹　张永德　李　晋

李仕文　陆　昕　陈　阳　周　欣

罗　峰　徐　平　曹　蔷　黄永秀

黄光明　曾艳丽　谢　谊　廖英含

薛　健

光盘设计：韩振宇

英文翻译：励　娜

## EDITORIAL DEPARTMENT

Editor-in-chief: Zheng Zibin Li Taoming

Associate Editor-in-chief: Wu Dan Li Changchun

Editorial Staff: (in order of strokes of Chinese surname)

Wang Jun　Wang Jian　Wang Yueting　Liu Jian

Hua Jianxin　Zhu Xiaogang　Jiang Tao　Yu Haoran

Cen Jian　Li Ming　Yang Zhijing　Yang Hongyi

Zou Dechuan　Chen Qingming　Zhou Hong　Zhou Hong

Zhou Qiang　Zhou Xiaoping　He Kaigui　Zhao Bing

Zhong Lijie　Xiang Tielin　Qin Yao　Yuan Li

Gu Yongxiang　Cao Zhong　Cao Shifu　Peng Zulin

Tong Zesheng　Xie Jiayu　Liao Si

Coordinator: Li Na Ma Yongqiang

Data Processing: (in order of strokes of Chinese surname)

Le Peng　Liu Xiangdong　Sun Zhuolin　Gong Weiwei

Wu Liping　Zhang Dan　Zhang Yongde　Li Jin

Li Shiwen　Lu Xin　Chen Yang　Zhou Xin

Luo Feng　Xu Ping　Cao Qiang　Huang Yongxiu

Huang Guangming　Zeng Yanli　Xie Yi　Liao Yinghan

Xue Jian

CD-ROM Design: Han Zhenyu

English Translator: Li Na

# 编 者 说 明

一、《重庆统计年鉴2007》是由重庆市统计局和国家统计局重庆调查总队编纂、中国统计出版社公开出版发行的一部全面记录重庆市经济建设和社会发展情况的大型资料性年刊。本书收录了重庆市历史重要年份和2006年经济和社会各方面的统计数据，以及各区县（自治县）主要统计资料。

二、全书共二十章，包括1.综合 2.国民经济核算3.人口与就业 4.固定资产投资 5.能源消费 6.财政 7.人民生活与物价 8.城镇建设和环境保护 9.要素市场 10.农业和农村经济 11.工业 12.建筑业 13.运输和邮电 14.国内贸易 15.对外经济贸易和旅游业 16.金融业 17.教育、科技和文化业 18. 卫生、体育和其他社会活动 19.区县（自治县）和开发区资料 20.三峡工程重庆库区移民。每章前设《简要说明》，介绍本章节的主要内容和资料来源，章末附有《主要统计指标解释》。

三、本年鉴统计资料来源：大部分来自统计年报，部分来自抽样调查。

四、本年鉴所使用的度量衡单位均采用国际统一标准计量单位；行业分类标准均采用国家GB/T4754-2002标准。

五、本年鉴部分数据的合计数或相对数，由于计量单位取舍不同而产生的计算误差未作机械调整。

六、本年鉴各表的部分指标注解位于该表下方或最后一张续表的下方。

七、本年鉴中符号的使用说明：“…”表示数据不足本表最小单位数；“空格”表示该项统计指标数据不详或无该项数据；“#”表示其中的主要项。

八、本年鉴在编辑、翻译过程中得到诸多单位和同志的大力支持，在此深表谢意。限于我们的水平，加之时间仓促，各界人士在使用资料时如发现错误和不足，恳请提出批评指正。

# PREFACE

Ⅰ. Chongqing Statistical Yearbook 2007 is a large annual statistical publication compiled by Chongqing Municipal Bureau of Statistics and NBS Survey Office in Chonqging, which is issued by China Statistics Press openly. It is covers not only comprehensive data on Chongqing's social and economic development in 2006 and some selected data series in historically important years, but also the major statistics on all districts (counties).

Ⅱ. The yearbook contains 20 chapters, including (1) Comprehensive Statistics, (2) National Economic Accounting, (3) Population and Employment, (4) Investment in Fixed Assets, (5) Energy Consumption, (6) Government Finance, (7) People's Livelihood and Prices, (8) Urban Construction and Environmental Protection, (9) Markets of Key Factors, (10) Agriculture and Rural Economy, (11) Industry, (12) Construction, (13) Transportation, Postal and Telecommunication Services, (14) Domestic Trade, (15) Foreign Economic Relations, Trade and Tourism, (16) Financial Statistics, (17) Education, Science, Technology and Culture, (18) Public Health, Sports and Other Social Activities, (19) Districts (Counties) and Development Zones, (20) Resettlement of Chongqing Reservoir Area of Three Gorges Project. Brief Introduction is at the beginning of each chapter, includes main coverage of this chapter and data sources. Explanatory Notes on Main Statistical Indicators are provided at the end of each part.

Ⅲ. The major data sources of this publication are obtained from annual statistical reports, and some from sample surveys.

Ⅳ. The units of measurement used in this yearbook are international standard measurement units. Sector listed in this book is classified by the standard of GB/T4754-2002.

Ⅴ. Statistical discrepancies due to rounding are not adjusted in this yearbook.

Ⅵ. The notes concerning individual indicators are placed at the lower part of the table or the last page.

Ⅶ. Notations used in this yearbook: "…" indicates that the figure is not large enough to be measured with the smallest unit in the table; "(blank)" indicates that the date not available; "#" indicates that the major items of total.

Ⅷ. We are particularly grateful to vigorous assistances of various circles during edition and translation. Due to our limited level and hasty time, faults and shortage are unavoidable. Any criticism or suggestion is appreciated.

# 重庆统计年鉴 • 二零零七

CHONGQING STATISTICAL
YEARBOOK 2007

# Contents

## 一 综 合

COMPREHENSIVE STATISTICS



## 二 国民经济核算

NATIONAL ECONOMIC ACCOUNTING

## 三 人口与就业

## POPULATION AND EMPLOYMENT

## 四 固定资产投资

## *INVESTMENT IN FIXED ASSETS*

## 五 能源消费

ENERGY CONSUMPTION



## 六 财 政

GOVERNMENT FINANCE

## 七 人民生活与物价

*PEOPLE'S LIVELIHOOD AND PRICES*

## 八 城镇建设和环境保护

## URBAN CONSTRUCTION AND ENVIRONMENTAL PROTECTION

## 九 要素市场

*MARKETS OF KEY FACTORS*



## 十 农业和农村经济

*AGRICULTURE AND RURAL ECONOMY*

## 十一 工业

*INDUSTRY*

## 十二 建筑业

## CONSTRUCTION

## 十三 运输和邮电

## TRANSPORTATION, POSTAL AND TELECOMMUNICATION SERVICES



## 十四 国内贸易

## DOMESTIC TRADE

## 十五 对外经济贸易和旅游业

*FOREIGN ECONOMIC RELATIONS, TRADE AND TOURISM*

## 十六 金融业

FINANCIAL STATISTICS

## 十七 教育、科技和文化业

## EDUCATION, SCIENCE, TECHNOLOGY AND CULTURE

# 十八 卫生、体育和其他社会活动

## PUBLIC HEALTH, SPORTS AND OTHER SOCIAL ACTIVITIES

## 十九 区县（自治县）和开发区资料

DISTRICTS (COUNTIES) AND DEVELOPMENT ZONES

## 二十 三峡工程重庆库区移民情况

## RESETTLEMENT OF CHONGQING RESERVOIR AREA OF THREE GORGES PROJECT

# 综　合

*Comprehensive Statistics*

## 简要说明 Brief Introduction

本章主要包括重庆市行政区划、自然地理、自然资源、气象、国民经济和社会发展综合资料，由市统计局综合处根据有关部门资料进行整理和编辑。

行政区划资料由市民政局提供；自然资源中土地、矿产资源数据由市国土资源和房屋管理局提供，林木资源数据由市林业局提供，水资源数据由市水利局提供；气象状况由市气象局提供。

This chapter mainly covers the data of Chongqing's administrative divisions, natural environment, natural resources, climate, national economic and social development. Data of this chapter are compiled by Division of Comprehensive Statistics, Municipal Bureau of Statistics using information from relevant bureaus and agencies.

Data of administrative divisions are provided by Municipal Bureau of Civil Affairs. Data of land and mineral resources are provided by Municipal Administration of Land, Resources and Buildings. Data of forest resource are prepared by Municipal Bureau of Forestry. Data of water resource are provided by Municipal Bureau of Water Conservancy. And data of climate are provided by Municipal Meteorological Bureau.

# 1—1 行政区划（2006年）
# Administrative Divisions (2006)

单位：个 (unit)

| 地区 | Region | 乡 Townships | 镇 Towns | 街道办事处 Urban Sub-district Offices | 居委会 Neighborhood Committees | 村委会 Village Committees |
|---|---|---|---|---|---|---|
| **全市总计** | **Total** | **306** | **595** | **121** | **1992** | **9986** |
| 万州区 | Wanzhou District | 13 | 28 | 11 | 183 | 448 |
| 涪陵区 | Fuling District | 22 | 18 | 5 | 68 | 351 |
| 渝中区 | Yuzhong District | | | 12 | 109 | |
| 大渡口区 | Dadukou District | | 3 | 5 | 41 | 32 |
| 江北区 | Jiangbei District | | 3 | 9 | 71 | 51 |
| 沙坪坝区 | Shapingba District | | 12 | 13 | 115 | 87 |
| 九龙坡区 | Jiulongpo District | | 11 | 7 | 89 | 124 |
| 南岸区 | Nan'an District | | 7 | 7 | 71 | 69 |
| 北碚区 | Beibei District | | 12 | 5 | 59 | 119 |
| 万盛区 | Wansheng District | | 8 | 2 | 28 | 57 |
| 双桥区 | Shuangqiao District | | 2 | 1 | 7 | 14 |
| 渝北区 | Yubei District | | 22 | 10 | 67 | 242 |
| 巴南区 | Ba'nan District | | 19 | 2 | 77 | 206 |
| 黔江区 | Qianjiang District | 12 | 15 | 3 | 50 | 172 |
| 长寿区 | Changshou District | | 16 | 2 | 19 | 228 |
| 江津区 | Jiangjin District | | 23 | 3 | 77 | 340 |
| 合川区 | Hechuan District | | 27 | 3 | 54 | 524 |
| 永川区 | Yongchuan District | | 19 | 3 | 45 | 211 |
| 南川区 | Nanchuan District | 7 | 14 | 3 | 63 | 193 |
| 綦江县 | Qijiang County | | 19 | | 47 | 314 |
| 潼南县 | Tongnan County | 3 | 17 | 2 | 20 | 282 |
| 铜梁县 | Tongliang County | 3 | 22 | 3 | 48 | 568 |
| 大足县 | Dazu County | 2 | 20 | 2 | 50 | 242 |
| 荣昌县 | Rongchang County | | 20 | | 41 | 209 |
| 璧山县 | Bishan County | 1 | 10 | 2 | 34 | 151 |
| 梁平县 | Liangping County | 8 | 25 | | 23 | 315 |
| 城口县 | Chengkou County | 17 | 7 | | 15 | 188 |
| 丰都县 | Fengdu County | 12 | 19 | | 27 | 340 |
| 垫江县 | Dianjiang County | 11 | 14 | | 29 | 274 |
| 武隆县 | Wulong County | 15 | 11 | | 26 | 187 |
| 忠 县 | Zhongxian County | 6 | 22 | | 33 | 331 |
| 开 县 | Kaixian County | 13 | 21 | 4 | 75 | 443 |
| 云阳县 | Yunyang County | 20 | 22 | 2 | 63 | 655 |
| 奉节县 | Fengjie County | 14 | 16 | | 23 | 363 |
| 巫山县 | Wushan County | 15 | 11 | | 30 | 315 |
| 巫溪县 | Wuxi County | 20 | 10 | | 25 | 348 |
| 石柱土家族自治县 | Shizhu County | 20 | 12 | | 24 | 218 |
| 秀山土家族苗族自治县 | Xiushan County | 18 | 14 | | 32 | 231 |
| 酉阳土家族苗族自治县 | Youyang County | 25 | 14 | | 8 | 270 |
| 彭水苗族土家族自治县 | Pengshui County | 29 | 10 | | 26 | 274 |

注：居委会个数包含社区居委会数；高新区、经开区的居委会和村委会数已分别分解到九龙坡区和渝北区。

Note: Neighborhood committees includes community neighborhood committees. Neighborhood committees and village committees of High-tech Development Zone and Economic & Technology Development Zone are divided into Jiulongpo District and Yubei District respectively.

# 1－2 自然地理（2006 年）

**位置：**重庆位于北纬 28 度 10 分-32 度 13 分，东经 105 度 11 分-110 度 11 分之间，地处较为发达的东部地区和资源丰富的西部地区的结合部，东邻湖北、湖南，南靠贵州，西接四川，北连陕西，是长江上游最大的经济中心、西南工商业重镇和水陆交通枢纽。1997 年 3 月 14 日，第八届全国人民代表大会第五次会议通过了设立重庆直辖市的决议，与北京、天津、上海同为四大直辖市。

**面积：**重庆幅员面积 8.24 万平方公里，南北长 450 公里，东西宽 470 公里。2006 年全市共辖 19 个区：万州区、涪陵区、渝中区、大渡口区、江北区、沙坪坝区、九龙坡区、南岸区、北碚区、万盛区、双桥区、渝北区、巴南区、黔江区、长寿区、江津区、合川区、永川区、南川区；21 个县（自治县）：綦江县、潼南县、铜梁县、大足县、荣昌县、璧山县、开县、忠县、梁平县、云阳县、奉节县、巫山县、巫溪县、城口县、垫江县、武隆县、丰都县、石柱县土家族自治县、彭水苗族土家族县、酉阳土家族苗族县、秀山土家族苗族县。

**地势：**重庆地势由南北向长江河谷逐级降低，西北部和中部以丘陵、低山为主，东南部靠大巴山和武陵山两座大山脉。

**河流：**主要河流有长江、嘉陵江、乌江、涪江、綦江、大宁河等。

**气候：**重庆属中亚热带湿润季风气候区，具有夏热冬暖，光热同季，无霜期长，雨量充沛，湿润多阴等特点。2006 年平均气温 19.2℃，年总降雨量 839.6 毫米。

# Natural Environment (2006)

**Location:**

Chongqing locates at 28° 10'～32° 13' north latitude and 105° 11'～110° 11' east longitude. Chongqing has a favorable geographical location with a vast hinterland. With Hubei Province and Hu'nan Province to the east, Guizhou Province to the south, Sichuan Province to the west, Shaanxi Province to the north, Chongqing is a large commercial and industrial center, and enjoys convenient communications. Chongqing municipality was established on March 14, 1997.

**Area:**

Covering an area of 0.0824 million square kilometers, the municipality is 470 kilometers wide from east to west and 450 kilometers long from north to south. There was a total of 19 districts in Chongqing in 2006: Wanzhou, Fuling Yuzhong (center of Chongqing), Dadukou, Jiangbei, Shapingba, Jiulongpo, Nan'an, Beibei, Wansheng, Shuangqiao, Yubei, Ba'nan, Qianjiang, Changshou, Jiangjin, Hechuan, Yongchuan, Nanchuan； And 21 counties in Chongqing: Qijiang, Tongnan, Tongliang, Dazu, Rongchang, Bishan, Kaixian, Zhongxian, Liangping, Yunyang, Fengjie, Wushan, Wuxi, Chengkou, Dianjiang, Wulong, Fengdu, Shizhu, Pengshui, Youyang, Xiushan.

**Topography:**

Chongqing's eastern is lower than the western, lots of hills in the northwest and the middle areas, with Daba Mountain and Wuling Mountain to the southeast.

**River:**

The main rivers are Yangtze River, Jialing River, Wujiang River, Fujiang River, Qijiang River and Daning River.

**Climate:**

Chongqing has a subtropical humid monsoon climate with four distinct seasons. Summer of Chongqing is hot and winter is warm, with a long frost-free period. In 2006 annual average temperature was 19.2℃, and annual precipitation was 839.6 mm.

# 1—3 自然资源（2005—2006年）
# Natural Resources (2005-2006)

| 项　　目 | Item | 2005 | 2006 |
|---|---|---|---|
| **土地资源（万公顷）** | **Land Resources (10 000 hectares)** | | |
| #农用地 | Agricultural Land | 694.50 | 694.15 |
| #耕　地 | Cultivated Land | 226.27 | 224.20 |
| 园　地 | Garden Land | 23.53 | 24.38 |
| 林　地 | Forest Land | 327.31 | 329.15 |
| 牧草地 | Grassland | 23.79 | 23.74 |
| 建设用地 | Construction Land | 56.91 | 57.75 |
| 未利用地 | Unused Land | 71.28 | 70.79 |
| **林木资源** | **Forest Resources** | | |
| 活立木总蓄积量（万立方米） | Total Standing Stock Volume (10 000 cu.m) | 12000 | 12000 |
| 森林面积（万公顷） | Forest Area (10 000 hectares) | 247.33 | 263.72 |
| 森林蓄积量（万立方米） | Stock Volume of Forest (10 000 cu.m) | 11173 | 11173 |
| 森林覆盖率（%） | Forest-coverage Rate (%) | 30.0 | 32.0 |
| **水资源（当年量）** | **Water Resources (current quantity)** | | |
| 降水深（毫米） | Depth of Precipitation (mm) | 1131.10 | 929.40 |
| 地表径流量（亿立方米） | Surface Runoff (100 million cu.m) | 509.78 | 380.32 |
| 地下水量（亿立方米） | Shallow Ground Water Volume (100 million cu.m) | 107.68 | 57.45 |
| 入境水资源总量（亿立方米） | Water Volume Entry (100 million cu.m) | 3936.50 | 2551.27 |
| 水力资源蕴藏量（万千瓦） | Hydropower Resources (10 000 kw) | 1388 | 1388 |
| #可开发量 | Developable Resources | 760 | 760 |
| **主要矿产资源（保有基础储量）** | **Major Mineral Resources (remained basic reserves)** | | |
| 天然气（亿立方米） | Natural Gas (100 million cu.m) | 1219.50 | 1135.76 |
| 煤（万吨） | Coal (10 000 tons) | 183417 | 181963 |
| 铁（矿石万吨） | Iron Ore (ore, 10 000 tons) | 112 | 112 |
| 锰（矿石万吨） | Manganese Ore (ore, 10 000 tons) | 1855 | 1882 |
| 锌（金属万吨） | Zinc Ore (metal, 10 000 tons) | 15 | 15 |
| 铝土（矿石万吨） | Aluminum Ore (ore, 10 000 tons) | 3639 | 3639 |
| 汞（吨） | Mercury (ton) | 1917 | 1917 |
| 锶（天青石万吨） | Strontium Ore (ore, 10 000 tons) | 24 | 25 |
| 熔剂用灰岩（矿石万吨） | Limestone for Flux (ore, 10 000 tons) | 10287 | 10287 |
| 冶金用白云岩（矿石万吨） | Dolomite for Metallurgy (ore, 10 000 tons) | 4546 | 4546 |
| 冶金用石英砂岩（矿石万吨） | Quartzite for Metallurgy (ore, 10 000 tons) | 382 | 382 |
| 陶瓷用砂岩（矿石万吨） | Sandstone for Ceramics (ore, 10 000 tons) | 495 | 495 |
| 耐火粘土（矿石万吨） | Refractory Clay (ore, 10 000 tons) | 169 | 169 |
| 重晶石（矿石万吨） | Barytes (ore, 10 000 tons) | 184 | 185 |
| 毒重石（矿石万吨） | Witherite (ore, 10 000 tons) | 581 | 584 |
| 盐矿（矿石万吨） | Salt Mine (ore, 10 000 tons) | 100296 | 100296 |

注：1）林木资源数据为2002年森林资源二类调查补充数，该调查一般五年一次。

2）天然气数据为剩余可采储量。

Note: a) Data of forest resources were surveried and readjusted according to Class II survey in 2002, which is carried out every 5 years ordinarily.

b) Data of natural gas are surplus recoverable reserves.

# 1－4 气象基本情况（1951－2006年）
# Basic Statistics on Climate (1951-2006)

| 年份<br>Year | 降水量（毫米）<br>Precipitation (mm) | 平均气温（℃）<br>Average Temperature (℃) | 日照时数（时）<br>Sunshine Hours (hour) | 平均相对湿度（%）<br>Average Relative Humidity (%) | 平均风速（米/秒）<br>Average Wind Speed (m/s) | 平均气压（百帕）<br>Average Air Pressure (100 pa) |
|---|---|---|---|---|---|---|
| 1951 | 1043.4 | 18.4 | | 81 | 1.0 | |
| 1952 | 1227.9 | 18.5 | 1198.6 | 81 | 1.0 | |
| 1953 | 852.1 | 18.8 | 1245.6 | 80 | 0.9 | |
| 1954 | 1112.8 | 17.9 | 1061.2 | 81 | 0.9 | 981.2 |
| 1955 | 927.4 | 18.2 | 1388.6 | 77 | 0.8 | 982.0 |
| 1956 | 1497.4 | 18.2 | 1433.2 | 76 | 1.4 | 982.8 |
| 1957 | 1171.9 | 17.9 | 1094.2 | 80 | 1.3 | 983.3 |
| 1958 | 740.7 | 18.6 | 1260.7 | 77 | 1.4 | 983.3 |
| 1959 | 915.7 | 18.7 | 1378.3 | 76 | 1.4 | 983.0 |
| 1960 | 1026.0 | 18.4 | 1102.0 | 78 | 1.4 | 983.5 |
| 1961 | 787.7 | 18.7 | 1338.8 | 77 | 1.5 | 982.8 |
| 1962 | 1210.4 | 18.0 | 1323.9 | 80 | 1.4 | 983.3 |
| 1963 | 1072.8 | 18.9 | 1370.4 | 77 | 1.4 | 982.4 |
| 1964 | 1031.6 | 18.2 | 1170.4 | 80 | 1.5 | 982.9 |
| 1965 | 1318.9 | 18.1 | 1009.5 | 81 | 1.4 | 983.4 |
| 1966 | 958.9 | 18.6 | 1278.9 | 78 | 1.4 | 982.7 |
| 1967 | 1046.0 | 18.1 | 1216.3 | 79 | 1.4 | 983.4 |
| 1968 | 1384.5 | 17.7 | 1054.6 | 82 | 1.2 | 983.5 |
| 1969 | 1080.5 | 18.6 | 1357.1 | 76 | 1.2 | 982.8 |
| 1970 | 1097.5 | 18.1 | 1197.9 | 79 | 1.1 | 983.5 |
| 1971 | 854.3 | 18.6 | 1370.6 | 76 | 1.3 | 983.4 |
| 1972 | 1171.8 | 18.4 | 1284.1 | 78 | 1.3 | 982.9 |
| 1973 | 1092.3 | 18.9 | 1349.4 | 78 | 1.3 | 983.2 |
| 1974 | 1258.0 | 17.8 | 1068.3 | 79 | 1.3 | 983.0 |
| 1975 | 1025.4 | 18.5 | 1202.5 | 78 | 1.2 | 982.9 |
| 1976 | 1044.9 | 17.7 | 1129.2 | 79 | 1.1 | 983.5 |
| 1977 | 1151.2 | 18.1 | 1234.8 | 79 | 1.1 | 984.0 |
| 1978 | 1057.2 | 18.8 | 1495.7 | 77 | 1.2 | 983.5 |

注：此表为重庆市区资料。
Note: This table is the data of Chongqing downtown.

1-4 续表 CONTINUED

| 年 份<br>Year | 降水量（毫米）<br>Precipitation (mm) | 平均气温（℃）<br>Average Temperature (℃) | 日照时数（时）<br>Sunshine Hours (hour) | 平均相对湿度（%）<br>Average Relative Humidity (%) | 平均风速（米/秒）<br>Average Wind Speed (m/s) | 平均气压（百帕）<br>Average Air Pressure (100 pa) |
|---|---|---|---|---|---|---|
| 1979 | 1160.0 | 18.4 | 1222.2 | 80 | 1.1 | 983.4 |
| 1980 | 1062.6 | 18.2 | 1071.8 | 79 | 1.4 | 983.6 |
| 1981 | 1157.9 | 18.1 | 1188.0 | 79 | 1.4 | 983.5 |
| 1982 | 1185.2 | 17.7 | 992.3 | 81 | 1.1 | 983.6 |
| 1983 | 1138.1 | 18.1 | 954.4 | 80 | 0.9 | 983.9 |
| 1984 | 1035.1 | 17.8 | 1028.7 | 79 | 1.1 | 983.1 |
| 1985 | 1004.0 | 17.9 | 997.1 | 79 | 1.3 | 983.3 |
| 1986 | 1141.4 | 17.8 | 946.1 | 80 | 1.3 | 984.2 |
| 1987 | 910.2 | 18.6 | 946.3 | 78 | 1.2 | 983.4 |
| 1988 | 1254.0 | 18.0 | 840.6 | 80 | 1.1 | 983.6 |
| 1989 | 1137.4 | 17.7 | 855.0 | 81 | 1.0 | 983.8 |
| 1990 | 956.7 | 18.7 | 1083.7 | 79 | 1.2 | 983.2 |
| 1991 | 1180.6 | 18.2 | 874.8 | 81 | 1.1 | 983.5 |
| 1992 | 987.4 | 18.1 | 975.0 | 78 | 1.6 | 984.0 |
| 1993 | 1164.3 | 17.8 | 894.6 | 81 | 1.5 | 984.0 |
| 1994 | 982.5 | 18.7 | 1063.8 | 80 | 1.4 | 983.2 |
| 1995 | 923.5 | 18.3 | 993.6 | 79 | 1.3 | 983.7 |
| 1996 | 1398.3 | 17.7 | 899.4 | 81 | 1.3 | 983.6 |
| 1997 | 898.8 | 18.5 | 943.0 | 79 | 1.4 | 983.8 |
| 1998 | 1508.0 | 19.2 | 941.9 | 79 | 1.5 | 983.0 |
| 1999 | 1305.6 | 18.5 | 833.6 | 81 | 1.5 | 983.2 |
| 2000 | 1010.9 | 18.2 | 961.1 | 80 | 1.4 | 983.0 |
| 2001 | 814.8 | 18.8 | 1050.4 | 78 | 1.6 | 983.3 |
| 2002 | 1430.6 | 18.8 | 1117.1 | 80 | 1.6 | 983.3 |
| 2003 | 1025.0 | 18.9 | 875.7 | 80 | 1.6 | 983.2 |
| 2004 | 1182.1 | 18.4 | 974.7 | 78 | 1.3 | 984.0 |
| 2005 | 1019.8 | 18.6 | 903.9 | 77 | 1.4 | 982.5 |
| 2006 | 839.6 | 19.2 | 1114.3 | 75 | 1.4 | 982.9 |

# 1—5 国民经济和社会发展总量与速度指标

| 指标 | Item | 总量指标 Aggregate Indicators 1995 | 1996 |
|---|---|---|---|
| **人口与就业** | **Population and Employment** | | |
| **人　口（万人）** | **Population (10 000 persons)** | | |
| 年末常住人口 | Year-end Resident Population | | 2875.30 |
| #城镇人口 | Urban | | 848.21 |
| 乡村人口 | Rural | | 2027.09 |
| #男性人口 | Male | | |
| 女性人口 | Female | | |
| **就　业（万人）** | **Employment (10 000 persons)** | | |
| 就业人员数 | Employment | 1709.26 | 1719.43 |
| #职工人数 | Staff and Workers | 294.25 | 294.63 |
| 城镇登记失业人数 | Registered Urban Unemployment | 10.47 | 10.95 |
| **宏观经济** | **Macroeconomic Indicators** | | |
| **国民经济核算** | **National EconomicAccounting** | | |
| 本市生产总值（亿元） | Gross Domestic Product (100 million yuan) | 1016.25 | 1187.47 |
| 第一产业 | Primary Industry | 264.19 | 287.56 |
| 第二产业 | Secondary Industry | 412.28 | 474.31 |
| #工　业 | Industry | 359.79 | 412.37 |
| 第三产业 | Tertiary Industry | 339.78 | 425.60 |
| **固定资产投资（亿元）** | **Investment in Fixed Assets (100 million yuan)** | | |
| 全社会固定资产投资总额 | Total Investment in Fixed Assets | 270.97 | 320.73 |
| 城　镇 | Urban | | 228.60 |
| 建设与改造 | Construction and Innovation | | 172.98 |
| 房地产开发 | Real Estate Development | | 55.62 |
| 农　村 | Rural | | 92.13 |
| 农村非农户 | Non-Rural Households | | 40.06 |
| 农　户 | Rural Households | | 52.07 |
| **财　政（亿元）** | **Government Finance (100 million yuan)** | | |
| 地方财政收入 | Local Financial Revenue | 46.01 | 54.94 |
| 地方财政支出 | Local Financial Expenditures | 66.22 | 79.42 |
| **物价总指数（上年=100）** | **Price Indices (preceding year=100)** | | |
| 居民消费价格总指数 | General Consumer Price Index | 119.4 | 109.7 |
| 商品零售价格总指数 | General Retail Price Index | 116.3 | 106.1 |
| **产　业** | **Industry** | | |
| **农　业** | **Agriculture** | | |
| 年末常用耕地面积（万公顷） | Year-end Common Cultivated Area (10 000 hectares) | 162.91 | 162.21 |
| 乡村从业人员（万人） | Rural Employment (10 000 persons) | 1349.34 | 1330.44 |
| 农林牧渔业总产值（亿元） | Gross Output Value of Farming, Forestry, Animal Husbandry and Fishery (100 million yuan) | 377.83 | 424.99 |
| #农　业 | Farming | 227.89 | 271.38 |
| 林　业 | Forestry | 10.67 | 11.55 |
| 牧　业 | Animal Husbandry | 130.42 | 131.17 |
| 渔　业 | Fishery | 8.84 | 10.89 |
| 主要农产品产量（万吨） | Output of Major Farm Products (10 000 tons) | | |
| 粮　食 | Grain | 1153.68 | 1172.14 |
| 油　料 | Oil-bearing Crops | 25.12 | 23.60 |
| 烟　叶 | Tobacco | 7.80 | 13.24 |

注：本表数据除本市生产总值、农林牧渔业总产值、工业增加值速度指标按可比价计算，固定资产投资和财政指标2006年比2005年为同口径指数外，其余指标均为自然增长。

# Principal Aggregate Indicators of National Economic and Social Development and Their Related Indices and Growth Rates

| 总量指标 Aggregate Indicators | | | 速度指标（%） Indices and Growth Rate | | | | | | |
|---|---|---|---|---|---|---|---|---|---|
| | | | 指　数（2006为以下各年） Index (2006 as percentage of the following years) | | | | 平均增长速度 Average Growth Rate | | |
| 2000 | 2005 | 2006 | 1995 | 1996 | 2000 | 2005 | 1996-2000 | 2001-2005 | 1997-2006 |
| 2848.82 | 2798.00 | 2808.00 | | 97.7 | 98.6 | 100.4 | | -0.4 | -0.2 |
| 1013.88 | 1265.95 | 1311.29 | | 154.6 | 129.3 | 103.6 | | 4.5 | 4.5 |
| 1834.94 | 1532.05 | 1496.71 | | 73.8 | 81.6 | 97.7 | | -3.5 | -3.0 |
| 1479.06 | 1409.83 | 1419.28 | | | 96.0 | 100.7 | | -1.0 | |
| 1369.76 | 1388.17 | 1388.72 | | | 101.4 | 100.0 | | 0.3 | |
| 1690.00 | 1611.57 | 1605.45 | 93.9 | 93.4 | 95.0 | 99.6 | -0.2 | -0.9 | -0.7 |
| 208.87 | 209.66 | 212.97 | 72.4 | 72.3 | 102.0 | 101.6 | -6.6 | 0.1 | -3.2 |
| 10.15 | 16.89 | 15.41 | 147.2 | 140.7 | 151.8 | 91.2 | -0.6 | 10.7 | 3.5 |
| 1603.16 | 3070.49 | 3491.57 | 293.9 | 264.3 | 188.2 | 112.2 | 9.3 | 10.9 | 10.2 |
| 284.87 | 463.40 | 425.81 | 129.4 | 123.4 | 115.1 | 94.5 | 2.4 | 4.0 | 2.1 |
| 623.83 | 1259.12 | 1500.97 | 369.9 | 330.8 | 227.1 | 116.9 | 10.3 | 14.2 | 12.7 |
| 512.07 | 1023.35 | 1234.12 | 367.5 | 328.7 | 231.2 | 118.0 | 9.6 | 14.4 | 12.6 |
| 694.46 | 1347.97 | 1564.79 | 325.3 | 283.9 | 184.7 | 114.0 | 12.1 | 10.2 | 11.0 |
| 655.81 | 2006.32 | 2451.84 | 904.8 | 764.5 | 373.9 | 124.9 | 19.3 | 25.1 | 22.6 |
| 531.38 | 1838.42 | 2291.46 | | 1002.4 | 431.2 | 125.3 | | 28.2 | 25.9 |
| 391.75 | 1320.69 | 1661.83 | | 960.7 | 424.2 | 126.7 | | 27.5 | 25.4 |
| 139.63 | 517.73 | 629.63 | | 1132.0 | 450.9 | 121.6 | | 30.0 | 27.5 |
| 124.43 | 167.90 | 160.38 | | 174.1 | 128.9 | 119.6 | | 6.2 | 5.7 |
| 59.52 | 96.09 | 83.19 | | 207.7 | 139.8 | 133.5 | | 10.1 | 7.6 |
| 64.91 | 71.81 | 77.19 | | 148.2 | 118.9 | 107.5 | | 2.0 | 4.0 |
| 104.46 | 394.96 | 529.46 | 1150.7 | 963.7 | 506.9 | 130.5 | 17.8 | 30.5 | 25.4 |
| 202.46 | 625.35 | 820.19 | 1238.6 | 1032.7 | 405.1 | 130.8 | 25.0 | 25.3 | 26.3 |
| 96.7 | 100.8 | 102.4 | | | | | | | |
| 95.5 | 98.7 | 101.6 | | | | | | | |
| 158.32 | 139.92 | 138.40 | 85.0 | 85.3 | 87.4 | 98.9 | -0.6 | -2.4 | -1.6 |
| 1352.60 | 1366.91 | 1382.62 | 102.5 | 103.9 | 102.2 | 101.1 | ... | 0.2 | 0.4 |
| 412.63 | 662.19 | 637.24 | 128.1 | 124.7 | 116.9 | 96.8 | 1.9 | 3.8 | 2.2 |
| 244.74 | 358.30 | 340.95 | 114.6 | 112.6 | 107.7 | 94.9 | 1.3 | 2.6 | 1.2 |
| 10.82 | 19.97 | 22.31 | 109.4 | 108.0 | 146.9 | 99.9 | -5.7 | 8.0 | 0.8 |
| 141.99 | 249.50 | 240.31 | 145.6 | 140.5 | 127.1 | 99.6 | 2.8 | 5.0 | 3.5 |
| 15.08 | 23.80 | 21.86 | 201.4 | 173.3 | 117.5 | 89.0 | 11.4 | 5.7 | 5.7 |
| 1131.21 | 1168.19 | 910.50 | 78.9 | 77.7 | 80.5 | 77.9 | -0.4 | 0.6 | -2.5 |
| 31.06 | 42.71 | 40.33 | 160.5 | 170.9 | 129.8 | 94.4 | 4.3 | 6.6 | 5.5 |
| 10.41 | 9.02 | 9.19 | 117.8 | 69.4 | 88.3 | 101.9 | 5.9 | -2.8 | -3.6 |

Note: Indices and growth rate in this table are natural growth except that of GDP, value of farming, forestry, animal husbandry and fishery, value-added of industry are at constant prices, and investment in fixed assets and government finance in 2006 over 2005 is in same terms.

1-5 续表1

| 指　　标 | Item | 总量指标 Aggregate Indicators | |
|---|---|---|---|
| | | 1995 | 1996 |
| 茶　叶 | Tea | 1.75 | 1.55 |
| 水　果 | Fruit | 59.29 | 56.62 |
| 肉　类 | Meat | 127.22 | 133.22 |
| #猪　肉 | Pork | 112.27 | 114.18 |
| 水产品 | Aquatic Products | 12.13 | 14.07 |
| **工　业（国有及规模以上）** | **Industry (State-owned Industrial Enterprises and Non-state-owned Industrial Enterprises above Desingated Size)** | | |
| 工业总产值（亿元） | Gross Output Value of Industry (100 million yuan) | | 730.41 |
| 工业增加值（亿元） | Value-added of Industry (100 million yuan) | | 199.72 |
| 主营业务收入（亿元） | Major Sales Value (100 million yuan) | | 711.34 |
| 利税总额（亿元） | Total Pre-tax Profits (100 million yuan) | | 48.04 |
| 经济效益综合指数（%） | Comprehensive index of Economic Efficiency (%) | | 63.77 |
| 产品销售率（%） | Ratio of Sales to Products (%) | | 96.50 |
| 全员劳动生产率（元/人年） | Overall Labor Productivity (yuan/person-year) | | 13546 |
| 主要工业产品产量 | Output of Major Industrial Products | | |
| 原　煤（万吨） | Coal (10 000 tons) | | 1498.72 |
| 天然气（亿立方米） | Natural Gas (100 million cu.m) | | 26.10 |
| 发电量（亿千瓦时） | Electricity (100 million kwh) | | 128.73 |
| 钢　材（万吨） | Steel Products (10 000 tons) | | 117.55 |
| 铝　材（万吨） | Aluminum Products (10 000 tons) | | 7.36 |
| 水　泥（万吨） | Cement (10 000 tons) | | 648.76 |
| 汽　车（万辆） | Motor Vehicles (10 000 vehicles) | | 12.41 |
| 摩托车（万辆） | Motorcycles (10 000 vehicles) | | 177.36 |
| 啤　酒（万千升） | Beer (10 000 kiloliters) | | 28.54 |
| 卷　烟（亿支） | Cigarettes (100 million units) | | 453.91 |
| **建筑业（资质等级四级以上）** | **Construction (Grade 4 and above)** | | |
| 建筑业总产值（亿元） | Gross Output Value of Construction (100 million yuan) | | 205.30 |
| 建筑业增加值（亿元） | Value-added of Construction (100 million yuan) | | 56.43 |
| 房屋施工面积（万平方米） | Floor Space Under Construction (10 000 sq.m) | | 4065.24 |
| 房屋竣工面积（万平方米） | Floor Space Completed (10 000 sq.m) | | 2276.97 |
| **交通运输业** | **Transportation** | | |
| 客运量（万人） | Passenger Traffic (10 000 persons) | 39731 | 42370 |
| 铁　路 | Railway | 1962 | 972 |
| 公　路 | Highway | 34379 | 37410 |
| 水　运 | Waterway | 3352 | 3900 |
| 民　航 | Civil Aviation | 38 | 88 |
| 货运量（万吨） | Freight Traffic (10 000 tons) | 22796 | 24339 |
| #铁　路 | Railway | 2960 | 1633 |
| 公　路 | Highway | 18253 | 20214 |
| 水　运 | Waterway | 1582 | 2491 |
| 民　航 | Civil Aviation | 0.70 | 1.20 |
| 港口货物吞吐量（万吨） | Freight handled at Ports (10 000 tons) | 853.00 | 1076.00 |

注：1）工业总产值的绝对值和指数按现价计算；工业增加值的绝对值按现价计算，指数按可比价计算。
2）建筑业2003年起的所有数据均不包括劳务分包企业；其增加值2003年前按工程结算利润计算，从2003年起按营业利润计算（以下各表同）。
3）从2000年起民航货运量按新制度统计，旅客行李不再计入货运。
4）1996年起铁路数据按重庆现地域进行了调整（以下各表同）。

1-5 CONTINUED-1

| 总量指标 Aggregate Indicators | | | 速度指标（%） Indices and Growth Rate | | | | | | |
|---|---|---|---|---|---|---|---|---|---|
| | | | 指 数（2006为以下各年） Index (2006 as percentage of the following years) | | | | 平均增长速度 Average Growth Rate | | |
| 2000 | 2005 | 2006 | 1995 | 1996 | 2000 | 2005 | 1996-2000 | 2001-2005 | 1997-2006 |
| 1.45 | 1.65 | 1.71 | 97.7 | 110.3 | 117.9 | 103.6 | -3.7 | 2.6 | 1.0 |
| 81.68 | 154.63 | 145.74 | 245.8 | 257.4 | 178.4 | 94.3 | 6.6 | 13.6 | 9.9 |
| 143.91 | 178.39 | 176.85 | 139.0 | 132.8 | 122.9 | 99.1 | 2.5 | 4.4 | 2.9 |
| 122.45 | 144.46 | 142.15 | 126.6 | 124.5 | 116.1 | 98.4 | 1.8 | 3.4 | 2.2 |
| 20.03 | 25.06 | 22.61 | 186.4 | 160.7 | 112.9 | 90.2 | 10.6 | 4.6 | 4.9 |
| 962.32 | 2525.87 | 3214.23 | | | | 127.4 | | 21.3 | 16.0 |
| 287.50 | 716.36 | 845.38 | | | | 120.6 | | 20.8 | 14.5 |
| 959.36 | 2515.17 | 3200.80 | | 450.0 | 333.6 | 127.3 | | 21.3 | 16.2 |
| 85.57 | 256.48 | 319.21 | | 664.5 | 373.0 | 124.5 | | 24.6 | 20.9 |
| 87.10 | 139.40 | 153.70 | | | | | | | |
| 99.10 | 98.79 | 98.44 | | | | | | | |
| 31081 | 77511 | 87750 | | 647.8 | 282.3 | 113.2 | | 20.1 | 20.5 |
| 1149.90 | 1957.79 | 2172.19 | | 144.9 | 188.9 | 111.0 | | 11.2 | 3.8 |
| 38.98 | 57.09 | 70.88 | | 271.6 | 181.8 | 124.2 | | 7.9 | 10.5 |
| 167.90 | 234.03 | 275.44 | | 214.0 | 164.1 | 117.7 | | 6.9 | 7.9 |
| 156.98 | 294.70 | 382.87 | | 325.7 | 243.9 | 129.9 | | 13.4 | 12.5 |
| 13.98 | 39.36 | 66.41 | | 902.3 | 475.0 | 168.7 | | 23.0 | 24.6 |
| 1402.78 | 2100.69 | 2533.84 | | 390.6 | 180.6 | 120.6 | | 8.4 | 14.6 |
| 24.59 | 42.15 | 51.99 | | 418.9 | 211.4 | 123.3 | | 11.4 | 15.4 |
| 191.07 | 420.84 | 534.60 | | 301.4 | 279.8 | 127.0 | | 17.1 | 11.7 |
| 50.42 | 53.87 | 64.73 | | 226.8 | 128.4 | 120.2 | | 1.3 | 8.5 |
| 343.50 | 396.08 | 406.00 | | 89.4 | 118.2 | 102.5 | | 2.9 | -1.1 |
| 348.66 | 783.57 | 895.09 | | 436.0 | 256.7 | 114.2 | | 17.6 | 15.9 |
| 94.52 | 171.61 | 194.58 | | 344.8 | 205.9 | 113.4 | | 12.7 | 13.2 |
| 6088.49 | 10722.57 | 11522.42 | | 283.4 | 189.2 | 107.5 | | 12.0 | 11.0 |
| 3083.72 | 5155.18 | 5309.27 | | 233.2 | 172.2 | 103.0 | | 10.8 | 8.8 |
| 56969 | 60436 | 61228 | 154.1 | 144.5 | 107.5 | 101.3 | | 1.2 | 3.8 |
| 1257 | 1224 | 1388 | 70.7 | 142.8 | 110.4 | 113.4 | | -0.5 | 3.6 |
| 53170 | 57600 | 58179 | 169.2 | 155.5 | 109.4 | 101.0 | 9.1 | 1.6 | 4.5 |
| 2425 | 1388 | 1421 | 42.4 | 36.4 | 58.6 | 102.4 | -6.3 | -10.6 | -9.6 |
| 117 | 224 | 240 | 631.6 | 272.7 | 205.1 | 107.1 | 25.2 | 13.9 | 10.6 |
| 26852 | 39200 | 42808 | 187.8 | 175.9 | 159.4 | 109.2 | | 7.9 | 5.8 |
| 1678 | 1921 | 2000 | 67.6 | 122.5 | 119.2 | 104.1 | | 2.7 | 2.0 |
| 23646 | 33378 | 36254 | 198.6 | 179.4 | 153.3 | 108.6 | 5.3 | 7.1 | 6.0 |
| 1526 | 3896 | 4550 | 287.6 | 182.7 | 298.2 | 116.8 | -0.7 | 20.6 | 6.2 |
| 2.40 | 2.88 | 2.71 | | | 112.9 | 94.1 | 27.9 | 3.7 | |
| 2448.00 | 5251.30 | 5420.43 | 635.5 | 503.8 | 221.4 | 103.2 | 23.5 | 16.5 | 17.5 |

Note: a) Data of industry are calculated at current prices except that index of industrial value-add is at comparable prices.

b) All data of construction since 2003 exclude construction enterprises of work subcontractors. Value-added is calculated in terms of profits of project settled accounts before 2003, whereas in terms of business profits since 2003 (the same as following tables).

c) Freight traffic of civil aviation exclude the baggages in accordance with new tatistical system since 2000.

d) Data of railway have been adjusted according to present district of Chongqing since 1996 (the same as following tables).

1-5 续表2

| 指　　标 | Item | 总量指标 Aggregate Indicators | |
|---|---|---|---|
| | | 1995 | 1996 |
| **邮电通信业** | **Postal and Telecommunication Services** | | |
| 邮电业务总量（亿元） | Business Volume (100 million yuan) | 10.96 | 15.99 |
| 本地电话用户（万户） | Local Telephone Subscribers (10 000 subscribers) | 37.24 | 66.50 |
| 移动电话用户（万户） | Mobile Telephone Subscribers (10 000 subscribers) | 3.62 | 9.00 |
| 互联网络用户（万户） | Internet Subscribers (10 000 subscribers) | | 0.03 |
| **国内商业** | **Domestic Trade** | | |
| 社会消费品零售总额（亿元） | Retail Sales of Consumer Goods (100 million yuan) | 416.13 | 498.63 |
| #批发零售贸易业 | Wholesale and Retail Trade | 367.52 | 438.07 |
| 餐饮业 | Catering Trade | 43.88 | 54.45 |
| **对外贸易** | **Foreign Trade** | | |
| 进出口总值（亿美元） | Total Imports and Exports (USD 100 million) | 14.19 | 15.85 |
| 进口总值 | Imports | 5.71 | 9.92 |
| 出口总值 | Exports | 8.47 | 5.94 |
| **利用外资** | **Utilization of Foreign Capital** | | |
| 实际利用外资额（亿美元） | Foreign Capital Actually Utilized (USD 100 million) | 6.16 | 4.42 |
| #外商直接投资额 | Foreign Direct Investment | 3.79 | 2.19 |
| **国际旅游** | **International Tourism** | | |
| 国际旅游人数（万人） | International Tourists (10 000 persons) | 14.29 | 16.18 |
| 旅游外汇收入（万美元） | Foreign Exchange Earnings from International Tourism (USD 10 000) | 6333 | 7090 |
| **金　融（亿元）** | **Finance (100 million yuan)** | | |
| 金融机构人民币存款年末余额 | Deposit Balance in RMB of Financial Institutions | 676.70 | 846.43 |
| #城乡居民储蓄存款 | Saving Deposits of Urban and Rural Residents | 401.45 | 500.71 |
| 金融机构人民币贷款年末余额 | Loan Balance of in RMB of Financial Institutions | 755.39 | 913.93 |
| 保险公司保费收入 | Insurance Premium of Insurance Companies | | 12.82 |
| 保险公司赔款及给付 | Indemnity Expenditure and Payment of Insurance Companies | | 6.48 |
| **教育、科技、文化** | **Education, Science, Technology and Culture** | | |
| **教　育** | **Education** | | |
| 专任教师（人） | Full-time Teachers (person) | | |
| #普通高等学校 | Regular Institutions of Higher Education | 9409 | 9400 |
| 普通中等专业学校 | Specialized Secondary Schools | 4542 | 4505 |
| 普通中学 | Regular Secondary Schools | 67498 | 69503 |
| 小　学 | Primary Schools | 117497 | 117711 |
| 在校学生数（万人） | Student Enrollment (10 000 persons) | | |
| #普通高等学校 | Regular Institutions of Higher Education | 7.34 | 7.99 |
| 普通中等专业学校 | Specialized Secondary Schools | 6.27 | 6.95 |
| 普通中学 | Regular Secondary Schools | 97.71 | 101.27 |
| 小　学 | Primary Schools | 263.86 | 273.71 |
| **科　技** | **Science and Technology** | | |
| 技术市场成交额（万元） | Transaction Value of Technology Exchanges (10 000 yuan) | 32466 | 34344 |

注：邮电业务总量2001年前为1990年不变价，2001年及以后为2000年不变价口径（以下各表同）。

1-5 CONTINUED-2

| 总量指标 Aggregate Indicators | | | 速度指标（%） Indices and Growth Rate | | | | | | |
|---|---|---|---|---|---|---|---|---|---|
| | | | 指 数（2006为以下各年） Index (2006 as percentage of the following years) | | | | 平均增长速度 Average Growth Rate | | |
| 2000 | 2005 | 2006 | 1995 | 1996 | 2000 | 2005 | 1996-2000 | 2001-2005 | 1997-2006 |
| 85.82 | 210.15 | 276.18 | 2519.9 | 1727.2 | 321.8 | 131.4 | 50.9 | 19.6 | 33.0 |
| 268.43 | 688.91 | 725.50 | 1948.2 | 1091.0 | 270.3 | 105.3 | 48.4 | 20.7 | 27.0 |
| 160.00 | 943.40 | 1064.60 | 29408.8 | 11828.9 | 665.4 | 112.8 | 113.3 | 42.6 | 61.2 |
| 10.00 | 128.66 | 140.60 | | 468666.7 | 1406.0 | 109.3 | | 66.7 | 132.9 |
| 719.95 | 1215.76 | 1403.58 | 337.3 | 281.5 | 195.0 | 115.4 | 11.6 | 11.0 | 10.9 |
| 627.36 | 1042.58 | 1196.37 | 325.5 | 273.1 | 190.7 | 114.8 | 11.3 | 10.7 | 10.6 |
| 84.16 | 161.97 | 194.28 | 442.8 | 356.8 | 230.8 | 119.9 | 13.9 | 14.0 | 13.6 |
| 17.85 | 42.93 | 54.70 | 385.5 | 345.1 | 306.4 | 127.4 | 4.7 | 19.2 | 13.2 |
| 7.90 | 17.72 | 21.18 | 370.9 | 213.5 | 268.1 | 119.5 | 6.7 | 17.5 | 7.9 |
| 9.95 | 25.21 | 33.52 | 395.7 | 564.3 | 336.9 | 133.0 | 3.3 | 20.4 | 18.9 |
| 3.45 | 7.04 | 8.77 | 142.4 | 198.4 | 254.2 | 124.6 | -10.9 | 15.3 | 7.1 |
| 2.44 | 5.16 | 6.96 | 183.6 | 317.8 | 285.2 | 134.9 | -8.4 | 16.2 | 12.3 |
| 26.61 | 52.39 | 60.32 | 422.1 | 372.8 | 226.7 | 115.1 | 13.2 | 14.5 | 14.1 |
| 13837 | 26436 | 30872 | 487.5 | 435.4 | 223.1 | 116.8 | 16.9 | 13.8 | 15.8 |
| 1904.71 | 4727.72 | 5519.75 | 815.7 | 652.1 | 289.8 | 116.8 | 23.0 | 19.9 | 20.6 |
| 1085.36 | 2545.85 | 2949.05 | 734.6 | 589.0 | 271.7 | 115.8 | 22.0 | 18.6 | 19.4 |
| 1881.29 | 3719.52 | 4388.28 | 580.9 | 480.2 | 233.3 | 118.0 | 20.0 | 14.6 | 17.0 |
| 27.71 | 73.10 | 93.24 | | 727.3 | 336.5 | 127.6 | | 21.4 | 21.9 |
| 8.27 | 17.59 | 20.51 | | 316.5 | 248.0 | 116.6 | | 16.3 | 12.2 |
| 10449 | 20184 | 23717 | 252.1 | 252.3 | 227.0 | 117.5 | 2.1 | 14.1 | 9.7 |
| 4125 | 2333 | 1888 | 41.6 | 41.9 | 45.8 | 80.9 | -1.9 | -10.8 | -8.3 |
| 81766 | 93997 | 95782 | 141.9 | 137.8 | 117.1 | 101.9 | 3.9 | 2.8 | 3.3 |
| 119014 | 114326 | 113724 | 96.8 | 96.6 | 95.6 | 99.5 | 0.3 | -0.8 | -0.3 |
| 13.25 | 35.79 | 40.51 | 551.9 | 507.0 | 305.7 | 113.2 | 12.5 | 22.0 | 17.6 |
| 8.45 | 9.69 | 10.67 | 170.2 | 153.5 | 126.3 | 110.1 | 6.1 | 2.8 | 4.4 |
| 147.79 | 173.52 | 179.41 | 183.6 | 177.2 | 121.4 | 103.4 | 8.6 | 3.3 | 5.9 |
| 276.13 | 260.98 | 252.38 | 95.6 | 92.2 | 91.4 | 96.7 | 0.9 | -1.1 | -0.8 |
| 296594 | 357059 | 568381 | 1750.7 | 1655.0 | 191.6 | 159.2 | 55.6 | 3.8 | 32.4 |

Note: Data on total business volume from postal and telecommunication services before 2001 were in terms of 1990 constant price, and since 2001 were in terms of 2000 constant price (the same as following tables).

1-5 续表3

| 指标 | Item | 总量指标 Aggregate Indicators | |
|---|---|---|---|
| | | 1995 | 1996 |
| **文化** | **Culture** | | |
| 图书出版数量（万册、万张） | Books Published (10 000 copies) | 15219 | 13023 |
| 杂志出版数量（万册） | Magazines Published (10 001 copies) | | |
| 报纸出版数量（万份） | Newspaper Published (10 002 copies) | | |
| 电视人口覆盖率（%） | Viewer Rating of TV Programs (%) | 75.00 | 78.90 |
| 广播人口覆盖率（%） | Listener Rating of Radio Programs (%) | 85.00 | 86.30 |
| **家庭、生活** | **Family and Living Standards** | | |
| **家庭** | **Family** | | |
| 家庭户户数（万户） | Households (10 000 households) | | |
| 城市居民平均每户家庭人口（人） | Population of Per Urban Household (person) | 3.01 | 3.08 |
| 农村居民平均每户家庭人口（人） | Population of Per Rural Household (person) | 3.90 | 3.85 |
| **婚姻** | **Marital Statistics** | | |
| 内地居民登记结婚对数（万对） | Marriages of Inland Residents (10 000 couples) | | 26.44 |
| 内地居民登记离婚对数（万对） | Divorces of Inland Residents (10 000 couples) | | 1.68 |
| **居住** | **Residence** | | |
| 城市居民人均房屋建筑面积（平方米） | Per Capita Residential Space of Urban Households (sq.m) | 8.13 | 8.00 |
| 农村居民人均住房面积（平方米） | Per Capita Residential Space of Rural Households (sq.m) | 23.50 | 24.44 |
| **工资和收入** | **Wages and Income** | | |
| 城镇经济单位职工工资总额（亿元） | Total Wages of Staff and Workers (100 million yuan) | 130.93 | 145.49 |
| 城镇经济单位职工平均工资（元） | Average Annual Wages of Staff and Workers (yuan) | 4508 | 5010 |
| 城市居民人均可支配收入（元） | Per Capita Disposable Income of Urban Households (yuan) | 4375.43 | 5022.96 |
| 农村居民人均纯收入（元） | Per Capita Net Income of Rural Households (yuan) | 1270.41 | 1479.05 |
| 城乡居民人均人民币储蓄存款余额（元） | Per Capita Saving Deposits of Urban and Rural Residents (yuan) | 1337 | 1656 |
| **卫生** | **Public Health** | | |
| 医院、卫生院（个） | Hospitals (unit) | 2505 | 2567 |
| 卫生技术人员（人） | Medical Technical Personnel (person) | 86041 | 87542 |
| #执业（助理）医师 | Certified (Assistant) Doctors | 31169 | 30733 |
| 卫生机构床位数（张） | Hospital Beds (bed) | 67243 | 66339 |
| **市政建设** | **Municipal Engineering** | | |
| 供水总量（万立方米） | Water Supply (10 000 cu.m) | | 84548 |
| 天然气供气总量（万立方米） | Natural Gas Supply (10 000 cu.m) | | 111980 |
| 排水管道长度（公里） | Length of Sewer Pipelines (km) | | 1857 |
| 营运车数（辆） | Number of Operating Public Buses (vehicle) | | 3019 |
| 道路长度（公里） | Length of Urban Roads (km) | | 2652 |
| 公共绿地面积（公顷） | Public Green Areas (hectare) | | 1104 |

注：1）“城市居民人均房屋建筑面积”2002年前数据为“人均房屋居住面积”。
2）2002年起卫生统计指标名称变更，统计口径变化，不可与往年同比：2002年起卫生技术人员和床位不包括医学院校、卫生学校和计生站；执业（助理）医师2002年以前统计口径为“医生”（以下各表同）。

1-5 CONTINUED-3

| 总量指标 Aggregate Indicators | | | 速度指标（%） Indices and Growth Rate | | | | | | |
|---|---|---|---|---|---|---|---|---|---|
| | | | 指 数（2006为以下各年） Index (2006 as percentage of the following years) | | | | 平均增长速度 Average Growth Rate | | |
| 2000 | 2005 | 2006 | 1995 | 1996 | 2000 | 2005 | 1996-2000 | 2001-2005 | 1997-2006 |
| 11198 | 11320 | 11369 | 74.7 | 87.3 | 101.5 | 100.4 | -6.0 | 0.2 | -1.3 |
| 3480 | 4082 | 4554 | | | 130.9 | 111.6 | | 3.2 | |
| 48674 | 54731 | 57706 | | | 118.6 | 105.4 | | 2.4 | |
| 93.70 | 95.96 | 96.02 | | | | | | 0.5 | |
| 89.90 | 92.49 | 92.57 | | | | | | 0.6 | |
| 890.26 | 978.32 | 985.26 | | | 110.7 | 100.7 | | 1.9 | |
| 3.05 | 3.13 | 3.10 | 103.0 | 100.6 | 101.6 | 99.0 | 0.3 | 0.5 | 0.1 |
| 3.70 | 3.71 | 3.68 | 94.4 | 95.6 | 99.5 | 99.2 | -1.0 | 0.1 | -0.5 |
| 19.02 | 18.32 | 21.80 | | 82.5 | 114.6 | 119.0 | | -0.7 | -1.9 |
| 2.07 | 5.65 | 6.60 | | 392.9 | 318.8 | 116.8 | | 22.2 | 14.7 |
| 10.72 | 22.17 | 24.52 | | | | 110.6 | | | |
| 29.58 | 32.91 | 34.30 | 146.0 | 140.3 | 116.0 | 104.2 | 4.7 | 2.2 | 3.4 |
| 173.23 | 344.84 | 403.41 | 308.1 | 277.3 | 232.9 | 117.0 | 5.8 | 14.8 | 10.7 |
| 8020 | 16630 | 19215 | 426.2 | 383.5 | 239.6 | 115.5 | 12.2 | 15.7 | 14.4 |
| 6176.30 | 10243.99 | 11569.74 | 264.4 | 230.3 | 187.3 | 112.9 | 7.1 | 10.6 | 8.7 |
| 1892.44 | 2809.32 | 2873.83 | 226.2 | 194.3 | 151.9 | 102.3 | 8.3 | 8.2 | 6.9 |
| 3511 | 8033 | 9219 | 689.5 | 556.7 | 262.6 | 114.8 | 21.3 | 18.0 | 18.7 |
| 2250 | 1463 | 1450 | | | | 99.1 | | | |
| 88619 | 78780 | 79805 | | | | 101.3 | | | |
| 44940 | 37321 | 37511 | | | | 100.5 | | | |
| 65666 | 64674 | 68298 | | | | 105.6 | | | |
| 70722 | 80465 | 86142 | | 101.9 | 121.8 | 107.1 | | 2.6 | 0.2 |
| 75257 | 210128 | 223015 | | 199.2 | 296.3 | 106.1 | | 22.8 | 7.1 |
| 2806 | 5600 | 6599 | | 355.4 | 235.2 | 117.8 | | 14.8 | 13.5 |
| 4656 | 8118 | 8499 | | 281.5 | 182.5 | 104.7 | | 11.8 | 10.9 |
| 3299 | 4595 | 5084 | | 191.7 | 154.1 | 110.6 | | 6.9 | 6.7 |
| 1588 | 5206 | 6474 | | 586.4 | 407.7 | 130.3 | | 26.8 | 19.3 |

Note: a) Data of "per capita residential space of urban households" refer to "living space" before 2002.

b) Indices of health care since 2002 had been changed, and their range were not comparable with previous years. Medical technical personnel and hospital beds since 2002 didn't cover medical colleges & schools and family planning centers. Certified (assistant) doctors before 2002 refer to doctors (the same as following tables) .

# 1—6 国民经济和社会发展结构指标
## Structural Indicators of Natinal Economic and Social Development

单位：% (%)

| 指　　标 | Item | 1995 | 1996 | 2000 | 2005 | 2006 |
|---|---|---|---|---|---|---|
| 人口与就业 | **Population and Employment** | | | | | |
| 人　口 | **Population** | | | | | |
| 城镇乡村人口结构 | By Urban and Rural | | 100.0 | 100.0 | 100.0 | 100.0 |
| 城　镇 | Urban | | 29.5 | 35.6 | 45.2 | 46.7 |
| 乡　村 | Rural | | 70.5 | 64.4 | 54.8 | 53.3 |
| 性别结构 | By Sex | | | 100.0 | 100.0 | 100.0 |
| 男 | Male | | | 51.9 | 50.4 | 50.5 |
| 女 | Female | | | 48.1 | 49.6 | 49.5 |
| 就　业 | **Employment** | | | | | |
| 产业结构 | By Industry | 100.0 | 100.0 | 100.0 | 100.0 | 100.0 |
| 第一产业 | Primary Industry | 59.6 | 58.3 | 55.5 | 49.3 | 48.4 |
| 第二产业 | Secondary Industry | 18.2 | 18.6 | 17.3 | 18.9 | 19.2 |
| 第三产业 | Tertiary Industry | 22.2 | 23.1 | 27.2 | 31.8 | 32.4 |
| 登记注册类型结构 | By Registration | | 100.0 | 100.0 | 100.0 | 100.0 |
| 国有经济 | State-owned | | 11.5 | 8.8 | 7.7 | 7.7 |
| 集体经济 | Collective-owned | | 71.5 | 66.7 | 55.9 | 54.1 |
| 私营和个体 | Private and Individuals | | 16.3 | 22.3 | 31.9 | 33.0 |
| 其他经济 | Others | | 0.7 | 2.2 | 4.5 | 5.2 |
| 宏观经济 | **Macroeconomic Indicators** | | | | | |
| 国民经济核算 | **National EconomicAccounting** | | | | | |
| 本市生产总值结构 | GDP by Industry | 100.0 | 100.0 | 100.0 | 100.0 | 100.0 |
| 第一产业 | Primary Industry | 26.0 | 24.2 | 17.8 | 15.1 | 12.2 |
| 第二产业 | Secondary Industry | 40.6 | 39.9 | 38.9 | 41.0 | 43.0 |
| #工　业 | Industry | 35.4 | 34.7 | 31.9 | 33.3 | 35.3 |
| 第三产业 | Tertiary Industry | 33.4 | 35.9 | 43.3 | 43.9 | 44.8 |
| 固定资产投资 | **Investment in Fixed Assets** | | | | | |
| 城乡结构 | By Urban and Rural | | 100.0 | 100.0 | 100.0 | 100.0 |
| 城　镇 | Urban | | 71.3 | 81.0 | 91.6 | 93.5 |
| 建设与改造 | Construction and Innovation | | 53.9 | 59.7 | 65.8 | 67.8 |
| 房地产开发 | Real Estate Development | | 17.4 | 21.3 | 25.8 | 25.7 |
| 农　村 | Rural | | 28.7 | 19.0 | 8.4 | 6.5 |
| 农村非农户 | Non-Rural Households | | 12.5 | 9.1 | 4.8 | 3.4 |
| 农　户 | Rural Households | | 16.2 | 9.9 | 3.6 | 3.1 |
| 产业结构 | By Industry | 100.0 | 100.0 | 100.0 | 100.0 | 100.0 |
| 第一产业 | Primary Industry | 0.6 | 0.7 | 1.4 | 2.2 | 2.1 |
| 第二产业 | Secondary Industry | 39.4 | 36.1 | 21.7 | 29.2 | 30.9 |
| 第三产业 | Tertiary Industry | 60.0 | 63.2 | 76.9 | 68.6 | 67.0 |

1-6 续表1 CONTINUED-1

单位：%　　(%)

| 指　　标 | Item | 1995 | 1996 | 2000 | 2005 | 2006 |
|---|---|---|---|---|---|---|
| **财　政** | **Government Finance** | | | | | |
| 财政收入结构 | Financial Revenue | 100.0 | 100.0 | 100.0 | 100.0 | 100.0 |
| 中　央 | Central | 45.1 | 41.7 | 36.0 | 32.0 | 28.7 |
| 地　方 | Local | 54.9 | 58.3 | 64.0 | 68.0 | 71.3 |
| **产　业** | **Industry** | | | | | |
| **农　业** | **Agriculture** | | | | | |
| 农林牧渔业产值结构 | Gross Output Value of Farming, Forestry, Animal Husbandrv and Fisherv | 100.0 | 100.0 | 100.0 | 100.0 | 100.0 |
| 农　业 | Farming | 60.3 | 63.9 | 59.3 | 54.1 | 53.5 |
| 林　业 | Forestry | 2.8 | 2.7 | 2.6 | 3.0 | 3.5 |
| 牧　业 | Animal Husbandry | 34.5 | 30.9 | 34.4 | 37.7 | 37.7 |
| 渔　业 | Fishery | 2.4 | 2.5 | 3.7 | 3.6 | 3.4 |
| 农林牧渔服务业 | Agricultural Services | | | | 1.6 | 1.9 |
| **工　业** | **Industry** | | | | | |
| 规模以上工业增加值结构 | Value-added of Industrial Enterprises above Designated Size | | 100.0 | 100.0 | 100.0 | 100.0 |
| 轻工业 | Light Industry | | 28.9 | 36.1 | 34.2 | 34.5 |
| 重工业 | Heavy Industry | | 71.1 | 63.9 | 65.8 | 65.5 |
| **运输业** | **Transportation** | | | | | |
| 货运量结构 | Freight Traffic | 100.0 | 100.0 | 100.0 | 100.0 | 100.0 |
| #铁　路 | Railway | 13.0 | 6.7 | 6.2 | 4.9 | 4.7 |
| 公　路 | Highway | 80.1 | 83.1 | 88.1 | 85.1 | 84.7 |
| 水　运 | Waterway | 6.9 | 10.2 | 5.7 | 9.9 | 10.6 |
| **国内商业** | **Domestic Trade** | | | | | |
| 社会消费品零售总额结构 | Retail Sales of Consumer Goods | 100.0 | 100.0 | 100.0 | 100.0 | 100.0 |
| 市 | City | 58.6 | 58.9 | 57.0 | 58.8 | 59.4 |
| 县 | County | 12.9 | 12.3 | 13.2 | 13.4 | 13.3 |
| 县以下 | Below County Level | 28.5 | 28.8 | 29.8 | 27.8 | 27.3 |
| **对外经济贸易** | **Foreign Relations and Trade** | | | | | |
| 实际利用外资结构 | Actual Utilization of Foreign Capital | 100.0 | 100.0 | 100.0 | 100.0 | 100.0 |
| 对外借款 | Foreign Loans | 33.2 | 47.0 | 28.8 | 26.0 | 19.9 |
| 外商直接投资 | Foreign Direct Investment | 61.6 | 49.6 | 70.8 | 73.2 | 79.4 |
| 外商其他投资 | Other Foreign Investment | 5.2 | 3.4 | 0.4 | 0.8 | 0.7 |
| 进出口总值结构 | Imports and Exports | 100.0 | 100.0 | 100.0 | 100.0 | 100.0 |
| 进　口 | Imports | 40.3 | 62.6 | 44.3 | 41.3 | 38.7 |
| 出　口 | Exports | 59.7 | 37.4 | 55.7 | 58.7 | 61.3 |
| **旅　游** | **Tourism** | | | | | |
| 国际旅游人数结构 | International Tourists | 100.0 | 100.0 | 100.0 | 100.0 | 100.0 |
| #外国人 | Foreigners | 65.5 | 66.9 | 72.5 | 79.8 | 80.9 |
| 港澳台同胞 | Compatriots from Hongkong, Macao and Taiwan | 34.3 | 32.9 | 27.5 | 20.2 | 19.1 |

1-6 续表2 CONTINUED-2

单位：% (%)

| 指标 | Item | 1995 | 1996 | 2000 | 2005 | 2006 |
|---|---|---|---|---|---|---|
| **教育、科技、文化** | **Education, Science,Technology and Culture** | | | | | |
| **教育** | **Education** | | | | | |
| 在校学生结构 | Student Enrollment | 100.0 | 100.0 | 100.0 | 100.0 | 100.0 |
| 大学生 | Colleges and Universities | 1.9 | 2.0 | 2.9 | 7.2 | 8.1 |
| 中学生 | Secondary Schools | 29.2 | 27.8 | 36.2 | 40.1 | 41.5 |
| 小学生 | Primary Schools | 68.9 | 70.2 | 60.9 | 52.7 | 50.4 |
| 专任教师结构 | Full-time Teachers | 100.0 | 100.0 | 100.0 | 100.0 | 100.0 |
| 大学 | Colleges and Universities | 4.6 | 4.7 | 4.7 | 8.5 | 9.8 |
| 中学 | Secondary Schools | 38.1 | 36.8 | 41.5 | 43.5 | 43.4 |
| 小学 | Primary Schools | 57.3 | 58.5 | 53.8 | 48.0 | 46.8 |
| **生活、环境** | **Living Standards and Environment** | | | | | |
| **生活** | **Living Standards** | | | | | |
| 城市居民消费结构 | Consumption of Urban Households | 100.0 | 100.0 | 100.0 | 100.0 | 100.0 |
| #服务性消费支出 | Expenditure for service | | | | 31.2 | 31.6 |
| #食品 | Food | 48.7 | 49.0 | 40.4 | 36.4 | 36.3 |
| 衣着 | Clothing | 14.0 | 14.5 | 10.1 | 9.9 | 11.1 |
| 居住 | Residence | 5.5 | 5.5 | 9.0 | 10.2 | 10.2 |
| 农村居民生活消费结构 | Consumption for Living of Rural Households | 100.0 | 100.0 | 100.0 | 100.0 | 100.0 |
| #食品 | Food | 64.7 | 63.2 | 53.6 | 52.8 | 52.2 |
| 衣着 | Clothing | 5.3 | 5.5 | 4.4 | 4.5 | 5.1 |
| 居住 | Residence | 12.7 | 13.2 | 14.3 | 10.8 | 11.5 |
| **卫生** | **Public Health** | | | | | |
| 卫生技术人员结构 | Medical Technical Personnel (person) | 100.0 | 100.0 | 100.0 | 100.0 | 100.0 |
| #执业（助理）医师 | Certified (Assisstant) Doctors | 36.2 | 35.1 | 50.7 | 47.4 | 47.0 |
| 注册护士 | Registration Nurses | 21.7 | 22.0 | 23.4 | 26.5 | 26.7 |
| 卫生机构床位结构 | Beds in Health Institutions | | | 100.0 | 100.0 | 100.0 |
| #医院 | Hospitals | | | 59.0 | 68.8 | 68.2 |
| **环境** | **Environment** | | | | | |
| 治理工业污染资金使用结构 | Uses of Fund in Industrial Pollution Treatment | | | 100.0 | 100.0 | 100.0 |
| 治理废水 | Waste Water Treatment | | | 48.1 | 56.1 | 49.9 |
| 治理废气 | Waste Gas Treatment | | | 41.9 | 14.7 | 42.1 |
| 治理固体废物 | Solid Waste Treatment | | | 3.8 | 25.1 | 2.3 |
| 治理噪声 | Noise Abatement | | | 0.8 | 0.8 | 1.7 |
| 其他 | Others | | | 5.4 | 3.3 | 4.0 |

注：卫生技术人员中，2002年以前统计口径为医生和护师、护士，2002年起为执业医师和注册护士。
Note: The statistical range of medical technical personnel refers to doctors and junior & senior nurses before 2002, whereas to doctors with authorization and registered nurses since 2002.

# 1－7 人均主要社会经济活动水平
# Per Capita Main Social and Economic Activities

单位：元 (yuan)

| 指　　标 | Item | 1995 | 1996 | 2000 | 2005 | 2006 |
|---|---|---|---|---|---|---|
| **国民经济核算** | **National EconomicAccounting** | | | | | |
| 本市生产总值 | Gross Domestic Product | 3557 | 4130 | 5616 | 10982 | 12457 |
| **主要农产品产量（公斤）** | **Output of Major Farm Products (kg)** | | | | | |
| 粮　食 | Grain | 385 | 389 | 367 | 370 | 286 |
| 油　料 | Oil-bearing Crops | 8 | 11 | 10 | 14 | 13 |
| 肉　类 | Meat | 42 | 44 | 47 | 57 | 56 |
| #猪　肉 | Pork | 38 | 38 | 40 | 46 | 45 |
| 水产品 | Aquatic Products | 4 | 5 | 6 | 8 | 7 |
| 水　果 | Fruit | 20 | 19 | 27 | 49 | 46 |
| **主要工业产品产量（国有及规模以上工业）** | **Output of Major Industrial Product (State-owned and Non--state-owned Industrial Enterprises over Designated Size)** | | | | | |
| 原　煤（公斤） | Coal (kg) | | 498 | 373 | 620 | 682 |
| 天然气（立方米） | Natural Gas (cu.m) | | 87 | 126 | 181 | 223 |
| 发电量（千瓦时） | Electricity (kwh) | | 427 | 545 | 741 | 865 |
| 钢　材（公斤） | Steel Products (kg) | | 39 | 51 | 93 | 120 |
| 铝　材（公斤） | Aluminum Products (kg) | | 2 | 5 | 12 | 21 |
| 水　泥（公斤） | Cement (kg) | | 215 | 455 | 665 | 796 |
| 啤　酒（升） | Beer (liter) | | 9 | 16 | 17 | 20 |
| 卷　烟（支） | Cigarettes (unit) | | 1507 | 1115 | 1255 | 1275 |
| **国内商业** | **Domestic Trade** | | | | | |
| 社会消费品零售总额 | Retail Sales of Consumer Goods | 1242 | 1479 | 2088 | 3851 | 4408 |
| **财政、金融** | **Public Finance and Financial Statistics** | | | | | |
| 地方财政收入 | Local Financial Revenue | 153 | 182 | 339 | 1251 | 1663 |
| 城乡居民储蓄存款余额 | Saving Deposits of Urban and Rural Residents | 1337 | 1656 | 3511 | 8033 | 9219 |
| **职工工资、居民收入** | **Wages and Income** | | | | | |
| 城镇经济单位职工平均工资 | Average Annual Wages of Staff and Workers | 4508 | 5010 | 8020 | 16630 | 19215 |
| 城市居民人均可支配收入 | Per Capita Disposable Income of Urban Households | 4375 | 5023 | 6176 | 10244 | 11570 |
| 农村居民人均纯收入 | Per Capita Net Income of Rural Households | 1270 | 1479 | 1892 | 2809 | 2874 |

注：本市人均生产总值按常住人口计算，城市、农村居民收入为抽样调查数，其他人均指标均按户籍人口计算。
Note: Per capita GDP is calculated by resident population. Per capita income of urban and rural households is on basis of sample survey. And other per capita figures in this talbe are in terms of registration statistics.

# 1—8 平均每天主要社会经济活动
## Average Daily Level of Main Social and Economic Activities

| 指标 | Item | 1995 | 1996 | 2000 | 2005 | 2006 |
|---|---|---|---|---|---|---|
| **每天创造的财富** | **Daily Production** | | | | | |
| 本市生产总值（万元） | Gross Domestic Product (10 000 yuan) | 27842 | 32533 | 43922 | 84123 | 95659 |
| 第一产业 | Primary Industry | 7238 | 7878 | 7805 | 12696 | 11666 |
| 第二产业 | Secondary Industry | 11295 | 12995 | 17091 | 34496 | 41122 |
| #工　业 | Industry | 9857 | 11298 | 14029 | 28037 | 33812 |
| 第三产业 | Tertiary Industry | 9309 | 11660 | 19026 | 36931 | 42871 |
| 地方财政收入（万元） | Local Financial Revenue (10 000 yuan) | 1254 | 1500 | 2862 | 10821 | 14506 |
| 粮　食（吨） | Grain (ton) | 31608 | 32113 | 30992 | 32005 | 24945 |
| 油　料（吨） | Oil-bearing Crops (ton) | 688 | 647 | 851 | 1170 | 1105 |
| 肉　类（吨） | Meat (ton) | 3485 | 3560 | 3943 | 4888 | 4845 |
| #猪　肉 | Pork | 3076 | 3128 | 3355 | 3958 | 3895 |
| 水产品（吨） | Aquatic Products (ton) | 332 | 385 | 549 | 686 | 620 |
| 原　煤（吨） | Coal (ton) | | 41061 | 31504 | 53638 | 59512 |
| 天然气（万立方米） | Natural Gas (10 000 cu.m) | | 715 | 1068 | 1564 | 1942 |
| 发电量（万千瓦小时） | Electricity (10 000 kwh) | | 3527 | 4600 | 6412 | 7546 |
| 钢　材（吨） | Steel Products (ton) | | 3221 | 4301 | 8074 | 10490 |
| 水　泥（吨） | Cement (ton) | | 17774 | 38432 | 57553 | 69420 |
| 汽　车（辆） | Motor Vehicles (unit) | | 340 | 674 | 1155 | 1424 |
| 摩托车（辆） | Motorcycles (unit) | | 4859 | 5235 | 11530 | 14647 |
| **每天消费量** | **Daily Consumption** | | | | | |
| 最终消费（万元） | Final Consumption Expenditures (10 000 yuan) | | | 27340 | 49409 | 56082 |
| 居民消费 | Household Consumption Expenditure | | | 21157 | 36629 | 41602 |
| 农　村 | Agricultural Households | | | 8159 | 9593 | 9714 |
| 城　镇 | Non-agricultural Households | | | 12998 | 27036 | 31888 |
| 政府消费 | Government Consumption Expenditure | | | 6183 | 12780 | 14480 |
| 地方财政支出（万元） | Local Financial Expenditures (10 000 yuan) | 1814 | 2176 | 5547 | 17133 | 22471 |
| 社会消费品零售总额（万元） | Retail Sales of Consumer Goods (10 000 yuan) | 11401 | 13661 | 19725 | 33308 | 38454 |
| **每天其他经济活动** | **Other Daily Economic Activities** | | | | | |
| 资本形成总额（万元） | Gross Capital Formation (10 000 yuan) | | | 19004 | 53144 | 60460 |
| 固定资产形成 | Fixed Capital Formation | | | 17206 | 51032 | 58581 |
| 存货增加 | Changes in Inventory | | | 1798 | 2113 | 1879 |
| 客运量（万人） | Passenger Traffic (10 000 persons) | 108.85 | 116.08 | 156.08 | 165.58 | 167.75 |
| 货运量（万吨） | Freight Traffic (10 000 tons) | 62.45 | 66.68 | 73.57 | 107.40 | 117.28 |
| 港口货物吞吐量（万吨） | Freight Handled at Ports (10 000 tons) | 2.34 | 2.95 | 6.71 | 14.39 | 14.85 |
| 邮电业务总量（万元） | Business Volume of Postal and Telecommunication Services (10 000 yuan) | 300 | 438 | 2351 | 5757 | 7566 |
| 进出口总额（万美元） | Total Imports and Exports (USD 10 000) | 388.77 | 434.25 | 489.04 | 1176.12 | 1498.67 |
| 进口总额 | Imports | 156.44 | 271.78 | 216.44 | 485.56 | 580.33 |
| 出口总额 | Exports | 232.33 | 162.47 | 272.60 | 690.56 | 918.33 |
| 实际利用外资（万美元） | Actual Utilization of Foreign Capital (USD 10 000) | 168.77 | 121.10 | 94.52 | 192.94 | 240.18 |
| 国际旅游人数（人） | International Tourists (person) | 392 | 443 | 729 | 1435 | 1653 |
| 居民新增储蓄额（万元） | Outstand Amount of Saving Deposits (10 000 yuan) | 3179 | 2719 | 4829 | 9757 | 11047 |

注：1）本表价值指标除邮电业务总量按不变价计算外，其余均按当年价计算。
　　2）工业产品产量为国有及规模以上非国有工业企业数。

Note: a) Figures in value terms in this table are at current prices, except that total business volume from postal and telecommunication services which are at constant prices.
b) The output of industrial products is the figures of state-owned industrial enterprises and non-state-owned industrial enterprises above designated size.

# 1－9 各部门机构数（2005－2006年）
# Grassroots Units in Various Sectors (2005-2006)

单位：个 (unit)

| 部 门 | Sector | 2005 | 2006 |
|---|---|---|---|
| **农村基层单位** | **Rural Grassroots Units** | | |
| 乡政府 | Township Governments | 361 | 306 |
| 镇政府 | Town Governments | 608 | 595 |
| 村民委员会 | Village Committees | 9986 | 9986 |
| **工业（国有及规模以上）** | **State-owned Industrial Enterprises and Non-state-owned Industrial Enterprises above Designated Size** | **2946** | **3214** |
| #国有及国有控股 | State-owned and State Holding | 474 | 476 |
| **建筑业（资质等级四级以上）** | **Construction Enterprises at 4 Grade and above** | **2310** | **2455** |
| **邮政局所** | **Postal Offices** | **2068** | **2008** |
| **批发零售业和餐饮业（限额以上）** | **Wholesale & Retail and Catering Trade above Designated Size** | | |
| 批发业企业 | Wholesale Enterprises | 479 | 447 |
| 零售业企业 | Retail Enterprises | 408 | 411 |
| 餐饮业企业 | Catering Enterprises | 237 | 304 |
| **教育事业** | **Education** | | |
| 普通高等学校 | Regular Institutions of Higher Education | 35 | 38 |
| 中等学校 | Secondary Schools | 1634 | 1556 |
| #普通中学 | Regular Secondary Schools | 1414 | 1373 |
| 小 学 | Primary Schools | 9558 | 8754 |
| 幼儿园 | Kindergartens | 3287 | 3376 |
| 特殊教育 | Special Education | 43 | 44 |
| **文化事业** | **Cultural Institutions** | **1299** | **1243** |
| #艺术事业 | Art Institutions | 56 | 64 |
| 文物事业 | Cultural Relic Institutins | 62 | 60 |
| 图书馆事业 | Libraries | 43 | 43 |
| 群众文化事业 | Mass Cultural Institutions | 1108 | 1057 |
| **出版、发行事业** | **Publishing and Distribution Establishments** | | |
| 出版社 | Publishing Houses | 3 | 3 |
| 书刊印刷厂 | Printing Houses | 65 | 65 |
| 国有书店 | State-owned Book Stores | 319 | 315 |
| **广播电视事业** | **Broadcasting and Television Stations** | | |
| 广播电台 | Radio Stations | 1 | 1 |
| 电视台 | Television Stations | 1 | 1 |
| **卫生事业** | **Health Care** | **6380** | **6613** |
| #医院、卫生院 | Urban and Township Hospitals | 1463 | 1450 |
| **社会福利** | **Social Welfare Establishments** | **2328** | **2762** |
| #收养性单位 | Adopting Institutions | 1131 | 1533 |
| 社会福利企业单位 | Social Welfare Enterprises | 891 | 893 |

# 主要统计指标解释

**行政区划** 指国家对行政区域的划分。根据宪法规定，我国的行政区划分如下：（1）全国分为省、自治区、直辖市；（2）省、自治区分为自治州、县、自治县、市；（3）自治州分为县、自治县、市；（4）县、自治县分为乡、民族乡、镇；（5）直辖市和较大的市分为区、县；（6）国家在必要时设立的特别行政区。

**国土** 指中华人民共和国国家管辖下的领土、领海和领空。

**气候** 指地球与大气之间长期能量交换与质量交换所形成的一种自然环境状态，它是多种因素综合作用的结果。气候既是人类生活和生产的环境要素之一，又是供给人类生活和生产的重要资源。气温、降水、湿度等气象要素的多年平均值是用来描述一个地区气候状况的主要参数，而各种气象要素某年、某月的平均值（或总量）则可以反映出该时期天气气候状况的重要特征。

**自然资源** 指人类可以直接从自然界获得，并用于生产和生活的物质资源。自然资源一般可以分成可再生资源和非再生资源两大类。可再生资源指在较短时间内可以再生、可以循环利用的资源，包括土地资源、水资源、气候资源、生物资源和海洋资源等。非再生资源指在使用后不能再生的资源，包括矿产资源和地热能源。

**土地资源** 土地指陆地的表层部分，它主要由岩石、岩石的风化物和土壤构成。土地资源按利用类型可以分为农用地、建筑用地和未利用地。农用地包括耕地、园地、林地、牧草地和水面。建筑用地包括居民点及工矿用地、交通用地和水利设施用地。未利用地指农用地和建筑用地以外的土地，包括滩涂、荒漠、戈壁、冰川和石山等。

**耕地面积** 指经过开垦用以种植各种农作物并经常进行耕耘的土地面积，包括有作物的土地面积、休闲地、新开荒地和抛荒未满三年的土地面积。

**林业用地面积** 指生长乔木、竹类、灌木、沿海红树林等林木的土地面积，包括有林地、灌木林、疏林地、未成林造林地、迹地、苗圃等。

**草地面积** 指牧区和农区用于放牧牲畜或割草，植被盖度在 5%以上的草原、草坡、草山等面积。包括天然的和人工种植或改良的草地面积。

**森林资源** 指森林、林木、林地以及依托森林、林木、林地自下而上的野生动物、植物和微生物。林木指树木和竹子。森林指以乔木为主体的植物群落，是集生的乔木及与共同作用的植物、动物、微生物和土壤、气候等的总体。

**活立木总蓄积量** 指一定范围内土地上全部树木蓄积的总量，包括森林蓄积、疏林蓄积、散生木蓄积和四旁（村旁、路旁、水旁、宅旁）树蓄积。

**森林面积** 指由乔木树种构成，郁闭度 0.2 以上（含 0.2）的林地或冠幅宽度 10 米以上的林带的面积，即有林地面积。森林面积包括天然起源和人工起源的针叶林面积、阔叶林面积、针阔混交林面积和竹林面积，不包括灌木林地面积和疏林地面积。

**森林蓄积量** 指一定森林面积上存在着的林木树干部分的总材积。它是反映一个国家或地区森林资源总规模和水平的基本指标之一，也是反映森林资源的丰富程度、衡量森林生态环境优劣的重要依据。

**森林覆盖率** 指一个国家或地区森林面积占土地面积的百分比。在计算森林覆盖率时，森林面积包括郁闭度 0.2 以上的乔木林地面积和竹林地面积、国家特别规定的灌木林地面积、农田林网以及四旁林木的覆盖面积。森林覆盖率是反映森林资源的丰富程度和生态平衡状况的重要指标。计算公式为：

森林覆盖率（%）=森林面积/土地总面积×100%

**水资源** 水在自然界中以固体、液体和气态三种聚集状态存在，分布于海洋、陆地（包括土壤）以及大气之中，通过水循环形成水资源。水资源包括经人类控制并直接可供灌溉、发电、给水、航运、养殖等用途的地表水和地下水，以及江河、湖泊、井、泉、潮汐、港湾和养殖水域等。水资源是发展国民经济不可缺少的重要自然资源。

**地表水和地下水** 陆地上的水因空间分布不同，可以分为地表水和地下水。地表水指分别存在于河流、湖泊、沼泽、冰川和冰盖等水体中水分的总称，又称陆地水。地下水指储存在地面以下饱和岩土孔隙、裂隙及溶洞中的水。

**径流** 指大气降水扣除损耗外，从地表和地下向流域出口断面汇集的水流。径流可分为地表径流、地下径流和壤中流。地表径流指沿地表向河流、湖泊、沼泽、海洋等汇集的水流；地下径流指沿潜水层或隔水层间的含水层，向河流、湖泊、沼泽、海洋等汇集的地下水水流。

**径流量** 指在一定时段内通过河流某一过水断面的水量，用以反映一个国家或地区水资源的丰歉程度。计算公式为：径流量=降水量－蒸发量

**矿产资源** 矿产指由地质作用形成，富集于地壳中或出露于地表达到工农业利用要求的有用矿物。矿产是一种重要的自然资源，是社会发展的重要物质基础。

**矿产基础储量** 基础储量是查明矿产资源的一部分。它能满足现行采矿和生产所需的指标要求，是控制的、探明的并通过可行性或预可行性研究认为属于经济的、边界经济的部分，用未扣除设计、采矿损失的数量表示。

**气温** 指空气的温度，我国一般以摄氏度（℃）为单位表示。气象观测的温度表是放在离地面约 1.5 米处通风良好的百叶箱里测量的，因此，通常说的气温指的是离地面 1.5 米处百叶箱的温度。其统计计算方法为：

月平均气温是全月各日的平均气温相加，除以该月的天数而得。

年平均气温是将 12 个月的月平均气温累加后除以 12 而得。

**相对湿度** 指空气中实际水气压与当时气温下的饱和水气压之比。其统计方法与气温相同。

**降水量** 指从天空降落到地面的液态或固态（经融化后）水，未经蒸发、渗透、流失而在地面上积聚的深度。其统计计算方法为：

月降水量是将全月各日的降水量累加而得。

年降水量是将 12 个月的月降水量累加而得。

**日照时数** 指太阳实际照射地面的时间。其统计方法与降水量相同。

**可比价格** 指计算各种总量指标所采用的扣除了价格变动因素的价格，可进行不同时期总量指标的对比。按可比价格计算总量指标有两种方法：一种是直接用产品产量乘某一年的不变价格计算；另一种是用价格指数进行缩减。

**不变价格** 指以同类产品某年的平均价格作为固定价格，用于计算各年的产品价值。按不变价格计算的产品价值消除了价格变动因素，不同时期对比可以反映生产的发展速度。新中国成立后，随着工农业产品价格水平的变化，国家统计局先后五次制定了全国统一的工业产品不变价格和农业产品不变价格。从 1952 年到 1957 年使用 1952 年工（农）业产品不变价格，从 1957 年到 1970 年使用 1957 年不变价格，从 1971 年到 1980 年使用 1970 年不变价格，从 1981 年到 1990 年使用 1980 年不变价格，从 1991 年开始使用 1990 年不变价格。

**平均增长速度** 我国计算平均增长速度有两种方法：一种是习惯上经常使用的“水平法”，又称几何平均法，是以间隔期最后一年的水平同基期水平对比来计算平均每年增长（或下降）速度；另一种是“累计法”，又称代数平均法或方程法，是以间隔期内各年水平的总和同基期水平对比来计算平均每年增长（或下降）速度。在一般正常情况下，两种方法计算的平均每年增长速度比较接近，但在经济发展不平衡、出现大起大落时，两种方法计算的结果差别较大。

本《年鉴》内所列的平均增长速度，一般使用“水平法”计算。从某年到某年平均增长速度的年份，均不包括基期年在内。如建国四十三年的平均增长速度是以 1949 年为基期计算的，则写为 1950—1992 年平均增长速度，其余类推。

**国民经济行业分类** 自 2003 年定期报表开始使用新的《国民经济行业分类》（GB/T4754-2002）该分类是由国家统计局组织修订，经国家质量监督检验检疫总局批准，于 2002 年 5 月 10 日发布实施。这次修订是在 1994 年分类标准的基础上，参照联合国《全部经济活动的国际标准产业分类》（ISIC/Rev.3）进行的。修订后的《国民经济行业分类》

（GB/T4754-2002）共有门类20个，大类95个，中类396个，小类913个。新增门类4个，大类增加3个，中类增加28个，小类增加67个。

**企业（单位）登记注册类型** 是以在工商行政管理机关登记注册的各类企业为划分对象，以工商行政管理部门对企业登记注册的类型为依据，将企业登记注册类型分为内资企业、港澳台商投资企业和外商投资企业三大类。内资企业包括国有企业、集体企业、股份合作企业、联营企业、有限责任公司、股份有限公司、私营公司和其他企业，港澳台商投资企业和外商投资企业分别包括合资经营企业、合作经营企业、独资经营企业和股份有限公司。对不在工商行政管理部门进行登记注册的行政机关、事业单位和社会团体，主要按其经费来源和管理方式进行划分。

**国有企业** 指企业全部资产归国家所有，并按《中华人民共和国企业法人登记管理条例》规定登记注册的非公司制的经济组织。不包括有限责任公司中的国有独资公司。

**集体企业** 指企业资产归集体所有，并按《中华人民共和国企业法人登记管理条例》规定登记注册的经济组织。

**股份合作企业** 指以合作制为基础，由企业职工共同出资入股，吸收一定比例的社会资产投资组建，实行自主经营，自负盈亏，共同劳动，民主管理，按劳分配与按股份红相结合的一种集体经济组织。

**联营企业** 指两个及两个以上相同或不同所有制性质的企业法人或事业单位法人，按自愿、平等、互利的原则，共同投资组成的经济组织。联营企业包括国有联营企业、集体联营企业、国有与集体联营企业和其他联营企业。

**有限责任公司** 指根据《中华人民共和国公司登记管理条例》规定登记注册，由两个以上、五十个以下的股东共同出资，每个股东以其所认缴的出资额对公司承担有限责任，公司以其全部资产对其债务承担责任的经济组织。有限责任公司包括国有独资公司以及其他有限责任公司。

**股份有限公司** 指根据《中华人民共和国公司登记管理条例》规定登记注册，其全部注册资本由等额股份构成并通过发行股票筹集资本，股东以其认购的股份对公司承担有限责任，公司以其全部资产对其债务承担责任的经济组织。

**私营企业** 指由自然人投资设立或由自然人控股，以雇用劳动为基础的营利性经济组织。包括按照《公司法》、《合伙企业法》、《私营企业暂行条例》规定登记注册的私营有限责任公司、私营股份有限公司、私营合伙企业和私营独资企业。

**其他内资企业** 指上述企业之外的其他内资经济组织。

**与港澳台商合资经营企业** 指港澳台地区投资者与内地企业依照《中华人民共和国中外合资经营企业法》及有关法律的规定，按合同规定的比例投资设立、分享利润和分担风险的企业。

**与港澳台商合作经营企业** 指港澳台地区投资者与内地企业依照《中华人民共和国中外合作经营企业法》及有关法律的规定，依照合作合同的约定进行投资或提供条件设立、分配利润和分担风险的企业。

**港澳台商独资经营企业** 指依照《中华人民共和国外资企业法》及有关法律的规定，在内地由港澳台地区投资者全额投资设立的企业。

**港澳台商投资股份有限公司** 指根据国家有关规定，经外经贸部依法批准设立，其中港、澳、台商的股本占公司注册资本的比例达25%以上的股份有限公司。凡其中港、澳、台商的股本占公司注册资本的比例小于25%的，属于内资企业中的股份有限公司。

**中外合资经营企业** 指外国企业或外国人与中国内地企业依照《中华人民共和国中外合资经营企业法》及有关法律的规定，按合同规定的比例投资设立、分配利润和分担风险的企业。

**中外合作经营企业** 指外国企业或外国人与中国内地企业依照《中华人民共和国中外合作经营企业法》及有关法律的规定，依照合作合同的约定进行投资或提供条件设立、分配利润和分担风险的企业。

**外资企业** 指依照《中华人民共和国外资企业法》及有关法律的规定，在中国内地由外国投资者全额投资设立的企业。

**外商投资股份有限公司** 指根据国家有关规定，经外经贸部依法批准设立，其中外资的股本占公司注册资本的比例达25%以上的股份有限公司。凡其中外资股本占公司注册资本的比例小于25%的，属于内资企业中的股份有限公司。

**行政机关、事业单位和社会团体** 参照企业登记注册类型，主要按其经费来源和管理方式划分。具体规定如下：

（1）行政机关：包括国家机关和政党机关，原则上均列为“国有”。但有特殊规定的，如供销社等，列为“集体”。

（2）事业单位：包括经国家机构编制部门和有关业务主管部门批准成立的各类事业单位，不包括实行企业化管理的事业单位。事业单位的划分办法如下：

① 由国家财政预算拨款或列入财政预算外资金管理以及经费主要来源于国有主管部门或国有上级单位的事业单位，列为“国有”。

② 经费主要来源于集体单位的事业单位，列为“集体”。

③ 公民个人（或个人合伙）开办的事业单位，列为“私营”。

④ 上述以外的其他事业单位，如果其经费来源不明确，按管理方式进行归类。

（3）社会团体：包括经民政部门批准成立以及未纳入社会团体管理条例范围的工会、妇联等各类社会团体。社会团体的划分办法如下：

①未纳入民政部社会团体管理条例范围的工会、妇联、共青团、青联、工商联、科协、侨联等社会团体，国家拨款设立的基金会或基金管理组织以及经费主要来源于国有业务主管部门或国有上级单位的社会团体，列为“国有”。

②经费主要来源于集体单位的社会团体。

③公民个人（或个人合伙）开办的社会团体，划为“私营”。

④上述以外的其他社会团体，如果其经费来源不明确，改按管理方式进行归类。

# Explanatory Notes on Main Statistical Indicators

**Administrative Division** refers to the division of administrative areas by the state. The Constitution of the People's Republic of China stipulates that the administrative areas in China are divided as: 1) The whole country is divided into provinces, autonomous regions and municipalities directly under the central government; 2) Provinces and autonomous regions are divided into autonomous prefectures, counties, autonomous counties and cities; 3) Autonomous prefectures are divided into counties, autonomous counties and cities; 4) Counties and autonomous counties are divided into townships, nationality townships and towns; 5) Municipalities and large cities are divided into districts and counties; 6) The state shall, when necessary, establish special administrative regions.

**Territory** refers to territorial land, sea and air space under the administration of the People's Republic of China.

**Climate** refers to the natural environmental status formed by the long-time exchange of energy and mass between the earth and the air, and is the results of interaction of many factors. Climate is both one of the environment factors and the important resources for the living and production activities of the human being. The average values across several years of meteorological factors such as temperature, rainfall and humidity are used as important parameters to describe the climate of a region, while the average values (or total values) of a given year of month of meteorological factors reflect the key characteristics of climate for that period of time.

**Natural Resources** refer to material resources that could be obtained from the nature by human being and used for production and living. Natural resources in general can be classified as renewable resources and non-renewable resources. Renewable resources refer to resources that could be renewed and recycled during a relatively short period of time, including land resource, water resource, climate resource, biology resource and marine resource. Non-renewable resources include resources that could not be renewed, such as minerals and geothermal resource.

**Land Resource** Land refers to the surface of the earth, consisting of mainly rocks and its weathering and earth. Land resource can be classified, by its utilization, as land for agriculture, land for construction and unused land. Land for agriculture included cultivated land, plantation land, forestland, grassland and waters. Land for construction included land for residential purpose, for manufacturing and mining, for transportation and for water-conservancy projects. Unused land refers to land other than land for agriculture and construction, including beaches, deserts, Gobi glaciers and rock mountains.

**Area of Cultivated Land** refers to area of land reclaimed for the regular cultivation of various farm crops, including cropcover land, fallow, newly reclaimed land and land laid idle for less than 3 years.

**Area of Afforestated Land** refer of Land for trees Bamboo, bushes and mangrove, including forest-cover land, bush-covered land, sparse forest land, land planned for afforestation and nurseries of young trees.

**Area of Grassland** refers to areas of grassland, grass-slopes and grass-covered hills with a vegetation-covering rate of over 5% that are used for animal husbandry or harvesting of grass. It includes natural, cultivated and improved grassland areas.

**Forest Resource** refers to forests, trees, forestland and wild animals, plants and microorganism that live on forest and trees. Trees include trees and bamboo. Forest refers to the population of clusters of trees and other plants, animals and microorganism as well as the earth and climate that have interactions with the trees.

**Total Standing Stock Volume** refers to the total stock volume of trees growing in land, including trees in forest, tress in sparse forest, scattered trees and trees planted by the side of villages, farm houses and along roads and rivers.

**Forest Area** refers to the area of forestland where trees and bamboo grow with canopy density above 0.2, including land of natural woods and planted woods, but excluding bush land and thin forestland. It reflects the total areas of afforestation.

**Stock Volume of Forest** refers to total stock volume of wood growing in forest area, which shows the total size and level of forest resources of a country or a region. It is also an important indicator illustration the richness of forest resource and the status of forest ecological environment.

**Forest Coverage Rate** refers to the ratio to the ratio of area of afforested land to total land area. This indicator shows the forest resources and afforestation progress of a country or a region. According to regulations of the government, in addition to afforested land, the area of bush forest, the area of forest land inside farm land and the area of trees planted by the side of farm houses and along the roads, rivers and fields should also be included in the area of afforested land in the calculation of the forest coverage-rate. The formula for calculation forest coverage rate is as follows.

*Forestry coverage rate (%) = (Area of Afforested Land / Area of Total Land) × 100%*

**Water Resource** Water exists in the nature in solid, liquid and gaseous states, is distributed in the ocean, land (including earth) and air, and constitutes the water resource through the circulation of water. Water resource includes the surface water and under-ground water that is controlled by the human being for irrigation, power-generation, water supply, navigation and cultivation. It also includes rivers, Lakes, wells, springs, tides, and gulf and water area for cultivation. Water resource as an important natural resource is indispensable for the development of the national economy.

**Surface Water and Underground Water** Water on earth can be divided into surface water and underground water according to its distribution. Surface water refers to moisture exists in rivers, lakes, swamps, glaciers, icecaps and so on. It is also called land water. The underground water refers to water deposited under-ground in the cranny and the hole of saturated rock soil and in the water-eroded cave.

**Runoff** refers to the water gathered at the way out of the cross section of drainage area either from the surface or underground after deducting the wastage of the precipitation. Runoff can be divided into surface runoff, underground runoff and within soil runoff. Surface runoff refers to water flow to the rivers, lakes, swamps, and seas on the surface of the earth. Underground runoff refers to water flow to rivers, swamps, and seas through the water-bearing stratum of confined layer or unconfined layer.

**Volume of Runoff** refers to the total volume of water running through a certain cross section of a river during a certain period of time, reflecting the water resource condition in a country or a region. The formula for calculating volume or runoff is as follows: *Runoff=Precipitation-Evaporation*

**Mineral Resources** refer to useful minerals that can be used for industrial or agricultural purposes enriched in lithosphere or on earth due to the geological process. Minerals are important natural resources, and important material base for social development.

**Ensured Mineral Reserves** refer to the actual mineral reserves, which equal to the proven mineral reserves (including industrial reserves and prospective reserves) minus extracted parts and underground losses.

**Temperature** refers to the air temperature. China uses centigrade (°C) as the unit. The thermometry used for weather observation is put in a breezy shutter, which is 1.5 meters high from the ground. Therefore, the commonly used temperature refers to the temperature in the breezy shutter 1.5 meters away from the ground. The calculation method is as follows:

*Monthly average temperature* is the summation of average daily temperature of one month divided by the actual days of that particular month.

*Annual average temperature* is the summation of monthly average of a year divided by 12 months.

**Relative Humidity** refers to the ratio of actual water vapor pressure to the saturation water vapor pressure under the current temperature. The calculation method is the same as that of temperature.

**Volume of Precipitation** refers to the deepness of liquid state of solid state (thawed) water falling from the sky to the ground that has not been evaporated, infiltrated or run off. The calculation method is as follows:

*Monthly precipitation* is the summation of daily precipitation of a month.

*Annual precipitation* is the summation of 12 months' precipitation of a year.

**Sunshine Hours** refer to the actual hours of sun irradiating the earth. The calculation method is the same as that of the precipitation.

**Comparable Prices** refer to prices that are used to remove the factors of price change in calculating economic aggregates, so as to facilitate comparison of aggregates over time. Two methods are used for calculating economic aggregates at comparable prices: (a) Multiplying the output of products by their constant prices of certain year. (b) Deflation of data at current prices by relevant price index.

**Constant Price** refers to the average price of a given product in certain year, which is used for comparison of output value over time. As the output value at constant prices removers the factor of price changes, it reflects the trend of production development over time. Since 1949,with the changes in general price level, the State Statistical Bureau has issued nationally unified constant prices five times: the 1952 constant prices for 1949-1957;the 1957 constant prices for 1957-1971;the 1970 constant prices for 1971-1981;the 1980 constant prices for 1981-1990; and the 1990 constant prices have been used since 1991.

**Average Annual Growth Rate** Two methods for calculating average annual growth rate are applied in China, one is often called level approach, or the method of calculating geometric average, which is derived by comparing the level of the last year of the interval with that of the beginning year; the other is called accumulative approach or algebraic average or equation method, which is derived by the summation of the actual figure of each year in the interval divided by the figure in the base year. Usually the results calculated by the two methods are fairly close, but they differed sharply when uneven economic development occurred with striking fluctuations in growth.

The average annual growth rates listed in this statistical yearbook are generally calculated by "level approach". The base years are not listed when the years are listed for average annual growth rates. For instance, the average annual growth rate of 43 years since 1949 is listed as average annual growth rate of 1950-1992 without listing the base year 1949.And the analogy of this is also the same for the rest of the years.

**Industrial Classification of the National Economy** The new *Industrial Classification of the National Economy (GB/T 4754-2002)* is introduced starting from the compilation of 2003 annual statistics. The revision of the 1994 classification was organized by the National Bureau of Statistics taking into consideration of the *International Standards of the Industrial Classification of All Economic Activities (ISIC/Rev.3)* of the United Nations, and the new Classification was promulgated by the National Administration of Quality Supervision, Inspection and Quarantine on May 10, 2002. The revised version of the *Industrial Classification of the National Economy (GB/T 4754-2002)* is composed of 20 major divisions, 95 divisions, 396 major groups and 913 groups, including 4 new major divisions, 3 new divisions, 28 major groups and 67 groups.

**Registration Status of Enterprises** is classified into 3 categories, namely domestic-funded enterprises, enterprises with foreign investment, in the light of the registration status of an enterprise in industrial and commercial administration agencies. Domestic-funded enterprises include state-owned enterprises, collective-owned enterprises, cooperative enterprises, joint ownership enterprises, limited liability corporations, share-holding corporations Ltd., private enterprises and other enterprises. Included in the enterprises with investment from Hong Kong, Macao and Taiwan and enterprises with foreign investment are joint-venture enterprises, cooperative enterprises, sole investment enterprises and share-holding corporations Ltd. For government agencies, institutions and social organizations that are not requested to register in industrial and commercial administration agencies, they are classified mainly by their sources of funds and way of management.

**State-owned Enterprises** refer to non-corporation economic units where the entire assets are owned by the state and which have registered in accordance with the *Regulation of the People's Republic of China on the Management of Registration of Corporate Enterprises*. Excluded from this category are sole state-funded corporations in the limited liability corporations.

**Collective-owned Enterprises** refer to economic units where the assets are owned collectively and which have registered in accordance with the *Regulation of the People's Republic of China on the Management of Registration of Corporate Enterprises.*

**Cooperative Enterprises** refer to a form of collective economic units (enterprises) where capitals come mainly from employees as their shares, with certain proportion of capital from the outside, where production is organized on the basis of independent operation, independent accounting for profits and losses, joint work, democratic management, and a distribution system that integrates remuneration according to work with dividend according to capital share.

**Joint Ownership Enterprises** refer to economic units established by two or more corporate enterprises or corporate institutions of the same or different ownership, through joint investment on the basis of equality, voluntary participation and mutual benefits. They include state joint ownership enterprises, collective joint ownership enterprises, joint state-collective enterprises, other joint ownership enterprises.

**Limited Liability Corporations** refer to economic units established with investment from 2-50 investors and registered in accordance with the *Regulation of the People's Republic of China on the Management of Registration of Corporations*, each investor bearing limited liability to the corporation depending on its share of investment, and the corporation bearing liability to its debt to the maximum of its total assets. Limited liability corporations include exclusive state-funded limited liability corporations and other limited liability corporations.

**Share holding Corporations Ltd.** refer to economic units registered in accordance with the *Regulation of the People's Republic of China on the Management of Registration of Corporations*, with total registered capitals divided into equal shares and raised through issuing stocks. Each investor bears limited liability to the corporation depending on the holding of shares, and the corporation bears liability to its debt to the maximum of its total assets.

**Private Enterprises** refer to profit-making economic units invested and established by natural persons, or controlled by natural persons using employed labor. Included in this category are private limited liability corporations, private share-holding corporations Ltd., private partnership enterprises and private-funded enterprises registered in accordance with the *Corporation Law, Partnership Enterprises Law and Interim Regulations on Private Enterprise.*

**Other Domestic-funded Enterprises** refer to domestic-funded economic units other than those mentioned above.

**Joint-venture Enterprises with Funds from Hong Kong, Macao and Taiwan** refer to enterprises jointly established by invertors from Hong Kong, Macao and Taiwan with enterprises in the mainland of China in accordance with the *Law of the People's Republic of China on Sino-foreign Joint Venture Enterprises* and other relevant laws, where the share of investment, profits and risks is stipulated in the contract.

**Cooperative Enterprises with Funds from Hong Kong Macau and Taiwan** established by investors from Hong Kong, Macau and Taiwan with enterprises in the mainland of China in accordance with the *Law of the People's Republic of China on Sino-foreign Cooperative Enterprises* and other relevant laws, where the investment or provision of facilities, and the share of profits and risks is stipulated in the cooperative contract.

**Enterprises with Sole (exclusive) Investment from Hong Kong, Macau and Taiwan** refer to enterprises established in the mainland of China with exclusive investment from investors from Hong Kong, Macau and Taiwan in accordance with the *Law of the People's Republic of China on Foreign-Funded Enterprises* and other relevant laws.

**Share-holding Corporations Ltd. with Investment from Hong Kong, Macau and Taiwan** refer to share-holding corporations Ltd. established with the approval from the former Ministry of Foreign Trade and Economic Relations in line with relevant state regulations, where the share of investment from Hong Kong, Macau or Taiwan businessmen exceeds 25% of the total registered capital of the corporation. In case the share of investment from Hong Kong, Macau or Taiwan is less than 25% of the total registered capital, the enterprise is to be classified as domestic-funded share-holding corporation Ltd.

**Joint-venture Enterprises with Foreign Investment** refer to enterprises jointly established by foreign enterprises or foreigners with enterprises in the mainland of China in accordance with the *Law of the People's Republic of China on Sino-foreign Joint Venture Enterprises* and other relevant laws, where the share of investment, profits and risks is stipulated in the contract.

**Cooperation Enterprises with Foreign Investment** refer to enterprises jointly established by foreign enterprises or foreigners with enterprises in the mainland of China in accordance with the *Law of the People's Republic of China on Sino-foreign Cooperative Enterprises* and other relevant laws, where the investment or provision of facilities, and the share of profits and risks is stipulated in the cooperative contract.

**Enterprises with Sole (exclusive) Foreign Investment** refer to enterprises established in the mainland of China with exclusive investment from foreign investors in accordance with the *Law of the People's Republic of China on Foreign-Funded Enterprises* and other relevant laws.

**Share-holding Corporations Ltd. with Foreign Investment** refer to share-holding corporations Ltd. established with the approval from the Ministry of Foreign Trade and Economic Relations in line with relevant state regulations, where the share of investment from foreign investors exceeds 25% of the total registered capital of the corporation. In case the share of foreign investment is less than 25% of the total registered capital, the enterprise is to be classified as domestic-funded share-holding corporation Ltd.

**Government Agencies, Institutions and Social Organizations** are classified into following categories by source of funds and way of management taking reference of the registration status of enterprises:

(I) Government agencies: include state and party agencies, classified in principle as "state-owned". There are exceptions, such as supply and marketing cooperatives, which are classified, as "collective".

(II) Institutions: include institutions of various types established with the approval by organization and staffing departments of the government, but exclude institutions where enterprise management system is introduced. Institutions are further classified as follows:

(a) Institutions whose main budget is listed in the government budget appropriations or extra-budget funds, or allocated from the budget of their competent government agencies. Such institutions are classified as "state-owned".

(b) Institutions whose budget mainly comes from collective units. Such institutions are classified as "collective".

(c) Institutions other than those mentioned above whose source of budget are not clear. Such institutions are classified by way of management.

(III) Social organizations: include social organizations established with the approval from the Ministry of Civil Affairs, and organizations that are not covered by social organization management regulations such as trade unions, women's federations etc. Social organizations are further classified as follows:

(a) Social organizations that are not covered by social organization management regulations of the Ministry of Civil Affairs such as trade unions, women's federations, communist youth leagues, youth associations, industrial and commerce associations, scientists associations, overseas Chinese associations, etc., foundations and fund management organizations established with founds from the state, and social organizations whose funds mainly come from the budget of their competent government agencies. Such institutions are classified as "state-owned".

(b) Social organizations whose budget mainly comes from collective units. Such institutions are classified as "collective".

(c) Social organizations established by individual or a group of citizens, which are classified as "private".

(d) Social organizations other than those mentioned above whose source of budget are not clear. Such organizations are classified by way of management.

2

# 国民经济核算

*National Economic Accounting*

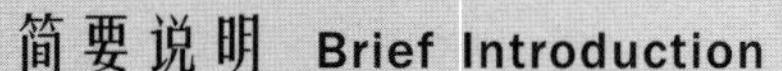

## 简要说明 Brief Introduction

本章本市生产总值资料包括各年度本市生产总值的绝对值、构成和指数，本市生产总值项目结构，按支出法计算的本市生产总值，以及重庆市三大经济区生产总值的绝对值和指数。本章资料由市统计局核算处提供。

The data of Gross Domestic Product (GDP) in this chapter include absolute figures, composition and indices of GDP of Chongqing and GDP by expenditure approach, and the three economic zones as well. All data in this chapter are calculated by Division of National Economic Accounting, Municipal Bureau of Statistics.

# 2－1 重庆市生产总值（1949－1978年）
## Gross Domestic Product (1949-1978)

单位：亿元 (100 million yuan)

| 年份 Year | 本市生产总值 Gross Domestic Product | 第一产业 Primary Industry | 第二产业 Secondary Industry | 工业 Industry | 建筑业 Construction |
|---|---|---|---|---|---|
| 1949 | 13.89 | 9.74 | 2.71 | 2.50 | 0.21 |
| 1950 | 14.98 | 10.23 | 2.96 | 2.73 | 0.23 |
| 1951 | 15.90 | 10.72 | 3.35 | 3.09 | 0.26 |
| 1952 | 17.85 | 11.86 | 3.90 | 3.55 | 0.35 |
| 1953 | 21.08 | 13.57 | 5.55 | 4.88 | 0.67 |
| 1954 | 22.54 | 13.89 | 6.40 | 5.88 | 0.52 |
| 1955 | 23.02 | 13.86 | 6.88 | 6.45 | 0.43 |
| 1956 | 25.97 | 15.01 | 8.11 | 7.48 | 0.63 |
| 1957 | 26.10 | 13.12 | 9.73 | 9.14 | 0.59 |
| 1958 | 34.13 | 15.43 | 14.04 | 13.02 | 1.02 |
| 1959 | 37.21 | 12.02 | 19.64 | 18.13 | 1.51 |
| 1960 | 37.90 | 11.10 | 20.50 | 19.00 | 1.50 |
| 1961 | 28.21 | 10.35 | 11.96 | 11.32 | 0.64 |
| 1962 | 24.42 | 9.92 | 9.20 | 8.92 | 0.28 |
| 1963 | 27.08 | 12.08 | 9.76 | 9.34 | 0.42 |
| 1964 | 31.53 | 13.37 | 12.34 | 11.72 | 0.62 |
| 1965 | 36.98 | 16.21 | 14.85 | 13.77 | 1.08 |
| 1966 | 38.18 | 16.18 | 16.63 | 15.37 | 1.26 |
| 1967 | 33.37 | 15.21 | 12.84 | 12.01 | 0.83 |
| 1968 | 27.11 | 15.18 | 7.26 | 6.84 | 0.42 |
| 1969 | 31.39 | 14.75 | 11.08 | 10.32 | 0.76 |
| 1970 | 38.18 | 15.96 | 16.06 | 14.74 | 1.32 |
| 1971 | 43.82 | 16.71 | 20.38 | 18.97 | 1.41 |
| 1972 | 43.16 | 16.67 | 19.06 | 17.86 | 1.20 |
| 1973 | 43.96 | 18.14 | 17.93 | 16.49 | 1.44 |
| 1974 | 43.29 | 18.43 | 16.35 | 15.17 | 1.18 |
| 1975 | 50.44 | 18.81 | 21.71 | 20.16 | 1.55 |
| 1976 | 50.39 | 19.07 | 21.12 | 19.64 | 1.48 |
| 1977 | 56.67 | 21.74 | 24.22 | 22.21 | 2.01 |
| 1978 | 67.32 | 24.81 | 30.80 | 27.92 | 2.88 |

2-1 续表 CONTINUED

单位：亿元 (100 million yuan)

| 年份 Year | 第三产业 Tertiary Industry | 交通运输、仓储及邮政业 Transportation, Storage, Postal Services | 批发和零售业 Wholesale and Retail Trade | 住宿和餐饮业 Hotels and Catering Trade | 其他服务业 Other Services | 本市人均生产总值（元） Per Capita GDP (yuan) |
|---|---|---|---|---|---|---|
| 1949 | 1.44 | 0.61 | 0.44 | 0.26 | 0.13 | 87 |
| 1950 | 1.79 | 0.70 | 0.50 | 0.28 | 0.31 | 91 |
| 1951 | 1.83 | 0.74 | 0.56 | 0.29 | 0.24 | 94 |
| 1952 | 2.09 | 0.83 | 0.64 | 0.31 | 0.31 | 102 |
| 1953 | 1.96 | 0.78 | 0.65 | 0.32 | 0.21 | 119 |
| 1954 | 2.25 | 0.87 | 0.70 | 0.34 | 0.34 | 123 |
| 1955 | 2.28 | 0.88 | 0.69 | 0.37 | 0.34 | 123 |
| 1956 | 2.85 | 1.08 | 0.81 | 0.44 | 0.52 | 133 |
| 1957 | 3.25 | 1.23 | 0.97 | 0.44 | 0.61 | 129 |
| 1958 | 4.66 | 1.75 | 1.53 | 0.46 | 0.92 | 167 |
| 1959 | 5.55 | 2.04 | 1.81 | 0.52 | 1.18 | 181 |
| 1960 | 6.30 | 2.04 | 1.82 | 0.53 | 1.91 | 188 |
| 1961 | 5.90 | 1.82 | 1.54 | 0.53 | 2.01 | 150 |
| 1962 | 5.30 | 1.61 | 1.23 | 0.66 | 1.80 | 135 |
| 1963 | 5.24 | 1.47 | 1.21 | 0.58 | 1.98 | 146 |
| 1964 | 5.82 | 1.70 | 1.52 | 0.52 | 2.08 | 164 |
| 1965 | 5.92 | 1.71 | 1.55 | 0.52 | 2.14 | 184 |
| 1966 | 5.37 | 1.41 | 1.33 | 0.50 | 2.13 | 184 |
| 1967 | 5.32 | 1.35 | 1.44 | 0.48 | 2.05 | 158 |
| 1968 | 4.67 | 1.22 | 1.18 | 0.46 | 1.81 | 126 |
| 1969 | 5.56 | 1.37 | 1.40 | 0.49 | 2.30 | 141 |
| 1970 | 6.16 | 1.41 | 1.52 | 0.50 | 2.73 | 164 |
| 1971 | 6.73 | 1.47 | 1.56 | 0.60 | 3.10 | 183 |
| 1972 | 7.43 | 1.61 | 1.72 | 0.66 | 3.44 | 176 |
| 1973 | 7.89 | 1.76 | 1.79 | 0.66 | 3.68 | 174 |
| 1974 | 8.51 | 1.83 | 1.81 | 0.64 | 4.23 | 168 |
| 1975 | 9.92 | 2.04 | 2.02 | 0.69 | 5.17 | 190 |
| 1976 | 10.20 | 1.94 | 2.04 | 0.67 | 5.55 | 188 |
| 1977 | 10.71 | 2.11 | 2.21 | 0.69 | 5.70 | 208 |
| 1978 | 11.71 | 2.38 | 2.34 | 0.78 | 6.21 | 257 |

注：本市人均生产总值按户籍人口计算。
Note: Per capita GDP is calculated by household registered population.

# 2－2 重庆市生产总值构成（1949－1978年）
## Composition of Gross Domestic Product (1949-1978)

单位：%　　(%)

| 年 份<br>Year | 本市生产总值<br>Gross Domestic Product | 第一产业<br>Primary Industry | 第二产业<br>Secondary Industry | 工 业<br>Industry | 建筑业<br>Construction |
|---|---|---|---|---|---|
| 1949 | 100.0 | 70.1 | 19.5 | 18.0 | 1.5 |
| 1950 | 100.0 | 68.3 | 19.8 | 18.3 | 1.5 |
| 1951 | 100.0 | 67.4 | 21.1 | 19.5 | 1.6 |
| 1952 | 100.0 | 66.4 | 21.8 | 19.8 | 2.0 |
| 1953 | 100.0 | 64.4 | 26.3 | 23.1 | 3.2 |
| 1954 | 100.0 | 61.6 | 28.4 | 26.1 | 2.3 |
| 1955 | 100.0 | 60.2 | 29.9 | 28.0 | 1.9 |
| 1956 | 100.0 | 57.8 | 31.2 | 28.8 | 2.4 |
| 1957 | 100.0 | 50.3 | 37.3 | 35.0 | 2.3 |
| 1958 | 100.0 | 45.2 | 41.1 | 38.1 | 3.0 |
| 1959 | 100.0 | 32.3 | 52.8 | 48.7 | 4.1 |
| 1960 | 100.0 | 29.3 | 54.1 | 50.1 | 4.0 |
| 1961 | 100.0 | 36.7 | 42.4 | 40.1 | 2.3 |
| 1962 | 100.0 | 40.6 | 37.7 | 36.6 | 1.1 |
| 1963 | 100.0 | 44.6 | 36.1 | 34.5 | 1.6 |
| 1964 | 100.0 | 42.4 | 39.2 | 37.2 | 2.0 |
| 1965 | 100.0 | 43.8 | 40.2 | 37.3 | 2.9 |
| 1966 | 100.0 | 42.3 | 43.6 | 40.3 | 3.3 |
| 1967 | 100.0 | 45.6 | 38.5 | 36.0 | 2.5 |
| 1968 | 100.0 | 56.0 | 26.8 | 25.3 | 1.5 |
| 1969 | 100.0 | 47.0 | 35.3 | 32.9 | 2.4 |
| 1970 | 100.0 | 41.8 | 42.1 | 38.6 | 3.5 |
| 1971 | 100.0 | 38.1 | 46.5 | 43.3 | 3.2 |
| 1972 | 100.0 | 38.6 | 44.2 | 41.4 | 2.8 |
| 1973 | 100.0 | 41.3 | 40.8 | 37.5 | 3.3 |
| 1974 | 100.0 | 42.6 | 37.7 | 35.0 | 2.7 |
| 1975 | 100.0 | 37.3 | 43.0 | 40.0 | 3.0 |
| 1976 | 100.0 | 37.8 | 41.9 | 39.0 | 2.9 |
| 1977 | 100.0 | 38.4 | 42.7 | 39.2 | 3.5 |
| 1978 | 100.0 | 36.9 | 45.8 | 41.5 | 4.3 |

2-2 续表 CONTINUED

单位：% (%)

| 年份 Year | 第三产业 Tertiary Industry | 交通运输、仓储及邮政业 Transportation, Storage, Postal Services | 批发和零售业 Wholesale and Retail Trade | 住宿和餐饮业 Hotels and Catering Trade | 其他服务业 Other Services |
|---|---|---|---|---|---|
| 1949 | 10.4 | 4.4 | 3.2 | 1.9 | 0.9 |
| 1950 | 11.9 | 4.7 | 3.3 | 1.9 | 2.0 |
| 1951 | 11.5 | 4.7 | 3.5 | 1.8 | 1.5 |
| 1952 | 11.8 | 4.7 | 3.6 | 1.7 | 1.8 |
| 1953 | 9.3 | 3.7 | 3.1 | 1.5 | 1.0 |
| 1954 | 10.0 | 3.9 | 3.1 | 1.5 | 1.5 |
| 1955 | 9.9 | 3.8 | 3.0 | 1.6 | 1.5 |
| 1956 | 11.0 | 4.2 | 3.1 | 1.7 | 2.0 |
| 1957 | 12.4 | 4.7 | 3.7 | 1.7 | 2.3 |
| 1958 | 13.7 | 5.1 | 4.5 | 1.3 | 2.8 |
| 1959 | 14.9 | 5.5 | 4.9 | 1.4 | 3.1 |
| 1960 | 16.6 | 5.4 | 4.8 | 1.4 | 5.0 |
| 1961 | 20.9 | 6.5 | 5.5 | 1.9 | 7.0 |
| 1962 | 21.7 | 6.6 | 5.0 | 2.7 | 7.4 |
| 1963 | 19.3 | 5.4 | 4.5 | 2.1 | 7.3 |
| 1964 | 18.4 | 5.4 | 4.8 | 1.6 | 6.6 |
| 1965 | 16.0 | 4.6 | 4.2 | 1.4 | 5.8 |
| 1966 | 14.1 | 3.7 | 3.5 | 1.3 | 5.6 |
| 1967 | 15.9 | 4.0 | 4.3 | 1.4 | 6.2 |
| 1968 | 17.2 | 4.5 | 4.4 | 1.7 | 6.6 |
| 1969 | 17.7 | 4.4 | 4.5 | 1.6 | 7.2 |
| 1970 | 16.1 | 3.7 | 4.0 | 1.3 | 7.1 |
| 1971 | 15.4 | 3.4 | 3.6 | 1.4 | 7.0 |
| 1972 | 17.2 | 3.7 | 4.0 | 1.5 | 8.0 |
| 1973 | 17.9 | 4.0 | 4.1 | 1.5 | 8.3 |
| 1974 | 19.7 | 4.2 | 4.2 | 1.5 | 9.8 |
| 1975 | 19.7 | 4.0 | 4.0 | 1.4 | 10.3 |
| 1976 | 20.3 | 3.8 | 4.0 | 1.3 | 11.2 |
| 1977 | 18.9 | 3.7 | 3.9 | 1.2 | 10.1 |
| 1978 | 17.3 | 3.5 | 3.5 | 1.2 | 9.1 |

# 2－3 重庆市生产总值指数（1949－1978年）（上年=100）
# Indices of Gross Domestic Product (1949-1978) (Preceding Year=100)

| 年 份<br>Year | 本 市<br>生产总值<br>Gross Domestic Product | 第一产业<br>Primary Industry | 第二产业<br>Secondary Industry | 工 业<br>Industry | 建筑业<br>Construction |
|---|---|---|---|---|---|
| 1949 | 100.0 | 100.0 | 100.0 | 100.0 | 100.0 |
| 1950 | 105.4 | 103.0 | 111.0 | 110.4 | 118.2 |
| 1951 | 103.2 | 104.0 | 111.7 | 112.1 | 107.7 |
| 1952 | 109.0 | 107.0 | 114.9 | 113.2 | 135.7 |
| 1953 | 111.0 | 103.4 | 134.6 | 130.4 | 177.1 |
| 1954 | 110.3 | 106.0 | 119.6 | 124.6 | 82.3 |
| 1955 | 102.5 | 100.2 | 109.1 | 111.4 | 82.4 |
| 1956 | 113.2 | 105.1 | 126.9 | 124.9 | 157.1 |
| 1957 | 102.1 | 97.3 | 107.9 | 109.8 | 84.8 |
| 1958 | 118.6 | 100.7 | 136.9 | 135.1 | 164.4 |
| 1959 | 97.2 | 67.8 | 123.4 | 122.9 | 129.9 |
| 1960 | 110.8 | 74.7 | 133.1 | 133.6 | 127.0 |
| 1961 | 64.7 | 83.7 | 58.0 | 59.2 | 42.5 |
| 1962 | 99.8 | 135.4 | 83.0 | 85.0 | 48.5 |
| 1963 | 114.6 | 124.0 | 108.9 | 107.6 | 148.5 |
| 1964 | 114.7 | 106.1 | 123.6 | 122.8 | 142.9 |
| 1965 | 114.3 | 109.8 | 121.7 | 118.7 | 178.6 |
| 1966 | 105.7 | 101.9 | 112.9 | 112.5 | 117.6 |
| 1967 | 90.0 | 99.4 | 82.6 | 83.6 | 71.4 |
| 1968 | 84.2 | 106.4 | 66.0 | 66.6 | 58.1 |
| 1969 | 111.8 | 91.4 | 135.3 | 133.7 | 162.3 |
| 1970 | 120.5 | 102.6 | 138.3 | 136.3 | 164.6 |
| 1971 | 111.6 | 100.4 | 124.7 | 126.5 | 104.5 |
| 1972 | 99.9 | 101.6 | 95.0 | 95.6 | 86.2 |
| 1973 | 103.0 | 109.5 | 95.9 | 94.1 | 123.5 |
| 1974 | 101.4 | 101.6 | 98.4 | 99.2 | 88.4 |
| 1975 | 111.5 | 92.8 | 129.9 | 130.0 | 128.5 |
| 1976 | 94.9 | 98.5 | 88.7 | 88.9 | 86.8 |
| 1977 | 119.7 | 111.8 | 133.7 | 131.9 | 157.9 |
| 1978 | 116.8 | 109.9 | 125.3 | 124.1 | 138.9 |

注：本表按可比价格计算（下表同）。

Note: The indices in this table are calculated at comparable prices (the same below).

2-3 续表 CONTINUED

| 年份<br>Year | 第三产业<br>Tertiary Industry | 交通运输、仓储及邮政业<br>Transportation, Storage, Postal Services | 批发和零售业<br>Wholesale and Retail Trade | 住宿和餐饮业<br>Hotels and Catering Trade | 其他服务业<br>Other Services | 本市人均生产总值<br>Per Capita GDP |
|---|---|---|---|---|---|---|
| 1949 | 100.0 | 100.0 | 100.0 | 100.0 | 100.0 | 100.0 |
| 1950 | 118.6 | 127.6 | 105.6 | 107.4 | 138.3 | 102.2 |
| 1951 | 92.4 | 93.2 | 98.7 | 103.4 | 75.0 | 100.5 |
| 1952 | 118.8 | 113.0 | 116.0 | 106.7 | 145.7 | 105.3 |
| 1953 | 110.0 | 110.3 | 125.3 | 103.1 | 110.8 | 109.7 |
| 1954 | 111.7 | 109.3 | 106.4 | 106.1 | 134.9 | 109.1 |
| 1955 | 98.4 | 94.7 | 99.1 | 105.7 | 102.5 | 99.9 |
| 1956 | 118.2 | 118.0 | 113.9 | 118.9 | 131.5 | 109.2 |
| 1957 | 107.0 | 112.4 | 104.6 | 100.0 | 118.0 | 98.3 |
| 1958 | 136.0 | 139.0 | 138.0 | 104.5 | 168.4 | 118.3 |
| 1959 | 106.3 | 107.3 | 103.7 | 110.9 | 142.7 | 97.7 |
| 1960 | 101.5 | 102.3 | 102.6 | 102.0 | 128.7 | 112.9 |
| 1961 | 69.0 | 69.4 | 61.7 | 100.0 | 58.6 | 68.2 |
| 1962 | 104.0 | 92.0 | 91.9 | 123.1 | 89.8 | 102.5 |
| 1963 | 111.1 | 103.5 | 113.2 | 89.1 | 115.1 | 112.2 |
| 1964 | 109.2 | 102.5 | 97.7 | 89.5 | 129.7 | 111.2 |
| 1965 | 99.8 | 102.5 | 110.3 | 100.0 | 100.3 | 110.4 |
| 1966 | 85.7 | 96.8 | 107.2 | 98.0 | 76.5 | 102.8 |
| 1967 | 101.1 | 96.7 | 102.7 | 96.0 | 92.9 | 87.6 |
| 1968 | 97.2 | 98.3 | 84.3 | 95.8 | 82.0 | 81.8 |
| 1969 | 108.9 | 117.4 | 115.5 | 106.5 | 124.5 | 109.0 |
| 1970 | 104.2 | 109.6 | 108.1 | 102.0 | 116.5 | 116.5 |
| 1971 | 106.5 | 104.1 | 105.0 | 118.0 | 110.9 | 108.2 |
| 1972 | 111.0 | 110.4 | 110.1 | 108.5 | 110.8 | 97.1 |
| 1973 | 106.9 | 104.7 | 102.2 | 100.0 | 109.4 | 100.5 |
| 1974 | 108.1 | 107.3 | 100.5 | 96.9 | 113.5 | 98.9 |
| 1975 | 112.6 | 108.4 | 109.9 | 106.5 | 123.9 | 108.6 |
| 1976 | 103.8 | 105.3 | 100.5 | 98.5 | 103.5 | 93.9 |
| 1977 | 103.6 | 107.3 | 107.1 | 103.1 | 103.6 | 118.5 |
| 1978 | 106.2 | 101.7 | 103.5 | 116.4 | 110.6 | 116.7 |

注：本市人均生产总值按户籍人口计算。
Note: Per capita GDP is calculated by household registered population.

# 2－4 重庆市生产总值指数（1949－1978年）（1949年=100）
## Indices of Gross Domestic Product (1949-1978) (1949=100)

| 年 份<br>Year | 本 市<br>生产总值<br>Gross Domestic Product | 第一产业<br>Primary Industry | 第二产业<br>Secondary Industry | 工 业<br>Industry | 建筑业<br>Construction |
|---|---|---|---|---|---|
| 1949 | 100.0 | 100.0 | 100.0 | 100.0 | 100.0 |
| 1950 | 105.4 | 103.0 | 111.0 | 110.4 | 118.2 |
| 1951 | 108.8 | 107.1 | 124.0 | 123.8 | 127.3 |
| 1952 | 118.6 | 114.6 | 142.5 | 140.1 | 172.7 |
| 1953 | 131.6 | 118.5 | 191.8 | 182.7 | 305.9 |
| 1954 | 145.2 | 125.6 | 229.4 | 227.6 | 251.8 |
| 1955 | 148.8 | 125.9 | 250.3 | 253.5 | 207.5 |
| 1956 | 168.4 | 132.3 | 317.6 | 316.6 | 326.0 |
| 1957 | 171.9 | 128.7 | 342.7 | 347.6 | 276.4 |
| 1958 | 203.9 | 129.6 | 469.2 | 469.6 | 454.4 |
| 1959 | 198.2 | 87.9 | 579.0 | 577.1 | 590.3 |
| 1960 | 219.6 | 65.7 | 770.6 | 771.0 | 749.7 |
| 1961 | 142.1 | 55.0 | 446.9 | 456.4 | 318.6 |
| 1962 | 141.8 | 74.5 | 370.9 | 387.9 | 154.5 |
| 1963 | 162.5 | 92.4 | 403.9 | 417.4 | 229.4 |
| 1964 | 186.4 | 98.0 | 499.2 | 512.6 | 327.8 |
| 1965 | 213.1 | 107.6 | 607.5 | 608.5 | 585.5 |
| 1966 | 225.2 | 109.6 | 685.9 | 684.6 | 688.5 |
| 1967 | 202.7 | 108.9 | 566.6 | 572.3 | 491.6 |
| 1968 | 170.7 | 115.9 | 374.0 | 381.2 | 285.6 |
| 1969 | 190.8 | 105.9 | 506.0 | 509.7 | 463.5 |
| 1970 | 229.9 | 108.7 | 699.8 | 694.7 | 762.9 |
| 1971 | 256.6 | 109.1 | 872.7 | 878.8 | 797.2 |
| 1972 | 256.3 | 110.8 | 829.1 | 840.1 | 687.2 |
| 1973 | 264.0 | 121.3 | 795.1 | 790.5 | 848.7 |
| 1974 | 267.7 | 123.2 | 782.4 | 784.2 | 750.3 |
| 1975 | 298.5 | 114.3 | 1016.3 | 1019.5 | 964.1 |
| 1976 | 283.3 | 112.6 | 901.5 | 906.3 | 836.8 |
| 1977 | 339.1 | 125.9 | 1205.3 | 1195.4 | 1321.3 |
| 1978 | 396.1 | 138.4 | 1510.2 | 1483.5 | 1835.3 |

注：本表按可比价格计算（下表同）。
Note: The indices in this table are calculated at comparable prices (the same below).

2-4 续表 CONTINUED

| 年份 Year | 第三产业 Tertiary Industry | 交通运输、仓储及邮政业 Transportation, Storage, Postal Services | 批发和零售业 Wholesale and Retail Trade | 住宿和餐饮业 Hotels and Catering Trade | 其他服务业 Other Services | 本市人均生产总值 Per Capita GDP |
|---|---|---|---|---|---|---|
| 1949 | 100.0 | 100.0 | 100.0 | 100.0 | 100.0 | 100.0 |
| 1950 | 118.6 | 127.6 | 105.6 | 107.4 | 138.3 | 102.2 |
| 1951 | 109.6 | 118.9 | 104.2 | 111.1 | 103.7 | 102.7 |
| 1952 | 130.2 | 134.4 | 120.9 | 118.5 | 151.1 | 108.1 |
| 1953 | 143.2 | 148.2 | 151.5 | 122.2 | 167.4 | 118.6 |
| 1954 | 160.0 | 162.0 | 161.2 | 129.7 | 225.8 | 129.4 |
| 1955 | 157.4 | 153.4 | 159.7 | 137.1 | 231.4 | 129.3 |
| 1956 | 186.0 | 181.0 | 181.9 | 163.0 | 304.3 | 141.2 |
| 1957 | 199.0 | 203.4 | 190.3 | 163.0 | 359.1 | 138.8 |
| 1958 | 270.6 | 282.7 | 262.6 | 170.3 | 604.7 | 164.2 |
| 1959 | 287.6 | 303.3 | 272.3 | 188.9 | 862.9 | 160.4 |
| 1960 | 291.9 | 310.3 | 279.4 | 192.7 | 1110.6 | 181.1 |
| 1961 | 201.4 | 215.3 | 172.4 | 192.7 | 650.8 | 123.5 |
| 1962 | 209.5 | 198.1 | 158.4 | 237.2 | 584.4 | 126.6 |
| 1963 | 232.8 | 205.0 | 179.3 | 211.3 | 672.6 | 142.0 |
| 1964 | 254.2 | 210.1 | 175.2 | 189.1 | 872.4 | 157.9 |
| 1965 | 253.7 | 215.4 | 193.2 | 189.1 | 875.0 | 174.3 |
| 1966 | 217.4 | 208.5 | 207.1 | 185.3 | 669.4 | 179.2 |
| 1967 | 219.8 | 201.6 | 212.7 | 177.9 | 621.9 | 157.0 |
| 1968 | 213.6 | 198.2 | 179.3 | 170.4 | 510.0 | 128.4 |
| 1969 | 232.6 | 232.7 | 207.1 | 181.5 | 635.0 | 140.0 |
| 1970 | 242.4 | 255.0 | 223.9 | 185.1 | 739.8 | 163.1 |
| 1971 | 258.2 | 265.5 | 235.1 | 218.4 | 820.4 | 176.5 |
| 1972 | 286.6 | 293.1 | 258.8 | 237.0 | 909.0 | 171.4 |
| 1973 | 306.4 | 306.9 | 264.5 | 237.0 | 994.4 | 172.3 |
| 1974 | 331.2 | 329.3 | 265.8 | 229.7 | 1128.6 | 170.4 |
| 1975 | 372.9 | 357.0 | 292.1 | 244.6 | 1398.3 | 185.1 |
| 1976 | 387.1 | 375.9 | 293.6 | 240.9 | 1447.2 | 173.8 |
| 1977 | 401.0 | 403.3 | 314.4 | 248.4 | 1499.3 | 206.0 |
| 1978 | 425.9 | 410.2 | 325.4 | 289.1 | 1658.2 | 240.4 |

注：本市人均生产总值按户籍人口计算。

Note: Per capita GDP is calculated by household registered population.

# 2－5 重庆市生产总值（1978－2006年）
## Gross Domestic Product (1978-2006)

单位：亿元 (100 million yuan)

| 年份 Year | 本市生产总值 Gross Domestic Product | 第一产业 Primary Industry | 第二产业 Secondary Industry | 工业 Industry | 建筑业 Construction | 第三产业 Tertiary Industry |
|---|---|---|---|---|---|---|
| 1978 | 67.32 | 24.81 | 30.80 | 27.92 | 2.88 | 11.71 |
| 1979 | 75.87 | 28.79 | 34.02 | 30.86 | 3.16 | 13.06 |
| 1980 | 84.77 | 32.57 | 37.62 | 34.15 | 3.47 | 14.58 |
| 1981 | 90.67 | 36.32 | 38.60 | 35.04 | 3.56 | 15.75 |
| 1982 | 100.60 | 40.62 | 41.49 | 37.67 | 3.82 | 18.49 |
| 1983 | 111.46 | 45.44 | 44.33 | 40.06 | 4.27 | 21.69 |
| 1984 | 131.27 | 50.66 | 52.95 | 47.89 | 5.06 | 27.66 |
| 1985 | 151.96 | 53.73 | 63.93 | 56.89 | 7.04 | 34.30 |
| 1986 | 170.34 | 60.06 | 70.52 | 62.10 | 8.42 | 39.76 |
| 1987 | 190.35 | 62.69 | 78.35 | 67.93 | 10.42 | 49.31 |
| 1988 | 240.05 | 75.00 | 101.13 | 88.99 | 12.14 | 63.92 |
| 1989 | 278.47 | 81.99 | 116.35 | 104.75 | 11.60 | 80.13 |
| 1990 | 299.82 | 100.40 | 115.71 | 99.04 | 16.67 | 83.71 |
| 1991 | 341.55 | 109.49 | 130.88 | 113.34 | 17.54 | 101.18 |
| 1992 | 420.18 | 117.28 | 164.58 | 143.17 | 21.41 | 138.32 |
| 1993 | 553.05 | 141.99 | 229.53 | 200.57 | 28.96 | 181.53 |
| 1994 | 755.96 | 196.19 | 316.50 | 281.27 | 35.23 | 243.27 |
| 1995 | 1016.25 | 264.19 | 412.28 | 359.79 | 52.49 | 339.78 |
| 1996 | 1187.47 | 287.56 | 474.31 | 412.37 | 61.94 | 425.60 |
| 1997 | 1360.24 | 307.21 | 540.08 | 464.48 | 75.60 | 512.95 |
| 1998 | 1440.56 | 300.89 | 558.87 | 467.86 | 91.01 | 580.80 |
| 1999 | 1491.99 | 286.16 | 574.98 | 478.16 | 96.82 | 630.85 |
| 2000 | 1603.16 | 284.87 | 623.83 | 512.07 | 111.76 | 694.46 |
| 2001 | 1765.68 | 294.90 | 688.40 | 559.36 | 129.04 | 782.38 |
| 2002 | 1990.01 | 317.87 | 780.97 | 631.11 | 149.86 | 891.17 |
| 2003 | 2272.82 | 339.06 | 921.10 | 744.77 | 176.33 | 1012.66 |
| 2004 | 2692.81 | 428.05 | 1112.80 | 899.68 | 213.12 | 1151.96 |
| 2005 | 3070.49 | 463.40 | 1259.12 | 1023.35 | 235.77 | 1347.97 |
| 2006 | 3491.57 | 425.81 | 1500.97 | 1234.12 | 266.85 | 1564.79 |

2-5 续表 CONTINUED

单位：亿元 (100 million yuan)

| 年份 Year | 交通运输、仓储及邮政业 Transportation, Storage, Postal Services | 批发和零售业 Wholesale and Retail Trade | 住宿和餐饮业 Hotels and Catering Trade | 金融业 Financing | 房地产业 Real Estate | 其他服务业 Other Services | 本市人均生产总值（元） Per Capita GDP (yuan) |
|---|---|---|---|---|---|---|---|
| 1978 | 2.38 | 2.34 | 0.78 | 1.21 | 0.88 | 4.12 | 269 |
| 1979 | 2.69 | 2.59 | 0.92 | 1.33 | 0.99 | 4.54 | 301 |
| 1980 | 3.08 | 2.90 | 1.02 | 1.47 | 1.11 | 5.00 | 334 |
| 1981 | 3.39 | 3.22 | 1.07 | 1.62 | 1.12 | 5.33 | 354 |
| 1982 | 4.18 | 3.89 | 1.11 | 1.76 | 1.28 | 6.27 | 390 |
| 1983 | 5.94 | 4.49 | 1.24 | 2.24 | 1.44 | 6.34 | 428 |
| 1984 | 6.50 | 5.73 | 1.52 | 3.85 | 1.81 | 8.25 | 502 |
| 1985 | 6.97 | 8.90 | 1.80 | 4.27 | 2.09 | 10.27 | 577 |
| 1986 | 6.59 | 10.08 | 2.17 | 4.99 | 2.64 | 13.29 | 640 |
| 1987 | 6.82 | 12.30 | 2.71 | 8.48 | 3.59 | 15.41 | 705 |
| 1988 | 8.67 | 17.10 | 3.29 | 10.12 | 4.47 | 20.27 | 880 |
| 1989 | 12.18 | 21.61 | 3.89 | 13.90 | 4.95 | 23.60 | 1011 |
| 1990 | 11.93 | 17.19 | 5.41 | 14.60 | 5.73 | 28.85 | 1080 |
| 1991 | 12.34 | 20.33 | 6.35 | 17.51 | 7.23 | 37.42 | 1221 |
| 1992 | 21.59 | 33.03 | 7.23 | 22.14 | 7.30 | 47.03 | 1495 |
| 1993 | 22.68 | 49.63 | 9.37 | 28.87 | 9.12 | 61.86 | 1959 |
| 1994 | 27.43 | 64.66 | 12.78 | 40.59 | 11.03 | 86.78 | 2662 |
| 1995 | 47.22 | 85.53 | 19.00 | 52.61 | 17.43 | 117.99 | 3557 |
| 1996 | 63.40 | 110.22 | 23.46 | 55.49 | 25.22 | 147.81 | 4130 |
| 1997 | 81.14 | 130.86 | 30.91 | 61.84 | 32.60 | 175.60 | 4733 |
| 1998 | 87.08 | 142.99 | 31.68 | 66.75 | 45.00 | 207.30 | 5016 |
| 1999 | 94.39 | 151.89 | 33.62 | 62.90 | 50.69 | 237.36 | 5207 |
| 2000 | 101.25 | 163.38 | 35.93 | 61.61 | 65.45 | 266.84 | 5616 |
| 2001 | 128.26 | 178.39 | 38.46 | 64.99 | 76.38 | 295.90 | 6219 |
| 2002 | 151.54 | 195.64 | 42.36 | 68.96 | 90.48 | 342.19 | 7052 |
| 2003 | 167.22 | 216.35 | 47.11 | 74.86 | 113.69 | 393.43 | 8091 |
| 2004 | 190.62 | 246.52 | 57.67 | 82.10 | 129.12 | 445.93 | 9624 |
| 2005 | 218.97 | 277.68 | 66.56 | 92.98 | 143.88 | 547.90 | 10982 |
| 2006 | 259.59 | 314.33 | 77.24 | 106.56 | 158.20 | 648.87 | 12457 |

注：本市人均生产总值按常住人口计算。
Note: Per capita GDP is calculated by resident population.

# 2－6 重庆市生产总值构成（1978－2006年）
# Composition of Gross Domestic Product (1978-2006)

单位：% (%)

| 年份 Year | 本市生产总值 Gross Domestic Product | 第一产业 Primary Industry | 第二产业 Secondary Industry | 工业 Industry | 建筑业 Construction | 第三产业 Tertiary Industry |
|---|---|---|---|---|---|---|
| 1978 | 100.0 | 36.9 | 45.8 | 41.5 | 4.3 | 17.3 |
| 1979 | 100.0 | 37.9 | 44.8 | 40.6 | 4.2 | 17.3 |
| 1980 | 100.0 | 38.4 | 44.4 | 40.3 | 4.1 | 17.2 |
| 1981 | 100.0 | 40.1 | 42.6 | 38.7 | 3.9 | 17.3 |
| 1982 | 100.0 | 40.4 | 41.2 | 37.4 | 3.8 | 18.4 |
| 1983 | 100.0 | 40.8 | 39.8 | 35.9 | 3.9 | 19.4 |
| 1984 | 100.0 | 38.6 | 40.3 | 36.4 | 3.9 | 21.1 |
| 1985 | 100.0 | 35.4 | 42.1 | 37.5 | 4.6 | 22.5 |
| 1986 | 100.0 | 35.3 | 41.4 | 36.5 | 4.9 | 23.3 |
| 1987 | 100.0 | 32.9 | 41.2 | 35.7 | 5.5 | 25.9 |
| 1988 | 100.0 | 31.2 | 42.1 | 37.0 | 5.1 | 26.7 |
| 1989 | 100.0 | 29.4 | 41.8 | 37.6 | 4.2 | 28.8 |
| 1990 | 100.0 | 33.5 | 38.6 | 33.0 | 5.6 | 27.9 |
| 1991 | 100.0 | 32.1 | 38.3 | 33.2 | 5.1 | 29.6 |
| 1992 | 100.0 | 27.9 | 39.2 | 34.1 | 5.1 | 32.9 |
| 1993 | 100.0 | 25.7 | 41.5 | 36.3 | 5.2 | 32.8 |
| 1994 | 100.0 | 26.0 | 41.9 | 37.2 | 4.7 | 32.1 |
| 1995 | 100.0 | 26.0 | 40.6 | 35.4 | 5.2 | 33.4 |
| 1996 | 100.0 | 24.2 | 39.9 | 34.7 | 5.2 | 35.9 |
| 1997 | 100.0 | 22.6 | 39.7 | 34.1 | 5.6 | 37.7 |
| 1998 | 100.0 | 20.9 | 38.8 | 32.5 | 6.3 | 40.3 |
| 1999 | 100.0 | 19.2 | 38.5 | 32.0 | 6.5 | 42.3 |
| 2000 | 100.0 | 17.8 | 38.9 | 31.9 | 7.0 | 43.3 |
| 2001 | 100.0 | 16.7 | 39.0 | 31.7 | 7.3 | 44.3 |
| 2002 | 100.0 | 16.0 | 39.2 | 31.7 | 7.5 | 44.8 |
| 2003 | 100.0 | 14.9 | 40.5 | 32.7 | 7.8 | 44.6 |
| 2004 | 100.0 | 15.9 | 41.3 | 33.4 | 7.9 | 42.8 |
| 2005 | 100.0 | 15.1 | 41.0 | 33.3 | 7.7 | 43.9 |
| 2006 | 100.0 | 12.2 | 43.0 | 35.3 | 7.7 | 44.8 |

2-6 续表 CONTINUED

单位：%　　(%)

| 年份 Year | 交通运输、仓储及邮政业 Transportation, Storage, Postal Services | 批发和零售业 Wholesale and Retail Trade | 住宿和餐饮业 Hotels and Catering Trade | 金融业 Financing | 房地产业 Real Estate | 其他服务业 Other Services |
|---|---|---|---|---|---|---|
| 1978 | 3.5 | 3.5 | 1.2 | 1.8 | 1.3 | 6.0 |
| 1979 | 3.5 | 3.4 | 1.2 | 1.8 | 1.3 | 6.1 |
| 1980 | 3.6 | 3.4 | 1.2 | 1.7 | 1.3 | 6.0 |
| 1981 | 3.7 | 3.6 | 1.2 | 1.8 | 1.2 | 5.8 |
| 1982 | 4.2 | 3.9 | 1.1 | 1.7 | 1.3 | 6.2 |
| 1983 | 5.3 | 4.0 | 1.1 | 2.0 | 1.3 | 5.7 |
| 1984 | 5.0 | 4.4 | 1.2 | 2.9 | 1.4 | 6.2 |
| 1985 | 4.6 | 5.9 | 1.2 | 2.8 | 1.4 | 6.6 |
| 1986 | 3.9 | 5.9 | 1.3 | 2.9 | 1.5 | 7.8 |
| 1987 | 3.6 | 6.5 | 1.4 | 4.5 | 1.9 | 8.0 |
| 1988 | 3.6 | 7.1 | 1.4 | 4.2 | 1.9 | 8.5 |
| 1989 | 4.4 | 7.8 | 1.4 | 5.0 | 1.8 | 8.4 |
| 1990 | 4.0 | 5.7 | 1.8 | 4.9 | 1.9 | 9.6 |
| 1991 | 3.6 | 6.0 | 1.9 | 5.1 | 2.1 | 10.9 |
| 1992 | 5.1 | 7.9 | 1.7 | 5.3 | 1.7 | 11.2 |
| 1993 | 4.1 | 9.0 | 1.7 | 5.2 | 1.6 | 11.2 |
| 1994 | 3.6 | 8.6 | 1.7 | 5.4 | 1.5 | 11.3 |
| 1995 | 4.6 | 8.4 | 1.9 | 5.2 | 1.7 | 11.6 |
| 1996 | 5.3 | 9.3 | 2.0 | 4.7 | 2.1 | 12.5 |
| 1997 | 6.0 | 9.6 | 2.3 | 4.5 | 2.4 | 12.9 |
| 1998 | 6.0 | 9.9 | 2.2 | 4.6 | 3.1 | 14.5 |
| 1999 | 6.3 | 10.2 | 2.3 | 4.2 | 3.4 | 15.9 |
| 2000 | 6.3 | 10.2 | 2.2 | 3.8 | 4.1 | 16.7 |
| 2001 | 7.3 | 10.1 | 2.2 | 3.7 | 4.3 | 16.7 |
| 2002 | 7.6 | 9.8 | 2.1 | 3.5 | 4.5 | 17.3 |
| 2003 | 7.4 | 9.5 | 2.1 | 3.3 | 5.0 | 17.3 |
| 2004 | 7.1 | 9.2 | 2.1 | 3.0 | 4.8 | 16.6 |
| 2005 | 7.1 | 9.0 | 2.2 | 3.0 | 4.7 | 17.9 |
| 2006 | 7.4 | 9.0 | 2.2 | 3.1 | 4.5 | 18.6 |

# 2－7 重庆市生产总值指数（1978－2006年）（上年=100）
# Indices of Gross Domestic Product (1978-2006) (Preceding Year=100)

| 年份 Year | 本市生产总值 Gross Domestic Product | 第一产业 Primary Industry | 第二产业 Secondary Industry | 工业 Industry | 建筑业 Construction | 第三产业 Tertiary Industry |
|---|---|---|---|---|---|---|
| 1978 | 100.0 | 100.0 | 100.0 | 100.0 | 100.0 | 100.0 |
| 1979 | 110.9 | 109.1 | 111.8 | 111.8 | 111.9 | 111.2 |
| 1980 | 107.5 | 104.4 | 108.7 | 108.6 | 109.8 | 109.3 |
| 1981 | 106.0 | 105.8 | 105.1 | 104.8 | 108.1 | 108.8 |
| 1982 | 108.7 | 107.5 | 107.2 | 107.2 | 107.2 | 115.0 |
| 1983 | 110.1 | 107.3 | 109.8 | 109.7 | 111.2 | 116.5 |
| 1984 | 115.7 | 106.5 | 120.5 | 120.6 | 119.7 | 122.5 |
| 1985 | 108.4 | 109.3 | 105.2 | 103.6 | 119.6 | 113.9 |
| 1986 | 108.4 | 110.3 | 106.1 | 105.0 | 114.7 | 110.0 |
| 1987 | 105.1 | 96.7 | 108.2 | 106.9 | 117.7 | 112.4 |
| 1988 | 109.3 | 103.5 | 112.9 | 113.7 | 107.2 | 110.5 |
| 1989 | 104.7 | 104.6 | 102.1 | 103.3 | 93.6 | 109.7 |
| 1990 | 106.8 | 107.8 | 107.6 | 103.6 | 139.0 | 104.3 |
| 1991 | 109.0 | 106.7 | 109.0 | 110.3 | 101.7 | 111.7 |
| 1992 | 116.2 | 101.8 | 121.4 | 121.8 | 118.9 | 125.6 |
| 1993 | 115.3 | 105.0 | 121.5 | 121.9 | 119.0 | 116.7 |
| 1994 | 113.3 | 102.9 | 116.0 | 117.2 | 107.7 | 118.3 |
| 1995 | 112.1 | 104.5 | 113.8 | 113.6 | 115.2 | 115.3 |
| 1996 | 111.2 | 104.8 | 111.8 | 111.8 | 111.5 | 114.6 |
| 1997 | 111.0 | 103.2 | 112.1 | 111.3 | 118.7 | 114.2 |
| 1998 | 108.4 | 102.1 | 106.8 | 104.8 | 120.5 | 113.9 |
| 1999 | 107.6 | 100.4 | 110.2 | 110.5 | 108.4 | 108.0 |
| 2000 | 108.5 | 101.4 | 110.4 | 110.3 | 111.1 | 109.4 |
| 2001 | 109.0 | 102.2 | 111.8 | 111.2 | 114.9 | 109.1 |
| 2002 | 110.3 | 104.2 | 113.9 | 113.7 | 114.4 | 109.3 |
| 2003 | 111.5 | 104.4 | 116.1 | 116.4 | 115.2 | 109.5 |
| 2004 | 112.2 | 104.8 | 116.4 | 116.8 | 114.3 | 110.5 |
| 2005 | 111.5 | 104.5 | 112.9 | 114.0 | 107.9 | 112.3 |
| 2006 | 112.2 | 94.5 | 116.9 | 118.0 | 112.0 | 114.0 |

注：本表按可比价格计算(下表同)。
Note: The indices in this table are calculated at comparable prices (the same below).

2-7 续表 CONTINUED

| 年份 Year | 交通运输、仓储及邮政业 Transportation, Storage, Postal Services | 批发和零售业 Wholesale and Retail Trade | 住宿和餐饮业 Hotels and Catering Trade | 金融业 Financing | 房地产业 Real Estate | 其他服务业 Other Services | 本市人均生产总值 Per Capita GDP |
|---|---|---|---|---|---|---|---|
| 1978 | 100.0 | 100.0 | 100.0 | 100.0 | 100.0 | 100.0 | 100.0 |
| 1979 | 111.8 | 110.6 | 115.8 | 110.8 | 111.6 | 112.3 | 110.4 |
| 1980 | 105.9 | 106.3 | 113.6 | 106.6 | 106.8 | 120.6 | 106.9 |
| 1981 | 107.6 | 108.7 | 107.3 | 109.1 | 99.1 | 112.9 | 105.2 |
| 1982 | 115.5 | 115.3 | 107.0 | 107.4 | 111.4 | 117.2 | 107.6 |
| 1983 | 130.2 | 115.1 | 107.1 | 129.3 | 121.2 | 99.0 | 109.2 |
| 1984 | 108.1 | 124.0 | 124.2 | 170.3 | 122.6 | 127.1 | 115.2 |
| 1985 | 96.9 | 137.2 | 117.4 | 102.4 | 105.3 | 119.3 | 107.8 |
| 1986 | 99.7 | 106.6 | 117.4 | 111.1 | 118.5 | 116.5 | 107.2 |
| 1987 | 108.3 | 110.0 | 114.3 | 156.3 | 123.3 | 98.5 | 103.7 |
| 1988 | 105.9 | 122.8 | 119.1 | 103.3 | 105.9 | 111.3 | 108.0 |
| 1989 | 116.6 | 108.2 | 112.8 | 121.2 | 96.4 | 101.9 | 103.8 |
| 1990 | 100.7 | 83.5 | 133.5 | 107.8 | 116.8 | 120.7 | 105.9 |
| 1991 | 102.4 | 108.5 | 116.6 | 113.1 | 117.2 | 117.8 | 108.2 |
| 1992 | 133.5 | 142.3 | 116.4 | 119.6 | 96.4 | 126.4 | 115.6 |
| 1993 | 102.8 | 138.5 | 124.4 | 108.6 | 109.4 | 117.6 | 114.8 |
| 1994 | 109.1 | 104.1 | 133.3 | 114.5 | 102.8 | 142.2 | 112.6 |
| 1995 | 123.1 | 111.2 | 137.0 | 115.7 | 114.5 | 112.4 | 111.4 |
| 1996 | 115.6 | 115.9 | 120.3 | 103.3 | 131.5 | 113.9 | 110.5 |
| 1997 | 114.7 | 113.5 | 126.3 | 108.8 | 124.5 | 112.6 | 111.0 |
| 1998 | 104.1 | 115.0 | 104.4 | 109.6 | 122.4 | 118.6 | 108.5 |
| 1999 | 101.9 | 108.3 | 108.2 | 89.1 | 110.2 | 117.4 | 107.8 |
| 2000 | 104.0 | 112.2 | 108.1 | 101.1 | 111.6 | 112.4 | 108.9 |
| 2001 | 116.2 | 108.9 | 106.2 | 100.8 | 112.6 | 108.2 | 109.5 |
| 2002 | 105.2 | 110.1 | 109.5 | 107.2 | 113.8 | 109.8 | 110.9 |
| 2003 | 104.8 | 109.3 | 110.1 | 107.2 | 116.1 | 110.4 | 112.0 |
| 2004 | 114.6 | 110.8 | 118.0 | 105.2 | 103.7 | 110.9 | 112.6 |
| 2005 | 112.4 | 114.0 | 113.7 | 109.1 | 109.8 | 112.3 | 111.6 |
| 2006 | 120.3 | 111.4 | 115.2 | 112.4 | 107.7 | 114.6 | 112.0 |

注：本市人均生产总值按常住人口计算。
Note: Per capita GDP is Calculated by resident population.

# 2－8 重庆市生产总值指数（1978－2006年）（1978年=100）
## Indices of Gross Domestic Product (1978-2006) (1978=100)

| 年份<br>Year | 本市生产总值<br>Gross Domestic Product | 第一产业<br>Primary Industry | 第二产业<br>Secondary Industry | 工业<br>Industry | 建筑业<br>Construction | 第三产业<br>Tertiary Industry |
|---|---|---|---|---|---|---|
| 1978 | 100.0 | 100.0 | 100.0 | 100.0 | 100.0 | 100.0 |
| 1979 | 110.9 | 109.1 | 111.8 | 111.8 | 111.9 | 111.2 |
| 1980 | 119.2 | 113.9 | 121.5 | 121.4 | 122.9 | 121.5 |
| 1981 | 126.4 | 120.5 | 127.7 | 127.2 | 132.9 | 132.2 |
| 1982 | 137.4 | 129.5 | 136.9 | 136.4 | 142.5 | 152.0 |
| 1983 | 151.3 | 139.0 | 150.3 | 149.6 | 158.5 | 177.1 |
| 1984 | 175.1 | 148.0 | 181.1 | 180.4 | 189.7 | 216.9 |
| 1985 | 189.8 | 161.8 | 190.5 | 186.9 | 226.9 | 247.0 |
| 1986 | 205.7 | 178.5 | 202.1 | 196.2 | 260.3 | 271.7 |
| 1987 | 216.2 | 172.6 | 218.7 | 209.7 | 306.4 | 305.4 |
| 1988 | 236.3 | 178.6 | 246.9 | 238.4 | 328.5 | 337.5 |
| 1989 | 247.4 | 186.8 | 252.1 | 246.3 | 307.5 | 370.2 |
| 1990 | 264.2 | 201.4 | 271.3 | 255.2 | 427.4 | 386.1 |
| 1991 | 288.0 | 214.9 | 295.7 | 281.5 | 434.7 | 431.3 |
| 1992 | 334.7 | 218.8 | 359.0 | 342.9 | 516.9 | 541.7 |
| 1993 | 385.9 | 229.7 | 436.2 | 418.0 | 615.1 | 632.2 |
| 1994 | 437.2 | 236.4 | 506.0 | 489.9 | 662.5 | 747.9 |
| 1995 | 490.1 | 247.0 | 575.8 | 556.5 | 763.2 | 862.3 |
| 1996 | 545.0 | 258.9 | 643.7 | 622.2 | 851.0 | 988.2 |
| 1997 | 605.0 | 267.2 | 721.6 | 692.5 | 1010.1 | 1128.5 |
| 1998 | 655.8 | 272.8 | 770.7 | 725.7 | 1217.2 | 1285.4 |
| 1999 | 705.6 | 273.9 | 849.3 | 801.9 | 1319.4 | 1388.2 |
| 2000 | 765.6 | 277.7 | 937.6 | 884.5 | 1465.9 | 1518.7 |
| 2001 | 834.5 | 283.8 | 1048.2 | 983.6 | 1684.3 | 1656.9 |
| 2002 | 920.5 | 295.7 | 1193.9 | 1118.4 | 1926.8 | 1811.0 |
| 2003 | 1026.4 | 308.7 | 1386.1 | 1301.8 | 2219.7 | 1983.0 |
| 2004 | 1151.6 | 323.5 | 1613.4 | 1520.5 | 2537.1 | 2191.2 |
| 2005 | 1284.0 | 338.1 | 1821.5 | 1733.4 | 2737.5 | 2460.7 |
| 2006 | 1440.6 | 319.5 | 2129.3 | 2045.4 | 3066.0 | 2805.2 |

注：本表按可比价格计算（下表同）。
Note: The indices in this table are calculated at comparable prices (the same below).

2-8 续表 CONTINUED

| 年 份<br>Year | 交通运输、仓储及邮政业<br>Transportation, Storage, Postal Services | 批发和零售业<br>Wholesale and Retail Trade | 住宿和餐饮业<br>Hotels and Catering Trade | 金融业<br>Financing | 房地产业<br>Real Estate | 其他服务业<br>Other Services | 本市人均生产总值<br>Per Capita GDP |
|---|---|---|---|---|---|---|---|
| 1978 | 100.0 | 100.0 | 100.0 | 100.0 | 100.0 | 100.0 | 100.0 |
| 1979 | 111.8 | 110.6 | 115.8 | 110.8 | 111.6 | 112.3 | 110.4 |
| 1980 | 118.4 | 117.6 | 131.5 | 118.1 | 119.2 | 135.4 | 118.0 |
| 1981 | 127.4 | 127.8 | 141.1 | 128.8 | 118.1 | 152.9 | 124.1 |
| 1982 | 147.1 | 147.4 | 151.0 | 138.3 | 131.6 | 179.2 | 133.5 |
| 1983 | 191.5 | 169.7 | 161.7 | 178.8 | 159.5 | 177.4 | 145.8 |
| 1984 | 207.0 | 210.4 | 200.8 | 304.5 | 195.5 | 225.5 | 168.0 |
| 1985 | 200.6 | 288.7 | 235.7 | 311.8 | 205.9 | 269.0 | 181.1 |
| 1986 | 200.0 | 307.8 | 276.7 | 346.4 | 244.0 | 313.4 | 194.1 |
| 1987 | 216.6 | 338.6 | 316.3 | 541.4 | 300.9 | 308.7 | 201.3 |
| 1988 | 229.4 | 415.8 | 376.7 | 559.3 | 318.7 | 343.6 | 217.4 |
| 1989 | 267.5 | 449.9 | 424.9 | 677.9 | 307.2 | 350.1 | 225.7 |
| 1990 | 269.4 | 375.7 | 567.2 | 730.8 | 358.8 | 422.6 | 239.0 |
| 1991 | 275.9 | 407.6 | 661.4 | 826.5 | 420.5 | 497.8 | 258.6 |
| 1992 | 368.3 | 580.0 | 769.9 | 988.5 | 405.4 | 629.2 | 298.9 |
| 1993 | 378.6 | 803.3 | 957.8 | 1073.5 | 443.5 | 739.9 | 343.1 |
| 1994 | 413.1 | 836.2 | 1276.7 | 1229.2 | 455.9 | 1052.1 | 386.3 |
| 1995 | 508.5 | 929.9 | 1749.1 | 1422.2 | 522.0 | 1182.6 | 430.3 |
| 1996 | 587.8 | 1077.8 | 2104.2 | 1469.1 | 686.4 | 1347.0 | 475.5 |
| 1997 | 674.2 | 1223.3 | 2657.6 | 1598.4 | 854.6 | 1516.7 | 527.8 |
| 1998 | 701.8 | 1406.8 | 2774.5 | 1751.8 | 1046.0 | 1798.8 | 572.7 |
| 1999 | 715.1 | 1523.6 | 3002.0 | 1560.9 | 1152.7 | 2111.8 | 617.4 |
| 2000 | 743.7 | 1709.5 | 3245.2 | 1578.1 | 1286.4 | 2373.7 | 672.3 |
| 2001 | 864.2 | 1861.6 | 3446.4 | 1590.7 | 1448.5 | 2568.3 | 736.2 |
| 2002 | 909.1 | 2049.6 | 3773.8 | 1705.2 | 1648.4 | 2820.0 | 816.4 |
| 2003 | 952.7 | 2240.2 | 4155.0 | 1828.0 | 1913.8 | 3113.3 | 914.4 |
| 2004 | 1091.8 | 2482.1 | 4902.9 | 1923.1 | 1984.6 | 3452.6 | 1029.6 |
| 2005 | 1227.2 | 2829.6 | 5574.6 | 2098.1 | 2179.1 | 3877.3 | 1149.0 |
| 2006 | 1476.3 | 3152.2 | 6421.9 | 2358.3 | 2346.9 | 4443.4 | 1286.9 |

注：本市人均生产总值按常住人口计算。

Note: Per capita GDP is calculated by resident population.

# 2—9 重庆市生产总值项目结构（2006年）
# Composition of Gross Domestic Product (2006)

单位：亿元 (100 million yuan)

| 项　　目 | Item | 增加值 Value-added | 劳动者报酬 Laborers Remuneration | 生产税净额 Net Tax on Production | 固定资产折旧 Deprecia-tion of Fixed Assets | 营业盈余 Operating Surplus |
|---|---|---|---|---|---|---|
| **本市生产总值** | **Gross Domestic Product** | **3491.57** | **1639.05** | **478.59** | **436.48** | **937.45** |
| 第一产业 | Primary Industry | 425.81 | 414.84 | 1.17 | 9.80 | |
| 第二产业 | Secondary Industry | 1500.97 | 594.01 | 332.60 | 184.72 | 389.64 |
| 工　业 | Industry | 1234.12 | 420.68 | 298.27 | 171.69 | 343.48 |
| 建筑业 | Construction | 266.85 | 173.33 | 34.33 | 13.03 | 46.16 |
| 第三产业 | Tertiary Industry | 1564.79 | 630.20 | 144.82 | 241.96 | 547.81 |
| 交通运输、仓储和邮政业 | Transportation, Storage, Postal Services | 259.59 | 102.39 | 28.33 | 43.06 | 85.81 |
| 信息传输、计算机服务和软件业 | Information Transmission, Computer Service and Softwares | 104.47 | 21.13 | 6.45 | 41.59 | 35.30 |
| 批发和零售业 | Wholesale and Retail Trade | 314.33 | 58.96 | 47.42 | 13.29 | 194.66 |
| 住宿和餐饮业 | Hotels and Catering Trade | 77.24 | 18.71 | 7.33 | 7.41 | 43.79 |
| 金融业 | Financing | 106.56 | 35.54 | 13.27 | 11.95 | 45.80 |
| 房地产业 | Real Estate | 158.20 | 30.68 | 28.13 | 72.03 | 27.36 |
| 租赁与商务服务业 | Renting and Business Activities | 36.69 | 15.61 | 4.13 | 6.81 | 10.14 |
| 科学研究、技术服务与地质勘查业 | Scientific Research, Technology Services and Geological Prospecting | 31.50 | 20.18 | 2.58 | 2.84 | 5.90 |
| 水利、环境和公共设施管理业 | Administration of Water Conservancy, Environment and Public Facilities | 34.48 | 11.91 | 0.86 | 7.23 | 14.48 |
| 居民服务和其他服务业 | Household Services and Other Services | 52.12 | 18.30 | 2.72 | 2.15 | 28.95 |
| 教　育 | Education | 154.41 | 114.95 | 0.35 | 15.06 | 24.05 |
| 卫生、社会保障和社会福利业 | Health, Social Security and Social Welfare | 65.25 | 41.58 | 0.61 | 4.45 | 18.61 |
| 文化、体育与娱乐业 | Culture, Sports and Entertainment | 25.69 | 9.85 | 2.06 | 2.40 | 11.38 |
| 公共管理与社会组织 | Public Administration and Social Organizations | 144.26 | 130.41 | 0.58 | 11.69 | 1.58 |

# 2－10 按支出法计算的重庆市生产总值（2005－2006年）
# Gross Domestic Product by Expenditure Approach (2005-2006)

单位：亿元 (100 million yuan)

| 项 目 | Item | 2005 | 2006 |
|---|---|---|---|
| **本市生产总值** | **Gross Domestic Product** | **3149.10** | **3566.78** |
| 最终消费支出 | Final Consumption Expenditure | 1803.43 | 2046.98 |
| 居民消费支出 | Household Consumption Expenditure | 1336.96 | 1518.47 |
| 食品类支出 | Foods | 486.23 | 548.71 |
| 衣着类支出 | Clothes | 99.19 | 118.33 |
| 居住类支出 | Residence | 76.35 | 101.29 |
| 家庭设备、用品及服务类支出 | Family Facilities and Servises | 77.29 | 89.32 |
| 医疗保健类支出 | Medical and Hygiencic Expenditure | 114.39 | 115.12 |
| 公共医疗消费支出 | Public Health | 19.38 | 23.32 |
| 交通和通信类支出 | Traffic and Telecommunications | 112.83 | 137.11 |
| 文教娱乐用品及服务类支出 | Teathing, Entertainment and Services | 176.74 | 190.00 |
| 金融中介服务虚拟支出 | Fictitious Expenditure of Middle Financal Services | 40.50 | 44.49 |
| 金融机构实际服务消费支出 | Actual Services of Financial Organizations | 1.40 | 1.94 |
| 保险服务消费支出 | Consumption of Insurance Services | 0.88 | 1.13 |
| 自有住房服务虚拟支出 | Fictitious Expenditure of Own Housing Services | 66.73 | 72.77 |
| 实物消费支出 | Reality Consumption | 37.85 | 45.00 |
| 其他商品和服务类支出 | Other Goods and Services | 27.20 | 29.94 |
| #农村居民支出 | Agricaltural Households Expenditure | 350.13 | 354.55 |
| 食品类支出 | Foods | 175.00 | 174.30 |
| 衣着类支出 | Clothes | 14.87 | 17.15 |
| 居住类支出 | Residence | 18.43 | 21.07 |
| 家庭设备、用品及服务类支出 | Family Facilities and Servises | 14.83 | 17.87 |
| 医疗保健类支出 | Medical and Hygiencic Expenditure | 22.09 | 24.18 |
| 公共医疗消费支出 | Public Health | 0.00 | 0.06 |
| 交通和通信类支出 | Traffic and Telecommunications | 25.25 | 28.25 |
| 文教娱乐用品及服务类支出 | Teathing, Entertainment and Services | 38.67 | 28.73 |
| 金融中介服务虚拟支出 | Fictitious Expenditure of Middle Financal Services | 7.65 | 8.56 |
| 金融机构实际服务消费支出 | Actual Services of Financial Organizations | 0.50 | 0.68 |
| 保险服务消费支出 | Consumption of Insurance Services | 0.08 | 0.12 |
| 自有住房服务虚拟支出 | Fictitious Expenditure of Own Housing Services | 27.58 | 28.61 |
| 其他商品和服务类支出 | Other Goods and Services | 5.18 | 4.97 |

2-10 续表1 CONTINUED-1

单位：亿元 (100 million yuan)

| 项　　目 | Item | 2005 | 2006 |
|---|---|---|---|
| #城镇居民支出 | Non-agricaltural Households Expenditure | 986.83 | 1163.92 |
| 食品类支出 | Foods | 311.23 | 374.41 |
| 衣着类支出 | Clothes | 84.32 | 101.18 |
| 居住类支出 | Residence | 57.92 | 80.22 |
| 家庭设备、用品及服务类支出 | Family Facilities and Servises | 62.46 | 71.45 |
| 医疗保健类支出 | Medical and Hygiencic Expenditure | 92.30 | 90.94 |
| 公共医疗消费支出 | Public Health | 19.38 | 23.26 |
| 交通和通信类支出 | Traffic and Telecommunications | 87.58 | 108.86 |
| 文教娱乐用品及服务类支出 | Teathing, Entertainment and Services | 138.07 | 161.27 |
| 金融中介服务虚拟支出 | Fictitious Expenditure of Middle Financal Services | 32.85 | 35.93 |
| 金融机构实际服务消费支出 | Actual Services of Financial Organizations | 0.90 | 1.26 |
| 保险服务消费支出 | Consumption of Insurance Services | 0.80 | 1.01 |
| 自有住房服务虚拟支出 | Fictitious Expenditure of Own Housing Services | 39.15 | 44.16 |
| 实物消费支出 | Reality Consumption | 37.85 | 45.00 |
| 其他商品和服务类支出 | Other Goods and Services | 22.02 | 24.97 |
| 政府消费支出 | Government Consumption Expenditure | 466.47 | 528.51 |
| 资本形成总额 | Total Capital Formation | 1939.77 | 2206.79 |
| 固定资本形成总额 | Total Fixed Capital Formation | 1862.65 | 2138.20 |
| 第一产业 | Primary Industry | 44.20 | 48.56 |
| 第二产业 | Secondary Industry | 577.37 | 698.04 |
| 第三产业 | Tertiary Industry | 1241.08 | 1391.60 |
| 存货增加 | Increase in Inventory | 77.12 | 68.59 |
| 第一产业 | Primary Industry | 14.46 | -17.15 |
| 第二产业 | Secondary Industry | 60.14 | 79.73 |
| 第三产业 | Tertiary Industry | 2.52 | 6.01 |
| 货物和服务净流出 | Net Exports of Goods and Services | -594.10 | -686.99 |
| 流　出 | Exports | 455.77 | 476.56 |
| 流　入 | Imports | 1049.87 | 1163.55 |

# 2－11 重庆市分区域地区生产总值（2005－2006年）
# Gross Domestic Product by Region (2005-2006)

单位：亿元 (100 million yuan)

| 指标 | Item | 2005 | 2006 | 指数 上年=100 Index Preceding Year=100 |
|---|---|---|---|---|
| **本市生产总值** | **Gross Domestic Product** | **3070.49** | **3491.57** | **112.2** |
| #一小时经济圈 | One Hour Economic Sphere | 2386.56 | 2729.02 | 112.7 |
| 渝东北翼 | Northeast of Chongqing | 512.96 | 576.13 | 111.3 |
| 渝东南翼 | Southeast of Chongqing | 170.97 | 186.42 | 109.1 |
| #都市发达经济圈 | Metropolitan Advanced Economic Sphere | 1296.60 | 1514.73 | 114.1 |
| 渝西经济走廊 | West Chongqing Economic Corridor | 868.00 | 960.39 | 110.7 |
| 三峡库区生态经济区 | Ecological Economic Zone in Three Gorges Reservoir Area | 905.89 | 1016.45 | 111.0 |
| **第一产业** | **Primary Industry** | **463.40** | **425.81** | **94.5** |
| #一小时经济圈 | One Hour Economic Sphere | 285.23 | 253.27 | 92.9 |
| 渝东北翼 | Northeast of Chongqing | 131.34 | 126.89 | 96.5 |
| 渝东南翼 | Southeast of Chongqing | 46.83 | 45.65 | 98.1 |
| #都市发达经济圈 | Metropolitan Advanced Economic Sphere | 62.76 | 55.31 | 91.7 |
| 渝西经济走廊 | West Chongqing Economic Corridor | 190.17 | 168.27 | 93.3 |
| 三峡库区生态经济区 | Ecological Economic Zone in Three Gorges Reservoir Area | 210.47 | 202.23 | 96.3 |
| **第二产业** | **Secondary Industry** | **1259.12** | **1500.97** | **116.9** |
| #一小时经济圈 | One Hour Economic Sphere | 1020.64 | 1222.69 | 116.8 |
| 渝东北翼 | Northeast of Chongqing | 179.44 | 212.02 | 118.0 |
| 渝东南翼 | Southeast of Chongqing | 59.04 | 66.26 | 114.2 |
| #都市发达经济圈 | Metropolitan Advanced Economic Sphere | 564.69 | 678.19 | 116.5 |
| 渝西经济走廊 | West Chongqing Economic Corridor | 347.76 | 412.69 | 117.2 |
| 三峡库区生态经济区 | Ecological Economic Zone in Three Gorges Reservoir Area | 346.67 | 410.09 | 117.2 |
| **第三产业** | **Tertiary Industry** | **1347.97** | **1564.79** | **114.0** |
| #一小时经济圈 | One Hour Economic Sphere | 1080.69 | 1253.06 | 113.9 |
| 渝东北翼 | Northeast of Chongqing | 202.18 | 237.22 | 114.9 |
| 渝东南翼 | Southeast of Chongqing | 65.10 | 74.51 | 112.3 |
| #都市发达经济圈 | Metropolitan Advanced Economic Sphere | 669.15 | 781.23 | 114.2 |
| 渝西经济走廊 | West Chongqing Economic Corridor | 330.07 | 379.43 | 113.9 |
| 三峡库区生态经济区 | Ecological Economic Zone in Three Gorges Reservoir Area | 348.75 | 404.13 | 113.6 |
| **人均生产总值（元）** | **Per Capita GDP (yuan)** | **10982** | **12457** | **112.0** |
| #一小时经济圈 | One Hour Economic Sphere | 14416 | 16366 | 111.9 |
| 渝东北翼 | Northeast of Chongqing | 6006 | 6765 | 111.6 |
| 渝东南翼 | Southeast of Chongqing | 6003 | 6567 | 109.4 |
| #都市发达经济圈 | Metropolitan Advanced Economic Sphere | 20309 | 23224 | 111.7 |
| 渝西经济走廊 | West Chongqing Economic Corridor | 10328 | 11450 | 111.0 |
| 三峡库区生态经济区 | Ecological Economic Zone in Three Gorges Reservoir Area | 6887 | 7747 | 111.2 |

注：人均生产总值按常住人口计算。
Note: Per capita GDP is calculated by resident population.

# 2－12 重庆市分经济类型地区生产总值（1996－2006年）
# Gross Domestic Product by Registration(1996-2006)

单位：亿元 (100 million yuan)

| 年份 Year | 本市生产总值 Gross Domestic Product | 公有制经济 Public-owned Economy | 非公有制经济 Non-public-owned Economy | 个体私营经济 Individual and Private | 外商港澳台经济 Funded by HK, Macao, Taiwan & Foreign |
|---|---|---|---|---|---|
| 1996 | 1187.47 | 891.79 | 295.68 | 258.87 | 36.81 |
| 1997 | 1360.24 | 1001.14 | 359.10 | 307.41 | 51.69 |
| 1998 | 1440.56 | 992.08 | 448.48 | 397.59 | 50.89 |
| 1999 | 1491.99 | 996.05 | 495.94 | 437.15 | 58.79 |
| 2000 | 1603.16 | 1036.12 | 567.04 | 501.79 | 65.25 |
| 2001 | 1765.68 | 1080.60 | 685.08 | 609.16 | 75.92 |
| 2002 | 1990.01 | 1153.52 | 836.49 | 712.42 | 124.07 |
| 2003 | 2272.82 | 1231.87 | 1040.95 | 850.03 | 190.92 |
| 2004 | 2692.81 | 1396.32 | 1296.49 | 1129.55 | 166.94 |
| 2005 | 3070.49 | 1523.86 | 1546.63 | 1337.85 | 208.78 |
| 2006 | 3491.57 | 1637.55 | 1854.02 | 1555.93 | 298.09 |

2-12 续表1 CONTINUED-1

单位：%　　(%)

| 年 份<br>Year | 生产总值构成<br>Compositon of Gross Domestic Product | 公有制经济<br>Public-owned Economy | 非公有制经济<br>Non-public-owned Economy | | |
|---|---|---|---|---|---|
| | | | | 个体私营经济<br>Individual and Private | 外商港澳台经济<br>Funded by HK, Macao, Taiwan & Foreign |
| 1996 | 100.0 | 75.1 | 24.9 | 21.8 | 3.1 |
| 1997 | 100.0 | 73.6 | 26.4 | 22.6 | 3.8 |
| 1998 | 100.0 | 68.9 | 31.1 | 27.6 | 3.5 |
| 1999 | 100.0 | 66.8 | 33.2 | 29.3 | 3.9 |
| 2000 | 100.0 | 64.6 | 35.4 | 31.3 | 4.1 |
| 2001 | 100.0 | 61.2 | 38.8 | 34.5 | 4.3 |
| 2002 | 100.0 | 58.0 | 42.0 | 35.8 | 6.2 |
| 2003 | 100.0 | 54.2 | 45.8 | 37.4 | 8.4 |
| 2004 | 100.0 | 51.9 | 48.1 | 41.9 | 6.2 |
| 2005 | 100.0 | 49.6 | 50.4 | 43.6 | 6.8 |
| 2006 | 100.0 | 46.9 | 53.1 | 44.6 | 8.5 |

| 年 份<br>Year | 生产总值指数（上年=100）<br>Compositon of Gross Domestic Product | 公有制经济<br>Public-owned Economy | 非公有制经济<br>Non-public-owned Economy | | |
|---|---|---|---|---|---|
| | | | | 个体私营经济<br>Individual and Private | 外商港澳台经济<br>Funded by HK, Macao, Taiwan & Foreign |
| 1996 | 111.2 | 107.4 | 126.0 | 128.3 | 113.0 |
| 1997 | 111.0 | 105.2 | 130.2 | 130.0 | 131.4 |
| 1998 | 108.4 | 102.1 | 125.5 | 129.2 | 102.8 |
| 1999 | 107.6 | 104.5 | 114.4 | 114.1 | 117.0 |
| 2000 | 108.5 | 105.2 | 115.1 | 115.4 | 112.5 |
| 2001 | 109.0 | 103.1 | 119.6 | 120.1 | 115.9 |
| 2002 | 110.3 | 104.4 | 119.5 | 114.6 | 158.2 |
| 2003 | 111.5 | 104.3 | 121.3 | 116.3 | 149.8 |
| 2004 | 112.2 | 107.3 | 117.9 | 125.8 | 82.8 |
| 2005 | 111.5 | 106.6 | 116.8 | 116.0 | 122.3 |
| 2006 | 112.2 | 106.2 | 118.2 | 114.7 | 140.8 |

# 主要统计指标解释

**国内（地区）生产总值（GDP）** 是按市场价格计算的一个国家（或地区）所有常住单位在一定时期内生产活动的最终成果。国内（地区）生产总值有三种表现形态，即价值形态、收入形态和产品形态。从价值形态看，它是所有常住单位在一定时期内所生产的全部货物和服务价值超过同期中间投入的全部非固定资产货物和服务价值的差额，即所有常住单位的增加值之和；从收入形态看，它是所有常住单位在一定时期内所创造并分配给常住单位和非常住单位的初次分配收入之和；从产品形态看，它是所有常住单位在一定时期内最终使用的货物和服务价值与货物和服务净出口价值之和。在实际核算中，国内（地区）生产总值的三种表现形态表现为三种计算方法，即生产法、收入法和支出法。三种方法分别从不同的方面反映国内（地区）生产总值及其构成。

**三次产业** 三产业的划分是世界上较为常用的产业结构分类，但各国的划分不尽一致。我国的三次产业划分是：

第一产业是指农、林、牧、渔业。

第二产业是指采矿业，制造业，电力、煤气及水的生产和供应业，建筑业。

第三产业是指除第一、二产业以外的其他行业。

**劳动者报酬** 是指劳动者因从事生产活动所获得的全部报酬。包括劳动者获得的各种形式的工资、奖金和津贴，既包括货币形式的，也包括实物形式的；还包括劳动者所享受的公费医疗和医药卫生费、上下班交通补贴和单位支付的社会保险费等。对于个体经济来说，其所有者所获得的劳动报酬和经营利润不易区分，这两部分统一作为劳动者报酬处理。

**生产税净额** 指生产税减生产补贴后的差额。生产税指政府对生产单位生产、销售和从事经营活动以及因从事生产活动使用某些生产要素（如固定资产、土地、劳动力）所征收的各种税、附加费和规费。生产补贴与生产税相反，是政府对生产单位的单方面收入转移，因此视为负生产税，包括政策亏损补贴、价格补贴等。

**固定资产折旧** 指一定时期内为弥补固定资产损耗按照核定的固定资产折旧率提取的固定资产折旧，或按国民经济核算统一规定的折旧率虚拟计算的固定资产折旧。它反映了固定资产在当期生产中的转移价值。各类企业和企业化管理的事业单位的固定资产折旧指实际计提并计入成本费用中的折旧费；不计提折旧的政府机关、非企业化管理的事业单位和居民住房的固定资产折旧则是按照统一规定的折旧率和固定资产原值计算的虚拟折旧。原则上，固定资产折旧应按固定资产的重置价值来计算，但是我国目前尚不具备对全社会固定资产进行重估价的基础，所以暂时只能采用上述方法来计算。

**营业盈余** 指常住单位创造的增加值扣除劳动者报酬、生产税净额和固定资产折旧后的余额。它相当于企业的营业利润加上生产补贴，但要扣除从利润中开支的工资和福利等。

**支出法国内（地区）生产总值** 是从最终使用的角度反映一个国家（或地区）一定时期内生产活动最终成果的一种方法，包括最终消费支出、资本形成总额及货物和服务净流出三部分。计算公式为：

支出法国内生产总值=最终消费支出+资本形成总额+货物和服务净流出

**最终消费支出** 指常住单位为满足物质、文化和精神生活的需要，从本国经济领土和国外购买的货物和服务的支出。它不包括非常住单位在本国经济领土内的消费支出。最终消费支出分为居民消费支出和政府消费支出。

（1）居民消费支出：指常住住户在一定时期内对于货物和服务的全部最终消费支出。居民消费支出除了直接以货币形式购买的货物和服务的消费支出外，还包括以其他方式获得的货物和服务的消费支出，即所谓的虚拟消费支出。居民虚拟消费支出包括如下几种类型：单位以实物报酬及实物转移的形式提供给劳动者的货物和服务；住户生产并由本住户消费了的货物和服务，其中的服务仅指住户的自有住房服务和付酬的家庭雇员提供的家庭和个人服务；金融机构提供的金融媒介服务；保险公司提供的保险服务。

（2）政府消费支出：指政府部门为全社会提供的公共服务的消费支出和免费或以较低的价格向居民住户提供的货物和服务的净支出，前者等于政府服务的产出价值减去政府单位所获得的经营收入的价值，后者等于政府部门免费或以较低价格向居民住户提供的货物和服务的市场价值减去向住户收取的价值。

**资本形成总额** 指常住单位在一定时期内获得的减去处置的固定资产加存货的变动，包括固定资产形成总额和存货增加。

（1）固定资产形成总额：指生产者在一定时期内获得的固定资产减处置的固定资产的价值总额。固定资产是通过生产活动生产出来的，且其使用年限在一年以上、单位价值在规定标准以上的资产，不包括自然资产。可分为有形固定资本形成总额和无形固定资本形成总额。有形固定资本形成总额包括一定时期内完成的建筑工程、安装工程和设备工器具购置(减处置)价值，以及土地改良、新增役、种、奶、毛、娱乐用牲畜和新增经济林木价值。无形固定资本形成总额包括矿藏的勘探、计算机软件等获得减处置。

（2）存货增加：指常住单位在一定时期内存货实物量变动的市场价值，即期末价值减期初价值的差额，再扣除当期由于价格变动而产生的持有收益。存货增加可以是正值，也可以是负值，正值表示存货上升，负值表示存货下降。存货包括生产单位购进的原材料、燃料和储备物资等存货，以及生产单位生产的产成品、在制品和半成品等存货。

**货物和服务净出口** 指货物和服务出口减货物和服务进口的差额。出口包括常住单位向非常住单位出售或无偿转让的各种货物和服务的价值；进口包括常住单位从非常住单位购买或无偿得到的各种货物和服务的价值。由于服务活动的提供与使用同时发生，因此服务的进出口业务并不发生出入境现象，一般把常住单位从国外得到的服务作为进口，非常住单位从本国得到的服务作为出口。货物的出口和进口都按离岸价格计算。

# Explanatory Notes on Main Statistical Indicators

**Gross Domestic Product (GDP)** refers to the final products at market prices produced by all resident units in a country (or a region) during a certain period of time. Gross domestic product is expressed in three different forms, i.e. value added, income, and products respectively. The form of value added refers to the total value of all products and services produced by all resident units during a certain period of time minus total value of intimidate input of materials and services of the nature of non-fixed assets or the summation of the value added of all resident units; the form of income includes all the income created by all resident units and distributed primarily to all resident and non-resident units; the form of products refers to all final goods and services of final use by all resident units plus the value of net exports of goods and services. In the practice of national accounting, gross domestic product is calculated with three approaches, i.e. product approach, income approach and expenditure approach, which reflect gross domestic product and its composition from different aspects.

**Three Industries** Classification of economic activities into three branches of industries is a common practice in the world, although the grouping varies to some extent form country to country. In China economic activities are categorized into following industries:

Primary industry: refers to agriculture, forestry, animal husbandry and fishery.

Secondary industry: refers to mining and quarrying, manufacturing, production and supply of electricity, water and gas, and construction.

Tertiary industry: refers to all other economic activities not included in primary or secondary industry.

**Laborers' Remuneration** refers to the whole payment earned by the laborers from the productive activities they are engaged in. It includes wages, bonuses and allowances the laborers earned in various forms, including monetary form and form in kind. It also includes the free medical services provided to the laborers and the medicine expenses, traffic subsidies and social insurance fee paid by the laborers' working units for them. As the individual economy is concerned, since the laborers' remuneration is not easily distinguished from the operating profit, both are treated as laborers' remuneration.

**Net Taxes on Production** refers to the difference of the taxes on production minus the subsidies on production. The taxes on production refers to the various taxes, extra charges and fees levied on the production units on their production, sale and business activities as well as on some factors of production, such as fixed assets, land and labor force, used in the production activities they are engaged in. In contrast to the taxes on production, the subsidies on production is the unilateral transfer of part of the government's revenue to the production units and is therefore treated as the negative taxes on production, They include subsidies on the loss due to implementation of government policies, price subsidies, etc.

**Depreciation of Fixed Assets** refers to the depreciation of fixed assets drawn in accordance with the stipulated depreciation rate for the purpose of compensating the wear loss of the fixed assets or the depreciation of fixed assets calculated in a fictitious way in accordance with the stipulated unified depreciation rate in the national economic accounting system. It reflects the value of transfer of the fixed assets in the production of the current period. The depreciation of fixed assets in various enterprises and institutions managed as enterprises refers to the depreciation expenses actually drawn and calculated as part of the cost. In the units, which do not draw the depreciation expenses, such as government agencies, institutions not managed as enterprises as well as the houses of residents, the depreciation of fixed assets is the fictitious depreciation, which is calculated in accordance with the stipulated unified depreciation rate. In principle, the depreciation of fixed assets should be calculated on the basis of the re-purchased value of the fixed assets. However, there is no actual condition to re-evaluate all the fixed assets in China. Therefore, the above-mentioned methods are temporarily adopted at present.

**Operating Surplus** refers to the balance of the value added created by the resident units deducting the laborers' remuneration, net taxes on production ant the depreciation of fixed assets. It is equivalent to the business profit of the enterprises plus subsidies on production, but the wages and welfare expenses paid from the profits should be deducted.

**GDP by Expenditure Approach** refers to the method of measuring the final results of production activities of a country (region) during a given period from the perspective of final use. It includes final consumption expenditure, total capital formation and net export of goods and services, i.e.:

*GDP by expenditure approach = final consumption expenditure + total capital formation + net export of goods and services*

**Final Consumption Expenditure** refers to the total expenditure of resident units on final consumption of goods and services from domestic economic territory and abroad to meet the requirements of material, cultural and spiritual life. It excludes the expenditure of non-resident units on consumption in the economic territory of the country. The final consumption expenditure is broken down into household consumption expenditure and government consumption expenditure.

(I) Household consumption refers to the total expenditure of resident households on the final consumption of goods and services. In addition to the consumption of goods and services bought by the households directly with money, the households consumption expenditure also includes expenditure on goods and services obtained by the households in other ways, i.e. the so-called fictitious consumption expenditure, which includes the following types: (a) the goods and services provided to the households by the employer in the form of payment in kind and transfer in kind; (b) the goods and services produced and consumed by the households themselves, in which the services refer only to the owner-occupied housing and domestic and individual services provided by the paid household workers; (c) financial intermediate services provided by the financial institutions; (d) the insurance services provided by insurance companies.

(II) Government consumption Expenditure refers to the expenditure on the consumption of the public services provided by the government to the whole society and the net expenditure on the goods and services provided by the government to the households for free charge or at lower prices. The former equals to the output value of the government services minus the value of operating in come obtained by the government departments. The latter equals to the market value of the goods and services provided by the government to the households minus the value received by the government from the households.

**Total Capital Formation** refers to the net amount of the fixed assets and stock acquired minus those disposed, including the total fixed assets formation and the increase in stock.

(I) Total fixed capital formation refer to the value of fixed assets purchased, transferred in by the resident units and those produced and used by themselves deducting the value of fixed assets sold and transferred out. It can by classified into total tangible assets formation and total intangible assets formation. The total tangible assets formation include the value of the construction projects, installation projects completed and the equipment, apparatus and instruments purchased as well as the value of land improved, the value of draught animals, breeding stock, milk, wool and recreational animals and the newly increased economic forest in a certain period. The total intangible assets formation includes the prospecting of minerals, the acquisition of computer software, the originals of recreational works and works of literature and arts minus the disposal of them.

(II) Increase in stock refers to the market value of the change in stock, i.e., the difference of value between the beginning and the end of the period. The increase in stock can be positive or negative. A positive value indicates the increase in stock while a negative value indicates the decrease in stock. The stock includes the raw materials, fuels and reserve materials purchased by the production units as well as the stock of finished products, semi-finished products, work-in-progress, etc.

**Net Export of Goods and Services** refers to the difference of the exports of goods and services minus the imports of goods and services. The imports include the value of various goods and services sold or gratuitously transferred by the resident units to the non-resident units. The imports include the value of various goods and services purchased or gratuitously acquired by the resident units from the non-resident units. Because the provision of services and the use of them happen simultaneously, the import and export of services by the resident units from abroad is usually treated as import while the acquisition of services by non-resident units in this country is usually treated as export. The export and import of goods are calculated at FOB.

# 人口与就业

*Population and Employment*

## 简要说明 Brief Introduction

本章内容主要包括全市的户籍人口、常住人口、五次人口普查的主要数据，以及计划生育、就业、工资等情况，由市统计局人口就业处整理编辑。

户籍统计人口资料由市公安局提供；计划生育资料由市计划生育委员会提供；失业资料由市社会劳动保障局提供；常住人口、人口普查主要数据、就业和工资资料由市统计局人口就业处提供。

The data in this chapter show the basic statistics on household registered population, resident population and 5 population censuses， and statistics on family planning, as well as employment and wages. They are prepared and edited by Division of Population and Employment Statistics, Municipal Bureau of Statistics.

The data on household registered population are provided by Municipal Bureau of Public Security. Data on family planning come from Municipal Family Planning Commission. And Data on unemployment are provided by Municipal Bureau of Labor and Social Security. Main indicators of resident population, population censuses, employment and wages are provided by Division of Population and Employment Statistics, Municipal Bureau of Statistics.

# 3－1 主要年份总户数、总人口（户籍统计）
# Total Households and Total Population in Major Years (Household Registration)

单位：万户、万人 (10 000 households, 10 000 persons)

| 年 份 Year | 总户数 Total Households | 总人口 Total Population | 按性别分 By Sex | | 按农业、非农业分 By Agriculture and Non-agriculture | |
|---|---|---|---|---|---|---|
| | | | 男 Male | 女 Female | 农业 Agriculture | 非农业 Non-agriculture |
| 1952 | 401.93 | 1776.52 | 927.91 | 848.61 | | |
| 1957 | 434.66 | 2005.18 | 1040.82 | 964.36 | 1692.77 | 312.41 |
| 1962 | 442.01 | 1797.19 | 916.99 | 880.20 | 1528.95 | 268.24 |
| 1965 | 455.55 | 1974.89 | 1010.19 | 964.70 | 1685.08 | 289.81 |
| 1970 | 518.02 | 2289.64 | 1173.57 | 1116.07 | 1989.66 | 299.98 |
| 1975 | 579.36 | 2592.59 | 1332.89 | 1259.70 | 2280.39 | 312.20 |
| 1978 | 601.07 | 2635.56 | 1357.98 | 1277.58 | 2304.66 | 330.90 |
| 1980 | 610.19 | 2664.79 | 1376.22 | 1288.57 | 2291.51 | 373.28 |
| 1985 | 684.46 | 2768.26 | 1437.35 | 1330.91 | 2310.89 | 457.37 |
| 1986 | 716.53 | 2807.60 | 1458.75 | 1348.85 | 2343.23 | 464.37 |
| 1987 | 751.96 | 2845.14 | 1478.88 | 1366.26 | 2370.06 | 475.08 |
| 1988 | 784.83 | 2873.34 | 1494.20 | 1379.14 | 2390.36 | 482.98 |
| 1989 | 812.65 | 2897.01 | 1507.74 | 1389.27 | 2405.25 | 491.76 |
| 1990 | 833.78 | 2920.90 | 1520.83 | 1400.07 | 2427.92 | 492.98 |
| 1991 | 844.66 | 2938.99 | 1531.11 | 1407.88 | 2439.61 | 499.38 |
| 1992 | 849.77 | 2950.78 | 1538.46 | 1412.32 | 2438.94 | 511.84 |
| 1993 | 855.75 | 2964.92 | 1546.50 | 1418.42 | 2438.27 | 526.65 |
| 1994 | 870.20 | 2985.59 | 1558.05 | 1427.54 | 2440.41 | 545.18 |
| 1995 | 879.35 | 3001.77 | 1566.86 | 1434.91 | 2442.33 | 559.44 |
| 1996 | 888.56 | 3022.77 | 1577.97 | 1444.80 | 2445.65 | 577.12 |
| 1997 | 897.78 | 3042.92 | 1588.10 | 1454.82 | 2448.34 | 594.58 |
| 1998 | 907.17 | 3059.69 | 1596.88 | 1462.81 | 2445.66 | 614.03 |
| 1999 | 922.73 | 3072.34 | 1602.42 | 1469.92 | 2437.18 | 635.16 |
| 2000 | 938.87 | 3091.09 | 1611.68 | 1479.41 | 2430.20 | 660.89 |
| 2001 | 950.56 | 3097.91 | 1614.91 | 1483.00 | 2408.39 | 689.52 |
| 2002 | 961.69 | 3113.83 | 1623.13 | 1490.70 | 2392.38 | 721.45 |
| 2003 | 977.01 | 3130.10 | 1631.66 | 1498.44 | 2376.18 | 753.92 |
| 2004 | 988.59 | 3144.23 | 1637.18 | 1507.05 | 2358.40 | 785.83 |
| 2005 | 1010.41 | 3169.16 | 1649.26 | 1519.90 | 2351.88 | 817.28 |
| 2006 | 1030.66 | 3198.87 | 1662.77 | 1536.10 | 2353.44 | 845.43 |

# 3－2 主要年份人口自然变动（户籍统计）
# Population Natural Changes in Major Years (Household Registration)

单位：万人、‰ (10 000 persons, ‰)

| 年份 Year | 出生 Birth | | 死亡 Mortality | | 自然增长 Natural Growth | |
|---|---|---|---|---|---|---|
| | 人口 Population | 出生率 Birth Rate | 人口 Population | 死亡率 Mortality Rate | 人口 Population | 自然增长率 Natural Growth Rate |
| 1957 | 54.20 | 27.32 | 21.78 | 10.98 | 32.42 | 16.34 |
| 1962 | 43.72 | 24.36 | 27.87 | 15.53 | 15.85 | 8.83 |
| 1965 | 74.01 | 38.03 | 21.43 | 11.01 | 52.58 | 27.02 |
| 1970 | 87.78 | 38.99 | 22.11 | 9.82 | 65.67 | 29.17 |
| 1975 | 72.03 | 28.06 | 21.33 | 8.31 | 50.70 | 19.75 |
| 1978 | 26.09 | 9.91 | 17.18 | 6.52 | 8.91 | 3.39 |
| 1980 | 29.68 | 11.16 | 17.19 | 6.46 | 12.49 | 4.70 |
| 1985 | 36.13 | 13.10 | 18.76 | 6.80 | 17.37 | 6.30 |
| 1986 | 54.47 | 19.54 | 18.36 | 6.59 | 36.11 | 12.95 |
| 1987 | 48.72 | 17.24 | 18.42 | 6.52 | 30.30 | 10.72 |
| 1988 | 38.58 | 13.49 | 19.43 | 6.79 | 19.15 | 6.70 |
| 1989 | 39.79 | 13.79 | 19.99 | 6.93 | 19.80 | 6.86 |
| 1990 | 42.53 | 14.62 | 19.59 | 6.73 | 22.94 | 7.89 |
| 1991 | 37.61 | 12.83 | 19.20 | 6.55 | 18.41 | 6.28 |
| 1992 | 35.62 | 12.09 | 20.89 | 7.09 | 14.73 | 5.00 |
| 1993 | 35.75 | 12.09 | 20.23 | 6.84 | 15.52 | 5.25 |
| 1994 | 40.05 | 13.46 | 19.95 | 6.70 | 20.10 | 6.76 |
| 1995 | 39.39 | 13.16 | 21.45 | 7.17 | 17.94 | 5.99 |
| 1996 | 41.06 | 13.63 | 21.62 | 7.18 | 19.44 | 6.45 |
| 1997 | 36.99 | 12.20 | 20.95 | 6.91 | 16.04 | 5.29 |
| 1998 | 35.51 | 11.64 | 21.64 | 7.09 | 13.87 | 4.55 |
| 1999 | 30.68 | 10.01 | 20.68 | 6.74 | 10.00 | 3.27 |
| 2000 | 35.22 | 11.43 | 24.59 | 7.98 | 10.63 | 3.45 |
| 2001 | 26.26 | 8.48 | 18.76 | 6.06 | 7.50 | 2.42 |
| 2002 | 28.65 | 9.20 | 18.07 | 5.80 | 10.58 | 3.40 |
| 2003 | 30.00 | 9.61 | 18.05 | 5.78 | 11.95 | 3.83 |
| 2004 | 33.72 | 10.74 | 23.44 | 7.47 | 10.28 | 3.27 |
| 2005 | 30.66 | 9.71 | 13.88 | 4.40 | 16.78 | 5.31 |
| 2006 | 36.57 | 11.49 | 14.89 | 4.68 | 21.68 | 6.81 |

# 3－3 常住人口及城镇化率（1996－2006年）
# Resident Population and Rate of Urban Population (1996-2006)

单位：万人、%　　(10 000 persons, %)

| 年 份 Year | 常住人口 Resident Population | 城 镇 Urban | 乡 村 Rural | 城镇化率 (%) Rate of Urban Population |
|---|---|---|---|---|
| 1996 | 2875.30 | 848.21 | 2027.09 | 29.5 |
| 1997 | 2873.36 | 890.74 | 1982.62 | 31.0 |
| 1998 | 2870.75 | 935.86 | 1934.89 | 32.6 |
| 1999 | 2860.37 | 981.11 | 1879.26 | 34.3 |
| 2000 | 2848.82 | 1013.88 | 1834.94 | 35.6 |
| 2001 | 2829.21 | 1058.12 | 1771.09 | 37.4 |
| 2002 | 2814.83 | 1123.12 | 1691.71 | 39.9 |
| 2003 | 2803.19 | 1174.55 | 1628.64 | 41.9 |
| 2004 | 2793.32 | 1215.42 | 1577.90 | 43.5 |
| 2005 | 2798.00 | 1265.95 | 1532.05 | 45.2 |
| 2006 | 2808.00 | 1311.29 | 1496.71 | 46.7 |

# 3－4 1%人口抽样调查（2005－2006年）
# 1% Sample Survey of Population (2005-2006)

单位：万人 (10 000 persons)

| 项目 | Item | 2005 | 2006 |
|---|---|---|---|
| 家庭户户数（万户） | Family Households (10 000 households) | 978.32 | 985.26 |
| 常住人口 | Resident Population | 2798.00 | 2808.00 |
| #城镇 | Urban | 1265.95 | 1311.29 |
| 乡村 | Rural | 1532.05 | 1496.71 |
| #男性 | Male | 1409.83 | 1419.28 |
| 女性 | Female | 1388.17 | 1388.72 |
| #0-14岁 | Age 0-14 | 576.39 | 561.60 |
| 15-64岁 | Age 15-64 | 1913.83 | 1934.71 |
| 65岁及以上 | Age 65 and Over | 307.78 | 311.69 |
| 外出人口 | Population Going outside Residential Area | 637.26 | 680.61 |
| #外出至市外 | Going outside Chongqing | 431.22 | 453.40 |
| 市外外来人口 | Population Going to Chongqing | 60.06 | 65.40 |
| 城镇化率（%） | Rate of Urban Population (%) | 45.2 | 46.7 |
| 都市发达经济圈 | Metropolitan Advanced Economic Sphere | 86.2 | 86.8 |
| 渝西经济走廊 | West Chongqing Economic Corridor | 39.4 | 40.9 |
| 三峡库区生态经济区 | Ecological Economic Zone in Three Gorges Reservoir Area | 28.8 | 30.2 |
| 出生人口 | Birth Population | 26.28 | 27.75 |
| 出生率（‰） | Birth Rate (‰) | 9.4 | 9.9 |
| 死亡人口 | Mortality Population | 17.89 | 18.22 |
| 死亡率（‰） | Mortality Rate (‰) | 6.4 | 6.5 |
| 自然增长人口 | Natural Growing Population | 8.39 | 9.53 |
| 自然增长率（‰） | Natural Growth Rate (‰) | 3.0 | 3.4 |

# 3−5 第四次、第五次人口普查基本情况
# Basic Statistics on Population Censuses in 1990 and 2000

| 指　　标 | Item | 1990 | 2000 |
|---|---|---|---|
| **总人口（万人）** | **Total Population (10 000 persons)** | **2886.62** | **3051.28** |
| 男 | Male | 1499.83 | 1584.15 |
| 女 | Female | 1386.79 | 1467.13 |
| 性别比（女=100） | Sex Ratio (female=100) | 108.15 | 107.98 |
| **家庭户户数（万户）** | **Family Households (10 000 households)** | **788.84** | **914.16** |
| **家庭户规模（人/户）** | **Average Family Size (person/household)** | **3.56** | **3.23** |
| **各年龄组人口（万人）** | **Population by Age Group (10 000 persons)** | | |
| 0-14岁 | Age 0-14 | 626.27 | 666.29 |
| 15-64岁 | Age 15-64 | 2092.06 | 2140.45 |
| 65岁及以上 | Age 65 and Over | 168.29 | 244.54 |
| **预期寿命（岁）** | **Life Expectancy (years old)** | **67.9** | **71.9** |
| **城乡人口（万人）** | **Population by Residence (10 000 persons)** | | |
| 城镇人口 | Urban Population | 842.11 | 1009.55 |
| 乡村人口 | Rural Population | 2044.51 | 2041.73 |
| **民族人口（万人，%）** | **Nationality Population (10 000 persons, %)** | | |
| 汉　族 | Han Nationality | 2737.58 | 2853.92 |
| 占总人口比重 | Percentage as Total Population | 94.8 | 93.5 |
| 少数民族 | Minority Nationalities | 149.04 | 197.36 |
| 占总人口比重 | Percentage as Total Population | 5.2 | 6.5 |
| **每十万人拥有的各种受教育程度人口（人）** | **Population with Various Education Attainment Per 100 000 Population (person)** | | |
| 大专及以上 | Junior College and Above | 1070 | 2819 |
| 高中和中专 | Senior Secondary/Secondary Technical School | 6235 | 8600 |
| 初　中 | Junior Secondary School | 22857 | 29474 |
| 小　学 | Primary School | 44999 | 43357 |
| **文盲人口及文盲率** | **Illiterate Population and Illiterate Rate** | | |
| 文盲人口（万人） | Illiterate Population (10 000 persons) | 404.54 | 212.24 |
| 文盲率（%） | Illiterate Rate (%) | 17.9 | 8.9 |

# 3－6 五次人口普查主要指标
# Main Indicators of Five Population Censuses

单位：万人、% (10 000 persons, %)

| 普查时间 | Census Time | 总人口 Total Population | | | 性别比（女=100） Sex Ratio (female=100) | 年平均增长率 Annual Average Growth Rate |
|---|---|---|---|---|---|---|
| | | 合计 Total | 男 Male | 女 Female | | |
| 第一次人口普查（1953年7月1日） | First Population Census (July 1, 1953) | 1766.39 | 924.56 | 841.83 | 109.83 | |
| 第二次人口普查（1964年7月1日） | Second Population Census (July 1, 1964) | 1889.17 | 969.02 | 920.15 | 105.31 | 0.61 |
| 第三次人口普查（1982年7月1日） | Third Population Census (July 1, 1982) | 2705.89 | 1402.46 | 1303.43 | 107.60 | 2.02 |
| 第四次人口普查（1990年7月1日） | Fourth Population Census (July 1, 1990) | 2886.62 | 1499.83 | 1386.79 | 108.15 | 0.81 |
| 第五次人口普查（2000年11月1日） | Fifth Population Census (November 1, 2000) | 3051.28 | 1584.15 | 1467.13 | 107.98 | 0.66 |

# 3－7 计划生育基本情况（1986－2006年）
# Basic Statistics on Family Planning (1986-2006)

单位：万人、% (10 000 persons, %)

| 年份 Year | 政策性生育率 Birth Policy Rate | 已婚育龄妇女人数 Married Women at Childbearing Age | 领独生子女证人数 Women with Only-child Certificates | 领证率 Coverage of Only-child Certificates | 采取节育措施人数 Women under Contraception | 避孕率 Contraception Rate |
|---|---|---|---|---|---|---|
| 1986 | 90.88 | 481.28 | 109.56 | 68.74 | 424.89 | 88.28 |
| 1987 | 90.16 | 503.67 | 126.44 | 71.91 | 451.19 | 89.58 |
| 1988 | 93.83 | 523.17 | 141.28 | 72.14 | 480.27 | 91.80 |
| 1989 | 92.78 | 540.80 | 151.72 | 70.35 | 491.35 | 90.86 |
| 1990 | 94.15 | 560.09 | 166.56 | 70.53 | 512.38 | 91.48 |
| 1991 | 95.11 | 577.54 | 178.27 | 69.31 | 527.88 | 91.40 |
| 1992 | 95.83 | 589.35 | 188.00 | 68.34 | 538.37 | 91.35 |
| 1993 | 93.23 | 599.23 | 199.97 | | 548.27 | 91.50 |
| 1994 | 86.58 | 611.48 | 206.76 | | 559.62 | 91.52 |
| 1995 | 89.22 | 625.71 | 220.32 | | 573.38 | 91.64 |
| 1996 | 88.73 | 637.31 | 227.59 | 65.45 | 587.93 | 92.25 |
| 1997 | 91.94 | 644.56 | 230.99 | 64.11 | 588.75 | 91.34 |
| 1998 | 85.06 | 644.68 | 219.05 | 59.69 | 589.28 | 91.40 |
| 1999 | 94.09 | 640.70 | 214.79 | 57.43 | 587.94 | 91.77 |
| 2000 | 91.26 | 639.20 | 217.43 | 57.11 | 589.95 | 92.29 |
| 2001 | 91.05 | 632.25 | 203.30 | 53.04 | 583.65 | 92.31 |
| 2002 | 92.19 | 620.38 | 180.36 | 47.65 | 571.18 | 92.07 |
| 2003 | 92.39 | 622.26 | 195.38 | 51.11 | 571.87 | 91.90 |
| 2004 | 92.95 | 615.20 | 200.49 | 52.42 | 564.60 | 91.77 |
| 2005 | 92.57 | 618.97 | 212.37 | 55.08 | 569.74 | 92.05 |
| 2006 | 90.93 | 626.73 | 203.23 | 52.07 | 572.73 | 91.38 |

# 3－8 就业人员基本情况（1985－2006年）
# Basic Statistics on Employment (1985-2006)

单位：万人 (10 000 persons)

| 年 份<br>Year | 就业人员总计<br>Total Employment | #城 镇<br>Urban | 按经济类型分 By Ownership<br>国 有<br>State-owned | 集 体<br>Collective-owned | 私营和个体<br>Private and Individuals | 其 他<br>Others |
|---|---|---|---|---|---|---|
| 1985 | 1432.03 | 269.37 | | | | |
| 1986 | 1469.13 | 275.35 | | | | |
| 1987 | 1507.33 | 282.39 | | | | |
| 1988 | 1512.49 | 288.70 | | | | |
| 1989 | 1540.03 | 291.29 | | | | |
| 1990 | 1569.34 | 296.92 | | | | |
| 1991 | 1620.67 | 307.87 | | | | |
| 1992 | 1662.58 | 313.51 | | | | |
| 1993 | 1658.95 | 310.05 | | | | |
| 1994 | 1729.55 | 326.75 | | | | |
| 1995 | 1709.26 | 347.06 | | | | |
| 1996 | 1719.43 | 463.98 | 198.16 | 1228.60 | 280.24 | 12.43 |
| 1997 | 1715.40 | 483.74 | 189.07 | 1201.03 | 307.29 | 18.01 |
| 1998 | 1710.97 | 505.22 | 175.52 | 1176.65 | 334.24 | 24.56 |
| 1999 | 1699.06 | 518.40 | 161.15 | 1151.98 | 354.15 | 31.78 |
| 2000 | 1690.00 | 547.97 | 149.28 | 1127.80 | 376.86 | 36.06 |
| 2001 | 1680.38 | 570.80 | 136.63 | 1095.40 | 406.86 | 41.49 |
| 2002 | 1654.51 | 579.17 | 130.66 | 1031.06 | 443.56 | 49.23 |
| 2003 | 1634.77 | 590.28 | 125.88 | 971.28 | 479.81 | 57.80 |
| 2004 | 1623.85 | 603.97 | 124.72 | 934.99 | 497.18 | 66.96 |
| 2005 | 1611.57 | 620.27 | 123.50 | 900.39 | 515.08 | 72.60 |
| 2006 | 1605.45 | 633.99 | 123.90 | 868.10 | 529.52 | 83.93 |

3-8 续表 CONTINUED

| 年 份 Year | 按产业分 By Industry | | | 分产业比重（%） Compositon By Industry | | |
|---|---|---|---|---|---|---|
| | 第一产业 Primary Industry | 第二产业 Secondary Industry | 第三产业 Tertiary Industry | 第一产业 Primary Industry | 第二产业 Secondary Industry | 第三产业 Tertiary Industry |
| 1985 | 1042.22 | 223.37 | 166.44 | 72.8 | 15.6 | 11.6 |
| 1986 | 1048.32 | 241.66 | 179.15 | 71.4 | 16.4 | 12.2 |
| 1987 | 1064.06 | 258.93 | 184.34 | 70.6 | 17.2 | 12.2 |
| 1988 | 1056.49 | 262.83 | 193.17 | 69.8 | 17.4 | 12.8 |
| 1989 | 1082.41 | 263.81 | 193.81 | 70.3 | 17.1 | 12.6 |
| 1990 | 1103.04 | 263.86 | 202.44 | 70.3 | 16.8 | 12.9 |
| 1991 | 1130.47 | 275.72 | 214.48 | 69.8 | 17.0 | 13.2 |
| 1992 | 1118.59 | 277.77 | 266.22 | 67.3 | 16.7 | 16.0 |
| 1993 | 1088.70 | 287.88 | 282.37 | 65.6 | 17.4 | 17.0 |
| 1994 | 1062.90 | 301.13 | 365.52 | 61.5 | 17.4 | 21.1 |
| 1995 | 1018.30 | 310.88 | 380.08 | 59.6 | 18.2 | 22.2 |
| 1996 | 1001.89 | 320.31 | 397.23 | 58.3 | 18.6 | 23.1 |
| 1997 | 989.07 | 313.77 | 412.56 | 57.6 | 18.3 | 24.1 |
| 1998 | 979.48 | 303.18 | 428.31 | 57.3 | 17.7 | 25.0 |
| 1999 | 959.71 | 296.12 | 443.23 | 56.5 | 17.4 | 26.1 |
| 2000 | 938.12 | 292.94 | 458.94 | 55.5 | 17.3 | 27.2 |
| 2001 | 912.30 | 293.38 | 474.70 | 54.3 | 17.5 | 28.2 |
| 2002 | 873.79 | 295.02 | 485.70 | 52.8 | 17.8 | 29.4 |
| 2003 | 838.33 | 299.43 | 497.01 | 51.3 | 18.3 | 30.4 |
| 2004 | 817.91 | 302.30 | 503.64 | 50.4 | 18.6 | 31.0 |
| 2005 | 794.81 | 304.87 | 511.89 | 49.3 | 18.9 | 31.8 |
| 2006 | 776.56 | 308.23 | 520.66 | 48.4 | 19.2 | 32.4 |

# 3－9 年末就业人员人数（1996－2006年）
# Total Employment at Year-end (1996-2006)

单位：万人 (10 000 persons)

| 指　　标 | Item | 1996 | 1997 | 1998 | 1999 | 2000 | 2001 |
|---|---|---|---|---|---|---|---|
| **就业人员总计** | **Total Employment** | **1719.43** | **1715.40** | **1710.97** | **1699.06** | **1690.00** | **1680.38** |
| 城　镇 | Urban | 463.98 | 483.74 | 505.22 | 518.40 | 547.97 | 570.80 |
| 乡　村 | Rural | 1255.45 | 1231.66 | 1205.75 | 1180.66 | 1142.03 | 1109.58 |
| **按经济类型分** | **By Ownership** | | | | | | |
| 国有经济 | State-owned | 198.16 | 189.07 | 175.52 | 161.15 | 149.28 | 136.63 |
| 集体经济 | Collective-owned | 1228.60 | 1201.03 | 1176.65 | 1151.98 | 1127.80 | 1095.40 |
| 私　营 | Private | 38.00 | 48.42 | 58.52 | 66.43 | 72.92 | 80.44 |
| 个　体 | Individual | 242.24 | 258.87 | 275.72 | 287.72 | 303.94 | 326.42 |
| 其他经济 | Others | 12.43 | 18.01 | 24.56 | 31.78 | 36.06 | 41.49 |
| #联　营 | Joint Ownership | 0.40 | 0.42 | 0.41 | 0.63 | 0.86 | 4.11 |
| 股份制 | Share Holding | 7.43 | 8.65 | 9.97 | 10.95 | 11.49 | 13.21 |
| 外商投资 | Foreign-funded | 2.90 | 2.77 | 2.04 | 2.42 | 2.74 | 2.86 |
| 港澳台投资 | Funded by Hong Kong, Macao and Taiwan | 1.70 | 1.90 | 1.95 | 2.50 | 2.44 | 2.66 |
| **按行业分** | **By Sector** | | | | | | |
| 第一产业 | Primary Industry | 1001.89 | 989.07 | 979.48 | 959.71 | 938.12 | 912.30 |
| 第二产业 | Secondary Industry | 320.31 | 313.77 | 303.18 | 296.12 | 292.94 | 293.38 |
| 采矿业 | Mining and Quarrying | 21.17 | 20.59 | 19.40 | 17.89 | 16.59 | 15.72 |
| 制造业 | Manufacturing | 184.62 | 176.89 | 166.42 | 160.07 | 158.73 | 158.66 |
| 电力、燃气及水的生产和供应业 | Electricity, Gas & Water Production and Supply | 6.03 | 6.08 | 6.14 | 6.18 | 6.20 | 6.22 |
| 建筑业 | Construction | 108.49 | 110.21 | 111.22 | 111.98 | 111.42 | 112.78 |
| 第三产业 | Tertiary Industry | 397.23 | 412.56 | 428.31 | 443.23 | 458.94 | 474.70 |
| 交通运输、仓储及邮政业 | Transportation, Storage, Postal Services | 38.19 | 39.09 | 39.85 | 40.02 | 40.23 | 41.39 |
| 信息传输、计算机服务和软件业 | Data Transmission, Computer Service and Software | 4.75 | 5.01 | 5.29 | 5.60 | 5.91 | 6.03 |
| 批发与零售业 | Wholesale and Retail Trade | 97.28 | 102.23 | 107.62 | 113.05 | 117.96 | 120.23 |
| 住宿和餐饮业 | Hotels and Restaurants | 69.01 | 69.46 | 70.00 | 70.18 | 70.52 | 71.14 |
| 金融业 | Financing | 6.17 | 6.25 | 6.33 | 6.38 | 6.41 | 6.46 |
| 房地产业 | Real Estate | 4.38 | 4.52 | 4.67 | 4.88 | 5.03 | 5.11 |
| 租赁与商务服务业 | Renting and Business Activities | 14.76 | 15.05 | 15.53 | 16.09 | 16.62 | 17.62 |
| 科学研究、技术服务与地质勘查业 | Scientific Research, Technical Services and Geological Prospecting | 6.69 | 6.98 | 7.29 | 7.58 | 8.05 | 8.48 |
| 水利、环境和公共设施管理业 | Administration of Water Conservancy, Environment and Public Utilities | 4.71 | 4.90 | 5.09 | 5.26 | 5.31 | 5.40 |
| 居民服务和其他服务业 | Personal Services and Other Services | 89.03 | 95.55 | 102.14 | 108.75 | 116.16 | 124.59 |
| 教　育 | Education | 28.87 | 29.20 | 29.48 | 29.79 | 30.59 | 31.69 |
| 卫生、社会保障和社会福利业 | Public Health, Social Security and Social Welfare | 12.24 | 12.67 | 12.86 | 12.98 | 13.00 | 13.08 |
| 文化、体育与娱乐业 | Culture, Sports and Entertainment | 2.61 | 2.64 | 2.68 | 2.73 | 2.74 | 2.79 |
| 公共管理与社会组织 | Public Administration and Social Organizations | 18.54 | 19.01 | 19.48 | 19.94 | 20.41 | 20.69 |

3-9 续表 CONTINUED

单位：万人 (10 000 persons)

| 指　　标 | Item | 2002 | 2003 | 2004 | 2005 | 2006 |
|---|---|---|---|---|---|---|
| **就业人员总计** | **Total Employment** | **1654.51** | **1634.77** | **1623.85** | **1611.57** | **1605.45** |
| 城　镇 | Urban | 579.17 | 590.28 | 603.97 | 620.27 | 633.99 |
| 乡　村 | Rural | 1075.34 | 1044.49 | 1019.88 | 991.30 | 971.46 |
| **按经济类型分** | **By Ownership** | | | | | |
| 国有经济 | State-owned | 130.66 | 125.88 | 124.72 | 123.50 | 123.90 |
| 集体经济 | Collective-owned | 1031.06 | 971.28 | 934.99 | 900.39 | 868.10 |
| 私　营 | Private | 89.22 | 97.95 | 102.91 | 107.84 | 114.28 |
| 个　体 | Individual | 354.34 | 381.86 | 394.27 | 407.24 | 415.24 |
| 其他经济 | Others | 49.23 | 57.80 | 66.96 | 72.60 | 83.93 |
| #联　营 | Joint Ownership | 4.93 | 5.78 | 6.84 | 5.57 | 4.62 |
| 股份制 | Share Holding | 15.55 | 15.72 | 16.71 | 14.84 | 12.86 |
| 外商投资 | Foreign-funded | 2.91 | 3.23 | 4.16 | 4.86 | 5.01 |
| 港澳台投资 | Funded by Hong Kong, Macao and Taiwan | 2.25 | 2.55 | 2.33 | 2.32 | 2.33 |
| **按行业分** | **By Sector** | | | | | |
| 第一产业 | Primary Industry | 873.79 | 838.33 | 817.91 | 794.81 | 776.56 |
| 第二产业 | Secondary Industry | 295.02 | 299.43 | 302.30 | 304.87 | 308.23 |
| 采矿业 | Mining and Quarrying | 15.14 | 14.00 | 14.14 | 14.66 | 14.77 |
| 制造业 | Manufacturing | 159.84 | 164.98 | 165.80 | 166.05 | 167.44 |
| 电力、燃气及水的生产和供应业 | Electricity, Gas & Water Production and Supply | 6.26 | 6.27 | 6.32 | 6.72 | 6.90 |
| 建筑业 | Construction | 113.78 | 114.18 | 116.04 | 117.44 | 119.12 |
| 第三产业 | Tertiary Industry | 485.70 | 497.01 | 503.64 | 511.89 | 520.66 |
| 交通运输、仓储及邮政业 | Transportation, Storage, Postal Services | 42.14 | 45.13 | 45.41 | 45.57 | 46.40 |
| 信息传输、计算机服务和软件业 | Data Transmission, Computer Service and Software | 6.14 | 6.34 | 6.58 | 7.03 | 7.39 |
| 批发与零售业 | Wholesale and Retail Trade | 124.00 | 125.47 | 127.10 | 131.19 | 134.23 |
| 住宿和餐饮业 | Hotels and Restaurants | 72.03 | 73.36 | 74.27 | 75.40 | 77.38 |
| 金融业 | Financing | 6.53 | 6.61 | 6.65 | 6.76 | 6.90 |
| 房地产业 | Real Estate | 5.22 | 5.45 | 5.61 | 5.83 | 5.94 |
| 租赁与商务服务业 | Renting and Business Activities | 18.69 | 19.87 | 21.33 | 21.72 | 21.72 |
| 科学研究、技术服务与地质勘查业 | Scientific Research, Technical Services and Geological Prospecting | 8.80 | 8.90 | 9.00 | 9.04 | 9.07 |
| 水利、环境和公共设施管理业 | Administration of Water Conservancy, Environment and Public Utilities | 5.50 | 5.56 | 5.71 | 5.76 | 5.94 |
| 居民服务和其他服务业 | Personal Services and Other Services | 127.05 | 128.23 | 129.36 | 130.75 | 132.15 |
| 教　育 | Education | 32.09 | 33.33 | 33.68 | 33.91 | 34.20 |
| 卫生、社会保障和社会福利业 | Public Health, Social Security and Social Welfare | 13.18 | 13.41 | 13.50 | 13.51 | 13.65 |
| 文化、体育与娱乐业 | Culture, Sports and Entertainment | 2.84 | 2.88 | 2.94 | 2.96 | 3.05 |
| 公共管理与社会组织 | Public Administration and Social Organizations | 21.49 | 22.47 | 22.50 | 22.46 | 22.64 |

# 3－10 年末城镇就业人员人数（2005－2006年）
# Total Urban Employment at Year-end (2005-2006)

单位：万人　(10 000 persons)

| 指　　标 | Item | 2005 | 2006 |
| --- | --- | --- | --- |
| **就业人员总计** | **Total Employment** | **620.27** | **633.99** |
| **按经济类型分** | **By Ownership** | | |
| 国有经济 | State-owned | 123.50 | 123.90 |
| 集体经济 | Collective-owned | 130.93 | 121.35 |
| 私　营 | Private | 74.52 | 78.34 |
| 个　体 | Individual | 218.72 | 226.47 |
| 其他经济 | Others | 72.60 | 83.93 |
| #联　营 | Joint Ownership | 5.57 | 4.62 |
| 股份制 | Share Holding | 14.84 | 12.86 |
| 外商投资 | Foreign-funded | 4.86 | 5.01 |
| 港澳台投资 | Funded by Hong Kong, Macao and Taiwan | 2.32 | 2.33 |
| **按行业分** | **By Sector** | | |
| 第一产业 | Primary Industry | 85.92 | 83.99 |
| 第二产业 | Secondary Industry | 206.15 | 210.24 |
| 采矿业 | Mining and Quarrying | 11.06 | 11.25 |
| 制造业 | Manufacturing | 115.01 | 117.27 |
| 电力、燃气及水的生产和供应业 | Electricity, Gas & Water Production and Supply | 6.72 | 6.90 |
| 建筑业 | Construction | 73.36 | 74.82 |
| 第三产业 | Tertiary Industry | 328.20 | 339.76 |
| 交通运输、仓储及邮政业 | Transportation, Storage, Postal Services | 24.95 | 25.59 |
| 信息传输、计算机服务和软件业 | Data Transmission, Computer Service and Software | 6.35 | 6.85 |
| 批发与零售业 | Wholesale and Retail Trade | 82.87 | 86.44 |
| 住宿和餐饮业 | Hotels and Restaurants | 50.32 | 52.30 |
| 金融业 | Financing | 6.76 | 6.90 |
| 房地产业 | Real Estate | 5.83 | 5.94 |
| 租赁与商务服务业 | Renting and Business Activities | 11.05 | 11.58 |
| 科学研究、技术服务与地质勘查业 | Scientific Research, Technical Services and Geological Prospecting | 7.35 | 7.38 |
| 水利、环境和公共设施管理业 | Administration of Water Conservancy, Environment and Public Utilities | 3.81 | 4.00 |
| 居民服务和其他服务业 | Personal Services and Other Services | 63.38 | 66.26 |
| 教　育 | Education | 30.96 | 31.29 |
| 卫生、社会保障和社会福利业 | Public Health, Social Security and Social Welfare | 11.98 | 12.10 |
| 文化、体育与娱乐业 | Culture, Sports and Entertainment | 2.63 | 2.72 |
| 公共管理与社会组织 | Public Administration and Social Organizations | 19.96 | 20.41 |

# 3－11 主要年份城镇经济单位职工人数
# Staff and Workers of Urban Economic Units in Major Years

单位：万人 (10 000 persons)

| 年 份 Year | 合 计 Total | 按产业分 By Industry | | | 按经济类型分 By Registration | | |
|---|---|---|---|---|---|---|---|
| | | 第一产业 Primary Industry | 第二产业 Secondary Industry | 第三产业 Tertiary Industry | 国 有 State-owned | 集 体 Collective--owned | 其 他 Others |
| 1949 | 5.34 | | | | 5.34 | | |
| 1952 | 47.62 | | | | 47.62 | | |
| 1957 | 71.19 | | | | 71.19 | | |
| 1962 | 80.79 | | | | 80.79 | | |
| 1965 | 91.96 | | | | 91.96 | | |
| 1970 | 109.98 | | | | 109.98 | | |
| 1975 | 127.99 | | | | 127.99 | | |
| 1978 | 154.44 | | | | 154.44 | | |
| 1980 | 220.06 | | | | 162.97 | 57.09 | |
| 1985 | 257.63 | 4.80 | 144.90 | 107.93 | 186.74 | 70.81 | 0.08 |
| 1986 | 264.01 | 4.79 | 151.13 | 108.09 | 191.47 | 72.43 | 0.11 |
| 1987 | 270.46 | 5.39 | 153.80 | 111.27 | 196.79 | 73.36 | 0.31 |
| 1988 | 277.70 | 5.45 | 157.28 | 114.97 | 201.88 | 75.42 | 0.40 |
| 1989 | 280.69 | 5.66 | 158.65 | 116.38 | 205.98 | 74.01 | 0.70 |
| 1990 | 285.68 | 5.68 | 159.47 | 120.53 | 209.61 | 75.16 | 0.91 |
| 1991 | 293.59 | 5.68 | 163.94 | 123.97 | 215.78 | 76.58 | 1.23 |
| 1992 | 297.07 | 5.46 | 165.35 | 126.26 | 218.41 | 76.94 | 1.72 |
| 1993 | 290.02 | 4.16 | 164.74 | 121.12 | 215.05 | 70.79 | 4.18 |
| 1994 | 293.23 | 4.24 | 162.90 | 126.09 | 212.02 | 71.03 | 10.18 |
| 1995 | 294.25 | 4.35 | 160.58 | 129.32 | 212.34 | 69.85 | 12.06 |
| 1996 | 294.63 | 4.43 | 159.37 | 130.83 | 214.01 | 67.47 | 13.15 |
| 1997 | 289.29 | 4.13 | 153.73 | 131.43 | 211.13 | 61.64 | 16.52 |
| 1998 | 236.61 | 3.83 | 115.89 | 116.89 | 172.24 | 40.91 | 23.46 |
| 1999 | 222.34 | 3.58 | 106.07 | 112.69 | 158.64 | 35.54 | 28.16 |
| 2000 | 208.87 | 3.43 | 96.01 | 109.43 | 146.91 | 29.74 | 32.22 |
| 2001 | 201.23 | 2.94 | 91.73 | 106.56 | 134.79 | 23.77 | 42.67 |
| 2002 | 199.93 | 2.64 | 92.63 | 104.66 | 128.41 | 20.82 | 50.70 |
| 2003 | 204.99 | 2.46 | 97.56 | 104.97 | 121.27 | 18.94 | 64.78 |
| 2004 | 208.04 | 2.35 | 100.50 | 105.19 | 120.85 | 16.85 | 70.34 |
| 2005 | 209.66 | 2.14 | 101.00 | 106.52 | 120.09 | 13.66 | 75.91 |
| 2006 | 212.97 | 2.12 | 102.22 | 108.63 | 120.37 | 12.22 | 80.38 |

# 3－12 主要年份城镇经济单位职工工资总额
# Total Wages of Staff and Workers of Urban Economic Units in Major Years

单位：万元 (10 000 yuan)

| 年 份 Year | 合 计 Total Wages | 按产业分 By Industry | | | 按经济类型分 By Registration | | |
|---|---|---|---|---|---|---|---|
| | | 第一产业 Primary Industry | 第二产业 Secondary Industry | 第三产业 Tertiary Industry | 国 有 State-owned | 集 体 Collective--owned | 其 他 Others |
| 1949 | 1368 | | | | 1368 | | |
| 1952 | 18577 | | | | 18577 | | |
| 1957 | 37710 | | | | 37710 | | |
| 1962 | 45532 | | | | 45532 | | |
| 1965 | 51159 | | | | 51159 | | |
| 1970 | 60866 | | | | 60866 | | |
| 1975 | 74645 | | | | 74645 | | |
| 1978 | 91615 | | | | 91615 | | |
| 1980 | 159426 | | | | 125305 | 34121 | |
| 1985 | 259688 | 4528 | 149468 | 105692 | 195684 | 63939 | 65 |
| 1986 | 300882 | 4960 | 177126 | 118796 | 233311 | 67396 | 175 |
| 1987 | 349808 | 5802 | 206458 | 137548 | 271210 | 78190 | 408 |
| 1988 | 435140 | 6771 | 256248 | 172121 | 340494 | 94048 | 598 |
| 1989 | 497553 | 7713 | 294228 | 195612 | 392179 | 104065 | 1309 |
| 1990 | 573310 | 8232 | 335056 | 230022 | 454776 | 116718 | 1816 |
| 1991 | 637968 | 9313 | 373271 | 255384 | 501204 | 134105 | 2659 |
| 1992 | 728780 | 10757 | 415886 | 302137 | 577638 | 146315 | 4827 |
| 1993 | 831520 | 8623 | 489684 | 333213 | 664939 | 152705 | 13876 |
| 1994 | 1144546 | 12990 | 618503 | 513053 | 902585 | 190980 | 50981 |
| 1995 | 1309344 | 15878 | 715405 | 578061 | 1016056 | 222720 | 70568 |
| 1996 | 1454905 | 18116 | 782060 | 654729 | 1132844 | 237500 | 84561 |
| 1997 | 1581684 | 17286 | 829211 | 735187 | 1226641 | 244245 | 110798 |
| 1998 | 1540831 | 18140 | 769026 | 753665 | 1176479 | 201028 | 163324 |
| 1999 | 1606804 | 19304 | 760591 | 826909 | 1207329 | 184757 | 214718 |
| 2000 | 1732318 | 20606 | 777295 | 934417 | 1290215 | 176693 | 265410 |
| 2001 | 1941508 | 21510 | 833110 | 1086888 | 1381940 | 158228 | 401340 |
| 2002 | 2196175 | 21857 | 921105 | 1253213 | 1520518 | 159655 | 516002 |
| 2003 | 2535070 | 22059 | 1104724 | 1408287 | 1661336 | 160049 | 713685 |
| 2004 | 2939800 | 23358 | 1291498 | 1624944 | 1904154 | 164332 | 871314 |
| 2005 | 3448437 | 23019 | 1503886 | 1921532 | 2215086 | 157943 | 1075408 |
| 2006 | 4034057 | 26173 | 1757357 | 2250527 | 2542465 | 165315 | 1326277 |

# 3－13 主要年份城镇经济单位职工平均工资
## Average Wages of Staff and Workers of Urban Economic Units in Major Years

单位：元 (yuan)

| 年份 Year | 平均工资 Average Wages | 按产业分 By Industry | | | 按经济类型分 By Registration | | |
|---|---|---|---|---|---|---|---|
| | | 第一产业 Primary Industry | 第二产业 Secondary Industry | 第三产业 Tertiary Industry | 国有 State-owned | 集体 Collective--owned | 其他 Others |
| 1949 | 284 | | | | 284 | | |
| 1952 | 330 | | | | 330 | | |
| 1957 | 535 | | | | 535 | | |
| 1962 | 448 | | | | 448 | | |
| 1965 | 588 | | | | 588 | | |
| 1970 | 581 | | | | 581 | | |
| 1975 | 588 | | | | 588 | | |
| 1978 | 632 | | | | 632 | | |
| 1980 | 737 | | | | 783 | 606 | |
| 1985 | 1038 | | | | 1110 | 930 | 861 |
| 1986 | 1154 | 1034 | 1197 | 1100 | 1234 | 941 | 1842 |
| 1987 | 1309 | 1140 | 1354 | 1254 | 1397 | 1073 | 1943 |
| 1988 | 1588 | 1249 | 1647 | 1522 | 1708 | 1264 | 1685 |
| 1989 | 1782 | 1388 | 1863 | 1691 | 1923 | 1393 | 2380 |
| 1990 | 2025 | 1452 | 2106 | 1942 | 2189 | 1565 | 2256 |
| 1991 | 2203 | 1640 | 2308 | 2089 | 2356 | 1768 | 2485 |
| 1992 | 2468 | 1931 | 2526 | 2415 | 2661 | 1906 | 3273 |
| 1993 | 2833 | 1793 | 2967 | 2694 | 3068 | 2067 | 4704 |
| 1994 | 3925 | 3093 | 3776 | 4151 | 4227 | 2693 | 7100 |
| 1995 | 4508 | 3657 | 4423 | 4527 | 4789 | 3162 | 6346 |
| 1996 | 5010 | 4127 | 4889 | 5033 | 5352 | 3603 | 6607 |
| 1997 | 5502 | 4188 | 5412 | 5649 | 5828 | 4016 | 6845 |
| 1998 | 6433 | 4713 | 6529 | 6394 | 6732 | 4891 | 6907 |
| 1999 | 7182 | 5296 | 7184 | 7240 | 7541 | 5200 | 7641 |
| 2000 | 8020 | 5884 | 7704 | 8372 | 7431 | 4534 | 7450 |
| 2001 | 9523 | 6521 | 8925 | 10053 | 10035 | 6614 | 9503 |
| 2002 | 10960 | 7587 | 9905 | 11905 | 11745 | 7601 | 10339 |
| 2003 | 12440 | 8877 | 11425 | 13462 | 13616 | 8552 | 11316 |
| 2004 | 14357 | 9871 | 13125 | 15624 | 15847 | 9839 | 12831 |
| 2005 | 16630 | 10676 | 14962 | 18345 | 18614 | 11614 | 14373 |
| 2006 | 19215 | 12279 | 17434 | 21031 | 21402 | 13522 | 16805 |

# 3－14 城镇经济独立核算单位数（2005－2006年）
# Urban Economic Units with Independent Accounting System (2005-2006)

单位：个 (unit)

| 指　　标 | Item | 2005 | 2006 |
|---|---|---|---|
| **总　计** | **Total** | **24523** | **23725** |
| **按登记注册类型分** | **By Registration** | | |
| 国有经济 | State-owned | 16898 | 16278 |
| 集体经济 | Collective-owned | 3098 | 2800 |
| 其他经济 | Other Types of Urban Ownership | 4527 | 4647 |
| **按企业、事业、机关分** | **By Enterprise Institution and Agency** | | |
| 企　业 | Enterprises | 8597 | 8420 |
| 事　业 | Institutions | 11906 | 11379 |
| 机　关 | Agencies & Organizations | 4020 | 3926 |
| **按行业分** | **By Sector** | | |
| 第一产业 | Primary Industry | 1526 | 1295 |
| 第二产业 | Secondary Industry | 3418 | 3429 |
| 采矿业 | Mining and Quarrying | 133 | 138 |
| 制造业 | Manufacturing | 2111 | 2068 |
| 电力、燃气及水的生产和供应业 | Electricity, Gas & Water Production and Supply | 234 | 272 |
| 建筑业 | Construction | 940 | 951 |
| 第三产业 | Tertiary Industry | 19579 | 19001 |
| 交通运输、仓储及邮政业 | Transportation, Storage, Postal Services | 617 | 581 |
| 信息传输、计算机服务和软件业 | Data Transmission, Computer Service and Software | 217 | 148 |
| 批发与零售业 | Wholesale and Retail Trade | 2018 | 1931 |
| 住宿和餐饮业 | Hotels and Restaurants | 278 | 291 |
| 金融业 | Financing | 530 | 523 |
| 房地产业 | Real Estate | 765 | 739 |
| 租赁与商务服务业 | Renting and Business Activities | 372 | 381 |
| 科学研究、技术服务与地质勘查业 | Scientific Research, Technical Services and Geological Prospecting | 1170 | 1176 |
| 水利、环境和公共设施管理业 | Administration of Water Conservancy, Environment and Public Utilities | 472 | 449 |
| 居民服务和其他服务业 | Personal Services and Other Services | 89 | 83 |
| 教　育 | Education | 5069 | 4933 |
| 卫生、社会保障和社会福利业 | Public Health, Social Security and Social Welfare | 1993 | 1939 |
| 文化、体育与娱乐业 | Culture, Sports and Entertainment | 547 | 583 |
| 公共管理与社会组织 | Public Administration and Social Organizations | 5442 | 5244 |

# 3－15 城镇经济单位职工人数（2005－2006年）
# Staff and Workers of Urban Economic Units (2005-2006)

单位：万人 (10 000 persons)

| 指标 | Item | 合计 Total | | #国有 State-owned | | #集体 Collective-owned | |
|---|---|---|---|---|---|---|---|
| | | 2005 | 2006 | 2005 | 2006 | 2005 | 2006 |
| **总计** | **Total** | **209.66** | **212.97** | **120.09** | **120.37** | **13.66** | **12.22** |
| **按企业、事业、机关分** | **By Enterprise, Institution and Agency** | | | | | | |
| 企业 | Enterprises | 140.05 | 140.91 | 52.68 | 50.25 | 11.53 | 10.32 |
| 事业 | Institutions | 51.95 | 53.36 | 49.78 | 51.45 | 2.10 | 1.87 |
| 机关 | Agencies | 17.66 | 18.70 | 17.63 | 18.67 | 0.03 | 0.03 |
| **按行业分** | **By Sector** | | | | | | |
| 第一产业 | Primary Industry | 2.14 | 2.12 | 1.66 | 1.74 | 0.46 | 0.32 |
| 第二产业 | Secondary Industry | 101.00 | 102.22 | 33.20 | 31.87 | 8.94 | 7.97 |
| 采矿业 | Mining and Quarrying | 8.50 | 8.67 | 5.04 | 5.03 | 0.29 | 0.30 |
| 制造业 | Manufacturing | 52.96 | 51.70 | 18.91 | 16.83 | 4.04 | 3.67 |
| 电力、燃气及水的生产和供应业 | Electricity, Gas & Water Production and Supply | 5.74 | 5.87 | 3.41 | 3.50 | 0.14 | 0.13 |
| 建筑业 | Construction | 33.80 | 35.98 | 5.84 | 6.51 | 4.47 | 3.87 |
| 第三产业 | Tertiary Industry | 106.52 | 108.63 | 85.23 | 86.76 | 4.26 | 3.93 |
| 交通运输、仓储及邮政业 | Transportation, Storage, Postal Services | 13.42 | 12.66 | 10.46 | 9.70 | 0.77 | 0.60 |
| 信息传输、计算机服务和软件业 | Data Transmission, Computer Service and Software | 2.29 | 2.32 | 1.94 | 1.90 | 0.01 | 0.01 |
| 批发与零售业 | Wholesale and Retail Trade | 9.11 | 9.69 | 3.51 | 3.38 | 0.86 | 0.78 |
| 住宿和餐饮业 | Hotels and Restaurants | 2.97 | 3.11 | 0.89 | 0.84 | 0.13 | 0.11 |
| 金融业 | Financing | 5.20 | 5.11 | 2.78 | 2.58 | 0.69 | 0.69 |
| 房地产业 | Real Estate | 3.00 | 3.02 | 0.90 | 0.85 | 0.09 | 0.11 |
| 租赁与商务服务业 | Renting and Business Activities | 1.70 | 1.79 | 0.60 | 0.64 | 0.05 | 0.06 |
| 科学研究、技术服务与地质勘查业 | Scientific Research, Technical Services & Geologic Prospecting | 4.88 | 4.23 | 2.45 | 2.36 | … | … |
| 水利、环境和公共设施管理业 | Administration of Water Conservancy, Environment and Public Utilities | 2.61 | 2.75 | 2.35 | 2.48 | 0.13 | 0.13 |
| 居民服务和其他服务业 | Personal Services and Other Services | 0.57 | 0.60 | 0.42 | 0.39 | 0.01 | … |
| 教育 | Education | 30.78 | 31.61 | 30.50 | 31.36 | 0.05 | 0.04 |
| 卫生、社会保障和社会福利业 | Public Health, Social Security and Social Welfare | 8.59 | 8.91 | 7.21 | 7.60 | 1.37 | 1.29 |
| 文化、体育与娱乐业 | Culture, Sports and Entertainment | 1.75 | 1.93 | 1.66 | 1.88 | 0.02 | 0.02 |
| 公共管理与社会组织 | Public Administration and Social Organizations | 19.65 | 20.90 | 19.56 | 20.80 | 0.08 | 0.09 |

# 3－16 城镇经济单位女职工人数（2005－2006年）
# Female Staff and Workers of Urban Economic Units (2005-2006)

单位：万人 (10 000 persons)

| 指　　标 | Item | 合　计 Total | | #国　有 State-owned | | #集　体 Collective-owned | |
|---|---|---|---|---|---|---|---|
| | | 2005 | 2006 | 2005 | 2006 | 2005 | 2006 |
| **总　计** | **Total** | **69.08** | **68.42** | **41.58** | **41.03** | **4.34** | **3.83** |
| **按企业、事业、机关分** | **By Enterprise, Institution and Agency** | | | | | | |
| 企　业 | Enterprises | 42.25 | 41.10 | 15.65 | 14.53 | 3.46 | 3.02 |
| 事　业 | Institutions | 22.46 | 22.69 | 21.56 | 21.87 | 0.87 | 0.81 |
| 机　关 | Agencies | 4.37 | 4.63 | 4.37 | 4.63 | 0.01 | … |
| **按行业分** | **By Sector** | | | | | | |
| 第一产业 | Primary Industry | 0.56 | 0.56 | 0.45 | 0.48 | 0.10 | 0.07 |
| 第二产业 | Secondary Industry | 27.43 | 26.25 | 9.16 | 8.17 | 2.54 | 2.21 |
| 采矿业 | Mining and Quarrying | 1.53 | 1.51 | 0.84 | 0.81 | 0.05 | 0.04 |
| 制造业 | Manufacturing | 19.33 | 18.54 | 6.29 | 5.39 | 1.77 | 1.56 |
| 电力、燃气及水的生产和供应业 | Electricity, Gas & Water Production and Supply | 1.97 | 2.00 | 1.21 | 1.22 | 0.05 | 0.05 |
| 建筑业 | Construction | 4.60 | 4.20 | 0.82 | 0.75 | 0.67 | 0.56 |
| 第三产业 | Tertiary Industry | 41.09 | 41.61 | 31.97 | 32.38 | 1.70 | 1.55 |
| 交通运输、仓储及邮政业 | Transportation, Storage, Postal Services | 3.69 | 3.49 | 2.84 | 2.78 | 0.17 | 0.12 |
| 信息传输、计算机服务和软件业 | Data Transmission, Computer Service and Software | 0.81 | 0.85 | 0.70 | 0.72 | … | … |
| 批发与零售业 | Wholesale and Retail Trade | 4.03 | 4.46 | 1.29 | 1.23 | 0.32 | 0.28 |
| 住宿和餐饮业 | Hotels and Restaurants | 1.58 | 1.70 | 0.48 | 0.49 | 0.07 | 0.07 |
| 金融业 | Financing | 2.46 | 2.40 | 1.31 | 1.17 | 0.29 | 0.29 |
| 房地产业 | Real Estate | 1.00 | 1.05 | 0.30 | 0.30 | 0.04 | 0.02 |
| 租赁与商务服务业 | Renting and Business Activities | 0.75 | 0.71 | 0.19 | 0.21 | 0.02 | 0.02 |
| 科学研究、技术服务与地质勘查业 | Scientific Research, Technical Services & Geologic Prospecting | 1.54 | 1.10 | 0.70 | 0.68 | … | … |
| 水利、环境和公共设施管理业 | Administration of Water Conservancy, Environment and Public Utilities | 1.07 | 1.19 | 0.97 | 1.08 | 0.05 | 0.06 |
| 居民服务和其他服务业 | Personal Services and Other Services | 0.14 | 0.20 | 0.06 | 0.06 | 0.01 | … |
| 教　育 | Education | 13.73 | 13.52 | 13.59 | 13.40 | 0.03 | 0.03 |
| 卫生、社会保障和社会福利业 | Public Health, Social Security and Social Welfare | 4.66 | 4.90 | 3.97 | 4.27 | 0.67 | 0.63 |
| 文化、体育与娱乐业 | Culture, Sports and Entertainment | 0.70 | 0.77 | 0.66 | 0.75 | 0.01 | 0.01 |
| 公共管理与社会组织 | Public Administration and Social Organizations | 4.93 | 5.27 | 4.91 | 5.24 | 0.02 | 0.02 |

# 3－17 城镇经济单位就业人员劳动报酬（2005－2006年）
# Earnings of Employment of Urban Economic Units (2005-2006)

单位：万元 (10 000 yuan)

| 指标 | Item | 合计 Total | | #国有 State-owned | | #集体 Collective-owned | |
|---|---|---|---|---|---|---|---|
| | | 2005 | 2006 | 2005 | 2006 | 2005 | 2006 |
| **总计** | **Total** | **3539577** | **4156779** | **2250368** | **2579561** | **160915** | **168938** |
| **按企业、事业、机关分** | **By Enterprise, Institution and Agency** | | | | | | |
| 企业 | Enterprises | 2288453 | 2688296 | 1025169 | 1136317 | 135682 | 144227 |
| 事业 | Institutions | 891940 | 1039816 | 866534 | 1015139 | 24714 | 24149 |
| 机关 | Agencies | 359184 | 428667 | 358665 | 428105 | 519 | 562 |
| **按行业分** | **By Sector** | | | | | | |
| 第一产业 | Primary Industry | 23073 | 26267 | 18665 | 22162 | 4237 | 3237 |
| 第二产业 | Secondary Industry | 1538705 | 1804477 | 609160 | 678638 | 99563 | 104992 |
| 采矿业 | Mining and Quarrying | 130930 | 153544 | 84614 | 96638 | 3464 | 4142 |
| 制造业 | Manufacturing | 845501 | 969310 | 357308 | 381940 | 43022 | 45044 |
| 电力、燃气及水的生产和供应业 | Electricity, Gas & Water Production and Supply | 123011 | 147860 | 79694 | 95803 | 3128 | 2842 |
| 建筑业 | Construction | 439263 | 533763 | 87544 | 104257 | 49949 | 52964 |
| 第三产业 | Tertiary Industry | 1977799 | 2326035 | 1622543 | 1878761 | 57115 | 60709 |
| 交通运输、仓储及邮政业 | Transportation, Storage, Postal Services | 225919 | 244552 | 187543 | 201769 | 8674 | 8217 |
| 信息传输、计算机服务和软件业 | Data Transmission, Computer Service and Software | 67478 | 75504 | 57537 | 61111 | 123 | 144 |
| 批发与零售业 | Wholesale and Retail Trade | 124218 | 159857 | 65370 | 75023 | 7281 | 7295 |
| 住宿和餐饮业 | Hotels and Restaurants | 34850 | 40051 | 10432 | 10681 | 1123 | 1075 |
| 金融业 | Financing | 194170 | 226063 | 94872 | 106970 | 17367 | 20629 |
| 房地产业 | Real Estate | 47826 | 56075 | 13727 | 14989 | 1043 | 1155 |
| 租赁与商务服务业 | Renting and Business Activities | 27511 | 32465 | 11017 | 13510 | 889 | 994 |
| 科学研究、技术服务与地质勘查业 | Scientific Research, Technical Services & Geologic Prospecting | 115445 | 134270 | 70778 | 67402 | 78 | 126 |
| 水利、环境和公共设施管理业 | Administration of Water Conservancy, Environment and Public Utilities | 28408 | 34070 | 25834 | 31137 | 1360 | 1435 |
| 居民服务和其他服务业 | Personal Services and Other Services | 6898 | 8507 | 4721 | 5268 | 61 | 51 |
| 教育 | Education | 514006 | 604198 | 510343 | 600778 | 466 | 489 |
| 卫生、社会保障和社会福利业 | Public Health, Social Security and Social Welfare | 165315 | 199142 | 147633 | 181223 | 17364 | 17671 |
| 文化、体育与娱乐业 | Culture, Sports and Entertainment | 36644 | 44858 | 34630 | 43641 | 281 | 264 |
| 公共管理与社会组织 | Public Administration and Social Organizations | 389111 | 466423 | 388106 | 465259 | 1005 | 1164 |

# 3－18 城镇经济单位职工工资总额（2005－2006年）
# Total Wages of Staff and Workers of Urban Economic Units (2005-2006)

单位：万元 (10 000 yuan)

| 指标 | Item | 合计 Total | | #国有 State-owned | | #集体 Collective-owned | |
|---|---|---|---|---|---|---|---|
| | | 2005 | 2006 | 2005 | 2006 | 2005 | 2006 |
| **总计** | **Total** | **3448437** | **4034057** | **2215086** | **2542465** | **157943** | **165315** |
| **按企业、事业、机关分** | **By Enterprise, Institution and Agency** | | | | | | |
| 企业 | Enterprises | 2211422 | 2579684 | 1003341 | 1112655 | 133351 | 141227 |
| 事业 | Institutions | 879156 | 1027178 | 854401 | 1003175 | 24077 | 23527 |
| 机关 | Agencies | 357859 | 427195 | 357344 | 426635 | 515 | 561 |
| **按行业分** | **By Sector** | | | | | | |
| 第一产业 | Primary Industry | 23019 | 26173 | 18642 | 22080 | 4230 | 3231 |
| 第二产业 | Secondary Industry | 1503886 | 1757357 | 601007 | 672683 | 97888 | 102921 |
| 采矿业 | Mining and Quarrying | 129859 | 152217 | 83645 | 95577 | 3411 | 4135 |
| 制造业 | Manufacturing | 821097 | 932250 | 353254 | 377723 | 42163 | 44040 |
| 电力、燃气及水的生产和供应业 | Electricity, Gas & Water Production and Supply | 122464 | 147229 | 79563 | 95694 | 3105 | 2834 |
| 建筑业 | Construction | 430466 | 525661 | 84545 | 103689 | 49209 | 51912 |
| 第三产业 | Tertiary Industry | 1921532 | 2250527 | 1595437 | 1847704 | 55825 | 59163 |
| 交通运输、仓储及邮政业 | Transportation, Storage, Postal Services | 221172 | 237659 | 183564 | 195391 | 8507 | 7917 |
| 信息传输、计算机服务和软件业 | Data Transmission, Computer Service and Software | 66106 | 73764 | 56390 | 60010 | 122 | 141 |
| 批发与零售业 | Wholesale and Retail Trade | 122924 | 155586 | 65044 | 74654 | 7198 | 7191 |
| 住宿和餐饮业 | Hotels and Restaurants | 33254 | 38608 | 10179 | 10535 | 1122 | 1072 |
| 金融业 | Financing | 165974 | 201049 | 88033 | 98779 | 17035 | 20133 |
| 房地产业 | Real Estate | 45442 | 52826 | 13548 | 14775 | 1015 | 1131 |
| 租赁与商务服务业 | Renting and Business Activities | 26200 | 31063 | 10306 | 12840 | 867 | 984 |
| 科学研究、技术服务与地质勘查业 | Scientific Research, Technical Services & Geologic Prospecting | 109441 | 115545 | 65350 | 65185 | 43 | 72 |
| 水利、环境和公共设施管理业 | Administration of Water Conservancy, Environment and Public Utilities | 27938 | 33456 | 25460 | 30654 | 1310 | 1371 |
| 居民服务和其他服务业 | Personal Services and Other Services | 6827 | 8428 | 4719 | 5256 | 59 | 51 |
| 教育 | Education | 510098 | 598623 | 506770 | 595476 | 439 | 485 |
| 卫生、社会保障和社会福利业 | Public Health, Social Security and Social Welfare | 162507 | 195012 | 145416 | 177609 | 16834 | 17193 |
| 文化、体育与娱乐业 | Culture, Sports and Entertainment | 36182 | 44374 | 34192 | 43164 | 272 | 264 |
| 公共管理与社会组织 | Public Administration and Social Organizations | 387467 | 464534 | 386466 | 463376 | 1002 | 1158 |

# 3－19 城镇经济单位职工平均工资（2005－2006年）
# Average Wages of Staff and Workers of Urban Economic Units (2005-2006)

单位：元 (yuan)

| 指标 | Item | 合计 Total | | #国有 State-owned | | #集体 Collective-owned | |
|---|---|---|---|---|---|---|---|
| | | 2005 | 2006 | 2005 | 2006 | 2005 | 2006 |
| **总计** | **Total** | **16630** | **19215** | **18614** | **21402** | **11614** | **13522** |
| **按企业、事业、机关分** | **By Enterprise, Institution and Agency** | | | | | | |
| 企业 | Enterprises | 15898 | 18581 | 18978 | 22447 | 11632 | 13606 |
| 事业 | Institutions | 17301 | 19468 | 17558 | 19703 | 11443 | 12971 |
| 机关 | Agencies | 20479 | 23287 | 20486 | 23297 | 16629 | 17525 |
| **按行业分** | **By Sector** | | | | | | |
| 第一产业 | Primary Industry | 10676 | 12279 | 11091 | 12671 | 9205 | 10026 |
| 第二产业 | Secondary Industry | 14962 | 17434 | 17897 | 21429 | 11018 | 12810 |
| 采矿业 | Mining and Quarrying | 15458 | 17723 | 16695 | 19354 | 12024 | 13159 |
| 制造业 | Manufacturing | 15533 | 18163 | 18385 | 22782 | 10386 | 11886 |
| 电力、燃气及水的生产和供应业 | Electricity, Gas & Water Production and Supply | 21190 | 25173 | 23292 | 27454 | 20711 | 21897 |
| 建筑业 | Construction | 12860 | 15003 | 14232 | 16232 | 11207 | 13361 |
| 第三产业 | Tertiary Industry | 18345 | 21031 | 19049 | 21570 | 13119 | 15292 |
| 交通运输、仓储及邮政业 | Transportation, Storage, Postal Services | 16399 | 18744 | 17462 | 20085 | 11271 | 13073 |
| 信息传输、计算机服务和软件业 | Data Transmission, Computer Service and Software | 30895 | 34996 | 31079 | 34979 | 10534 | 13168 |
| 批发与零售业 | Wholesale and Retail Trade | 13769 | 16374 | 18566 | 21862 | 8298 | 9085 |
| 住宿和餐饮业 | Hotels and Restaurants | 11382 | 12549 | 11471 | 12821 | 8891 | 10037 |
| 金融业 | Financing | 32578 | 39755 | 32088 | 38555 | 25062 | 29804 |
| 房地产业 | Real Estate | 14854 | 18053 | 15311 | 17779 | 10462 | 12555 |
| 租赁与商务服务业 | Renting and Business Activities | 15645 | 17570 | 17287 | 20214 | 15712 | 17516 |
| 科学研究、技术服务与地质勘查业 | Scientific Research, Technical Services & Geologic Prospecting | 22583 | 27525 | 26952 | 27788 | 10537 | 11983 |
| 水利、环境和公共设施管理业 | Administration of Water Conservancy, Environment and Public Utilities | 10852 | 12563 | 11166 | 12810 | 10015 | 10617 |
| 居民服务和其他服务业 | Personal Services and Other Services | 13530 | 15060 | 13105 | 14958 | 7615 | 8627 |
| 教育 | Education | 16753 | 19133 | 16793 | 19168 | 9583 | 10767 |
| 卫生、社会保障和社会福利业 | Public Health, Social Security and Social Welfare | 19193 | 22228 | 20507 | 23597 | 12379 | 13919 |
| 文化、体育与娱乐业 | Culture, Sports and Entertainment | 21265 | 23466 | 21136 | 23465 | 11160 | 11751 |
| 公共管理与社会组织 | Public Administration and Social Organizations | 19940 | 22640 | 19982 | 22681 | 11021 | 13072 |

# 3－20 年末城镇经济单位专业技术人员人数（2005－2006年）
Year-end Scientific and Technical Personnel of Urban Economic Units (2005-2006)

单位：人 (person)

| 指　　标 | Item | 2005 | 2006 |
|---|---|---|---|
| **总　计** | **Total** | **617524** | **619701** |
| **按登记注册类型分** | **By Registration** | | |
| 国有经济 | State-owned | 448566 | 452312 |
| 集体经济 | Collective-owned | 35076 | 29009 |
| 其他经济 | Other Types of Urban Ownership | 133882 | 138380 |
| **按企业、事业、机关分** | **By Enterprise, Institution and Agency** | | |
| 企　业 | Enterprises | 257815 | 255417 |
| 事　业 | Institutions | 349655 | 356241 |
| 机　关 | Agencies | 10054 | 8043 |
| **按行业分** | **By Sector** | | |
| 第一产业 | Primary Industry | 9242 | 8521 |
| 第二产业 | Secondary Industry | 177991 | 178201 |
| 采矿业 | Mining and Quarrying | 10452 | 9191 |
| 制造业 | Manufacturing | 92517 | 92049 |
| 电力、燃气及水的生产和供应业 | Electricity, Gas & Water Production and Supply | 12794 | 12894 |
| 建筑业 | Construction | 62228 | 64067 |
| 第三产业 | Tertiary Industry | 430291 | 432979 |
| 交通运输、仓储及邮政业 | Transportation, Storage, Postal Services | 17306 | 17036 |
| 信息传输、计算机服务和软件业 | Data Transmission, Computer Service and Software | 3954 | 3871 |
| 批发与零售业 | Wholesale and Retail Trade | 13374 | 13346 |
| 住宿和餐饮业 | Hotels and Restaurants | 3329 | 3658 |
| 金融业 | Financing | 22529 | 20615 |
| 房地产业 | Real Estate | 8502 | 8421 |
| 租赁与商务服务业 | Renting and Business Activities | 3085 | 2853 |
| 科学研究、技术服务与地质勘查业 | Scientific Research, Technical Services and Geological Prospecting | 19021 | 18199 |
| 水利、环境和公共设施管理业 | Administration of Water Conservancy, Environment and Public Utilities | 2387 | 2276 |
| 居民服务和其他服务业 | Personal Services and Other Services | 762 | 646 |
| 教　育 | Education | 250053 | 258389 |
| 卫生、社会保障和社会福利业 | Public Health, Social Security and Social Welfare | 62866 | 64158 |
| 文化、体育与娱乐业 | Culture, Sports and Entertainment | 7242 | 6618 |
| 公共管理与社会组织 | Public Administration and Social Organizations | 15881 | 12893 |

# 3－21 城镇经济单位就业人员变动情况（2005－2006年）
# Variation of Employment in Urban Economic Units (2005-2006)

单位:万人、%　　(10 000 persons, %)

| 项　　目 | Item | 就业人员变动情况 Variation of Employment | | 构　成 Composition | |
|---|---|---|---|---|---|
| | | 2005 | 2006 | 2005 | 2006 |
| **总　计** | **Total** | **31.50** | **37.51** | **100.0** | **100.0** |
| **按来源分** | **By Source** | | | | |
| 城　镇 | Urban | 5.27 | 8.77 | 16.7 | 23.4 |
| 农　村 | Rural | 13.09 | 14.75 | 41.6 | 39.3 |
| 大中专技校毕业生 | Graduates from Universities Specialized Secondary Schools and Technical Training Schools | 3.67 | 3.87 | 11.6 | 10.3 |
| 其　他 | Others | 9.47 | 10.12 | 30.1 | 27.0 |
| **按去向分** | **By Assignment** | | | | |
| 国有经济单位 | State-owned Units | 10.38 | 14.17 | 33.0 | 37.8 |
| 集体经济单位 | Collective-owned Units | 1.87 | 2.34 | 5.9 | 6.2 |
| 其他经济单位 | Other Types of Urban Ownership | 19.25 | 21.00 | 61.1 | 56.0 |

# 3－22 城镇登记失业人员（1985－2006年）
# Registered Unemployment in Urban Areas (1985-2006)

单位：万人、%　　(10 000 persons, %)

| 年　份 Year | 登记失业人数 Registered Unemployment | #女　性 Female | 按失业时间分 By Unemployment Period | | 登记失业率 Rate of Registered Unemployment |
|---|---|---|---|---|---|
| | | | 6个月以上 Over 6 Months | 6个月以下 Less than 6 Months | |
| 1985 | 6.46 | | | | 2.3 |
| 1986 | 6.00 | | | | 2.1 |
| 1987 | 6.29 | | | | 2.2 |
| 1988 | 6.25 | | | | 2.1 |
| 1989 | 8.43 | | | | 2.8 |
| 1990 | 8.81 | | | | 2.9 |
| 1991 | 9.42 | | | | 3.0 |
| 1992 | 10.01 | | | | 3.1 |
| 1993 | 10.23 | | | | 3.2 |
| 1994 | 10.80 | | | | 3.2 |
| 1995 | 10.47 | | | | 2.9 |
| 1996 | 10.95 | | | | 3.0 |
| 1997 | 10.85 | 6.18 | 6.92 | 3.93 | 3.5 |
| 1998 | 10.10 | 5.71 | 6.46 | 3.64 | 3.5 |
| 1999 | 10.08 | 5.48 | 6.15 | 3.93 | 3.5 |
| 2000 | 10.15 | 5.26 | 5.30 | 4.85 | 3.5 |
| 2001 | 13.72 | 7.24 | 7.72 | 6.00 | 3.9 |
| 2002 | 16.18 | 7.70 | 7.79 | 8.39 | 4.1 |
| 2003 | 16.16 | 8.20 | 8.62 | 7.54 | 4.1 |
| 2004 | 16.76 | 8.19 | 9.44 | 7.32 | 4.12 |
| 2005 | 16.89 | 8.27 | 9.67 | 7.22 | 4.12 |
| 2006 | 15.41 | 8.12 | 8.98 | 6.43 | 4.00 |

# 主要统计指标解释

**人口数** 指一定时点、一定地区范围内的有生命的个人的总和。年度统计的年末人口数是指每年 12 月 31 日 24 时的人口数。

**城镇人口和乡村人口的划分** 城镇人口是指居住在城镇范围内的全部人口；乡村人口是除上述人口以外的全部人口。

历年城乡人口数据是按照当时国家《关于统计上划分城乡的规定》计算的。

三次普查之间年份的城乡人口根据 1990 年和 2000 年人口普查数据进行了调整。

**常住人口** 常住人口在人口调查中的定义为下列几款：（1）户口在本乡镇（街道），居住在本乡镇（街道）的人口；（2）户口在外乡镇（街道），居住在本乡镇（街道）半年以上的人口；（3）户口在外乡镇（街道），在本乡镇（街道）居住不满半年，离开户口登记地半年以上的人口；（4）居住在本乡镇（街道），户口待定的人口。

**出生率（又称粗出生率）** 指在一定时期内（通常为一年）一定地区内出生人数与同期内平均人数（或期中人数）之比，一般用千分率表示。本资料中的出生率指年出生率。计算公式为：

出生率=年出生人数/年平均人数×1000‰

式中：出生人数是指活产婴儿，即胎儿脱离母体时（不管怀孕月数），有过呼吸或其他生命现象。年平均人数是年初、年底人口数的平均数，也可用年中人口数代替。

**死亡率（又称粗死亡率）** 指在一定时期内（通常为一年）一定地区的死亡人数与同期平均人数（或期中人数）之比，一般用千分率表示。本资料中的死亡率指年死亡率。计算公式为：

死亡率=年死亡人数/年平均人数×1000‰

**人口自然增长率** 指在一定时期内（通常为一年）人口自然增加数（出生人数减死亡人数）与该时期内平均人数（或期中人数）之比，一般用千分率表示。计算公式为：

人口自然增长率=(本年出生人数-本年死亡人数)/年平均人数×1000‰

=人口出生率-人口死亡率

**就业人员** 指在 16 周岁及以上，从事一定社会劳动并取得劳动报酬或经营收入的人员。这一指标反映了一定时期内全部劳动力资源的实际利用情况，是研究我国基本国情国力的重要指标。

**各单位的就业人员** 指在各级国家机关、政党机关、社会团体及企业、事业单位中工作，并取得工资或其他形式的劳动报酬的全部人员。包括在岗职工、再就业的离退休人员、民办教师以及在各单位中工作的外方人员和港澳台方人员、兼职人员、借用的外单位人员和第二职业者。不包括离开本单位仍保留劳动关系的职工。各单位的就业人员反映了各单位实际参加生产或工作的全部劳动力。

**城镇私营和个体就业人员** 城镇私营就业人员指在工商管理部门注册登记，其经营地址设在县城关镇（含城关镇）以上的私营企业从业人员；包括私营企业投资者和雇工。城镇个体就业人员指在工商管理部门注册登记，并持有城镇户口或在城镇长期居住，经批准从事个体工商经营的就业人员；包括个体经营者和在个体工商户劳动的家庭帮工和雇工。

**城镇登记失业人员** 指有非农业户口，在劳动年龄（16 周岁至退休年龄）内，有劳动能力，无业而要求就业，并在当地就业服务机构进行求职登记的人员。

**城镇登记失业率** 指报告期末，登记失业人数占期末从业人员总数与期末实有登记失业人数之和的比重。计算公式为：

城镇登记失业率=期末实有登记失业人数/(期末从业人员总数+期末实有登记失业人数)×100%

**职工** 指在国有、城镇集体、联营、股份制、外商和港、澳、台投资、其他单位及其附属机构工作，并由其支付工资的各类人员。不包括下列人员：（1）乡镇企业就业人员；（2）私营企业就业人员；（3）城镇个体劳动者；（4）离休、退休、退职人员；（5）再就业的离、退休人员；（6）民办教师；（7）在城镇单位中工作的外方及港、澳、台人员；（8）其他按有关规定不列入职工统计范围的人员。（1998 年及以后的数据均为在岗职工数据，其他相关指标如职工工资总额，职工平均工资等指标也从 1998 年按此口径进行了相应调整）。

**国有单位** 指资产归国家所有的经济组织。包括按《中华人民共和国企业法人登记管理条例》规定登记注册的非公司制的经济组织，以及中央、地方各级国家机关、事业单位和社会团体。

**集体单位** 指生产资料归集体所有，并按《中华人民共和国企业法人登记管理条例》规定登记注册的经济组织。

**其他单位** 包括股份合作单位、联营单位、有限责任公司、股份有限公司、港澳台商投资单位以及外商投资单位等其他登记注册类型单位。

**职工工资总额** 指各单位在一定时期内直接支付给本单位全部职工的劳动报酬总额。工资总额的计算原则应以直接支付给职工的全部劳动报酬为根据。各单位支付给职工的劳动报酬以及其他根据有关规定支付的工资，不论是计入成本的还是不计入成本的，不论是按国家规定列入计征奖金税项目的，还是未列入计征奖金税项目的，不论是以货币形式支付的还是以实物形式支付的，均包括在工资总额内。

**职工平均工资** 指企业、事业、机关单位的职工在一定时期内平均每人所得的货币工资额。它表明一定时期职工工资收入的高低程度，是反映职工工资水平的主要指标，计算公式为：

职工平均工资=报告期实际支付的全部职工工资总额/报告期全部职工平均人数

**专业技术人员** 指从事专业技术工作的人员以及从事专业技术管理工作且已在 1983 年以前评定了专业技术职称或在 1984 年以后聘任了专业技术职务的人员。

专业技术人员具体指工程技术人员、农业技术人员、科研人员（自然科学研究、社会科学研究及实验技术人员）、卫生技术人员、教学人员（含高等院校、中等专业学校、技工学校、中学、小学）、民用航空飞行技术人员、船舶技术人员、经济人员、会计人员、统计人员、翻译人员、图书资料、档案、文博人员、新闻、出版人员、律师、公证人员、广播电视播音人员、工艺美术人员、体育人员、艺术人员及政工人员。

专业技术管理人员具体指企业、事业单位的领导；企业、事业单位下设的职能机构、企业的生产车间和辅助车间（或附属辅助生产单位）中从事生产、技术、经济管理和政治工作人员。

按照公务员管理或参照公务员管理的人员不统计为专业技术人员。

# Explanatory Notes on Main Statistical Indicators

**Total population** refers to the total number of people alive at a certain point of time within a given area.

The annual statistics on total population is taken at midnight, the 3lst of December.

**Urban Population and Rural Population** Urban population refer to all people residing in cities and towns, while rural population refer to population other than urban population.

Statistics on urban and rural population over the years are compiled in line with the regulations of statistical classification on urban and rural population stipulated by the government, which were in effect at different times.

Figures on urban/rural population for the years between the 3 censuses are adjusted in accordance with the 1990 and 2000 population census data.

**Resident Population** According to survey of population, it includes the following main items: 1) population with residence registered in this township or town (street) and reside in this area; 2) population with residence registered in other area, but having actually resided in this township or town (street) over half a year; 3) population with residence registered in other area and having resided in this townships or towns (streets) under half a year, but leaving the area where they registered residence over half a year; 4) population reside in this township or town (street), but haven't registered residence temporarily.

**Birth Rate (or Crude Birth Rate)** refers to the ratio of the number of births to the average population during a certain period of time (usually a year), which is often expressed in ‰. Birth rate in the chapter refers to annual birth rate. The following formula is used:

*Birth Rate = Number of Births / Average Number of Population × 1000‰*

Number of Births refers to live births, i.e. the births when babies had showed any vital phenomena regardless of the length of pregnancy.

Annual Average Number of Population is the average of the number of population at the beginning of the year and that at the end of the year. Sometimes it is substituted for with the mid-year population.

**Death Rate (or Crude Death Rate)** refers to the ratio of the number of deaths to the average population (or mid-year population) during a certain period of time (usually a year), which is often expressed in ‰. Death rate in the chapter refers to annual death rate. The following formula is used:

*Death Rate = Number of Deaths / Annual Average Number of Population × 1000‰*

**Natural Growth Rate of Population** refers to the ratio of natural increase in population (number of births minus number of deaths) in a certain period of time (usually a year) to average population (or mid-year population) of the same period, which is often expressed in ‰. The following formulas are applied:

*Natural Growth of Population = Number of Births - Number of Deaths / Average number of Population × 1000‰*

*Natural Growth Rate of Population = Birth Rate - Death Rate*

**Employees** refer to the persons aged 16 and over who are engaged in social working and receive remuneration payment or earn business income. This indicator reflects the actual utilization of total labor force during a certain period of time and is often used for the research on China's economic affairs and national power.

**Persons Employed in Various Units** refer to all the persons working in government agencies of various levels, political and party organizations, social organizations, and enterprises and institutions and receiving payment, including staff and workers, reemployed retirees, teachers in schools run by the local people, foreigners, and Chinese compatriots from Hong Kong, Macao, and

Taiwan working in various units, part-time employees, employees of other units working temporarily at current posts, and employees holding the second job, but exclude staff and workers who have left their working units while keeping their labor contract (employment relation) unchanged. This indicator reflects the total number of laborers actually engaged in production or other operations in various units.

**Persons Employed in Private Enterprises and Self-Employed Individuals in Urban Areas**: Persons employed in private enterprises refer to the persons employed in the private enterprises which have been registered at the departments of industrial and commercial administration and are situated at a county town (i.e. a town where the county government is located) for business operation or at urban areas with the level higher than a county town. The self-employed individuals in urban areas refer to persons who hold the certificates of residence in urban areas or have resided in the urban areas for a long time and have been registered at the departments of industrial and commercial administration and approved to be engaged in individual industrial or commercial business, including self - employed persons as well as helpers and hired laborers who work in the individual households engaged in industrial or commercial business.

**Registered Urban Unemployed Persons** refer to the persons with non-agricultural household registration at certain working ages (16 years to the ages can retire), who are capable of work, unemployed and willing to work, and have been registered at the local employment service agencies to apply for a job.

**Registered Urban Unemployment Rate** refers to the ratio of the number of the registered unemployed persons at the end of reference period to the sum of total employment and the number of the registered unemployed persons at the end of reference period. The formula is as follows:

*Registered urban unemployment rate = number of registered urban unemployed persons at the end of reference period / (total employment+ number of registered urban unemployed persons at the end of reference period) × 100%*

**Staff and Workers** refer to persons working in, and receive payment from units of state ownership, collective ownership, joint ownership, share holding ownership, foreign ownership, and ownership by entrepreneurs from Hong Kong, Macao, and Taiwan, and other types of ownership and their affiliated units. They exclude: 1) persons employed in township enterprises; 2) persons employed in private enterprises; 3) urban self-employed persons; 4) retirees; 5) re-employed retirees; 6) teachers in the schools run by the local people; 7) foreigners and persons from Hong Kong, Macao and Taiwan who work in urban units; 8) other persons not to be included by relevant regulations. (Data of 1998 and afterward refer to fully employed staff and workers. Other related statistics such as total wage bill and average wage are adjusted since 1998 accordingly).

**State-owned Units** refer to economic units whose assets are owned by the state. Included are non-corporation units registered according to Regulation of the People's Republic of China on the Registration of Enterprises and Corporations, state organs, institutions and social organizations at the central and local levels.

**Collective Units** refer to economic units registered according to Regulation of the People's Republic of China on the Registration of Enterprises and Corporations where the means of production are collectively owned.

**Units of Other Types of Ownership** refer to units registered with other types of ownership, including cooperative units, joint ownership units, limited companies, share holding corporations, units invested by entrepreneurs from Hong Kong, Macao, and Taiwan, and foreign-invested units.

**Total Wages of Staff and Workers** refer to total remuneration payment to staff and workers in various units during a certain period of time. The calculation of total wages is based on the total remuneration payment to the staff and workers. Therefore, all the wages and salaries and other payments to staff and workers are included in the total wages regardless of their sources, category, and forms (in kind or cash).

**Average Wage of Staff and Workers** refers to the average wage in money terms per person during a certain period of time for staff and workers in enterprises, institutions, and government agencies, which reflects the general level of wage income during a certain period of time and is calculated as follows:

*Average Wage of Staff and Workers=Total Wages of Staff and Workers in Reference Period/Average Number of Staff and Workers in Reference Period*

**Professional Personnel** refers to the persons who are engaged in special professional work or in professional management who got the titles of professional post before 1983 or who were appointed to professional positions since 1984.

Professional personnel specifically refers to engineering professionals, agricultural professionals, scientific research professionals (natural science researchers, social science researchers and laboratory technicians), health professionals, teaching professionals (including institutions of higher education, specialized secondary schools, technical schools, regular secondary schools, and primary schools), civil aviation professionals, nautical professionals, economic professionals, accounting professionals, statistical professionals, interpretation professionals, library professionals, archives professionals, professionals of culture, arts and cultural relics, newsman and publishing professionals, lawyers, notary professionals, radio and television announcers, industrial arts professionals, sports professionals, artists and political professionals.

Professional management personnel specifically refers to the managers of enterprises and institutions, the personnel engaged in management of production, techniques, economic and political aspects in functional departments under enterprise and institution, production workshops and accessorial workshops (or accessorial production units) under enterprises.

Professional personnel excluded the personnel managed by or according to the system of civil servants.

# 固定资产投资

*Investment in Fixed Assets*

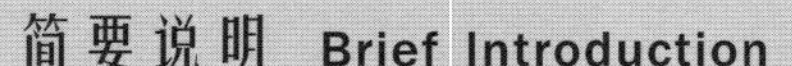

## 简要说明 Brief Introduction

本章内容主要包括全社会固定资产投资、建设与改造投资、房地产开发和商品房销售情况，由市统计局固定资产投资处整理提供。

The statistics on the investment in fixed assets cover total investment in fixed assets, the investment in urban construction and innovation, real estate development, and sales of commercial buildings. The data in this chapter are prepared and provided by Division of Statistics of Investment in Fixed Assets, Municipal Bureau of Statistics.

# 4－1 主要年份全社会固定资产投资
# Total Investment in Fixed Assets in Major Years

单位：万元 ( 10 000 yuan )

| 年份 Year | 固定资产投资额总计 Total Investment in Fixed Assets | 新增固定资产 New Fixed Assets | 固定资产投资按构成分 Investment in Fixed Assets by Use of Funds | | |
|---|---|---|---|---|---|
| | | | 建筑安装工程 Construction and Installation | 设备工具器具购置 Purchase of Equipment and Instruments | 其他费用 Others |
| 1949 | 39 | 37 | 39 | | |
| 1952 | 9535 | 7107 | 7027 | 1751 | 757 |
| 1957 | 21330 | 20591 | 12563 | 6636 | 2131 |
| 1962 | 7769 | 7650 | 5853 | 1654 | 262 |
| 1965 | 37677 | 32844 | 24658 | 10280 | 2739 |
| 1970 | 62448 | 44331 | 26528 | 31658 | 4262 |
| 1975 | 64359 | 29973 | 26446 | 26539 | 11374 |
| 1978 | 59026 | 46834 | 37630 | 16958 | 4438 |
| 1980 | 102789 | 101499 | 71220 | 26265 | 5304 |
| 1985 | 364822 | 265993 | 238027 | 101461 | 25334 |
| 1986 | 420675 | 343008 | 265430 | 124895 | 30350 |
| 1987 | 482445 | 345528 | 329053 | 114844 | 38548 |
| 1988 | 558331 | 378150 | 374833 | 148913 | 34585 |
| 1989 | 547540 | 405769 | 370687 | 140033 | 36820 |
| 1990 | 693140 | 462056 | 450344 | 192115 | 50681 |
| 1991 | 851614 | 636525 | 548518 | 234255 | 68841 |
| 1992 | 1063852 | 871892 | 703962 | 261333 | 98557 |
| 1993 | 1550546 | 1036205 | 1008107 | 389367 | 153072 |
| 1994 | 2029178 | 1377025 | 1336181 | 509362 | 183635 |
| 1995 | 2709663 | 1886888 | 1707448 | 737819 | 264396 |
| 1996 | 3207278 | 2306996 | 2076949 | 733537 | 342156 |
| 1997 | 3709485 | 3143528 | 2418273 | 879477 | 411735 |
| 1998 | 4981452 | 3693019 | 3248271 | 1083808 | 649373 |
| 1999 | 5628679 | 3706704 | 3860379 | 1080062 | 688238 |
| 2000 | 6558116 | 4364464 | 4599909 | 1055220 | 902987 |
| 2001 | 8018228 | 4722181 | 5460064 | 1435621 | 1122543 |
| 2002 | 9956645 | 6868792 | 6961365 | 1482391 | 1512889 |
| 2003 | 12693544 | 7244753 | 8608006 | 1594910 | 2490628 |
| 2004 | 16219203 | 8377655 | 10155324 | 2512064 | 3551815 |
| 2005 | 20063180 | 15268045 | 12487360 | 2990736 | 4585084 |
| 2006 | 24518351 | 13817208 | 15250559 | 3530668 | 5737124 |

4-1 续表1 CONTINUED-1

单位：万元

| 年份 Year | 固定资产投资按城乡分 Investment in Fixed Assets by Urban and Rural | | | | | |
|---|---|---|---|---|---|---|
| | 城镇 Urban | 建设与改造 Construction and Innovation | 房地产开发 Real Estate Development | 农村 Rural | 农户 Rural Households | 非农户 Non-Rural Households |
| 1949 | | | | | | |
| 1952 | | | | | | |
| 1957 | | | | | | |
| 1962 | | | | | | |
| 1965 | | | | | | |
| 1970 | | | | | | |
| 1975 | | | | | | |
| 1978 | | | | | | |
| 1980 | | | | | | |
| 1985 | | | | | | |
| 1986 | | | | | | |
| 1987 | | | | | | |
| 1988 | | | | | | |
| 1989 | | | | | | |
| 1990 | | | | | | |
| 1991 | | | | | | |
| 1992 | | | | | | |
| 1993 | | | | | | |
| 1994 | | | | | | |
| 1995 | | | | | | |
| 1996 | 2286027 | 1729842 | 556185 | 921251 | 520639 | 400612 |
| 1997 | 2747402 | 2072380 | 675022 | 962083 | 518255 | 443828 |
| 1998 | 4012210 | 3039196 | 973014 | 969242 | 509535 | 459707 |
| 1999 | 4504619 | 3379484 | 1125135 | 1124060 | 589147 | 534913 |
| 2000 | 5313816 | 3917489 | 1396327 | 1244300 | 649150 | 595150 |
| 2001 | 6720308 | 4753624 | 1966684 | 1297920 | 707500 | 590420 |
| 2002 | 8568780 | 6109650 | 2459130 | 1387865 | 722554 | 665311 |
| 2003 | 11375600 | 8096719 | 3278881 | 1317944 | 666529 | 651415 |
| 2004 | 14771164 | 10720373 | 4050791 | 1448039 | 715951 | 732088 |
| 2005 | 18384226 | 13206935 | 5177291 | 1678954 | 718040 | 960914 |
| 2006 | 22914581 | 16618281 | 6296300 | 1603770 | 771833 | 831937 |

4-1 续表2 CONTINUED-2

单位：万元 (10 000 yuan)

| 年份 Year | 固定资产投资按登记注册类型分 Investment in Fixed Assets by Registration | | | | | | |
|---|---|---|---|---|---|---|---|
| | 国有 State -owned | 集体 Collective -owned | 联营 Joint-owned | 股份制 Share Holding | 港澳台及外商投资 Foreign-funded | 私营个体 Individuals | 其他 Others |
| 1949 | 39 | | | | | | |
| 1952 | 9535 | | | | | | |
| 1957 | 21330 | | | | | | |
| 1962 | 7769 | | | | | | |
| 1965 | 37662 | 15 | | | | | |
| 1970 | 62447 | 1 | | | | | |
| 1975 | 64355 | 4 | | | | | |
| 1978 | 56823 | 2203 | | | | | |
| 1980 | 91150 | 4718 | | | | 3692 | |
| 1985 | 243927 | 66862 | | | | 44712 | 9321 |
| 1986 | 301256 | 60497 | | | | 48260 | 10662 |
| 1987 | 345509 | 58155 | | | | 67033 | 11748 |
| 1988 | 410106 | 56588 | | | | 78012 | 13625 |
| 1989 | 405239 | 46813 | | | | 82058 | 13430 |
| 1990 | 528648 | 49525 | | | | 92235 | 22732 |
| 1991 | 639554 | 69943 | | | | 120515 | 21602 |
| 1992 | 739230 | 137945 | | | | 165300 | 21377 |
| 1993 | 979597 | 276425 | 2798 | 32512 | 25320 | 206511 | 27383 |
| 1994 | 1364920 | 353815 | 2598 | 8013 | 13340 | 243119 | 43373 |
| 1995 | 1433244 | 424399 | 5834 | 101846 | 232079 | 370479 | 141782 |
| 1996 | 1597680 | 513195 | 6857 | 100805 | 278214 | 598918 | 111609 |
| 1997 | 1763147 | 550970 | 11428 | 354040 | 154602 | 669117 | 31148 |
| 1998 | 2598535 | 599304 | 7963 | 691371 | 402084 | 637275 | 44920 |
| 1999 | 2839011 | 664552 | 9951 | 612007 | 353199 | 1097082 | 52877 |
| 2000 | 3132534 | 730555 | 31555 | 877503 | 319730 | 1381098 | 85141 |
| 2001 | 3849113 | 821206 | 65544 | 1077977 | 432826 | 1715384 | 56178 |
| 2002 | 4603442 | 884409 | 45739 | 1678915 | 731767 | 1989250 | 23123 |
| 2003 | 5517224 | 845591 | 30177 | 3055216 | 648829 | 2514803 | 81704 |
| 2004 | 6625116 | 958051 | 30942 | 4199655 | 1174341 | 3114906 | 116192 |
| 2005 | 7978697 | 698801 | 75405 | 5902555 | 1176890 | 4063795 | 167037 |
| 2006 | 10219239 | 383345 | 62156 | 7208381 | 1420900 | 4939191 | 285139 |

4-1 续表3 CONTINUED-3

单位：万元、万平方米 (10 000 yuan, 10 000 sq.m)

| 年 份 Year | 固定资产投资按三次产业分 Investment in Fixed Assets by Industry | | | 本年房屋施工面积 Floor Space Under Construction | #住 宅 Residential Buildings | 本年房屋竣工面积 Floor Space Completed | #住 宅 Residential Buildings |
|---|---|---|---|---|---|---|---|
| | 第一产业 Primary Industry | 第二产业 Secondary Industry | 第三产业 Tertiary Industry | | | | |
| 1949 | | | | | | 0.50 | |
| 1952 | 37 | 4616 | 4882 | | | 5.05 | 1.26 |
| 1957 | 203 | 15421 | 5706 | | | 153.06 | 84.07 |
| 1962 | 314 | 6080 | 1375 | | | 17.81 | 7.29 |
| 1965 | 5130 | 25482 | 7065 | | | 103.23 | 42.52 |
| 1970 | 1291 | 56173 | 4984 | | | 121.46 | 48.82 |
| 1975 | 2716 | 54692 | 6951 | | | 95.10 | 38.60 |
| 1978 | 3790 | 45516 | 9720 | | | 121.27 | 39.40 |
| 1980 | 2101 | 69188 | 31500 | | | 322.56 | 165.76 |
| 1985 | 4848 | 184918 | 175056 | 2536.18 | | 1340.52 | 679.97 |
| 1986 | 3359 | 238569 | 178747 | 2595.60 | | 2141.05 | 1445.41 |
| 1987 | 4794 | 282515 | 195136 | 2752.10 | | 2168.82 | 1474.41 |
| 1988 | 5490 | 346847 | 205994 | 2631.50 | | 1969.68 | 1478.48 |
| 1989 | 5919 | 314655 | 226966 | 2400.41 | | 1850.52 | 706.20 |
| 1990 | 13220 | 413776 | 266144 | 2522.36 | | 2057.35 | 1620.48 |
| 1991 | 19966 | 487813 | 343835 | 2753.33 | | 2258.20 | 1756.46 |
| 1992 | 20329 | 558021 | 485502 | 3227.87 | | 2473.16 | 1947.05 |
| 1993 | 14208 | 701890 | 834448 | 3619.35 | | 2631.21 | 1993.87 |
| 1994 | 14449 | 839691 | 1175038 | 4045.16 | | 2926.46 | 2119.02 |
| 1995 | 17117 | 1066810 | 1625736 | 4964.40 | | 3305.92 | 2503.18 |
| 1996 | 23128 | 1156837 | 2027313 | 6026.39 | 4163.82 | 4208.66 | 3313.32 |
| 1997 | 33820 | 1309109 | 2366556 | 6145.25 | 4197.97 | 4301.95 | 3363.04 |
| 1998 | 44133 | 1418980 | 3518339 | 6587.09 | 4474.14 | 4284.85 | 3267.26 |
| 1999 | 65652 | 1217277 | 4345750 | 7170.15 | 4798.52 | 4659.64 | 3527.28 |
| 2000 | 89657 | 1423981 | 5044478 | 8493.97 | 5931.11 | 5337.33 | 4087.44 |
| 2001 | 108038 | 1462479 | 6447711 | 8812.23 | 6055.41 | 4938.55 | 3664.49 |
| 2002 | 191128 | 1956665 | 7808852 | 10643.21 | 7305.16 | 6402.69 | 4664.91 |
| 2003 | 264249 | 3033987 | 9395308 | 10961.76 | 7397.58 | 5958.80 | 4292.79 |
| 2004 | 360891 | 4301999 | 11556313 | 11796.95 | 7835.24 | 5559.80 | 3962.33 |
| 2005 | 441953 | 5860896 | 13760331 | 13299.68 | 8792.46 | 6384.62 | 4341.08 |
| 2006 | 519301 | 7553189 | 16445861 | 14993.22 | 9693.40 | 5978.79 | 4097.64 |

# 4－2 全社会固定资产投资（2005－2006年）
# Total Investment in Fixed Assets (2005-2006)

| 指　　标 | Item | 投资额 Investment | | 构成（%） Composition | |
|---|---|---|---|---|---|
| | | 2005 | 2006 | 2005 | 2006 |
| **投资总额（万元）** | **Total Investment (10 000 yuan)** | **20063180** | **24518351** | **100.0** | **100.0** |
| **按隶属关系分** | **By Administrative Relationship** | | | | |
| 中央项目 | Central | 2146291 | 2534024 | 10.7 | 10.3 |
| 地方项目 | Local | 17916889 | 21984327 | 89.3 | 89.7 |
| （包括无隶属关系的） | (including non-relationship) | | | | |
| **按登记注册类型分** | **By Registration** | | | | |
| 内　资 | Domestic-funded | 18886290 | 23097451 | 94.1 | 94.2 |
| #国　有 | State-owned | 7978697 | 10219239 | 39.8 | 41.7 |
| 集　体 | Collective-owned | 698801 | 383345 | 3.5 | 1.6 |
| 联　营 | Joint-owned | 75405 | 62156 | 0.3 | 0.3 |
| 股份制 | Share Holding | 5902555 | 7208381 | 29.4 | 29.4 |
| 私营个体 | Individual | 4063795 | 4939191 | 20.3 | 20.1 |
| 其　他 | Others | 167037 | 285139 | 0.8 | 1.2 |
| 港澳台投资经济 | Funded by Entrepreneurs from Hong Kong, Macao and Taiwan | 582724 | 860313 | 2.9 | 3.5 |
| 外商投资经济 | Foreign-funded | 594166 | 560587 | 3.0 | 2.3 |
| **按城乡分** | **By Rural and Urban Area** | | | | |
| 城　镇 | Urban | 18384226 | 22914581 | 91.6 | 93.5 |
| #房地产开发 | Real Estate Development | 5177291 | 6296300 | 25.8 | 25.7 |
| 农　村 | Rural | 1678954 | 1603770 | 8.4 | 6.5 |
| #农　户 | Rural Households | 718040 | 771833 | 3.6 | 3.1 |
| **按构成分** | **By Use of Funds** | | | | |
| 建筑工程 | Construction | 11079489 | 13546001 | 55.2 | 55.2 |
| 安装工程 | Installation | 1407871 | 1704558 | 7.0 | 7.0 |
| 设备工具器具购置 | Purchase of Equipment and Instruments | 2990736 | 3530668 | 14.9 | 14.4 |
| 其他费用 | Others | 4585084 | 5737124 | 22.9 | 23.4 |
| **新增固定资产（万元）** | **Newly Increased Fixed Assets (10 000 yuan)** | **15268045** | **13817208** | | |
| **固定资产交付使用率（%）** | **Rate of Fixed Assets Put into Use (%)** | **76.1** | **56.4** | | |
| **房屋建筑面积（万平方米）** | **Floor Space of Buildings (10 000 sq.m)** | | | | |
| 施工面积 | Floor Space under Construction | 13299.68 | 14993.22 | | |
| #住　宅 | Residential Buildings | 8792.46 | 9693.40 | | |
| 竣工面积 | Floor Space Completed | 6384.62 | 5978.79 | | |
| #住　宅 | Residential Buildings | 4341.08 | 4097.64 | | |

# 4－3 按行业分的全社会固定资产投资（2005－2006年）
# Total Investment in Fixed Assets by Sector (2005-2006)

单位：万元 (10 000 yuan)

| 行　　业 | Sector | 2005 | 2006 |
|---|---|---|---|
| **总　计** | **Total** | **20063180** | **24518351** |
| 第一产业 | Primary Industry | 441953 | 519301 |
| 第二产业 | Secondary Industry | 5860896 | 7553189 |
| 工　业 | Industry | 5646938 | 7354706 |
| 采矿业 | Mining and Quarrying | 671229 | 633591 |
| 制造业 | Manufacturing | 3383653 | 4401331 |
| 电力、燃气及水的生产和供应业 | Electricity, Gas & Water Production and Supply | 1592056 | 2319784 |
| 建筑业 | Construction | 213958 | 198483 |
| 第三产业 | Tertiary Industry | 13760331 | 16445861 |
| 交通运输、仓储及邮政业 | Transportation, Storage, Postal Services | 2512449 | 2807685 |
| 信息传输、计算机服务和软件业 | Information Transmission, Computer Service and Softwares | 402061 | 439546 |
| 批发与零售业 | Wholesale and Retail Trade | 263012 | 202359 |
| 住宿和餐饮业 | Hotels and Restaurants | 120150 | 115988 |
| 金融业 | Financing | 30997 | 13504 |
| 房地产业 | Real Estate | 6471288 | 7862836 |
| 租赁与商务服务业 | Renting and Business Activities | 149708 | 70399 |
| 科学研究、技术服务与地质勘查业 | Scientific Research, Technology Services and Geological Prospecting | 15366 | 47482 |
| 水利、环境和公共设施管理业 | Administration of Water Conservancy, Environment and Public Facilities | 2208412 | 3095085 |
| 居民服务和其他服务业 | Household Services and Other Services | 10000 | 29180 |
| 教　育 | Education | 653880 | 592291 |
| 卫生、社会保障和社会福利业 | Health, Social Security and Social Welfare | 196449 | 156413 |
| 文化、体育与娱乐业 | Culture, Sports and Entertainment | 192433 | 194248 |
| 公共管理与社会组织 | Public Administration and Social Organizations | 534126 | 818845 |

# 4－4 按资金来源分的全社会固定资产投资（2005－2006年）
# Total Investment in Fixed Assets by Source of Funds (2005-2006)

单位：万元 (10 000 yuan)

| 指　　标 | Item | 总　计 Total | | 农村投资 Rural Investment | | #农　户 Rural Households | |
|---|---|---|---|---|---|---|---|
| | | 2005 | 2006 | 2005 | 2006 | 2005 | 2006 |
| **本年资金来源合计** | **Total of Source of funds in this Year** | **24168473** | **28755092** | **1673315** | **1621680** | **718040** | **771833** |
| 上年末结余资金 | Balance of Funds Brought Forward from the Previous Year | 2636393 | 2347950 | 9497 | 5028 | | |
| 本年资金来源小计 | Subtotal of Source of Funds in this Year | 21532080 | 26407142 | 1663818 | 1616652 | 718040 | 771833 |
| 国家预算内资金 | State Budgetary Appropriation | 1261141 | 1459103 | 34966 | 70558 | | |
| 国内贷款 | Domestic Loans | 5050388 | 7000769 | 81617 | 52821 | | |
| 债　券 | Bonds | 138799 | 352062 | | | | |
| 利用外资 | Foreign Investment | 458738 | 281787 | 1560 | 2220 | | |
| 自筹资金 | Self-raised Funds | 8871547 | 10612381 | 626005 | 593515 | | |
| 其他资金来源 | Others | 5751467 | 6701040 | 919670 | 897538 | 718040 | 771833 |

| 指　　标 | Item | 城镇投资 Urban Investment | | 城镇建设与改造 Urban Construction and Innovation | | 房地产开发 Real Estate Development | |
|---|---|---|---|---|---|---|---|
| | | 2005 | 2006 | 2005 | 2006 | 2005 | 2006 |
| **本年资金来源合计** | **Total of Source of funds in this Year** | **22495158** | **27133412** | **13675787** | **17147974** | **8819371** | **9985438** |
| 上年末结余资金 | Balance of Funds Brought Forward from the Previous Year | 2626896 | 2342922 | 790418 | 601087 | 1836478 | 1741835 |
| 本年资金来源小计 | Subtotal of Source of Funds in this Year | 19868262 | 24790490 | 12885369 | 16546887 | 6982893 | 8243603 |
| 国家预算内资金 | State Budgetary Appropriation | 1226175 | 1388545 | 1226175 | 1388545 | | |
| 国内贷款 | Domestic Loans | 4968771 | 6947948 | 3691240 | 5150075 | 1277531 | 1797873 |
| 债　券 | Bonds | 138799 | 352062 | 138799 | 352062 | | |
| 利用外资 | Foreign Investment | 457178 | 279567 | 316759 | 234461 | 140419 | 45106 |
| 自筹资金 | Self-raised Funds | 8245542 | 10018866 | 6056468 | 7612362 | 2189074 | 2406504 |
| 其他资金来源 | Others | 4831797 | 5803502 | 1455928 | 1809382 | 3375869 | 3994120 |

# 4－5 全社会房屋竣工面积（2005－2006年）
# Total Floor Space of Completed Buildings (2005-2006)

单位：万平方米 (10 000 sq.m)

| 指标 | Item | 房屋竣工面积 Floor Space of Buildings Completed | | #住宅 Residential Buildings | |
|---|---|---|---|---|---|
| | | 2005 | 2006 | 2005 | 2006 |
| **总计** | **Total** | **6384.62** | **5978.79** | **4341.08** | **4097.64** |
| 城镇建设与改造 | Urban Construction and Innovation | 1810.41 | 1562.93 | 728.96 | 607.60 |
| 房地产开发 | Real Estate Development | 2209.82 | 2224.84 | 1713.55 | 1700.05 |
| 农村非农户 | Non-Rural Households | 406.18 | 254.98 | 166.37 | 86.74 |
| 农户 | Rural Households | 1958.21 | 1936.04 | 1732.20 | 1703.25 |

# 4－6 全社会房屋造价（2005－2006年）
# Total Cost of Completed Buildings (2005-2006)

单位：元/平方米 (yuan/sq.m)

| 指标 | Item | 每平方米造价 Per Sq.m Cost of Buildings Completed | | #住宅 Residential Buildings | |
|---|---|---|---|---|---|
| | | 2005 | 2006 | 2005 | 2006 |
| **总计** | **Total** | **777** | **883** | **685** | **805** |
| 城镇建设与改造 | Urban Construction and Innovation | 877 | 845 | 697 | 714 |
| 房地产开发 | Real Estate Development | 1154 | 1415 | 1074 | 1319 |
| 农村非农户 | Non-Rural Households | 570 | 681 | 594 | 754 |
| 农户 | Rural Households | 303 | 328 | 303 | 326 |

# 4－7 城镇建设与改造投资（2005－2006年）
# Investment in Urban Construction and Innovation (2005-2006)

| 指　　标 | Item | 2005 | 2006 |
| --- | --- | --- | --- |
| **投资总额（万元）** | **Total Investment (10 000 yuan)** | **13206935** | **16618281** |
| #住　宅 | Residential Buildings | 668089 | 712763 |
| 按隶属关系分 | By Administrative Relationship | | |
| 中央项目 | Ministerial Projects | 2127785 | 2496546 |
| 地方项目 | Local Projects | 11079150 | 14121735 |
| 按构成分 | By Use of Funds | | |
| 建筑工程 | Construction | 6749544 | 8665938 |
| 安装工程 | Installation | 961872 | 1207320 |
| 设备、工具、器具购置 | Purchase of Equipment and Instrument | 2619525 | 3243735 |
| 其他费用 | Others | 2875994 | 3501288 |
| 按建设性质分 | By Type of Construction | | |
| #新　建 | New Construction | 7970192 | 9891631 |
| 扩　建 | Expansion | 2433560 | 3333303 |
| 改建和技术改造 | Reconstruction and Technical Transformation | 1719176 | 1996936 |
| 按国民经济行业分 | By Sector | | |
| 第一产业 | Primary Industry | 316091 | 439154 |
| 第二产业 | Secondary Industry | 5324686 | 7112295 |
| #工　业 | Industry | 5150295 | 6955103 |
| 第三产业 | Tertiary Industry | 7566158 | 9066832 |
| **新增固定资产（万元）** | **New Fixed Assets (10 000 yuan)** | **10732257** | **8641001** |
| **建设项目（个）** | **Construction Project (unit)** | | |
| 施工项目 | Project under Construction | 5762 | 5902 |
| 本年投产项目 | Project Put into Use | 3300 | 3196 |
| **房屋建筑面积（万平方米）** | **Floor Space of Buildings (10 000 sq.m)** | | |
| 施工面积 | Floor Space under Construction | 3314.94 | 3814.47 |
| #住　宅 | Residential Buildings | 1290.55 | 1228.98 |
| 竣工面积 | Floor Space Completed | 1810.41 | 1562.93 |
| #住　宅 | Residential Buildings | 728.96 | 607.60 |

# 4－8 按行业分的城镇建设与改造投资（2006年）
# Investment in Urban Constrction and Innovation by Sector (2006)

单位：万元 (10 000 yuan)

| 行业 | Sector | 施工项目个数（个） Project under Construction (unit) | 计划总投资 Planned Total Investment | 本年完成投资 Investment Completed in Current Year |
|---|---|---|---|---|
| 总计 | **Total** | **7623** | **64712153** | **16618281** |
| 第一产业 | Primary Industry | 547 | 1662894 | 439154 |
| 第二产业 | Secondary Industry | 3787 | 25826296 | 7112295 |
| 工业 | Industry | 3556 | 25460164 | 6955103 |
| 采矿业 | Mining and Quarrying | 512 | 1230385 | 554011 |
| #石油和天然气开采业 | Petroleum and Natural Gas Mining | 9 | 193220 | 182996 |
| 制造业 | Manufacturing | 2629 | 15247916 | 4119312 |
| #化学原料及化学制品制造业 | Raw Chemical Materials and Chemical Products | 195 | 1683680 | 485215 |
| 医药制造业 | Medical Materials and Medicines | 85 | 666962 | 152061 |
| 通用设备制造业 | Ordinary Equipment | 189 | 406353 | 183667 |
| 专用设备制造业 | Special Equipment | 116 | 625199 | 182825 |
| 交通设备制造业 | Transport Equipment | 531 | 2823150 | 969622 |
| 电力、燃气及水的生产和供应业 | Electricity, Gas & Water Production and Supply | 415 | 8981863 | 2281780 |
| 电力、热力的生产和供应业 | Electricity & Hot Power Production and Supply | 225 | 7508441 | 2019515 |
| 燃气生产和供应业 | Gas Production and Supply | 60 | 243881 | 61831 |
| 水的生产和供应业 | Water Production and Supply | 130 | 1229541 | 200434 |
| 建筑业 | Construction | 231 | 366132 | 157192 |
| 第三产业 | Tertiary Industry | 3289 | 37222963 | 9066832 |
| 交通运输、仓储及邮政业 | Transportation, Storage, Postal Services | 603 | 13036938 | 2727255 |
| #邮政业 | Postal Services | 3 | 16712 | 4289 |
| 信息传输、计算机服务和软件业 | Data Transmission, Computer Service and Software | 48 | 762291 | 439509 |
| #电信和其他信息传输服务业 | Telecommunications and Other Information Transmission Services | 46 | 717291 | 433339 |
| 批发与零售业 | Wholesale and Retail Trade | 129 | 903123 | 191947 |
| 住宿和餐饮业 | Hotels and Restaurants | 109 | 358105 | 105331 |
| 金融业 | Financing | 13 | 27929 | 13139 |
| 房地产业 | Real Estate | 251 | 2521327 | 738125 |
| 租赁与商务服务业 | Renting and Business Activities | 34 | 226646 | 69119 |
| 科学研究、技术服务与地质勘查业 | Scientific Research, Technical Services and Geological Prospecting | 23 | 141425 | 47443 |
| 水利、环境和公共设施管理业 | Administration of Water Conservancy, Environment and Public Utilities | 868 | 14358201 | 3011493 |
| 居民服务和其他服务业 | Household Services and Other Services | 23 | 58176 | 23963 |
| 教育 | Education | 352 | 1791966 | 586590 |
| 卫生、社会保障和社会福利业 | Public Health, Social Security and Social Welfare | 147 | 357807 | 152396 |
| #卫生 | Public Health | 118 | 322144 | 146151 |
| 文化、体育与娱乐业 | Culture, Sports and Entertainment | 105 | 852850 | 192785 |
| 公共管理与社会组织 | Public Administration and Social Organizations | 584 | 1826179 | 767737 |

# 4－9 城镇建设与改造新增主要产品生产能力（2005－2006年）
## Newly Increased Production Capacity through Urban Construction and Innovation (2005-2006)

| 能力名称 | Production Capacity | 2005 | 2006 |
|---|---|---|---|
| 铁合金（万吨/年） | Iron Alloy, Electric Furnace (10 000 tons/year) | 14 | 3 |
| 原煤开采（万吨/年） | Coal Mining (10 000 tons/year) | 319 | 328 |
| 发电机组容量（万千瓦） | Capacity of Power Generating Sets (10 000 kw/year) | 83 | 241 |
| 火　电 | Thermal Power | 77 | 214 |
| 水　电 | Hydropower | 6 | 27 |
| 汽车制造（万辆/年） | Motor Vehicles (10 000 units/year) | 14 | 23 |
| 水泥（万吨/年） | Cement (10 000 tons/year) | 389 | 272 |
| 棉纺锭（万锭） | Cotton Spindles (10 000 units) | 1 | 1 |
| 机制纸及纸板（万吨/年） | Machine-made Paper and Paperboards (10 000 tons/year) | 5 | |
| 新建铁路主线正线交付营业里程（公里） | Length of Newly Built Railways Put into Operation (km) | 569 | |
| 年吞吐量（万吨） | Annual Handling Capacity (10 000 tons) | 104 | 324 |
| 泊　位（个） | Number of Berth (unit) | 27 | 11 |
| 新建公路（公里） | Length of New Highways (km) | 1489 | 1081 |
| 改建公路（公里） | Length of Reconstructed Highways (km) | 2038 | 2154 |
| 各类院校：学生席位（个） | Students Capacity of Various Schools (unit) | 344459 | 328032 |
| 医院病床床位（张） | Number of Hospital Beds (bed) | 2195 | 2389 |
| 城市自来水供水能力（万吨/日） | Tap Water Supply Capacity (10 000tons/day) | 43 | 10 |

# 4－10 基础设施建设投资额（2005－2006年）
# Investment in Infrastructure Construction (2005-2006)

单位：万元 (10 000 yuan)

| 指　　标 | Item | 2005 | 2006 |
|---|---|---|---|
| **合　计** | **Total** | **6685974** | **8532881** |
| 电力、燃气及水的生产和供应业 | Electricpower, Gas & Water Production and Supply | 1592056 | 2319784 |
| #电力、热力的生产和供应业 | Electricpower and Hot Power Production and Supply | 1319610 | 2047939 |
| 燃气生产和供应业 | Gas Production and Supply | 59421 | 65616 |
| 水的生产和供应业 | Water Production and Supply | 207072 | 206229 |
| 交通运输及邮政业 | Transportation and Postal Services | 2485645 | 2730354 |
| #交通运输业 | Transportation | 2478709 | 2726065 |
| #城市公共交通业 | City Public Transportation | 157510 | 80807 |
| 邮政业 | Postal Services | 6936 | 4289 |
| 信息传输、计算机服务和软件业 | Data Transmission, Computer Service and Software | 399861 | 439546 |
| #电信和其他信息传输服务业 | Telecommunication and Other Information Transmission Services | 399555 | 433376 |
| 水利、环境和公共设施管理业 | Administration of Water Conservancy, Environment and Public Facilities | 2208412 | 3043197 |
| #水利管理业 | Administration of Water Conservancy | 168927 | 298105 |
| 环境管理业 | Administration of Environment | 140142 | 202782 |
| 公共设施管理业 | Administration of Public Facilities | 1892077 | 2542310 |

# 4－11 房地产开发基本情况（1990－2006年）
# Basic Statistics on Real Estate Development (1990-2006)

单位：万平方米 (10 000 sq.m)

| 年份 Year | 企业数（个） Number of Enterprises (unit) | 从业人员（人） Employment (person) | 本年完成土地开发面积 Land Space Developed in This Year | 本年土地购置面积 Land Space Purchased in This Year | 本年完成投资总额（万元） Investment Completed in This Year (10 000 yuan) | #商品房屋建设投资 Investment in Commercial Building Construction | #住宅 Residential Buildings | 资金来源（万元） Total Funds (10 000 yuan) |
|---|---|---|---|---|---|---|---|---|
| 1990 | | | | | 17503 | 16351 | 10600 | 17568 |
| 1991 | | | | | 19185 | 18983 | 14040 | 18042 |
| 1992 | | | | | 33868 | 33628 | 21239 | 33148 |
| 1993 | | | | | 123151 | 121419 | 66833 | 107210 |
| 1994 | | | | | 279089 | 277355 | 196411 | 377959 |
| 1995 | | | | | 468845 | 457742 | 252085 | 612121 |
| 1996 | 635 | 22512 | 93.84 | 588.65 | 556185 | 400859 | 259881 | 836655 |
| 1997 | 622 | 24911 | 183.31 | 259.49 | 675022 | 477218 | 282592 | 1060761 |
| 1998 | 991 | 50088 | 205.98 | 521.48 | 973014 | 781839 | 440889 | 1391253 |
| 1999 | 1073 | 50526 | 211.12 | 624.53 | 1125135 | 893899 | 523357 | 1504042 |
| 2000 | 1339 | 63925 | 384.68 | 619.21 | 1396327 | 1138097 | 728125 | 1784950 |
| 2001 | 1474 | 78961 | 518.00 | 870.34 | 1966684 | 1630362 | 1107126 | 2373982 |
| 2002 | 1559 | 76582 | 661.94 | 1320.26 | 2459130 | 2027530 | 1306998 | 3148171 |
| 2003 | 1597 | 54148 | 842.35 | 1637.19 | 3278881 | 2247433 | 1774341 | 4793499 |
| 2004 | 1828 | 70711 | 852.02 | 1137.61 | 4050791 | 2842003 | 2171303 | 6220133 |
| 2005 | 1862 | 70563 | 916.26 | 1385.40 | 5177291 | 3431200 | 3004026 | 8819371 |
| 2006 | 1936 | 70094 | 804.10 | 1467.69 | 6296300 | 3903231 | 3767847 | 9985438 |

| 年份 Year | 房屋施工面积 Floor Space under Construction | #住宅 Residential Buildings | 房屋竣工面积 Floor Space Completed of Commercial Buildings | #住宅 Residential Buildings | 商品房销售面积 Floor Spaces Sold of Commercial Buildings | #住宅 Residential Buildings | 商品房销售额（万元） Sales Value of Commercial Buildings (10 000 yuan) | #住宅 Residential Buildings |
|---|---|---|---|---|---|---|---|---|
| 1990 | 107.80 | 65.48 | 46.16 | 34.16 | 23.29 | | 17648 | |
| 1991 | 112.57 | 83.54 | 37.33 | 28.61 | 27.48 | | 20007 | |
| 1992 | 160.91 | 94.56 | 45.90 | 30.48 | 32.87 | | 29583 | |
| 1993 | 437.73 | 293.03 | 81.05 | 66.01 | 37.39 | | 42221 | |
| 1994 | 650.71 | 394.43 | 141.27 | 115.05 | 46.32 | | 55336 | |
| 1995 | 1267.96 | 810.36 | 258.25 | 208.70 | 114.61 | | 116657 | |
| 1996 | 1424.35 | 855.64 | 351.76 | 275.62 | 166.21 | 142.98 | 189856 | 145507 |
| 1997 | 1652.32 | 904.18 | 459.92 | 358.36 | 260.78 | 215.33 | 313111 | 222376 |
| 1998 | 2058.35 | 1223.66 | 600.04 | 422.61 | 416.82 | 359.73 | 554786 | 417609 |
| 1999 | 2103.76 | 1285.41 | 619.56 | 438.56 | 429.98 | 364.56 | 591992 | 393569 |
| 2000 | 2833.42 | 1896.18 | 849.42 | 622.08 | 579.96 | 491.09 | 783709 | 528698 |
| 2001 | 3653.71 | 2508.30 | 1020.63 | 738.41 | 746.05 | 635.04 | 1076534 | 719196 |
| 2002 | 4414.96 | 3081.57 | 1390.73 | 1033.60 | 1016.58 | 870.41 | 1581505 | 1111929 |
| 2003 | 5287.80 | 3747.34 | 1676.97 | 1231.75 | 1316.83 | 1132.95 | 2102260 | 1499915 |
| 2004 | 6247.86 | 4544.54 | 1585.98 | 1227.66 | 1329.32 | 1157.95 | 2327978 | 1817280 |
| 2005 | 7487.36 | 5514.75 | 2209.82 | 1713.55 | 2017.66 | 1792.41 | 4307679 | 3406768 |
| 2006 | 8864.37 | 6655.00 | 2224.84 | 1700.05 | 2228.46 | 2011.70 | 5056850 | 4186980 |

# 4—12 房地产开发主要指标（2005—2006年）
# Main Indicators of Real Estate Development (2005-2006)

| 指　　标 | Item | 2005 | 2006 |
|---|---|---|---|
| **企业个数（个）** | **Number of Enterprises (unit)** | **1862** | **1936** |
| 内资企业 | Domestic Funded | 1752 | 1828 |
| #国　有 | State-owned | 68 | 70 |
| 集　体 | Collective-owned | 17 | 19 |
| 港、澳、台投资企业 | Funded by Entrepreneurs from Hong Kong, Macao and Taiwan | 84 | 83 |
| 外商投资企业 | Foreign Funded | 26 | 25 |
| **从业人员（人）** | **Employment (person)** | **70563** | **70094** |
| 内资企业 | Domestic Funded | 65590 | 65994 |
| #国　有 | State-owned | 3811 | 2563 |
| 集　体 | Collective-owned | 619 | 502 |
| 港、澳、台投资企业 | Funded by Entrepreneurs from Hong Kong, Macao and Taiwan | 3728 | 3004 |
| 外商投资企业 | Foreign Funded | 1245 | 1096 |
| **土地开发及购置（万平方米）** | **Land Development and Purchase (10 000 sq.m)** | | |
| 本年完成土地开发面积 | Land Space Developed in This Year | 916.26 | 804.10 |
| 本年土地购置面积 | Land Space Purchased in This Year | 1385.40 | 1467.69 |
| **本年完成投资总额(万元)** | **Investment Completed in This Year (10 000 yuan)** | **5177291** | **6296300** |
| #土地开发投资 | Land Development Investment | 250892 | 211949 |
| 商品房屋建设投资 | Commercial Building Construction Investment | 3431200 | 3903231 |
| 按工程用途分 | By Use of Projects | | |
| 住　宅 | Residential Buildings | 3004026 | 3767847 |
| #别墅、高档公寓 | Villas and Senior Flats | 318975 | 380639 |
| 经济适用房屋 | Economical Houses | 119534 | 262637 |
| 办公楼 | Office Buildings | 170832 | 127580 |
| 商业营业用房 | Commercial Buildings | 713916 | 696098 |
| 其　他 | Others | 1288517 | 1704775 |
| **资金来源（万元）** | **Total Funds by Source (10 000 yuan)** | **8819371** | **9985438** |
| #国内贷款 | Domestic Loans | 1277531 | 1797873 |
| 利用外资 | Foreign Investment | 140419 | 45106 |
| 自筹资金 | Self-raising Fund | 2189074 | 2406504 |
| **房屋建筑面积(万平方米)** | **Floor Space of Buildings (10 000 sq.m)** | | |
| 施工面积 | Floor Space under Construction | 7487.36 | 8864.37 |
| #住　宅 | Residential Buildings | 5514.75 | 6655.00 |
| 竣工面积 | Floor Space Completed | 2209.82 | 2224.84 |
| #住　宅 | Residential Buildings | 1713.55 | 1700.05 |
| 本年新开工面积 | Floor Space Started in This Year | 2334.75 | 2709.28 |
| #住　宅 | Residential Buildings | 1824.74 | 2176.75 |
| **商品房销售** | **Sales of Commercial Buildings** | | |
| 商品房销售面积（万平方米） | Floor Space of Sales (10 000 sq.m) | 2017.66 | 2228.46 |
| #住　宅 | Residential Buildings | 1792.41 | 2011.70 |
| 商品房销售额（万元） | Total Sales of Commercial Buildings (10 000 yuan) | 4307679 | 5056850 |
| #住　宅 | Residential Buildings | 3406768 | 4186980 |
| **实收资本合计（万元）** | **Total Capital Hold (10 000 yuan)** | **3964993** | **5412974** |
| #国家资本金 | State Capital | 597677 | 499913 |
| 资产负债率（%） | Ratio of Liabilities to Assets (%) | 69.3 | 72.5 |
| **房地产开发经营情况（万元）** | **Real Estate Development and Management (10 000 yuan)** | | |
| 经营总收入 | Total Revenue | 3670585 | 4639581 |
| #土地转让收入 | Land Transferred | 70550 | 71960 |

# 4－13 商品房销售情况和空置面积（2005－2006年）
# Sales of Commercial Buildings and Vacant Space (2005-2006)

单位：万平方米 (10 000 sq.m)

| 指　　标 | Item | 2005 | 2006 |
|---|---|---|---|
| **商品房实际销售面积** | **Floor Space of Commercial Buildings Actually Sold** | **2017.66** | **2228.46** |
| #住　宅 | Residential Buildings | 1792.41 | 2011.70 |
| #别墅、高档公寓 | Villas and Good Apartments | 108.71 | 115.26 |
| 经济适用房屋 | Economical Houses | 88.74 | 149.10 |
| 办公楼 | Office Buildings | 32.58 | 31.30 |
| 商业营业用房 | Houses for Business Use | 177.86 | 152.63 |
| **商品房屋销售额(亿元)** | **Sales Revenue of Commercial Buildings (100 million yuan)** | **430.77** | **505.69** |
| #住　宅 | Residential Buildings | 340.68 | 418.70 |
| #别墅、高档公寓 | Villas and Good Apartments | 46.69 | 50.51 |
| 经济适用房屋 | Economical Houses | 13.18 | 20.68 |
| 办公楼 | Office Buildings | 7.85 | 10.34 |
| 商业营业用房 | Houses for Business Use | 79.36 | 69.49 |
| **商品房空置面积** | **Vacant Space of Commercial Buildings** | **582.23** | **612.94** |
| #住　宅 | Residential Buildings | 197.20 | 196.38 |
| #别墅、高档公寓 | Villas and Good Apartments | 18.30 | 20.73 |
| 经济适用房屋 | Economical Houses | 4.27 | 6.97 |
| 办公楼 | Office Buildings | 44.46 | 47.47 |
| 商业营业用房 | Houses for Business Use | 250.96 | 264.10 |
| 其中：空置一年以上 | Vacant over 1 Year | 290.14 | 355.58 |
| #住　宅 | Residential Buildings | 50.78 | 68.67 |
| #别墅、高档公寓 | Villas and Good Apartments | 3.87 | 6.50 |
| 经济适用房屋 | Economical Houses | 0.92 | 0.54 |
| 办公楼 | Office Buildings | 25.75 | 38.29 |
| 商业营业用房 | Houses for Business Use | 161.15 | 179.13 |

# 4－14 房地产开发企业资产负债情况（2005－2006年）
## Asset Balance of Enterprises for Real Estate Development (2005-2006)

单位：万元 (10 000 yuan)

| 指　　标 | Item | 2005 | 2006 |
|---|---|---|---|
| 实收资本合计 | Total Capital Hold | 3964993 | 5412974 |
| #国家资本金 | State Capital | 597677 | 499913 |
| 资产总计 | Total Assets | 18585424 | 23362362 |
| 累计折旧 | Total Depreciation | 216441 | 251318 |
| #本年折旧 | Depreciation in This Year | 40866 | 48926 |
| 负债总计 | Total Liabilities | 12883122 | 16936411 |
| 所有者权益 | Creditors' Equity | 5702302 | 6425951 |
| 资产负债率（%） | Ratio of Liabilities to Assets (%) | 69.3 | 72.5 |

# 4－15 房地产开发企业经营情况（2005－2006年）
## Real Estate Development and Management (2005-2006)

单位：万元 (10 000 yuan)

| 指　　标 | Item | 2005 | 2006 |
|---|---|---|---|
| 经营总收入 | Total Revenue | 3670585 | 4639581 |
| 主营业务收入 | Major Business Revenue | 3605726 | 4565478 |
| 土地转让收入 | Land Transferred | 70550 | 71960 |
| 商品房屋销售收入 | Commercial Houses Sold | 3164616 | 4144169 |
| 房屋出租收入 | Houses Leased | 67730 | 79444 |
| 其他收入 | Others | 302830 | 269905 |
| 其他业务收入 | Other Revenue | 64859 | 74103 |
| 经营税金及附加 | Business Tax and Extra Charges | 201759 | 266350 |
| 利润总额 | Total Profits | 278090 | 317614 |

# 主要统计指标解释

**全社会固定资产投资**　以货币形式表现的在一定时期内全社会建造和购置固定资产的工作量以及与此有关的费用的总称。该指标是反映固定资产投资规模、结构和发展速度的综合性指标,又是观察工程进度和考核投资效果的重要依据。

**新增固定资产**　指报告期内已经完成建造和购置过程，并已交付生产或使用单位的固定资产价值。该指标是表示固定资产投资成果的价值指标，也是反映建设进度，计算固定资产投资效果的重要指标。

**建设与改造投资**　包括计划总投资 50 万元以上（含 50 万元）的城镇建设项目投资、农村非农户建设项目投资和城镇工矿区私人建房投资以及农村私人投资。

**房地产开发投资**　指房地产开发公司、商品房建设公司及其他房地产开发法人单位和附属于其他法人单位实际从事房地产开发或经营的活动单位统一开发的包括统代建、拆迁还建的住宅、厂房、仓库、饭店、宾馆、度假村、写字楼、办公楼等房屋建筑物和配套的服务设施，土地开发工程（如道路、给水、排水、供电、供热、通讯、平整场地等基础设施工程）的投资；不包括单纯的土地交易活动。

**固定资产投资按构成分**　固定资产投资活动按其工作内容和实现方式分为建筑安装工程，设备、工具、器具购置，其他费用三个部分。

（1）建筑安装工程（建筑工作量）：指各种房屋、建筑物的建造工程和各种设备、装置的安装工程。在安装工程中，不包括被安装设备本身的价值。

（2）设备、工具、器具购置：指把工业企业生产的产品转为固定资产的购置活动，包括建设单位或企业、事业单位购置或自制达到固定资产标准的设备、工具、器具的价值。新建单位及扩建单位的新建车间，按照设计或计划要求购置或自制的全部设备、工具、器具，不论是否达到固定资产标准均计入“设备、工具、器具购置”中。

（3）其他费用：指在固定资产建造和购置过程中发生的，除建筑安装工程和设备、工器具购置投资完成额以外的费用，不指经营中财务上的其他费用。

**固定资产投资按资金来源分**

（1）本年资金来源合计：指固定资产投资单位在本年内收到的可用于固定资产建造和购置的各种资金,包括上年末结余资金、本年度内拨入或借入的资金以及各种方式筹集的资金。

（2）上年末结余资金：指上年资金来源中没有形成固定资产投资额而结余的资金。包括尚未用到工程上的材料价值、未开始安装的需要安装的设备价值及结存的现金和银行存款等。

（3）本年资金来源小计：指固定资产投资单位在报告期收到的，用于固定资产投资的各种货币资金。包括国家预算内资金、国内贷款、债券、利用外资、自筹资金和其他资金。

① 国家预算内资金：分为财政拨款和财政安排的贷款两部分，包括中央财政的基本建设基金（分经营性基金和非经营性基金两部分），专项支出、收回再贷、贴息资金，财政安排的挖潜改造和新产品试制支出、城建支出、商业部门简易建筑支出，不发达地区发展基金等资金中用于固定资产投资的资金；地方财政中由国家统筹安排的资金等。

② 国内贷款：指报告期固定资产投资单位向银行及非银行金融机构借入的用于固定资产投资的各种国内借款，包括：银行利用自有资金以及吸收的存款发放的贷款，上级主管部门拨入的国内贷款、国家专项贷款（包括煤代油贷款、劳改煤矿专项贷款等），地方财政专项资金安排的贷款、国内储备贷款、周转贷款等。

③ 债券：指企业（公司）或金融机构通过发行各种债券，筹集用于固定资产投资的资金。包括由银行代理国家专业投资公司发行的重点企业债券和基本建设债券。

④ 利用外资：指报告期收到的用于固定资产投资的境外资金（包括设备、材料、技术在内）。包括外商直接投资、对外借款（外国政府、国际金融组织贷款、出口信贷、外国银行商业贷款、对外发行债券和股票）以及外商其他投资（包括补偿贸易和加工装配由外商提供的设备价款、国际租赁）。

⑤ 自筹资金：指固定资产投资单位报告期收到的，由各地区、各部门及企事业单位筹集用于固定资产投资的预算外资金。

⑥ 其他资金来源：指在报告期收到的除以上各种资金以外其他用于固定资产投资的资金，包括社会集资，个人资金、无偿损赠的资金及其他单位拨入的资金等。

**固定资产投资按建设性质分**

（1）新建：一般是指从无到有、“平地起家”开始建设的企、事业和行政或独立的工程单位。有的单位原有的基础很小，经过建设后其新增加的固定资产价值超过原有固定资产价值（原值）三倍以上的也算新建。

（2）扩建：是指为扩大原有产品的生产能力、在厂内或其他地点增建主要生产车间（或主要工程）、独立的生产线或总厂之下的分厂的企业；事业单位和行政单位在原单位增建业务用房（如学校增建教学用房、医院增建门诊部或病床用房、行政机关增建办公楼等）也作为扩建。

（3）改建和技术改造：指现有企业、事业单位，对原有设施进行技术改造或更新（包括相应配套的辅助性生产、生活福利设施）的建设项目。现有企业、事业单位为适应市场变化的需要，而改变企业的主要产品种类（如军工企业转产民用品等）的建设项目，应作为改建。原有产品生产作业线由于各工序（车间）之间能力不平衡，为填平补齐充分发挥原有生产能力而增建不增加本企业主要产品设计能力的车间，也应作为改建。技术改造是指企业、事业单位在现有基础上，用先进的技术代替落后的技术，用先进的工艺和装备代替落后的工艺和装备，以改变企业落后的技术经济面貌，实现以内涵为主的扩大再生产，达到提高产品质量、促进产品更新换代、节约能源、降低消耗、扩大生产规模、全面提高社会经济效益的目的。技术改造具体包括以下内容：机器设备和工具的更新改造；生产工艺改革、节约能源和原材料的改造；厂房建筑和公共设施的改造；劳动条件和生产环境的改造等。

**新增生产能力（或工程效益）** 指在本年度内按照新增生产能力（或工程效益）的计算条件和标准，实际建成投入生产或交付使用的生产能力（或工程效益），即通过固定资产投资活动而增加的设计能力。

计算新增生产能力（或工程效益）是以能独立发挥生产能力（或工程效益）的工程为对象，如一座矿井、一座转炉、一套化工装置、一条铁路专用线等。当工程建成，经有关部门验收鉴定合格，正式移交投入生产，即应计算新增生产能力（或效益）。

新增生产能力的数量，原则上应按设计（计划）能力计算。设计能力指设计中规定的主体工程（或主体设备）及相应配套的辅助工程（或配套设备）在正常情况下能够达到的生产能力。在建设过程中需要调整设计能力时，必须经原有设计的管理机关批准后，才能按批准修改后的能力计算。如尚未批准，仍按原设计能力计算，并加以说明。无设计（或计划）能力的，可根据验收时鉴定能力计算。

建成投产的工程，各生产环节的设备已经配齐，符合计算新增生产能力条件的，应该按工程的全部设计能力计算。各生产环节的设备虽未按设计全部配套建成，但保证生产所需的主体设备、配套设备、主体工程、附属工程都已部分完成，形成生产作业线，经负荷试运转交付使用单位正式投入生产的，只计算设备配齐部分的能力。这部分建成投入生产的工程，填报新增生产能力时，需附有计算依据，并说明工程或主要设备配齐部分的情况，以及尚未建成的工程主要内容或尚缺的设备情况。

**施工项目个数** 指报告期内所有施工的建设项目个数，包括本年新开工的项目和以前年度开工在本年继续施工的建设项目。

**本年投产项目个数** 按设计文件规定的全部生产能力（或效益）在本年内全部建成投产，经验收合格交付使用的建设项目个数。

**本年房屋施工面积** 指报告期内施工的全部房屋建筑面积。包括本期新开工的面积和上期开工跨入本期继续施工的房屋面积，以及上期已停建在本期复工的房屋面积。本期竣工和本期施工后又停缓建的房屋，其建筑面积仍计入本期施工房屋面积中。

**本年房屋竣工面积**　指在报告期内房屋建筑按照设计要求已全部完工，达到住人和使用条件，经验收鉴定合格（或达到竣工验收标准），可正式移交使用的各栋房屋建筑面积的总和。

**本年竣工房屋价值**　指在报告期内竣工房屋本身的建造价值。竣工房屋价值按房屋设计和预算规定的内容计算。竣工房屋本身的基础、结构、房屋、装修以及水、电、卫等附属工程的建造价值，也包括作为房屋建筑组成部分而列入房屋建筑工程预算内的设备（如电梯、通风设备等）的购置和安装费用。不包括厂房内的工艺设备、工艺管线的购置和安装，工艺设备基础的建造，室外的水、暖、电、卫、道路工程、挡土墙等环境工程的费用，办公及生活用家具的购置等费用，购置土地的费用，迁移补偿费和场地平整的费用等。

竣工房屋价值不仅包括该竣工房屋在报告期内完成的价值，也包括跨年施工的房屋在本期以前完成的价值。未竣工而转让给其他单位的房屋建筑工程，出让单位不计算竣工价值，待接受单位继续施工并符合竣工条件后，由接受单位计算其竣工价值，包括出让单位在出让前所完成的价值。

竣工房屋价值一般按结算价格计算。

**固定资产交付使用率**　指一定时期新增固定资产与同期完成投资额的比率。该指标是反映固定资产动用速度，衡量建设过程中宏观投资效果的综合指标。由于新增固定资产是较长时期内形成的结果，而投资额则是当年完成的，因此，该指标一般适宜于反映较长时期内固定资产的动用情况。

**别墅、高档公寓**　指建筑造价和销售价格明显高于一般商品住宅的商品住宅。别墅一般指地处郊区，独立成栋的商品住宅；高档公寓一般指地处市内高尚社区，高层或多层的商品住宅。别墅、高档公寓的确定标准：一是经有房地产投资计划审批权的主管部门审批建设的别墅、高档公寓开发项目；二是销售价格高于当地同等地段商品住宅平均销售价格一倍以上的别墅、公寓开发项目。该指标可以分析房地产投资结构，反映高收入家庭商品住宅的供求平衡情况。

**经济适用房**　指根据国家经济适用房计划安排建设的政策性住宅。经济是指房屋建筑造价和销售价格低于一般商品住宅；适用是指适合中低收入家庭购买使用。经济适用房主要是由国家统一下达投资计划，房地产公司开发，对外销售；用地一般采用行政划拨或招标投标方式，免收土地出让金；对各种经批准的收费减半征收，开发利润不超过3%；销售价格实行政府指导价。该指标可以分析房地产投资结构，反映中低收入家庭商品住宅的供求平衡情况。

**实际销售房屋面积**　指已签订房屋销售合同并在报告期正式交付购房者使用的商品房屋面积，即报告期现房销售面积。不包括已签订预售合同尚在建设过程中的商品房屋面积，但包括报告期或报告期以前签订了预售合同，在报告期又竣工并交付使用的商品房屋面积。

**商品房建设投资额**　指房地产开发企业（单位）开发建设的供出售、出租用的商品住宅、厂房、仓库、饭店、度假村、写字楼、办公楼等房屋工程及其配套的服务设施所完成的投资额（含拆迁、回迁还建用房）。

**完成开发土地面积**　指报告期内对土地进行开发并已完成七通一平等前期开发工程，具备进行房屋建筑物施工或达到出让条件的土地面积。

**本年购置土地面积**　指在本年内通过各种方式获得土地使用权的土地面积。

# Explanatory Notes on Main Statistical Indicators

**Total Investment in Fixed Assets** refers to the volume of activities in construction and purchases of fixed assets and related fees, expressed in monetary terms. It is a comprehensive indicator which shows the size, structure and growth of the investment in fixed assets, providing basis for observing the progress of construction projects and evaluating results of investment.

**Newly Increased Fixed Assets** refer to the newly increased value of fixed assets, constructed or purchased, that have been transferred to the investors. This is an indicator that demonstrates the results of investment in fixed assets in monetary terms, and an important indicator to reflect the speed of construction and to calculate the efficiency of investment.

**Investment in Construction and Innovation** It includes the investment of 500,000 RMB yuan and over of urban construction projects, non-rural households construction projects in the country, building construction by individuals in cities & towns and in industrial & mining areas, and individuals investment in the country.

**Investment in Real Estate Development** It includes the investment by the real estate development companies, commercial buildings construction companies and other real estate development units of various types of ownership in the construction of house buildings, such as residential buildings, factory buildings, warehouses, hotels, guesthouses, holiday villages, office buildings, and the complementary service facilities and land development projects, such as roads, water supply, water drainage, power supply, heating, telecommunications, land leveling and other projects of infrastructure. It excludes the activities in simple land transactions.

**Investment in Fixed Assets by Structure** By their contents, investment activities are classified into 3 categories, i.e. construction and installation, purchase of equipment and instrument, and other expenses.

(I) Construction and installation (work volume of construction): refers to the construction of various houses and buildings and installation of various kinds of equipment and instruments. The value of equipment installed is not included in the value of installation projects.

(II) Purchase of equipment and instruments: refers to the purchase converting products produced by industrial enterprises to the purchase of fixed assets, including the total value of equipment, tools, and vessels purchased or self - produced. Equipment, tools and vessels purchased or self - produced for new workshops by newly established or expanded units are categorized as "purchase of equipment and instruments" no matter whether they come up to the standards for fixed assets or not.

(III) Other expenses: refer to expenses occurring during the construction or purchase of fixed assets other than construction, installation or purchase of equipment and instruments, excluding other expenses in financial management.

**Sources of Funds for Investment in Fixed Assets**

(I) Total of source of funds in this year: refers to the various funds received by investing enterprises in this year for the purpose of construction and purchase of investment in fixed assets. It includes balance of funds brought forward from the previous year, funds appropriated and brought in this year, and funds collected by various ways.

(II) Balance of funds brought forward from the previous year: refers to the surplus funds which didn't form the investment in fixed assets in the sources of funds in previous year. It includes material values that will be used in the projects, facilities values that must be and will be installed, and surplus cashes and deposits in bank.

(III) Subtotal of source of funds in this year: refers to the monetary funds received by investing enterprises during the reference period for the purpose of investment in fixed assets. It includes funds from state budgetary appropriation, domestic loans, bonds, foreign investment, self-raised funds, and others.

(a) State budgetary appropriation consists of budgetary appropriation and loans from state budget. More specifically, it includes, from the budget of the central government, capital construction fund (operation fund and non-operational fund), special expenses (e.g. expenses on substituting petroleum with coal), loans from repayment, discount fund, expenses on innovation and trial production of new products, expenses on urban construction, expenses on temporary construction by trade departments, development fund for less developed areas, as well as local budgetary fund transferred from the central budget.

(b) Domestic loans refer to loans of various forms borrowed by investing units from banks and non-bank financial institutions during the reference period, including loans issued by banks from their self-owned funds and deposit, loans appropriated by higher responsible authorities, special loans by government (including loan for substituting petroleum with coal, special loan for reform-through-labour coal mines), loans arranged by local government from special funds, domestic reserve loan, and working loan, etc.

(c) Bonds refer to the funds collected by enterprises or financial institutions by bonds issuance for the purpose of investment in fixed assets. It includes emphasis enterprises bonds issued by banks substituting special nation investment enterprises and capital construction bonds.

(d) Foreign Investment refers to foreign funds received during the reference period for investment in fixed assets (covering equipment, materials and technology), including foreign direct investment, foreign borrowings (loans from foreign governments and international financial institutions, export credit, commercial loans from foreign banks, issuance of bonds and stocks overseas), and other foreign investment (covering facilities' funds provided by foreign investment by compensation trade and processing & assembly, as well as international lease).

(e) Self-raised funds refer to extra-budgetary funds for investment in fixed assets received by investing units from central government ministries, local governments, enterprises and institutions during the reference period.

(f) Others refer to funds for investment in fixed assets received from the sources other than those listed above, including funds raised from social and individuals, through donations, and funds transferred from other units.

**Investment in Fixed Assets by Type of Construction**

(I) New construction in general: refers to newly constructed enterprises, institutions, administrative agencies or independent projects from scratch. In case the asset of the existing unit is quite small, and the value of newly added fixed assets exceeds the original value of assets by three times, the expansion will be considered as new construction.

(II) Expansion: refers to construction of new major production workshop, branch factory or independent production line within a factory or in other locations, for the purpose of increasing the production capacity (or improving efficiency) of the original products. Newly constructed houses for the operation of institutions and administrative organizations (such as the newly constructed buildings for teaching in schools, buildings for clinics or wards in hospitals, buildings for administrative agencies, etc.) are also classified as expansion.

(III) Reconstruction and Technical Transformation: refer to construction projects by existing enterprises or institutions in innovation or technical transformation of the old facilities (including auxiliary production equipment and welfare facilities). Also considered as reconstruction is the construction of new workshops by the existing enterprises or institutions to change the variety of products to meet the market demand (such as the production of civil products by defence industries), or to bring the designed production capacity into full play through a more balanced production process on production lines. Technical transformation refers to replacement of old technology or equipment by new technology or equipment, in order to expand the reproduction through improvement of technology contents in production, to improve product quality, to promote new products, to save energy and reduce consumption and to improve overall social-economic efficiency. Contents of technical transformation include: updating of machinery, equipment and tools; reforming production process by using energy or materials saving technology; construction of factory workshops and transformation of public facilities; improvement of working conditions and environment, etc.

**Newly Increased Production Capacity (or Project Efficiency)** refers to the production capacity put into produce or put into use actually according to calculation conditions and standards of newly increased production capacity (or project efficiency) in the reference period, that is increase of designed capacity (or project efficiency) through investment in fixed assets.

The target of calculation of newly increased production capacity (project efficiency) is project can produce production capacity (or project efficiency) independently, such as a mineral well, a turn kiln, a set of chemical appliance, a special rail line, etc. When the project completes and has been checked, accepted and formally put into production, it can be calculate as newly increased production capacity (or project efficiency).

Newly increased production capacity is calculated according to design capacity (or plan capacity). Design capacity refers to the production capacity of major projects (or major facilities) and subsidiary projects (or subsidiary facilities) which can be come true in normal situation. When there are some changes in construction process of design capacity, the new capacity can be calculated after the approval of management. If it didn't have the approval, it must be calculated by original design capacity and give a explanation. If it hasn't design capacity, it can be calculated by the capacity according to checkout and verification.

Newly increased production capacity of projects completed and put into produce, whose facilities are assorted in every part and correspond with conditions of calculation is calculated by total design capacity. If the total facilities aren't assorted while a part of major and subsidiary facilities and projects complete that can meet the need of production and put into produce, the newly increased production capacity is calculated by capacity of assorted part. When newly increased production capacity is infilled and reported the projects put into produce must have calculation warranty and give an explanation of situation of projects and major parts assorted, major content of projects uncompleted and missing facilities.

**Number of Projects under Construction** refers to the number of projects having construction in the reference period, including new projects in current year and projects started in the reference period and continued in current year.

**Number of Projects Put into Produce** refers to the number of projects completed and have been checked, accepted and formally put into use in this year according to total production capacity (or efficiency) prescribed in design document.

**Floor Space under Construction in this Year** refers to total floor space of all buildings under construction during the reference period, including floor space of newly started buildings during the reference period, floor space of construction extended from the previous period to the current period, and floor space of construction suspended during the previous period and resumed in the current period. Floor space of construction completed in the current period, and floor space of construction started and then suspended in the current period are also included in the floor space under construction of the current year.

**Floor Space of Buildings Completed in this Year** refers to the floor space of all buildings completed in the reference period, which have been appraised and accepted (or come up to the designed standards) and have been transferred to the owners for use.

**Value of Buildings Completed in this Year** refers to the intrinsic construction value of buildings completed in the reference period. It is figured by the rules of buildings design and budget, which not only includes the construction value of foundations, structure, furnishings, subsidiary projects such as water, electricity, toilet, etc. but also includes purchase and installation expenditures of facilities (such as lift, ventilation, etc.) listed into buildings budget as component of building construction. It excludes the purchase and installation of technical facilities, leads and lines in factories, construction of technical facilities' basis, expenditures of environment projects such as water, eructate, electricity, toilet, road projects, wall fended to earth outside, purchase of furniture in office or house, purchase of lands, as well as expenditures of move compensation and land leveling etc.

Value of buildings completed includes the value completed in the reference period and that of buildings built cross the year completed in previous year. Value of buildings completed of uncompleted building construction projects negotiated to other units isn't counted to the offering units, but counted to receiving units after continual build and up to the completion standards, including the value completed by offering units before devolution.

Value of buildings completed is counted by footing price generally.

**Rate of Projects of Fixed Assets Completed and Put into Operation** refers to the ratio of the newly increased fixed assets to the total investment made in the same period. This is a comprehensive indicator reflecting the speed of the employment of fixed assets and the investment efficiency at the macro-level. As the newly increase fixed assets is the result of a long period while the investment is completed in the current year, this indicator is expected to be used to reflect the employment of fixed assets over a long period of time.

**Villas, High-Grade Apartments** refer to commercial houses whose construction costs and marketing prices are significantly higher than ordinary housing. Villas are independent structures generally located in the suburbs; high-grade apartments are multi-story buildings located in elegant urban neighborhoods. Criteria for villas and high-grade apartments include: 1) projects for the construction of villas or high-grade apartments have to be approved by competent departments in charge of real estate development and investment plans, and 2) prices for projects on villas or high-grade apartments are higher by over 100% compared with the average prices of ordinary commercial housing projects in similar location. This indicator helps to analyze the investment structure of the real estate industry and the demand and supply of housing for high-income households.

**Economically Affordable Housing** refers to housing constructed according to the state plan for economically affordable housing. Houses of this category featured in low cost in construction and low prices, and therefore are affordable to mid-income or low income households. Economically affordable housing projects are developed by real estate companies under the state investment plan, with the land provided through government allocation or tendering procedures. Developers are exempted from land utilization fees and enjoy another 50% exemption of all other legitimate fees, while their profits are limited to less than 3%, and the completed houses are sold under the government-guided prices. This indicator helps to analyze the investment structure of the real estate industry and the demand and supply of housing for mid or low income households.

**Floor Space of Buildings Actually Sold** refers to the sold floor space of buildings on hand in reporting period.

**Investment in Commercial Buildings** refers to the investment in residential buildings, workshops, warehouses, hotels, official buildings and related service establishment for sale or rent by real estate development enterprises (covering buildings for wrecking, removal back and compensation).

**Developed Land Area Completed** refers to the land area of land development and prophase development projects completed, which can carry out construction or remise.

**Purchased Land Area in Current Year** refers to the land area accessible by various means in current year.

# 5

# 能源消费

*Energy Consumption*

## 简要说明 Brief Introduction

本章主要内容包括能源消费及品种构成，能源消费弹性系数，平均每万元GDP能源消费量及日均能源消费量，综合能源平衡表，按工业行业分的能源消费量和工业产值综合能耗。本章资料由市统计局工业交通处根据有关资料和调查结果编制。

The data in this chapter cover mainly the energy consumption and their composition, the elasticity ratio of energy consumption, average per 10,000 yuan GDP energy consumption, and average daily energy consumption, the overall balance of energy, energy consumption by industrial sector, and overall energy consumption of surveyed industrial enterprises. This chapter is compiled by Division of Industry and Transport Statistics, Municipal Bureau of Statistics on the basis of data from surveys and from input-output tables.

# 5－1 主要年份能源消费总量
# Total Consumption of Energy in Major Years

单位：万吨标准煤 (10 000 tons of SCE)

| 年份 Year | 能源消费总量 Total Consumption of Energy | 煤炭 Coal | 天然气 Natural Gas | 油料 Oil | 电力 Electricity |
|---|---|---|---|---|---|
| 1949 | 91.71 | 88.97 | | 2.06 | 0.68 |
| 1952 | 155.47 | 150.64 | | 3.43 | 1.40 |
| 1957 | 263.73 | 247.95 | 3.41 | 7.00 | 5.37 |
| 1962 | 476.37 | 429.30 | 18.20 | 14.21 | 14.66 |
| 1965 | 342.88 | 295.00 | 19.65 | 9.85 | 18.38 |
| 1970 | 469.56 | 379.80 | 50.13 | 14.04 | 25.59 |
| 1975 | 651.21 | 514.03 | 78.58 | 21.99 | 36.61 |
| 1978 | 889.20 | 703.87 | 103.87 | 32.20 | 49.26 |
| 1980 | 985.59 | 752.60 | 129.08 | 40.53 | 63.38 |
| 1981 | 1004.30 | 766.33 | 137.82 | 33.83 | 66.32 |
| 1982 | 1050.33 | 794.01 | 138.62 | 48.30 | 69.40 |
| 1983 | 1110.05 | 838.14 | 148.22 | 51.06 | 72.63 |
| 1984 | 1160.49 | 872.47 | 151.97 | 60.05 | 76.00 |
| 1985 | 1241.40 | 938.21 | 160.83 | 62.83 | 79.53 |
| 1986 | 1271.14 | 938.66 | 173.38 | 75.61 | 83.49 |
| 1987 | 1395.65 | 1036.28 | 195.61 | 76.12 | 87.64 |
| 1988 | 1513.18 | 1157.08 | 183.73 | 80.37 | 92.00 |
| 1989 | 1565.46 | 1194.44 | 190.36 | 84.08 | 96.58 |
| 1990 | 1516.59 | 1130.76 | 196.44 | 88.00 | 101.39 |
| 1991 | 1558.56 | 1151.68 | 197.06 | 96.63 | 113.19 |
| 1992 | 1601.01 | 1172.98 | 198.32 | 103.34 | 126.37 |
| 1993 | 1644.85 | 1194.68 | 200.89 | 108.20 | 141.08 |
| 1994 | 1696.72 | 1216.78 | 216.74 | 105.70 | 157.50 |
| 1995 | 1776.91 | 1239.85 | 258.36 | 102.87 | 175.83 |
| 1996 | 1871.09 | 1317.32 | 260.86 | 97.39 | 195.52 |
| 1997 | 2030.13 | 1383.98 | 282.80 | 145.47 | 217.88 |
| 1998 | 2119.46 | 1393.43 | 291.30 | 183.62 | 251.11 |
| 1999 | 2278.42 | 1495.55 | 308.19 | 196.34 | 278.34 |
| 2000 | 2330.82 | 1519.80 | 312.20 | 202.17 | 296.65 |
| 2001 | 2463.68 | 1590.43 | 322.51 | 206.20 | 344.54 |
| 2002 | 2563.05 | 1668.90 | 331.87 | 213.84 | 348.44 |
| 2003 | 2737.90 | 1806.42 | 349.11 | 220.81 | 361.56 |
| 2004 | 3168.41 | 2005.08 | 403.52 | 379.97 | 379.84 |
| 2005 | 3881.52 | 2568.65 | 472.15 | 411.86 | 428.86 |

注：各年能源品种均已折合为按当量值计算的吨标准煤。

Note: Energy types of each year are converted into SCE calculated in terms of actual amount value.

# 5－2 能源消费弹性系数（1985－2005年）
# Elasticity Ratio of Energy Consumption (1985-2005)

| 年 份 Year | 能源消费比上年增长% Growth Rate of Energy Consumption over Preceding Year (%) | 本市生产总值比上年增长% Growth Rate of GDP over Preceding Year (%) | 能源消费弹性系数 Elasticity Ratio of Energy Consumption |
|---|---|---|---|
| 1985 | 7.0 | 8.4 | 0.83 |
| 1986 | 2.4 | 8.4 | 0.29 |
| 1987 | 9.8 | 5.1 | 1.92 |
| 1988 | 8.4 | 9.3 | 0.90 |
| 1989 | 3.5 | 4.7 | 0.74 |
| 1990 | -3.1 | 6.8 | -0.46 |
| 1991 | 2.8 | 9.0 | 0.31 |
| 1992 | 2.7 | 16.2 | 0.17 |
| 1993 | 2.7 | 15.3 | 0.18 |
| 1994 | 3.2 | 13.3 | 0.24 |
| 1995 | 4.7 | 12.1 | 0.39 |
| 1996 | 5.3 | 11.2 | 0.47 |
| 1997 | 8.5 | 11.0 | 0.77 |
| 1998 | 4.4 | 8.4 | 0.52 |
| 1999 | 7.5 | 7.6 | 0.99 |
| 2000 | 2.3 | 8.5 | 0.27 |
| 2001 | 5.7 | 9.0 | 0.63 |
| 2002 | 4.0 | 10.3 | 0.39 |
| 2003 | 6.8 | 11.5 | 0.59 |
| 2004 | 15.7 | 12.2 | 1.29 |
| 2005 | 22.5 | 11.5 | 1.96 |

注：本市生产总值增长速度按可比价格计算。
Note: Growth rate of GDP is calculated at comparable prices.

# 5－3 平均每万元本市生产总值能源消费量（2005年）
# Average 10 000 Yuan GDP Energy Consumption (2005)

| 品 种 | Type | 2005 |
|---|---|---|
| 能源总消费量（吨标煤/万元） | **Total Energy Consumption (SCE/10 000 yuan)** | **1.42** |
| #煤 炭 | Coal | 0.67 |
| 天然气 | Natural Gas | 0.15 |
| 油 料 | Oil | 0.13 |
| 电 力 | Electricity | 0.46 |

注：本表GDP按2005年价计算；能源品种均已折合为按等价值计算的吨标准煤。
Note: GDP in this table are in terms of 2005 price. Energy types are converted into SCE calculated in terms of equal value.

# 5－4 平均每天主要能源消费量（2005年）
# Average Daily Energy Consumption (2005)

| 品　　种 | Type | 2005 |
| --- | --- | --- |
| **能源总消费量（万吨标煤/天）** | **Total Energy Consumption (10 000 tons of SCE/day)** | **11.94** |
| #煤　炭 | Coal | 5.64 |
| 天然气 | Natural Gas | 1.29 |
| 油　料 | Oil | 1.13 |
| 电　力 | Electricity | 3.88 |

注：能源品种均已折合为按等价值计算的吨标准煤。
Note: Energy types are converted into SCE calculated in terms of equal value.

# 5－5 综合能源平衡表（2005年）
# Overall Energy Balance (2005)

单位：万吨标准煤　　(10 000 tons of SCE)

| 项　　目 | Item | 2005 | |
| --- | --- | --- | --- |
| | | 按当量值计算 Actual Amount Value | 按等价值计算 Equal Value |
| **可供消费的能源总量** | **Total Energy Available for Consumption** | **3881.52** | **4359.83** |
| #一次能源生产量 | Output of Primary Energy | 3134.14 | 3301.17 |
| 调进量 | Transfer in | 1128.01 | 1533.99 |
| 调出量（-） | Transfer out | -752.54 | -847.23 |
| **能源消费总量** | **Total Energy Consumption** | **3881.53** | **4359.83** |
| 终端消费 | Final Consumption | 3211.90 | 4162.76 |
| 第一产业 | Primary Industry | 194.79 | 206.11 |
| 第二产业 | Secondary Industry | 2324.42 | 2974.19 |
| 第三产业 | Tertiary Industry | 397.30 | 514.64 |
| 生活消费 | Residential Consumption | 295.40 | 467.81 |
| 城　镇 | Urban | 159.83 | 277.32 |
| 乡　村 | Rural | 135.57 | 190.49 |
| 加工转换投入（-）产出（+）量 | Input (-) and Output (+) in Processing and Transformation | -637.33 | -90.38 |
| 损失量 | Losses | 32.30 | 106.70 |

# 5－6 按工业行业分的能源消费量（2005年）

| 行业 | Sector | 原煤（吨）Coal (ton) | 焦炭（吨）Coke (ton) | 汽油（吨）Gasoline (ton) | 煤油（吨）Kerosene (ton) | 柴油（吨）Diesel Oil (ton) | 天然气（万立方米）Natural Gas (10 000 cu.m) | 电力（万千瓦时）Electricity (10 000 kwh) |
|---|---|---|---|---|---|---|---|---|
| **工业消费总量** | **Total Industry Consumption** | **22835854** | **1554691** | **47745** | **7402** | **116350** | **259304** | **2030558** |
| 采矿业 | Mining and Quarrying | 6770584 | 22680 | 2017 | 108 | 10706 | 2702 | 100808 |
| #煤炭开采和洗选业 | Coal Mining and Dressing | 5910051 | 200 | 1479 | 87 | 3141 | 1 | 71926 |
| 石油和天然气开采业 | Petroleum and Natural Gas Extraction | 490068 | | 253 | 8 | 111 | 2565 | 4092 |
| 黑色金属矿采选业 | Ferrous Metals Mining and Dressing | 146016 | 22480 | 166 | 13 | 2773 | 136 | 8509 |
| 有色金属矿采选业 | Nonferrous Metals Mining and Dressing | 205 | | | | | | 86 |
| 非金属矿采选业 | Nonmetal Minerals Mining and Dressing | 224244 | | 119 | | 4681 | | 16195 |
| 制造业 | Manufacturing | 7117492 | 1532011 | 41123 | 7250 | 89594 | 256413 | 1499912 |
| 农副食品加工业 | Farm Products and By-food Processing | 34328 | | 551 | 60 | 476 | 503 | 11425 |
| 食品制造业 | Food Production | 90178 | | 779 | | 2771 | 1674 | 6518 |
| 饮料制造业 | Beverage Production | 87461 | | 595 | 1 | 908 | 751 | 12528 |
| 烟草制品业 | Tobacco Products | 21826 | | 352 | 1 | 173 | 523 | 5783 |
| 纺织业 | Textile Industry | 273944 | | 725 | 7 | 618 | 730 | 38609 |
| 纺织服装、鞋、帽制造业 | Garments, Shoes and Hats Production | 136 | | 105 | 4 | 88 | 45 | 472 |
| 皮革、毛皮、羽毛（绒）及其制品业 | Leather, Furs, Down and Related Products | 1079 | | 223 | | 86 | 34 | 1385 |
| 木材加工及木、竹、藤、棕、草制品业 | Timber Processing, Bamboo Cane Palm Fiber and Straw Products | 22560 | | 28 | | 22 | 3 | 1604 |
| 家具制造业 | Furniture Manufacturing | 45 | | 194 | | 129 | 1 | 813 |
| 造纸及纸制品业 | Papermaking and Paper Products | 133135 | | 602 | 4 | 1108 | 1287 | 16102 |
| 印刷业、记录媒介的复制 | Printing and Record Medium Reproduction | 1468 | | 618 | 42 | 107 | 132 | 3114 |
| 文教体育用品制造业 | Cultural Educational and Sports Goods | | | 3 | | 18 | 2 | 22 |
| 石油加工、炼焦及核燃料加工业 | Petroleum, Coking and Nuclear Fuel Processing | 178622 | | 69 | 8 | 330 | 89 | 4316 |

# Energy Consumption by Industrial Sector (2005)

| 行　业 | Sector | 原煤（吨） Coal (ton) | 焦炭（吨） Coke (ton) | 汽油（吨） Gasoline (ton) | 煤油（吨） Kerosene (ton) | 柴油（吨） Diesel Oil (ton) | 天然气（万立方米） Natural Gas (10 000 cu.m) | 电力（万千瓦时） Electricity (10 000 kwh) |
|---|---|---|---|---|---|---|---|---|
| 化学原料及化学制品制造业 | Raw Chemical Materials and Chemical Products | 1385058 | 19113 | 2099 | 297 | 6367 | 170329 | 311590 |
| 医药制造业 | Medical and Pharmaceutical Products | 172420 | | 1328 | 31 | 794 | 2536 | 16303 |
| 化学纤维制造业 | Chemical Fiber | 118 | | 17 | | 54 | 2 | 722 |
| 橡胶制品业 | Rubber Products | 38215 | | 1661 | 2 | 323 | 803 | 10854 |
| 塑料制品业 | Plastic Products | 24382 | 40 | 447 | 20 | 612 | 89 | 13306 |
| 非金属矿物制品业 | Nonmetal Mineral Products | 3937073 | 562 | 2684 | 545 | 34767 | 30080 | 276390 |
| 黑色金属冶炼及压延加工业 | Smelting and Pressing of Ferrous Metals | 473223 | 1450100 | 1535 | 13 | 3396 | 10183 | 213475 |
| 有色金属冶炼及压延加工业 | Smelting and Pressing of Nonferrous Metals | 22860 | 6432 | 609 | 19 | 3358 | 7043 | 261823 |
| 金属制品业 | Metal Products | 15522 | 2527 | 959 | 58 | 875 | 761 | 11526 |
| 通用设备制造业 | Ordinary Equipment | 30090 | 13867 | 2251 | 1042 | 5461 | 3429 | 41269 |
| 专用设备制造业 | Special Equipment | 35795 | 268 | 1543 | 166 | 1764 | 2322 | 31399 |
| 交通运输设备制造业 | Transportation Equipment | 111653 | 38218 | 18432 | 4788 | 23462 | 20733 | 178973 |
| 电气机械及器材制造业 | Electric Equipment and Machinery | 12508 | 266 | 1251 | 17 | 740 | 1052 | 16074 |
| 通信设备、计算机及其他电子设备制造业 | Communication Equipment, Computers and Other Electronic Equipment | 24 | 20 | 317 | 6 | 139 | 18 | 3461 |
| 仪器仪表及文化、办公用机械制造业 | Instruments, Meters, Cultural and Office Machinery | 4527 | 598 | 1067 | 119 | 466 | 1254 | 7543 |
| 工艺品及其他制造业 | Handicraft and Other Production | 5590 | | 78 | | 98 | 7 | 950 |
| 废弃资源和废旧材料回收加工业 | Recovery and Processing of Waste Resources and Materials | 3652 | | 1 | | 84 | | 1563 |
| 电力、燃气及水的生产和供应业 | Electricpower, Gas & Water Production and Supply | 8947778 | | 4605 | 44 | 16050 | 188 | 429838 |
| 电力、热力的生产和供应业 | Electricpower and Hot Power Production and Supply | 8947273 | | 3710 | 42 | 15705 | 87 | 389026 |
| 燃气生产和供应业 | Gas Production and Supply | 499 | | 600 | 2 | 180 | 100 | 862 |
| 水的生产和供应业 | Water Production and Supply | 6 | | 295 | | 165 | 1 | 39949 |

# 5－7 调查工业企业工业产值综合能耗（2005年）

| 行　业 | Sector | 综合能源消费量（吨标准煤）Overall Energy Consumption (ton of SCE) | 工业总产值（万元）Gross Output Value of Industry (10 000 yuan) | 产值能耗（吨标准煤/万元）Output Value to Energy Consumption (ton of SCE/ 10 000 yuan) |
|---|---|---|---|---|
| **工业消费总量** | **Total Industry Consumption** | **19727967** | **25258684** | **0.78** |
| 采矿业 | Mining and Quarrying | 1736542 | 787646 | 2.20 |
| #煤炭开采和洗选业 | Coal Mining and Dressing | 1282103 | 598526 | 2.14 |
| 石油和天然气开采业 | Petroleum and Natural Gas Extraction | 130435 | 49284 | 2.65 |
| 黑色金属矿采选业 | Ferrous Metals Mining and Dressing | 141928 | 59984 | 2.37 |
| 有色金属矿采选业 | Nonferrous Metals Mining and Dressing | 252 | 681 | 0.37 |
| 非金属矿采选业 | Nonmetal Minerals Mining and Dressing | 181824 | 79171 | 2.30 |
| 制造业 | Manufacturing | 12868167 | 22451539 | 0.57 |
| 农副食品加工业 | Farm Products and By-food Processing | 47582 | 827249 | 0.06 |
| 食品制造业 | Food Production | 96648 | 238952 | 0.40 |
| 饮料制造业 | Beverage Production | 88156 | 309050 | 0.29 |
| 烟草制品业 | Tobacco Products | 25485 | 464573 | 0.05 |
| 纺织业 | Textile Industry | 252159 | 463343 | 0.54 |
| 纺织服装、鞋、帽制造业 | Garments, Shoes and Hats Production | 1317 | 64755 | 0.02 |
| 皮革、毛皮、羽毛（绒）及其制品业 | Leather, Furs, Down and Related Products | 2651 | 149281 | 0.02 |
| 木材加工及木、竹、藤、棕、草制品业 | Timber Processing, Bamboo Cane Palm Fiber and Straw Products | 18186 | 37525 | 0.48 |
| 家具制造业 | Furniture Manufacturing | 1076 | 60063 | 0.02 |
| 造纸及纸制品业 | Papermaking and Paper Products | 132001 | 202303 | 0.65 |
| 印刷业、记录媒介的复制 | Printing and Record Medium Reproduction | 6972 | 121501 | 0.06 |
| 文教体育用品制造业 | Cultural Educational and Sports Goods | 58 | 1165 | 0.05 |
| 石油加工、炼焦及核燃料加工业 | Petroleum, Coking and Nuclear Fuel Processing | 228063 | 106641 | 2.14 |

# Overall Energy Consumption of Surveyed Industrial Enterprises (2005)

| 行业 | Sector | 综合能源消费量（吨标准煤）<br>Overall Energy Consumption (ton of SCE) | 工业总产值（万元）<br>Gross Output Value of Industry (10 000 yuan) | 产值能耗（吨标准煤/万元）<br>Output Value to Energy Consumption (ton of SCE/ 10 000 yuan) |
|---|---|---|---|---|
| 化学原料及化学制品制造业 | Raw Chemical Materials and Chemical Products | 4041134 | 1697300 | 2.38 |
| 医药制造业 | Medical and Pharmaceutical Products | 174193 | 727145 | 0.24 |
| 化学纤维制造业 | Chemical Fiber | 2067 | 14671 | 0.14 |
| 橡胶制品业 | Rubber Products | 51074 | 132472 | 0.39 |
| 塑料制品业 | Plastic Products | 35225 | 186932 | 0.19 |
| 非金属矿物制品业 | Nonmetal Mineral Products | 3738187 | 1259329 | 2.97 |
| 黑色金属冶炼及压延加工业 | Smelting and Pressing of Ferrous Metals | 2506214 | 1461016 | 1.72 |
| 有色金属冶炼及压延加工业 | Smelting and Pressing of Nonferrous Metals | 471990 | 1331929 | 0.35 |
| 金属制品业 | Metal Products | 39570 | 337697 | 0.12 |
| 通用设备制造业 | Ordinary Equipment | 134227 | 1073906 | 0.12 |
| 专用设备制造业 | Special Equipment | 90457 | 675038 | 0.13 |
| 交通运输设备制造业 | Transportation Equipment | 596848 | 8533125 | 0.07 |
| 电气机械及器材制造业 | Electric Equipment and Machinery | 42695 | 1173197 | 0.04 |
| 通信设备、计算机及其他电子设备制造业 | Communication Equipment, Computers and Other Electronic Equipment | 4363 | 288897 | 0.02 |
| 仪器仪表及文化、办公用机械制造业 | Instruments, Meters, Cultural and Office Machinery | 28795 | 422535 | 0.07 |
| 工艺品及其他制造业 | Handicraft and Other Production | 5244 | 43471 | 0.12 |
| 废弃资源和废旧材料回收加工业 | Recovery and Processing of Waste Resources and Materials | 5530 | 46481 | 0.12 |
| 电力、燃气及水的生产和供应业 | Electricpower, Gas & Water Production and Supply | 5123259 | 2019498 | 2.54 |
| 电力、热力的生产和供应业 | Electricpower and Hot Power Production and Supply | 5070224 | 1756204 | 2.89 |
| 燃气生产和供应业 | Gas Production and Supply | 3680 | 172732 | 0.02 |
| 水的生产和供应业 | Water Production and Supply | 49355 | 90563 | 0.54 |

# 主要统计指标解释

**能源消费总量**　指一定时期内全国（地区）物质生产部门、非物质生产部门和生活消费的各种能源的总和，是观察能源消费水平、构成和增长速度的总量指标。能源消费总量包括：煤和原油及其制品、天然气、电力。不包括：低热值燃料、生物质能和太阳能等的利用。能源消费总量分为终端能源消费量、能源加工转换损失量和损失量三部分。

（1）终端能源消费量：指一定时期内全国（地区）生产和生活消费的各种能源在扣除了用于加工转换二次能源消费量和损失量以后的数量。

（2）能源加工转换损失量：指一定时期内全国（地区）投入加工转换的各种能源数量之和与产出各种能源产品之和的差额，是观察能源在加工转换过程中损失量变化的指标。

（3）能源损失量：指一定时期内能源在输送、分配、储存过程中发生的损失和由客观原因造成的各种损失量。不包括各种气体能源放空、放散量。

**能源消费弹性系数**　是反映能源消费增长速度与国民经济增长速度之间比例关系的指标。计算公式为：

能源消费弹性系数=能源消费量平均增长速度/国民经济年平均增长速度

# Explanatory Notes on Main Statistical Indicators

**Total Energy Consumption**　refers to the total consumption of energy of various kinds by material production sectors, non-material production sectors and households in the country (region) in a given period of time. It is a comprehensive indicator to show the scale, composition and development of energy consumption. The total energy consumption includes that of coal, crude oil and their products, natural gas and electricity. However, it excludes the consumption of fuel of low calorific value, bio-energy and solar energy. Total domestic energy consumption can be divided into three parts:

(I) Final energy consumption: refers to the total energy consumption by material production sectors, non-material production sectors and households in the country (region) in a given period of time, but excludes the consumption in conversion of the primary energy into the secondary energy and the loss in the process of energy conversion.

(II) Loss during the process of energy conversion: refers to the total input of various kinds of energy for conversion, minus the total output of various kinds of energy in the country in a given period of time. It is an indicator to show the loss that occurs during the process of energy conversion.

(III) Loss: refers to the total of the loss of energy during the course of energy transport, distribution and storage and the loss caused by any objective reason in a given period of time. The loss of various kinds of gas due to gas discharges and stocktaking is excluded.

**Elasticity Ratio of Energy Consumption**　is an indicator to show the relationship between the growth rate of energy consumption and the growth rate of the national economy. The formula is:

*Elasticity Ratio of Energy Consumption=Average annual Growth Rate of Energy Consumption/ Average Annual Growth Rate of National Economy.*

# 财 政

*Government Finance*

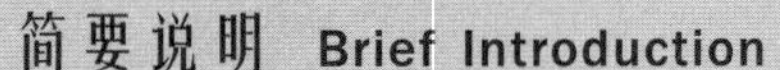

## 简要说明 Brief Introduction

本章资料包括全市财政收入和支出情况、国税和地税税收收入情况，由市统计局综合处分别根据市财政局、市国税局和市地税局的有关资料整理编辑。

The data in this chapter include the financial revenue and expenditures, revenue of national taxation and local taxation. All information is prepared by Division of Comprehensive Statistics, Municipal Bureau of Statistics using data from Municipal Bureau of Finance, Municipal Bureau of National Taxation, Municipal Bureau of Local Taxation.

# 6－1 财政收入及支出（1994－2006年）
# Financial Revenue and Expenditures (1994-2006)

单位：万元 (10 000 yuan)

| 年 份 Year | 财政收入 Financial Revenue | #地方财政收入 Local Financial Revenue | #一般预算收入 General Budgetary Revenue | #中央两税（四税）收入 Revenue of Two/Four Central Level Taxes | 地方财政支出 Local Financial Expenditures | #一般预算支出 General Budgetary Expenditures |
|---|---|---|---|---|---|---|
| 1994 | 716172 | 366325 | 366325 | 349847 | 560818 | 560818 |
| 1995 | 837748 | 460052 | 460052 | 377696 | 662235 | 662235 |
| 1996 | 942682 | 549412 | 549412 | 393270 | 794216 | 794216 |
| 1997 | 1180555 | 745296 | 593060 | 435259 | 1151627 | 1010110 |
| 1998 | 1338867 | 858046 | 711287 | 480821 | 1359474 | 1257608 |
| 1999 | 1402935 | 898912 | 767341 | 504023 | 1623685 | 1502365 |
| 2000 | 1632353 | 1044570 | 872442 | 587783 | 2024606 | 1876433 |
| 2001 | 1961761 | 1264090 | 1061243 | 697671 | 2555530 | 2375486 |
| 2002 | 2694610 | 1578651 | 1260674 | 991425 | 3450674 | 3058591 |
| 2003 | 3412781 | 2069315 | 1615618 | 1205457 | 3913564 | 3415775 |
| 2004 | 4629591 | 3024439 | 2006241 | 1435206 | 4851221 | 3957233 |
| 2005 | 5811921 | 3949624 | 2568072 | 1656599 | 6253516 | 4873543 |
| 2006 | 7421702 | 5294579 | 3177165 | 1944772 | 8201936 | 5942543 |

注：财政收入2002年前为地方财政收入与中央两税（增值税和消费税）之和，2002年起为地方财政收入、中央四税收入和其他中央收入之和。其中其他中央收入不含关税，自2003年起包含车辆购置税(以下各表同）。

Note: Financial revenue before 2002 is the sum of local financial revenue and two central level tax revenue (value-added tax and consumption tax), whereas since 2002 it is the sum of local financial revenue, four central level tax revenue and other central level revenue. Other central level revenue excludes tariff, however since 2003 vehicle purchasing tax is also included (the same as following tables).

# 6－2 财政收入占本市生产总值的比重（1994－2006年）
# Financial Revenue as Percentage of Gross Domestic Product (1994-2006)

| 年 份 Year | 财政收入（亿元） Finance Revenue (100 million yuan) | 本市生产总值（亿元） Gross Domestic Product (100 million yuan) | 财政收入占本市生产总值的比重（%） Finacial Revenue as Percentage of GDP (%) |
|---|---|---|---|
| 1994 | 71.62 | 755.96 | 9.5 |
| 1995 | 83.77 | 1016.25 | 8.2 |
| 1996 | 94.27 | 1187.47 | 7.9 |
| 1997 | 118.06 | 1360.24 | 8.7 |
| 1998 | 133.89 | 1440.56 | 9.3 |
| 1999 | 140.29 | 1491.99 | 9.4 |
| 2000 | 163.24 | 1603.16 | 10.2 |
| 2001 | 196.18 | 1765.68 | 11.1 |
| 2002 | 269.46 | 1990.01 | 13.5 |
| 2003 | 341.28 | 2272.82 | 15.0 |
| 2004 | 462.96 | 2692.81 | 17.2 |
| 2005 | 581.19 | 3070.49 | 18.9 |
| 2006 | 742.17 | 3491.57 | 21.3 |

# 6－3 财政收入（2005－2006年）
# Financial Revenue (2005-2006)

单位：万元 (10 000 yuan)

| 项　目 | Item | 2005 | 2006 | 指数 上年同口径数=100 Index Preceding Year in Same Terms=100 |
|---|---|---|---|---|
| **财政收入** | **Financial Revenue** | **5811921** | **7421702** | **125.3** |
| **一、地方财政收入** | **Local Financial Revenue** | **3949624** | **5294579** | **130.5** |
| #市　级 | at Municipal Level | 2076678 | 2970929 | 135.6 |
| **一般预算收入** | **General Budgetary Revenue** | **2568072** | **3177165** | **123.7** |
| #市　级 | at Municipal Level | 1134203 | 1414756 | 121.7 |
| 工商各税 | Industrial and Commercial Taxes | 1582655 | 1924483 | 121.6 |
| #增值税 | Value-added Tax | 336548 | 387112 | 115.0 |
| 营业税 | Operation Tax | 702018 | 858695 | 122.3 |
| 企业所得税 | Enterprise Income Tax | 139817 | 171603 | 122.7 |
| 个人所得税 | Personal Income Tax | 106662 | 122390 | 114.7 |
| 资源税 | Resource Tax | 29945 | 37745 | 126.0 |
| 城市维护建设税 | Tax on City Maintenance and Construction | 131586 | 155131 | 117.9 |
| 房产税 | Tax on Real Estates | 57507 | 65549 | 114.0 |
| 印花税 | Stamp Tax | 24646 | 31553 | 128.0 |
| 农业四税 | 4 Taxes on Agriculture | 187203 | 228079 | 121.8 |
| #农业税 | Agricultural Tax | 791 | 82 | 10.4 |
| 契　税 | Contract Tax | 141390 | 173331 | 122.6 |
| 非税收入 | Non-taxation Revenue | 798214 | 1024603 | 128.4 |
| #国有资产经营收益 | Profits of State-owned Assets | 96751 | 149408 | 154.4 |
| 国有企业计划亏损补贴 | Planning Subsidies to Loss-suffering State-owned Enterprises | -22477 | -10050 | 108.4 |
| 行政性收费收入 | Revenue of Administrative Fees | 480942 | 595151 | 123.7 |
| 罚没收入 | Revenue of Penalties | 90923 | 95370 | 104.9 |
| 专项收入 | Expert Project Revenue | 123271 | 156487 | 126.9 |
| **基金预算收入** | **Fund Budgetary Revenue** | **1381552** | **2117414** | **143.1** |
| #工业交通部门基金收入 | Fund Revenue of Departments of Industry and Transportation | 143193 | 143585 | 109.0 |
| 土地有偿使用收入 | Revenue of Compensable Use of Land | 1138046 | 1799228 | 149.3 |
| 地方财政税费附加收入 | Additional Revenue of Local Financial Fees | 59672 | 67099 | 112.4 |
| **二、中央四税收入** | **Revenue of 4 Central Level Taxes** | **1656599** | **1944772** | **117.4** |
| 增值税收入 | Revenue of Value-added Tax | 1009640 | 1161335 | 115.0 |
| 消费税收入 | Revenue of Consumption Tax | 278252 | 346035 | 124.4 |
| 企业所得税收入 | Revenue of Enterprise Income Tax | 208715 | 253809 | 121.6 |
| 个人所得税收入 | Revenue of Personal Income Tax | 159992 | 183593 | 114.8 |
| **三、其他中央收入** | **Other Central Level Revenue** | **205698** | **182351** | **88.6** |
| #车辆购置税 | Tax of Vehicle Purchasing | 87877 | 103314 | 117.6 |

# 6－4 财政支出（2005－2006年）
# Financial Expenditures (2005-2006)

单位：万元 (10 000 yuan)

| 项 目 | Item | 2005 | 2006 | 指数 上年同口径数=100 Index Preceding Year in Same Terms=100 |
|---|---|---|---|---|
| **地方财政支出** | **Local Financial Expenditures** | **6253516** | **8201936** | **130.8** |
| #市 级 | at Municipal Level | 2462207 | 3118143 | 125.3 |
| **一般预算支出** | **General Budgetary Expenditures** | **4873543** | **5942543** | **124.1** |
| #市 级 | at Municipal Level | 1757010 | 1998600 | 119.2 |
| 生产性支出 | Productive Expenditures | 1574095 | 1817293 | 125.0 |
| 基本建设支出 | Expenditrue for Capital Construction | 733446 | 746977 | 111.4 |
| 企业挖潜改造资金 | Expenditure for Enterprise Technical Updates and Innovation | 97882 | 129649 | 132.5 |
| 地质勘探费 | Expenditure for Geological Prospecting | 7192 | 7903 | 109.5 |
| 科技三项费用 | Expenditure for Science and Technology Promotion | 48959 | 61033 | 131.2 |
| 支援农村生产支出及农业综合开发支出（含农林水气） | Expenditures for Supporting Rural Production and Agricultural Comprehensive Development (including agriculture, forestry, water conservancy and meteorology) | 310905 | 386473 | 125.9 |
| 城市维护费 | Expenditure for City Maintenance | 375711 | 485258 | 129.2 |
| 各项事业费支出 | Expenditures for Various Causes | 1019769 | 1308164 | 128.7 |
| #教育支出 | Education | 606598 | 786380 | 129.6 |
| 医疗卫生支出 | Public Health | 151757 | 197870 | 130.4 |
| 行政事业单位离退休支出 | Expenditure for Retired Persons in Administrative Department | 316635 | 351927 | 111.1 |
| 抚恤和社会福利救济 | Expenditure for Pensions and Relief Funds for Social Welfare | 172664 | 214810 | 124.4 |
| 社会保障补助支出 | Social Security Subsidies | 431288 | 527904 | 129.3 |
| 行政管理费及外交外事支出 | Expenditur for Government Administration and Foreign Affairs | 516920 | 617667 | 117.9 |
| 公检法司、武警及国防支出 | Expenditure for Public Security Agency, Procuratorial Agency, Court of Justice, Armed Police and National Defense | 352760 | 413066 | 117.1 |
| 政策性补贴支出 | Price Subsidies | 63957 | 88339 | 138.1 |
| 支援不发达地区支出 | Expenditure for Supporting Under-developed Areas | 45145 | 52483 | 116.3 |
| 专项支出 | Expenditure for Special Items | 100104 | 128609 | 128.5 |
| 其他支出 | Others | 280206 | 422281 | 150.7 |
| **基金预算支出** | **Fund Budgetary Expenditures** | **1379973** | **2259393** | **153.7** |
| #工业交通部门基金支出 | Fund Expenditure of Department of Industry and Transport | 179107 | 325494 | 194.2 |
| 土地有偿使用支出 | Expenditure of Compensable Use of Land | 1088515 | 1728513 | 149.6 |
| 地方财政税费附加支出 | Additional Expenditure of Local Financial Fees | 52423 | 73961 | 141.1 |

# 6—5 国税和地税税收收入（1996—2006年）
# Revenue of National and Local Taxation (1996-2006)

单位：万元 (10 000 yuan)

| 年 份 Year | 国税税收收入 National Taxation | #增值税 Value-added Tax | #消费税 Consumption Tax | 地税税收收入 Local Taxation | #营业税 Operation Tax | #企业所得税 Enterprise Income Tax | #个人所得税 Personal Income Tax |
|---|---|---|---|---|---|---|---|
| 1996 | 535564 | 379277 | 92920 | 266486 | 130952 | 33616 | 17747 |
| 1997 | 608114 | 450942 | 108409 | 323862 | 155607 | 47121 | 29468 |
| 1998 | 686805 | 501336 | 123845 | 382948 | 195747 | 41808 | 42562 |
| 1999 | 850898 | 661868 | 120669 | 436999 | 218101 | 52873 | 54910 |
| 2000 | 872759 | 623788 | 144361 | 500530 | 243476 | 68614 | 72133 |
| 2001 | 1091211 | 795789 | 164879 | 602387 | 278516 | 97553 | 105450 |
| 2002 | 1243874 | 915425 | 193646 | 732964 | 367458 | 91953 | 120326 |
| 2003 | 1491119 | 1112204 | 217868 | 894415 | 466393 | 100102 | 148386 |
| 2004 | 1822591 | 1366125 | 257385 | 1115549 | 585415 | 125572 | 168282 |
| 2005 | 2051183 | 1525767 | 278540 | 1356424 | 702018 | 152846 | 203950 |
| 2006 | 2455877 | 1803377 | 346133 | 1660513 | 858693 | 181691 | 224558 |

# 6—6 国税税收收入（2005—2006年）
# Revenue of National Taxation (2005-2006)

单位：万元 (10 000 yuan)

| 项 目 | Item | 2005 | 2006 |
|---|---|---|---|
| **税收收入合计** | **Total** | **2051183** | **2455877** |
| **按税种分** | **By Classification** | | |
| 增值税收入 | Value-added Tax | 1525767 | 1803377 |
| #一般纳税人 | Ordinary Taxpayers | 1290928 | 1501258 |
| 消费税收入 | Consumption Tax | 278540 | 346133 |
| 营业税 | Operation Tax | 16 | 106 |
| 企业所得税 | Enterprise Income Tax | 115550 | 144584 |
| 外商投资企业和外国企业所得税 | Tax on Foreign-funded Enterprise Income | 68606 | 80247 |
| 个人所得税 | Personal Income Tax | 62704 | 81427 |
| 城市维护建设税 | Tax on City Maintenance and Construction | | 3 |
| **按行业分** | **By Sector** | | |
| 第一产业 | Primary Industry | 27 | |
| 第二产业 | Secondary Industry | 1585993 | 1885476 |
| 工 业 | Industry | 1584060 | 1883713 |
| 建筑业 | Construction | 1933 | 1763 |
| 第三产业 | Tertiary Industry | 465163 | 570401 |
| 交通运输仓储及邮政业 | Transportation, Storage and Postal Services | 2015 | 1975 |
| 批发和零售业 | Wholesale and retail Trade | 318935 | 390665 |
| 金融业 | Financing | 17843 | 31763 |
| 信息传输、计算机服务和软件业 | Data Transmission, Computer Service and Software | 23681 | 22549 |
| 住宿和餐饮业 | Hotels and Catering Trade | 329 | 500 |
| 文化、体育和娱乐业 | Culture, Sports and Entertainment | 369 | 526 |
| 租赁和商务服务业 | Renting and Business Activities | 2878 | 2468 |
| 房地产业 | Real Estate | 14347 | 22910 |
| 其他行业 | Other Sectors | 84766 | 97045 |

# 6—7 按企业类型分的国税税收收入（2006年）
## National Taxation by Registration (2006)

单位：万元 (10 000 yuan)

| 项 目 | Item | 合 计 Total | 内资企业 Domestic-funded | | | | |
|---|---|---|---|---|---|---|---|
| | | | 国有企业 State-owned | 集体企业 Collective-owned | 股份合作企业 Cooperative | 联营企业 Joint Ownership | 股份公司 Share-holding |
| **总 计** | **Total** | **2455877** | **459127** | **29491** | **11745** | **1517** | **902750** |
| #增值税收入 | Value-added Tax | 1803377 | 363500 | 29265 | 11497 | 1165 | 640580 |
| 消费税收入 | Consumption Tax | 346133 | 51525 | 49 | 60 | 1 | 173364 |
| 营业税 | Operation Tax | 106 | | 11 | 13 | | 82 |
| 企业所得税 | Enterprise Income Tax | 144584 | 44102 | 166 | 175 | 351 | 88724 |
| 外商投资企业和外国企业所得税 | Tax on Foreign-funded Enterprise Income | 80247 | | | | | |
| 个人所得税 | Personal Income Tax | 81427 | | | | | |
| 资源税 | Resource Tax | | | | | | |
| 固定资产投资方向调节税 | Tax on Adjustment Investment in Fixed Assets | | | | | | |
| 城市维护建设税 | Tax on City Maintenance and Construction | 3 | | | | | |

| 项 目 | Item | 内资企业 Domestic-funded | | 港澳台投资企业 Funded By Hong Kong, Macao & Taiwan | 外商投资企业 Foreign-funded | 个体经营 Individuals | 附列资料：乡（镇）企业 Township Enterprises |
|---|---|---|---|---|---|---|---|
| | | 私营企业 Private | 其他企业 Others | | | | |
| **总 计** | **Total** | **219037** | **1006** | **104789** | **596821** | **129594** | **64949** |
| #增值税收入 | Value-added Tax | 204466 | 742 | 85072 | 419410 | 47680 | 63425 |
| 消费税收入 | Consumption Tax | 3768 | | 5525 | 111356 | 485 | 515 |
| 营业税 | Operation Tax | | | | | | |
| 企业所得税 | Enterprise Income Tax | 10802 | 264 | | | | 1009 |
| 外商投资企业和外国企业所得税 | Tax on Foreign-funded Enterprise Income | | | 14192 | 66055 | | |
| 个人所得税 | Personal Income Tax | | | | | 81427 | |
| 资源税 | Resource Tax | | | | | | |
| 固定资产投资方向调节税 | Tax on Adjustment Investment in Fixed Assets | | | | | | |
| 城市维护建设税 | Tax on City Maintenance and Construction | 1 | | | | 2 | |

# 6－8 地税税收收入（2005－2006年）
# Revenue of Local Taxation (2005-2006)

单位：万元 (10 000 yuan)

| 项　　目 | Item | 2005 | 2006 |
|---|---|---|---|
| **税收收入合计** | **Total** | **1356424** | **1660513** |
| ＃中央级 | Central Level | 214077 | 243755 |
| 重庆市级 | Chongqing Municipal Level | 546913 | 658627 |
| 区县级 | Distirct Level | 595434 | 758131 |
| **按税种分** | **By Classification** | | |
| 营业税 | Operation Tax | 702018 | 858693 |
| 企业所得税 | Enterprise Income Tax | 152846 | 181691 |
| 外商投资企业和外国企业所得税 | Tax on Foreign-funded Enterprise Income | | |
| 个人所得税 | Personal Income Tax | 203950 | 224558 |
| 资源税 | Resource Tax | 29945 | 37745 |
| 固定资产投资方向调节税 | Tax on Adjustment Investment in Fixed Assets | | |
| 城市维护建设税 | Tax on City Maintenance and Construction | 131586 | 155128 |
| 房产和城市房地产税 | Tax on Real Estates and Land | 57507 | 65551 |
| 印花税 | Stamp Tax | 24646 | 31553 |
| 城镇土地使用税 | Tax on Using Urban Land | 20740 | 44602 |
| 土地增值税 | Value-added Tax on Land | 29273 | 43844 |
| 车船使用和牌照税 | Tax on Using Vehicles & Vessels and Licences | 3913 | 6381 |
| 屠宰税 | Slaughter Tax | | |
| 烟叶税 | Tobacco Tax | | 10767 |
| **按行业分** | **By Sector** | | |
| 第一产业 | Primary Industry | | |
| 第二产业 | Secondary Industry | 497938 | 600040 |
| 工　业 | Industry | 242026 | 289307 |
| 建筑业 | Construction | 255912 | 310733 |
| 第三产业 | Tertiary Industry | 858486 | 1060473 |
| 交通运输仓储及邮政业 | Transportation, Storage and Postal Services | 76603 | 87689 |
| 批发和零售业 | Wholesale and retail Trade | 62952 | 83556 |
| 金融业 | Financing | 107397 | 144469 |
| 信息传输、计算机服务和软件业 | Data Transmission, Computer Service and Software | 42910 | 47179 |
| 住宿和餐饮业 | Hotels and Catering Trade | 42405 | 47292 |
| 文化、体育和娱乐业 | Culture, Sports and Entertainment | 9468 | 11249 |
| 租赁和商务服务业 | Renting and Business Activities | 154980 | 160690 |
| 房地产业 | Real Estate | 249812 | 341498 |
| 其他行业 | Other Sectors | 111959 | 136851 |

# 6—9 按企业类型分的地税税收收入（2006年）
## Local Taxation by Registration (2006)

单位：万元

| 项 目 | Item | 合 计 Total | 内资企业 Domestic-funded 国有企业 State-owned | 集体企业 Collective-owned | 股份合作企业 Cooperative | 联营企业 Joint Ownership | 股份公司 Share-holding |
|---|---|---|---|---|---|---|---|
| **总 计** | **Total** | **1660513** | **325180** | **63030** | **31447** | **6267** | **793325** |
| 营业税 | Operation Tax | 858693 | 156585 | 29585 | 19587 | 2858 | 421808 |
| 企业所得税 | Enterprise Income Tax | 181691 | 17317 | 11936 | 2743 | 1346 | 112064 |
| 外商投资企业和外国企业所得税 | Tax on Foreign-funded Enterprise Income | | | | | | |
| 个人所得税 | Personal Income Tax | 224558 | 45326 | 7457 | 3602 | 947 | 82910 |
| 资源税 | Resource Tax | 37745 | 10043 | 2817 | 226 | 23 | 11391 |
| 固定资产投资方向调节税 | Tax on Adjustment Investment in Fixed Assets | | | | | | |
| 城市维护建设税 | Tax on City Maintenance and Construction | 155128 | 46598 | 4834 | 2416 | 592 | 74005 |
| 房产和城市房地产税 | Tax on Real Estates and Land | 65551 | 13279 | 2055 | 1353 | 160 | 30578 |
| 印花税 | Stamp Tax | 31553 | 6328 | 677 | 403 | 70 | 13678 |
| 城镇土地使用税 | Tax on Using Urban Land | 44602 | 8595 | 1604 | 609 | 102 | 26198 |
| 土地增值税 | Value-added Tax on Land | 43844 | 10599 | 1159 | 489 | 114 | 17710 |
| 车船使用和牌照税 | Tax on Using Vehicles & Vessels and Licences | 6381 | 1309 | 906 | 19 | 55 | 1417 |
| 屠宰税 | Slaughter Tax | | | | | | |
| 烟叶税 | Tobacco Tax | 10767 | 9201 | | | | 1566 |

| 项 目 | Item | 内资企业 Domestic-funded 私营企业 Private | 其他企业 Others | 港澳台投资企业 Funded By Hong Kong, Macao & Taiwan | 外商投资企业 Foreign-funded | 个体经营 Individuals | 附列资料：乡（镇）企业 Township Enterprises |
|---|---|---|---|---|---|---|---|
| **总 计** | **Total** | **203926** | **52004** | **37692** | **65200** | **82442** | **58381** |
| 营业税 | Operation Tax | 102081 | 21698 | 25787 | 36458 | 42246 | 25824 |
| 企业所得税 | Enterprise Income Tax | 34892 | 1393 | | | | 11665 |
| 外商投资企业和外国企业所得税 | Tax on Foreign-funded Enterprise Income | | | | | | |
| 个人所得税 | Personal Income Tax | 18422 | 16439 | 4098 | 17768 | 27589 | 7094 |
| 资源税 | Resource Tax | 6275 | 3218 | 332 | 83 | 3337 | 2621 |
| 固定资产投资方向调节税 | Tax on Adjustment Investment in Fixed Assets | | | | | | |
| 城市维护建设税 | Tax on City Maintenance and Construction | 20416 | 1900 | | | 4367 | 4795 |
| 房产和城市房地产税 | Tax on Real Estates and Land | 5979 | 1617 | 3742 | 5134 | 1654 | 2037 |
| 印花税 | Stamp Tax | 3230 | 1757 | 897 | 3874 | 639 | 671 |
| 城镇土地使用税 | Tax on Using Urban Land | 6299 | 770 | | | 425 | 1599 |
| 土地增值税 | Value-added Tax on Land | 5812 | 2923 | 2802 | 1849 | 387 | 1169 |
| 车船使用和牌照税 | Tax on Using Vehicles & Vessels and Licences | 520 | 289 | 34 | 34 | 1798 | 906 |
| 屠宰税 | Slaughter Tax | | | | | | |
| 烟叶税 | Tobacco Tax | | | | | | |

# 主要统计指标解释

**财政收入** 指国家财政参与社会产品分配所取得的收入，是实现国家职能的财力保证。财政收入所包括的内容几经变化，目前主要包括：

（1）各项税收：包括增值税、营业税、消费税、土地增值税、城市维护建设税、资源税、城市土地使用税、企业所得税、个人所得税、关税、证券交易印花税、车辆购置税、农牧业税和耕地占用税等。

（2）专项收入：包括排污费收入、城市水资源费收入、矿产资源补偿费收入、教育费附加收入等。

（3）其他收入：包括利息收入、基本建设贷款归还收入、基本建设收入、捐赠收入等。

（4）国有企业亏损补贴：此项为负收入，冲减财政收入。主要包括对工业企业、商业企业、粮食企业的补贴。

**中央财政收入和地方财政收入** 指按现行分税制财政体制划分的中央本级收入和地方本级收入。1994 年实行分税制财政体制以后，属于中央财政的收入包括关税、海关代征消费税和增值税，消费税，中央企业所得税，地方银行和外资银行及非银行金融企业所得税，铁道部门、各银行总行、各保险总公司等集中缴纳的营业税、利润和城市维护建设税，车辆购置税，船舶吨税，增值税的 75%部分，证券交易税（印花税）94%部分，个人所得税中的利息所得税，利息所得税之外的个人所得税中央分享的部分，海洋石油资源税。属于地方财政的收入包括营业税，地方企业所得税，利息所得税之外的个人所得税地方分享的部分，城镇土地使用税，固定资产投资方向调节税，城镇维护建设税，房产税，车船使用税，印花税，屠宰税，农牧业税，农业特产税，耕地占用税，契税，土地增值税、国有土地有偿使用收入，增值税 25%部分，证券交易税（印花税）6%部分和除海洋石油资源税以外的其他资源税。

**财政支出** 国家财政将筹集起来的资金进行分配使用，以满足经济建设和各项事业的需要，主要包括：

（1）基本建设支出：指按国家有关规定，属于基本建设范围内的基本建设有偿使用、拨款、资本金支出以及经国家批准对专项和政策性基建投资贷款，在部门的基建投资额中统筹支付的贴息支出。

（2）企业挖潜改造资金：指国家预算内拨给的用于企业挖潜、革新和改造方面的资金。包括各部门企业挖潜改造资金和企业挖潜改造贷款资金，为农业服务的县办“五小”企业技术改造补助，挖潜改造贷款贴息资金。

（3）地质勘探费用：指国家预算用于地质勘探单位的勘探工作费用，包括地质勘探管理机构及其事业单位经费、地质勘探经费。

（4）科技三项费用：指国家预算用于科技支出的费用，包括新产品试制费、中间试验费、重要科学研究补助费。

（5）支援农村生产支出：指国家财政支援农村集体（户）各项生产的支出。包括对农村举办的小型农田水利和打井、喷灌等的补助费，对农村水土保持措施的补助费，对农村举办的小水电站的补助费，特大抗旱的补助费，农村开荒补助费，扶持乡镇企业资金，支援农村合作生产组织资金、农村农技推广和植保补助费，农村草场和畜禽保护补助费，农村造林和林木保护补助费，农村水产补助费，发展粮食生产专项资金。

（6）农林水利气象等部门的事业费用：指国家财政用于农垦、农场、农业、畜牧、农机、林业、森工、水利、水产、气象、乡镇企业的技术推广、良种推广（示范）、动植物（畜禽、森林）保护、水质监测、勘探设计、资源调查、干部训练等项费用，园艺特产场补助费，中等专业学校经费，飞播牧草试验补助费，营林机构、气象机构经费，渔政费以及农业管理事业费等。

（7）工业交通商业等部门的事业费：指国家预算支付给工交商各部门用于事业发展的人员和公用经费支出，包括勘探设计费、中等专业学校经费、技术学校经费、干部训练费。

（8）文教科学卫生事业费：指国家预算用于文化、出版、文物、教育、卫生、中医、公费医疗、体育、档案、地震、海洋、通讯、电影电视、计划生育、党政群干部训练、自然科学、社会科学、科协等项事业的人员和公用经费支出以及高技术研究专项经费。主要包括工资、补助工资、福利费、离退休费、助学金、公务费、设备购置费、修缮费、业务费、差额补助费。

（9）抚恤和社会福利救济费：指国家预算用于抚恤和社会福利救济事业的经费。包括由民政部门开支的烈士家属和牺牲病残人员家属的一次性、定期抚恤金，革命伤残人员的抚恤金，各种伤残补助费，烈军属、复员退伍军人生活补助费，退伍军人安置费，优抚事业单位经费，烈士纪念建筑物管理、维修费，自然灾害救济事业费和特大自然灾害灾后重建补助费等。

（10）行政事业单位离退休支出：指实行归口管理的行政事业单位离退休经费。

（11）社会保障补助支出：指国家预算用于社会保障的补助支出，包括对社会保险基金的补助、促进就业补助、国有企业下岗职工补助、补充全国社会保障基金等。

（12）国防支出：指国家预算用于国防建设和保卫国家安全的支出，包括国防费、国防科研事业费、民兵建设以及专项工程支出等。

（13）行政管理费：包括行政管理支出，党派团体补助支出，外交支出，公安安全支出，司法支出，法院支出，检察院支出和公检法办案费用补助。

（14）政策性补贴支出：指经国家批准，由国家财政拨给用于粮棉油等产品的价格补贴支出。主要包括粮、棉、油差价补贴，平抑物价和储备糖补贴，农业生产资料价差补贴，粮食风险基金，副食品风险基金，地方煤炭风险基金等。

（15）债务利息支出：指国家预算中用于偿还国内外债务利息的支出。

**中央财政支出和地方财政支出**　指根据政府在经济和社会活动中的不同职责，划分中央和地方政府的责权，按照政府的责权划分确定的支出。中央财政支出包括国防支出，武装警察部队支出，中央级行政管理费和各项事业费，重点建设支出以及中央政府调整国民经济结构、协调地区发展、实施宏观调控的支出。地方财政支出主要包括地方行政管理和各项事业费，地方统筹的基本建设、技术改造支出，城市维护费等。

**预算外资金收支**　预算外资金是指国家机关、事业和社会团体为履行或代行政府职能，依据国家法律、法规和具有法律效力的规章而收取、提取和安排使用的未纳入国家预算管理的各种财政性资金。其范围主要包括：法律、法规规定的行政事业性收费、基金和附加收入等；国务院或省级人民政府及其财政、计划（物价）部门审批的行政事业性收费；国务院及财政部审批建立的基金、附加收入等；主管部门所属单位集中上缴资金；用于乡镇政府开支的乡自筹和乡统筹资金；其他未纳入预算管理的财政性资金。社会保障基金在国家财政尚未建立社会保障预算制度以前，先按预算外资金管理制度进行管理，专款专用。财政部门在银行开设统一的专户，用于预算外资金收入和支出管理。部门和单位的预算外收入必须上缴同级财政专户，支出由同级财政按预算外资金收支计划和单位财务收支计划统筹安排，从财政专户中拨付，实行收支两条线管理。

# Explanatory Notes on Main Statistical Indicators

**Government Revenue** refers to the revenue of the government finance by means of participating in the distribution of the social products, which are the financial resources for ensuring the government to function. The contents of government revenue have been changed several times. Now it includes the following main items:

(1) Various tax revenues: including value added tax, business tax, consumption tax, land value added tax, tax on city maintenance and construction, resources tax, tax on use of urban land, enterprise income tax, personal income tax, tariff, stamp tax on security transactions, tax on purchase of motor vehicles, tax on agriculture and animal husbandry and tax on occupancy of cultivated land, etc.

(2) Special revenues: including revenues from the fee on sewage treatment, fee on urban water resources, fee for the compensation of mineral resources and extra-charges for education, etc.

(3) Other revenues: including revenue from interest, revenue from the repayment of capital construction loan, revenue from capital construction projects, and donations and grants.

(4) Subsidies for the losses of the state-owned enterprises. This is an item of negative revenue, consisting of subsidies to industrial, commercial and grain purchasing and supply enterprises.

**Revenue of the central government and revenue of the local governments** refers to the revenue of the central government and that of the local governments as defined by the decentralized taxation system starting from 1994. In accordance with this system, the revenue of the central government includes tariff, consumption tax and value added tax levied by the customs, consumption tax, income tax of the enterprises subordinate to the central government, income taxes of the local banks, foreign-funded banks and non-bank financial institutions, business tax and profits of railways, head offices of banks, head office of insurance company , which are handed over to the government in a centralized way, tax on city maintenance and construction, tax on purchasing motor vehicles, tonnage tax of ships, 75% of the value added tax, 94% of the tax on stock dealing (stamp tax), interest income tax in the personal income tax, proportion of the personal income tax (other that interest income tax) to be shared by the central government, and tax on ocean petroleum resources,. The revenue of the local governments includes business tax, income tax of the enterprises subordinate to the local government, proportion of the personal income tax (other that interest income tax) to be shared by the central government, tax on the use of urban land, tax on the adjustment of the investment in fixed assets, tax on town maintenance and construction, tax on real estates, tax on the use of vehicles and ships, stamp tax, slaughter tax, tax on agriculture and animal husbandry, tax on special agricultural products, tax on the occupancy of cultivated land, contract tax, value-added tax on land, income from charges on use of state-owned land, 25% of the value added tax, 6% of the tax on stock dealing (stamp tax) and tax on resources other than the ocean petroleum resources.

**Government Expenditure** refers to the distribution and use of the funds the government finance has raised, so as to meet the needs of economic construction and various causes. It includes the following main items:

(1) Expenditure for capital construction: refers to the non-gratuitous use and appropriation of funds for capital construction in the range of capital construction, outlay of capital as well as the loans on capital construction approved by the government for special purpose or policy purpose and the expenditure with discount paid in an overall way within the amount of the funds appropriated to the departments for capital construction.

(2) Innovation funds of the enterprises: refer to the funds appropriated from the government budget for the enterprises to tap the latent power, upgrade the technology and carry out innovation, including the innovation fund of the departments, loan of the enterprises for innovation, subsidies on the innovation of the small fertilizer plant, small cement plant, small coal mines, small machinery plant and small steel plant, the expenditure of interest for the loan for innovation.

(3) Geological prospecting expenses: refer to the expenses appropriated from the government budget to the geological

prospecting units for the expenditure of the prospecting work, including the expenditures of the administrative agencies for geological prospecting and their institutional units as well as the geological prospecting expenditure.

(4) Expenditures for science and technology promotion: refer to the expenses appropriated from the government budget for the scientific and technological expenditure, including new products development expenditure, expenditure for intermediate trial and subsidies on important scientific researches.

(5) Expenditure for supporting rural production: refers to the expenditures appropriated from the government budget for supporting the various expenditures of the rural collective units or households for production, including the subsidies to the small water conservancy projects and well drilling, sprinkling irrigation projects run by the villages; subsidies on the rural water and soil conserving measures; subsidies to the small power stations run by the villages; subsidies to the expenditure for fighting against particularly severe draughts; subsidies on the rural waste land exclamation; fund for supporting the township enterprises; fund for supporting rural cooperative production organizations, subsidies to the expenditure for popularization of the agricultural technologies and plant protection in the rural areas; subsidies to the expenditure for the protection of grasslands and cattle and fowls; subsidies on afforestation and forest protection in rural areas; subsidies on the rural aquatic products industry; special fund for developing grain production.

(6) Operating expenses of the departments of farming, forestry, water conservancy and meteorology etc.: refer to the expenses appropriated from the government budget for the expenditures of agricultural exclamation, farms, agriculture, animal husbandry, agricultural machinery, forestry, timber industry, water conservancy, aquatic products industry, meteorology, technology popularization in township enterprises, popularization (demonstration) of improved varieties, plant (cattle and fowls, forest) protection, water quality monitoring, prospecting and designing, resources investigation, cadres training, subsidies to horticulture gardens, expenditure of specialized secondary schools, subsidies on the experiments of sowing herbage seeds by flights, expenditures of afforestation agencies and meteorology agencies, expenses for fishery administration and operating expenses for agricultural administration, etc.

(7) Operating expenses of the departments of industry, transport and commerce: refer to the expenses appropriated from the government budget to cover the expenditure on salaries and operational expenditure of the departments of industry, transport and commerce for the expenditure of business development, including expenses for prospecting and designing, expenditures of specialized secondary schools, expenditures of the technical training schools and expenditures for cadres training, etc.

(8) Operating expenses of the departments of culture, education, science and public health: refer to the expenses appropriated from the government budget for the expenditures on salaries and operational expenditure of the causes of culture, publication, cultural relics, education, public health, traditional Chinese medical science, free medical services, sports, archives, earthquake, ocean, communications, broadcasting, film and television, family planning; expenditure for training of cadres of government, party and mass organization; expenditures for natural sciences, social sciences, associations for science and technology and the special expenditure for the high-tech researches. They include mainly wages, extra wages, welfare funds, pension for the retirees, stipend, expenses for official business, expenses for equipment purchases, expenses for repairs, business expenses and subsidies to the units which are unable to support their expenditures by their own earnings.

(9) Pension for the disabled or for the families of the bereaved and relief funds for social welfare: refer to the funds appropriated from the government budget for the expenditures of pension for the disabled or for the families of the bereaved and relief funds for social welfare, including the lump-sum or regular pension paid by the departments of civil affairs to the members of martyrs families and families of those who died for the public interest, pension to the revolutionary disabled, subsidies for permanent disability of various kinds, subsidies to the military martyrs dependents and the demobilized servicemen, expenditure for settling down the demobilized servicemen, operating expenses of the consoling institutions, expenses for management and repair of the commemorative buildings for the martyrs, the expenses managed by the departments of civil affairs for the retirees and those who have quitted their work, expenses for social relief in rural and urban areas, operating expenses for providing relief to the areas of

natural calamity and subsidies on the reconstruction after the particularly severe natural calamities, etc.

(10) Expenditure on retirees: refers to the expenditure on retirees of government agencies and institutions that are covered by the state budget.

(11) Expenses on subsidies to social security system: refers to expenditure from the state budget for subsidies to social security system, including subsidies to the social insurance fund, subsidies to promoting employment, subsidies to laid-off workers of state-owned enterprises, supplement to national social security funds, etc.

(12) Expenditures for national defence: refer to the funds appropriated from the government budget for the expenditures for building up national defence and safeguarding national security, including expenses of national defence, expenses of scientific researches on national defence, expenses for building up people militia and expenditure for special projects, etc.

(13) Administrative expenses: include expenditure for administration, subsidies to the parties and mass organizations, diplomatic expenditure, expenditure for public security, judicial expenditure, law court expenditure, procuratorial expenditure and subsidies to the expenses for treating the cases by the public security departments, procuratorial organs and law courts.

(14) Expenditure on policy-related subsidies: refers to the expenditure appropriated, with the approval of the government, from the state budget for price subsidies on such products as grain, cotton and edible oil. More specifically, it includes subsidies to the difference between the selling prices and purchasing prices of grains, cotton and edible oil, subsidies for curtaining prices and for sugar reserve, subsidies to the difference between the selling prices and purchasing prices of means pf agricultural production, risk fund for grains, risk fund for non-staple food, risk fund for local production of coal, etc.

(15) Expenditure on interest of debts: refers to expenses from the state budget on paying interest of domestic and foreign debts.

**Expenditure of the central government and expenditure of he local governments**: according to the different functions of the central government and local governments in the economic and social activities, the rights of affairs administration are classified between the central government and local governments; and the classification of the expenditure between the central government and local governments are made on the basis of the classification of the rights of affairs administration between them. The expenditure of the central government includes the expenditure for national defense, expenditure for armed police forces, the administrative expenses and various operating expenses at the level of central government, expenditure for key projects and the expenditure of the central government for adjusting the national economic structure, coordinating the development among different regions and exercising the macro-economic regulation and control. The expenditure of the local governments includes mainly the administrative expenses and various operating expenses at the level of local governments, the expenditure for capital construction and technological innovation with the funds raised by the local government, and expenditure for city maintenance, etc.

**Extra-Budgetary Revenue and Expenditure** Extra-budgetary fund refers to financial fund of various types not covered by the regular government budgetary management, which is collected, allocated or arranged by government agencies, institutions and social organizations while performing duties delegated to them or behalf of the government in accordance with laws, rules and regulations. It mainly covers following items: administrative and institutional fees, funds and extra charges that are stipulated by laws and regulations; administrative and institutional fees approved by the State Council and provincial governments and their financial and planning (price management) departments; funds and extra chares established by the State Council and the Ministry of Finance; funds turned over to competent compartments by their subordinate institutions; self-raised and collected funds by township governments for their own expenditure; and other financial funds that not covered in budgetary fund and managed for its exclusive use, given the circumstance that separate government budgetary system for social security is yet to be designed. Special accounts are opened by the financial departments in banks for the management of revenue and expenditure of extra-budgetary fund. Extra-budgetary revenue and expenditure is managed separately, namely, revenue of institutions and departments must enter into the special accounts of the financial departments at the same administrative level, and their extra-budgetary expenditure is arranged in line with the extra-budget plans and appropriated from these accounts.

# 人民生活与物价

*People's Livelihood and Prices*

## 简要说明 Brief Introduction

本章资料反映全市城乡居民生活状况，主要内容包括城乡居民家庭基本情况、恩格尔系数、居民储蓄、年收入支出及其构成、主要商品购买数量、耐用消费品的拥有量，以及居民消费价格指数、商品零售价格指数、原材料、燃料、动力购进价格指数和工业品出厂价格指数等。居民住户调查资料是抽样调查汇总的结果，价格指数采用分层抽样调查方法取得。

The data in this chapter show the livelihood of urban and rural households, including basic statistics on urban and rural households, engle coefficient, saving deposits, and annual income and expenditures and their compositions, purchases of major commodities, possession of durable consumer goods, consumer price indices, retail price indices, purchasing price indices of raw material, fuel and power, and ex-factory price indices of industrial products. The data on urban and rural households are collected by the sample surveys. The data on price indices are collected with the stratified sampling method.

The data on the livelihood of urban and rural residents come from NBS Survey Office in Chongqing. Data on material & cultural life and saving deposits of urban & rural residents are edited by Division of Comprehensive Statistics, Municipal Bureau of Statistics.

# 7—1 城乡居民物质文化生活情况（2005—2006年）
# Material and Cultural Life of Urban & Rural Residents (2005-2006)

| 指　　标 | Item | 2005 | 2006 |
|---|---|---|---|
| **就　业** | **Employment** | | |
| 每一城市就业者负担人数（人） | Number of Dependents Per Urban Employee (person) | 1.92 | 1.80 |
| 每一农村劳动力负担人数（人） | Number of Dependents Per Rural Labor (person) | 1.32 | 1.31 |
| 城镇登记失业率（%） | Urban Registered Unemployment Rate (%) | 4.12 | 4.00 |
| **收入和支出** | **Income and Expenditure** | | |
| 职工平均工资（元） | Annual Average Wages of Staff and Workers (yuan) | 16630 | 19215 |
| 城市居民人均可支配收入（元） | Annual Per Capita Disposable Income of Urban Households (yuan) | 10243.99 | 11569.74 |
| 农民人均纯收入（元） | Annual Per Capita Net Income of Rural Households (yuan) | 2809.32 | 2873.83 |
| 城市居民人均消费性支出（元） | Annual Per Capita Consumption Expenditure of Urban Households (yuan) | 8623.29 | 9398.69 |
| 农村居民人均生活消费支出（元） | Annual Per Capita Living Expenditure of Rural Households (yuan) | 2142.12 | 2205.21 |
| 城市居民家庭恩格尔系数（%） | Engle Coefficient of Urban Households (%) | 36.4 | 36.3 |
| 农村居民家庭恩格尔系数（%） | Engle Coefficient of Rural Households (%) | 52.8 | 52.2 |
| 人均储蓄存款余额（元） | Per Capita Balance of Saving Deposits (yuan) | 8033 | 9219 |
| **住房（抽样调查）** | **Housing (sample survey)** | | |
| 城市人均房屋建筑面积（平方米） | Per Capita Residential Floor Space of Urban Residents (sq.m) | 22.17 | 24.52 |
| 农村人均住房面积（平方米） | Per Capita Floor Space of Rural Residents (sq.m) | 32.91 | 34.30 |
| **交通邮电** | **Transportation, Postal and Telecommunication Services** | | |
| 城镇每万人拥有公共车辆（标台） | Number of buses Per 10 000 Persons in Cities and Towns (unit) | 7.48 | 8.35 |
| 人均道路面积（平方米） | Per Capita Area of Paved Roads (sq.m) | 6.63 | 8.58 |
| 每万人拥有电话（部） | Number of Telephones Per 10 000 Persons (unit) | 5834 | 6375 |
| 每人平均交寄函件（件） | Number of Letters Mailed Per Person (unit) | 4.47 | 3.40 |
| **城市公用事业** | **Public Utilities in Urban Areas** | | |
| 用水普及率（%） | Percentage of Population with Access to Tap Water (%) | 79.2 | 88.2 |
| 燃气普及率（%） | Percentage of Population with Access to Gas (%) | 69.7 | 81.5 |
| 人均公共绿地面积（平方米） | Per Capita Public Green Land (sq.m) | 4.93 | 6.59 |
| **教　育** | **Education** | | |
| 学龄儿童入学率（%） | Enrollment Ratio of School-age Children (%) | 99.9 | 99.9 |
| 每万人口中在校大学生（人） | Number of Undergraduates Per 10 000 Persons (person) | 113.39 | 127.24 |
| **文　化** | **Culture** | | |
| 每百户城市家庭拥有彩色电视机（台） | Number of Color TV Sets Per 100 Urban Households (unit) | 155.33 | 164.33 |
| 每百户农村家庭拥有电视机（台） | Number of TV Sets Per 100 Rural Households (unit) | 104.16 | 105.78 |
| 广播人口覆盖率（%） | Broadcasting Covering Rate of Population (%) | 92.49 | 92.57 |
| 电视人口覆盖率（%） | TV Covering Rate of Population (%) | 95.96 | 96.02 |
| **卫　生** | **Public Health** | | |
| 每万人拥有医院、卫生院病床（张） | Number of Hospital Beds Per 10 000 Persons (unit) | 19.46 | 20.38 |
| 每万人拥有执业（助理）医师（人） | Number of Certified (Assistant) Doctors Per 10 000 Persons (person) | 11.82 | 11.78 |

# 7－2 城乡居民人民币储蓄存款年末余额（1980－2006年）
# Year-end Saving Deposits of RMB of Urban and Rural Households (1980-2006)

| 年份 Year | 城乡居民人民币储蓄存款年末余额（亿元） Year-end Saving Deposits of RMB of Urban and Rural Households (100 million yuan) | 定期 Time | 活期 Demand | 人均人民币储蓄存款余额（元） Per Capita Balance of Saving Deposits of RMB (yuan) |
|---|---|---|---|---|
| 1980 | 6.22 | | | 23 |
| 1981 | 8.35 | | | 31 |
| 1982 | 10.56 | | | 39 |
| 1983 | 13.34 | | | 49 |
| 1984 | 18.39 | | | 67 |
| 1985 | 25.41 | | | 92 |
| 1986 | 34.79 | | | 124 |
| 1987 | 44.46 | | | 156 |
| 1988 | 50.50 | 40.65 | 9.85 | 176 |
| 1989 | 68.17 | 55.75 | 12.42 | 235 |
| 1990 | 92.17 | 77.63 | 14.54 | 316 |
| 1991 | 121.95 | 103.36 | 18.59 | 415 |
| 1992 | 154.45 | 128.64 | 25.81 | 523 |
| 1993 | 198.05 | 160.51 | 37.54 | 668 |
| 1994 | 285.40 | 231.23 | 54.17 | 956 |
| 1995 | 401.45 | 331.09 | 70.36 | 1337 |
| 1996 | 500.71 | 403.84 | 96.87 | 1656 |
| 1997 | 580.67 | 454.04 | 126.63 | 1908 |
| 1998 | 724.54 | 552.72 | 171.82 | 2368 |
| 1999 | 909.10 | 672.96 | 236.14 | 2959 |
| 2000 | 1085.36 | 774.38 | 310.98 | 3511 |
| 2001 | 1317.17 | 929.37 | 387.80 | 4252 |
| 2002 | 1595.01 | 1082.90 | 512.11 | 5122 |
| 2003 | 1896.56 | 1265.52 | 631.04 | 6059 |
| 2004 | 2189.73 | 1469.99 | 719.74 | 6964 |
| 2005 | 2545.85 | 1740.13 | 805.72 | 8033 |
| 2006 | 2949.05 | 1999.88 | 949.17 | 9219 |

# 7—3 城乡居民家庭人均收入及恩格尔系数（1978—2006年）
# Per Capita Annual Income and Engle Coefficient of Urban and Rural Households (1978-2006)

| 年份<br>Year | 农村居民家庭人均纯收入 Per Capital Annual Net Income of Rural Households | | 城市居民家庭人均可支配收入 Per Capital Annual Disposable Income of Urban Households | | 农村居民家庭恩格尔系数（%）<br>Engle Coefficient of Rural Households (%) | 城市居民家庭恩格尔系数（%）<br>Engle Coefficient of Urban Households (%) |
|---|---|---|---|---|---|---|
| | 绝对数（元）<br>Value (yuan) | 指数（1978=100）<br>Index | 绝对数（元）<br>Value (yuan) | 指数（1979=100）<br>Index | | |
| 1978 | 126.01 | 100.0 | | | 74.0 | |
| 1979 | 150.18 | 119.2 | 354.54 | 100.0 | 72.9 | 61.9 |
| 1980 | 163.33 | 129.6 | 411.47 | 116.1 | 68.1 | 52.8 |
| 1985 | 325.24 | 258.1 | 812.40 | 229.1 | 63.9 | 51.8 |
| 1986 | 358.86 | 284.8 | 983.99 | 277.5 | 63.4 | 53.1 |
| 1987 | 385.82 | 306.2 | 1108.71 | 312.7 | 62.2 | 52.4 |
| 1988 | 457.54 | 363.1 | 1277.89 | 360.4 | 60.5 | 51.6 |
| 1989 | 510.09 | 404.8 | 1448.98 | 408.7 | 61.7 | 57.4 |
| 1990 | 586.73 | 465.6 | 1691.13 | 477.0 | 63.6 | 54.6 |
| 1991 | 628.89 | 499.1 | 1891.90 | 533.6 | 63.8 | 52.9 |
| 1992 | 677.46 | 537.6 | 2195.33 | 619.2 | 62.8 | 54.3 |
| 1993 | 748.08 | 593.7 | 2780.62 | 784.3 | 61.3 | 52.9 |
| 1994 | 1018.24 | 808.1 | 3634.33 | 1025.1 | 63.5 | 53.7 |
| 1995 | 1270.41 | 1008.2 | 4375.43 | 1234.1 | 64.7 | 50.6 |
| 1996 | 1479.05 | 1173.8 | 5022.96 | 1416.8 | 63.2 | 50.2 |
| 1997 | 1692.36 | 1343.0 | 5302.05 | 1495.5 | 65.8 | 46.7 |
| 1998 | 1801.17 | 1429.4 | 5442.84 | 1535.2 | 61.3 | 45.6 |
| 1999 | 1835.54 | 1456.7 | 5828.43 | 1643.9 | 60.7 | 42.8 |
| 2000 | 1892.44 | 1501.8 | 6176.30 | 1742.1 | 53.6 | 42.2 |
| 2001 | 1971.18 | 1564.3 | 6572.30 | 1853.8 | 54.1 | 40.8 |
| 2002 | 2097.58 | 1664.6 | 7238.07 | 2041.5 | 55.8 | 38.0 |
| 2003 | 2214.55 | 1757.4 | 8093.67 | 2282.9 | 52.5 | 38.0 |
| 2004 | 2510.41 | 1992.2 | 9220.96 | 2600.2 | 56.0 | 37.8 |
| 2005 | 2809.32 | 2229.4 | 10243.99 | 2889.4 | 52.8 | 36.4 |
| 2006 | 2873.83 | 2280.6 | 11569.74 | 3263.3 | 52.2 | 36.3 |

# 7－4 城市居民家庭基本情况（1985－2006年）
# Basic Statistics on Urban Households (1985-2006)

| 年 份<br>Year | 平均每户家庭人口（人）<br>Population Per Household (person) | 平均每户就业人口（人）<br>Average Number of Employees Per Household (person) | 平均每一就业者负担人数（人）<br>Number of Persons Supported by Each Employee (person) | 平均每人可支配收入（元）<br>Per Capita Disposable Income (yuan) | 平均每人消费性支出（元）<br>Per Capita Living Expenditures for Consumption (yuan) | 平均每人房屋建筑面积（平方米）<br>Per Capita Residential Floor Space of Buildings (sq.m) |
|---|---|---|---|---|---|---|
| 1985 | 3.49 | 2.01 | 1.73 | 812.40 | 711.13 | 6.58 |
| 1986 | 3.41 | 2.01 | 1.70 | 983.99 | 893.84 | 6.68 |
| 1987 | 3.40 | 2.00 | 1.70 | 1108.71 | 1043.86 | 7.28 |
| 1988 | 3.31 | 1.87 | 1.77 | 1277.89 | 1323.17 | 7.64 |
| 1989 | 3.18 | 1.71 | 1.86 | 1448.98 | 1382.66 | 8.40 |
| 1990 | 3.12 | 1.73 | 1.81 | 1691.13 | 1569.97 | 8.90 |
| 1991 | 3.10 | 1.88 | 1.65 | 1891.90 | 1754.20 | 7.06 |
| 1992 | 3.16 | 2.04 | 1.55 | 2195.33 | 1928.63 | 6.75 |
| 1993 | 3.11 | 1.94 | 1.61 | 2780.62 | 2397.08 | 6.98 |
| 1994 | 3.03 | 1.89 | 1.61 | 3634.33 | 3126.56 | 7.30 |
| 1995 | 3.01 | 1.87 | 1.61 | 4375.43 | 4051.53 | 8.13 |
| 1996 | 3.08 | 2.00 | 1.54 | 5022.96 | 4467.12 | 8.00 |
| 1997 | 3.06 | 1.92 | 1.60 | 5302.05 | 4919.63 | 8.65 |
| 1998 | 3.01 | 1.86 | 1.62 | 5442.84 | 4956.80 | 9.21 |
| 1999 | 3.03 | 1.77 | 1.71 | 5828.43 | 5376.69 | 9.51 |
| 2000 | 3.05 | 1.72 | 1.78 | 6176.30 | 5471.70 | 10.72 |
| 2001 | 3.05 | 1.69 | 1.80 | 6572.30 | 5724.90 | 11.47 |
| 2002 | 3.05 | 1.50 | 2.03 | 7238.07 | 6360.20 | 19.56 |
| 2003 | 2.97 | 1.62 | 1.83 | 8093.67 | 7118.06 | 21.29 |
| 2004 | 3.02 | 1.61 | 1.88 | 9220.96 | 7973.05 | 22.76 |
| 2005 | 3.13 | 1.63 | 1.92 | 10243.99 | 8623.29 | 22.17 |
| 2006 | 3.10 | 1.72 | 1.80 | 11569.74 | 9398.69 | 24.52 |

注：因统计制度变更，指标“平均每人房屋建筑面积”2002年前的数据为“平均每人房屋居住面积”数。
Note: For the reason of system changes, data of "per capita residential floor space of buildings" refers to "living floor space" before 2002.

# 7－5 城市居民家庭基本情况（2005－2006年）
# Basic Statistics on Urban Households (2005-2006)

| 指　　标 | Item | 2005 | 2006 |
|---|---|---|---|
| **平均每户就业人数（人）** | **Average Number of Employees Per Household (person)** | **1.63** | **1.72** |
| #国有经济单位 | State-owned | 0.88 | 1.03 |
| 城镇集体经济单位 | Urban Collective-owned | 0.12 | 0.10 |
| 城镇个体私营经济 | Urban Individual and Private | 0.30 | 0.26 |
| **平均每人全年总收入（元）** | **Per Capita Total Annual Income (yuan)** | **11079.68** | **12548.91** |
| #可支配收入 | Disposable Income | 10243.99 | 11569.74 |
| 工薪收入 | Income from Wages | 7849.05 | 9266.42 |
| #工资及补贴收入 | Wage and Subsidies | 7745.41 | 9094.25 |
| 经营净收入 | Net Business Income | 492.44 | 525.23 |
| 财产性收入 | Property Income | 188.22 | 192.87 |
| 转移性收入 | Transfer Income | 2549.97 | 2564.39 |
| **平均每人全年消费支出（元）** | **Per Capita Annual Living Expenditures for Consumption (yuan)** | **8623.29** | **9398.69** |
| #服务性消费支出 | Expenditure for Services | 2689.82 | 2969.28 |
| 食　品 | Food | 3135.65 | 3415.92 |
| #粮　食 | Grain | 218.13 | 212.43 |
| 衣　着 | Clothing | 849.53 | 1038.98 |
| #服　装 | Garments | 626.15 | 764.33 |
| 家庭设备用品及服务 | Household Appliances & Articles and Services | 583.50 | 615.74 |
| 医疗保健 | Medicine and Medical Services | 629.32 | 705.72 |
| 交通和通讯 | Transportation and Communications | 929.92 | 976.02 |
| 教育娱乐文化服务 | Educational, Recreational and Cultural Services | 1391.11 | 1449.49 |
| #教　育 | Education | 772.52 | 816.61 |
| 居　住 | Residence | 882.41 | 954.56 |
| #住　房 | Housing | 365.59 | 302.46 |
| 杂项商品与服务 | Miscellaneous Commodities and Services | 221.85 | 242.26 |

# 7－6 按可支配收入分组的城市居民家庭情况（2006年）
# Statistics on Urban Households by Disposable Income (2006)

| 项 目 | Item | 合 计 Total | 按平均每人每月可支配收入分组 By Per Capita Monthly Disposable Income | | |
|---|---|---|---|---|---|
| | | | 200元以下 Below 200 yuan | 200-400元 200-400 yuan | 400-600元 400-600 yuan |
| 比 重（%） | Composition (%) | 100.0 | 0.3 | 3.7 | 12.6 |
| 平均每户家庭人口数（人） | Population Per Household (person) | 3.10 | 2.00 | 3.73 | 3.35 |
| 平均每户就业人口数（人） | Average Number of Employees Per Household (person) | 1.72 | 1.00 | 1.22 | 1.60 |
| 平均每户就业面（%） | Percentage of Employed Persons Per Household (%) | 55.5 | 50.0 | 32.7 | 47.8 |
| 平均每一就业者负担人数（人） | Number of Persons Supported by Each Employee (person) | 1.80 | 2.00 | 3.06 | 2.09 |
| 平均每人每月总收入（元） | Per Capita Monthly Total Income (yuan) | 1045.74 | 416.17 | 360.83 | 546.66 |
| #可支配收入 | Disposable Income | 964.15 | 31.58 | 343.89 | 500.49 |
| 平均每人每月消费性支出（元） | Per Capita Monthly Living Expenditures for Consumption (yuan) | 783.22 | 1481.42 | 317.98 | 511.82 |
| #服务性消费支出 | Expenditure for Services | 247.44 | 262.75 | 83.86 | 149.46 |

| 项 目 | Item | 按平均每人每月可支配收入分组 By Per Capita Monthly Disposable Income | | | |
|---|---|---|---|---|---|
| | | 600-800元 600-800 yuan | 800-1000元 800-1000 yuan | 1000-1500元 1000-1500 yuan | 1500元以上 Over 1500 yuan |
| 比 重（%） | Composition (%) | 22.1 | 23.0 | 27.0 | 11.3 |
| 平均每户家庭人口数（人） | Population Per Household (person) | 3.30 | 3.00 | 2.97 | 2.74 |
| 平均每户就业人口数（人） | Average Number of Employees Per Household (person) | 1.70 | 1.62 | 1.92 | 1.83 |
| 平均每户就业面（%） | Percentage of Employed Persons Per Household (%) | 51.5 | 54.0 | 64.6 | 66.8 |
| 平均每一就业者负担人数（人） | Number of Persons Supported by Each Employee (person) | 1.94 | 1.85 | 1.54 | 1.50 |
| 平均每人每月总收入（元） | Per Capita Monthly Total Income (yuan) | 752.89 | 964.79 | 1295.68 | 2260.91 |
| #可支配收入 | Disposable Income | 699.82 | 893.33 | 1190.23 | 2081.33 |
| 平均每人每月消费性支出（元） | Per Capita Monthly Living Expenditures for Consumption (yuan) | 635.19 | 768.01 | 860.71 | 1523.20 |
| #服务性消费支出 | Expenditure for Services | 180.50 | 226.18 | 281.90 | 567.71 |

# 7—7 城市居民家庭平均每人全年收入及构成（2006年）
# Per Capita Annual Income of Urban Households and Its Composition (2006)

| 项　目 | Item | 总平均<br>Overall Average | 最低收入户<br>Lowest Income Households | | 低收入户<br>Low Income Households | 中等偏下户<br>Medium Income by Lower Households |
|---|---|---|---|---|---|---|
| | | | | #困难户<br>Difficult Households | | |
| **全年总收入（元）** | **Annual Total Income (yuan)** | **12548.91** | **5290.81** | **4654.85** | **7335.62** | **9283.55** |
| #可支配收入 | Disposable Income | 11569.74 | 4748.73 | 4130.43 | 6845.58 | 8626.90 |
| 工薪收入 | Income from Wages | 9266.42 | 3595.12 | 2703.78 | 5006.89 | 6260.45 |
| #工资及补贴收入 | Wage and Subsidies | 9094.25 | 3431.45 | 2635.47 | 4912.93 | 6105.72 |
| 经营净收入 | Net Business Income | 525.23 | 189.14 | | | 313.28 |
| 财产性收入 | Property Income | 192.87 | | | 116.73 | 138.01 |
| 转移性收入 | Transfer Income | 2564.39 | 1506.55 | 1951.07 | 2211.99 | 2571.80 |
| **全年总收入构成（%）** | **Composition of Annual Total Income (%)** | **100.0** | **100.0** | **100.0** | **100.0** | **100.0** |
| 工薪收入 | Income From Wages | 73.8 | 70.0 | 58.1 | 68.3 | 67.4 |
| #工资及补贴收入 | Wage and Subsidies | 72.5 | 64.9 | 56.6 | 67.0 | 65.8 |
| 非工薪收入 | Income From Non-wages | 26.2 | 30.0 | 41.9 | 31.7 | 32.6 |

| 项　目 | Item | 中等收入户<br>Medium Income Households | 中等偏上户<br>Medium Income by Upper Households | 高收入户<br>High Income Households | 最高收入户<br>Highest Income Households |
|---|---|---|---|---|---|
| **全年总收入（元）** | **Annual Total Income (yuan)** | **11465.49** | **14334.46** | **17966.79** | **27694.36** |
| #可支配收入 | Disposable Income | 10638.02 | 13074.35 | 16606.61 | 25564.60 |
| 工薪收入 | Income from Wages | 8269.40 | 11163.36 | 14189.81 | 20871.22 |
| #工资及补贴收入 | Wage and Subsidies | 8170.19 | 10887.92 | 13985.29 | 20665.96 |
| 经营净收入 | Net Business Income | 151.04 | 389.97 | 1203.75 | 2416.73 |
| 财产性收入 | Property Income | 87.67 | 239.97 | 264.74 | 676.02 |
| 转移性收入 | Transfer Income | 2957.38 | 2541.16 | 2308.49 | 3730.39 |
| **全年总收入构成（%）** | **Composition of Annual Total Income (%)** | **100.0** | **100.0** | **100.0** | **100.0** |
| 工薪收入 | Income From Wages | 72.1 | 77.9 | 79.0 | 75.4 |
| #工资及补贴收入 | Wage and Subsidies | 71.3 | 76.0 | 77.8 | 74.6 |
| 非工薪收入 | Income From Non-wages | 27.9 | 22.1 | 21.0 | 24.6 |

# 7－8 城市居民家庭平均每人全年消费支出及构成（2006年）
# Per Capita Annual Expenditures of Urban Households and Its Composition (2006)

| 项　目 | Item | 总平均 Overall Average | 最低收入户 Lowest Income Households | #困难户 Difficult Households | 低收入户 Low Income Households | 中等偏下户 Medium Income by Lower Households |
|---|---|---|---|---|---|---|
| **消费支出（元）** | **Expenditures for Consumption (yuan)** | **9398.69** | **5066.64** | **4679.69** | **6397.30** | **8112.58** |
| #服务性消费支出 | Expenditure for Services | 2969.28 | 1453.47 | 1189.95 | 1802.85 | 2268.25 |
| 食　品 | Food | 3415.92 | 2246.25 | 2015.45 | 2674.56 | 3271.35 |
| #粮油类 | Grain and Oils | 377.60 | 361.09 | 356.31 | 341.93 | 432.32 |
| #粮　食 | Grain | 212.43 | 209.33 | 201.58 | 189.27 | 236.08 |
| 肉禽蛋水产品类 | Meat, Poultry, Eggs and Aquatic Products | 844.55 | 601.86 | 567.47 | 725.16 | 887.98 |
| #肉　类 | Meat | 430.01 | 338.06 | 314.76 | 371.47 | 463.02 |
| 蔬菜类 | Vegetable | 339.16 | 322.01 | 323.93 | 296.81 | 349.76 |
| 糖烟酒饮料类 | Sugar, Cigarettes, Alcohol and Drinks | 390.91 | 252.93 | 212.72 | 240.49 | 356.08 |
| 糕点、奶及奶制品 | Cakes, Milk and Dairy Products | 233.68 | 121.36 | 101.64 | 219.84 | 207.54 |
| 衣　着 | Clothing | 1038.98 | 398.08 | 472.35 | 608.38 | 997.13 |
| #服　装 | Garments | 764.33 | 284.49 | 351.28 | 453.15 | 743.98 |
| 家庭设备用品及服务 | Household Appliances & Articles and Services | 615.74 | 325.11 | 450.98 | 394.22 | 548.38 |
| 医疗保健 | Medicine and Medical Services | 705.72 | 394.61 | 224.70 | 549.42 | 437.06 |
| 交通和通讯 | Transportation and Communications | 976.02 | 401.29 | 306.74 | 603.28 | 878.50 |
| 教育娱乐文化服务 | Educational, Recreational and Cultural Services | 1449.49 | 709.01 | 568.16 | 846.69 | 1091.05 |
| #教　育 | Education | 816.61 | 574.81 | 498.36 | 586.20 | 575.63 |
| 居　住 | Residence | 954.56 | 514.10 | 560.32 | 600.81 | 744.87 |
| #住　房 | Housing | 302.46 | 99.69 | 174.38 | 78.32 | 145.28 |
| 杂项商品与服务 | Miscellaneous Commodities and Services | 242.26 | 78.20 | 80.99 | 119.94 | 144.26 |
| **消费支出构成（%）** | **Composition of Living Expenditures for Consumption (%)** | **100.0** | **100.0** | **100.0** | **100.0** | **100.0** |
| #服务性消费支出 | Expenditure for Services | 31.6 | 28.7 | 25.4 | 28.2 | 28.0 |
| 食　品 | Food | 36.3 | 44.3 | 43.1 | 41.8 | 40.3 |
| 衣　着 | Clothing | 11.1 | 7.9 | 10.1 | 9.5 | 12.3 |
| 家庭设备用品及服务 | Household Appliances & Articles and Services | 6.6 | 6.4 | 9.6 | 6.2 | 6.8 |
| 医疗保健 | Medicine and Medical Services | 7.5 | 7.8 | 4.8 | 8.6 | 5.4 |
| 交通和通讯 | Transportation and Communications | 10.4 | 7.9 | 6.6 | 9.4 | 10.8 |
| 教育娱乐文化服务 | Educational, Recreational and Cultural Services | 15.4 | 14.0 | 12.1 | 13.2 | 13.4 |
| 居　住 | Residence | 10.2 | 10.1 | 12.0 | 9.4 | 9.2 |
| 杂项商品与服务 | Miscellaneous Commodities and Services | 2.6 | 1.5 | 1.7 | 1.9 | 1.8 |

7-8 续表 CONTINUED

| 项　目 | Item | 中等收入户 Medium Income Households | 中等偏上户 Medium Income by Upper Households | 高收入户 High Income Households | 最高收入户 Highest Income Households |
|---|---|---|---|---|---|
| **消费支出（元）** | **Expenditures for Consumption (yuan)** | **8898.53** | **9350.93** | **12852.12** | **18721.48** |
| #服务性消费支出 | Expenditure for Services | 2554.99 | 3091.36 | 4172.93 | 7131.68 |
| 食　品 | Food | 3581.71 | 3450.21 | 4230.05 | 4789.64 |
| #粮油类 | Grain and Oils | 391.87 | 361.31 | 352.79 | 346.96 |
| #粮　食 | Grain | 210.69 | 211.45 | 202.28 | 206.00 |
| 肉禽蛋水产品类 | Meat, Poultry, Eggs and Aquatic Products | 920.17 | 897.71 | 893.14 | 856.26 |
| #肉　类 | Meat | 469.65 | 441.97 | 450.67 | 406.05 |
| 蔬菜类 | Vegetable | 332.67 | 361.36 | 368.99 | 320.69 |
| 糖烟酒饮料类 | Sugar, Cigarettes, Alcohol and Drinks | 522.20 | 367.05 | 396.72 | 594.34 |
| 糕点、奶及奶制品 | Cakes, Milk and Dairy Products | 283.58 | 231.87 | 250.37 | 328.31 |
| 衣　着 | Clothing | 983.38 | 1092.01 | 1754.63 | 1687.16 |
| #服　装 | Garments | 698.16 | 817.30 | 1306.64 | 1225.21 |
| 家庭设备用品及服务 | Household Appliances & Articles and Services | 509.21 | 463.45 | 755.67 | 1791.28 |
| 医疗保健 | Medicine and Medical Services | 672.92 | 752.00 | 1289.16 | 1252.91 |
| 交通和通讯 | Transportation and Communications | 888.70 | 1049.87 | 1386.07 | 1929.91 |
| 教育娱乐文化服务 | Educational, Recreational and Cultural Services | 1240.66 | 1556.30 | 2043.81 | 3462.25 |
| #教　育 | Education | 831.23 | 912.03 | 1182.10 | 1323.09 |
| 居　住 | Residence | 798.96 | 746.76 | 979.52 | 3129.53 |
| #住　房 | Housing | 106.33 | 97.66 | 187.83 | 2136.83 |
| 杂项商品与服务 | Miscellaneous Commodities and Services | 223.00 | 240.33 | 413.23 | 678.80 |
| **消费支出构成（%）** | **Composition of Living Expenditures for Consumption (%)** | **100.0** | **100.0** | **100.0** | **100.0** |
| #服务性消费支出 | Expenditure for Services | 28.7 | 33.1 | 32.5 | 38.1 |
| 食　品 | Food | 40.3 | 36.9 | 32.9 | 25.6 |
| 衣　着 | Clothing | 11.1 | 11.7 | 13.7 | 9.0 |
| 家庭设备用品及服务 | Household Appliances & Articles and Services | 5.7 | 5.0 | 5.9 | 9.6 |
| 医疗保健 | Medicine and Medical Services | 7.6 | 8.0 | 10.0 | 6.7 |
| 交通和通讯 | Transportation and Communications | 10.0 | 11.2 | 10.8 | 10.3 |
| 教育娱乐文化服务 | Educational, Recreational and Cultural Services | 13.9 | 16.6 | 15.9 | 18.5 |
| 居　住 | Residence | 9.0 | 8.0 | 7.6 | 16.7 |
| 杂项商品与服务 | Miscellaneous Commodities and Services | 2.5 | 2.6 | 3.2 | 3.6 |

# 7—9 城市居民家庭平均每人全年购买的主要商品数量（2005—2006年）
# Per Capita Purchases of Major Commodities in Urban Households (2005-2006)

| 指　　标 | Item | 2005 | 2006 |
|---|---|---|---|
| 粮食（千克） | Grain (kg) | 64.71 | 59.40 |
| 鲜菜（千克） | Fresh Vegetable (kg) | 124.56 | 122.61 |
| 食用植物油（千克） | Edible Plant Oil (kg) | 11.17 | 11.06 |
| 猪肉（千克） | Pork (kg) | 29.95 | 25.10 |
| 牛羊肉（千克） | Beef and Mutton (kg) | 2.72 | 2.90 |
| 家禽（千克） | Poultry (kg) | 12.67 | 12.11 |
| 鲜蛋（千克） | Fresh Eggs (kg) | 8.81 | 8.82 |
| 鱼虾（千克） | Fish and Shrimp (kg) | 8.98 | 9.11 |
| 鲜乳品（千克） | Fresh Dairy Products (kg) | 20.30 | 23.52 |
| 酒类（千克） | Wine (kg) | 9.55 | 10.84 |
| 茶叶（千克） | Tea (kg) | 0.28 | 0.31 |
| 鲜瓜果（千克） | Fresh Melons and Fruits (kg) | 40.69 | 46.95 |
| 男士服装（件） | Men's Clothing (piece) | 2.54 | 2.72 |
| 女士服装（件） | Women's Clothing (piece) | 4.19 | 4.14 |
| 各式童装（件） | Children's Clothing (piece) | 0.83 | 0.75 |
| 鞋类（双） | Shoes (pair) | 2.63 | 2.71 |

# 7－10 城市居民家庭平均每百户年末耐用消费品拥有量（2005－2006年）
# Number of Durable Consumer Goods Owned Per 100 Urban Households at Year-end (2005-2006)

| 指　　标 | Item | 2005 | 2006 |
|---|---|---|---|
| 成套家具（套） | Furniture (set) | 100.33 | 108.00 |
| 摩托车（辆） | Motorcycles (vehicle) | 2.67 | 3.33 |
| 电风扇（台） | Electric Fans (unit) | 184.67 | 190.33 |
| 电冰箱（台） | Refrigerators (unit) | 102.00 | 105.00 |
| 洗衣机（台） | Washing Machines (unit) | 100.33 | 103.67 |
| 彩色电视机（台） | Color TV Sets (unit) | 155.33 | 164.33 |
| 组合音响（套） | Hi-Fi Stereo Component System (set) | 42.33 | 46.00 |
| 影碟机（台） | Radio Cassette Players (unit) | 80.33 | 81.67 |
| 摄像机（架） | Pickup Cameras (unit) | 3.67 | 6.67 |
| 照相机（架） | Cameras (unit) | 50.67 | 51.33 |
| 钢　琴（架） | Pianos (unit) | 1.67 | 2.00 |
| 中高档乐器（件） | Medium and High Grade Musical Instruments (piece) | 5.00 | 8.00 |
| 微波炉（台） | Micro-wave Ovens (unit) | 71.00 | 81.67 |
| 空调器（台） | Air Conditioners (unit) | 156.67 | 174.33 |
| 取暖器（台） | Room Heater (unit) | 42.00 | 50.00 |
| 电炊具（台） | Electric Cooking Appliances (unit) | 91.00 | 81.67 |
| 淋浴热水器（台） | Showers (unit) | 94.33 | 102.67 |
| 排油烟机（台） | Smoke Absorbers (unit) | 41.67 | 49.33 |
| 健身器材（套） | Health Equipments (set) | 5.67 | 7.00 |
| 饮水机（台） | Drinking Machine (unit) | 47.33 | 53.33 |
| 吸尘器（台） | Dust Catchers (unit) | 9.67 | 11.67 |
| 家用电脑（台） | Personal Computers (unit) | 51.33 | 70.00 |
| 普通电话（部） | Household Telephones (unit) | 94.33 | 95.00 |
| 移动电话（部） | Mobile Telephones (unit) | 154.33 | 187.00 |

# 7－11 农村居民家庭基本情况（1985－2006年）
# Basic Statistics on Rural Households (1985-2006)

| 年份<br>Year | 平均每户常住人口（人）<br>Average Permanent Population Per Household (person) | 平均每户整半劳力（人）<br>Average Able-bodied and Semi-Ablebodied Laborers Per Household (person) | 平均每个劳动力负担人口（人）<br>Average Number of Persons Supported By Each Laborer (person) | 平均每人纯收入（元）<br>Per Capita Average Net Income (yuan) | 平均每人生活消费支出（元）<br>Per Capita Living Expenditures for Consumption (yuan) | 平均每人住房面积（平方米）<br>Per Capita Floor Space of Residential Buildings (sq.m) |
|---|---|---|---|---|---|---|
| 1985 | 4.63 | 2.81 | 1.65 | 325.24 | 275.81 | 18.04 |
| 1986 | 4.58 | 2.85 | 1.61 | 358.86 | 312.34 | 18.06 |
| 1987 | 4.51 | 2.87 | 1.57 | 385.82 | 346.40 | 18.23 |
| 1988 | 4.40 | 2.89 | 1.53 | 457.54 | 427.19 | 19.03 |
| 1989 | 4.31 | 2.92 | 1.47 | 510.09 | 463.47 | 19.29 |
| 1990 | 4.21 | 2.93 | 1.44 | 586.73 | 519.26 | 19.37 |
| 1991 | 4.20 | 2.88 | 1.46 | 628.89 | 558.44 | 21.52 |
| 1992 | 4.12 | 2.88 | 1.43 | 677.46 | 573.65 | 21.94 |
| 1993 | 4.05 | 2.90 | 1.39 | 748.08 | 694.60 | 22.01 |
| 1994 | 3.98 | 2.88 | 1.38 | 1018.24 | 879.26 | 22.55 |
| 1995 | 3.90 | 2.83 | 1.38 | 1270.41 | 1097.52 | 23.50 |
| 1996 | 3.85 | 2.70 | 1.43 | 1479.05 | 1328.18 | 24.44 |
| 1997 | 3.82 | 2.69 | 1.42 | 1692.36 | 1389.99 | 24.74 |
| 1998 | 3.71 | 2.61 | 1.42 | 1801.17 | 1417.08 | 26.50 |
| 1999 | 3.68 | 2.59 | 1.42 | 1835.54 | 1388.64 | 26.67 |
| 2000 | 3.70 | 2.63 | 1.41 | 1892.44 | 1395.53 | 29.58 |
| 2001 | 3.66 | 2.56 | 1.43 | 1971.18 | 1475.16 | 31.00 |
| 2002 | 3.65 | 2.62 | 1.39 | 2097.58 | 1497.72 | 31.02 |
| 2003 | 3.65 | 2.69 | 1.36 | 2214.55 | 1583.31 | 31.45 |
| 2004 | 3.67 | 2.72 | 1.35 | 2510.41 | 1853.94 | 32.49 |
| 2005 | 3.71 | 2.80 | 1.32 | 2809.32 | 2142.12 | 32.91 |
| 2006 | 3.68 | 2.80 | 1.31 | 2873.83 | 2205.21 | 34.30 |

# 7－12 农村居民家庭基本情况（2005－2006年）
# Basic Statistics on Rural Households (2005-2006)

| 指　　标 | Item | 2005 | 2006 |
|---|---|---|---|
| **调查户人口（人）** | **Surveyed Population (person)** | **6672** | **6624** |
| 常住人口 | Residents Population | 6672 | 6624 |
| 整半劳动力 | Able-bodied and Semi-able-bodied Laborers | 5041 | 5041 |
| 平均每户常住人口 | Average Population Residents Per Household | 3.71 | 3.68 |
| 平均每户整半劳力 | Average Able-bodied and Semi-able-bodied Laborers Per Household | 2.80 | 2.80 |
| 平均每个劳动力负担人口（含本人） | Average Number of Persons Supported By Each Laborer (including the laborer himself or herself) | 1.32 | 1.31 |
| **平均每人年收入（元）** | **Per Capita Annual Income (yuan)** | | |
| 总收入 | Total Income | 3782.99 | 3814.21 |
| 纯收入 | Net Income | 2809.32 | 2873.83 |
| 现金收入 | Cash Income | 2653.07 | 2834.55 |
| **按纯收入分组户数占调查户比重（%）** | **Percentage of Households By Per Capita Annual Net Income (%)** | **100.0** | **100.0** |
| 600元以下 | Below 600 Yuan | 0.5 | 0.3 |
| 600-800元 | 600-800 Yuan | 0.9 | 1.4 |
| 800-1000元 | 800-1000 Yuan | 2.1 | 2.0 |
| 1000-1200元 | 1000-1200 Yuan | 3.8 | 3.3 |
| 1200-1500元 | 1200-1500 Yuan | 7.3 | 6.3 |
| 1500-2000元 | 1500-2000 Yuan | 15.1 | 14.7 |
| 2000-2500元 | 2000-2500 Yuan | 14.8 | 16.1 |
| 2500-3000元 | 2500-3000 Yuan | 14.8 | 10.5 |
| 3000-4000元 | 3000-4000 Yuan | 19.8 | 20.6 |
| 4000元以上 | 4000 Yuan and Over | 20.9 | 21.7 |
| **平均每人年支出（元）** | **Per Capita Annual Expenditure (yuan)** | | |
| 总支出 | Total Expenditure | 3273.44 | 3293.95 |
| 现金支出 | Cash Expenditure | 2343.95 | 2407.19 |
| **平均每人经营耕地面积（亩）** | **Per Capita Management Cultivated Area (mu)** | **0.97** | **0.99** |
| **平均每人生产性固定资产原值（元）** | **Per Capita Original Value of Productive Fixed Assets (yuan)** | **837.34** | **910.84** |
| 第一产业 | Primary Industry | 686.05 | 756.17 |
| ＃役畜、产品畜 | Draught Animals and Commodity Animals | 114.17 | 114.69 |
| 大中型铁木农具 | Large and Medium Wood and Iron Farm Tools | 66.44 | 58.21 |
| 农林牧渔机械 | Machinery of Farming Forestry Animal Husbandry and Fishery | 38.70 | 47.29 |
| 第二产业 | Secondary Industry | 16.90 | 14.88 |
| 第三产业 | Tertiary Industry | 134.39 | 139.78 |

# 7－13 农村居民家庭平均每人收入情况（2005－2006年）
# Per Capita Annual Income of Rural Households (2005-2006)

单位：元 (yuan)

| 指　　标 | Item | 2005 | 2006 |
|---|---|---|---|
| **总收入** | **Total Income** | **3782.99** | **3814.21** |
| 工资性收入 | Wages | 1088.80 | 1309.91 |
| #在本地劳动得到收入 | From Local Enterprises | 303.23 | 360.28 |
| 外出从业得到收入 | From Outwork | 712.60 | 849.32 |
| 家庭经营收入 | Total Income from Household Business Operation | 2441.54 | 2208.52 |
| 第一产业 | Primary Industry | 2245.46 | 1964.99 |
| #农　业 | Farming | 1204.00 | 1075.49 |
| 牧　业 | Animal Husbandry | 974.25 | 825.43 |
| 第二产业 | Secondary Industry | 28.66 | 39.18 |
| 第三产业 | Tertiary Industry | 167.42 | 204.35 |
| #交通运输、邮电业 | Transportation, Storage, Postal Services | 37.03 | 58.46 |
| 批零贸易、餐饮业 | Wholesale & Retail Trade and Catering Service | 76.40 | 94.25 |
| 财产性收入 | Property Income | 30.69 | 27.29 |
| 转移性收入 | Transfer Income | 221.96 | 268.50 |
| **纯收入** | **Net Income** | **2809.32** | **2873.83** |
| 工资性收入 | Wages | 1088.80 | 1309.91 |
| #在本地劳动得到收入 | From Local Enterprises | 303.23 | 360.28 |
| 外出从业得到收入 | From Outwork | 712.60 | 849.32 |
| 家庭经营收入 | Total Income from Household Business Operation | 1541.48 | 1349.57 |
| 第一产业 | Primary Industry | 1406.38 | 1176.85 |
| #农　业 | Farming | 953.32 | 806.12 |
| 牧　业 | Animal Husbandry | 410.91 | 319.34 |
| 第二产业 | Secondary Industry | 19.59 | 28.58 |
| 第三产业 | Tertiary Industry | 115.51 | 144.14 |
| #交通运输、邮电业 | Transportation, Storage, Postal Services | 21.6 | 41.97 |
| 批零贸易、餐饮业 | Wholesale & Retail Trade and Catering Service | 49.00 | 57.40 |
| 财产性收入 | Property Income | 30.69 | 27.29 |
| 转移性收入 | Transfer Income | 148.35 | 187.07 |
| **现金收入** | **Cash Income** | **2653.07** | **2834.55** |
| 工资性收入 | Wages | 1087.60 | 1307.49 |
| #在本地劳动得到收入 | From Local Enterprises | 303.22 | 360.28 |
| 外出从业得到收入 | From Outwork | 712.53 | 848.11 |
| 家庭经营收入 | Total Income from Household Business Operation | 1315.30 | 1234.76 |
| 第一产业 | Primary Industry | 1119.52 | 992.92 |
| #农　业 | Farming | 333.07 | 329.47 |
| 牧　业 | Animal Husbandry | 722.65 | 604.34 |
| 第二产业 | Secondary Industry | 28.66 | 39.15 |
| 第三产业 | Tertiary Industry | 167.12 | 202.69 |
| #交通运输、邮电业 | Transportation, Storage, Postal Services | 37.03 | 58.46 |
| 批零贸易、餐饮业 | Wholesale & Retail Trade and Catering Service | 76.40 | 94.25 |
| 财产性收入 | Property Income | 30.08 | 25.33 |
| 转移性收入 | Transfer Income | 220.09 | 266.97 |

# 7－14 农村居民家庭平均每人支出情况（2005－2006年）
# Per Capita Annual Expenditures of Rural Households (2005-2006)

单位：元 (yuan)

| 指　　标 | Item | 2005 | 2006 |
|---|---|---|---|
| **总支出** | **Total Expenditure** | **3273.44** | **3293.95** |
| 家庭经营费用支出 | Expenditure for Household Business Cost | 838.96 | 791.06 |
| 第一产业 | Primary Industry | 788.43 | 730.89 |
| 第二产业 | Secondary Industry | 7.82 | 9.61 |
| 第三产业 | Tertiary Industry | 42.71 | 50.56 |
| 购置生产性固定资产支出 | Expenditure for Purchasing Productive Fixed Assets | 71.54 | 62.15 |
| 税费支出 | Taxes and Fees | 5.28 | 7.16 |
| 生活消费支出 | Living Expenditures for Consumption | 2142.12 | 2205.21 |
| 食　品 | Food | 1130.35 | 1150.98 |
| 衣　着 | Clothing | 95.96 | 113.28 |
| 居　住 | Residence | 231.15 | 254.17 |
| 家庭设备、用品及服务 | Household Appliances, Articles and Services | 95.78 | 117.98 |
| 医疗保健 | Medicines and Medical Services | 142.65 | 159.68 |
| 交通和通讯 | Transportation and Communications | 163.05 | 186.57 |
| 文教娱乐用品及服务 | Cultural Educational and Recreational Articles and Services | 249.71 | 189.73 |
| 其他商品和服务 | Other Commodities and Services | 33.48 | 32.83 |
| 财产性支出 | Property Expenditure | 2.23 | 1.66 |
| 转移性支出 | Transfer Expenditure | 213.31 | 226.72 |
| **现金支出** | **Cash Expenditure** | **2343.95** | **2407.19** |
| 家庭经营费用支出 | Expenditure for Household Business Cost | 558.57 | 509.52 |
| 第一产业 | Primary Industry | 508.47 | 449.60 |
| 第二产业 | Secondary Industry | 7.82 | 9.61 |
| 第三产业 | Tertiary Industry | 42.29 | 50.32 |
| 购置生产性固定资产支出 | Expenditure for Purchasing Productive Fixed Assets | 71.54 | 62.15 |
| 税费支出 | Taxes and Fees | 4.85 | 7.12 |
| 生活消费支出 | Living Expenditures for Consumption | 1494.18 | 1600.58 |
| 食　品 | Food | 509.51 | 577.76 |
| 衣　着 | Clothing | 95.95 | 113.27 |
| 居　住 | Residence | 204.16 | 223.51 |
| 家庭设备、用品及服务 | Household Appliances, Articles and Services | 95.68 | 117.24 |
| 医疗保健 | Medicines and Medical Services | 142.65 | 159.68 |
| 交通和通讯 | Transportation and Communications | 163.05 | 186.57 |
| 文教娱乐用品及服务 | Cultural Educational and Recreational Articles and Services | 249.71 | 189.73 |
| 其他商品和服务 | Other Commodities and Services | 33.48 | 32.83 |
| 财产性支出 | Property Expenditure | 2.23 | 1.66 |
| 转移性支出 | Transfer Expenditure | 212.58 | 226.16 |

# 7－15 不同收入组农村居民家庭收入支出情况（2006年）
# Per Capita Annual Income and Expenditures of Rural Households (2006)

单位：元 (yuan)

| 指　标 | Item | 总平均 Total Average | 低收入户 Low Income Households | 中低收入户 Medium Income by Lower Households |
|---|---|---|---|---|
| **平均每人总收入** | **Per Capita Total Income** | **3814.21** | **2029.98** | **2863.00** |
| #现金收入 | Cash Income | 2834.55 | 1321.47 | 2006.32 |
| **平均每人纯收入** | **Per Capita Net Income** | **2873.83** | **1292.50** | **2064.22** |
| 工资性收入 | Income from Wages | 1309.91 | 516.68 | 965.50 |
| 家庭经营纯收入 | Family Business Income | 1349.57 | 654.68 | 956.38 |
| 财产性收入 | Property Income | 27.29 | 13.46 | 16.72 |
| 转移性收入 | Transfer Income | 187.07 | 107.68 | 125.61 |
| **平均每人总支出** | **Per Capita Total Expenditure** | **3293.95** | **2334.28** | **2660.25** |
| #现金支出 | Cash Expenditure | 2407.19 | 1588.96 | 1841.70 |
| **生活消费总支出** | **Per Capita Living Expenditures for Consumption** | **2205.21** | **1528.18** | **1770.57** |
| 食　品 | Food | 1150.98 | 852.07 | 990.49 |
| 衣　着 | Clothing | 113.28 | 65.90 | 95.46 |
| 居　住 | Residence | 254.17 | 191.37 | 186.67 |
| 家庭设备用品及服务 | Household Appliances, Articles and Services | 117.98 | 71.65 | 92.73 |
| 医疗保健 | Medicines and Medical Services | 159.68 | 84.02 | 112.04 |
| 交通通讯 | Transportation and Communications | 186.57 | 110.92 | 135.30 |
| 文教娱乐用品及服务 | Cultural Educational and Recreational Articles and Services | 189.73 | 127.32 | 141.02 |
| 其他商品及服务 | Other Commodities and Services | 32.83 | 24.93 | 16.86 |

| 指　标 | Item | 中等收入户 Medium Income Households | 中高收入户 Medium Income by Upper Households | 高收入户 High Income Households |
|---|---|---|---|---|
| **平均每人总收入** | **Per Capita Total Income** | **3649.59** | **4630.06** | **6748.32** |
| #现金收入 | Cash Income | 2645.98 | 3528.79 | 5405.97 |
| **平均每人纯收入** | **Per Capita Net Income** | **2705.61** | **3583.85** | **5472.67** |
| 工资性收入 | Income from Wages | 1186.64 | 1759.19 | 2477.46 |
| 家庭经营纯收入 | Family Business Income | 1303.66 | 1613.52 | 2559.47 |
| 财产性收入 | Property Income | 27.04 | 27.69 | 59.47 |
| 转移性收入 | Transfer Income | 188.26 | 183.46 | 376.28 |
| **平均每人总支出** | **Per Capita Total Expenditure** | **3265.30** | **3687.46** | **5007.20** |
| #现金支出 | Cash Expenditure | 2363.49 | 2723.39 | 3944.55 |
| **生活消费总支出** | **Per Capita Living Expenditures for Consumption** | **2164.35** | **2513.85** | **3388.07** |
| 食　品 | Food | 1127.00 | 1334.64 | 1587.46 |
| 衣　着 | Clothing | 112.31 | 136.95 | 175.39 |
| 居　住 | Residence | 238.16 | 286.10 | 409.49 |
| 家庭设备用品及服务 | Household Appliances, Articles and Services | 110.39 | 128.02 | 211.20 |
| 医疗保健 | Medicines and Medical Services | 195.58 | 171.83 | 267.33 |
| 交通通讯 | Transportation and Communications | 178.19 | 219.63 | 328.32 |
| 文教娱乐用品及服务 | Cultural Educational and Recreational Articles and Services | 173.97 | 203.20 | 340.77 |
| 其他商品及服务 | Other Commodities and Services | 28.75 | 33.47 | 68.11 |

# 7－16 农村居民家庭平均每人主要消费品消费量（2005－2006年）
# Per Capita Consumption of Major Consumer Goods in Rural Households (2005-2006)

| 指　　标 | Item | 2005 | 2006 |
|---|---|---|---|
| 粮　食（原粮）（千克） | Grain (unprocessed) (kg) | 217.09 | 205.93 |
| 蔬　菜（千克） | Fresh Vegetable (kg) | 152.33 | 144.46 |
| 食用植物油（千克） | Edible Plant Oil (kg) | 3.39 | 4.08 |
| 肉　类（千克） | Meat (kg) | 30.29 | 30.39 |
| #猪　肉 | Pork | 30.08 | 30.29 |
| 牛羊肉 | Beef and Mutton | 0.21 | 0.10 |
| 家　禽（千克） | Poultry (kg) | 3.82 | 3.34 |
| 鲜　蛋（千克） | Eggs (kg) | 6.53 | 6.87 |
| 鱼　虾（千克） | Fish and Shrimp (kg) | 2.20 | 2.28 |
| 鲜　奶（千克） | Milk and Dairy Products (kg) | 0.29 | 0.39 |
| 卷　烟（盒） | Cigarettes (pack) | 31.93 | 32.37 |
| 酒　类（千克） | Alcohol (kg) | 10.40 | 12.26 |

# 7－17 农村居民家庭平均每百户年末耐用消费品拥有量（2005－2006年）
# Number of Durable Consumer Goods Owned Per 100 Rural Households at Year-end (2005-2006)

| 指　　标 | Item | 2005 | 2006 |
|---|---|---|---|
| 大型家具（件） | Large Furniture (unit) | 353.72 | 358.33 |
| 洗衣机（台） | Washing Machines (unit) | 21.50 | 27.67 |
| 电风扇（台） | Electric Fans (unit) | 156.28 | 162.00 |
| 电冰箱（台） | Refrigerators (unit) | 13.56 | 20.11 |
| 空调机（台） | Air Conditioners (unit) | 2.17 | 3.44 |
| 抽油烟机（台） | Exhausts Fan (unit) | 1.33 | 1.44 |
| 微波炉（台） | Micro-wave Ovens (unit) | 0.78 | 1.22 |
| 热水器（台） | Showers (unit) | 6.39 | 6.39 |
| 自行车（辆） | Bicycles (vehicle) | 14.06 | 13.89 |
| 摩托车（辆） | Motorcycles (vehicle) | 12.56 | 15.78 |
| 家用计算机（台） | Computers (unit) | 0.17 | 0.44 |
| 电话机（部） | Household Telephone (unit) | 59.83 | 65.06 |
| 移动电话（部） | Mobile Telephones (unit) | 49.33 | 60.72 |
| 彩色电视机（台） | Color TV Sets (unit) | 79.22 | 84.00 |
| 黑白电视机（台） | Black and White TV Sets (unit) | 24.94 | 21.78 |
| 影碟机（台） | Vedio Players (unit) | 36.00 | 37.33 |
| 收录机（台） | Radio Cassette Players (unit) | 3.72 | 4.28 |
| 照相机（架） | Cameras (unit) | 1.28 | 1.06 |

# 7－18 主要年份居民消费价格总指数和商品零售价格总指数
## General Indices of Consumer Price and Retail Price in Major Years

| 年份 Year | 以1950年为100 1950=100 | | 以1978年为100 1978=100 | | 以上年为100 Preceding Year=100 | |
|---|---|---|---|---|---|---|
| | 居民消费价格总指数 General Consumer Price Index | 商品零售价格总指数 General Retail Price Index | 居民消费价格总指数 General Consumer Price Index | 商品零售价格总指数 General Retail Price Index | 居民消费价格总指数 General Consumer Price Index | 商品零售价格总指数 General Retail Price Index |
| 1952 | 106.1 | 108.7 | | | 97.3 | 97.2 |
| 1957 | 114.0 | 116.5 | | | 104.6 | 103.9 |
| 1962 | 145.8 | 158.1 | | | 95.2 | 95.0 |
| 1965 | 125.1 | 133.1 | | | 98.0 | 98.2 |
| 1970 | 129.2 | 137.9 | | | 99.6 | 99.5 |
| 1975 | 131.2 | 140.2 | | | 100.3 | 100.3 |
| 1978 | 135.4 | 145.1 | 100.0 | 100.0 | 102.9 | 103.2 |
| 1980 | 148.3 | 160.1 | 109.5 | 110.3 | 107.9 | 108.6 |
| 1985 | 179.4 | 191.7 | 132.4 | 132.0 | 109.9 | 110.0 |
| 1986 | 186.9 | 199.8 | 138.0 | 137.5 | 104.2 | 104.2 |
| 1987 | 205.2 | 220.8 | 151.5 | 151.9 | 109.8 | 110.5 |
| 1988 | 251.8 | 272.2 | 185.9 | 187.3 | 122.7 | 123.3 |
| 1989 | 294.9 | 317.1 | 217.7 | 218.2 | 117.1 | 116.5 |
| 1990 | 299.0 | 317.4 | 220.7 | 218.4 | 101.4 | 100.1 |
| 1991 | 319.9 | 336.8 | 236.1 | 231.7 | 107.0 | 106.1 |
| 1992 | 355.7 | 369.8 | 262.5 | 254.4 | 111.2 | 109.8 |
| 1993 | 422.2 | 430.1 | 311.6 | 295.9 | 118.7 | 116.3 |
| 1994 | 547.6 | 544.1 | 404.1 | 374.3 | 129.7 | 126.5 |
| 1995 | 653.8 | 632.8 | 482.5 | 435.3 | 119.4 | 116.3 |
| 1996 | 717.2 | 671.4 | 529.3 | 461.9 | 109.7 | 106.1 |
| 1997 | 741.2 | 682.6 | 546.8 | 470.4 | 103.3 | 101.7 |
| 1998 | 714.5 | 645.1 | 527.1 | 444.5 | 96.4 | 94.5 |
| 1999 | 709.5 | 622.5 | 523.4 | 428.9 | 99.3 | 96.5 |
| 2000 | 686.1 | 594.5 | 506.1 | 409.6 | 96.7 | 95.5 |
| 2001 | 697.8 | 588.6 | 514.7 | 405.5 | 101.7 | 99.0 |
| 2002 | 695.0 | 582.1 | 512.6 | 401.0 | 99.6 | 98.9 |
| 2003 | 699.2 | 579.2 | 515.7 | 399.0 | 100.6 | 99.5 |
| 2004 | 725.1 | 587.3 | 534.8 | 404.6 | 103.7 | 101.4 |
| 2005 | 730.9 | 579.7 | 539.1 | 399.3 | 100.8 | 98.7 |
| 2006 | 748.4 | 589.0 | 552.0 | 405.7 | 102.4 | 101.6 |

# 7－19 居民消费价格分类指数（2005－2006年）
# Consumer Price Indices by Category (2005-2006)

（上年=100）　　(preceding year=100)

| 项　　目 | Item | 2005 | 2006 |
|---|---|---|---|
| **居民消费价格总指数** | **General Consumer Price Index** | **100.8** | **102.4** |
| 食　品 | Food | 100.1 | 103.1 |
| #粮　食 | Grain | 102.7 | 101.3 |
| 油　脂 | Oils and Fats | 83.8 | 98.8 |
| 肉禽及其制品 | Meat Poultry and Related Products | 101.4 | 99.6 |
| 蛋 | Eggs | 104.8 | 97.7 |
| 水产品 | Aquatic Products | 104.1 | 98.7 |
| 菜 | Vegetables | 98.7 | 114.2 |
| #鲜　菜 | Fresh Vegetables | 98.7 | 114.7 |
| 茶及饮料 | Tea and Beverages | 97.6 | 100.5 |
| 干鲜瓜果 | Dried and Fresh Melons and Fruits | 96.0 | 116.2 |
| #鲜　果 | Fresh Fruits | 92.1 | 121.4 |
| 液体乳及乳制品 | Milk and Its Products | 97.0 | 103.6 |
| 在外用膳食品 | Outward Dinner | 101.4 | 100.9 |
| 其它食品 | Other Foods | 99.1 | 102.3 |
| 烟酒及用品 | Cigarettes, Alcohol and Relative Products | 101.2 | 100.3 |
| #烟　草 | Tobacco | 101.8 | 99.3 |
| 酒 | Liquor | 99.8 | 102.6 |
| 衣　着 | Clothing | 92.1 | 98.2 |
| #服　装 | Garments | 94.0 | 100.4 |
| 家庭设备用品及维修服务 | Household Appliances & Articles and Service | 100.1 | 100.3 |
| #耐用消费品 | Durable Consumer Goods | 99.1 | 99.8 |
| 家庭服务及加工维修服务 | Other Household Service and Manufacturing Upkeep | 104.6 | 109.5 |
| 医疗保健和个人用品 | Medicine, Medical Articles & Services and Personal Articles | 102.5 | 100.8 |
| #医疗保健 | Medicine, Medical Articles & Services | 104.0 | 100.1 |
| 个人用品及服务 | Personal Articles and Services | 98.1 | 102.8 |
| 交通和通信 | Transportation and Communications | 99.9 | 98.7 |
| #交　通 | Transportation | 102.3 | 102.1 |
| 通　信 | Telecommunication | 98.1 | 96.6 |
| 娱乐教育文化用品及服务 | Recreational, Educational & Cultural Articles and Services | 104.1 | 104.3 |
| #教　育 | Education | 112.2 | 106.4 |
| 旅游 | Tourism | 90.5 | 109.3 |
| 居　住 | Residence | 103.0 | 106.0 |

# 7－20 商品零售价格分类指数（2005－2006年）
## Retail Price Indices By Category of Commodities (2005-2006)

（上年=100） (preceding year=100)

| 项目 | Item | 2005 | 2006 |
|---|---|---|---|
| **商品零售价格总指数** | **General Retail Price Index** | **98.7** | **101.6** |
| 食　品 | Food | 100.2 | 103.1 |
| 饮料、烟酒 | Beverages, Tobacco and Liquor | 100.4 | 100.4 |
| 服装、鞋帽 | Garments, Shoes and Hats | 92.2 | 98.4 |
| 纺织品 | Textiles | 98.7 | 93.6 |
| 家用电器及音像器材 | Household Appliances and Video Materials | 95.6 | 96.3 |
| 文化办公用品 | Cultural and Office Articles | 99.8 | 100.0 |
| 日用品 | Articles for Daily Use | 100.0 | 101.0 |
| 体育娱乐用品 | Sports and Amusement Articles | 94.1 | 98.1 |
| 交通、通信用品 | Transport and Telecommunication Articles | 88.9 | 88.8 |
| 家　具 | Furniture | 101.3 | 100.5 |
| 化妆品 | Cosmetics | 100.8 | 98.5 |
| 金银珠宝 | Gold, Silver and Jewelry | 104.0 | 123.5 |
| 中西药品及医疗保健用品 | Traditional Chinese & Western Medicines and Medical Articles | 102.6 | 100.2 |
| 书报杂志及电子出版物 | Newspaper, Magazines and Electronic Publications | 99.7 | 100.5 |
| 燃　料 | Fuels | 107.9 | 116.5 |
| 建筑材料及五金电料 | Building Materials and Hardware & Electric Materials | 101.3 | 106.4 |

# 7－21 原材料、燃料、动力购进价格指数（2005－2006年）
## Purchasing Price Indices of Raw Material, Fuel and Power (2005-2006)

（上年=100） (preceding year=100)

| 指标 | Item | 2005 | 2006 |
|---|---|---|---|
| **原材料、燃料、动力购进价格指数** | **Purchasing Price Indices of Raw Material, Fuel and Power** | **108.2** | **104.8** |
| 燃料、动力类 | Fuel and Power | 113.8 | 106.8 |
| 黑色金属材料类 | Ferrous Metals | 110.8 | 97.5 |
| 有色金属材料类 | Nonferrous Metals | 109.5 | 127.9 |
| 化工原料类 | Raw Chemical Materials | 109.6 | 103.9 |
| 木材及纸浆类 | Timber and Paper Pulp | 101.8 | 103.5 |
| 建筑材料及非金属矿类 | Building Materials and Non-metal Minerals | 110.2 | 99.4 |
| 其他工业原材料及半成品类 | Other Industrial Raw Material and Semi-products | 100.6 | 102.1 |
| 农副产品类 | Agricultural Products | 102.4 | 104.4 |
| 纺织原料类 | Textile Materials | 105.7 | 104.3 |

# 7－22 工业品出厂价格指数（2005－2006年）
# Ex-factory Price Indices of Industrial Products (2005-2006)

（上年=100）　　(preceding year=100)

| 指　　标 | Item | 2005 | 2006 |
|---|---|---|---|
| **工业品出厂价格总指数** | **Ex-factory Price Indices of Industrial Products** | **103.0** | **102.2** |
| #轻工业 | Light Industry | 101.6 | 101.7 |
| 以农产品为原料 | Farm Products as Raw Materials | 101.4 | 102.5 |
| 以非农产品为原料 | Non-farm Products as Raw Materials | 101.6 | 101.4 |
| 重工业 | Heavy Industry | 104.1 | 102.6 |
| 采掘工业 | Minming and Quarrying | 122.9 | 103.2 |
| 原材料工业 | Raw Material Industry | 107.7 | 103.9 |
| 加工工业 | Manufacturing Industry | 101.8 | 102.0 |
| #生产资料 | Means of Production | 104.0 | 102.8 |
| 采掘工业 | Minming and Quarrying | 127.7 | 103.6 |
| 原材料工业 | Raw Material Industry | 106.1 | 104.1 |
| 加工工业 | Manufacturing Industry | 102.2 | 102.3 |
| 生活资料 | Consumer Goods | 100.5 | 100.7 |
| 食　品 | Food | 101.6 | 101.3 |
| 衣　着 | Clothing | 103.5 | 103.4 |
| 一般日用品 | Articles for Daily Use | 101.6 | 100.9 |
| 耐用消费品 | Durable Consumer Goods | 99.7 | 100.1 |

# 主要统计指标解释

**城乡居民储蓄存款余额** 指某一时点城乡居民存入银行及农村信用社的储蓄金额，包括城镇居民储蓄存款和农民个人储蓄存款，不包括居民的手存现金和工矿企业、部队、机关、团体等单位存款。

**城市居民家庭就业人口** 指城市居民从事社会劳动并取得劳动报酬或经营收入的人口。就业人口包括通过国家统筹规划和指导由劳动部门介绍就业，自愿组织起来就业和自谋职业等方式，在国有、集体所有制、中外合资、中外合作、外资在华独资的企事业单位和私营企业单位工作或从事个体劳动的有固定性职业或临时性职业的人口。被聘用和留用的离退休人员也计入就业人口。本指标可以反映城市居民的就业情况，是计算就业面，负担系数的重要资料。

**城市居民家庭总收入** 指家庭成员得到的工薪收入、经营净收入、财产性收入、转移性收入之和，不包括出售财物收入和借贷收入。

**城市居民家庭可支配收入** 指家庭成员得到可用于最终消费支出和其它非义务性支出以及储蓄的总和，即居民家庭可以用来自由支配的收入。它是家庭总收入扣除交纳的所得税、个人交纳的社会保障支出以及记账补贴后的收入。计算公式为：

可支配收入=家庭总收入-交纳所得税-个人交纳的社会保障支出-记帐补贴

**城市居民家庭总支出** 指除借贷支出以外的全部家庭支出。包括消费性支出、购房建房支出、转移性支出、财产性支出、社会保障支出。

**城市居民家庭消费性支出** 指家庭用于日常生活的支出，包括食品、衣着、家庭设备用品及服务、医疗保健、交通和通信、娱乐教育文化服务、居住、杂项商品和服务等八大类支出。

**城市居民家庭服务性消费支出** 指家庭用于支付社会提供的各种非商品性服务费用。

**城市居民家庭收入分组方法** 将所有调查户依户人均可支配收入由低到高排队，按10%，10%，20%，20%，20%，10%，10%的比例依次分成：最低收入户、低收入户、中等偏下收入户、中等收入户、中等偏上收入户、高收入户、最高收入户等七组。总体中最低5%的户为困难户。

**恩格尔系数** 指食物支出金额在消费性总支出金额中所占的比例。计算公式为：

恩格尔系数 = 食物支出总额 / 消费支出总额 × 100%

**农村居民家庭整半劳动力** 整劳动力指男子18周岁到50周岁，女子18周岁到45周岁；半劳动力指男子16周岁到17周岁，51周岁到60周岁；女子16周岁到17周岁，46周岁到55周岁，同时具有劳动能力的人。虽然在劳动年龄之内，但已丧失劳动能力的人，不应算为劳动力；超过劳动年龄，但能经常参加劳动，计入半劳动力数内。常住人口中的职工，若这些职工为劳动力，就包括在本户的整半劳动力中。

**农村居民家庭总收入** 指调查期内农村住户和住户成员从各种来源渠道得到的收入总和。按收入的性质划分为工资性收入、家庭经营收入、财产性收入和转移性收入。

**农村居民家庭现金收入** 指农村住户和住户成员在调查期内得到以现金形态表现的收入。按来源分成工资性收入、家庭经营现金收入、财产性收入、转移性收入。

**农村居民家庭纯收入** 指农村住户当年从各个来源得到的总收入相应地扣除所发生的费用后的收入总和。计算方法：

纯收入= 总收入-家庭经营费用支出-税费支出-生产性固定资产折旧-调查补贴-赠送农村外部亲友支出

纯收入主要用于再生产投入和当年生活消费支出，也可用于储蓄和各种非义务性支出。“农民人均纯收入”按人口平均的纯收入水平，反映的是一个地区或一个农户农村居民的平均收入水平。

**农村居民家庭总支出** 指农村住户用于生产、生活和再分配的全部支出。家庭经营费用支出、购置生产性固定资产支出、生产性固定资产折旧、税费支出、生活消费支出、财产性支出和转移性支出。

**农村居民家庭生活消费支出** 指农村住户用于物质生活和精神生活方面的支出。生活消费支出包括食品、衣着、居住、家庭设备用品及服务、医疗保健、交通和通讯、文化教育娱乐用品及服务、其他商品和服务等消费。

**农村居民家庭现金支出** 指农村住户用于生产、生活和再分配所支付的现金。包括家庭经营费用支出、缴纳的税费、购买生产性固定资产、生活消费、财产性和转移性支出。

**居民消费价格指数** 居民消费价格指数是度量一组代表性消费商品及服务项目价格水平随着时间而变动的相对数，反映居民家庭购买的消费品及服务价格水平的变动情况。它是宏观经济分析和决策、价格总水平监测和调控以及国民经济核算的重要指标。其按年度计算的变动率通常被用来作为反映通货膨胀（或紧缩）程度的指标。

**商品零售价格指数** 商品的零售价格是商品在流通过程中最后一个环节的价格，是工业、商业、餐饮业和其他零售企业向城乡居民、机关团体出售生活消费品和办公用品的价格。通过系统地调查、搜集和整理市场商品零售价格资料，编制商品零售价格指数，以此反映市场商品零售价格的变动趋势和变动程度。其目的在于掌握商品价格的变动趋势，为国家宏观调控和国民经济核算提供参考依据。同时，还可在此基础上编制出其他各种派生价格指数。

**原材料、燃料和动力购进价格指数** 是反映工业企业作为生产投入，而从物资交易市场和能源、原材料生产企业购买原材料、燃料和动力产品时，所支付的价格水平变动趋势和程度的统计指标，是扣除工业企业物质消耗成本中的价格变动影响的重要依据。

**工业品出厂价格指数** 是反映一定时期内全部工业产品出厂价格总水平的变动趋势和程度的相对数，包括工业企业售给本企业以外所有单位的各种产品和直接售给居民用于生活消费的产品。该指数可以观察出厂价格变动对工业总产值及增加值的影响。

# Explanatory Notes on Main Statistical Indicators

**Saving Deposits of Urban and Rural Residents** refer to the total value of savings deposits of urban and rural households in banks and rural credit cooperatives at a given point of time, including the saving deposits of urban residents and the saving deposits of rural residents. The cash in hand by residents and the deposits of organizations such as enterprises, military units, government agencies, institutions, etc. are not included.

**Employed Population in Urban Households** refers to urban residents engaged in certain work and receiving payment for their labor or income from their business operation, including those who work in state-owned or collective units, joint ventures, foreign-owned units and private units with permanent or temporary jobs. The self - employed individuals and reemployed retirees are also basic data for calculating employment rate and dependency ratio.

**Total Income of Urban Households** refers to the sum of wage and salary, net business income, income from properties, and income from transfers of members of the households, excluding income from selling of properties and income from borrowings.

**Disposable Income of Urban Households** refers to the actual income at the disposal of members of the households which can be used for final consumption, other non-compulsory expenditure and savings. This equals to total income minus income tax, personal contribution to social security and sample household subsidy for keeping dairies. Following formula is used:

*Disposable income = total household income - income tax - personal contribution to social security –sample household subsidy for keeping dairies*

**Total expenditure of Urban Households** refers to expenditure of households on services of various kinds provided by the society.

**Consumption Expenditure of Urban Households** refers to total expenditure of the sample households for consumption in daily life, including expenditure on eight categories such as food, clothing, household appliances and services, health care and medical services, transport and communications, recreation, education and cultural services, housing, miscellaneous goods and services.

**Expenditure of Urban Households on Consumption of Services** refers to expenditure of households on services of various kinds provided by the society.

**Urban Households by Income Group** All households in the sample are grouped, by per capita disposable income of the household, into groups of lowest income, low income, lower middle income, middle income, upper middle income, high income and highest income, each group consisting of 10%, 10%, 20%, 20%, 20%, 10% and 10% of all households respectively. The lowest 5% of households are also referred to as poor households.

**Engel Coefficient** refers to the percentage of expenditure on food in the total consumption expenditure, using the following formula:

*Engel Coefficient = (expenditure on food / total consumption expenditure) x 100%*

**Full/Semi Labour Force** Full labor force refers to persons capable of work, aged 18-50 for males and 18-45 for females. Semi labor force refers to persons capable of work, aged 16-17 and 51-60 for males and 16-17 and 46-55 for females. Persons at their working ages but not capable of work are not to be included as labor force. Persons not at working ages but participating regularly in work are included in semi labor force. For staff and workers as resident population of the household, they are included as full or semi labor force of the household if they are in the labor force.

**Total Income of Rural Households** refers to the sum of income earned from various sources by the rural households and their members during the reference period, and is classified as income from wages and salaries, income from household operations, income from properties and income from transfers.

**Cash Income of Rural Households** refers to income received by rural households and their members in the form of cash during the reference period. It is classified, by source of income, into income from wages and salaries, cash income from household operations, income from properties and income from transfers

**Net Income of Rural Households** refers to the total income of rural households from all sources minus all corresponding expenses. The formula for calculation is as follows:

*Net income = total income –household operation expenses – taxes and fees – depreciation of fixed assets for production – subsidy for participating in household survey – gifts to non-rural relatives*

Net income is mainly used as input for reproduction and as consumption expenditure of the year, and also used for savings and non-compulsory expenses of various forms. "Per capita net income of farmers" is the level of net income averaged by population which reflects the average income level of rural households in a given area.

**Total Expenditure of Rural Households** refers to total expenses of rural households on production, consumption and redistribution, including expenditure on household operations, on purchase of productive fixed assets, depreciation of productive fixed assets, taxes and fees, expenses on household consumption, expenses on properties and expenses on transfers.

**Expenditure on Household Consumption of Rural Households** refers to expenditure by rural households on their material and cultural life, including expenditure on food; clothing; housing; household appliances, articles and services; health and medical service; transportation and communications; articles and services on culture, education and recreation; and other goods and services.

**Cash Expenditure of Rural Households** refers to cash expenditure by rural households for production, consumption and redistribution during the reference period, including cash expenses on household operations, taxes and fees, purchase of productive fixed assets, household consumption, and expenses on properties and transfers.

**Consumer Price Index** reflects the relative change in prices of consumer goods and services in a certain period of time, Formation of consumer price index aims to study the impact of consumer price changes on the actual living cost of urban and rural residents and to provide scientific basis for central government and relevant departments in drawing up consumer up consumer policy, price policy, wage policy and monetary policy and in accounting the nation economy. It is also a key index reflecting the fluctuation of inflation.

**Retail Price Index** refers to the prices at which industrial, commercial, catering and other retail enterprises sell daily consumer goods and products for office use to urban and rural residents and institutions and social organizations. It reflects the general change in prices of retail commodities in a certain period of time. Formation of retail price index aims to keep abreast of price fluctuation of retail commodities and provide the reference basis for the central government in working out economic policies. Other derivative indexes can been formulate based on retail price index, providing the scientific bases for studying market circulation and the new accounting system of national economy.

**Indices of Purchasing Prices of Raw Materials, Fuels and Power** reflect changes in the level and degree of prices paid by industrial enterprises when they purchase production input such as raw materials, fuels and power from the market or from other energy or raw materials producing enterprises. These indices provide important basis for measuring the material consumption of industrial enterprises after removing influence of price changes.

**Ex-factory Price Indices of Industrial Products** reflect the trend and degree of changes in general ex-factory prices of all industrial products during a given period, including sales of industrial products by an industrial enterprise to all units outside the enterprise, as well as sales of consumer goods to residents. It can be used to analyze the impact of ex-factory prices on gross output value and value-added of the industrial sector.

# 8

# 城镇建设和环境保护

*Urban Construction and Environmental Protection*

## 简要说明 Brief Introduction

本章资料反映全市城镇建设和环境保护的基本情况。

城镇建设资料主要包括城镇建设用地、基础设施水平、市政设施、园林绿化、供水供气、公共交通、基础设施建设投资、房屋等，由市统计局固定资产投资处根据市建设委员会和市国土资源和房屋管理局资料整理提供。环境保护主要包括工业废水、废气、固体废物的排放处理和利用，工业污染治理投资，生活污染物排放，以及环境污染与破坏事故情况等，由市统计局社会科技处根据市环境保护局的资料整理提供。

Data in this chapter show the basic conditions of urban construction and environmental protection in Chongqing.

The statistics on urban construction cover land for urban construction, level of public facilities, civil engineering, afforestation, water and gas supply, public traffic, investment in infrastructure construction, and buildings and housing. The data of urban construction are provided by Division of Statistics of Investment in Fixed Assets, Municipal Bureau of Statistics according to information of Municipal Construction Commission and Municipal Administration of Land, Resources and Buildings. Environmental protection mainly includes discharge, treatment and utilization of industrial waste water, waste gas and solid wastes, investment in anti-industrial pollution projects, discharge of pollutants from daily life, and population accidents. The Data on environmental protection are prepared by Division of Social and Technology Statistics, Municipal Bureau of Statistics on basis of data from Municipal Environmental Protection Bureau.

# 8－1 城镇建设用地（2005－2006年）
# Land for Urban Construction (2005-2006)

单位：平方公里 (sq.km)

| 项　目 | Item | 全　市 Total | | #区合计 Total of Districts | |
|---|---|---|---|---|---|
| | | 2005 | 2006 | 2005 | 2006 |
| **建成区面积合计** | **Developed Area** | **732.87** | **810.71** | **582.51** | **631.35** |
| **建设用地面积合计** | **Area of Land for Urban Construction** | **705.42** | **778.51** | **574.05** | **620.44** |
| 居住用地 | Land for Residence | 256.68 | 287.85 | 211.41 | 233.29 |
| 公共设施用地 | Land for Public Utilities | 78.77 | 87.73 | 59.90 | 65.62 |
| 工业用地 | Land for Industry | 138.95 | 141.73 | 123.09 | 123.35 |
| 仓储用地 | Land for Storage | 22.36 | 19.90 | 18.09 | 15.53 |
| 对外交通用地 | Land for External Transportation | 50.89 | 33.46 | 43.70 | 20.77 |
| 道路广场用地 | Land for Roads and Squares | 59.86 | 104.81 | 42.65 | 85.39 |
| 市政公用设施用地 | Land for Municipal Public Utilities | 22.57 | 23.50 | 16.14 | 16.42 |
| 绿　地 | Land for Afforestation | 59.18 | 63.69 | 45.79 | 46.92 |
| 特殊用地 | Land for Special Purpose | 16.16 | 15.84 | 13.28 | 13.15 |

注："区合计"数为19个市辖区合计（以下各表同）。
Note: "Total of Districts" refers to total data of 19 districts (the same as following tables).

# 8－2 城镇基础设施水平（2005－2006年）
# Level of Public Facilities in Urban Area (2005-2006)

| 项　目 | Item | 全　市 Total | | #区合计 Total of Districts | |
|---|---|---|---|---|---|
| | | 2005 | 2006 | 2005 | 2006 |
| 人均日生活用水量（升） | Per Capita Daily Water Consumption for Living (liter) | 153.66 | 158.38 | 163.49 | 174.49 |
| 用水普及率（%） | Percentage of Population with Access to Tap Water (%) | 79.2 | 88.2 | 79.4 | 90.7 |
| 燃气普及率（%） | Percentage of Population with Access to Gas (%) | 69.7 | 81.5 | 68.8 | 84.5 |
| 每万人拥有公共交通车辆（标台） | Public Transport Vehicles Owned Per 10 000 Persons (vehicle) | 7.48 | 8.35 | 8.70 | 10.36 |
| 人均道路面积（平方米） | Per Capita Area of Paved Roads (sq.m) | 6.63 | 8.58 | 6.64 | 9.07 |
| 污水处理厂集中处理率（%） | Intensive Treatment Rate of Polluted Water by Special Factories (%) | 23.1 | 44.6 | 22.2 | 43.8 |
| 人均公共绿地面积（平方米） | Per Capita Public Green Land (sq.m) | 4.93 | 6.59 | 5.04 | 7.19 |
| 建成区绿地率（%） | Rate of Green Area to Developed Area (%) | 19.6 | 21.0 | 20.6 | 21.8 |
| 建成区绿化覆盖率（%） | Rate of Afforestation Covered Area to Developed Area (%) | 21.6 | 22.9 | 22.2 | 23.5 |

注：人均数为户籍人口口径。
Note: Data of average population refer to registration statistics.

# 8－3 城镇市政设施（2005－2006年）
# Urban Civil Engineering (2005-2006)

| 项　　目 | Item | 全　市 Total | | #区合计 Total of Districts | |
|---|---|---|---|---|---|
| | | 2005 | 2006 | 2005 | 2006 |
| 道路长度（公里） | Length of Roads (km) | 4595 | 5084 | 3630 | 4011 |
| 道路面积（万平方米） | Area of Roads (10 000 sq.m) | 7007 | 8435 | 5605 | 6779 |
| #人行道 | Sidewalk | 2182 | 2607 | 1718 | 2074 |
| 桥梁数（座） | Number of Bridges (unit) | 909 | 1000 | 668 | 740 |
| #立交桥 | Stereoscopic Traffic Bridges | 99 | 106 | 94 | 103 |
| 路灯盏数（盏） | Number of Street Lights (unit) | 256321 | 290000 | 188977 | 209000 |
| 排水管道长度（公里） | Length of Drainpipes (km) | 5600 | 6599 | 4106 | 4897 |
| #污水管道 | Waste Pipes | 2205 | 2627 | 1538 | 1933 |
| 污水年排放量（万立方米） | Discharged Volume of Polluted Water (10 000 cu.m) | 64462 | 67754 | 56825 | 59692 |
| 污水处理厂处理总量（万立方米） | Treated Volume of Polluted Water by Special Factories (10 000 cu.m) | 14904 | 30348 | 12615 | 26222 |
| 防洪堤长度（公里） | Length of Flood Protecting Embankment (km) | 458 | 468 | 328 | 346 |

# 8－4 城镇园林绿化（2005－2006年）
# Parks, Gardens and Green Areas in Urban Area (2005-2006)

| 指　　标 | Item | 全　市 Total | | #区合计 Total of Districts | |
|---|---|---|---|---|---|
| | | 2005 | 2006 | 2005 | 2006 |
| 绿化覆盖面积（公顷） | Coverage Area of Afforestation (hectare) | 20573 | 24308 | 17973 | 20124 |
| #建成区 | Developed Area | 14997 | 18601 | 12956 | 14805 |
| 园林绿地面积（公顷） | Area of Gardens and Green Area (hectare) | 17758 | 21463 | 15939 | 17827 |
| #建成区 | Developed Area | 13399 | 17010 | 12023 | 13735 |
| 公共绿地面积（公顷） | Area of Public Green Area (hectare) | 4969 | 6474 | 4254 | 5370 |
| 动物园、公园个数（个） | Number of Parks and Zoos (unit) | 130 | 136 | 94 | 97 |
| 动物园、公园面积（公顷） | Area of Parks and Zoos (hectare) | 2377 | 2504 | 2001 | 2083 |

# 8－5 城镇供水及供气情况（2005－2006年）
# Water and Gas Supply in Urban Area (2005-2006)

| 指　　标 | Item | 全 市 Total | | #区合计 Total of Districts | |
|---|---|---|---|---|---|
| | | 2005 | 2006 | 2005 | 2006 |
| **城镇供水** | **Water Supply in Urban Area** | | | | |
| 年末供水综合生产能力（万立方米/日） | Year-end Comprehensive Productive Capacity of Water Supply (10 000 cu.m/day) | 471.90 | 467.90 | 405.61 | 391.80 |
| 年末供水管道长度（公里） | Year-end Length of Water Supply Pipelines (km) | 8772 | 9493 | 6766 | 7290 |
| 供水总量（万立方米） | Total Volume of Water Supply (10 000 cu.m) | 80465 | 86142 | 71032 | 75455 |
| #生产运营用水 | Production and Operation | 27404 | 22335 | 25683 | 20515 |
| 公共服务用水 | Public Services | 7502 | 7816 | 6233 | 6698 |
| 居民家庭用水 | Households | 39433 | 42279 | 33729 | 36452 |
| 消防及其他用水 | Fires and Other Purposes | 6126 | 7532 | 5387 | 7046 |
| 用水户数（户） | Households with Access to Tap Water (household) | 2070091 | 2084267 | 1404545 | 1539405 |
| #家庭用户 | Residential Households | 1594794 | 1808544 | 1190624 | 1359753 |
| 用水人口（万人） | Number of Residents with Access to Tap Water (10 000 persons) | 836.85 | 866.57 | 669.66 | 677.50 |
| **城镇供气** | **Gas Supply in Urban Area** | | | | |
| 天然气供气总量（万立方米） | Total Natural Gas Supply (10 000 cu.m) | 210128 | 223015 | 164614 | 173926 |
| #家庭用量 | Used by Residential Households | 75681 | 76336 | 59469 | 54789 |
| 天然气用气户数（户） | Households with Access to Natural Gas (household) | 2186028 | 2454389 | 1818239 | 2007551 |
| #家庭用户 | Residential Households | 2136197 | 2357557 | 1789732 | 1924685 |
| 天然气用气人口（万人） | Population with Access to Natural Gas (10 000 persons) | 615.26 | 668.16 | 509.04 | 545.11 |
| 天然气汽车加气站（个） | Natural Gas Stations for Motor Vehicles (unit) | 55 | 58 | 46 | 50 |
| 液化石油气供气总量（吨） | Total Liquefied Petroleum Gas Supply (ton) | 124512 | 97095 | 95577 | 73506 |
| #家庭用量 | Used by Residential Households | 67672 | 60649 | 44828 | 42203 |
| 液化石油气用气户数（户） | Households with Access to Liquefied Petroleum Gas (household) | 633238 | 545159 | 301018 | 36618 |
| #家庭用户 | Residential Households | 349221 | 453703 | 182520 | 302418 |
| 液化石油气用气人口（万人） | Population with Access to Liquefied Petroleum Gas (10 000 persons) | 127.28 | 132.44 | 71.71 | 86.29 |

# 8-6 城镇公共交通情况（2005-2006年）
# Public Traffic in Urban Area (2005-2006)

| 指标 | Item | 全市 Total | | #区合计 Total of Districts | |
|---|---|---|---|---|---|
| | | 2005 | 2006 | 2005 | 2006 |
| **营运客车** | **Operating Public Vehicles** | | | | |
| 年末营运线路网长度（公里） | Year-end Length of Public Transportation Routes (km) | 2592 | 2891 | 2295 | 2589 |
| 运营车数（辆） | Year-end Operating Public Buses (vehicle) | 8118 | 8499 | 7267 | 7907 |
| #天然气燃料车 | Vehicles of Natural Gas | 6176 | 7381 | 5819 | 7085 |
| 客运量（万人次） | Passengers Traffic (10 000 person-times) | 115805 | 131191 | 111324 | 125412 |
| **轻　轨** | **Light Rail Transits** | | | | |
| 通车里程（公里） | Length of Light Rail Transits in Operation | 14 | 17 | 14 | 17 |
| 车辆数（辆） | Number of Vehicles (vehicle) | 40 | 52 | 40 | 52 |
| 客运量（万人次） | Passengers Traffic (10 000 person-times) | 827 | 2202 | 827 | 2202 |
| **缆　车** | **Cable Cars** | | | | |
| 缆车道条数（条） | Number of Cable Car Line (line) | 4 | 4 | 4 | 4 |
| 车辆数（辆） | Number of Vehicles (vehicle) | 6 | 6 | 6 | 6 |
| 客运量（万人次） | Passengers Traffic (10 000 person-times) | 33 | 73 | 33 | 73 |
| **客运架空索道** | **Ropeway of Building on Stilts** | | | | |
| 索道条数（条） | Number of Ropeway (line) | 2 | 2 | 2 | 2 |
| 客车数（辆） | Number of Vehicles (vehicle) | 4 | 4 | 4 | 4 |
| 客运量（万人次） | Passengers Traffic (10 000 person-times) | 173 | 164 | 173 | 164 |
| **轮　渡** | **Ferries** | | | | |
| 年末实有轮渡总数（艘） | Year-end Total Ferries (vessel) | 32 | 55 | 28 | 35 |
| **出租汽车** | **Taxis** | | | | |
| 车辆数（辆） | Number of Vehicles (vehicle) | 19332 | 19375 | 16376 | 16594 |

# 8－7 公用事业和市政建设投资额（2005－2006年）
## Investment in Public Utilities and Municipal Construction (2005-2006)

单位：万元 (10 000 yuan)

| 指标 | Item | 2005 | 2006 |
|---|---|---|---|
| **公用事业** | **Public Utilities** | **284929** | **173349** |
| 供水 | Water Supply | 55596 | 85703 |
| 燃气 | Gas Supply | 42591 | 33088 |
| 公共交通 | Public Traffic | 186742 | 54558 |
| **市政建设** | **Municipal Construction** | **1790396** | **1855002** |
| 园林绿化 | Parks, Gardens and Green Areas | 87796 | 103569 |
| 环境卫生 | Environmental Sanitation | 62403 | 20133 |
| 市政工程 | Municipal Engineering | 1640197 | 1731300 |

# 8－8 城镇房屋及居住情况（2005－2006年）
## Statistics on Buildings and Housing in Urban Area (2005-2006)

| 指标 | Item | 全市 Total | | #区合计 Total of Districts | |
|---|---|---|---|---|---|
| | | 2005 | 2006 | 2005 | 2006 |
| **房屋状况（万平方米）** | **Conditions of Buildings (10 000 sq.m)** | | | | |
| 年末实有房屋建筑面积 | Year-end Total Available Floor Space of Building Construction | 34998.41 | 39831.34 | 27235.92 | 31216.08 |
| #住宅 | Residential Buildings | 23112.04 | 26228.34 | 17593.35 | 20373.50 |
| #自有（私有）住宅 | Self-owned (private) | 18659.79 | 21679.24 | 13808.39 | 16467.33 |
| 年末实有住宅套数（套） | Year-end Total Number of Available Apartment Buildings (set) | 2524650 | 2762089 | 2006094 | 2225379 |
| 年末成套住宅建筑面积 | Year-end Total Floor Space of Apartment Buildings | 19344.18 | 22270.51 | 14738.37 | 17410.76 |
| 年末危险房屋建筑面积 | Year-end Total Floor Space of Dangerous Building Construction | 708.04 | | 587.34 | |
| #住宅 | Residential Buildings | 370.21 | | 334.79 | |
| **居住状况** | **Conditions of Housing** | | | | |
| 居住户数（万户） | Households of Housing (10 000 households) | 260.07 | 296.80 | 201.17 | 236.12 |
| 人均住宅建筑面积（平方米/人） | Per Capita Floor Space of Residential Buildings (sq.m/person) | 30.68 | 31.36 | 30.65 | 31.12 |
| 户均住宅套数（套/户） | Average Number of Apartments Per Household (set/household) | 0.97 | 0.93 | 1.00 | 0.94 |

# 8－9 环境保护情况（2005－2006年）
# Environmental Protection (2005-2006)

| 项　　目 | Item | 2005 | 2006 |
| --- | --- | --- | --- |
| 环保投资（亿元） | Investment in Environmental Protection (100 million yuan) | 65.14 | 84.64 |
| 自然保护区数（个） | Number of Nature Reserves (unit) | 50 | 50 |
| 自然保护区面积（万公顷） | Are of Nature Reserves (10 000 ha) | 89.15 | 91.31 |
| 保护区面积占土地总面积比重（%） | Percentage of Nature Reserves in the Land Area (%) | 10.82 | 11.08 |
| 生态示范区数（个） | Number of Demonstration Zone of Ecology (unit) | 3 | 3 |
| 生态示范区面积（万公顷） | Area of Demonstration Zone of Ecology (10 000 ha) | 72.60 | 72.60 |
| 化学需氧量排放量（万吨） | Discharged Volume of COD (10 000 tons) | 26.91 | 26.40 |
| 二氧化硫排放量（万吨） | Discharged Volume of $SO_2$ (10 000 tons) | 83.71 | 85.95 |
| 工业污染治理施工项目数（个） | On-going Projects of Industrial Pollution Treatment (unit) | 174 | 178 |
| 工业污染治理项目完成投资（万元） | Completed Investment in Projects of Industrial Pollution Treatment (10 000 yuan) | 39121 | 36742 |
| 工业污染治理竣工项目数（个） | Completed Projects of Industrial Pollution Treatment (unit) | 110 | 167 |
| 工业废水排放达标率（%） | Rate of Waste Water up to Discharge Standard (%) | 93.7 | 93.9 |
| 工业固体废物综合利用率（%） | Rate of Industrial Solid Wastes Comprehensively Utilized (%) | 72.1 | 73.7 |
| 生活污水排放量（万吨） | Discharged Volume of Sanitary Sewage (10 000 tons) | 60336 | 62621 |
| 生活二氧化硫排放量（万吨） | Discharged Volume of $SO_2$ from Living (10 000 tons) | 15.39 | 14.87 |
| 烟尘控制区数（个/平方公里） | Number of Districts Where Dusts are under Control (unit/sq.km) | 23/567.00 | 32/626.90 |
| 环境噪声达标区数（个/平方公里） | Number of Districts Where Noises are up to Standards (unit/sq.km) | 22/273.20 | 30/340.90 |
| 主城区区域环境噪声平均值（分贝） | Average Noises in Downtown (db) | 54.7 | 54.4 |
| 主城区道路交通噪声（分贝） | Traffic Noises in Downtown (db) | 67.9 | 67.7 |
| 主城区大气可吸入颗粒年日均值（毫克/立方米） | Annual Average Daily Inhalable Motes in Atmosphere in Downtown (mg/cu.m) | 0.120 | 0.111 |
| 主城区二氧化硫年日均值（毫克/立方米） | Annual Average Daily $SO_2$ Concentration in Downtown (mg/cu.m) | 0.073 | 0.074 |
| 主城区二氧化氮年日均值（毫克/立方米） | Annual Average Daily $NO_2$ Concentration in Downtown (mg/cu.m) | 0.048 | 0.047 |
| 主城区环境空气质量优良天数比例（%） | Proportion of High Air Quality Days in Downtown | 72.9 | 78.6 |
| 饮用水源水质达标率（%） | Rate of Quality of Drinking Water Sources up to Standards (%) | 97.3 | 98.6 |
| 城市污水处理厂集中处理率（%） | Rate of Concentrated Treatment of City Sewage Factories (%) | 23.1 | 44.6 |
| 地面水水质达标率（%） | Rate of Quality of Ground Water up to Standards (%) | 100.0 | 100.0 |

# 8－10 工业"三废"排放处理及综合利用情况（1995－2006年）
# Discharge, Treatment and Utilization of Waste Gas, Waste Water and Solid Wastes by Industry (1995-2006)

| 年份 Year | 工业废水（万吨） Industrial Waste Water (10 000 tons) | | | 工业废气（万吨） Industrial Waste Gas (10 000 tons) | | | |
|---|---|---|---|---|---|---|---|
| | 排放总量 Discharged Volume | 排放达标量 Up to Discharge Standards | 排放达标率（%） Rate up to Discharge Standard | 工业废气排放总量（亿标立方米） Total Volume of Industrial Waste Gas Discharged (100 million cu.m) | 工业二氧化硫排放量 Discharged Volume of $SO_2$ | 工业粉尘排放量 Discharged Volume of Industrial Dusts | 工业粉尘去除量 Removed Volume of Industrial Dusts |
| 1995 | 95590 | 57000 | 55.4 | 1979 | 71.45 | 22.39 | 25.30 |
| 1996 | 93889 | 46879 | 62.4 | 1697 | 72.16 | 22.36 | 23.43 |
| 1997 | 101324 | 67766 | 80.2 | 1794 | 71.43 | 33.18 | 22.60 |
| 1998 | 93997 | 58396 | 77.8 | 1712.76 | 73.64 | 28.65 | 28.92 |
| 1999 | 90220 | 58380 | 82.3 | 1839.33 | 75.88 | 26.44 | 33.33 |
| 2000 | 84344 | 63612 | 82.6 | 1907.90 | 66.42 | 22.01 | 44.61 |
| 2001 | 81214 | 66920 | 91.0 | 1856.24 | 56.94 | 21.41 | 37.42 |
| 2002 | 79872 | 71372 | 89.4 | 1978.89 | 55.18 | 20.31 | 40.18 |
| 2003 | 81973 | 73663 | 89.9 | 2276.94 | 59.97 | 22.23 | 33.49 |
| 2004 | 83031 | 77559 | 93.4 | 3540.86 | 64.11 | 21.98 | 36.76 |
| 2005 | 84885 | 79507 | 93.7 | 3654.55 | 68.32 | 21.28 | 37.57 |
| 2006 | 85866 | 80645 | 93.9 | 5066.96 | 71.08 | 20.01 | 33.48 |

| 年份 Year | 工业废气 Industrial Waste Gas | 工业固体废物（万吨） Industrial Solid Wastes (10 000 tons) | | | | | "三废"综合利用产品产值（万元） Output Value of Products Made from Comprehensive Utilization of Waste Water, Waste Gas and Solid Wastes (10 000 yuan) |
|---|---|---|---|---|---|---|---|
| | 工业烟尘排放量（万吨） Discharged Volume of Industrial Soot (10 000 tons) | 产生量 Produced Volume | 排放量 Discharged Volume | 处置量 Treated Volume | 综合利用量 Utilized Volume | 综合利用率（%） Rate of Utilization | |
| 1995 | 16.12 | 1092 | 230 | 68.34 | 467.79 | 50.37 | 31138 |
| 1996 | 15.76 | 1174 | 229 | 61.06 | 510.06 | 58.10 | 52037 |
| 1997 | 14.90 | 1279 | 273 | 49.16 | 623.00 | 54.27 | 44737 |
| 1998 | 14.42 | 1368 | 229 | 43.75 | 597.00 | 61.78 | 48945 |
| 1999 | 14.07 | 1512 | 291 | 42.40 | 655.47 | 64.32 | 80554 |
| 2000 | 12.18 | 1305 | 238 | 37.64 | 626.01 | 71.00 | 59593 |
| 2001 | 11.01 | 1300 | 168 | 87.85 | 881.64 | 65.30 | 74642 |
| 2002 | 11.08 | 1348 | 160 | 68.78 | 960.95 | 68.20 | 72459 |
| 2003 | 11.98 | 1336 | 142 | 73.54 | 967.98 | 68.43 | 71512 |
| 2004 | 12.53 | 1489 | 118 | 62.09 | 1093.35 | 70.93 | 79932 |
| 2005 | 13.13 | 1777 | 184 | 122.41 | 1329.39 | 72.07 | 81494 |
| 2006 | 12.76 | 1815 | 133 | 123.99 | 1367.71 | 73.70 | 108030 |

# 8－11 重点调查工业废气排放及处理情况（2006年）

| 行　业 | Sector | 汇总工业企业数（个）Number of Industrial Enterprises (unit) | 废气治理设施数（套）Number of Facilities for Treatment of Waste Gas (set) | 工业废气排放总量（亿标立方米）Total Discharged Volume of Industrial Waste Gas (100 million cu.m) |
|---|---|---|---|---|
| **总　计** | **Total** | **1583** | **2493** | **5066.96** |
| 采矿业 | Mining and Quarrying | 129 | 74 | 186.63 |
| 煤炭开采和洗选业 | Coal Mining and Dressing | 111 | 40 | 55.57 |
| 石油和天然气开采业 | Petroleum and Natural Gas Extraction | 5 | 17 | 3.74 |
| 黑色金属矿采选业 | Ferrous Metals Mining and Dressing | 7 | 4 | 5.16 |
| 有色金属矿采选业 | Nonferrous Metals Mining and Dressing | 3 | 13 | 122.05 |
| 非金属矿采选业 | Nonmetal Minerals Mining and Dressing | 2 | | 0.08 |
| 其他采矿业 | Other Minerals Mining | 1 | | 0.03 |
| 制造业 | Manufacturing | 1385 | 2220 | 3084.22 |
| 农副食品加工业 | Farm Products and By-food Processing | 75 | 32 | 7.02 |
| 食品制造业 | Food Production | 51 | 25 | 62.23 |
| 饮料制造业 | Beverage Production | 41 | 86 | 20.69 |
| 烟草制品业 | Tobacco Products | 5 | 4 | 4.32 |
| 纺织业 | Textile Industry | 100 | 73 | 30.97 |
| 纺织服装、鞋、帽制造业 | Garments, Shoes and Hats Production | 2 | | 0.25 |
| 皮革毛皮羽毛（绒）及其制品业 | Leather, Furs, Down and Related Products | 4 | | 1.18 |
| 木材加工及木竹藤棕草制品业 | Timber Processing, Bamboo, Cane, Palm, Straw Products | 4 | 5 | 8.81 |
| 家具制造业 | Furniture Manufacturing | 4 | 2 | 0.63 |
| 造纸及纸制品业 | Papermaking and Paper Products | 63 | 62 | 61.33 |
| 印刷业、记录媒介的复制 | Printing and Record Medium Reproduction | 9 | 2 | 0.77 |
| 文教体育用品制造业 | Cultural Educational and Sports Goods | 1 | | |
| 石油加工、炼焦及核燃料加工业 | Petroleum, Coking and Nuclear Fuel Processing | 12 | 9 | 39.18 |
| 化学原料及化学制品制造业 | Raw Chemical Materials and Chemical Products | 122 | 193 | 388.50 |
| 医药制造业 | Medical and Pharmaceutical Products | 49 | 62 | 23.98 |
| 化学纤维制造业 | Chemical Fiber | 2 | 6 | 70.90 |
| 橡胶制品业 | Rubber Products | 17 | 15 | 25.44 |
| 塑料制品业 | Plastic Products | 19 | 15 | 39.53 |
| 非金属矿物制品业 | Nonmetal Mineral Products | 334 | 1122 | 1844.33 |
| 黑色金属冶炼及压延加工业 | Smelting and Pressing of Ferrous Metals | 28 | 49 | 42.13 |
| 有色金属冶炼及压延加工业 | Smelting and Pressing of Nonferrous Metals | 49 | 63 | 91.69 |
| 金属制品业 | Metal Products | 56 | 33 | 11.94 |
| 通用设备制造业 | Ordinary Equipment | 83 | 78 | 21.45 |
| 专用设备制造业 | Special Equipment | 20 | 64 | 32.54 |
| 交通运输设备制造业 | Transportation Equipment | 169 | 163 | 243.80 |
| 电气机械及器材制造业 | Electric Equipment and Machinery | 33 | 31 | 8.23 |
| 通信设备、计算机及其他电子设备制造业 | Communication, Computers and Other Electronic Equipment | 6 | 4 | 0.25 |
| 仪器仪表及文化、办公用机械制造业 | Instruments, Meters, Cultural and Office Machinery | 22 | 20 | 1.98 |
| 工艺品及其他制造业 | Handicraft and Other Production | 2 | 1 | … |
| 废弃资源和废旧材料回收加工业 | Recovery and Processing of Waste Resources and Materials | 3 | 1 | 0.13 |
| 电力、燃气及水的生产和供应业 | Electric power, Gas & Water Production and Supply | 36 | 70 | 1046.17 |
| 电力、热力的生产和供应业 | Electric power and Hot Power Production and Supply | 31 | 70 | 1046.11 |
| 燃气生产和供应业 | Gas Production and Supply | | | |
| 水的生产和供应业 | Water Production and Supply | 5 | | 0.06 |
| 其　他 | Others | 33 | 129 | 749.93 |

# Discharge and Treatment of Waste Gas of Major Surveyed Industrial Enterprises (2006)

| 燃料燃烧过程中废气排放量 Volume of Waste Gas in the Process of Fuel Burning | 生产工艺过程中废气排放量 Volume of Waste Gas in the Process of Production | 工业二氧化硫排放量（万吨） Volume of Sulphur Dioxide Discharged (10 000 ton) | 工业二氧化硫去除量（万吨） Removed Volume of Sulphur Dioxide of Industry (10 000 ton) | 工业烟尘排放量（万吨） Volume of Soot Discharged (10 000 ton) | 工业烟尘去除量（万吨） Volume of Soot Removed (10 000 ton) | 工业粉尘排放量（万吨） Volume of Dust Discharged (10 000 ton) | 工业粉尘去除量（万吨） Volume of Dust Removed (10 000 ton) |
|---|---|---|---|---|---|---|---|
| **3020.12** | **2046.84** | **63.44** | **38.96** | **11.43** | **233.32** | **17.84** | **33.48** |
| 173.88 | 12.75 | 1.98 | 4.65 | 0.27 | 0.87 | 0.43 | 0.55 |
| 45.24 | 10.32 | 0.84 | 0.13 | 0.11 | 0.40 | 0.38 | 0.54 |
| 1.31 | 2.43 | 0.15 | 4.35 | … | | | |
| 5.16 | | 0.38 | 0.04 | 0.04 | 0.19 | 0.02 | 0.01 |
| 122.05 | | 0.61 | 0.13 | 0.12 | 0.27 | 0.03 | … |
| 0.08 | | … | | | | | |
| 0.03 | | … | | … | | | |
| 1536.43 | 1542.02 | 21.04 | 8.71 | 5.17 | 27.70 | 17.07 | 30.46 |
| 7.02 | | 0.21 | 0.01 | 0.03 | 0.07 | 0.01 | |
| 62.23 | … | 0.92 | 0.13 | 0.23 | 3.90 | … | |
| 20.69 | | 0.28 | 0.04 | 0.12 | 0.50 | 0.03 | |
| 4.32 | | 0.04 | 0.04 | 0.03 | 0.17 | … | 0.01 |
| 30.97 | | 0.41 | 0.23 | 0.14 | 0.72 | 0.02 | … |
| 0.25 | | … | | … | | | |
| 1.18 | … | 0.01 | | 0.01 | | … | |
| 8.81 | | 0.11 | | 0.01 | 0.09 | … | 0.01 |
| 0.31 | 0.32 | … | … | … | 0.01 | | |
| 61.33 | | 0.58 | 0.04 | 0.08 | 0.36 | | |
| | 0.77 | … | … | | | | |
| | | | | | | | |
| 12.01 | 27.18 | 0.46 | 0.01 | 0.11 | 0.18 | 0.01 | 0.01 |
| 212.42 | 176.08 | 1.94 | 3.14 | 0.38 | 2.11 | 0.21 | 0.21 |
| 23.98 | … | 0.43 | 0.26 | 0.04 | 0.36 | … | 0.01 |
| 64.73 | 6.17 | 2.75 | | 0.13 | 4.51 | | |
| 7.29 | 18.15 | 0.05 | 0.06 | 0.01 | 0.15 | | |
| 0.73 | 38.80 | … | | … | … | … | |
| 905.56 | 933.00 | 12.11 | 3.86 | 3.58 | 12.95 | 16.58 | 29.42 |
| 22.28 | 19.86 | 0.16 | 0.10 | 0.06 | 0.27 | 0.17 | 0.45 |
| 39.30 | 52.39 | 0.28 | 0.17 | 0.09 | 0.43 | 0.02 | 0.29 |
| 10.33 | 1.61 | 0.07 | … | 0.01 | 0.04 | … | … |
| 9.42 | 12.03 | 0.06 | 0.24 | 0.02 | 0.12 | 0.01 | 0.02 |
| 1.98 | 30.56 | 0.01 | 0.03 | … | 0.02 | … | … |
| 26.55 | 217.25 | 0.13 | 0.33 | 0.10 | 0.72 | … | 0.04 |
| 2.41 | 5.82 | 0.02 | … | … | 0.01 | … | … |
| 0.06 | 0.19 | … | | | | | |
| 0.14 | 1.84 | … | | … | … | … | … |
| … | | … | … | | | | |
| 0.13 | | … | … | … | … | … | … |
| 1051.94 | … | 35.24 | 25.38 | 5.69 | 204.76 | … | … |
| 1051.88 | | 35.24 | 25.38 | 5.69 | 204.76 | | |
| | | | | | | | |
| 0.06 | … | … | … | … | … | … | … |
| 257.86 | 492.07 | 5.18 | 0.22 | 0.29 | … | 0.35 | 2.47 |

# 8－12 重点调查工业固体废物产生及处理利用情况（2006年）

| 行业 | Sector | 企业数（个） Number of Enterprises (unit) | 工业固体废物产生量（万吨） Volume of Industrial Solid Waste Produced (10 000 tons) |
|---|---|---|---|
| **总计** | **Total** | **1583** | **1686.86** |
| 采矿业 | Mining and Quarrying | 129 | 514.08 |
| 煤炭开采和洗选业 | Coal Mining and Dressing | 111 | 495.49 |
| 石油和天然气开采业 | Petroleum and Natural Gas Extraction | 5 | … |
| 黑色金属矿采选业 | Ferrous Metals Mining and Dressing | 7 | 14.88 |
| 有色金属矿采选业 | Nonferrous Metals Mining and Dressing | 3 | 3.23 |
| 非金属矿采选业 | Nonmetal Minerals Mining and Dressing | 2 | 0.48 |
| 其他采矿业 | Other Minerals Mining | 1 | … |
| 制造业 | Manufacturing | 1385 | 737.52 |
| 农副食品加工业 | Farm Products and By-food Processing | 75 | 2.01 |
| 食品制造业 | Food Production | 51 | 7.18 |
| 饮料制造业 | Beverage Production | 41 | 11.56 |
| 烟草制品业 | Tobacco Products | 5 | 1.06 |
| 纺织业 | Textile Industry | 100 | 5.64 |
| 纺织服装、鞋、帽制造业 | Garments, Shoes and Hats Production | 2 | … |
| 皮革毛皮羽毛（绒）及其制品业 | Leather, Furs, Down and Related Products | 4 | 0.02 |
| 木材加工及木竹藤棕草制品业 | Timber Processing, Bamboo, Cane, Palm, Straw Products | 4 | 0.85 |
| 家具制造业 | Furniture Manufacturing | 4 | 0.22 |
| 造纸及纸制品业 | Papermaking and Paper Products | 63 | 4.10 |
| 印刷业、记录媒介的复制 | Printing and Record Medium Reproduction | 9 | 0.04 |
| 文教体育用品制造业 | Cultural Educational and Sports Goods | 1 | |
| 石油加工、炼焦及核燃料加工业 | Petroleum, Coking and Nuclear Fuel Processing | 12 | 3.58 |
| 化学原料及化学制品制造业 | Raw Chemical Materials and Chemical Products | 122 | 211.75 |
| 医药制造业 | Medical and Pharmaceutical Products | 49 | 4.18 |
| 化学纤维制造业 | Chemical Fiber | 2 | 14.78 |
| 橡胶制品业 | Rubber Products | 17 | 0.27 |
| 塑料制品业 | Plastic Products | 19 | 0.06 |
| 非金属矿物制品业 | Nonmetal Mineral Products | 334 | 329.17 |
| 黑色金属冶炼及压延加工业 | Smelting and Pressing of Ferrous Metals | 28 | 23.88 |
| 有色金属冶炼及压延加工业 | Smelting and Pressing of Nonferrous Metals | 49 | 95.08 |
| 金属制品业 | Metal Products | 56 | 0.52 |
| 通用设备制造业 | Ordinary Equipment | 83 | 11.32 |
| 专用设备制造业 | Special Equipment | 20 | 1.26 |
| 交通运输设备制造业 | Transportation Equipment | 169 | 8.59 |
| 电气机械及器材制造业 | Electric Equipment and Machinery | 33 | 0.27 |
| 通信设备、计算机及其他电子设备制造业 | Communication, Computers and Other Electronic Equipment | 6 | 0.01 |
| 仪器仪表及文化、办公用机械制造业 | Instruments, Meters, Cultural and Office Machinery | 22 | 0.12 |
| 工艺品及其他制造业 | Handicraft and Other Production | 2 | 0.01 |
| 废弃资源和废旧材料回收加工业 | Recovery and Processing of Waste Resources and Materials | 3 | 0.01 |
| 电力、燃气及水的生产和供应业 | Electric power, Gas & Water Production and Supply | 36 | 236.46 |
| 电力、热力的生产和供应业 | Electric power and Hot Power Production and Supply | 31 | 236.45 |
| 燃气生产和供应业 | Gas Production and Supply | | |
| 水的生产和供应业 | Water Production and Supply | 5 | … |
| 其他 | Others | 33 | 198.81 |

# Discharge, Treatment and Utilization of Solid Wastes of Major Surveyed Industrial Enterprises (2006)

| #危险废物产生量<br>Dangerous Wastes | 工业固体废物综合利用量（万吨）<br>Volume of Industrial Solid Wastes Utilized (10 000 tons) | 工业固体废物贮存量（万吨）<br>Volume of Industrial Solid Wastes Accumulated (10 000 tons) | 工业固体废物处置量（万吨）<br>Volume of Industrial Solid Wastes Treated (10 000 tons) | 工业固体废物排放量（万吨）<br>Volume of Industrial Solid Wastes Discharged (10 000 tons) | “三废”综合利用产品产值（万元）<br>Output Value of Products Made from Comprehensive Utilization of Waste Water, Waste Gas and of Solid Wastes (10 000 yuan) |
|---|---|---|---|---|---|
| **16.21** | **1280.90** | **212.84** | **118.70** | **122.64** | **108030** |
| | 405.81 | 16.96 | 15.04 | 76.37 | 12694 |
| | 392.08 | 16.88 | 15.04 | 71.59 | 11864 |
| | … | | … | | 301 |
| | 10.02 | 0.08 | | 4.78 | 110 |
| | 3.23 | | | … | 282 |
| | 0.48 | | | | 137 |
| | … | | | | |
| 15.34 | 472.85 | 143.44 | 86.82 | 44.27 | 84996 |
| | 1.15 | | 0.28 | 0.59 | 151 |
| | 7.01 | | 0.14 | 0.03 | 817 |
| … | 10.46 | | 0.05 | 1.05 | 3283 |
| | 0.77 | | 0.28 | 0.01 | 17 |
| … | 4.93 | … | 0.07 | 0.63 | 174 |
| | … | | | | 12 |
| | 0.02 | | … | | |
| | 0.85 | | | … | 783 |
| | 0.22 | | | | 2500 |
| | 4.01 | … | 0.07 | 0.01 | 6439 |
| … | 0.04 | | | | 16 |
| … | 3.57 | | … | 0.01 | 905 |
| 9.51 | 93.05 | 58.11 | 56.20 | 6.17 | 20285 |
| 0.36 | 3.59 | | 0.53 | 0.06 | 160 |
| 1.26 | 14.64 | | 0.14 | | 1419 |
| … | 0.26 | | … | … | 255 |
| 0.03 | 0.02 | | 0.04 | … | 87 |
| … | 269.74 | 0.18 | 22.95 | 34.27 | 32406 |
| 0.40 | 24.42 | 0.10 | 0.31 | 0.53 | 2268 |
| 0.09 | 5.84 | 85.01 | 3.69 | 0.54 | 1403 |
| 0.10 | 0.49 | … | 0.02 | … | 266 |
| 2.92 | 19.17 | 0.01 | 0.60 | 0.16 | 4340 |
| 0.20 | 0.91 | 0.02 | 0.33 | | 317 |
| 0.42 | 7.42 | … | 1.01 | 0.18 | 6650 |
| 0.02 | 0.24 | … | 0.03 | 0.01 | 8 |
| … | … | … | … | 0.01 | 4 |
| … | 0.05 | … | 0.08 | | 32 |
| | | | 0.01 | | |
| | 0.01 | | | | |
| 0.87 | 219.48 | 51.84 | 3.39 | … | 5007 |
| 0.87 | 219.48 | 51.84 | 3.39 | | 5005 |
| … | … | … | … | … | 2 |
| | 182.76 | 0.60 | 13.45 | 2.00 | 5333 |

# 8—13 重点调查工业废水排放及处理情况（2006年）

## Discharge and Treatment of Waste Water of Major Surveyed Industrial Enterprises (2006)

单位：万吨 (10 000 tons)

| 行业 | Sector | 企业数（个）Number of Enterprises (unit) | 工业废水排放总量 Total Discharged Volume of Industrial Waste Water | #工业废水排放达标量 Up to Discharge Standards | 废水治理设施数（套）Number of Facilities for Treatment of Waste Water (set) |
|---|---|---|---|---|---|
| **总 计** | **Total** | **1583** | **75669.59** | **72586.68** | **1308** |
| 采矿业 | Mining and Quarrying | 129 | 5390.23 | 5136.36 | 74 |
| 煤炭开采和洗选业 | Coal Mining and Dressing | 111 | 4873.24 | 4646.07 | 56 |
| 石油和天然气开采业 | Petroleum and Natural Gas Extraction | 5 | 105.32 | 105.32 | 5 |
| 黑色金属矿采选业 | Ferrous Metals Mining and Dressing | 7 | 143.54 | 116.84 | 5 |
| 有色金属矿采选业 | Nonferrous Metals Mining and Dressing | 3 | 268.02 | 268.02 | 6 |
| 非金属矿采选业 | Nonmetal Minerals Mining and Dressing | 2 | 0.02 | 0.02 | 1 |
| 其他采矿业 | Other Minerals Mining | 1 | 0.09 | 0.09 | 1 |
| 制造业 | Manufacturing | 1385 | 54924.33 | 52240.57 | 1149 |
| 农副食品加工业 | Farm Products and By-food Processing | 75 | 4722.66 | 4370.30 | 58 |
| 食品制造业 | Food Production | 51 | 6752.10 | 6415.10 | 35 |
| 饮料制造业 | Beverage Production | 41 | 1839.89 | 1735.24 | 66 |
| 烟草制品业 | Tobacco Products | 5 | 78.37 | 75.87 | 4 |
| 纺织业 | Textile Industry | 100 | 3692.30 | 3499.46 | 76 |
| 纺织服装、鞋、帽制造业 | Garments, Shoes and Hats Production | 2 | 2.45 | 1.70 | 1 |
| 皮革毛皮羽毛（绒）及其制品业 | Leather, Furs, Down and Related Products | 4 | 187.71 | 170.00 | 2 |
| 木材加工及木竹藤棕草制品业 | Timber Processing, Bamboo, Cane, Palm, Straw Products | 4 | 30.06 | 29.06 | 3 |
| 家具制造业 | Furniture Manufacturing | 4 | 22.38 | 20.10 | 4 |
| 造纸及纸制品业 | Papermaking and Paper Products | 63 | 5683.92 | 5242.18 | 68 |
| 印刷业、记录媒介的复制 | Printing and Record Medium Reproduction | 9 | 19.88 | 18.08 | 2 |
| 文教体育用品制造业 | Cultural Educational and Sports Goods | 1 | 7.60 | 7.60 | 1 |
| 石油加工、炼焦及核燃料加工业 | Petroleum, Coking and Nuclear Fuel Processing | 12 | 28.81 | 21.49 | 11 |
| 化学原料及化学制品制造业 | Raw Chemical Materials and Chemical Products | 122 | 11749.24 | 11325.50 | 134 |
| 医药制造业 | Medical and Pharmaceutical Products | 49 | 2529.90 | 2339.11 | 45 |
| 化学纤维制造业 | Chemical Fiber | 2 | 3751.10 | 3749.60 | 2 |
| 橡胶制品业 | Rubber Products | 17 | 37.78 | 36.91 | 8 |
| 塑料制品业 | Plastic Products | 19 | 27.19 | 24.24 | 9 |
| 非金属矿物制品业 | Nonmetal Mineral Products | 334 | 1724.18 | 1550.35 | 122 |
| 黑色金属冶炼及压延加工业 | Smelting and Pressing of Ferrous Metals | 28 | 1521.44 | 1508.77 | 21 |
| 有色金属冶炼及压延加工业 | Smelting and Pressing of Nonferrous Metals | 49 | 811.79 | 809.04 | 65 |
| 金属制品业 | Metal Products | 56 | 339.37 | 313.14 | 39 |
| 通用设备制造业 | Ordinary Equipment | 83 | 2089.84 | 1987.70 | 71 |
| 专用设备制造业 | Special Equipment | 20 | 1845.63 | 1678.03 | 31 |
| 交通运输设备制造业 | Transportation Equipment | 169 | 2271.86 | 2167.90 | 187 |
| 电气机械及器材制造业 | Electric Equipment and Machinery | 33 | 134.26 | 132.11 | 26 |
| 通信设备、计算机及其他电子设备制造业 | Communication, Computers and Other Electronic Equipment | 6 | 40.25 | 40.25 | 7 |
| 仪器仪表及文化、办公用机械制造业 | Instruments, Meters, Cultural and Office Machinery | 22 | 2973.25 | 2962.62 | 44 |
| 工艺品及其他制造业 | Handicraft and Other Production | 2 | 8.22 | 8.22 | 4 |
| 废弃资源和废旧材料回收加工业 | Recovery and Processing of Waste Resources and Materials | 3 | 0.91 | 0.91 | 3 |
| 电力、燃气及水的生产和供应业 | Electric power, Gas & Water Production and Supply | 36 | 6773.37 | 6758.30 | 43 |
| 电力、热力的生产和供应业 | Electric power and Hot Power Production and Supply | 31 | 6187.76 | 6172.70 | 41 |
| 燃气生产和供应业 | Gas Production and Supply | | | | |
| 水的生产和供应业 | Water Production and Supply | 5 | 585.60 | 585.60 | 2 |
| 其 他 | Others | 33 | 8581.66 | 8451.44 | 42 |

# 8－14 工业污染治理项目及投资情况（2005－2006年）
# Investment in Anti-industrial Pollution Projects (2005-2006)

| 项　　目 | Item | 2005 | 2006 |
|---|---|---|---|
| **企业数（个）** | **Number of Enterprises (unit)** | **124** | **128** |
| **施工项目数（个）** | **Projects under Construction (unit)** | **174** | **178** |
| 治理废水 | Treatment of Waste Water | 70 | 70 |
| 治理废气 | Treatment of Waste Gas | 57 | 70 |
| 治理固体废物 | Treatment of Solid Wastes | 13 | 7 |
| 治理噪声 | Treatment of Noise Pollution | 4 | 12 |
| 治理其他 | Treatment of Other Pollution | 30 | 19 |
| **资金来源合计（万元）** | **Total Funds (10 000 yuan)** | **39121** | **36742** |
| 国家预算内资金 | National Budgetary Assets | 1473 | |
| 环境保护补助资金 | Subsidies for Environmental Protection | 7914 | 5730 |
| 环保贷款 | Loans for Environmental Protection | 6925 | 835 |
| 其　他 | Others | 22809 | 30177 |
| **资金使用合计（万元）** | **Total Expenditures (10 000 yuan)** | **39121** | **36742** |
| 治理废水 | Treatment of Waste Water | 21950 | 18347 |
| 治理废气 | Treatment of Waste Gas | 5752 | 15463 |
| 治理固体废物 | Treatment of Solid Wastes | 9826 | 833 |
| 治理噪声 | Treatment of Noise Pollution | 321 | 638 |
| 治理其他 | Treatment of Other Pollution | 1272 | 1461 |
| **本年竣工项目数（个）** | **Number of Projects Completed (unit)** | **110** | **167** |
| **当年竣工项目新增设计处理利用“三废”能力** | **Newly Designed Treatment and Utilization Capacity of Waste Water, Waste Gas & Solid Wastes of Completed Projects in the Year** | | |
| 废水（吨/日） | Waste Water (ton/day) | 139490 | 164928 |
| 废气（万标立方米/时） | Waste Gas (10 000 cu.m/hour) | 201.08 | 165.00 |
| 固体废物（吨/日） | Solid Wastes (ton/day) | 3760 | 350 |

# 8－15 生活污染物排放情况（2005－2006年）
# Discharge of Pollutants from Daily Life (2005-2006)

| 项　目 | Item | 2005 | 2006 |
|---|---|---|---|
| 生活污水排放量（万吨） | Volume of Waste Water Discharged from Daily Life (10 000 tons) | 60336 | 62621 |
| 生活污水中化学需氧量排放量（吨） | Absorption of Oxygen by Waste Water from Daily Life (ton) | 150231 | 146765 |
| 生活二氧化硫排放量（吨） | Discharge of Sulfur Dioxide from Daily Life (ton) | 153901 | 148711 |
| 生活烟尘排放量（吨） | Discharge of Dust from Daily Life (ton) | 84671 | 82479 |

# 8－16 环境污染与破坏事故情况（2005－2006年）
# Pollution Accidents (2005-2006)

| 项　目 | Item | 2005 | 2006 |
|---|---|---|---|
| **环境污染与破坏事故次数（次）** | **Number of Pollution Accidents (time)** | **8** | **10** |
| **按事故类型分（次）** | **Pollution Accidents by Type (time)** | | |
| 水污染 | Water Pollution | 5 | 7 |
| 大气污染 | Air Pollution | 3 | 3 |
| 固体废物污染 | Solid Waste Pollution | | |
| 噪声与振动危害 | Noises and Vibration Pollution | | |
| 其　他 | Others | | |
| **污染直接经济损失（万元）** | **Losses Converted into Cash (10 000 yuan)** | **7.4** | **11.0** |
| **污染事故赔、罚款总额（万元）** | **Amount of Reparations and Fines (10 000 yuan)** | **19.8** | **38.0** |

# 主要统计指标解释

**供水综合生产能力** 指按供水设施取水、净化、送水、出厂输水干管等环节设计能力计算的综合生产能力。包括在原设计能力基础上，经挖、革、改增加的生产能力。计算时，以四个环节中最薄弱的环节为主确定能力。

**供水管道长度** 指从送水泵到用户水表之间所有管道的长度。不包括新安装尚未使用的管道。

**供水总量** 指报告期供水企业（单位）供出的全部水量。包括有效供水量和漏损水量。

**生活用水量** 包括公共服务用水和居民家庭用水。公共服务用水指为城市社会公共生活服务的用水。包括行政事业单位、部队营区和公共设施服务、社会服务业、批发零售贸易业、旅馆饮食业及其他公共服务业等单位用水。居民家庭用水指城市范围内所有居民家庭的日常生活用水。包括城市居民、农民家庭、公共供水站用水。

**城市人口用水普及率** 指城市用水人口数与城市人口总数之比。计算公式为：

用水普及率=（城市用水人口数/城市人口数）×100%

**全年供气总量** 指全年燃气企业（单位）向用户供应的燃气数量，包括销售量和损失量。

**城市用气普及率** 指报告期末使用燃气的城市人口数与城市人口总数的比率。计算公式为：

用气普及率=城市用气人口数/城市人口总数×100%

**道路长度** 指年末道路长度和与道路相通的广场、桥梁、隧道的长度，按车行道中心线计算。在统计时只统计路面宽度在3.5米（含3.5米）以上的各种铺装道路，包括开放型工业区和住宅区道路在内。

**道路面积** 为车行道与人行道面积之和。

**城市桥梁** 指为跨越天然或人工障碍物而修建的构筑物。包括跨河桥、立交桥、人行天桥以及人行地下通道等。包括永久性桥和半永久性桥。

**城市排水管道长度** 指所有排水总管、干管、支管、检查井及连接井进出口等长度之和。

**年末运营车数** 指年末公交企业（单位）用于运营业务的全部车辆数。以企业（单位）固定资产台帐中已投入运营的车辆数为准。

**城市园林绿地面积** 指报告期末用作园林和绿化的各种绿地面积。包括公共绿地、居住区绿地、单位附属绿地、防护绿地、生产绿地、道路绿地和风景林地面积。不包括：

（1）屋顶绿化、垂直绿化、阳台绿化和室内绿化。

（2）以物质生产为主的林地、耕地、牧草地、果园和竹园等。

（3）城市总体规划中不列入绿地的水域。

**公共绿地** 指向公众开放的市级、区级、居住区级各类公园、街旁游园，包括其范围内的水域。其中居住区级公园应不小于1万平方米，街旁游园的宽度不小于8米，面积不小于400平方米。

**工业废水排放量** 指经过企业厂区所有排放口排到企业外部的工业废水量。包括生产废水、外排的直接冷却水、超标排放的矿井地下水和与工业废水混排的厂区生活污水，不包括外排的间接冷却水（清污不分流的间接冷却水应计算在内）。

**工业废水排放达标量** 指报告期内废水中各项污染物指标都达到国家或地方排放标准的外排工业废水量，包括未经处理外排达标的，经废水处理设施处理后达标排放的，以及经污水处理厂处理后达标排放的。

**工业废气排放量** 指报告期内企业厂区内燃料燃烧和生产工艺过程中产生的各种排入空气的含有污染物的气体的总量，以标准状态（273K，101325Pa）计算。测算公式为：

工业废气排放量=燃料燃烧过程中废气排放量+生产工艺过程中废气排放量

**工业二氧化硫排放量** 指报告期内企业在燃料燃烧和生产工艺过程中排入大气的$SO_2$总量，计算公式为：

工业$SO_2$排放量=燃料燃烧过程中$SO_2$排放量+生产工艺过程中$SO_2$排放量

**工业烟尘排放量** 指企业厂区内的燃料燃烧过程中产生的烟气中夹带的颗粒物数量。

**工业粉尘排放量** 指企业在生产工艺过程中排放的能在空气中悬浮一定时间的固体颗粒物排放量。如钢铁企业的耐火材料粉尘、焦化企业的筛焦系统粉尘、烧结机的粉尘、石灰窑的粉尘、建材企业的水泥粉尘等。不包括电厂排入大气的烟尘。

**工业固体废物产生量** 指报告期内企业在生产过程中产生的固体状、半固体状和高浓度液体状废弃物的总量，包括危险废物、冶炼废渣、粉煤灰、炉渣、煤矸石、尾矿、放射性废物和其他废物等；不包括矿山开采的剥离废石和掘进废石（煤矸石和呈酸性或碱性的废石除外）。酸性或碱性废石是指采掘的废石其流经水、雨淋水的ＰＨ值小于 4 或ＰＨ值大于 10.5 者。

**工业固体废物综合利用量** 指报告期内企业通过回收、加工、循环、交换等方式，从固体废物中提取或者使其转化为可以利用的资源、能源和其他原材料的固体废物量（包括当年利用往年的工业固体废物累计贮存量），如用作农业肥料、生产建筑材料、筑路等。综合利用量由原产生固体废物的单位统计。

**工业固体废物贮存量** 指报告期内企业以综合利用或处置为目的，将固体废物暂时贮存或堆存在专设的贮存设施或专设的集中堆存场所内的数量。专设的固体废物贮存场所或贮存设施必须有防扩散、防流失、防渗漏、防止污染大气、水体的措施。

**工业固体废物处置量** 指报告期内企业将固体废物焚烧或者最终置于符合环境保护规定要求的场所，并不再回取的工业固体废物量（包括当年处置往年的工业固体废物累计贮存量）。处置方法有填埋（其中危险废物应安全填埋）、焚烧、专业贮存场（库）封场处理、深层灌注、回填矿井及海洋处置（经海洋管理部门同意投海处理）等。

**工业固体废物排放量** 指报告期内企业将所产生的固体废物排到固体废物污染防治设施、场所以外的数量，不包括矿山开采的剥离废石和掘进废石（煤矸石和呈酸性或碱性的废石除外）。

**“三废”综合利用产品产值** 指报告期内利用“三废”（废液、废气、废渣）作为主要原料生产的产品产值（现行价），已经销售或准备销售的应计算产品产值，留作生产上自用的不应计算产品产值。

**城镇生活污水排放量** 指城镇居民每年排放的生活污水。用人均系数法测算。测算公式为：

城镇生活污水排放量=城镇生活污水排放系数×市镇非农业人口×365

**生活及其他烟尘排放量** 指除工业生产活动以外的所有社会、经济活动及公共设施的经营活动中燃烧所排放的烟尘纯重量。以生活及其他煤炭消费量为基础进行测算。

**环境污染与破坏事故** 指由于违反环境保护法规的经济、社会活动与行为，以及意外艺术的影响或不可抗拒的自然灾害等原因，致使环境受到污染，国家重点保护的野生动物、植物、自然保护区受到破坏，人体健康受到危害，社会经济和人民财产受到损失，造成不良社会影响的突发性事件。

# Explanatory Notes on Main Statistical Indicators

**Production Capacity of Water Supply** refers to the designed comprehensive production capacity of water facilities, covering the 4 links of water collection, purification, conveyance, and outflow through trunk pipelines. Increase capacity through transformation and innovation projects is included as well. The capacity is determined mainly on the weakest of the above-mentioned 4 links.

**Length of Water Supply Pipelines at the Year-end** refers to the total length of all the pipelines between the water pumps and the user's water meters, excluding pipelines newly installed but not used yet.

**Annual Volume of Water Supply** refers to the total volume of water supplied by water-works (units) during the reference period, including both the effective water supply and loss during the water supply.

**Consumption of Water for Residential Use** refers to the water consumption of households for daily life and the water consumption of public service facilities. The latter refers to water consumption for urban public services, including the consumption of government agencies and public institutions, military barracks, public facilities, wholesale and retail outlets, restaurants, hotels, and other units providing public services. Household water consumption refers to consumption of water for daily life of all households in the boundary of cities, including households of urban residents and farmers, and public water supply stations.

**Percentage of Urban Population with Access to Tap Water** refers to the ratio of the urban population with access to tap water to the total urban population. The formula is:

*Percentage of Population with access to Tap Water = Urban Population with Access to Tap Water / Urban Population ×100%*

**Volume of Gas Supply** refers to the total volume of gas provided to users by gas-producing enterprises (units) in a year, including the volume sold and the volume lost.

**Percentage of Urban Population with Access to Gas** refers to the ratio of the urban population with access to gas to the total urban population at the end of the reference period. The formula is:

*Percentage of population with access to gas = (Urban population with access to gas / Urban population) ×100%*

**Length of Roads** refers to the length of roads with paved surface including squares bridges and tunnels connected with roads by the end of the year. Length of the roads is measured by the central lines for vehicles for paved roads with a width of 3.5 meters and over, including roads in open-ended factory compounds and residential quarters.

**Area of Roads** is the summed of carriageway and sidewalk.

**Urban Bridges** refer to bridges built to cross over natural or man-made barriers, including bridges over rivers, overpasses for traffic and for pedestrian, underpasses for pedestrian, etc. Both permanent and semi-permanent bridges are included.

**Length of Urban Sewage Pipes** refers to the total length of general drainage, trunks, branch and inspection wells, connection wells, inlets and outlets, etc.

**Number of Vehicles under Operation at the Year-end** refers to the total number of vehicles under operation by public transport enterprises (units) at year-end, based on the records of operational vehicles by the enterprises (units).

**Area of Urban Gardens and Green Areas** refers to the total area occupied for green projects at the end of the reference period, including public green land, green land in residential quarters, green land attached to institutions, protection green land, production green land, roadside green land and forest in scenic spots. It does not include the following:

(I) Greenery and plants on roofs, balconies, indoors and vertical green areas;

(II) Forest, cultivated land, grassland, orchards and bamboo grooves that are for production purpose; and

(III) Water areas that are not included in urban master plan as green land.

**Public Green Area** refers to green areas open to the public such as municipal, community and neighborhood parks and roadside parks, including waters within parks. Neighborhood parks should occupy an area larger than 10,000 square meters, and the width of roadside parks should occupy an area larger than 400 square meters, with a width of more that 8 meters.

**Volume of Industrial Waste Water Discharged** refers to the volume of industrial waste water discharged, through all outlets, to the outside of industrial enterprises, including waste water produced, direct - cooling water, underground water from mines that does not meet the standard of discharge, and the domestic sewage mixed up with industrial waste water when discharged, but excluding discharged indirect - cooling water.

**Volume of Waste Water up to the Standard for Discharge** refers to the volume of discharged industrial wastewater that, with or without treatment, has come up to the national or local standards for discharge.

**Industrial Waste Air Emission** refers to discharge into atmosphere of waste air containing pollutants generated from fuel burning and production process in enterprises within a given period of time. It is calculated at standard status (273K, 101325Pa) as:

*Industrial waste air emission = emission through fuel burning + emission through production process*

**Industrial $SO_2$ Emission** refers to volume of sulphur dioxide emission from fuel burning and production process in premises of enterprises for a given period of time. Its calculation formula is:

*Industrial $SO_2$ Emission = $SO_2$ Emission from fuel burning + $SO_2$ Emission from production process*

**Industrial Soot Emission** refers to volume of soot in smoke emitted in process of fuel burning in premises of enterprises.

**Industrial Dust Emission** refers to volume of dust emitted by production process of enterprises and suspended in the air for a given period of time, including dust from refractory material of iron and steel works, dust from coke-screening systems and sintering machines of coke plants, dust from lime kilns and dust from cement production in building material enterprises, but excluding soot and dust emitted from power plants.

**Volume of Industrial Solid Wastes Produced** refers to total volume of solid, semi-solid and high concentration liquid residues produced by industrial enterprises from production process in a given period of time, including hazardous wastes, slag, coal ash, gangue, tailings, radioactive residues and other wastes, but excluding stones stripped or dug out in mining (gangue and acid or alkaline stones not included). A stone is acid or alkaline depending on the pH value of the water below 4 or above 10.5 when the stone is in or soaked by the water.

**Volume of Industrial Solid Wastes Utilized in a Comprehensive Way** refers to volume of solid wastes from which useful materials can be extracted or which can be converted into usable resources, energy or other materials by means of reclamation, processing, recycling and exchange (including utilizing in the year the stocks of industrial solid wastes of the previous year). Examples of such utilizations include fertilizers, building materials and road materials. The information shall be collected by the producing units of the wastes.

**Volume of Industrial Solid Wastes Stored up** refers to the volume of industrial solid wastes temporarily stored up or piled with special facilities or piled in the special sites for the purpose of utilization or treatment in future. The special facilities or special sites for storing up solid wastes should have the measures against spreading or being washed away to other places, permeating the soil or causing air pollution or water contamination.

**Volume of Industrial Solid Wastes Treated** refers to quantity of industrial solid wastes which are burnt or placed ultimately in the sites meeting the requirements for environmental protection and not salvaged or recycled (including disposition in the year of those wastes of previous years). The disposition includes landfill (Safe landfills should be conducted for hazardous wastes), incineration, containment spaces, deep underground disposal, backfill in mining pits and disposal at sea (accepted by management of sea).

**Volume of Industrial Solid Wastes Discharged** refers to volume of industrial solid wastes discharged by producing enterprises to disposal facilities or to other sites. The wastes exclude stones stripped or dug from mining (gangue and acid or alkaline waste stones not included).

**Output Value of Products Made from Utilization of Waste Gas, Waste Water and Industrial Solid Wastes** refers to the value of products (calculated at current prices) made by industrial enterprises using recovered waste water, waste gas or solid wastes as main raw materials. Only the value of the products, which have been sold or are ready, to be sold should be included. The value of the products, which will be used in the production of the enterprises, should not be included.

**Urban Consumption Waste Water Discharge** refers to annual discharge of consumption waste water by urban households. Its calculation formula is:

*Discharge = Discharge of Consumption Wastewater by Urban Households × Urban Non-agricultural Population × 365*

**Soot Emission by Consumption and Others** refers to net volume of soot emitted by fuel burning from all social and economic activities and operation of public facilities other than industrial activities. It is calculated on the basis of coal consumption by households and others.

**Accidents of Environment Pollution and Destruction** refer to sudden accidents, due to economic and social behavior or activities in contrast with environment protection legislation, unexpected factors or irresistible natural disasters, that cause the pollution of environment, the destruction of natural protection zones, wild plants and animals, the danger to the health of people, and the loss in the property of the society and people.

# 要素市场

*Markets of Key Factors*

## 简要说明 Brief Introduction

本章资料中的国有土地使用权出让与划拨、城市房产市场交易情况由市统计局固定资产投资处根据市国土资源和房屋管理局资料整理提供，亿元以上商品市场由市统计局贸易外经处提供，技术市场由市统计局社会科技处根据市科学技术委员会资料整理提供，人才市场、劳动力市场和证券市场情况由市统计局综合处根据市人才交流服务中心、市就业服务管理局、市发展和改革委员会和重庆证监局资料整理编辑。

货币流通、保险业务和有价证券的相关资料详见第十六章金融。

Data on transaction and allotment of right of use for state-owned land, real estate markets in urban areas are provided by Division of Statistics of Investment in Fixed Assets, Municipal Bureau of Statistics according to data of Municipal Administration of Land, Resources and Buildings. Commodity markets with transaction value over 100 million yuan are provided by Division of Trade and External Economic Relations Statistics, Municipal Bureau of Statistics. Transactions of technology exchanges are provided by Division of Social and Technology Statistics, Municipal Bureau of Statistics with data from Municipal Scientific and Technological Committee. Markets of human resources, Labors and securities are edited by Division of Comprehensive Statistics, Municipal Bureau of Statistics with data from Municipal Human Resource Exchanges Service Center, Municipal Administration of Employment Services, Chongqing Municipal Development and Reform Commission and from China Securities Regulatory Commission Chongqing Bureau.

Data on monetary, insurance and security are detailed in Chapter 16 Financial Statistics.

## 9－1 国有土地使用权出让与划拨情况（2005－2006年）
## Transactions and Allotment of Right of Use for State-owned Land (2005-2006)

| 指　　标 | Item | 2005 | 2006 |
|---|---|---|---|
| **土地使用权出让** | **Transaction of Right of Use for State-owned Land** | | |
| 地块（宗） | Land Site (case) | 2645 | 3152 |
| 面积（公顷） | Land Area (hectare) | 4036.07 | 5950.95 |
| 出让金总额（万元） | Total Value of Transaction (10 000 yuan) | 709532.36 | 1083456.45 |
| **土地使用权划拨** | **Allotment of Right of Use for State-owned Land** | | |
| 地块（宗） | Land Site (case) | 857 | 1361 |
| 面积（公顷） | Land Area (hectare) | 1200.05 | 1566.17 |

## 9－2 城市房产市场交易情况（2005－2006年）
## Real Estate Markets in Urban Area (2005-2006)

| 指　　标 | Item | 2005 | 2006 |
|---|---|---|---|
| **房产转让** | **Housing Transactions** | | |
| 成交面积（万平方米） | Area (10 000 sq.m) | 1484.01 | 1655.16 |
| #住宅 | Residential Buildings | 1301.83 | 1479.62 |
| #商品房 | Commercial Buildings | 1156.15 | 1333.72 |
| 存量房 | Outstock Buildings | 327.86 | 321.44 |
| 成交金额（亿元） | Amount (100 million yuan) | 382.53 | 444.88 |
| #住宅 | Residential Buildings | 306.15 | 367.35 |
| #商品房 | Commercial Buildings | 326.84 | 391.00 |
| 存量房 | Outstock Buildings | 55.69 | 53.88 |
| **房产抵押** | **Housing Mortgage** | | |
| 面积（万平方米） | Area (10 000 sq.m) | 3990.67 | 3898.27 |
| 担保金额（亿元） | Amount Assured (100 million yuan) | 548.52 | 911.76 |

注：本表为都市发达经济圈九区的数据。
Note: The data refers to metropolitan advanced economic sphere (9 districts).

# 9－3 亿元以上商品市场交易情况（2005－2006年）
# Transaction of Commodity Markets with Transaction Value over 100 Million Yuan (2005-2006)

单位：万元 (10 000 yuan)

| 指　标 | Item | 摊位数量（个） Number of Stands (unit) | | 总成交额 Total Volume of Transaction | | #零售额 Retail Trade | |
|---|---|---|---|---|---|---|---|
| | | 2005 | 2006 | 2005 | 2006 | 2005 | 2006 |
| **合　计** | **Total** | **53941** | **55044** | **6834207** | **7705494** | **1617041** | **1652826** |
| 食品、饮料、烟酒类 | Food, Beverages, Tobacco and Liquor | 13536 | 13900 | 1194602 | 1578051 | 314930 | 385585 |
| 服装鞋帽、针、纺织品类 | Clothing, Shoes, Hats and Textiles | 16003 | 16775 | 1147715 | 1221040 | 211229 | 269336 |
| 化妆品类 | Cosmetics | 472 | 387 | 68492 | 71521 | 12779 | 15475 |
| 日用品类 | Articles for Daily Use | 3125 | 4138 | 141988 | 277825 | 43119 | 74596 |
| 五金电料类 | Hardwear and Electrical Materials | 3002 | 2936 | 172569 | 159154 | 28991 | 23955 |
| 体育、娱乐用品类 | Sports and Recreation Articles | 253 | 247 | 7352 | 9239 | 3017 | 4774 |
| 书报杂志类 | Newspapers and Magazines | 6 | 7 | 53 | 55 | 47 | 37 |
| 电子出版物及音像制品类 | E-journal and Video Products | 40 | 53 | 5165 | 781 | 1660 | 421 |
| 家用电器和音像制品类 | Household Appliances and Video Products | 634 | 703 | 56412 | 63433 | 20486 | 22355 |
| 中西药品类 | Traditional Chinese and Western Medicines | 510 | 115 | 15431 | 9033 | 4542 | 6122 |
| #中草药及中成药类 | Traditional Chinese Medicines | 438 | 41 | 10511 | 2934 | 1422 | 1727 |
| 文化办公用品类 | Cultural and Official Goods | 1049 | 1160 | 54136 | 77938 | 19963 | 45981 |
| 家具类 | Furniture | 1672 | 2079 | 497585 | 634613 | 229745 | 309419 |
| 通讯器材类 | Communication Appliances | 70 | 81 | 14224 | 21567 | 9107 | 15842 |
| 煤炭及制品类 | Coal and Related Products | | | | | | |
| 木材及制品类 | Wood and Wooden Products | 1031 | 736 | 257450 | 195472 | 35281 | 18919 |
| 化工材料及制品类 | Raw Chemical Materials | 1201 | 721 | 92908 | 70751 | 10632 | 8370 |
| 金属材料类 | Metal Materials | 1677 | 2490 | 1307776 | 1780198 | 461805 | 6807 |
| 建筑及装潢材料类 | Buildings and Decoration Materials | 3021 | 2725 | 403953 | 406040 | 147896 | 265731 |
| 机电产品及设备类 | Mechanical and Electrical Products | 1891 | 1822 | 284807 | 348637 | 22307 | 33225 |
| #农机类 | Agricultural Machinery | 6 | 4 | 159 | 107 | 43 | 33 |
| 汽车类 | Automobile | 987 | 1455 | 627548 | 473387 | 5588 | 84162 |
| 其他类 | Others | 3761 | 2514 | 484041 | 306759 | 33917 | 61714 |

## 9－4 技术市场交易情况（2006年）
## Transactions of Technology Exchanges (2006)

单位：项、万元 (item, 10 000 yuan)

| 指 标 | Item | 技术买方 Purchases of Technology | | 技术卖方 Sales of Technology | |
|---|---|---|---|---|---|
| | | 项数 Number | 金额 Value | 项数 Number | 金额 Value |
| **总 计** | **Total** | **2682** | **568381** | **2682** | **568381** |
| #企业法人 | Corporations | 1828 | 537640 | 1008 | 242225 |
| 事业法人 | Institutions | 605 | 16137 | 1650 | 58139 |
| 机关法人 | Governments | 237 | 12735 | 10 | 267500 |

## 9－5 人才市场人才流动情况（2005－2006年）
## Markets of Human Resources and Exchanges (2005-2006)

| 指 标 | Item | 2005 | 2006 |
|---|---|---|---|
| 人才流动机构（个） | Number of Agencies of Human Resource Exchanges (unit) | 118 | 93 |
| 政府人事部门所属 | Belong to Official Departments | 44 | 25 |
| 非政府人事部门所属 | Belong to Un-official Departments | 74 | 68 |
| 人才市场（个） | Number of Human Resource Markets (unit) | 37 | 37 |
| 举办人才交流会（次） | Number of Assemblies of Human Resource Exchangeds (time) | 952 | 960 |
| 登记要求流动人数（人） | Number of Registered Persons Desiring Exchanges (person) | 413547 | 454901 |
| 参加人才交流会人数（人） | Number of Persons Attended the Assemblies (person) | 441411 | 485552 |
| 参加人才交流会的招聘单位（个） | Number of Units Attended in Assemblies of Human Resource Exchanges for Job Applications (unit) | 41365 | 45501 |
| 全年接收人事档案数量（份） | Number of Personal Files Received (copy) | 25047 | 33258 |
| 现存人事档案总量（份） | Number of Personal Files Remained (copy) | 159490 | 192748 |
| 当年流动人员职称评定（人） | Professional Titles of Exchanging Persons in Current Year (person) | 3141 | 4404 |
| 评定高级职称人数 | Senior Titles | 208 | 321 |
| 评定中级职称人数 | Medium Titles | 857 | 1165 |
| 评定初级职称人数 | Junior Titles | 2076 | 2918 |

注：本表指标除人才流动机构为全市口径，其余指标均为人事部门口径。
Note: Indices of this table refer to personnel departments except that agencies of human resource exchanges refer to Chongqing total.

# 9－6 劳动力市场职业介绍情况（2005－2006年）
## Career Service of Labor Markets (2005-2006)

单位：人 (person)

| 指　　标 | Item | 2005 | 2006 |
|---|---|---|---|
| **年末职业介绍机构个数（个）** | **Number of Career Service Agencies (unit)** | **336** | **392** |
| #劳动保障部门办 | Run by Official Labor Securities | 139 | 187 |
| #区县及以上 | Districts & Counties and above | 43 | 43 |
| **登记招聘人数** | **Number of Registered Job Applications** | **328343** | **459868** |
| **登记求职人数** | **Number of Registered Job-seekers** | **342550** | **462582** |
| #女性 | Female | 164361 | 188255 |
| #下岗职工 | Laid-off Workers | 23654 | 19909 |
| #失业人员 | Unemployees | 198491 | 214739 |
| #获得职业资格人员 | Persons with Certificates | 59651 | 68507 |
| **职业指导人数** | **Number of Person-times of Vocational Guidance** | **301062** | **366777** |
| **介绍成功人数** | **Number of Persons Employed** | **226644** | **231328** |
| #女性 | Female | 106497 | 103063 |
| #下岗职工 | Laid-off Workers | 13659 | 14572 |
| #失业人员 | Unemployees | 142088 | 103113 |
| #获得职业资格人员 | Persons with Certificates | 38421 | 44315 |

# 9－7 证券市场基本情况（2005－2006年）
## General Statistics on Security Markets (2005-2006)

| 指　　标 | Item | 2005 | 2006 |
|---|---|---|---|
| 境内上市公司数（A、B股）（家） | Number of Listed Companies (A and B Shares) in Mainland | 29 | 29 |
| 境内上市外资股（B股）（只） | Number of Listed Companies of Foreign Fund (B Shares) in Mainland | 2 | 2 |
| 境外上市公司数（H股）（家） | Number of Listed Companies (H Shares) Overseas | 2 | 3 |
| 股票发行量（万股） | Issued Amount of Shares (10 000 shares) | | |
| 股票总发行股本（亿股） | Total Issued Capital of Shares (100 million shares) | 81.11 | 87.22 |
| #流通股本 | Negotiable Capital | 40.50 | 42.06 |
| 股票市价总值（亿元） | Total Market Capitalization of Shares (100 million yuan) | 291.43 | 511.03 |
| #股票流通市值 | Negotiable Market Capitalization | 142.40 | 228.77 |
| 国债发行额（亿元） | T-bonds Issued Volume (100 million yuan) | 17.18 | 30.39 |
| 企业债发行额（亿元） | Enterprise Bonds Issued Volume (100 million yuan) | 17.00 | 30.00 |
| 股票筹资额（亿元） | Raised Capital of Shares (100 million yuan) | | |
| 投资者开户数（万户） | Total Investors (10 000 accounts) | 93.23 | 102.51 |
| 期货总成交额（亿元） | Total Future Turnover (100 million yuan) | 2827.50 | 3041.99 |

注：股票发行量、总发行股本、市价总值和筹资额均不含H股。
Note: Issued amount, total issued capital, total market capitalization and raised capital of shares don't include H share.

# 农业和农村经济
# Agriculture and Rural Economy

## 简要说明 Brief Introduction

本章反映全市农业生产和农村经济的基本情况，内容主要包括农村基本情况、农业生产条件与生产情况、农作物播种面积、农林牧渔产品产量、耕地、农林牧渔业产值、农业商品产值和商品率、乡镇企业等方面的统计资料。

本章资料由国家统计局重庆调查总队根据市农业局、市林业局、市水利局、市乡镇企业管理局和调查总队等资料整理提供。

The data in this chapter show the basic conditions of agricultural production and rural economy, including basic statistics on rural areas, basic conditions of agricultural production, sown areas of farm crops, output of farming, forestry, animal husbandry and fishery products, cultivated land, gross output value of farming, forestry, animal husbandry and fishery, output value of agricultural commodities and corresponding commodity rate, and township-owned enterprises.

The data in this chapter are provided by NBS Survey Office in Chongqing, according to data of Municipal Bureau of Agriculture, Municipal Bureau of Forestry, Municipal Bureau of Water Conservancy, Municipal Administration of Township-owned Enterprises and NBS Survey Office in Chongqing.

# 10－1 主要年份农村基本情况
# Basic Statistics on Rural Areas in Major Years

| 年 份<br>Year | 乡村户数（万户）<br>Number of Rural Households<br>(10 000 households) | 乡村人口（万人）<br>Rural Population<br>(10 000 persons) | 乡村从业人员（万人）<br>Rural Employment<br>(10 000 persons) |
|---|---|---|---|
| 1949 | | 1446.24 | 650.59 |
| 1952 | | 1546.01 | 692.81 |
| 1957 | | 1685.98 | 762.15 |
| 1962 | | 1506.16 | 692.19 |
| 1965 | | 1676.21 | 755.99 |
| 1970 | | 1977.85 | 857.78 |
| 1975 | | 2264.67 | 921.67 |
| 1978 | | 2316.54 | 926.32 |
| 1980 | 534.19 | 2294.08 | 980.75 |
| 1985 | 573.00 | 2355.39 | 1114.34 |
| 1986 | 596.13 | 2365.34 | 1154.26 |
| 1987 | 626.70 | 2391.29 | 1184.92 |
| 1988 | 650.27 | 2412.04 | 1218.03 |
| 1989 | 671.51 | 2427.70 | 1249.12 |
| 1990 | 686.26 | 2446.38 | 1273.06 |
| 1991 | 697.61 | 2471.48 | 1314.79 |
| 1992 | 699.94 | 2476.10 | 1350.71 |
| 1993 | 700.88 | 2463.53 | 1352.26 |
| 1994 | 710.34 | 2482.05 | 1356.59 |
| 1995 | 706.86 | 2454.17 | 1349.34 |
| 1996 | 709.86 | 2464.23 | 1330.44 |
| 1997 | 708.64 | 2452.75 | 1320.91 |
| 1998 | 709.84 | 2445.12 | 1316.95 |
| 1999 | 710.99 | 2442.47 | 1342.99 |
| 2000 | 710.28 | 2440.32 | 1352.60 |
| 2001 | 714.67 | 2438.79 | 1345.15 |
| 2002 | 718.31 | 2443.21 | 1342.17 |
| 2003 | 718.65 | 2436.47 | 1340.25 |
| 2004 | 714.99 | 2425.25 | 1361.54 |
| 2005 | 718.84 | 2430.93 | 1366.91 |
| 2006 | 714.86 | 2418.40 | 1382.62 |

# 10－2 主要年份农业生产条件
# Conditions for Agricultural Production in Major Years

| 年份<br>Year | 年末常用耕地面积（万公顷）<br>Year-end Cultivated Area (10 000 hectares) | 有效灌溉面积（万公顷）<br>Effective Irrigated Area (10 000 hectares) | 农用机械总动力（万千瓦）<br>Total Power of Agricultural Machinery (10 000 kw) | 农村用电量（万千瓦时）<br>Electricity Consumption in Rural Areas (10 000 kwh) | 农用化肥施用量（折纯）（万吨）<br>Consumption of Chemical Fertilizer (net) (10 000 tons) | 农膜使用量（万吨）<br>Consumption of Farm Plastic Film (10 000 tons) | 农药使用量（万吨）<br>Consumption of Chemical Pesticides (10 000 tons) |
|---|---|---|---|---|---|---|---|
| 1949 | 196.96 | 5.48 | | | | | |
| 1952 | 200.21 | 6.73 | | | | | |
| 1957 | 198.53 | 13.40 | | | | | |
| 1962 | 186.56 | 21.31 | 4 | 1852 | | | |
| 1965 | 187.50 | 26.10 | 10 | 3791 | | | |
| 1970 | 181.74 | 31.92 | 22 | 12655 | | | |
| 1975 | 177.80 | 42.84 | 54 | 21045 | | | |
| 1978 | 174.55 | 56.27 | 101 | 28542 | 21.63 | 0.33 | 0.64 |
| 1980 | 173.24 | 60.42 | 155 | 37953 | 29.21 | 0.37 | 0.71 |
| 1985 | 166.72 | 60.98 | 219 | 63309 | 31.76 | 0.50 | 0.73 |
| 1986 | 166.01 | 60.12 | 240 | 71471 | 36.70 | 0.51 | 0.79 |
| 1987 | 165.61 | 59.27 | 259 | 83229 | 38.26 | 0.57 | 0.78 |
| 1988 | 165.38 | 58.41 | 278 | 79637 | 38.29 | 0.61 | 0.81 |
| 1989 | 165.24 | 57.56 | 291 | 89611 | 44.72 | 0.65 | 0.81 |
| 1990 | 165.15 | 58.02 | 300 | 97091 | 48.13 | 0.80 | 0.87 |
| 1991 | 164.84 | 58.55 | 316 | 104430 | 52.08 | 0.97 | 1.01 |
| 1992 | 164.37 | 58.96 | 324 | 115831 | 52.75 | 1.07 | 1.05 |
| 1993 | 163.82 | 59.26 | 343 | 134027 | 54.51 | 1.18 | 1.27 |
| 1994 | 163.46 | 59.53 | 366 | 160197 | 58.55 | 1.28 | 1.29 |
| 1995 | 162.91 | 59.79 | 386.05 | 174847 | 62.02 | 1.43 | 1.46 |
| 1996 | 162.21 | 60.08 | 409.91 | 196788 | 65.55 | 1.53 | 1.69 |
| 1997 | 161.28 | 61.14 | 454.07 | 227302 | 69.64 | 1.59 | 1.68 |
| 1998 | 160.11 | 61.41 | 506.64 | 242934 | 71.18 | 1.77 | 1.82 |
| 1999 | 159.43 | 62.05 | 558.54 | 260029 | 71.03 | 1.86 | 1.84 |
| 2000 | 158.32 | 62.60 | 586.47 | 278728 | 72.00 | 1.96 | 1.85 |
| 2001 | 155.51 | 63.19 | 628.07 | 301140 | 72.58 | 1.94 | 1.91 |
| 2002 | 138.37 | 64.12 | 665.57 | 338717 | 73.37 | 2.53 | 1.93 |
| 2003 | 135.32 | 64.97 | 695.67 | 366535 | 71.59 | 2.42 | 1.95 |
| 2004 | 140.06 | 61.68 | 728.31 | 384627 | 77.02 | 2.68 | 1.95 |
| 2005 | 139.92 | 61.81 | 775.96 | 428943 | 79.20 | 2.75 | 1.95 |
| 2006 | 138.40 | 62.13 | 820.01 | 460291 | 80.54 | 2.82 | 1.96 |

# 10－3 农作物播种面积（1978－2006年）
## Sown Areas of Farm Crops (1978-2006)

单位：公顷 (hectare)

| 年份 Year | 农作物总播种面积 Sown Areas of Farm Crops | #粮食 Grain | #稻谷 Rice | #油料 Oil-bearing Crops | #油菜籽 Rapeseeds | #蔬菜 Vegetables | #烟叶 Tobacco |
|---|---|---|---|---|---|---|---|
| 1978 | 3498061 | 3177221 | 849243 | 92351 | 71374 | 95954 | 26582 |
| 1980 | 3345304 | 3048196 | 828317 | 116577 | 89369 | 78400 | 10416 |
| 1985 | 3214717 | 2748498 | 820140 | 176866 | 137367 | 140569 | 30956 |
| 1986 | 3232433 | 2710205 | 819858 | 183859 | 143792 | 159811 | 40897 |
| 1987 | 3241258 | 2697509 | 807797 | 180579 | 143292 | 160867 | 41729 |
| 1988 | 3287399 | 2727164 | 821305 | 185171 | 150612 | 171444 | 54056 |
| 1989 | 3381959 | 2788700 | 836231 | 188593 | 154505 | 177979 | 75726 |
| 1990 | 3438950 | 2847370 | 821986 | 203171 | 168751 | 183873 | 66607 |
| 1991 | 3526637 | 2889404 | 816684 | 224412 | 188989 | 197049 | 70859 |
| 1992 | 3522037 | 2874889 | 819262 | 215622 | 179402 | 200686 | 81258 |
| 1993 | 3513064 | 2870480 | 804560 | 184964 | 147692 | 222621 | 82461 |
| 1994 | 3493884 | 2877837 | 800342 | 174643 | 135505 | 225902 | 54997 |
| 1995 | 3526684 | 2876853 | 799482 | 201550 | 162572 | 236283 | 58939 |
| 1996 | 3585745 | 2889834 | 802279 | 202483 | 159584 | 257106 | 77657 |
| 1997 | 3605420 | 2881902 | 797955 | 191800 | 152222 | 267203 | 99482 |
| 1998 | 3614446 | 2900656 | 794636 | 192330 | 148896 | 290397 | 56603 |
| 1999 | 3592496 | 2862143 | 788576 | 197151 | 151801 | 301389 | 63969 |
| 2000 | 3590815 | 2773404 | 776636 | 226384 | 173185 | 327094 | 70775 |
| 2001 | 3555871 | 2714600 | 763964 | 225046 | 167911 | 366330 | 55210 |
| 2002 | 3464566 | 2606866 | 757195 | 236325 | 173930 | 359674 | 56012 |
| 2003 | 3307179 | 2410369 | 738486 | 236724 | 176836 | 386990 | 57237 |
| 2004 | 3435957 | 2516507 | 749300 | 244129 | 173815 | 390237 | 52995 |
| 2005 | 3444733 | 2501263 | 747949 | 252421 | 187333 | 399970 | 51508 |
| 2006 | 3487655 | 2499275 | 739184 | 257292 | 183679 | 417414 | 48879 |

# 10－4 主要年份农林牧渔产品产量
# Output of Farming, Forestry, Animal Husbandry and Fishery Products in Major Years

| 年份<br>Year | 粮食（万吨）<br>Grain (10 000 tons) | #稻谷<br>Rice | #豆类<br>Beans | 油料（万吨）<br>Oil-bearing Crops (10 000 tons) | #油菜籽<br>Rapeseeds | 麻类（吨）<br>Fiber Crops (ton) | 甘蔗（万吨）<br>Sugarcane (10 000 tons) |
|---|---|---|---|---|---|---|---|
| 1949 | 402.68 | 246.57 | | 0.90 | | 1416 | 8.78 |
| 1952 | 470.97 | 281.33 | | 3.19 | | 1889 | 10.61 |
| 1957 | 596.55 | 316.39 | | 5.13 | | 1811 | 6.86 |
| 1962 | 378.23 | 191.26 | | 1.40 | | 598 | 1.04 |
| 1965 | 566.17 | 293.32 | | 3.87 | | 1048 | 14.47 |
| 1970 | 564.37 | 307.80 | | 2.68 | | 666 | 9.00 |
| 1975 | 603.72 | 325.84 | | 4.13 | | 632 | 24.87 |
| 1978 | 814.71 | 345.07 | 29.07 | 7.71 | 6.03 | 1659 | 31.20 |
| 1980 | 835.43 | 341.59 | 22.20 | 11.57 | 9.28 | 6172 | 36.64 |
| 1985 | 948.97 | 461.73 | 22.26 | 18.12 | 13.63 | 25787 | 30.24 |
| 1986 | 1004.92 | 493.41 | 25.02 | 20.91 | 15.85 | 21719 | 31.42 |
| 1987 | 1004.51 | 499.56 | 22.34 | 20.89 | 16.14 | 35995 | 29.43 |
| 1988 | 958.02 | 503.00 | 20.53 | 19.25 | 14.94 | 31013 | 29.32 |
| 1989 | 1044.88 | 541.81 | 17.25 | 18.78 | 14.38 | 18932 | 24.41 |
| 1990 | 1085.07 | 550.40 | 19.93 | 22.02 | 17.74 | 12707 | 20.55 |
| 1991 | 1115.28 | 535.90 | 21.53 | 26.92 | 22.81 | 11487 | 26.07 |
| 1992 | 1050.24 | 509.07 | 18.48 | 25.18 | 21.40 | 9716 | 14.33 |
| 1993 | 1052.72 | 479.90 | 21.90 | 21.70 | 17.22 | 9257 | 12.30 |
| 1994 | 1134.10 | 523.13 | 25.94 | 19.26 | 15.31 | 11471 | 9.39 |
| 1995 | 1153.68 | 532.63 | 30.38 | 25.12 | 20.54 | 11092 | 8.76 |
| 1996 | 1172.14 | 542.64 | 20.10 | 23.60 | 18.66 | 10898 | 8.27 |
| 1997 | 1184.63 | 552.44 | 21.90 | 23.34 | 18.34 | 11175 | 8.08 |
| 1998 | 1155.36 | 519.38 | 22.17 | 25.11 | 19.03 | 7541 | 7.28 |
| 1999 | 1143.05 | 533.01 | 21.93 | 24.09 | 17.33 | 6826 | 7.59 |
| 2000 | 1131.21 | 525.43 | 24.60 | 31.06 | 22.61 | 8406 | 9.06 |
| 2001 | 1035.35 | 466.45 | 23.32 | 29.96 | 21.91 | 8857 | 10.08 |
| 2002 | 1082.15 | 484.42 | 27.78 | 35.04 | 25.84 | 12139 | 12.06 |
| 2003 | 1087.20 | 494.29 | 32.21 | 38.27 | 28.51 | 9620 | 11.35 |
| 2004 | 1144.57 | 509.55 | 38.11 | 41.75 | 30.99 | 10209 | 11.77 |
| 2005 | 1168.19 | 521.43 | 42.16 | 42.71 | 31.81 | 12362 | 11.46 |
| 2006 | 910.50 | 381.25 | 35.39 | 40.33 | 32.27 | 11846 | 10.16 |

10-4 续表1 CONTINUED-1

| 年 份<br>Year | 烟 叶<br>（吨）<br>Tobacco (ton) | 蔬 菜<br>（万吨）<br>Vegetables<br>(10 000 tons) | 茶 叶<br>（吨）<br>Tea<br>(ton) | 蚕 茧<br>（吨）<br>Silkworm Cocoons<br>(ton) | 水 果<br>（万吨）<br>Fruit<br>(10 000 tons) | 牛 奶<br>（吨）<br>Cow Milk<br>(ton) | 禽 蛋<br>（万吨）<br>Poultry Eggs<br>(10 000 tons) |
|---|---|---|---|---|---|---|---|
| 1949 | 8535 | | 916 | 761 | 6.02 | 1171 | |
| 1952 | 9238 | | 1059 | 1236 | 7.75 | 1292 | |
| 1957 | 8247 | | 1914 | 1588 | 7.14 | 2621 | |
| 1962 | 2566 | | 1981 | 1325 | 8.80 | 3925 | |
| 1965 | 4654 | | 2369 | 2306 | 6.83 | 6576 | |
| 1970 | 1667 | | 2927 | 6608 | 4.54 | 9651 | |
| 1975 | 8146 | | 4884 | 10477 | 7.12 | 11940 | |
| 1978 | 22528 | 243.95 | 8004 | 15404 | 7.91 | 15891 | 4.46 |
| 1980 | 8098 | 229.86 | 9217 | 25751 | 15.69 | 17277 | 5.51 |
| 1985 | 36239 | 390.86 | 16172 | 33130 | 24.70 | 29677 | 8.77 |
| 1986 | 46724 | 421.94 | 16893 | 32693 | 28.61 | 32665 | 9.44 |
| 1987 | 44992 | 439.00 | 18267 | 35755 | 29.57 | 36474 | 9.98 |
| 1988 | 68928 | 460.93 | 18676 | 41748 | 20.50 | 39126 | 10.17 |
| 1989 | 62093 | 469.31 | 18568 | 42063 | 37.19 | 40308 | 11.24 |
| 1990 | 74393 | 499.61 | 18103 | 43502 | 35.08 | 46293 | 12.01 |
| 1991 | 98156 | 533.00 | 18264 | 47757 | 40.75 | 51988 | 12.94 |
| 1992 | 124705 | 541.38 | 17178 | 50686 | 41.38 | 56579 | 14.61 |
| 1993 | 113208 | 558.23 | 19522 | 54505 | 56.85 | 54880 | 15.71 |
| 1994 | 68904 | 569.83 | 21920 | 57408 | 52.87 | 48514 | 17.32 |
| 1995 | 77981 | 593.91 | 17452 | 27000 | 59.29 | 39153 | 19.18 |
| 1996 | 132355 | 637.03 | 15536 | 27402 | 56.62 | 40297 | 20.85 |
| 1997 | 164736 | 668.44 | 14996 | 28072 | 60.72 | 45129 | 23.50 |
| 1998 | 79970 | 711.30 | 15299 | 29226 | 74.10 | 46587 | 24.46 |
| 1999 | 95653 | 737.11 | 14441 | 24177 | 71.70 | 46614 | 26.29 |
| 2000 | 104082 | 775.42 | 14526 | 29098 | 81.68 | 55989 | 27.89 |
| 2001 | 80064 | 779.96 | 14142 | 32396 | 82.61 | 67791 | 29.79 |
| 2002 | 87052 | 833.84 | 14093 | 33856 | 113.41 | 80952 | 31.58 |
| 2003 | 86048 | 840.17 | 14320 | 27802 | 128.59 | 90608 | 35.36 |
| 2004 | 85036 | 863.57 | 16064 | 29376 | 137.22 | 85143 | 36.55 |
| 2005 | 90173 | 890.47 | 16545 | 31092 | 154.63 | 86076 | 39.15 |
| 2006 | 91945 | 888.76 | 17087 | 27488 | 145.74 | 83456 | 36.88 |

10-4 续表2 CONTINUED-2

| 年 份<br>Year | 水产品（吨）<br>Aquatic Products (ton) | 肉猪出栏头数（万头）<br>Slaughtered Fattened Hogs (10 000 heads) | 猪年末头数（万头）<br>Year-end Hogs (10 000 heads) | 大牲畜年末存栏头数（万头）<br>Year-end Large Animals (10 000 heads) | #牛<br>Cattle and Buffaloes | 肉类总产量（万吨）<br>Gross Output of Meat (10 000 tons) | #猪 肉<br>Pork |
|---|---|---|---|---|---|---|---|
| 1949 | 3576 | 174.70 | | 107.90 | | 11.00 | |
| 1952 | 4119 | 254.80 | | 122.50 | | 16.00 | |
| 1957 | 6515 | 345.10 | | 131.20 | | 21.70 | |
| 1962 | 3791 | 76.90 | | 115.60 | | 6.90 | |
| 1965 | 6964 | 421.50 | | 128.00 | | 25.60 | |
| 1970 | 7649 | 414.50 | | 150.20 | | 23.10 | |
| 1975 | 10797 | 489.90 | | 151.10 | | 28.10 | |
| 1978 | 14362 | 542.70 | 914.98 | 142.15 | 141.58 | 40.51 | 37.38 |
| 1980 | 17734 | 797.63 | 1165.05 | 141.75 | 141.19 | 59.89 | 55.92 |
| 1985 | 42838 | 1140.06 | 1353.02 | 128.91 | 127.62 | 84.45 | 79.96 |
| 1986 | 47805 | 1190.22 | 1377.37 | 129.39 | 128.10 | 88.56 | 83.15 |
| 1987 | 51854 | 1243.78 | 1418.69 | 128.24 | 126.96 | 92.76 | 86.89 |
| 1988 | 58419 | 1345.77 | 1448.48 | 128.35 | 127.07 | 99.85 | 94.02 |
| 1989 | 65707 | 1375.38 | 1471.66 | 127.92 | 126.64 | 102.41 | 96.09 |
| 1990 | 65482 | 1375.79 | 1429.13 | 129.18 | 127.63 | 102.92 | 96.12 |
| 1991 | 71813 | 1429.45 | 1440.56 | 129.77 | 128.21 | 107.45 | 99.87 |
| 1992 | 74459 | 1469.47 | 1444.16 | 130.80 | 128.84 | 111.47 | 102.66 |
| 1993 | 89227 | 1492.99 | 1438.96 | 130.54 | 129.24 | 113.73 | 104.30 |
| 1994 | 103492 | 1555.69 | 1476.05 | 132.50 | 132.41 | 121.61 | 108.48 |
| 1995 | 121289 | 1610.14 | 1489.55 | 136.61 | 135.72 | 127.22 | 112.27 |
| 1996 | 140656 | 1637.51 | 1477.06 | 140.43 | 137.89 | 133.22 | 114.18 |
| 1997 | 160692 | 1699.74 | 1475.25 | 144.01 | 141.04 | 141.86 | 119.66 |
| 1998 | 178607 | 1720.14 | 1492.95 | 152.48 | 149.24 | 140.00 | 121.61 |
| 1999 | 191313 | 1703.19 | 1512.18 | 163.88 | 160.58 | 140.50 | 120.61 |
| 2000 | 200345 | 1724.96 | 1509.91 | 167.45 | 164.05 | 143.91 | 122.45 |
| 2001 | 196967 | 1746.85 | 1533.03 | 168.63 | 165.05 | 147.88 | 124.87 |
| 2002 | 211568 | 1781.69 | 1548.89 | 170.52 | 166.85 | 152.40 | 127.48 |
| 2003 | 224893 | 1828.49 | 1583.03 | 172.58 | 169.31 | 159.51 | 131.82 |
| 2004 | 239255 | 1909.32 | 1640.75 | 173.56 | 170.08 | 167.01 | 136.43 |
| 2005 | 250568 | 2006.39 | 1708.80 | 174.48 | 170.69 | 178.39 | 144.46 |
| 2006 | 226129 | 1978.30 | 1608.29 | 168.48 | 164.94 | 176.85 | 142.15 |

# 10－5 主要年份农林牧渔业总产值
## Gross Output Value of Farming, Forestry, Animal Husbandry and Fishery in Major Years

单位：万元 (10 000 yuan)

| 年份<br>Year | 农林牧渔业总产值<br>Gross Output Value | 农业<br>Farming | 林业<br>Forestry | 牧业<br>Animal Husbandry | 渔业<br>Fishery | 农林牧渔服务业<br>Agricultural Services |
|---|---|---|---|---|---|---|
| 1949 | 142123 | 111424 | 3837 | 26293 | 568 | |
| 1952 | 186367 | 140707 | 6523 | 38205 | 932 | |
| 1957 | 240351 | 176658 | 10816 | 51916 | 961 | |
| 1962 | 153506 | 120349 | 4605 | 28245 | 307 | |
| 1965 | 165688 | 122775 | 5799 | 36617 | 497 | |
| 1970 | 269234 | 192504 | 11128 | 64604 | 998 | |
| 1975 | 295062 | 210016 | 18048 | 65660 | 1338 | |
| 1978 | 357616 | 262881 | 17236 | 75731 | 1768 | |
| 1980 | 417925 | 296840 | 16160 | 102514 | 2411 | |
| 1985 | 739003 | 477570 | 43546 | 208842 | 9044 | |
| 1986 | 801998 | 516990 | 42045 | 231097 | 11867 | |
| 1987 | 902072 | 564063 | 40932 | 282816 | 14262 | |
| 1988 | 1104369 | 641751 | 49662 | 393394 | 19561 | |
| 1989 | 1243819 | 706771 | 49328 | 463300 | 24420 | |
| 1990 | 1460003 | 858133 | 55308 | 518757 | 27805 | |
| 1991 | 1595286 | 938353 | 60038 | 565193 | 31702 | |
| 1992 | 1713839 | 995009 | 70992 | 612498 | 35340 | |
| 1993 | 2073607 | 1197742 | 77531 | 749776 | 48558 | |
| 1994 | 2831816 | 1552652 | 86981 | 1127394 | 64789 | |
| 1995 | 3778259 | 2278927 | 106732 | 1304229 | 88371 | |
| 1996 | 4249903 | 2713807 | 115493 | 1311666 | 108937 | |
| 1997 | 4393508 | 2678892 | 117313 | 1468914 | 128389 | |
| 1998 | 4288839 | 2549365 | 150929 | 1444758 | 143787 | |
| 1999 | 4168780 | 2496237 | 115588 | 1409527 | 147428 | |
| 2000 | 4126272 | 2447376 | 108236 | 1419910 | 150750 | |
| 2001 | 4311666 | 2503968 | 112044 | 1544041 | 151613 | |
| 2002 | 4609755 | 2640760 | 135143 | 1661965 | 171887 | |
| 2003 | 4885655 | 2701156 | 145824 | 1776384 | 183251 | 79040 |
| 2004 | 6127723 | 3329516 | 184814 | 2309374 | 212464 | 91555 |
| 2005 | 6621943 | 3583035 | 199704 | 2494965 | 237959 | 106280 |
| 2006 | 6372401 | 3409510 | 223069 | 2403097 | 218639 | 118086 |

注：按照新国民经济行业分类标准（GB/T4754-2002），从2003年起增加了农林牧渔服务业（下表同）。
Note: According to GB/T4754-2002, the sector of agricultural services is added since 2003 (the same below).

# 10－6 主要年份农林牧渔业总产值指数（上年=100）
# Indices of Gross Output Value of Farming, Forestry, Animal Husbandry and Fishery in Major Years (Preceding Year=100)

| 年份<br>Year | 农林牧渔业总产值<br>Gross Output Value | 农业<br>Farming | 林业<br>Forestry | 牧业<br>Animal Husbandry | 渔业<br>Fishery | 农林牧渔服务业<br>Agricultural Services |
|---|---|---|---|---|---|---|
| 1952 | 119.9 | 116.8 | 123.7 | 135.7 | 111.2 | |
| 1957 | 129.0 | 126.7 | 144.5 | 133.4 | 156.4 | |
| 1962 | 63.9 | 69.9 | 58.0 | 39.4 | 49.5 | |
| 1965 | 151.1 | 137.2 | 125.4 | 275.5 | 194.9 | |
| 1970 | 101.5 | 100.3 | 88.5 | 109.7 | 107.3 | |
| 1975 | 108.2 | 110.6 | 129.7 | 94.6 | 134.0 | |
| 1978 | 123.2 | 126.7 | 119.1 | 109.7 | 121.2 | |
| 1980 | 115.3 | 105.9 | 99.6 | 165.8 | 121.0 | |
| 1985 | 144.1 | 130.9 | 210.2 | 169.8 | 292.2 | |
| 1986 | 105.8 | 106.3 | 83.9 | 109.3 | 119.4 | |
| 1987 | 102.7 | 102.1 | 89.0 | 106.3 | 110.3 | |
| 1988 | 101.8 | 97.3 | 99.1 | 111.7 | 115.2 | |
| 1989 | 106.4 | 108.4 | 99.9 | 103.0 | 111.0 | |
| 1990 | 102.7 | 101.1 | 96.4 | 106.4 | 106.8 | |
| 1991 | 106.2 | 105.3 | 102.1 | 108.2 | 113.9 | |
| 1992 | 101.9 | 98.7 | 110.4 | 107.3 | 100.9 | |
| 1993 | 104.1 | 103.4 | 104.8 | 104.6 | 120.8 | |
| 1994 | 105.6 | 103.5 | 101.8 | 109.0 | 115.4 | |
| 1995 | 106.3 | 105.1 | 106.7 | 107.7 | 116.8 | |
| 1996 | 102.8 | 101.8 | 101.3 | 103.6 | 116.2 | |
| 1997 | 103.3 | 102.0 | 95.8 | 105.4 | 115.7 | |
| 1998 | 102.4 | 101.5 | 117.2 | 101.6 | 112.4 | |
| 1999 | 99.8 | 100.7 | 75.7 | 100.4 | 108.5 | |
| 2000 | 101.0 | 100.3 | 86.6 | 102.9 | 104.5 | |
| 2001 | 102.1 | 100.3 | 109.7 | 104.1 | 101.9 | |
| 2002 | 101.7 | 99.7 | 102.3 | 104.2 | 105.6 | |
| 2003 | 104.6 | 103.5 | 119.6 | 104.8 | 106.8 | |
| 2004 | 105.7 | 105.5 | 108.8 | 104.9 | 108.4 | 116.5 |
| 2005 | 105.2 | 103.9 | 100.8 | 106.9 | 106.0 | 113.3 |
| 2006 | 96.8 | 94.9 | 99.9 | 99.6 | 89.0 | 105.7 |

注：本表指数按可比价计算；其中1952年以1949年为100。

Note: Indices of this table are calculated at comparable prices.1949 is considered as 100 percentage as index of 1952.

# 10－7 农林牧渔业总产值（2005－2006年）
# Gross Output Value of Farming, Forestry, Animal Husbandry and Fishery (2006-2006)

单位：万元 (10 000 yuan)

| 指　标 | Item | 农林牧渔业总产值 Gross Output Value 2005 | 2006 | 指数 上年=100 Index Preceding Year=100 |
|---|---|---|---|---|
| **总　计** | **Total** | **6621943** | **6372401** | **96.8** |
| 农　业 | Farming | 3583035 | 3409510 | 94.9 |
| 谷物及其他作物 | Cereal and Other Crops | 2206592 | 1907848 | 90.1 |
| #谷　物 | Cereal | 1403133 | 1171041 | 85.8 |
| 豆　类 | Bean | 136807 | 113100 | 82.5 |
| 油　料 | Oil Crops | 155500 | 149486 | 95.0 |
| 烟　草 | Tobacco | 80396 | 86146 | 102.8 |
| 蔬菜园艺作物 | Vegetables and Gardening | 989321 | 1089680 | 102.3 |
| #蔬　菜（含菜用瓜） | Vegetables (including Melons as Vegetables) | 903786 | 988146 | 100.9 |
| 花　卉 | Flowers | 16746 | 24795 | 138.2 |
| 水果、坚果、饮料和香料作物 | Fruits, Nuts, Drinks and Spices | 326140 | 340711 | 101.2 |
| #水果、坚果（含果用瓜） | Fruits and Nuts (including Melons as Fruits) | 287999 | 295421 | 99.9 |
| 茶及其他饮料 | Tea and Other Drinks | 37428 | 42201 | 104.7 |
| #茶 | Tea | 37428 | 42201 | 104.7 |
| 中药材 | Traditional Chinese Medical Materials | 60982 | 71271 | 116.6 |
| 林　业 | Forestry | 199704 | 223069 | 99.9 |
| 林木的培育和种植 | Forest Cultivation | 61391 | 35225 | 56.1 |
| #造　林 | Afforestation | 29169 | 5902 | 19.6 |
| 竹木采运 | Bamboo Felling and Transportation | 22822 | 29826 | 116.6 |
| 林产品 | Forest Products | 115491 | 158018 | 119.9 |
| 牧　业 | Animal Husbandry | 2494965 | 2403097 | 99.6 |
| 牲畜饲养 | Livestock Raising | 147866 | 156643 | 106.5 |
| #牛 | Cattle | 69090 | 71071 | 103.2 |
| 奶产品 | Milk Products | 21836 | 21114 | 97.4 |
| 猪的饲养 | Hog Raising | 1519043 | 1462208 | 99.9 |
| #肉　猪 | Edible Hogs | 1502124 | 1444158 | 99.9 |
| 家禽饲养 | Poultry Raising | 722847 | 683872 | 98.0 |
| #禽　蛋 | Poultry Eggs | 347619 | 325602 | 96.8 |
| 狩猎和捕捉动物 | Animal Hunting | 1054 | 288 | 26.7 |
| 其他畜牧业 | Others | 104154 | 100086 | 96.8 |
| #蚕　茧 | Silkworm Cocoons | 40462 | 35872 | 88.5 |
| 渔　业 | Fishery | 237959 | 218639 | 89.0 |
| #内陆水域水产品 | Aquatic Products in Inland Water Areas | 237959 | 218639 | 89.0 |
| #养　殖 | By Breeding | 224254 | 206951 | 89.4 |
| #鱼　类 | Fish | 233390 | 214550 | 89.1 |
| 农林牧渔服务业 | Agricultural Services | 106280 | 118086 | 105.7 |

注：本表数据绝对值按现价计算，指数按可比价计算。
Note: The absolute figures in this table are calculated at current prices whereas the indices are calculated at comparable prices.

# 10－8 农村基本情况（2005－2006年）
# Basic Statistics on Rural Areas (2005-2006)

| 指　　标 | Item | 2005 | 2006 |
|---|---|---|---|
| **户　数（万户）** | **Households(10 000 households)** | **718.84** | **714.86** |
| **人　口（万人）** | **Population(10 000 persons)** | **2430.93** | **2418.40** |
| **乡村从业人员（万人）** | **Rural Employment(10 000 persons)** | **1366.91** | **1382.62** |
| 按性别分 | By Sex | | |
| 男 | Male | 736.77 | 745.74 |
| 女 | Female | 630.14 | 636.88 |
| 按产业分 | By Sector | | |
| 第一产业 | Primary Industry | 775.88 | 741.67 |
| 第二产业 | Secondary Industry | 234.76 | 276.32 |
| 第三产业 | Tertiary Industry | 356.27 | 364.63 |
| **农村基础设施（个）** | **Rural Infrastructure (unit)** | | |
| 自来水受益村数 | Number of Villages with Access to Tap Water | 4982 | 5015 |
| 通汽车村数 | Villages with Highways | 9691 | 9506 |
| 通电话村 | Villages with Post and Telecommunications Offices | 9688 | 9580 |

注：从2001年起，民政部门调整乡、镇、村的区划，村个数均比往年减少。
Note: The number of villages is less than that in previous years for the administrative adjustment since 2001.

# 10－9 耕地面积情况（2005－2006年）
# Statistics on Cultivated Land (2005-2006)

单位：公顷　　　　(hectare)

| 指　　标 | Item | 2005 | 2006 |
|---|---|---|---|
| **年初耕地总资源** | **Year-beginning Cultivated Area** | **2105852** | **2076424** |
| 年内增加 | Increase in the Year | 7214 | 5984 |
| #新开荒 | Open up Undeveloped Land | 4109 | 1874 |
| 年内减少 | Decrease in the Year | 45432 | 30153 |
| #国家基建占地 | Government Capital Construction | 3814 | 6252 |
| 退耕还林还草占地 | Green for Grain | 30638 | 14895 |
| **年末耕地总资源** | **Year-end Cultivated Land** | **2067634** | **2052255** |
| 常用耕地面积 | Regularly Cultivated Land | 1399194 | 1383977 |
| #水　田 | Paddy Fields | 771308 | 770747 |
| 水浇地 | Dry Fields | 1428 | 1182 |
| 临时性耕地 | Temporarily Cultivated Land | 668440 | 668278 |
| 平均每个农村人口拥有常用耕地（亩） | Cultivated Area Per Rural Person (mu) | 0.86 | 0.86 |
| 平均每个农村劳动力拥有常用耕地（亩） | Cultivated Area Per Rural Labor Force (mu) | 1.54 | 1.51 |

# 10－10 农业生产条件（2005－2006年）
# Conditions for Agricultural Production (2005-2006)

| 指　　标 | Item | 2005 | 2006 |
|---|---|---|---|
| **农业机械化情况** | **Agricultural Mechanization** | | |
| 农业机械总动力（万千瓦） | Total Power of Agricultural Machinery (10 000 kw) | 775.96 | 820.01 |
| 农用大中型拖拉机数（万台） | Large and Medium Agricultural Tractors (10 000 units) | 0.01 | 0.06 |
| 农用大中型拖拉机动力（万千瓦） | Capacity of Large and Medium Agricultural Tractors (10 000 kw) | 0.52 | 2.21 |
| 小型拖拉机数（万台） | Small and Walking Tractors (10 00 units) | 0.39 | 0.43 |
| 小型拖拉机动力（万千瓦） | Capacity of Small and Walking Tractors (10 000 kw) | 5.47 | 6.26 |
| 农用排灌动力机械台数（万台） | Drainage and Irrigation Machinery (10 00 units) | 49.49 | 53.41 |
| 农用排灌动力机械动力（万千瓦） | Capacity of Drainage and Irrigation Machinery (10 000 kw) | 121.61 | 126.09 |
| 农用水泵（万台） | Pumps (10 00 units) | 54.23 | 56.31 |
| 机动脱粒机（万台） | Motorized Threshing Machines (10 00 units) | 27.76 | 35.89 |
| 农用运输车（万辆） | Farm Tracks (10 00 vehicles) | 6.11 | 6.11 |
| 渔用机动船（万艘） | Motorized Fishing Boats (10 00 vessels) | 0.56 | 0.58 |
| **农业主要能源及物耗** | **Main Agricultural Energy and Material Consumption** | | |
| 农村用电量（万千瓦时） | Electricity Consumption in Rural Areas (10 000 kwh) | 428943 | 460291 |
| 乡村办电站（个） | Electricity Power Stations in Rural Areas (unit) | 529 | 567 |
| 乡村办电站发电量（万千瓦时） | Generating Capacity of Electricity Station in Rural Areas (10 000 kwh) | 93887 | 94578 |
| 有效灌溉面积（公顷） | Effective Irrigated Area (hectare) | 618090 | 621320 |
| 占耕地面积比重（%） | Proportion of Cultivated Area (%) | 44.2 | 44.6 |
| 化肥施用量（折纯量）（万吨） | Chemical Fertilizer (net) (10 000 tons) | 79.20 | 80.54 |
| #氮　肥 | Nitrogenous Fertilizer | 46.53 | 46.37 |
| 磷　肥 | Phosphate Fertilizer | 17.52 | 18.00 |
| 钾　肥 | Potash Fertilizer | 3.83 | 4.01 |
| 复合肥 | Compound Fertilizer | 11.17 | 12.16 |
| 每公顷耕地化肥施用量（公斤） | Chemical Fertilizer Per Hectare (kg) | 566.01 | 578.01 |
| 农用塑料薄膜使用量（万吨） | Farm Plastic Film (10 000 tons) | 2.75 | 2.82 |
| #地膜使用量 | Consumption of Farm Plastic Film | 1.70 | 1.68 |
| 地膜覆盖面积（公顷） | Covered Area by Farm Plastic Film (hectare) | 249705 | 238461 |
| 农用柴油使用量（万吨） | Consumption of Farm Diesel Oil (10 000 tons) | 14.92 | 15.10 |
| 农药使用量（万吨） | Consumption of Chemical Pesticides (10 000 tons) | 1.95 | 1.96 |

# 10－11 主要农作物播种面积及产量（2005－2006年）
# Sown Areas and Output of Major Farm Crops (2005-2006)

| 指　标 | Item | 播种面积（公顷）Sown Areas (hectare) 2005 | 2006 | 总产量（吨）Total Output (ton) 2005 | 2006 | 单位产量（公斤/公顷）Yield Per Unit (kg/ha) 2005 | 2006 |
|---|---|---|---|---|---|---|---|
| **粮食** | **Grain** | **2501263** | **2499275** | **11681864** | **9105000** | **4670** | **3643** |
| 谷物 | Cereal | 1537094 | 1518828 | 8457731 | 6728983 | 5502 | 4431 |
| 稻谷 | Rice | 747949 | 739184 | 5214283 | 3812500 | 6971 | 5135 |
| 早稻 | Early Rice | 307 | 143 | 1670 | 729 | 5440 | 5098 |
| 中稻 | Middle Rice | 747306 | 738893 | 5211035 | 3810670 | 6973 | 5134 |
| 双季晚稻 | Late Rice | 336 | 148 | 1578 | 1101 | 4696 | 7439 |
| 小麦 | Wheat | 279667 | 271249 | 786473 | 754400 | 2812 | 2834 |
| 玉米 | Corn | 460342 | 456991 | 2331278 | 2061000 | 5064 | 4517 |
| 高粱 | Sorghum | 26782 | 27442 | 80642 | 62864 | 3011 | 2291 |
| 其他谷物 | Other Cereal | 22354 | 23962 | 45055 | 38219 | 2016 | 1595 |
| 豆类 | Bean | 234540 | 234055 | 421600 | 353890 | 1708 | 1512 |
| #大豆 | Soybean | 99107 | 96507 | 176512 | 117318 | 1781 | 1216 |
| 薯类 | Tuber | 729629 | 746392 | 2823552 | 2022127 | 3870 | 2709 |
| #马铃薯 | Potato | 319260 | 347409 | 1018863 | 941297 | 3191 | 2709 |
| **油料** | **Oil-bearing Crops** | **252421** | **257292** | **427121** | **403265** | **1692** | **1567** |
| #花生 | Peanut | 54351 | 55334 | 97059 | 71470 | 1786 | 1292 |
| 油菜籽 | Rapeseed | 187333 | 183679 | 318138 | 322687 | 1698 | 1757 |
| 芝麻 | Sesame Seed | 7042 | 7092 | 6867 | 5031 | 975 | 709 |
| **麻类** | **Fiber Crops** | **8456** | **10515** | **12362** | **11846** | **1462** | **1127** |
| #苎麻 | Ramie | 7999 | 10269 | 11909 | 11617 | 1489 | 1131 |
| 黄红麻 | Jute and Ambary Hemp | 151 | 169 | 109 | 124 | 722 | 734 |
| **糖料（甘蔗）** | **Sugar Crops (sugarcane)** | **2789** | **2791** | **114608** | **101574** | **41093** | **36393** |
| **烟叶** | **Tobacco** | **51508** | **48879** | **90173** | **91945** | **1751** | **1881** |
| #烤烟 | Flue-cured Tobacco | 41530 | 38500 | 71665 | 72576 | 1726 | 1885 |
| **蔬菜、瓜果** | **Vegetables and Melons** | **417516** | **436212** | **9162874** | **9136619** | **21946** | **20945** |
| #蔬菜（含菜用瓜） | Vegetables (including Melons as Vegetables) | 399970 | 417414 | 8904721 | 8887579 | 22263 | 21292 |

# 10－12 林牧渔业生产情况（2005－2006年）
# Output of Forestry, Animal Husbandry and Fishery (2005-2006)

| 指　　标 | Item | 2005 | 2006 |
|---|---|---|---|
| **林　业（公顷）** | **Forestry (hectare)** | | |
| 当年造林面积 | Current New Forest Areas | 110070 | 22270 |
| 年末封山育林面积 | Year-end Mountain Seal for Afforestation | 353480 | 257730 |
| 零星（四旁）植树（万株） | Surrounding Tree Planting (10 000 plants) | 7.71 | 7.12 |
| 育苗面积 | Nursery Garden Areas | 5000 | 3850 |
| 当年苗木产量（万株） | Output of Plants in Current Year (10 000 plants) | 32028 | 39215 |
| 幼林抚育实际面积 | Actual Nursery Areas | 256020 | 234780 |
| 成林抚育面积 | Forest Areas | 177400 | 179500 |
| **牧　业** | **Animal Husbandry** | | |
| 年末大牲畜总头数（万头） | Year-end Large Animals (10 000 heads) | 174.48 | 168.48 |
| #农事劳役头数 | Draught Animals | 100.84 | 92.19 |
| 年末生猪存栏头数（万头） | Year-end Hogs Raised (10 000 heads) | 1708.80 | 1608.29 |
| 年末羊只数（万只） | Year-end Sheep and Goats (10 000 heads) | 378.31 | 362.75 |
| 年内出栏肥猪头数（万头） | Slaughtered Fattened Hogs (10 000 heads) | 2006.39 | 1978.30 |
| 年内出栏羊只数（万只） | Slaughtered Sheep and Goats (10 000 heads) | 306.18 | 346.53 |
| 年内出栏家禽（万只） | Slaughtered Poultry (10 000 heads) | 15087.63 | 14876.41 |
| **渔　业（公顷）** | **Fishery (hectare)** | | |
| 水产品养殖面积 | Cultured Areas of Aquatic Products | 69680 | 71390 |
| #池　塘 | Ponds | 32830 | 34020 |
| 水　库 | Reservoirs | 23490 | 23450 |

# 10－13 林牧渔业主要产品产量（2005－2006年）
# Major Product Output of Forestry, Animal Husbandry and Fishery (2005-2006)

单位：吨 (ton)

| 指　　标 | Item | 2005 | 2006 |
|---|---|---|---|
| 水果 | Fruit | 1546266 | 1457446 |
| #柑桔 | Citrus | 543715 | 426734 |
| 肉类 | Meat | 1783896 | 1768491 |
| #猪牛羊肉 | Pork, Beef and Mutton | 1544705 | 1531192 |
| #猪肉 | Pork | 1444599 | 1421485 |
| 禽肉 | Meat of Poultry | 214393 | 210962 |
| 兔肉 | Meat of Rabbit | 21935 | 23383 |
| 奶类 | Milk | 86076 | 83456 |
| #牛奶 | Cow Milk | 86076 | 83456 |
| 蜂蜜 | Honey | 6293 | 6773 |
| 水产品 | Aquatic Products | 250568 | 226129 |
| #养殖 | Cultured Aquatic Products | 237563 | 213944 |
| 年末实有茶园面积（公顷） | Area of Tea Plantations (year-end) (hectare) | 25814 | 26873 |
| #本年采摘面积 | Picked Area in Current Year | 18962 | 20734 |
| 年末果园面积（公顷） | Area of Orchards (year-end) (hectare) | 179274 | 189325 |
| #梨园 | Pear | 27982 | 29038 |
| #柑桔 | Citrus | 108910 | 109943 |

# 10－14 主要农产品产量与建国以来最高年产量的比较（2006年）
# Output of Major Agricultural Products in Comparison with Peak Year since Foundation of PRC (2006)

单位：万吨 (10 000 tons)

| 指 标 | Item | 2006 | 建国以来最高产量年 Peak Year Since Foundation of PRC | | 2006年为建国以来最高年份（%） 2006 as Percentage of Peak Year |
|---|---|---|---|---|---|
| | | | 年 份 Year | 产 量 Output | |
| 粮食总产量 | Gross Output of Grain | 910.50 | 1997 | 1184.63 | 76.9 |
| #稻 谷 | Rice | 381.25 | 1997 | 552.44 | 69.0 |
| 小 麦 | Wheat | 75.44 | 1995 | 156.24 | 48.3 |
| 玉 米 | Corn | 206.10 | 2005 | 233.13 | 88.4 |
| 豆 类 | Bean | 35.39 | 1958 | 45.34 | 78.1 |
| 薯 类 | Tubers | 202.21 | 2005 | 280.26 | 72.2 |
| 油菜籽 | Rapeseed | 32.27 | 2005 | 31.81 | 101.4 |
| 麻 类 | Fiber Crops | 1.18 | 1985 | 2.60 | 45.4 |
| 甘 蔗 | Sugarcane | 10.16 | 1980 | 36.64 | 27.7 |
| 烤 烟 | Cured Tobacco | 7.26 | 1997 | 11.00 | 66.0 |
| 蔬菜类 | Vegetable | 888.76 | 2005 | 890.47 | 99.8 |
| 年末生猪存栏头数（万头） | Year-end Hogs Raised (10 000 heads) | 1608.29 | 2005 | 1708.8 | 94.1 |
| 猪牛羊肉 | Pork, Beef and Mutton | 153.12 | 2005 | 154.47 | 99.1 |
| #猪 肉 | Pork | 142.15 | 2005 | 144.46 | 98.4 |
| 禽 肉 | Meat of Poultry | 21.10 | 2005 | 21.44 | 98.4 |
| 奶 类 | Milk | 8.35 | 2003 | 9.06 | 92.2 |
| 禽 蛋 | Poultry Eggs | 36.88 | 2005 | 39.15 | 94.2 |
| 水产品 | Aquatic Products | 22.61 | 2005 | 25.06 | 90.2 |
| 蚕 茧 | Silkworm Cocoon | 2.75 | 1995 | 5.21 | 52.8 |
| 茶 叶 | Tea | 1.71 | 1990 | 1.81 | 94.5 |
| 水 果 | Fruit | 145.74 | 2005 | 154.63 | 94.3 |

# 10－15 农业商品产值和商品率（2005－2006年）
# Output Value of Agricultural Commodities and Corresponding Commodity Rate (2005-2006)

| 指 标 | Item | 农业商品产值（万元） Output Value of Agricultural Commodities (10 000 yuan) | | 农业商品率（%） Commodity Rate (%) | |
|---|---|---|---|---|---|
| | | 2005 | 2006 | 2005 | 2006 |
| **总 计** | **Total** | **3696775** | **3676371** | **56.7** | **57.7** |
| 农 业 | Farming | 1647040 | 1611514 | 46.0 | 47.3 |
| #粮食作物 | Grain Crops | 573740 | 459796 | 30.9 | 29.7 |
| 经济作物 | Cash Crops | 174057 | 172723 | 68.0 | 67.7 |
| 蔬 菜 | Vegetables | 533589 | 583660 | 59.0 | 59.1 |
| 茶、桑、水果 | Tea, Mulberry and Fruits | 251079 | 253094 | 70.4 | 71.0 |
| 林 业 | Forestry | 130491 | 162057 | 65.3 | 72.6 |
| 牧 业 | Animal Husbandry | 1735523 | 1731146 | 69.6 | 72.0 |
| #猪 | Hogs | 943043 | 961069 | 62.1 | 65.7 |
| 活的畜禽产品 | Livestocks and Relative Products | 267086 | 239516 | 71.6 | 70.0 |
| 渔 业 | Fishery | 183720 | 171654 | 77.2 | 78.5 |

# 10－16 乡镇企业主要指标（2005－2006年）
# Main Indicators of Township-owned Enterprises (2005-2006)

单位：万元　　(10 000 yuan)

| 指　　标 | Item | 2005 | 2006 |
|---|---|---|---|
| 企业单位数（个） | Number of Enterprises (unit) | 75206 | 75905 |
| #工　业 | Industry | 30004 | 29694 |
| #集体企业 | Collective-owned Enterprises | 1893 | 1104 |
| 私有企业 | Private Enterprises | 28111 | 28590 |
| 从业人数（人） | Employment (person) | 2039467 | 2155545 |
| #集体企业 | Collective-owned Enterprises | 297034 | 223999 |
| 私有企业 | Private Enterprises | 1742433 | 1931546 |
| 总产值 | Gross Output Value | 27273077 | 33030324 |
| #集体企业 | Collective-owned Enterprises | 2139960 | 1915759 |
| 私有企业 | Private Enterprises | 25133117 | 31114565 |
| 工业总产值 | Gross Industrial Output Value | 16826753 | 20504801 |
| #集体企业 | Collective-owned Enterprises | 1242868 | 1126754 |
| 私有企业 | Private Enterprises | 15583885 | 19378047 |
| 乡镇企业增加值 | Value-added of Township Enterprises | 7027664 | 8588808 |
| #工　业 | Industry | 4329685 | 5311537 |
| 营业收入 | Business Income | 27566309 | 33656959 |
| #集体企业 | Collective-owned Enterprises | 2109462 | 1998468 |
| 私有企业 | Private Enterprises | 25456847 | 31658491 |
| 利润总额 | Total Pre-tax Profits | 1007658 | 1238275 |
| 实交税金 | Taxes Payable | 841295 | 1059367 |
| #所得税 | Income-tax Payable | 113095 | 148311 |
| 当地入库税金 | Stored Taxes | 841295 | 1059367 |
| 工资总额 | Total Wages | 1917827 | 2662008 |
| #集体企业 | Collective-owned Enterprises | 270054 | 265890 |
| 私有企业 | Private Enterprises | 1647773 | 2396118 |
| 年末固定资产原值 | Original Value of Fixed Assets | 7869423 | 9977286 |
| #集体企业 | Collective-owned Enterprises | 774689 | 696443 |
| 私有企业 | Private Enterprises | 7094734 | 9280843 |
| 银行（信用社）贷款余额 | Bank (credit cooperative) Loans | 952681 | 1631870 |

# 主要统计指标解释

**农林牧渔业总产值** 指以货币表现的农、林、牧、渔业全部产品和对农林牧渔业生产活动进行的各种支持性服务活动的价值总量，它反映一定时期内农林牧渔业生产总规模和总成果。1957 年以前的农林牧渔业总产值中包括了厩肥和农民自给性手工业(如农民自制衣服、鞋、袜，自己从事粮食初步加工等)。1958 年及以后，林业中增加了村及村以下竹木采伐产值；牧业中取消了厩肥产值；副业中取消了农民自给性手工业产值，增加了村及村以下办的工业产值；渔业中增加了海洋捕捞水产品产值。1980 年及以后，在副业中增加了农民家庭兼营工业商品部分的产值。从 1984 年起村及村以下工业产值划归工业。从 1993 年起取消副业，将野生动物的捕猎划入牧业、野生植物采集和农民家庭兼营商品性工业划归农业。从 2003 年起，执行新的国民经济行业分类标准，农林牧渔业总产值中包括了农林牧渔服务业产值。林业中增加了森林采运业产值。农业中取消了家庭兼营商品性工业产值，将野生林产品的采集划归林业。第一次农业普查以后，由于畜牧业产品年报数据与普查数据之间存在一定的差距，国家统计局农调总队对畜牧业年报数据与普查数据进行衔接，相应的畜牧业产值进行调整。

农林牧渔业总产值的计算方法通常是按农、林、牧、渔业产品及其副产品的产量分别乘以各自单位产品价格求得；少数生产周期较长，当年没有产品或产品产量不易统计的，则采用间接方法匡算其产值；然后将四业产品产值相加即为农林牧渔业总产值。

**粮食产量** 指全社会的产量。包括国有经济经营的、集体统一经营的和农民家庭经营的粮食产量，还包括工矿企业办的农场和其他生产单位的产量。粮食除包括稻谷、小麦、玉米、高粱、谷子及其他杂粮外，还包括薯类和豆类。其产量计算方法，豆类按去豆荚后的干豆计算；薯类（包括甘薯和马铃薯，不包括芋头和木薯）1963 年以前按每 4 公斤鲜薯折 1 公斤粮食计算，从 1964 年开始及以后改为按 5 公斤鲜薯折 1 公斤粮食计算。城市郊区作为蔬菜的薯类（如：马铃薯等）按鲜品计算，并且不作粮食统计。其他粮食一律按脱粒后的原粮计算。1989 年以前全国粮食产量数据主要靠全面报表取得，1989 年开始使用抽样调查数据。

**油料产量** 指全部油料作物的生产量。包括花生、油菜籽、芝麻、向日葵籽，胡麻籽（亚麻籽）和其他油料。不包括大豆，也不包括木本油料和野生油料。花生以带壳干花生计算。

**水产品产量** 指人工养殖的水产品和天然生长的水产品的捕捞量。包括海水的鱼类、虾蟹类、贝类和藻类以及内陆水域的鱼类、虾蟹类和贝类，不包括淡水生植物。水产品产量是通过各级水产和统计部门逐级上报取得数据。1995 年及以前，贝类中牡蛎按鲜肉计算；蚶、蛤、蛙按 5 斤鲜品折 1 斤计算。1996 年以后则统一按鲜品计算。

**猪、牛、羊肉产量** 指当年出栏并已屠宰后除去头蹄下水后带骨肉（即胴体重）的重量。

**期初（末）畜禽存栏头（只）数** 指报告期初（末）农村各种合作经济组织和国营农场、农民个人、机关、团体、学校、工矿企业，部队等单位以及城镇居民饲养的大牲畜、猪、羊、家禽等畜禽的存栏头（只）数。

**农作物播种面积** 指实际播种或移植有农作物的面积，凡是实际种植有农作物的面积，不论种植在耕地上还是种植在非耕地上，均包括在农作物播种面积中。在播种季节基本结束后，因遭灾而重新改种和补种的农作物面积，也包括在内。它是反映我国耕地面积利用情况的一个重要指标。目前，农作物播种面积主要包括粮食、棉花、油料、糖料、麻类、烟叶、蔬菜和瓜类、药材和其它农作物九大类。

**常用耕地** 指耕地总资源中专门种植农作物并经常进行耕种、能够正常收获的土地。包括当地实际耕种的熟地；弃耕、休闲不满三年，随时可以复耕的地；开荒利用三年以上的地。不包括临时种植农作物的坡度在 25 度以上的陡坡地；在河套、湖畔、库区临时开发的成片或零星土地；也不包括已列为国家和省（区、市）退耕计划但临时耕种的土地。

**有效灌溉面积** 指具有一定的水源，地块比较平整，灌溉工程或设备已经配套，在一般年景下当年能够进行正常灌溉的耕地面积。在一般情况下，有效灌溉面积应等于灌溉工程或设备已经配备，能够进行正常灌溉的水田和水浇地面积之和。它是反映我国耕地抗旱能力的一个重要指标。

**农用化肥施用量** 指本年内实际用于农业生产的化肥数量，包括氮肥、磷肥，钾肥和复合肥。化肥施用量要求按折纯量计算数量。折纯法化肥施用量是把氮肥、磷肥和钾肥分别按含氮、含五氧化二磷、含氧化钾的百分之一百成份折算后的数量。复合肥按其所含主要成分折算。公式为：

折纯量= 实物量 × 某种化肥有效成份含量的百分比

**农业机械总动力** 指主要用于农、林、牧、渔业的各种动力机械的动力总和。包括耕作机械、排灌机械、收获机械、农用运输机械、植物保护机械、牧业机械、林业机械、渔业机械和其他农业机械［内燃机按引擎马力折成瓦（特）计算，电动机按功率折成瓦（特）计算］。不包括专门用于乡、镇、村、组办工业、基本建设、非农业运输、科学试验和教学等非农业生产方面用的动力机械与作业机械。

**乡村从业人员** 指乡村人口中劳动年龄在16周岁以上实际参加生产经营活动并取得实物或货币收入的人员，包括劳动年龄内经常参加劳动的人员，也包括超过劳动年龄但经常参加劳动的人员，但不包括户口在家的在外学生、现役军人和丧失劳动能力的人，也不包括待业人员和家务劳动者。从业人员按从事主业时间最长（时间相同按收入）分为农业从业人员、工业从业人员、建筑业从业人员、交通运输业、仓储及邮电通信业从业人员、批零贸易及餐饮业从业人员、其他非农行业从业人员。

# Explanatory Notes on Main Statistical Indicators

**Gross Output Value of Farming Forestry, Animal Husbandry and Fishery** refers to the total value of products of farming, forestry, animal husbandry and fishery, and total value of services rendered to support farming, forestry, animal husbandry and fishery activities. It reflects the total scale and results of agricultural production during a given period. Prior to 1957, Chinas gross agricultural output value included barnyard manure and handicraft products for self-consumption (clothes, shoes, stockings, and initial grain processing undertaken by peasants). Since 1958, cutting and felling of bamboo and trees by villages and other cooperative organizations under villages have been included in forestry; value of barnyard manure has been excluded from animal husbandry; self consumed handicrafts has been excluded from sideline occupations, while the output value of industries run by villages and cooperative organizations under village had been included in sideline occupations and the output value of fish catches by motor fishing boats has been added to fishery. Since 1980, the value of handicraft products made for sale by individuals in households had been added to sideline occupations. Since 1984, industries run by villages and under villages have been included in the sector of industry. Since 1993, the subdivision of sideline occupations has been canceled, and the hunting of wild animals has been classified into animal husbandry, and the gathering of wild plants and commodity industry run by rural household have been included in farming. A new industrial classification of economic activities was introduced in 2003. Under the new classification, value of services to farming, forestry, animal husbandry and fishery is included in the gross output value of agriculture, value of wood felling and transport is included in forestry, value of industrial output by rural households is not included in agriculture, and the collection of wild forest products is taken from agriculture and included in the forestry. The first agriculture census of China revealed some discrepancy between the production of animal products from the annual reports and that from the census. Efforts were made by the Rural Socio-economic Survey Organization of NBS to adjust the output value of animal husbandry to make the figures from the annual reports consistent with the census data.

Gross output value of agriculture is obtained by first multiplying the output of each product or by product by its price, resulting in the output value of each single item. For a small number of products, annual output of which is not available or difficult to get due to the long production (growing) process involved, the output value is estimated through an indirect approach. The sum of output value of all products of farming, forestry, animal husbandry and fishery is then equal to the gross output value of agriculture.

**Grain Yield** refers to the total output in the whole country including grains produced by state farms, collective units, rural households, as well as by farms affiliated to industrial and mining enterprises and other production units. Grain includes rice, wheat, corn, sorghum, millet and other miscellaneous grains as well as tubers and bean. Output of beans refers to dry beans without pods. The output of tubers (sweet potatoes and potatoes, not including taros and cassava) was converted into that of grain at the ratio 4:1, i.e. 4 kilograms of fresh tubers was equivalent to 1 kilogram of grain up to 1963. Since 1964 the ratio for conversion has been 5:1. Tubers supplied as vegetables (such as potatoes) in cities and suburbs are calculated as fresh vegetables and their output is not included in the output of grain. Output of all other grains refers to husked grain. Data on grain production before 1989 were obtained through Comprehensive Statistical Reporting System. Since 1989, data from sample surveys are used.

**Yield of Oil-bearing Crops** refers to the total yield of oil-bearing crops of various kinds, including peanuts, (dry, in shell) rapeseeds, sesame, sunflower seeds, flax seeds, and other oil-bearing crops. Soybeans, oil-bearing woody plants, and oil-bearing crops are not included.

**Output of Aquatic Products** refers to catches of both artificially cultured and naturally grown aquatic products, including fish, shrimps, crabs and shellfish in sea and inland water as well as seaweed. Freshwater plants are not included. Data on output of aquatic products are reported by aquatic product and statistical agencies level by level. Before 1995, among the shellfish, the oyster was counted as fresh meat; 5 kilograms of ark shell, clams and frogs are equivalent to 1 kilogram of fresh aquatic products; they are all counted as fresh aquatic products since 1996.

**Output of Pork, Beef and Mutton** refers to the meat of slaughtered hogs, cattle, sheep and goats with head, feet, and offal taken away.

**Number of Livestock or Poultry in Hand at the Beginning (or End) of the Reference Period** refers to the total number of large animals, pigs, sheep, fowls, etc., raised by rural cooperative organizations, state farms, rural individuals, government agencies, schools, industrial and mining enterprises, army, and urban residents at the beginning (or end) of the reference period.

**Sown Area of Crops** refers to area of land sown or trans-planted with crops regardless of being in cultivated area or non-cultivated area. Area of land resown due to natural disasters is also included. At present, the sown area of crops mainly include the following 9 categories of crops: grain, cotton, oil-bearing crops, sugar crops, fiber crops, Tobacco, Vegetables and melons, medicinal materials and other farm crops.

**Regularly Cultivated Land** refers to farmland among the total land resources which is exclusively used for farming and is under regular cultivation with harvest in normal years. Included are currently cultivated land, land that has been abandoned or put in idle for less than 3 years and could be re-used for cultivation at any time, and new-claimed land that has been put into cultivation for more than 3 years. Excluded under temporary cultivation, land (large or small plots) that is claimed along river bends, lake sides or banks of reservoirs, as well as land that has been designated under the "Green for Grain" programs of the state and provincial governments but is still temporarily under cultivation.

**Irrigated Area** refers to areas that are effectively irrigated, i.e. level land, which has water source and complete sets of irrigation facilities to lift and move adequate water for irrigation purpose under normal conditions. Under normal conditions, irrigated area is the sum of watered fields and irrigated fields where irrigation systems or equipment have been installed for regular irrigation purpose. This important indicator reflects drought resistance capacity of the cultivated land in China.

**Consumption of Chemical Fertilizers for Farming** refers to the quantity of chemical fertilizers applied in agriculture in the year, including nitrogenous fertilizer, phosphate fertilizer, potash fertilizer, and compound fertilizer. The consumption of chemical fertilizers is required in calculation to convert the gross weight into weight containing 100% effective component (e.g. 100% nitrogen content in nitrogenous fertilizer, 100% phosphorous pentoxide content in phosphate fertilizer, 100% potassium oxide content in potash fertilizer). Compound fertilizer is converted with its major component. The formula is:

*Volume of effective component= physical quantity × effective component of certain chemical fertilizer (%)*

**Total Power of Farm Machinery** refers to total mechanical power of machinery used in farming, forestry, animal husbandry, and fishery, including sloughing, irrigation and drainage, harvesting, transport, plant protection, stockbreeding, forestry and fishery. The power of internal combustion engines is required to convert horsepower into watts and the power of electric motors is required to be converted into watts. Machinery employed for non-agricultural purposes, such as the machines used in township-run and village-run industry, construction, non-agricultural transport, scientific experiments and teaching, is excluded.

**Rural Employed Persons** refer to rural labor forces aged over 16 years old who are engaged in real production and management activities and receive payment in kind or wages, including those covered within the age frame and regularly participating in production activities, and those who are out of the range of age frame and also participating in production activities regularly. Excluding students studying in other places with their permanent residence registered in local areas, servicemen and persons incapable of working; also excluding those who are waiting for jobs and those engaged in household work. Persons employed are classified as rural employed persons; industrial employed persons; construction industry employed persons; transport, storage and telecommunications industries employed persons; whole sales and retail sales trade and catering industry employed persons and other non-agricalture employed persons according to the longest period of employment in major activities (or using income indicator when period of employment is the same).

# 工 业

*Industry*

## 简要说明 Brief Introduction

本章资料主要包括工业企业主要指标，国有及规模以上（即指年产品销售收入在500万元以上）非国有工业企业单位数、增加值、主要经济指标和效益指标，国有及国有控股工业企业的主要经济指标和效益指标，大中型工业企业的主要经济指标和效益指标，主要工业产品产量以及占全国当年产量的比重。本章资料由市统计局工业交通处整理提供。

Data in this chapter cover the following data: major indicators of industrial enterprises, the number, value-added and main economic indicators and efficiency indicators of state-owned industrial enterprises and the non-state enterprises that are above designated size (referring to enterprises each with an annual sales of over 5 million yuan); main economic indicators and efficiency indicators of the state-owned and state holding industrial enterprises; main economic indicators and efficiency indicators of large and medium sized industrial enterprises; output of major industrial products and relative percentage of national total output in this year. Data in this chapter are provided by Division of Industry and Transport Statistics, Municipal Bureau of Statistics.

# 11－1 工业企业主要指标（1978－2006年）
# Major Indicators of Industrial Enterprises (1978-2006)

单位：万元 (10 000 yuan)

| 年 份 Year | 单位数（个） Number of Enterprises (unit) | 从业人员平均人数（人） Average Emloyment (person) | 工业总产值 Industrial Gross Output Value | | 工业增加值 Value-added of Industry | |
|---|---|---|---|---|---|---|
| | | | 绝对值 Value | 指数（上年=100） Index Preceding Year=100 | 绝对值 Value | 指数（上年=100） Index Preceding Year=100 |
| 1978 | 8037 | 951217 | 643444 | 100.0 | | |
| 1980 | 10963 | 998963 | 772307 | 104.6 | | |
| 1985 | 9924 | 1251649 | 1408126 | 117.2 | | |
| 1986 | 12454 | 1473491 | 1604215 | 104.1 | | |
| 1987 | 11556 | 1511086 | 1921043 | 112.4 | | |
| 1988 | 11303 | 1552189 | 2529674 | 116.1 | | |
| 1989 | 10976 | 1587712 | 2991130 | 102.4 | | |
| 1990 | 10763 | 1610473 | 2993490 | 100.7 | | |
| 1991 | 10780 | 1652984 | 3424558 | 111.8 | | |
| 1992 | 9693 | 1662144 | 4191279 | 116.3 | 1149187 | 100.0 |
| 1993 | 9083 | 1752822 | 5847377 | 118.2 | 1837033 | 159.9 |
| 1994 | 9713 | 1692108 | 7185418 | 115.4 | 2034142 | 110.7 |
| 1995 | 11474 | 1724173 | 7651109 | 115.2 | 1935522 | 95.2 |
| 1996 | 2332 | 1474400 | 7304148 | | 1997189 | |
| 1997 | 2210 | 1428600 | 7947952 | 114.4 | 2139029 | 107.1 |
| 1998 | 2000 | 1164200 | 7667894 | 100.7 | 2097535 | 98.1 |
| 1999 | 1975 | 1004400 | 8585525 | 118.9 | 2407000 | 114.8 |
| 2000 | 2040 | 907900 | 9623226 | 113.6 | 2875000 | 119.4 |
| 2001 | 2054 | 841900 | 10728325 | 115.5 | 3329900 | 115.8 |
| 2002 | 2072 | 820103 | 12283741 | 119.8 | 3974400 | 119.4 |
| 2003 | 2243 | 843341 | 15889928 | 126.7 | 4778500 | 120.2 |
| 2004 | 2634 | 900546 | 21427261 | 129.9 | 5956894 | 125.3 |
| 2005 | 2946 | 924204 | 25258684 | 118.6 | 7163600 | 117.1 |
| 2006 | 3214 | 968440 | 32142340 | 127.4 | 8453802 | 120.6 |

注：1）本表统计口径1996年以前为全部独立核算工业企业，1996年及以后为全部国有及规模以上（即年产品销售收入在500万元以上）非国有工业企业（下表同）。

2）工业总产值、工业增加值的绝对值按现价计算。由于工业统计制度变更，工业总产值指数2003年及以前按可比价计算，2004年起按现价计算；工业增加值指数2003年及以前按现价计算，2004年起按可比价计算。

Note: a) In this table, the data on industry refer to total industrial enterprises with independent accounting system from 1978 to 1995 whereas refers to state-owned industrial enterprises and non-state-owned industrial enterprises over designated size since 1996 whose annual sales revenue is over 5 million yuan (the same below).

b) Gross output value of industry and value-added of industry are calculated at current prices. As industry statistic system has been changed, index of industrial gross output value was at comparable prices before 2003, which has been calculated at current prices since 2004. Index of value-added of industry was at current prices before 2003, which has been calculated at comparable prices since 2004.

11-1 续表 CONTINUED

单位：万元 (10 000 yuan)

| 年 份 Year | 年末固定资产 Year-end Fixed Assets | | 流动资产年平均余额 Annual Average Balance of Value of Circulating Fund | 主营业务收入 Sales Revenue | 利税总额 Total Pre-tax Profits |
|---|---|---|---|---|---|
| | 原 值 Original Value | 净 值 Net Value | | | |
| 1978 | 706016 | 475301 | 298093 | 595593 | 119300 |
| 1980 | 823370 | 540178 | 329897 | 708120 | 146213 |
| 1985 | 1339800 | 923111 | 604983 | 1449426 | 260677 |
| 1986 | 1445859 | 970019 | 743986 | 1559353 | 225749 |
| 1987 | 1635303 | 1135872 | 908572 | 1897962 | 251220 |
| 1988 | 1830786 | 1254850 | 1062157 | 2472560 | 358610 |
| 1989 | 2063326 | 1405200 | 1441939 | 2734475 | 365348 |
| 1990 | 2314886 | 1490850 | 1942657 | 2782262 | 253309 |
| 1991 | 2585930 | 1647544 | 2418353 | 3338105 | 291455 |
| 1992 | 2947902 | 1784094 | 2852708 | 4167995 | 365134 |
| 1993 | 3424857 | 2106423 | 3484050 | 6124846 | 551046 |
| 1994 | 4953046 | 2967592 | 4631636 | 6294911 | 573144 |
| 1995 | 7307273 | 4057468 | 5702467 | 7524836 | 580345 |
| 1996 | 7708153 | 5398622 | 5749079 | 7113430 | 480449 |
| 1997 | 8578673 | 5952377 | 6959065 | 7981695 | 460736 |
| 1998 | 9866758 | 6940364 | 7202796 | 7809127 | 393220 |
| 1999 | 10840971 | 7604150 | 7733524 | 8546131 | 572648 |
| 2000 | 11515782 | 7848443 | 8157646 | 9593576 | 855670 |
| 2001 | 12056356 | 7958216 | 8874861 | 10732455 | 1016889 |
| 2002 | 12730167 | 8282507 | 9228472 | 12357157 | 1320260 |
| 2003 | 13424490 | 8576299 | 10305605 | 15950727 | 1910901 |
| 2004 | 14970250 | 9738481 | 11641381 | 21088433 | 2420163 |
| 2005 | 16779752 | 11001178 | 13571979 | 25151726 | 2564825 |
| 2006 | 20266728 | 13551444 | 15484263 | 32008042 | 3192103 |

# 11－2 主要工业产品产量（1978－2006年）
# Output of Major Industrial Products (1978-2006)

| 年 份<br>Year | 原煤（万吨）<br>Coal<br>(10 000 tons) | 天然气<br>（亿立方米）<br>Natural Gas<br>(100 million cu.m) | 发电量<br>（亿千瓦时）<br>Electricity<br>(100 million kwh) | 钢材（万吨）<br>Steel Products<br>(10 000 tons) | 铝材（万吨）<br>Aluminum Products<br>(10 000 tons) | 水泥（万吨）<br>Cement<br>(10 000 tons) |
|---|---|---|---|---|---|---|
| 1978 | 1429.30 | 0.09 | 29.60 | 73.09 | 1.47 | 96.14 |
| 1980 | 1519.58 | 15.78 | 33.32 | 76.52 | 2.27 | 129.10 |
| 1985 | 2085.66 | 24.47 | 36.67 | 86.35 | 4.50 | 262.78 |
| 1986 | 2109.01 | 25.88 | 41.96 | 94.99 | 4.55 | 269.20 |
| 1987 | 2255.86 | 28.39 | 54.73 | 111.36 | 5.00 | 308.29 |
| 1988 | 2459.97 | 29.44 | 66.38 | 121.06 | 5.01 | 353.43 |
| 1989 | 2540.03 | 31.96 | 72.64 | 102.59 | 4.99 | 345.39 |
| 1990 | 2332.71 | 34.59 | 73.75 | 109.61 | 3.97 | 351.85 |
| 1991 | 2380.45 | 35.86 | 84.05 | 105.67 | 5.51 | 428.56 |
| 1992 | 2432.44 | 36.44 | 91.95 | 112.24 | 5.55 | 517.31 |
| 1993 | 2624.97 | 37.14 | 118.41 | 162.74 | 5.79 | 562.32 |
| 1994 | 2841.32 | 41.87 | 124.36 | 130.74 | 6.19 | 642.62 |
| 1995 | 3104.83 | 45.00 | 127.62 | 120.68 | 5.93 | 820.57 |
| 1996 | 1498.72 | 26.10 | 128.73 | 117.55 | 7.36 | 648.76 |
| 1997 | 1410.35 | 30.69 | 139.88 | 116.08 | 9.31 | 862.10 |
| 1998 | 2573.99 | 33.24 | 158.67 | 131.01 | 10.62 | 1173.59 |
| 1999 | 1183.22 | 34.74 | 158.27 | 135.10 | 12.11 | 1197.60 |
| 2000 | 1149.90 | 38.98 | 167.90 | 156.98 | 13.98 | 1402.78 |
| 2001 | 1154.67 | 41.88 | 170.41 | 161.42 | 16.82 | 1511.18 |
| 2002 | 1211.73 | 45.41 | 184.75 | 201.48 | 19.94 | 1679.52 |
| 2003 | 1484.20 | 47.29 | 188.64 | 235.24 | 21.60 | 1927.00 |
| 2004 | 1738.19 | 51.57 | 232.82 | 288.10 | 26.23 | 1906.23 |
| 2005 | 1957.79 | 57.09 | 234.03 | 294.70 | 39.36 | 2100.69 |
| 2006 | 2172.19 | 70.88 | 275.44 | 382.87 | 66.41 | 2533.84 |

11-2 续表 CONTINUED

| 年 份<br>Year | 汽车（万辆）<br>Motor Vehicles (10 000 vehicles) | 摩托车（万辆）<br>Motorcycles (10 000 vehicles) | 变压器（万千伏安）<br>Transformers (10 000 kilovolt-amperes) | 硫酸（万吨）<br>Sulphuric Acid (10 000 tons) | 啤酒（万千升）<br>Beer (1000 kiloliters) | 卷烟（亿支）<br>Cigarettes (100 million units) |
|---|---|---|---|---|---|---|
| 1978 | 0.16 | | 43.46 | 12.76 | | 87.70 |
| 1980 | 0.23 | 0.27 | 51.65 | 15.85 | | 115.75 |
| 1985 | 0.89 | 47.18 | 69.50 | 15.09 | 3.47 | 246.70 |
| 1986 | 0.61 | 31.94 | 90.72 | 20.86 | 4.16 | 314.90 |
| 1987 | 0.90 | 27.14 | 103.44 | 23.25 | 5.18 | 346.95 |
| 1988 | 1.66 | 44.47 | 102.96 | 25.31 | 6.26 | 355.65 |
| 1989 | 2.02 | 36.85 | 115.51 | 27.33 | 5.90 | 356.20 |
| 1990 | 2.18 | 38.22 | 81.91 | 25.24 | 5.91 | 357.85 |
| 1991 | 3.04 | 48.48 | 104.20 | 33.10 | 6.67 | 368.85 |
| 1992 | 4.56 | 69.37 | 172.60 | 34.28 | 7.74 | 439.10 |
| 1993 | 6.82 | 120.38 | 182.46 | 25.96 | 15.61 | 437.10 |
| 1994 | 8.77 | 170.23 | 235.08 | 25.31 | 16.69 | 430.65 |
| 1995 | 11.47 | 220.17 | 277.56 | 48.84 | 18.89 | 502.25 |
| 1996 | 12.41 | 177.36 | 300.98 | 51.29 | 28.54 | 453.91 |
| 1997 | 16.07 | 177.04 | 260.67 | 52.00 | 40.05 | 507.38 |
| 1998 | 15.74 | 126.90 | 151.99 | 59.47 | 50.66 | 369.35 |
| 1999 | 21.85 | 174.93 | 226.34 | 61.83 | 50.81 | 482.85 |
| 2000 | 24.59 | 191.07 | 684.27 | 50.65 | 50.42 | 343.50 |
| 2001 | 24.38 | 253.53 | 820.69 | 65.77 | 39.91 | 338.50 |
| 2002 | 33.13 | 323.42 | 1223.90 | 85.64 | 41.36 | 343.80 |
| 2003 | 40.45 | 441.32 | 2060.32 | 99.18 | 44.42 | 387.50 |
| 2004 | 42.89 | 473.07 | 2890.19 | 135.51 | 46.21 | 386.32 |
| 2005 | 42.15 | 420.84 | 3675.31 | 150.08 | 53.87 | 396.08 |
| 2006 | 51.99 | 534.60 | 4492.97 | 190.44 | 64.73 | 406.00 |

# 11－3 工业企业经济效益指标（1992－2006年）
# Economic Efficiency Indicators of Industrial Enterprises (1992-2006)

单位: % (%)

| 年 份 | 经济效益综合指数 Comprehensive Index of Economic Efficiency | 总资产贡献率 Ratio of Total Assets to Industrial Output Value | 资本保值增值率 Ratio of Creditors' Equity of Current Year to that of Previous Year | 资产负债率 Ratio of Liabilities to Assets |
|---|---|---|---|---|
| 1992 | 76.17 | | | |
| 1993 | 84.61 | | | |
| 1994 | 83.91 | | | |
| 1995 | 73.04 | | | |
| 1996 | 63.77 | 2.80 | 125.70 | 68.60 |
| 1997 | 60.25 | 2.70 | 113.90 | 68.40 |
| 1998 | 57.27 | 5.00 | 103.00 | 68.30 |
| 1999 | 67.66 | 5.50 | 101.40 | 67.10 |
| 2000 | 87.10 | 6.30 | 112.10 | 64.80 |
| 2001 | 95.24 | 6.90 | 108.30 | 62.70 |
| 2002 | 109.80 | 7.82 | 120.72 | 61.33 |
| 2003 | 129.73 | 9.91 | 115.83 | 60.82 |
| 2004 | 140.90 | 10.57 | 120.15 | 60.84 |
| 2005 | 139.40 | 9.98 | 116.19 | 59.72 |
| 2006 | 153.70 | 10.54 | 114.40 | 59.84 |

| 年 份 | 流动资产周转率（次） Turnover Ratio of Annual Circulating Funds (time) | 成本费用利润率 Ratio of Profits to Cost | 全员劳动生产率（元/人年） Overall Labor Productivity (yuan/person-year) | 产品销售率 Ratio of Sales to Products |
|---|---|---|---|---|
| 1992 | 1.40 | 3.20 | 7296 | 97.00 |
| 1993 | 1.60 | 3.10 | 10758 | 97.10 |
| 1994 | 1.40 | 2.70 | 12638 | 96.40 |
| 1995 | 1.20 | 0.70 | 11804 | 96.30 |
| 1996 | 1.30 | -1.20 | 13546 | 96.50 |
| 1997 | 1.20 | -1.80 | 14972 | 95.60 |
| 1998 | 1.10 | -2.40 | 16690 | 97.20 |
| 1999 | 1.10 | -1.10 | 23385 | 97.50 |
| 2000 | 1.20 | 1.70 | 31081 | 99.10 |
| 2001 | 1.20 | 2.30 | 37750 | 97.90 |
| 2002 | 1.32 | 3.42 | 46464 | 98.07 |
| 2003 | 1.54 | 5.71 | 55957 | 97.83 |
| 2004 | 1.81 | 5.82 | 66148 | 99.87 |
| 2005 | 1.85 | 4.85 | 77511 | 98.79 |
| 2006 | 2.07 | 5.19 | 87750 | 98.44 |

注：经济效益综合指数1997年前由资金利税率、增加值率、流动资产周转率、成本费用利润率、全员劳动生产率、产品销售率等六项指标计算求得，从1997年起由总资产贡献率、资本保值增值率、资产负债率、流动资产周转率、成本费用利润率、全员劳动生产率、产品销售率等七项指标计算求得。

Note: Comprehensive index of economic efficiency before 1997 are calculated with 6 items of ratio of pretax profits to total industrial assets, ratio of value-added to gross industrial output value, turnover ratio of annual circulating funds, ratio of profits to cost, overall labor productivity, ratio of sales to products, and since 1997 are calculated with 7 items of ratio of total assets to industrial output value, ratio of creditors' equity of current year to that of previous year, ratio of liabilities to assets, turnover ratio of output value, circulating funds, ratio of profits to cost, overall labor productivity, ratio of sales to products.

# 11－4 国有及规模以上非国有工业企业单位数（2005－2006年）
# Number of State-owned Industrial Enterprises and Non-state -owned Industrial Enterprises above Designated Size (2005-2006)

单位：个 (unit)

| 指　　标 | Item | 2005 | 2006 |
|---|---|---|---|
| **总　　计** | **Total** | **2946** | **3214** |
| #国有及国有控股企业 | State-owned and State Holding | 474 | 476 |
| #亏损企业 | Lose-suffering | 550 | 564 |
| **按登记注册类型分** | **By Registration** | | |
| 内资企业 | Domestic-funded Enterprises | 2763 | 3015 |
| 国有企业 | State-owned | 208 | 183 |
| 集体企业 | Collective-owned | 149 | 130 |
| 股份合作企业 | Cooperative Share Holding | 57 | 38 |
| 国有联营 | State Joint Ownership Enterprises | 3 | 2 |
| 集体联营 | Collective Joint Ownership Enterprises | 2 | 1 |
| 国有与集体联营 | Joint State-collective Enterprises | 4 | 3 |
| 其他联营 | Other Joint Ownership Enterprises | 1 | 1 |
| 国有独资公司 | State-funded Corporations | 57 | 60 |
| 其他有限责任公司 | Other Limited Liability Corporations | 605 | 676 |
| 股份有限公司 | Share-holding Corporations Ltd. | 103 | 92 |
| 私营独资 | Private-funded Enterprises | 282 | 354 |
| 私营合作 | Private Partnership Enterprises | 87 | 114 |
| 私营有限责任公司 | Private Limited Liability Corporations | 1102 | 1249 |
| 私营股份有限公司 | Private Share-holding Corporations Ltd. | 99 | 110 |
| 其他内资 | Other Enterprises | 4 | 2 |
| 港澳台商投资企业 | Enterprises Funded by Hong Kong, Macao and Taiwan | 58 | 68 |
| 与港澳台商合资经营 | Joint-venture (with Funds from Hong Kong, Macao and Taiwan) | 41 | 48 |
| 与港澳台商合作经营 | Cooperative Enterprises (with Funds from Hong Kong, Macao and Taiwan) | 5 | 3 |
| 港澳台商独资 | Enterprises with Sole Investment from Hong Kong, Macao and Taiwan | 9 | 15 |
| 港澳台商投资股份有限公司 | Share-holding Corporations Ltd.with Investment from Hong Kong, Macao and Taiwan | 3 | 2 |
| 外商投资企业 | Foreign-funded Enterprises | 125 | 131 |
| 中外合资经营 | Joint-venture Enterprises | 94 | 94 |
| 中外合作经营 | Cooperation Enterprises with Sole Foreign Investment | 5 | 5 |
| 外资企业 | Enterprises with Foreign Investment | 23 | 28 |
| 外商投资股份有限公司 | Share-holding Corporations Ltd.with Foreign Investment | 3 | 4 |
| **按轻重工业分** | **By Light and Heavy Industry** | | |
| 轻工业 | Light Industry | 1217 | 1322 |
| 重工业 | Heavy Industry | 1729 | 1892 |
| **按企业规模分** | **By Size** | | |
| 大型企业 | Large | 53 | 54 |
| 中型企业 | Medium | 404 | 444 |
| 小型企业 | Small | 2489 | 2716 |

# 11－5 国有及规模以上非国有工业企业增加值（2005－2006年）
# Value-adder of State-owned Industrial Enterprises and Non-state--owned Industrial Enterprises above Designated Size (2005-2006)

单位：万元 (10 000 yuan)

| 指 标 | Item | 2005 | 2006 |
|---|---|---|---|
| **总 计** | **Total** | **7163600** | **8453802** |
| ＃国有控股企业 | State-owned and State Holding | 3928400 | 4590607 |
| **按登记注册类型分** | **By Registration** | | |
| 内资企业 | Domestic-funded Enterprises | 5900500 | 6871334 |
| ＃国有企业 | State-owned | 559400 | 558951 |
| 集体企业 | Collective-owned | 109400 | 103552 |
| 港澳台投资企业 | Funded by Hong Kong, Macao and Taiwan | 363381 | 406172 |
| 外商投资企业 | Foreign-funded | 899719 | 1176296 |
| **按轻、重工业分** | **By Light and Heavy Industry** | | |
| 轻工业 | Light Industry | 2452300 | 2914350 |
| 重工业 | Heavy Industry | 4711300 | 5539452 |
| **按企业规模分** | **By Size of Enterprise** | | |
| 大型企业 | Large | 2644733 | 2878364 |
| 中型企业 | Medium | 2536367 | 3055004 |
| 小型企业 | Small | 1982500 | 2520434 |
| **按行业分** | **By Sector** | | |
| 采矿业 | Mining and Quarrying | | |
| 煤炭开采和洗选业 | Coal Mining and Dressing | 307246 | 360513 |
| 石油和天然气开采业 | Petroleum and Natural Gas Extraction | 26240 | 21711 |
| 黑色金属矿采选业 | Ferrous Metals Mining and Dressing | 41652 | 33408 |
| 有色金属矿采选业 | Nonferrous Metals Mining and Dressing | 219 | 622 |
| 非金属矿采选业 | Nonmetal Minerals Mining and Dressing | 35022 | 34787 |
| 其他采矿业 | Other Minerals Mining | | |
| 制造业 | Manufacturing | | |
| 农副食品加工业 | Farm Products and By-food Processing | 180304 | 239805 |
| 食品制造业 | Food Production | 77283 | 88768 |
| 饮料制造业 | Beverage Production | 119293 | 161219 |
| 烟草制品业 | Tobacco Products | 320635 | 342083 |
| 纺织业 | Textile Industry | 138922 | 170629 |
| 纺织服装、鞋、帽制造业 | Garments, Shoes and Hats Production | 13714 | 18208 |
| 皮革、毛皮、羽毛（绒）及其制品业 | Leather, Furs, Down and Related Products | 44252 | 56425 |
| 木材加工及木竹藤棕草制品业 | Timber Processing,Bamboo,Cane,Palm,Straw Products | 8189 | 9126 |
| 家具制造业 | Furniture Manufacturing | 10089 | 32463 |
| 造纸及纸制品业 | Papermaking and Paper Products | 50405 | 71568 |
| 印刷业、记录媒介的复制 | Printing and Record Medium Reproduction | 43162 | 53177 |
| 文教体育用品制造业 | Cultural Educational and Sports Goods | 483 | 383 |
| 石油加工、炼焦及核燃料加工业 | Petroleum, Coking and Nuclear Fuel Processing | 35745 | 41683 |
| 化学原料及化学制品制造业 | Raw Chemical Materials and Chemical Products | 587672 | 601118 |
| 医药制造业 | Medical and Pharmaceutical Products | 297528 | 295073 |
| 化学纤维制造业 | Chemical Fiber | 2964 | 4231 |
| 橡胶制品业 | Rubber Products | 39479 | 47601 |
| 塑料制品业 | Plastic Products | 50872 | 62529 |
| 非金属矿物制品业 | Nonmetal Mineral Products | 468586 | 452919 |
| 黑色金属冶炼及压延加工业 | Smelting and Pressing of Ferrous Metals | 327281 | 356368 |
| 有色金属冶炼及压延加工业 | Smelting and Pressing of Nonferrous Metals | 247598 | 453604 |
| 金属制品业 | Metal Products | 96940 | 117340 |
| 通用设备制造业 | Ordinary Equipment | 348444 | 412596 |
| 专用设备制造业 | Special Equipment | 131722 | 136952 |
| 交通运输设备制造业 | Transportation Equipment | 1874654 | 2430520 |
| 电气机械及器材制造业 | Electric Equipment and Machinery | 240543 | 220095 |
| 通信设备、计算机及其他电子设备制造业 | Communication,Computers and Other Electronic Equipment | 72402 | 106679 |
| 仪器仪表及文化、办公用机械制造业 | Instruments, Meters,Cultural and Office Machinery | 127810 | 147110 |
| 工艺品及其他制造业 | Handicraft and Other Production | 16057 | 16679 |
| 废弃资源和废旧材料回收加工业 | Recovery and Processing of Waste Resources and Materials | 10762 | 14085 |
| 电力、燃气及水的生产和供应业 | Electricpower, Gas & Water Production and Supply | | |
| 电力、热力的生产和供应业 | Electricpower and Hot Power Production and Supply | 669793 | 723868 |
| 燃气生产和供应业 | Gas Production and Supply | 50597 | 66229 |
| 水的生产和供应业 | Water Production and Supply | 49045 | 51632 |

# 11－6 国有及规模以上非国有工业企业主要经济指标（2006年）

单位:万元

| 指　　标 | Item | 单位数（个）Number of Enterprises (unit) | 从业人员平均人数（万人）Average Employment (10 000 persons) |
|---|---|---|---|
| **总　　计** | **Total** | **3214** | **96.84** |
| #国有控股企业 | State Holding | 476 | 40.14 |
| **按登记注册类型分** | **By Registration** | | |
| 内资企业 | Domestic-funded Enterprises | 3015 | 88.83 |
| #国有企业 | State-owned | 183 | 8.60 |
| 集体企业 | Collective-owned | 130 | 2.66 |
| 港澳台投资企业 | Funded by Hong Kong, Macao and Taiwan | 68 | 2.86 |
| 外商投资企业 | Foreign-funded | 131 | 5.16 |
| **按轻、重工业分** | **By Light and Heavy Industry** | | |
| 轻工业 | Light Industry | 1322 | 33.05 |
| 重工业 | Heavy Industry | 1892 | 63.80 |
| **按企业规模分** | **By Size of Enterprise** | | |
| 大型企业 | Large | 54 | 24.23 |
| 中型企业 | Medium | 444 | 33.87 |
| 小型企业 | Small | 2716 | 38.74 |
| **按行业分** | **By Sector** | | |
| 采矿业 | Mining and Quarrying | | |
| 煤炭开采和洗选业 | Coal Mining and Dressing | 233 | 9.97 |
| 石油和天然气开采业 | Petroleum and Natural Gas Extraction | 1 | 0.12 |
| 黑色金属矿采选业 | Ferrous Metals Mining and Dressing | 13 | 0.58 |
| 有色金属矿采选业 | Nonferrous Metals Mining and Dressing | 3 | 0.02 |
| 非金属矿采选业 | Nonmetal Minerals Mining and Dressing | 25 | 0.56 |
| 其他采矿业 | Other Minerals Mining | | |
| 制造业 | Manufacturing | | |
| 农副食品加工业 | Farm Products and By-food Processing | 156 | 2.11 |
| 食品制造业 | Food Production | 48 | 1.10 |
| 饮料制造业 | Beverage Production | 40 | 1.11 |
| 烟草制品业 | Tobacco Products | 6 | 0.54 |
| 纺织业 | Textile Industry | 148 | 4.14 |
| 纺织服装、鞋、帽制造业 | Garments, Shoes and Hats Production | 22 | 0.47 |
| 皮革、毛皮、羽毛（绒）及其制品业 | Leather, Furs, Down and Related Products | 45 | 0.80 |
| 木材加工及木竹藤棕草制品业 | Timber Processing, Bamboo, Cane, Palm, Straw Products | 10 | 0.19 |
| 家具制造业 | Furniture Manufacturing | 18 | 0.36 |
| 造纸及纸制品业 | Papermaking and Paper Products | 74 | 0.95 |
| 印刷业、记录媒介的复制 | Printing and Record Medium Reproduction | 55 | 0.75 |
| 文教体育用品制造业 | Cultural Educational and Sports Goods | 2 | 0.01 |
| 石油加工、炼焦及核燃料加工业 | Petroleum, Coking and Nuclear Fuel Processing | 17 | 0.37 |
| 化学原料及化学制品制造业 | Raw Chemical Materials and Chemical Products | 190 | 5.88 |
| 医药制造业 | Medical and Pharmaceutical Products | 72 | 2.16 |
| 化学纤维制造业 | Chemical Fiber | 2 | 0.04 |
| 橡胶制品业 | Rubber Products | 30 | 0.83 |
| 塑料制品业 | Plastic Products | 93 | 1.00 |
| 非金属矿物制品业 | Nonmetal Mineral Products | 285 | 7.82 |
| 黑色金属冶炼及压延加工业 | Smelting and Pressing of Ferrous Metals | 102 | 3.54 |
| 有色金属冶炼及压延加工业 | Smelting and Pressing of Nonferrous Metals | 63 | 2.08 |
| 金属制品业 | Metal Products | 95 | 1.89 |
| 通用设备制造业 | Ordinary Equipment | 179 | 4.96 |
| 专用设备制造业 | Special Equipment | 56 | 4.09 |
| 交通运输设备制造业 | Transportation Equipment | 774 | 26.93 |
| 电气机械及器材制造业 | Electric Equipment and Machinery | 117 | 2.46 |
| 通信设备、计算机及其他电子设备制造业 | Communication, Computers and Other Electronic Equipment | 25 | 1.04 |
| 仪器仪表及文化、办公用机械制造业 | Instruments, Meters, Cultural and Office Machinery | 57 | 2.10 |
| 工艺品及其他制造业 | Handicraft and Other Production | 14 | 0.35 |
| 废弃资源和废旧材料回收加工业 | Recovery and Processing of Waste Resources and Materials | 8 | 0.05 |
| 电力、燃气及水的生产和供应业 | Electricpower, Gas & Water Production and Supply | | |
| 电力、热力的生产和供应业 | Electricpower and Hot Power Production and Supply | 75 | 4.09 |
| 燃气生产和供应业 | Gas Production and Supply | 25 | 0.60 |
| 水的生产和供应业 | Water Production and Supply | 36 | 0.78 |

# Main Economic Indicators of State-owned Industrial Enterprises and Non-state-owned Industrial Enterprises above Designated Size (2006)

(10 000 yuan)

| 工业总产值 Gross Output Value | #新产品产值 Output Value of New Products | 工业销售产值 Sales Value of Industry | 实收资本 Capital Obtained | #国家资本 State Capital | #外商资本 Foreign Capital |
|---|---|---|---|---|---|
| **32142340** | **9351879** | **31639763** | **8056678** | **1428670** | **844412** |
| 16661637 | 6220568 | 16468637 | 5306903 | 1337178 | 495268 |
| | | | | | |
| 25649830 | 6400527 | 25240347 | 6102572 | 1234675 | 63459 |
| 1774446 | 461179 | 1744167 | 762462 | 507868 | |
| 396808 | 51726 | 381953 | 51204 | | |
| 1742974 | 323472 | 1717387 | 334034 | 89248 | 5292 |
| 4749537 | 2627880 | 4682030 | 1620073 | 104747 | 775661 |
| | | | | | |
| 10644270 | 2640261 | 10458736 | 1717410 | 288214 | 105368 |
| 21498070 | 6711618 | 21181028 | 6339268 | 1140456 | 739044 |
| | | | | | |
| 12973890 | 5783203 | 12865901 | 3200678 | 484977 | 433592 |
| 10651097 | 2749251 | 10428471 | 2996145 | 720581 | 280088 |
| 8517354 | 819426 | 8345392 | 1859856 | 223112 | 130732 |
| | | | | | |
| 787085 | 454 | 776877 | 336625 | 8218 | |
| 36641 | | 36195 | 11174 | 9507 | |
| 66308 | | 66703 | 31425 | | |
| 2018 | 766 | 2802 | 949 | 279 | |
| 90088 | | 85643 | 30665 | 660 | |
| | | | | | |
| 944278 | 146369 | 932511 | 94336 | 12501 | 13775 |
| 264021 | 62242 | 275336 | 56241 | 8684 | 18534 |
| 421067 | 114966 | 399917 | 103371 | 9788 | 18414 |
| 526083 | 31350 | 527369 | 97159 | 82359 | |
| 611039 | 104125 | 594620 | 94109 | 11818 | 670 |
| 78636 | 3591 | 69626 | 15348 | 119 | 3406 |
| 201985 | | 194315 | 12560 | | |
| 40427 | 3470 | 37918 | 8267 | 1020 | |
| 159513 | 11910 | 157594 | 19579 | | 4617 |
| 251427 | 25773 | 243303 | 49238 | 848 | 4819 |
| 152752 | 3340 | 142903 | 34467 | 4155 | |
| 757 | | 861 | 379 | | |
| 156308 | 11596 | 156247 | 32993 | | |
| 1893243 | 385869 | 1869522 | 606819 | 317453 | 65902 |
| 780532 | 283447 | 767246 | 331356 | 48534 | 928 |
| 17663 | | 16154 | 1500 | | |
| 165112 | 24983 | 161388 | 41549 | 4865 | 15118 |
| 223246 | 20403 | 221315 | 68544 | 9003 | 2473 |
| 1329352 | 229001 | 1303281 | 559896 | 12007 | 95742 |
| 1751725 | 309248 | 1747937 | 277489 | 110505 | 450 |
| 2238668 | 425152 | 2292380 | 460454 | 6834 | 85 |
| 450665 | 105501 | 431906 | 71038 | 1201 | 4930 |
| 1309442 | 570939 | 1271372 | 370692 | 39444 | 61010 |
| 727132 | 240110 | 688499 | 370570 | 9693 | |
| 11365161 | 5247860 | 11179828 | 2023799 | 141092 | 466522 |
| 1574593 | 621343 | 1518911 | 209364 | 20364 | 28910 |
| 370055 | 220714 | 329675 | 106943 | 30430 | 22655 |
| 515680 | 139427 | 504575 | 98170 | 14849 | 8307 |
| 49118 | 7931 | 46126 | 5962 | 200 | |
| 59093 | | 58931 | 2589 | | |
| | | | | | |
| 2175108 | | 2174979 | 1182542 | 447855 | 7084 |
| 252511 | | 252560 | 96029 | 24967 | |
| 103812 | | 102440 | 142493 | 39400 | |

11-6 续表1

单位:万元

| 指　　标 | Item | 资产合计 Total Assets | #流动资产合计 Circulating Funds |
|---|---|---|---|
| **总　　计** | **Total** | **36240557** | **16370562** |
| #国有控股企业 | State Holding | 23232760 | 9619299 |
| **按登记注册类型分** | **By Registration** | | |
| 内资企业 | Domestic-funded Enterprises | 29959960 | 13597351 |
| #国有企业 | State-owned | 2957005 | 1351838 |
| 集体企业 | Collective-owned | 280994 | 178302 |
| 港澳台投资企业 | Funded by Hong Kong, Macao and Taiwan | 1695004 | 715712 |
| 外商投资企业 | Foreign-funded | 4585593 | 2057499 |
| **按轻、重工业分** | **By Light and Heavy Industry** | | |
| 轻工业 | Light Industry | 8884760 | 4864416 |
| 重工业 | Heavy Industry | 27355797 | 11506146 |
| **按企业规模分** | **By Size of Enterprise** | | |
| 大型企业 | Large | 15800351 | 6725517 |
| 中型企业 | Medium | 13065437 | 6059326 |
| 小型企业 | Small | 7374769 | 3585719 |
| **按行业分** | **By Sector** | | |
| 采矿业 | Mining and Quarrying | | |
| 煤炭开采和洗选业 | Coal Mining and Dressing | 993747 | 337866 |
| 石油和天然气开采业 | Petroleum and Natural Gas Extraction | 41427 | 10795 |
| 黑色金属矿采选业 | Ferrous Metals Mining and Dressing | 134471 | 65682 |
| 有色金属矿采选业 | Nonferrous Metals Mining and Dressing | 3141 | 1875 |
| 非金属矿采选业 | Nonmetal Minerals Mining and Dressing | 206294 | 45706 |
| 其他采矿业 | Other Minerals Mining | | |
| 制造业 | Manufacturing | | |
| 农副食品加工业 | Farm Products and By-food Processing | 433177 | 207312 |
| 食品制造业 | Food Production | 228873 | 108575 |
| 饮料制造业 | Beverage Production | 427053 | 174226 |
| 烟草制品业 | Tobacco Products | 576675 | 370169 |
| 纺织业 | Textile Industry | 371096 | 208520 |
| 纺织服装、鞋、帽制造业 | Garments, Shoes and Hats Production | 65581 | 36867 |
| 皮革、毛皮、羽毛（绒）及其制品业 | Leather, Furs, Down and Related Products | 60992 | 36548 |
| 木材加工及木竹藤棕草制品业 | Timber Processing, Bamboo, Cane, Palm, Straw Products | 24977 | 12641 |
| 家具制造业 | Furniture Manufacturing | 117895 | 93098 |
| 造纸及纸制品业 | Papermaking and Paper Products | 205147 | 108862 |
| 印刷业、记录媒介的复制 | Printing and Record Medium Reproduction | 205279 | 117348 |
| 文教体育用品制造业 | Cultural Educational and Sports Goods | 1302 | 884 |
| 石油加工、炼焦及核燃料加工业 | Petroleum, Coking and Nuclear Fuel Processing | 115481 | 57835 |
| 化学原料及化学制品制造业 | Raw Chemical Materials and Chemical Products | 2351074 | 991155 |
| 医药制造业 | Medical and Pharmaceutical Products | 1735496 | 712853 |
| 化学纤维制造业 | Chemical Fiber | 7202 | 3190 |
| 橡胶制品业 | Rubber Products | 190642 | 96259 |
| 塑料制品业 | Plastic Products | 199619 | 101330 |
| 非金属矿物制品业 | Nonmetal Mineral Products | 2095838 | 750526 |
| 黑色金属冶炼及压延加工业 | Smelting and Pressing of Ferrous Metals | 1363315 | 606790 |
| 有色金属冶炼及压延加工业 | Smelting and Pressing of Nonferrous Metals | 1318678 | 591284 |
| 金属制品业 | Metal Products | 415561 | 243006 |
| 通用设备制造业 | Ordinary Equipment | 1494190 | 944924 |
| 专用设备制造业 | Special Equipment | 1911764 | 985305 |
| 交通运输设备制造业 | Transportation Equipment | 9927988 | 5756243 |
| 电气机械及器材制造业 | Electric Equipment and Machinery | 1074976 | 770950 |
| 通信设备、计算机及其他电子设备制造业 | Communication, Computers and Other Electronic Equipment | 449702 | 327562 |
| 仪器仪表及文化、办公用机械制造业 | Instruments, Meters, Cultural and Office Machinery | 522609 | 336901 |
| 工艺品及其他制造业 | Handicraft and Other Production | 50971 | 26803 |
| 废弃资源和废旧材料回收加工业 | Recovery and Processing of Waste Resources and Materials | 13547 | 10830 |
| 电力、燃气及水的生产和供应业 | Electricpower, Gas & Water Production and Supply | | |
| 电力、热力的生产和供应业 | Electricpower and Hot Power Production and Supply | 6011141 | 861149 |
| 燃气生产和供应业 | Gas Production and Supply | 340537 | 137369 |
| 水的生产和供应业 | Water Production and Supply | 553099 | 121326 |

11-6 CONTINUED-1

(10 000 yuan)

| 流动资产年平均余额 Annual Average Balance of Value of Circulating Fund | 固定资产 Fixed Assets | | 固定资产净值年平均余额 Annual Average Balance of Net Value of Fixed Assets | 负债合计 | |
|---|---|---|---|---|---|
| | 原 值 Original | 净 值 Net | | Total Liabilities | #流动负债合计 Total Circulating Liabilities |
| **15484263** | **20266728** | **13551444** | **12245095** | **21685407** | **16290751** |
| 9124103 | 14473222 | 9376206 | 8250755 | 13678486 | 9837419 |
| | | | | | |
| 12889955 | 16087556 | 10888646 | 9996557 | 18062251 | 13503828 |
| 1300856 | 1954126 | 1126437 | 1060842 | 1714228 | 1208325 |
| 174861 | 127327 | 68809 | 72111 | 200220 | 174577 |
| 669251 | 1185597 | 794461 | 708708 | 994310 | 810849 |
| 1925058 | 2993575 | 1868336 | 1539830 | 2628846 | 1976073 |
| | | | | | |
| 4746869 | 3712629 | 2431902 | 2369568 | 5556724 | 4559340 |
| 10737395 | 16554099 | 11119542 | 9875527 | 16128683 | 11731411 |
| | | | | | |
| 6225368 | 9224602 | 5951034 | 5310335 | 9083305 | 6814792 |
| 5852378 | 7115369 | 4767624 | 4178188 | 8034508 | 6072576 |
| 3406517 | 3926757 | 2832786 | 2756572 | 4567594 | 3403382 |
| | | | | | |
| 304572 | 680777 | 419141 | 380560 | 580710 | 329304 |
| 9769 | 28230 | 15362 | 20820 | 13474 | 13257 |
| 64991 | 67351 | 48880 | 44164 | 74338 | 73443 |
| 1442 | 1434 | 622 | 797 | 1892 | 1732 |
| 48344 | 109889 | 100615 | 52130 | 136424 | 100961 |
| | | | | | |
| 205961 | 199550 | 149011 | 160620 | 278258 | 200790 |
| 106179 | 143135 | 80340 | 69363 | 137973 | 111177 |
| 167420 | 282930 | 162948 | 163743 | 240217 | 220346 |
| 343760 | 297759 | 166831 | 157220 | 330972 | 218353 |
| 201534 | 207240 | 140071 | 136855 | 237565 | 187444 |
| 35621 | 25835 | 20076 | 20644 | 34960 | 29208 |
| 36032 | 17498 | 11256 | 11662 | 33052 | 31419 |
| 12063 | 11286 | 7936 | 8159 | 12361 | 10061 |
| 91024 | 32043 | 20521 | 20043 | 81925 | 80687 |
| 93577 | 80377 | 61416 | 59783 | 122934 | 103207 |
| 95413 | 94186 | 56752 | 52479 | 138119 | 108854 |
| 887 | 851 | 349 | 363 | 404 | 404 |
| 49486 | 61617 | 41477 | 37135 | 41977 | 28773 |
| 984663 | 1675199 | 958052 | 919609 | 1100468 | 790168 |
| 716991 | 482039 | 360097 | 361781 | 910608 | 697337 |
| 2729 | 3896 | 3815 | 3971 | 3149 | 3149 |
| 100445 | 77323 | 57327 | 58652 | 131784 | 107690 |
| 99492 | 103671 | 71355 | 70521 | 119793 | 108252 |
| 798374 | 1400313 | 1003139 | 927910 | 1264069 | 879834 |
| 568509 | 977344 | 628233 | 568954 | 805330 | 723329 |
| 541335 | 942466 | 611428 | 598763 | 808631 | 566394 |
| 225879 | 170955 | 123393 | 114664 | 239445 | 221980 |
| 883867 | 614151 | 357896 | 338383 | 903724 | 751856 |
| 717010 | 893220 | 723269 | 430681 | 1464272 | 1206681 |
| 5447292 | 3830645 | 2484841 | 2379853 | 5764097 | 5196655 |
| 734453 | 274413 | 191805 | 182082 | 781612 | 701024 |
| 318834 | 110888 | 63629 | 61939 | 305922 | 281561 |
| 326979 | 199644 | 118810 | 119739 | 337396 | 308247 |
| 27890 | 21472 | 13160 | 12487 | 27378 | 18952 |
| 8026 | 2821 | 2409 | 2245 | 8254 | 8254 |
| | | | | | |
| 869824 | 5505399 | 3818175 | 3282466 | 3749936 | 1674853 |
| 130823 | 198613 | 127241 | 113497 | 135901 | 98895 |
| 112773 | 440270 | 329767 | 300359 | 326084 | 96224 |

11-6 续表2

单位:万元

| 指标 | Item | 所有者权益 Creditors' Equity | 主营业务收入 Major Business Revenue |
|---|---|---|---|
| **总计** | **Total** | **14547220** | **32008042** |
| #国有控股企业 | State Holding | 9547153 | 16692223 |
| **按登记注册类型分** | **By Registration** | | |
| 内资企业 | Domestic-funded Enterprises | 11889779 | 25537327 |
| #国有企业 | State-owned | 1243033 | 1762553 |
| 集体企业 | Collective-owned | 80774 | 397380 |
| 港澳台投资企业 | Funded by Hong Kong, Macao and Taiwan | 700694 | 1728353 |
| 外商投资企业 | Foreign-funded | 1956747 | 4742363 |
| **按轻、重工业分** | **By Light and Heavy Industry** | | |
| 轻工业 | Light Industry | 3327971 | 10471488 |
| 重工业 | Heavy Industry | 11219250 | 21536555 |
| **按企业规模分** | **By Size of Enterprise** | | |
| 大型企业 | Large | 6709113 | 13103962 |
| 中型企业 | Medium | 5030928 | 10570020 |
| 小型企业 | Small | 2807180 | 8334060 |
| **按行业分** | **By Sector** | | |
| 采矿业 | Mining and Quarrying | | |
| 煤炭开采和洗选业 | Coal Mining and Dressing | 412851 | 777450 |
| 石油和天然气开采业 | Petroleum and Natural Gas Extraction | 27953 | 37635 |
| 黑色金属矿采选业 | Ferrous Metals Mining and Dressing | 60133 | 106224 |
| 有色金属矿采选业 | Nonferrous Metals Mining and Dressing | 1249 | 2812 |
| 非金属矿采选业 | Nonmetal Minerals Mining and Dressing | 69870 | 79239 |
| 其他采矿业 | Other Minerals Mining | | |
| 制造业 | Manufacturing | | |
| 农副食品加工业 | Farm Products and By-food Processing | 154918 | 935269 |
| 食品制造业 | Food Production | 90900 | 272920 |
| 饮料制造业 | Beverage Production | 186837 | 417439 |
| 烟草制品业 | Tobacco Products | 245703 | 527375 |
| 纺织业 | Textile Industry | 133465 | 577605 |
| 纺织服装、鞋、帽制造业 | Garments, Shoes and Hats Production | 30621 | 74509 |
| 皮革、毛皮、羽毛（绒）及其制品业 | Leather, Furs, Down and Related Products | 27940 | 199195 |
| 木材加工及木竹藤棕草制品业 | Timber Processing, Bamboo, Cane, Palm, Straw Products | 12617 | 36656 |
| 家具制造业 | Furniture Manufacturing | 35969 | 153043 |
| 造纸及纸制品业 | Papermaking and Paper Products | 82213 | 244570 |
| 印刷业、记录媒介的复制 | Printing and Record Medium Reproduction | 67160 | 142247 |
| 文教体育用品制造业 | Cultural Educational and Sports Goods | 899 | 861 |
| 石油加工、炼焦及核燃料加工业 | Petroleum, Coking and Nuclear Fuel Processing | 73504 | 157120 |
| 化学原料及化学制品制造业 | Raw Chemical Materials and Chemical Products | 1250050 | 1916047 |
| 医药制造业 | Medical and Pharmaceutical Products | 824888 | 723362 |
| 化学纤维制造业 | Chemical Fiber | 4053 | 21761 |
| 橡胶制品业 | Rubber Products | 58858 | 165428 |
| 塑料制品业 | Plastic Products | 79826 | 222116 |
| 非金属矿物制品业 | Nonmetal Mineral Products | 831769 | 1288841 |
| 黑色金属冶炼及压延加工业 | Smelting and Pressing of Ferrous Metals | 557985 | 1761687 |
| 有色金属冶炼及压延加工业 | Smelting and Pressing of Nonferrous Metals | 510303 | 2295055 |
| 金属制品业 | Metal Products | 176117 | 438909 |
| 通用设备制造业 | Ordinary Equipment | 590466 | 1266824 |
| 专用设备制造业 | Special Equipment | 441435 | 702303 |
| 交通运输设备制造业 | Transportation Equipment | 4162570 | 11359169 |
| 电气机械及器材制造业 | Electric Equipment and Machinery | 293364 | 1508532 |
| 通信设备、计算机及其他电子设备制造业 | Communication, Computers and Other Electronic Equipment | 143780 | 340518 |
| 仪器仪表及文化、办公用机械制造业 | Instruments, Meters, Cultural and Office Machinery | 185213 | 482090 |
| 工艺品及其他制造业 | Handicraft and Other Production | 23592 | 43813 |
| 废弃资源和废旧材料回收加工业 | Recovery and Processing of Waste Resources and Materials | 5293 | 59551 |
| 电力、燃气及水的生产和供应业 | Electricpower, Gas & Water Production and Supply | | |
| 电力、热力的生产和供应业 | Electricpower and Hot Power Production and Supply | 2261204 | 2296318 |
| 燃气生产和供应业 | Gas Production and Supply | 204636 | 272027 |
| 水的生产和供应业 | Water Production and Supply | 227016 | 101524 |

11-6 CONTINUED-2

(10 000 yuan)

| 主营业务成本 Cost of Major Business | 主营业务税金及附加 Tax and Extra Charges of Major Business | 主营业务利润 Profit of Major Business | 利润总额 Total After-tax Profits | 利税总额 Total Pre-tax Profits | 工资总额 Total Wages |
|---|---|---|---|---|---|
| **26616197** | **486330** | **4905516** | **1557631** | **3192103** | **1665013** |
| 13614310 | 392289 | 2685624 | 822096 | 1925713 | 902385 |
| 21516592 | 366201 | 3654534 | 1044202 | 2289280 | 1480998 |
| 1388137 | 13327 | 361089 | 118015 | 214545 | 180100 |
| 346214 | 2320 | 48846 | 13637 | 30382 | 32248 |
| 1497301 | 4198 | 226855 | 102661 | 182769 | 68925 |
| 3602304 | 115932 | 1024127 | 410769 | 720053 | 115090 |
| 8688925 | 280532 | 1502030 | 384130 | 947498 | 460166 |
| 17927271 | 205798 | 3403486 | 1173501 | 2244605 | 1204848 |
| 10872584 | 186140 | 2045238 | 641224 | 1293139 | 580623 |
| 8560340 | 248965 | 1760715 | 614870 | 1286515 | 590350 |
| 7183273 | 51225 | 1099562 | 301537 | 612449 | 494040 |
| 552233 | 12723 | 212494 | 44020 | 112658 | 171221 |
| 29692 | 421 | 7523 | 3577 | 5734 | 1555 |
| 83954 | 3108 | 19161 | 5358 | 15677 | 11913 |
| 2193 | | 610 | 450 | 509 | 236 |
| 52561 | 3179 | 23499 | 5496 | 12913 | 7279 |
| 830934 | 2251 | 102084 | 20657 | 33296 | 25219 |
| 216705 | 1467 | 54749 | 14636 | 27096 | 16367 |
| 265972 | 20319 | 131148 | 31898 | 75614 | 19178 |
| 226515 | 191743 | 109117 | 32277 | 278741 | 22552 |
| 518390 | 2496 | 56720 | 14925 | 31300 | 36967 |
| 55218 | 252 | 19039 | 6007 | 8781 | 6141 |
| 172328 | 647 | 26221 | 7728 | 12743 | 12018 |
| 31971 | 198 | 4487 | 657 | 2229 | 2460 |
| 127958 | 611 | 24474 | 8932 | 13918 | 6390 |
| 214105 | 1004 | 29461 | 9673 | 18473 | 10446 |
| 116202 | 1157 | 24887 | 12108 | 20749 | 11301 |
| 612 | | 240 | | 109 | 212 |
| 130886 | 871 | 25363 | 12073 | 18485 | 6455 |
| 1511820 | 8222 | 396005 | 176322 | 264889 | 110363 |
| 479564 | 5776 | 238022 | 49911 | 95865 | 41716 |
| 20698 | | 1024 | 504 | 965 | 286 |
| 142261 | 670 | 22498 | 4436 | 8939 | 8409 |
| 193568 | 756 | 27792 | 5409 | 11272 | 11324 |
| 1037639 | 8218 | 242985 | 71322 | 150807 | 103455 |
| 1625012 | 2534 | 134140 | 26629 | 108553 | 69869 |
| 2128850 | 5302 | 160904 | 86816 | 141165 | 49088 |
| 358989 | 1903 | 78018 | 29018 | 41989 | 30390 |
| 1010708 | 4611 | 251505 | 115328 | 172327 | 96335 |
| 570515 | 2699 | 129088 | 17362 | 32018 | 89097 |
| 9590103 | 182300 | 1586766 | 493765 | 973696 | 420456 |
| 1358065 | 2722 | 147745 | 48115 | 79052 | 41281 |
| 281409 | 376 | 58733 | 23069 | 27734 | 17732 |
| 360634 | 2042 | 119415 | 33819 | 54863 | 41645 |
| 34974 | 434 | 8404 | 6451 | 8801 | 3429 |
| 58414 | 216 | 921 | 858 | 2657 | 490 |
| 1955211 | 11916 | 329190 | 102774 | 276250 | 126175 |
| 201912 | 2441 | 67675 | 19655 | 28685 | 19435 |
| 67425 | 690 | 33410 | 15582 | 22553 | 16128 |

# 11－7 国有及规模以上非国有工业企业经济效益指标（2006年）

单位：%

| 指　　标 | Item | 增加值率 Ratio of Value-added to Gross Industrial Output Value | 总资产贡献率 Ratio of Total Assets to Industrial Output Value |
|---|---|---|---|
| **总　计** | **Total** | **26.30** | **10.54** |
| #国有控股企业 | State Holding | 27.55 | 9.80 |
| **按登记注册类型分** | **By Registration** | | |
| 内资企业 | Domestic-funded Enterprises | 26.79 | 9.28 |
| #国有企业 | State-owned | 31.50 | 8.34 |
| 集体企业 | Collective-owned | 26.10 | 12.17 |
| 港澳台投资企业 | Funded by Hong Kong, Macao and Taiwan | 23.30 | 12.90 |
| 外商投资企业 | Foreign-funded | 24.77 | 18.15 |
| **按轻、重工业分** | **By Light and Heavy Industry** | | |
| 轻工业 | Light Industry | 27.38 | 12.32 |
| 重工业 | Heavy Industry | 25.77 | 9.94 |
| **按企业规模分** | **By Size of Enterprise** | | |
| 大型企业 | Large | 22.19 | 9.69 |
| 中型企业 | Medium | 28.68 | 11.76 |
| 小型企业 | Small | 29.59 | 10.19 |
| **按行业分** | **By Sector** | | |
| 采矿业 | Mining and Quarrying | | |
| 煤炭开采和洗选业 | Coal Mining and Dressing | 45.80 | 13.26 |
| 石油和天然气开采业 | Petroleum and Natural Gas Extraction | 59.25 | 15.55 |
| 黑色金属矿采选业 | Ferrous Metals Mining and Dressing | 50.38 | 13.81 |
| 有色金属矿采选业 | Nonferrous Metals Mining and Dressing | 30.82 | 20.70 |
| 非金属矿采选业 | Nonmetal Minerals Mining and Dressing | 38.61 | 9.88 |
| 其他采矿业 | Other Minerals Mining | | |
| 制造业 | Manufacturing | | |
| 农副食品加工业 | Farm Products and By-food Processing | 25.40 | 9.49 |
| 食品制造业 | Food Production | 33.62 | 13.13 |
| 饮料制造业 | Beverage Production | 38.29 | 19.86 |
| 烟草制品业 | Tobacco Products | 65.02 | 51.99 |
| 纺织业 | Textile Industry | 27.92 | 10.26 |
| 纺织服装、鞋、帽制造业 | Garments, Shoes and Hats Production | 23.15 | 15.74 |
| 皮革、毛皮、羽毛（绒）及其制品业 | Leather, Furs, Down and Related Products | 27.94 | 24.51 |
| 木材加工及木竹藤棕草制品业 | Timber Processing, Bamboo, Cane, Palm, Straw Products | 22.57 | 11.42 |
| 家具制造业 | Furniture Manufacturing | 20.35 | 13.12 |
| 造纸及纸制品业 | Papermaking and Paper Products | 28.46 | 11.79 |
| 印刷业、记录媒介的复制 | Printing and Record Medium Reproduction | 34.81 | 12.40 |
| 文教体育用品制造业 | Cultural Educational and Sports Goods | 50.51 | 8.33 |
| 石油加工、炼焦及核燃料加工业 | Petroleum, Coking and Nuclear Fuel Processing | 26.67 | 18.27 |
| 化学原料及化学制品制造业 | Raw Chemical Materials and Chemical Products | 31.75 | 12.27 |
| 医药制造业 | Medical and Pharmaceutical Products | 37.80 | 6.71 |
| 化学纤维制造业 | Chemical Fiber | 23.95 | 14.92 |
| 橡胶制品业 | Rubber Products | 28.83 | 5.80 |
| 塑料制品业 | Plastic Products | 28.01 | 6.87 |
| 非金属矿物制品业 | Nonmetal Mineral Products | 34.07 | 9.25 |
| 黑色金属冶炼及压延加工业 | Smelting and Pressing of Ferrous Metals | 20.34 | 10.10 |
| 有色金属冶炼及压延加工业 | Smelting and Pressing of Nonferrous Metals | 20.26 | 13.34 |
| 金属制品业 | Metal Products | 26.04 | 12.15 |
| 通用设备制造业 | Ordinary Equipment | 31.51 | 13.08 |
| 专用设备制造业 | Special Equipment | 18.83 | 2.57 |
| 交通运输设备制造业 | Transportation Equipment | 21.39 | 11.23 |
| 电气机械及器材制造业 | Electric Equipment and Machinery | 13.98 | 8.99 |
| 通信设备、计算机及其他电子设备制造业 | Communication, Computers and Other Electronic | 28.83 | 7.27 |
| 仪器仪表及文化、办公用机械制造业 | Instruments, Meters, Cultural and Office Machinery | 28.53 | 12.13 |
| 工艺品及其他制造业 | Handicraft and Other Production | 33.96 | 19.78 |
| 废弃资源和废旧材料回收加工业 | Recovery and Processing of Waste Resources and Materials | 23.83 | 25.03 |
| 电力、燃气及水的生产和供应业 | Electricpower, Gas & Water Production and Supply | | |
| 电力、热力的生产和供应业 | Electricpower and Hot Power Production and Supply | 33.28 | 6.83 |
| 燃气生产和供应业 | Gas Production and Supply | 26.23 | 9.10 |
| 水的生产和供应业 | Water Production and Supply | 49.74 | 5.51 |

# Economic Efficiency Indicators of State-owned Industrial Enterprises and Non-state-owned Industrial Enterprises above Designated Size (2006)

(%)

| 资本保值增值率 Ratio of Creditors' Equity of Current Year to that of Previous Year | 资产负债率 Ratio of Liabilities to Assets | 流动资产周转率（次） Turnover Ratio of Annual Circulating Funds (time) | 成本费用利润率 Ratio of Profits to Cost | 全员劳动生产率（元/人年） Overall Labor Productivity (yuan/person-year) | 产品销售率 Ratio of Sales to Products |
|---|---|---|---|---|---|
| **114.40** | **59.84** | **2.07** | **5.19** | **87750** | **98.44** |
| 112.27 | 58.88 | 1.83 | 5.25 | 114367 | 98.84 |
| | | | | | |
| 112.59 | 60.29 | 1.98 | 4.32 | 77355 | 98.40 |
| 110.97 | 57.97 | 1.35 | 7.00 | 64959 | 98.29 |
| 102.42 | 71.25 | 2.27 | 3.57 | 38937 | 96.26 |
| 112.41 | 58.66 | 2.58 | 6.30 | 142132 | 98.53 |
| 127.66 | 57.33 | 2.46 | 9.76 | 228062 | 98.58 |
| | | | | | |
| 116.50 | 62.54 | 2.21 | 3.96 | 88192 | 98.26 |
| 113.79 | 58.96 | 2.01 | 5.77 | 86827 | 98.53 |
| | | | | | |
| 110.74 | 57.49 | 2.10 | 5.22 | 118773 | 99.17 |
| 117.61 | 61.49 | 1.81 | 6.26 | 90199 | 97.91 |
| 117.92 | 61.94 | 2.45 | 3.81 | 65060 | 97.98 |
| | | | | | |
| 104.22 | 58.44 | 2.55 | 6.34 | 36146 | 98.70 |
| 105.35 | 32.52 | 3.85 | 10.54 | 184304 | 98.78 |
| 108.63 | 55.28 | 1.63 | 5.47 | 57899 | 100.60 |
| 511.68 | 60.24 | 1.95 | 16.15 | 31105 | 138.82 |
| 137.33 | 66.13 | 1.64 | 7.63 | 62397 | 95.07 |
| | | | | | |
| 115.81 | 64.24 | 4.54 | 2.31 | 113776 | 98.75 |
| 101.56 | 60.28 | 2.57 | 5.68 | 80369 | 104.29 |
| 114.00 | 56.25 | 2.49 | 9.02 | 145636 | 94.98 |
| 113.04 | 57.39 | 1.53 | 10.67 | 632666 | 100.24 |
| 117.32 | 64.02 | 2.87 | 2.74 | 41215 | 97.31 |
| 120.08 | 53.31 | 2.09 | 8.64 | 38698 | 88.54 |
| 124.86 | 54.19 | 5.53 | 4.05 | 70805 | 96.20 |
| 95.35 | 49.49 | 3.04 | 1.87 | 48082 | 93.79 |
| 104.05 | 69.49 | 1.68 | 6.27 | 89158 | 98.80 |
| 130.80 | 59.92 | 2.61 | 4.12 | 75081 | 96.77 |
| 157.87 | 67.28 | 1.49 | 9.09 | 70713 | 93.55 |
| 94.56 | 31.00 | 0.97 | 1.73 | 33270 | 113.70 |
| 109.23 | 36.35 | 3.18 | 8.30 | 111990 | 99.96 |
| 108.95 | 46.81 | 1.95 | 10.00 | 102208 | 98.75 |
| 123.94 | 52.47 | 1.01 | 7.39 | 136652 | 98.30 |
| 137.10 | 43.72 | 7.97 | 2.41 | 118184 | 91.46 |
| 106.02 | 69.13 | 1.65 | 2.78 | 57185 | 97.74 |
| 128.31 | 60.01 | 2.23 | 2.56 | 62780 | 99.13 |
| 124.81 | 60.31 | 1.61 | 5.90 | 57925 | 98.04 |
| 101.25 | 59.07 | 3.10 | 1.54 | 100567 | 99.78 |
| 131.07 | 61.32 | 4.24 | 3.90 | 218594 | 102.40 |
| 123.54 | 57.62 | 1.94 | 7.13 | 62019 | 95.84 |
| 116.73 | 60.48 | 1.43 | 9.76 | 83254 | 97.09 |
| 120.38 | 76.59 | 0.98 | 2.45 | 33490 | 94.69 |
| 113.91 | 58.06 | 2.09 | 4.61 | 90250 | 98.37 |
| 119.09 | 72.71 | 2.05 | 3.27 | 89350 | 96.46 |
| 107.61 | 68.03 | 1.07 | 7.23 | 103022 | 89.09 |
| 129.15 | 64.56 | 1.47 | 7.48 | 70062 | 97.85 |
| 100.32 | 53.71 | 1.57 | 16.27 | 46996 | 93.91 |
| 251.30 | 60.93 | 7.42 | 1.46 | 275088 | 99.73 |
| | | | | | |
| 109.02 | 62.38 | 2.64 | 4.86 | 177045 | 99.99 |
| 118.20 | 39.91 | 2.08 | 7.84 | 109759 | 100.02 |
| 117.04 | 58.96 | 0.90 | 15.97 | 66169 | 98.68 |

11-7 续表

| 指　　标 | Item | 销售利润率 (%) Ratio of Profits to Sales |
|---|---|---|
| **总　计** | **Total** | **4.87** |
| #国有控股企业 | State Holding | 4.93 |
| **按登记注册类型分** | **By Registration** | |
| 内资企业 | Domestic-funded Enterprises | 4.09 |
| #国有企业 | State-owned | 6.70 |
| 集体企业 | Collective-owned | 3.43 |
| 港澳台投资企业 | Funded by Hong Kong, Macao and Taiwan | 5.94 |
| 外商投资企业 | Foreign-funded | 8.66 |
| **按轻、重工业分** | **By Light and Heavy Industry** | |
| 轻工业 | Light Industry | 3.67 |
| 重工业 | Heavy Industry | 5.45 |
| **按企业规模分** | **By Size of Enterprise** | |
| 大型企业 | Large | 4.89 |
| 中型企业 | Medium | 5.82 |
| 小型企业 | Small | 3.62 |
| **按行业分** | **By Sector** | |
| 采矿业 | Mining and Quarrying | |
| 煤炭开采和洗选业 | Coal Mining and Dressing | 5.66 |
| 石油和天然气开采业 | Petroleum and Natural Gas Extraction | 9.50 |
| 黑色金属矿采选业 | Ferrous Metals Mining and Dressing | 5.04 |
| 有色金属矿采选业 | Nonferrous Metals Mining and Dressing | 16.01 |
| 非金属矿采选业 | Nonmetal Minerals Mining and Dressing | 6.94 |
| 其他采矿业 | Other Minerals Mining | |
| 制造业 | Manufacturing | |
| 农副食品加工业 | Farm Products and By-food Processing | 2.21 |
| 食品制造业 | Food Production | 5.36 |
| 饮料制造业 | Beverage Production | 7.64 |
| 烟草制品业 | Tobacco Products | 6.12 |
| 纺织业 | Textile Industry | 2.58 |
| 纺织服装、鞋、帽制造业 | Garments, Shoes and Hats Production | 8.06 |
| 皮革、毛皮、羽毛（绒）及其制品业 | Leather, Furs, Down and Related Products | 3.88 |
| 木材加工及木竹藤棕草制品业 | Timber Processing, Bamboo, Cane, Palm, Straw Products | 1.79 |
| 家具制造业 | Furniture Manufacturing | 5.84 |
| 造纸及纸制品业 | Papermaking and Paper Products | 3.96 |
| 印刷业、记录媒介的复制 | Printing and Record Medium Reproduction | 8.51 |
| 文教体育用品制造业 | Cultural Educational and Sports Goods | 1.68 |
| 石油加工、炼焦及核燃料加工业 | Petroleum, Coking and Nuclear Fuel Processing | 7.68 |
| 化学原料及化学制品制造业 | Raw Chemical Materials and Chemical Products | 9.20 |
| 医药制造业 | Medical and Pharmaceutical Products | 6.90 |
| 化学纤维制造业 | Chemical Fiber | 2.32 |
| 橡胶制品业 | Rubber Products | 2.68 |
| 塑料制品业 | Plastic Products | 2.44 |
| 非金属矿物制品业 | Nonmetal Mineral Products | 5.53 |
| 黑色金属冶炼及压延加工业 | Smelting and Pressing of Ferrous Metals | 1.51 |
| 有色金属冶炼及压延加工业 | Smelting and Pressing of Nonferrous Metals | 3.78 |
| 金属制品业 | Metal Products | 6.61 |
| 通用设备制造业 | Ordinary Equipment | 9.10 |
| 专用设备制造业 | Special Equipment | 2.47 |
| 交通运输设备制造业 | Transportation Equipment | 4.35 |
| 电气机械及器材制造业 | Electric Equipment and Machinery | 3.19 |
| 通信设备、计算机及其他电子设备制造业 | Communication, Computers and Other Electronic Equipment | 6.77 |
| 仪器仪表及文化、办公用机械制造业 | Instruments, Meters, Cultural and Office Machinery | 7.02 |
| 工艺品及其他制造业 | Handicraft and Other Production | 14.72 |
| 废弃资源和废旧材料回收加工业 | Recovery and Processing of Waste Resources and Materials | 1.44 |
| 电力、燃气及水的生产和供应业 | Electricpower, Gas & Water Production and Supply | |
| 电力、热力的生产和供应业 | Electricpower and Hot Power Production and Supply | 4.48 |
| 燃气生产和供应业 | Gas Production and Supply | 7.23 |
| 水的生产和供应业 | Water Production and Supply | 15.35 |

11-7 CONTINUED

| 资本积累率 (%) Ratio of Accumulated Capital to Original Capital | 流动比率 Circulating Rate | 速动比率 Speed Rate | 产权比率 Ratio of Equity to Production | 人均实现利税（元） Per Capita Pre-tax Profits (yuan) | 从业人员人均工资（元） Per Capita Wages of Employees (yuan) |
|---|---|---|---|---|---|
| **14.40** | **1.00** | **0.74** | **1.49** | **32961** | **17193** |
| 12.27 | 0.98 | 0.72 | 1.43 | 47976 | 22481 |
| | | | | | |
| 12.59 | 1.01 | 0.76 | 1.52 | 25772 | 16673 |
| 10.97 | 1.12 | 0.86 | 1.38 | 24933 | 20930 |
| 2.42 | 1.02 | 0.66 | 2.48 | 11424 | 12125 |
| 12.41 | 0.88 | 0.49 | 1.42 | 63957 | 24119 |
| 27.66 | 1.04 | 0.72 | 1.34 | 139605 | 22314 |
| | | | | | |
| 16.50 | 1.07 | 0.78 | 1.67 | 28672 | 13925 |
| 13.79 | 0.98 | 0.72 | 1.44 | 35183 | 18885 |
| | | | | | |
| 10.74 | 0.99 | 0.76 | 1.35 | 53360 | 23959 |
| 17.61 | 1.00 | 0.71 | 1.60 | 37984 | 17430 |
| 17.92 | 1.05 | 0.75 | 1.63 | 15809 | 12753 |
| | | | | | |
| 4.22 | 1.03 | 0.92 | 1.41 | 11295 | 17167 |
| 5.35 | 0.81 | 0.72 | 0.48 | 48673 | 13203 |
| 8.63 | 0.89 | 0.77 | 1.24 | 27170 | 20647 |
| 411.68 | 1.08 | 1.01 | 1.52 | 25455 | 11800 |
| 37.33 | 0.45 | 0.40 | 1.95 | 23162 | 13056 |
| | | | | | |
| 15.81 | 1.03 | 0.60 | 1.80 | 15797 | 11965 |
| 1.56 | 0.98 | 0.76 | 1.52 | 24532 | 14818 |
| 14.00 | 0.79 | 0.46 | 1.29 | 68305 | 17324 |
| 13.04 | 1.70 | 0.65 | 1.35 | 515519 | 41708 |
| 17.32 | 1.11 | 0.58 | 1.78 | 7560 | 8929 |
| 20.08 | 1.26 | 0.58 | 1.14 | 18663 | 13053 |
| 24.86 | 1.16 | 0.72 | 1.18 | 15990 | 15081 |
| -4.65 | 1.26 | 0.82 | 0.98 | 11745 | 12963 |
| 4.05 | 1.15 | 1.01 | 2.28 | 38226 | 17550 |
| 30.80 | 1.05 | 0.74 | 1.50 | 19380 | 10959 |
| 57.87 | 1.08 | 0.79 | 2.06 | 27592 | 15027 |
| -5.44 | 2.19 | 1.78 | 0.45 | 9470 | 18443 |
| 9.23 | 2.01 | 1.17 | 0.57 | 49665 | 17343 |
| 8.95 | 1.25 | 0.96 | 0.88 | 45039 | 18765 |
| 23.94 | 1.02 | 0.84 | 1.10 | 44396 | 19319 |
| 37.10 | 1.01 | 0.39 | 0.78 | 26964 | 7994 |
| 6.02 | 0.89 | 0.62 | 2.24 | 10738 | 10102 |
| 28.31 | 0.94 | 0.67 | 1.50 | 11317 | 11370 |
| 24.81 | 0.85 | 0.64 | 1.52 | 19287 | 13231 |
| 1.25 | 0.84 | 0.38 | 1.44 | 30633 | 19717 |
| 31.07 | 1.04 | 0.58 | 1.58 | 68028 | 23656 |
| 23.54 | 1.09 | 0.72 | 1.36 | 22193 | 16062 |
| 16.73 | 1.26 | 0.90 | 1.53 | 34772 | 19439 |
| 20.38 | 0.82 | 0.70 | 3.32 | 7829 | 21787 |
| 13.91 | 1.11 | 0.83 | 1.38 | 36155 | 15612 |
| 19.09 | 1.10 | 0.79 | 2.66 | 32092 | 16758 |
| 7.61 | 1.16 | 0.79 | 2.13 | 26783 | 17124 |
| 29.15 | 1.09 | 0.76 | 1.82 | 26129 | 19834 |
| 0.32 | 1.41 | 0.73 | 1.16 | 24799 | 9662 |
| 151.30 | 1.31 | 0.71 | 1.56 | 51893 | 9570 |
| | | | | | |
| 9.02 | 0.51 | 0.49 | 1.66 | 67566 | 30860 |
| 18.20 | 1.39 | 1.27 | 0.66 | 47538 | 32209 |
| 17.04 | 1.26 | 1.19 | 1.44 | 28903 | 20669 |

# 11－8 国有控股工业企业主要经济指标（2006年）

单位: 万元

| 指　　标 | Item | 单位数（个） Number of Enterprises (unit) | 从业人员平均人数（万人） Average Emloyment (10 000 persons) |
|---|---|---|---|
| **总　　计** | **Total** | **476** | **40.14** |
| **按轻、重工业分** | **By Light and Heavy Industry** | | |
| 轻工业 | Light Industry | 139 | 7.21 |
| 重工业 | Heavy Industry | 337 | 32.93 |
| **按企业规模分** | **By Size of Enterprise** | | |
| 大型企业 | Large | 46 | 21.31 |
| 中型企业 | Medium | 168 | 14.31 |
| 小型企业 | Small | 262 | 4.52 |
| **按行业分** | **By Sector** | | |
| 采矿业 | Mining and Quarrying | | |
| 煤炭开采和洗选业 | Coal Mining and Dressing | 29 | 5.24 |
| 石油和天然气开采业 | Petroleum and Natural Gas Extraction | 1 | 0.12 |
| 黑色金属矿采选业 | Ferrous Metals Mining and Dressing | 2 | 0.29 |
| 有色金属矿采选业 | Nonferrous Metals Mining and Dressing | 1 | … |
| 非金属矿采选业 | Nonmetal Minerals Mining and Dressing | 1 | 0.03 |
| 其他采矿业 | Other Minerals Mining | | |
| 制造业 | Manufacturing | | |
| 农副食品加工业 | Farm Products and By-food Processing | 16 | 0.43 |
| 食品制造业 | Food Production | 7 | 0.39 |
| 饮料制造业 | Beverage Production | 7 | 0.49 |
| 烟草制品业 | Tobacco Products | 6 | 0.54 |
| 纺织业 | Textile Industry | 8 | 1.06 |
| 纺织服装、鞋、帽制造业 | Garments, Shoes and Hats Production | 1 | 0.01 |
| 皮革、毛皮、羽毛（绒）及其制品业 | Leather, Furs, Down and Related Products | | |
| 木材加工及木竹藤棕草制品业 | Timber Processing, Bamboo, Cane, Palm, Straw Products | 2 | 0.03 |
| 家具制造业 | Furniture Manufacturing | | |
| 造纸及纸制品业 | Papermaking and Paper Products | 5 | 0.18 |
| 印刷业、记录媒介的复制 | Printing and Record Medium Reproduction | 12 | 0.19 |
| 文教体育用品制造业 | Cultural Educational and Sports Goods | 1 | … |
| 石油加工、炼焦及核燃料加工业 | Petroleum, Coking and Nuclear Fuel Processing | 1 | 0.06 |
| 化学原料及化学制品制造业 | Raw Chemical Materials and Chemical Products | 38 | 3.08 |
| 医药制造业 | Medical and Pharmaceutical Products | 15 | 1.08 |
| 化学纤维制造业 | Chemical Fiber | | |
| 橡胶制品业 | Rubber Products | 3 | 0.18 |
| 塑料制品业 | Plastic Products | 7 | 0.09 |
| 非金属矿物制品业 | Nonmetal Mineral Products | 15 | 0.76 |
| 黑色金属冶炼及压延加工业 | Smelting and Pressing of Ferrous Metals | 15 | 2.15 |
| 有色金属冶炼及压延加工业 | Smelting and Pressing of Nonferrous Metals | 15 | 0.93 |
| 金属制品业 | Metal Products | 6 | 0.18 |
| 通用设备制造业 | Ordinary Equipment | 34 | 2.76 |
| 专用设备制造业 | Special Equipment | 15 | 3.57 |
| 交通运输设备制造业 | Transportation Equipment | 57 | 8.08 |
| 电气机械及器材制造业 | Electric Equipment and Machinery | 19 | 1.08 |
| 通信设备、计算机及其他电子设备制造业 | Communication, Computers and Other Electronic Equipment | 12 | 0.63 |
| 仪器仪表及文化、办公用机械制造业 | Instruments, Meters, Cultural and Office Machinery | 16 | 1.39 |
| 工艺品及其他制造业 | Handicraft and Other Production | 1 | 0.01 |
| 废弃资源和废旧材料回收加工业 | Recovery and Processing of Waste Resources and Materials | | |
| 电力、燃气及水的生产和供应业 | Electricpower, Gas & Water Production and Supply | | |
| 电力、热力的生产和供应业 | Electricpower and Hot Power Production and Supply | 59 | 3.88 |
| 燃气生产和供应业 | Gas Production and Supply | 17 | 0.55 |
| 水的生产和供应业 | Water Production and Supply | 32 | 0.69 |

# Main Economic Indicators of State Holding Industrial Enterprises (2006)

(10 000 yuan)

| 工业总产值 Gross Output Value | #新产品产值 Output Value of New Products | 工业销售产值 Sales Value of Industry | 工业增加值 Value-added of Industry | 实收资本 Capital Obtained | #国家资本 State Capital | #外商资本 Foreign Capital |
|---|---|---|---|---|---|---|
| **16661637** | **6220568** | **16468637** | **4590607** | **5306903** | **1337178** | **495268** |
| 2974803 | 1053629 | 2937675 | 1007217 | 726986 | 273424 | 27111 |
| 13686835 | 5166939 | 13530962 | 3583390 | 4579917 | 1063754 | 468157 |
| 10973749 | 4796824 | 10871561 | 2680146 | 3099828 | 484977 | 433592 |
| 4451228 | 1344612 | 4365153 | 1612034 | 1705764 | 652825 | 57899 |
| 1236660 | 79132 | 1231923 | 298427 | 501312 | 199376 | 3777 |
| 396617 | | 387990 | 189149 | 279448 | 7550 | |
| 36641 | | 36195 | 23369 | 11174 | 9507 | |
| 50980 | | 51465 | 26673 | 27015 | | |
| 122 | | 122 | 35 | 279 | 279 | |
| 3122 | | 3473 | 2903 | 1268 | 660 | |
| 124150 | 19120 | 124648 | 46081 | 23004 | 12159 | |
| 87593 | 51094 | 87071 | 30288 | 17395 | 8684 | 260 |
| 200402 | 64015 | 194582 | 98321 | 40929 | 563 | 5000 |
| 526083 | 31350 | 527369 | 368205 | 97159 | 82359 | |
| 100120 | 42848 | 96296 | 26461 | 28560 | 11818 | |
| 804 | | 799 | 774 | 119 | 119 | |
| 7049 | 774 | 5049 | 1801 | 3050 | 1020 | |
| 42890 | 4807 | 41234 | 16457 | 16851 | 129 | |
| 17499 | 221 | 17661 | 5653 | 5076 | 4065 | |
| 51 | | 48 | 19 | 20 | 20 | |
| 78345 | 3423 | 80231 | 7597 | 15071 | | |
| 1112764 | 253900 | 1100875 | 393692 | 357657 | 264420 | 1550 |
| 358357 | 79063 | 362655 | 123044 | 164692 | 46609 | 928 |
| 32729 | 10906 | 32800 | 6130 | 7361 | 4865 | |
| 21460 | 5492 | 22249 | 6474 | 12665 | 9003 | 1500 |
| 173782 | 82233 | 169958 | 75546 | 125753 | 8587 | 41795 |
| 1231601 | 242302 | 1231535 | 245718 | 205251 | 110505 | |
| 1234550 | 267263 | 1296743 | 161870 | 357947 | 6834 | 50 |
| 38146 | 1033 | 36385 | 5694 | 10025 | 1201 | |
| 783263 | 385379 | 763210 | 310266 | 232674 | 38664 | 20880 |
| 620225 | 222780 | 589159 | 108509 | 345553 | 9693 | |
| 5387703 | 3701194 | 5299999 | 1156798 | 1354209 | 129196 | 393719 |
| 895735 | 432370 | 857351 | 83272 | 110706 | 14967 | 25685 |
| 287152 | 207842 | 250136 | 97433 | 76260 | 30430 | 300 |
| 364703 | 111159 | 356493 | 111371 | 65841 | 14571 | 3602 |
| 1499 | | 780 | 533 | 200 | 200 | |
| 2124223 | | 2124047 | 752094 | 1106328 | 444136 | |
| 239157 | | 239268 | 65740 | 88449 | 24967 | |
| 82123 | | 80763 | 42635 | 118916 | 39400 | |

11-8 续表1

单位: 万元

| 指标 | Item | 资产合计 Total Assets | #流动资产合计 Circulating Funds |
|---|---|---|---|
| **总计** | **Total** | **23232760** | **9619299** |
| **按轻、重工业分** | **By Light and Heavy Industry** | | |
| 轻工业 | Light Industry | 3735909 | 1913507 |
| 重工业 | Heavy Industry | 19496851 | 7705792 |
| **按企业规模分** | **By Size of Enterprise** | | |
| 大型企业 | Large | 14714144 | 6098558 |
| 中型企业 | Medium | 6613042 | 2925724 |
| 小型企业 | Small | 1905575 | 595017 |
| **按行业分** | **By Sector** | | |
| 采矿业 | Mining and Quarrying | | |
| 煤炭开采和洗选业 | Coal Mining and Dressing | 777993 | 244672 |
| 石油和天然气开采业 | Petroleum and Natural Gas Extraction | 41427 | 10795 |
| 黑色金属矿采选业 | Ferrous Metals Mining and Dressing | 107712 | 52544 |
| 有色金属矿采选业 | Nonferrous Metals Mining and Dressing | 683 | 485 |
| 非金属矿采选业 | Nonmetal Minerals Mining and Dressing | 5983 | 2527 |
| 其他采矿业 | Other Minerals Mining | | |
| 制造业 | Manufacturing | | |
| 农副食品加工业 | Farm Products and By-food Processing | 98030 | 39061 |
| 食品制造业 | Food Production | 96281 | 47220 |
| 饮料制造业 | Beverage Production | 253739 | 118801 |
| 烟草制品业 | Tobacco Products | 576675 | 370169 |
| 纺织业 | Textile Industry | 105599 | 59479 |
| 纺织服装、鞋、帽制造业 | Garments, Shoes and Hats Production | 528 | 486 |
| 皮革、毛皮、羽毛（绒）及其制品业 | Leather, Furs, Down and Related Products | | |
| 木材加工及木竹藤棕草制品业 | Timber Processing, Bamboo, Cane, Palm, Straw Products | 6975 | 2647 |
| 家具制造业 | Furniture Manufacturing | | |
| 造纸及纸制品业 | Papermaking and Paper Products | 73982 | 35261 |
| 印刷业、记录媒介的复制 | Printing and Record Medium Reproduction | 31155 | 14551 |
| 文教体育用品制造业 | Cultural Educational and Sports Goods | 272 | 271 |
| 石油加工、炼焦及核燃料加工业 | Petroleum, Coking and Nuclear Fuel Processing | 32183 | 20943 |
| 化学原料及化学制品制造业 | Raw Chemical Materials and Chemical Products | 1465019 | 642432 |
| 医药制造业 | Medical and Pharmaceutical Products | 951862 | 398388 |
| 化学纤维制造业 | Chemical Fiber | | |
| 橡胶制品业 | Rubber Products | 32313 | 25884 |
| 塑料制品业 | Plastic Products | 37703 | 11857 |
| 非金属矿物制品业 | Nonmetal Mineral Products | 419395 | 97833 |
| 黑色金属冶炼及压延加工业 | Smelting and Pressing of Ferrous Metals | 1083151 | 452946 |
| 有色金属冶炼及压延加工业 | Smelting and Pressing of Nonferrous Metals | 688553 | 311368 |
| 金属制品业 | Metal Products | 36260 | 28296 |
| 通用设备制造业 | Ordinary Equipment | 969228 | 631375 |
| 专用设备制造业 | Special Equipment | 1789859 | 908390 |
| 交通运输设备制造业 | Transportation Equipment | 5908760 | 3167083 |
| 电气机械及器材制造业 | Electric Equipment and Machinery | 570466 | 439251 |
| 通信设备、计算机及其他电子设备制造业 | Communication, Computers and Other Electronic Equipment | 366446 | 264761 |
| 仪器仪表及文化、办公用机械制造业 | Instruments, Meters, Cultural and Office Machinery | 373335 | 239855 |
| 工艺品及其他制造业 | Handicraft and Other Production | 891 | 663 |
| 废弃资源和废旧材料回收加工业 | Recovery and Processing of Waste Resources and Materials | | |
| 电力、燃气及水的生产和供应业 | Electricpower, Gas & Water Production and Supply | | |
| 电力、热力的生产和供应业 | Electricpower and Hot Power Production and Supply | 5602435 | 745488 |
| 燃气生产和供应业 | Gas Production and Supply | 299455 | 121474 |
| 水的生产和供应业 | Water Production and Supply | 428410 | 112044 |

11-8 CONTINUED-1

(10 000 yuan)

| 流动资产年平均余额 Annual Average Balance of Value of Circulating Fund | 固定资产 Fixed Assets | | 固定资产净值年平均余额 Annual Average Balance of Net Value of Fixed Assets | 负债合计 Total Liabilities | |
|---|---|---|---|---|---|
| | 原 值 Original | 净 值 Net | | | #流动负债合计 Total Circulating Liabilities |
| **9124103** | **14473222** | **9376206** | **8250755** | **13678486** | **9837419** |
| 1924647 | 1849182 | 1100766 | 1085157 | 2266833 | 1769325 |
| 7199456 | 12624040 | 8275440 | 7165598 | 11411653 | 8068095 |
| 5622652 | 8870076 | 5691874 | 5074668 | 8446299 | 6259328 |
| 2897260 | 4256257 | 2704092 | 2217746 | 4005967 | 2868127 |
| 604191 | 1346890 | 980241 | 958341 | 1226220 | 709965 |
| 226716 | 573023 | 342077 | 304672 | 466972 | 232556 |
| 9769 | 28230 | 15362 | 20820 | 13474 | 13257 |
| 50477 | 61862 | 46106 | 41301 | 60758 | 60758 |
| 281 | 547 | 197 | 217 | 342 | 188 |
| 4800 | 3609 | 961 | 1064 | 2527 | 2527 |
| 38683 | 61117 | 45478 | 43271 | 67042 | 48270 |
| 45688 | 54643 | 31395 | 21361 | 64264 | 45334 |
| 106934 | 159188 | 81996 | 83227 | 134933 | 124785 |
| 343760 | 297759 | 166831 | 157220 | 330972 | 218353 |
| 63738 | 74319 | 38635 | 39382 | 80754 | 53342 |
| 556 | 116 | 42 | 21 | 120 | 120 |
| 2269 | 4922 | 3431 | 3529 | 3403 | 2603 |
| 26010 | 21377 | 16914 | 17079 | 46566 | 41624 |
| 13520 | 22030 | 9804 | 10057 | 23858 | 11773 |
| 271 | 9 | … | … | 10 | 10 |
| 20329 | 20072 | 10244 | 9769 | 14315 | 12049 |
| 641307 | 1095762 | 553575 | 523422 | 703222 | 510518 |
| 384112 | 279521 | 198248 | 215067 | 502035 | 428318 |
| 25360 | 8041 | 4123 | 8264 | 26040 | 20106 |
| 15298 | 17331 | 11210 | 11450 | 25861 | 23111 |
| 113013 | 334563 | 267446 | 216337 | 202419 | 82533 |
| 425075 | 846303 | 524828 | 463164 | 624899 | 565897 |
| 296233 | 634828 | 355566 | 358324 | 433202 | 266864 |
| 27286 | 13983 | 6571 | 6809 | 25643 | 21010 |
| 599719 | 400630 | 224170 | 207962 | 608069 | 479423 |
| 649223 | 851047 | 694142 | 401957 | 1389161 | 1147761 |
| 3076452 | 2566673 | 1600565 | 1536152 | 3079572 | 2793267 |
| 449132 | 136422 | 93801 | 85510 | 425614 | 401534 |
| 258052 | 89516 | 48644 | 48687 | 260785 | 240302 |
| 233141 | 157696 | 91800 | 93140 | 251771 | 225177 |
| 611 | 175 | 161 | 174 | 688 | 688 |
| 757352 | 5160434 | 3556228 | 3013030 | 3448998 | 1612350 |
| 116572 | 168173 | 103932 | 90622 | 116282 | 84710 |
| 102367 | 329303 | 231726 | 217692 | 243914 | 66305 |

11-8 续表2

单位: 万元

| 指　　标 | Item | 所有者权益 Creditors' Equity | 主营业务收入 Major Business Revenue |
|---|---|---|---|
| **总　　计** | **Total** | **9547153** | **16692223** |
| **按轻、重工业分** | **By Light and Heavy Industry** | | |
| 轻工业 | Light Industry | 1469077 | 2845887 |
| 重工业 | Heavy Industry | 8078076 | 13846335 |
| **按企业规模分** | **By Size of Enterprise** | | |
| 大型企业 | Large | 6260468 | 11089612 |
| 中型企业 | Medium | 2607074 | 4399480 |
| 小型企业 | Small | 679611 | 1203131 |
| **按行业分** | **By Sector** | | |
| 采矿业 | Mining and Quarrying | | |
| 煤炭开采和洗选业 | Coal Mining and Dressing | 311021 | 379199 |
| 石油和天然气开采业 | Petroleum and Natural Gas Extraction | 27953 | 37635 |
| 黑色金属矿采选业 | Ferrous Metals Mining and Dressing | 46955 | 90434 |
| 有色金属矿采选业 | Nonferrous Metals Mining and Dressing | 341 | 122 |
| 非金属矿采选业 | Nonmetal Minerals Mining and Dressing | 3456 | 3473 |
| 其他采矿业 | Other Minerals Mining | | |
| 制造业 | Manufacturing | | |
| 农副食品加工业 | Farm Products and By-food Processing | 30988 | 115888 |
| 食品制造业 | Food Production | 32017 | 84678 |
| 饮料制造业 | Beverage Production | 118806 | 200102 |
| 烟草制品业 | Tobacco Products | 245703 | 527375 |
| 纺织业 | Textile Industry | 24844 | 93278 |
| 纺织服装、鞋、帽制造业 | Garments, Shoes and Hats Production | 408 | 815 |
| 皮革、毛皮、羽毛（绒）及其制品业 | Leather, Furs, Down and Related Products | | |
| 木材加工及木竹藤棕草制品业 | Timber Processing, Bamboo, Cane, Palm, Straw Products | 3572 | 4196 |
| 家具制造业 | Furniture Manufacturing | | |
| 造纸及纸制品业 | Papermaking and Paper Products | 27416 | 41726 |
| 印刷业、记录媒介的复制 | Printing and Record Medium Reproduction | 7297 | 17776 |
| 文教体育用品制造业 | Cultural Educational and Sports Goods | 262 | 48 |
| 石油加工、炼焦及核燃料加工业 | Petroleum, Coking and Nuclear Fuel Processing | 17868 | 82278 |
| 化学原料及化学制品制造业 | Raw Chemical Materials and Chemical Products | 761797 | 1129288 |
| 医药制造业 | Medical and Pharmaceutical Products | 449828 | 320070 |
| 化学纤维制造业 | Chemical Fiber | | |
| 橡胶制品业 | Rubber Products | 6273 | 33466 |
| 塑料制品业 | Plastic Products | 11842 | 24239 |
| 非金属矿物制品业 | Nonmetal Mineral Products | 216976 | 169850 |
| 黑色金属冶炼及压延加工业 | Smelting and Pressing of Ferrous Metals | 458251 | 1244507 |
| 有色金属冶炼及压延加工业 | Smelting and Pressing of Nonferrous Metals | 255607 | 1296548 |
| 金属制品业 | Metal Products | 10617 | 39628 |
| 通用设备制造业 | Ordinary Equipment | 361159 | 732074 |
| 专用设备制造业 | Special Equipment | 394642 | 603307 |
| 交通运输设备制造业 | Transportation Equipment | 2827867 | 5403518 |
| 电气机械及器材制造业 | Electric Equipment and Machinery | 144852 | 844764 |
| 通信设备、计算机及其他电子设备制造业 | Communication, Computers and Other Electronic Equipment | 105661 | 260965 |
| 仪器仪表及文化、办公用机械制造业 | Instruments, Meters, Cultural and Office Machinery | 121564 | 327857 |
| 工艺品及其他制造业 | Handicraft and Other Production | 203 | 780 |
| 废弃资源和废旧材料回收加工业 | Recovery and Processing of Waste Resources and Materials | | |
| 电力、燃气及水的生产和供应业 | Electricpower, Gas & Water Production and Supply | | |
| 电力、热力的生产和供应业 | Electricpower and Hot Power Production and Supply | 2153437 | 2245444 |
| 燃气生产和供应业 | Gas Production and Supply | 183174 | 255265 |
| 水的生产和供应业 | Water Production and Supply | 184496 | 81633 |

11-8 CONTINUED-2

(10 000 yuan)

| 主营业务成本 Cost of Major Business | 主营业务税金及附加 Tax and Extra Charges of Major Business | 主营业务利润 Profit of Major Business | 利润总额 Total After-tax Profits | 利税总额 Total Pre-tax Profits | 工资总额 Total Wages |
|---|---|---|---|---|---|
| **13614310** | **392289** | **2685624** | **822096** | **1925713** | **902385** |
| 2118607 | 228298 | 498982 | 95316 | 452471 | 135995 |
| 11495702 | 163991 | 2186642 | 726780 | 1473241 | 766390 |
| 9207256 | 172961 | 1709395 | 532855 | 1141867 | 530947 |
| 3355622 | 212942 | 830916 | 264961 | 709675 | 298347 |
| 1051432 | 6386 | 145313 | 24279 | 74170 | 73092 |
| 283329 | 6355 | 89516 | 2190 | 41422 | 98940 |
| 29692 | 421 | 7523 | 3577 | 5734 | 1555 |
| 73217 | 2599 | 14618 | 4154 | 12184 | 8647 |
| 93 | 1 | 27 | 366 | 375 | 25 |
| 1861 | 56 | 1556 | 814 | 1302 | 577 |
| 95385 | 539 | 19965 | 3064 | 6912 | 5740 |
| 64237 | 635 | 19805 | 3132 | 7066 | 7145 |
| 108987 | 17098 | 74017 | 23532 | 57244 | 9818 |
| 226515 | 191743 | 109117 | 32277 | 278741 | 22552 |
| 86840 | 412 | 6026 | -525 | 2885 | 8604 |
| 133 |  | 682 | 50 | 88 | 98 |
| 3661 | 30 | 505 | 202 | 591 | 406 |
| 35092 | 121 | 6513 | 970 | 2819 | 2472 |
| 14993 | 112 | 2672 | 538 | 1454 | 2005 |
| 17 | … | 31 | 22 | 25 | 12 |
| 72620 | 93 | 9565 | 2941 | 3793 | 2240 |
| 902621 | 5118 | 221549 | 92002 | 145073 | 73617 |
| 185787 | 3963 | 130320 | 21905 | 47637 | 26130 |
| 28080 | 91 | 5295 | 63 | 1231 | 2098 |
| 19977 | 102 | 4161 | 593 | 1334 | 1049 |
| 116619 | 440 | 52791 | 24073 | 30446 | 12108 |
| 1144228 | 1049 | 99230 | 22604 | 89071 | 52783 |
| 1227813 | 1701 | 67034 | 21890 | 36609 | 32699 |
| 34146 | 224 | 5258 | 1077 | 2277 | 3698 |
| 565159 | 2634 | 164281 | 80995 | 122897 | 63154 |
| 495089 | 2120 | 106099 | 9335 | 18881 | 80794 |
| 4403859 | 137464 | 862194 | 270783 | 592759 | 163198 |
| 769603 | 1004 | 74158 | 26378 | 42334 | 20442 |
| 211912 | 309 | 48745 | 22086 | 25321 | 12780 |
| 239226 | 1409 | 87222 | 21945 | 36564 | 30868 |
| 698 | 1 | 80 | 9 | 13 | 107 |
| 1926443 | 11592 | 307409 | 104935 | 272470 | 123576 |
| 191353 | 2190 | 61721 | 16929 | 25316 | 18348 |
| 55027 | 665 | 25941 | 7193 | 12848 | 14099 |

# 11－9 国有控股工业企业经济效益指标（2006年）

单位：%

| 指标 | Item | 增加值率 Ratio of Value-added to Gross Industrial Output Value | 总资产贡献率 Ratio of Total Assets to Industrial Output Value |
|---|---|---|---|
| **总计** | **Total** | **27.55** | **9.80** |
| **按轻、重工业分** | **By Light and Heavy Industry** | | |
| 轻工业 | Light Industry | 33.86 | 13.22 |
| 重工业 | Heavy Industry | 26.18 | 9.10 |
| **按企业规模分** | **By Size of Enterprise** | | |
| 大型企业 | Large | 26.26 | 10.72 |
| 中型企业 | Medium | 32.64 | 8.72 |
| 小型企业 | Small | 24.13 | 5.67 |
| **按行业分** | **By Sector** | | |
| 采矿业 | Mining and Quarrying | | |
| 煤炭开采和洗选业 | Coal Mining and Dressing | 47.69 | 6.47 |
| 石油和天然气开采业 | Petroleum and Natural Gas Extraction | 63.78 | 15.55 |
| 黑色金属矿采选业 | Ferrous Metals Mining and Dressing | 52.32 | 13.72 |
| 有色金属矿采选业 | Nonferrous Metals Mining and Dressing | 28.86 | 74.72 |
| 非金属矿采选业 | Nonmetal Minerals Mining and Dressing | 92.99 | 20.31 |
| 其他采矿业 | Other Minerals Mining | | |
| 制造业 | Manufacturing | | |
| 农副食品加工业 | Farm Products and By-food Processing | 37.12 | 8.88 |
| 食品制造业 | Food Production | 34.58 | 8.52 |
| 饮料制造业 | Beverage Production | 49.06 | 25.03 |
| 烟草制品业 | Tobacco Products | 69.99 | 51.99 |
| 纺织业 | Textile Industry | 26.43 | 3.48 |
| 纺织服装、鞋、帽制造业 | Garments, Shoes and Hats Production | 96.28 | 15.88 |
| 皮革、毛皮、羽毛（绒）及其制品业 | Leather, Furs, Down and Related Products | | |
| 木材加工及木竹藤棕草制品业 | Timber Processing, Bamboo, Cane, Palm, Straw Products | 25.55 | 10.25 |
| 家具制造业 | Furniture Manufacturing | | |
| 造纸及纸制品业 | Papermaking and Paper Products | 38.37 | 6.58 |
| 印刷业、记录媒介的复制 | Printing and Record Medium Reproduction | 32.31 | 5.20 |
| 文教体育用品制造业 | Cultural Educational and Sports Goods | 38.50 | 8.62 |
| 石油加工、炼焦及核燃料加工业 | Petroleum, Coking and Nuclear Fuel Processing | 9.70 | 14.35 |
| 化学原料及化学制品制造业 | Raw Chemical Materials and Chemical Products | 35.38 | 10.64 |
| 医药制造业 | Medical and Pharmaceutical Products | 34.34 | 6.15 |
| 化学纤维制造业 | Chemical Fiber | | |
| 橡胶制品业 | Rubber Products | 18.73 | 2.90 |
| 塑料制品业 | Plastic Products | 30.17 | 4.84 |
| 非金属矿物制品业 | Nonmetal Mineral Products | 43.47 | 10.09 |
| 黑色金属冶炼及压延加工业 | Smelting and Pressing of Ferrous Metals | 19.95 | 10.58 |
| 有色金属冶炼及压延加工业 | Smelting and Pressing of Nonferrous Metals | 13.11 | 7.53 |
| 金属制品业 | Metal Products | 14.93 | 8.59 |
| 通用设备制造业 | Ordinary Equipment | 39.61 | 13.96 |
| 专用设备制造业 | Special Equipment | 17.50 | 1.87 |
| 交通运输设备制造业 | Transportation Equipment | 21.47 | 10.87 |
| 电气机械及器材制造业 | Electric Equipment and Machinery | 9.30 | 8.04 |
| 通信设备、计算机及其他电子设备制造业 | Communication, Computers and Other Electronic Equipment | 33.93 | 8.17 |
| 仪器仪表及文化、办公用机械制造业 | Instruments, Meters, Cultural and Office Machinery | 30.54 | 11.54 |
| 工艺品及其他制造业 | Handicraft and Other Production | 35.57 | 4.64 |
| 废弃资源和废旧材料回收加工业 | Recovery and Processing of Waste Resources and Materials | | |
| 电力、燃气及水的生产和供应业 | Electricpower, Gas & Water Production and Supply | | |
| 电力、热力的生产和供应业 | Electricpower and Hot Power Production and Supply | 35.41 | 7.04 |
| 燃气生产和供应业 | Gas Production and Supply | 27.49 | 9.03 |
| 水的生产和供应业 | Water Production and Supply | 51.92 | 4.27 |

# Economic Efficiency Indicators of State Holding Industrial Enterprises (2006)

(%)

| 资本保值增值率 Ratio of Creditors' Equity of Current Year to that of Previous Year | 资产负债率 Ratio of Liabilities to Assets | 流动资产周转率（次） Turnover Ratio of Annual Circulating Funds (time) | 成本费用利润率 Ratio of Profits to Cost | 全员劳动生产率（元/人年） Overall Labor Productivity (yuan/person-year) | 产品销售率 Ratio of Sales to Products |
|---|---|---|---|---|---|
| **112.27** | **58.88** | **1.83** | **5.25** | **114367** | **98.84** |
| 118.58 | 60.68 | 1.48 | 3.74 | 139747 | 98.75 |
| 111.19 | 58.53 | 1.92 | 5.54 | 108813 | 98.86 |
| 112.54 | 57.07 | 1.92 | 5.28 | 140347 | 99.14 |
| 109.93 | 62.01 | 1.57 | 6.20 | 89344 | 97.68 |
| 117.37 | 64.35 | 1.99 | 2.04 | 66034 | 99.62 |
| 102.69 | 60.02 | 1.67 | 0.59 | 36106 | 97.82 |
| 105.35 | 32.52 | 3.85 | 10.54 | 198378 | 98.78 |
| 106.80 | 56.41 | 1.79 | 4.95 | 90972 | 100.95 |
| ... | 50.10 | 0.43 | 306.27 | 8772 | 100.00 |
| 94.34 | 42.24 | 0.72 | 31.13 | 104819 | 111.23 |
| 166.71 | 68.39 | 3.00 | 2.73 | 106620 | 100.40 |
| 115.84 | 66.75 | 1.85 | 3.86 | 77028 | 99.40 |
| 115.68 | 53.18 | 1.87 | 14.69 | 201313 | 97.10 |
| 113.04 | 57.39 | 1.53 | 10.67 | 680978 | 100.24 |
| 110.41 | 76.47 | 1.46 | -0.56 | 24942 | 96.18 |
| 116.62 | 22.64 | 1.47 | 5.96 | 91010 | 99.49 |
| 95.64 | 48.79 | 1.85 | 4.56 | 56294 | 71.62 |
| 148.33 | 62.94 | 1.60 | 2.33 | 93294 | 96.14 |
| 106.96 | 76.58 | 1.31 | 2.88 | 29445 | 100.93 |
| 91.16 | 3.57 | 0.18 | 82.69 | 12176 | 94.47 |
| 108.60 | 44.48 | 4.05 | 3.70 | 119453 | 102.41 |
| 107.33 | 48.00 | 1.76 | 8.66 | 127893 | 98.93 |
| 134.74 | 52.74 | 0.83 | 7.33 | 113876 | 101.20 |
| 66.13 | 80.59 | 1.32 | 0.20 | 34418 | 100.22 |
| 119.30 | 68.59 | 1.58 | 2.51 | 75460 | 103.68 |
| 182.36 | 48.26 | 1.50 | 16.45 | 99665 | 97.80 |
| 98.49 | 57.69 | 2.93 | 1.85 | 114314 | 99.99 |
| 108.95 | 62.91 | 4.38 | 1.70 | 174448 | 105.04 |
| 89.98 | 70.72 | 1.45 | 2.80 | 32460 | 95.38 |
| 109.35 | 62.74 | 1.22 | 11.99 | 112480 | 97.44 |
| 119.73 | 77.61 | 0.93 | 1.51 | 30402 | 94.99 |
| 110.18 | 52.12 | 1.76 | 5.29 | 143166 | 98.37 |
| 128.27 | 74.61 | 1.88 | 3.17 | 77011 | 95.71 |
| 108.16 | 71.17 | 1.01 | 9.21 | 155098 | 87.11 |
| 137.77 | 67.44 | 1.41 | 7.14 | 80198 | 97.75 |
| 104.38 | 77.25 | 1.28 | 1.11 | 45189 | 52.00 |
| 109.89 | 61.56 | 2.96 | 5.08 | 193679 | 99.99 |
| 118.19 | 38.83 | 2.19 | 7.15 | 120580 | 100.05 |
| 116.65 | 56.93 | 0.80 | 9.12 | 61907 | 98.34 |

11-9 续表

| 指　　标 | Item | 销售利润率（%） Ratio of Profits to Sales |
|---|---|---|
| **总　　计** | **Total** | **4.93** |
| **按轻、重工业分** | **By Light and Heavy Industry** | |
| 轻工业 | Light Industry | 3.35 |
| 重工业 | Heavy Industry | 5.25 |
| **按企业规模分** | **By Size of Enterprise** | |
| 大型企业 | Large | 4.80 |
| 中型企业 | Medium | 6.02 |
| 小型企业 | Small | 2.02 |
| **按行业分** | **By Sector** | |
| 采矿业 | Mining and Quarrying | |
| 煤炭开采和洗选业 | Coal Mining and Dressing | 0.58 |
| 石油和天然气开采业 | Petroleum and Natural Gas Extraction | 9.50 |
| 黑色金属矿采选业 | Ferrous Metals Mining and Dressing | 4.59 |
| 有色金属矿采选业 | Nonferrous Metals Mining and Dressing | 301.23 |
| 非金属矿采选业 | Nonmetal Minerals Mining and Dressing | 23.45 |
| 其他采矿业 | Other Minerals Mining | |
| 制造业 | Manufacturing | |
| 农副食品加工业 | Farm Products and By-food Processing | 2.64 |
| 食品制造业 | Food Production | 3.70 |
| 饮料制造业 | Beverage Production | 11.76 |
| 烟草制品业 | Tobacco Products | 6.12 |
| 纺织业 | Textile Industry | -0.56 |
| 纺织服装、鞋、帽制造业 | Garments, Shoes and Hats Production | 6.19 |
| 皮革、毛皮、羽毛（绒）及其制品业 | Leather, Furs, Down and Related Products | |
| 木材加工及木竹藤棕草制品业 | Timber Processing, Bamboo, Cane, Palm, Straw Products | 4.80 |
| 家具制造业 | Furniture Manufacturing | |
| 造纸及纸制品业 | Papermaking and Paper Products | 2.32 |
| 印刷业、记录媒介的复制 | Printing and Record Medium Reproduction | 3.02 |
| 文教体育用品制造业 | Cultural Educational and Sports Goods | 44.98 |
| 石油加工、炼焦及核燃料加工业 | Petroleum, Coking and Nuclear Fuel Processing | 3.57 |
| 化学原料及化学制品制造业 | Raw Chemical Materials and Chemical Products | 8.15 |
| 医药制造业 | Medical and Pharmaceutical Products | 6.84 |
| 化学纤维制造业 | Chemical Fiber | |
| 橡胶制品业 | Rubber Products | 0.19 |
| 塑料制品业 | Plastic Products | 2.45 |
| 非金属矿物制品业 | Nonmetal Mineral Products | 14.17 |
| 黑色金属冶炼及压延加工业 | Smelting and Pressing of Ferrous Metals | 1.82 |
| 有色金属冶炼及压延加工业 | Smelting and Pressing of Nonferrous Metals | 1.69 |
| 金属制品业 | Metal Products | 2.72 |
| 通用设备制造业 | Ordinary Equipment | 11.06 |
| 专用设备制造业 | Special Equipment | 1.55 |
| 交通运输设备制造业 | Transportation Equipment | 5.01 |
| 电气机械及器材制造业 | Electric Equipment and Machinery | 3.12 |
| 通信设备、计算机及其他电子设备制造业 | Communication, Computers and Other Electronic Equipment | 8.46 |
| 仪器仪表及文化、办公用机械制造业 | Instruments, Meters, Cultural and Office Machinery | 6.69 |
| 工艺品及其他制造业 | Handicraft and Other Production | 1.09 |
| 废弃资源和废旧材料回收加工业 | Recovery and Processing of Waste Resources and Materials | |
| 电力、燃气及水的生产和供应业 | Electricpower, Gas & Water Production and Supply | |
| 电力、热力的生产和供应业 | Electricpower and Hot Power Production and Supply | 4.67 |
| 燃气生产和供应业 | Gas Production and Supply | 6.63 |
| 水的生产和供应业 | Water Production and Supply | 8.81 |

11-9 CONTINUED

| 资本积累率（%） Ratio of Accumulated Capital to Original Capital | 流动比率 Circulating Rate | 速动比率 Speed Rate | 产权比率 Ratio of Equity to Production | 人均实现利税（元） Per Capita Pre-tax Profits (yuan) | 从业人员人均工资（元） Per Capita Wages of Employees (yuan) |
|---|---|---|---|---|---|
| **12.27** | **0.98** | **0.72** | **1.43** | **47976** | **22481** |
| | | | | | |
| 18.58 | 1.08 | 0.76 | 1.54 | 62779 | 18869 |
| 11.19 | 0.96 | 0.71 | 1.41 | 44736 | 23272 |
| | | | | | |
| 10.45 | 1.01 | 0.75 | 1.33 | 66079 | 25316 |
| 15.53 | 0.95 | 0.67 | 1.63 | 29850 | 20089 |
| 17.37 | 0.84 | 0.61 | 1.80 | 16412 | 16173 |
| | | | | | |
| 2.69 | 1.05 | 0.97 | 1.50 | 7907 | 18886 |
| 5.35 | 0.81 | 0.72 | 0.48 | 48673 | 13203 |
| 6.80 | 0.86 | 0.75 | 1.29 | 41554 | 29491 |
| -1425.29 | 2.57 | 2.54 | 1.00 | 93625 | 6350 |
| -5.66 | 1.00 | 0.99 | 0.73 | 47014 | 20838 |
| | | | | | |
| 66.71 | 0.81 | 0.50 | 2.16 | 15992 | 13280 |
| 15.84 | 1.04 | 0.90 | 2.01 | 17972 | 18171 |
| 15.68 | 0.95 | 0.54 | 1.14 | 117206 | 20103 |
| 13.04 | 1.70 | 0.65 | 1.35 | 515519 | 41708 |
| 10.41 | 1.12 | 0.60 | 3.25 | 2719 | 8110 |
| 16.62 | 4.06 | 3.91 | 0.29 | 10365 | 11576 |
| | | | | | |
| -4.36 | 1.02 | 0.71 | 0.95 | 18453 | 12688 |
| | | | | | |
| 48.33 | 0.85 | 0.59 | 1.70 | 15982 | 14014 |
| 6.96 | 1.24 | 0.87 | 3.27 | 7571 | 10443 |
| -8.84 | 27.95 | 27.95 | 0.04 | 15438 | 7625 |
| 8.60 | 1.74 | 0.31 | 0.80 | 59645 | 35220 |
| 7.33 | 1.26 | 0.99 | 0.92 | 47128 | 23915 |
| 34.74 | 0.93 | 0.80 | 1.12 | 44088 | 24183 |
| | | | | | |
| -33.87 | 1.29 | 0.85 | 4.15 | 6914 | 11782 |
| 19.30 | 0.51 | 0.38 | 2.18 | 15549 | 12224 |
| 82.36 | 1.19 | 0.85 | 0.93 | 40166 | 15974 |
| -1.51 | 0.80 | 0.33 | 1.36 | 41438 | 24556 |
| 8.95 | 1.17 | 0.50 | 1.69 | 39453 | 35240 |
| -10.02 | 1.35 | 0.83 | 2.42 | 12979 | 21086 |
| 9.35 | 1.32 | 0.96 | 1.68 | 44554 | 22895 |
| 19.73 | 0.79 | 0.69 | 3.52 | 5290 | 22637 |
| 10.18 | 1.13 | 0.85 | 1.09 | 73360 | 20198 |
| 28.27 | 1.09 | 0.74 | 2.94 | 39151 | 18905 |
| 8.16 | 1.10 | 0.73 | 2.47 | 40307 | 20344 |
| 37.77 | 1.07 | 0.71 | 2.07 | 26330 | 22228 |
| 4.38 | 0.96 | 0.19 | 3.40 | 1076 | 9085 |
| | | | | | |
| 9.89 | 0.46 | 0.44 | 1.60 | 70166 | 31823 |
| 18.19 | 1.43 | 1.29 | 0.63 | 46435 | 33654 |
| 16.65 | 1.69 | 1.61 | 1.32 | 18655 | 20472 |

# 11－10 大中型工业企业主要经济指标（2006年）

单位：万元

| 指标 | Item | 单位数（个） Number of Enterprises (unit) | 从业人员平均人数（万人） Average Emloyment (10 000 persons) | 工业总产值 Gross Output Value | #新产品产值 Output Value of New Products |
|---|---|---|---|---|---|
| **总　计** | **Total** | **498** | **58.10** | **23624987** | **8532453** |
| #国有控股企业 | State Holding | 214 | 35.62 | 15424977 | 6141436 |
| **按登记注册类型分** | **By Registration** | | | | |
| 内资企业 | Domestic-funded Enterprises | 436 | 52.00 | 18079296 | 5785669 |
| #国有企业 | State-owned | 68 | 6.56 | 1546338 | 448620 |
| 集体企业 | Collective-owned | 9 | 0.78 | 103684 | 18381 |
| 港澳台投资企业 | Funded by Hong Kong, Macao and Taiwan | 19 | 2.32 | 1474906 | 296428 |
| 外商投资企业 | Foreign-funded | 43 | 3.78 | 4070785 | 2450356 |
| **按轻、重工业分** | **By Light and Heavy Industry** | | | | |
| 轻工业 | Light Industry | 180 | 17.52 | 7229376 | 2309814 |
| 重工业 | Heavy Industry | 318 | 40.58 | 16395610 | 6222639 |

| 指标 | Item | 固定资产净值 Net Value of Fixed Assets | 固定资产净值年平均余额 Annual Average Balance of Net Value of Fixed Assets | 负债合计 Total Liabilities | #流动负债合计 Total Circulating Liabilities |
|---|---|---|---|---|---|
| **总　计** | **Total** | **10718658** | **9488522** | **17117814** | **12887369** |
| #国有控股企业 | State Holding | 8395966 | 7292414 | 12452266 | 9127455 |
| **按登记注册类型分** | **By Registration** | | | | |
| 内资企业 | Domestic-funded Enterprises | 8310325 | 7492970 | 13985943 | 10515342 |
| #国有企业 | State-owned | 893213 | 835291 | 1331533 | 937664 |
| 集体企业 | Collective-owned | 17054 | 18350 | 71956 | 66988 |
| 港澳台投资企业 | Funded by Hong Kong, Macao and Taiwan | 709617 | 626278 | 820626 | 664156 |
| 外商投资企业 | Foreign-funded | 1698716 | 1369274 | 2311244 | 1707871 |
| **按轻、重工业分** | **By Light and Heavy Industry** | | | | |
| 轻工业 | Light Industry | 1644906 | 1603755 | 4072716 | 3337095 |
| 重工业 | Heavy Industry | 9073752 | 7884768 | 13045098 | 9550274 |

# Main Economic Indicators of Large & Medium-sized Industrial Enterprises (2006)

(10 000 yuan)

| 工业销售产值 Sales Value of Industry | 工业增加值 Value-added of Industry | 实收资本 Capital Obtained | #国家资本 State Capital | 资产合计 Total Assets | #流动资产合计 Circulating Funds | 流动资产年平均余额 Annual Average Balance of Value of Circulating Fund | 固定资产原值 Original Value of Fixed Assets |
|---|---|---|---|---|---|---|---|
| **23294372** | **5933368** | **6196822** | **1205558** | **28865788** | **12784842** | **12077746** | **16339972** |
| 15236713 | 3826573 | 4805591 | 1137802 | 21327185 | 9024282 | 8519912 | 13126332 |
| 17814690 | 4588194 | 4523734 | 1028404 | 23398995 | 10507832 | 9951674 | 12541096 |
| 1514624 | 528408 | 605424 | 385803 | 2392789 | 1131952 | 1086374 | 1595493 |
| 95507 | 23444 | 14450 | | 88881 | 59154 | 57974 | 38017 |
| 1460411 | 336371 | 244461 | 88391 | 1412628 | 544185 | 515314 | 1059554 |
| 4019271 | 1008803 | 1428628 | 88763 | 4054165 | 1732826 | 1610758 | 2739322 |
| 7126136 | 1881216 | 1109498 | 223365 | 6475591 | 3573211 | 3521433 | 2618972 |
| 16168235 | 4052152 | 5087324 | 982193 | 22390197 | 9211631 | 8556314 | 13720999 |

| 所有者权益 Creditors' Equity | 主营业务收入 Major Business Revenue | 主营业务成本 Cost of Major Business | 主营业务税金及附加 Tax and Extra Charges of Major Business | 主营业务利润 Profit of Major Business | 利润总额 Total After-tax Profits | 利税总额 Total Pre-tax Profits | 工资总额 Total Wages |
|---|---|---|---|---|---|---|---|
| **11740041** | **23673982** | **19432924** | **435105** | **3805954** | **1256094** | **2579654** | **1170973** |
| 8867542 | 15489091 | 12562878 | 385903 | 2540311 | 797816 | 1851542 | 829293 |
| 9405118 | 18129413 | 15133031 | 315812 | 2680571 | 778645 | 1733364 | 1018844 |
| 1061256 | 1533877 | 1195131 | 11829 | 326917 | 121542 | 207370 | 148298 |
| 16925 | 103723 | 88596 | 548 | 14579 | 6553 | 11468 | 8600 |
| 592002 | 1475538 | 1275729 | 3551 | 196259 | 89845 | 162170 | 59804 |
| 1742921 | 4069031 | 3024164 | 115743 | 929124 | 387604 | 684120 | 92325 |
| 2402876 | 7136639 | 5779031 | 260611 | 1096998 | 276400 | 742296 | 281221 |
| 9337165 | 16537343 | 13653893 | 174494 | 2708956 | 979694 | 1837357 | 889752 |

# 11－11 大中型工业企业经济效益指标（2006年）

| 指　标 | Item | 增加值率（%）Ratio of Value-added to Gross Industrial Output Value | 总资产贡献率（%）Ratio of Total Assets to Industrial Output Value |
|---|---|---|---|
| **总计** | **Total** | **25.11** | **10.62** |
| #国有控股企业 | State Holding | 24.81 | 10.19 |
| **按登记注册类型分** | **By Registration** | | |
| 内资企业 | Domestic-funded Enterprises | 25.38 | 8.95 |
| #国有企业 | State-owned | 34.17 | 9.81 |
| 集体企业 | Collective-owned | 22.61 | 14.64 |
| 港澳台投资企业 | Funded by Hong Kong Macao and Taiwan | 22.81 | 13.71 |
| 外商投资企业 | Foreign-funded | 24.78 | 19.57 |
| **按轻、重工业分** | **By Light and Heavy Industry** | | |
| 轻工业 | Light Industry | 26.02 | 13.04 |
| 重工业 | Heavy Industry | 24.71 | 9.90 |

| 指　标 | Item | 销售利润率（%）Ratio of Profits to Sales | 资本积累率（%）Ratio of Accumulated Capital to Original Capital |
|---|---|---|---|
| **总计** | **Total** | **5.31** | **13.58** |
| #国有控股企业 | State Holding | 5.15 | 11.89 |
| **按登记注册类型分** | **By Registration** | | |
| 内资企业 | Domestic-funded Enterprises | 4.29 | 11.50 |
| #国有企业 | State-owned | 7.92 | 10.91 |
| 集体企业 | Collective-owned | 6.32 | 3.30 |
| 港澳台投资企业 | Funded by Hong Kong Macao and Taiwan | 6.09 | 10.53 |
| 外商投资企业 | Foreign-funded | 9.53 | 27.68 |
| **按轻、重工业分** | **By Light and Heavy Industry** | | |
| 轻工业 | Light Industry | 3.87 | 15.39 |
| 重工业 | Heavy Industry | 5.92 | 13.13 |

# Economic Efficiency Indicators of Large & Medium-sized Industrial Enterprises (2006)

| 资本保值增值率（%）<br>Ratio of Creditors' Equity of Current Year to that of Previous Year | 资产负债率（%）<br>Ratio of Liabilities to Assets | 流动资产周转率（次）<br>Turnover Ratio of Annual Circulating Funds (time) | 成本费用利润率（%）<br>Ratio of Profits to Cost | 全员劳动生产率（元/人年）<br>Overall Labor Productivity (yuan/person-year) | 产品销售率（%）<br>Ratio of Sales to Products |
|---|---|---|---|---|---|
| **113.58** | **59.30** | **1.96** | **5.68** | **102117** | **98.60** |
| 111.89 | 58.39 | 1.82 | 5.51 | 107428 | 98.78 |
| | | | | | |
| 111.50 | 59.77 | 1.82 | 4.54 | 88233 | 98.54 |
| 110.91 | 55.65 | 1.41 | 8.39 | 80589 | 97.95 |
| 103.30 | 80.96 | 1.79 | 6.68 | 29961 | 92.11 |
| 110.53 | 58.09 | 2.86 | 6.47 | 144844 | 99.02 |
| 127.68 | 57.01 | 2.53 | 10.86 | 266830 | 98.73 |
| | | | | | |
| 115.39 | 62.89 | 2.03 | 4.23 | 107351 | 98.57 |
| 113.13 | 58.26 | 1.93 | 6.29 | 99857 | 98.61 |

| 流动比率<br>Circulating Rate | 速动比率<br>Speed Rate | 产权比率<br>Ratio of Equity to Production | 人均实现利税（元）<br>Per Capita Pre-tax Profits (yuan) | 从业人员人均工资（元）<br>Per Capita Wages of Employees (yuan) |
|---|---|---|---|---|
| **0.99** | **0.74** | **1.46** | **44397** | **20153** |
| 0.99 | 0.73 | 1.40 | 51981 | 23282 |
| | | | | |
| 1.00 | 0.76 | 1.49 | 33334 | 19593 |
| 1.21 | 0.92 | 1.25 | 31627 | 22617 |
| 0.88 | 0.52 | 4.25 | 14656 | 10990 |
| 0.82 | 0.41 | 1.39 | 69832 | 25752 |
| 1.01 | 0.69 | 1.33 | 180950 | 24420 |
| | | | | |
| 1.07 | 0.80 | 1.69 | 42359 | 16048 |
| 0.96 | 0.71 | 1.40 | 45278 | 21926 |

# 11－12 国有及规模以上非国有工业企业主要产品产量（2005－2006年）

| 产　　品 | Products | 2005 | 2006 |
|---|---|---|---|
| 化学纤维（万吨） | Chemical Fiber (10 000 tons) | 3.94 | 4.10 |
| 纱（吨） | Yarn (ton) | 68992 | 72551 |
| 布（万米） | Cloth (10 000 m) | 27401.32 | 35201.63 |
| 印染布（万米） | Printed and Dyed Fabric (10 000 m) | 12907.52 | 14318.40 |
| 毛线（吨） | Knitting Wool (ton) | 1170 | 1388 |
| 丝（吨） | Silk (ton) | 6116 | 6629 |
| 丝织品（万米） | Silk Products (10 000 m) | 2029.60 | 2643.77 |
| 电视机（万部） | TV Sets (10 000 units) | 42.60 | 40.77 |
| #彩色电视机 | Color TV Sets | 42.60 | 40.77 |
| 摩托车（万辆） | Motorcycles (10 000 vehicles) | 420.84 | 534.60 |
| 机制纸及纸板（吨） | Machine-made Paper and Paperboard (ton) | 241837 | 317820 |
| 日用陶瓷制品（万件） | Household Ceramics (10 000 pcs) | 3466 | 4149 |
| 日用玻璃制品（吨） | Daily-use Glassware (ton) | 225345 | 231460 |
| 合成洗涤剂（吨） | Synthetic Detergents (ton) | 48271 | 34125 |
| 肥　皂（吨） | Soap (ton) | 3824 | 3333 |
| 干电池（折一号电池）（万只） | Dry Cells (10 000 units) | 53734.00 | 43128.72 |
| 卷　烟（亿支） | Cigarettes (100 million units) | 396.08 | 406.00 |
| 白　酒（万千升） | Liquor (1000 kiloliters) | 6.99 | 8.77 |
| 啤　酒（万千升） | Beer (1000 kiloliters) | 53.87 | 64.73 |
| 罐　头（吨） | Canned Food (ton) | 25919 | 27422 |
| 食用植物油（吨） | Edible Vegetable Oil (ton) | 96874 | 144279 |
| 皮　鞋（万双） | Leather Shoes (10 000 pairs) | 1158.89 | 1463.95 |
| 服　装（万件） | Garments (10 000 pcs) | 415.81 | 506.56 |
| 乳制品（万吨） | Dairy Products (10 000 tons) | 9.53 | 8.88 |
| 无酒精饮料（软饮料）（吨） | Non-alcoholic Beverage (soft) (ton) | 611354 | 933354 |
| 原　煤（万吨） | Coal (10 000 tons) | 1957.79 | 2172.19 |
| 洗精煤（万吨） | Washed and Fine Coal (10 000 tons) | 414.42 | 487.73 |
| 焦　炭（万吨） | Coke (10 000 tons) | 219.95 | 267.76 |
| 发电量（万千瓦时） | Electricity (10 000 kwh) | 2340314 | 2754429 |
| 天然气（万立方米） | Natural Gas (10 000 cu.m) | 570936 | 708799 |
| 生　铁（万吨） | Pig Iron (10 000 tons) | 243.57 | 300.15 |
| 粗　钢（万吨） | Crude Steel (10 000 tons) | 272.09 | 321.89 |
| 钢　材（万吨） | Steel Products (10 000 tons) | 294.70 | 382.87 |
| #大型钢材 | Large | 8.31 | 11.00 |
| 中小型钢材 | Medium | 14.19 | 19.49 |
| 中厚钢板 | Medium Rolled-steel | 105.08 | 119.86 |
| 无缝钢管 | Seamless Steel Pipe | 9.07 | 10.07 |

# Output of Major Products of State-owned Industrial Enterprises and Non-state-owned Industrial Enterprises above Designated Size (2005-2006)

| 产　　品 | Products | 2005 | 2006 |
|---|---|---|---|
| 铝（吨） | Aluminum (ton) | 96838 | 107643 |
| 硫　酸（吨） | Sulphuric Acid (ton) | 1500846 | 1904353 |
| 盐　酸（吨） | Hydrochloric Acid (ton) | 41090 | 38078 |
| 烧　碱（吨） | Caustic Soda (ton) | 69137 | 74149 |
| 电　石（折合量）（吨） | Calcium Carbide (equivalent) (ton) | 20696 | 13599 |
| 精甲醇（商品量）（吨） | Fine Methyl Alcohol (commodities) (ton) | 353371 | 294426 |
| 染　料（吨） | Dyestuff (ton) | 5982 | 5995 |
| 油　漆（吨） | Paint (ton) | 38922 | 47274 |
| 塑料制品（吨） | Plastics (ton) | 139348 | 161426 |
| 合成橡胶（吨） | Synthetic Rubber (ton) | 20113 | 28166 |
| 化学原料药（吨） | Chemical Raw Material (ton) | 8082 | 4656 |
| 中成药（吨） | Traditional Chinese Medicine (ton) | 23240 | 27551 |
| 轮胎外胎（万条） | Tire (10 000 units) | 359.18 | 561.61 |
| 水　泥（万吨） | Cement (10 000 tons) | 2100.69 | 2533.84 |
| 人造板（立方米） | Artificial Boards (cu.m) | 59547 | 83822 |
| 矿山设备（吨） | Mining Equipment (ton) | 30671 | 39448 |
| 起重设备（吨） | Hoist and Derrick (ton) | 19989 | 21159 |
| 制冷空调设备（套） | Freezing equipment (set) | 607399 | 131081 |
| 发电设备（千瓦） | Generating Equipment (kw) | 758780 | 739271 |
| 交流电动机（万千瓦） | Alternating Current Motors(10 000 kw) | 291.58 | 321.94 |
| 电力变压器（万千伏安） | Electric Transformer Products (10 000 kva) | 3675.31 | 4492.97 |
| 金属切削机床（台） | Metal-cutting Machines (unit) | 4509 | 6070 |
| 汽　车（辆） | Motor Vehicles (vehicle) | 421527 | 519855 |
| 内燃机（商品量）（万千瓦） | Internal Combustion Engines (commodities) (10 000 kw) | 737.61 | 991.20 |
| 钢芯铝绞线（吨） | Aluminum Twist Wire with Steel Core (ton) | 32936 | 48561 |
| 泵（台） | Industry Pumps (unit) | 35365 | 94443 |
| 风　机（台） | Air Pumps (unit) | 3985 | 4238 |
| 气体压缩机（台） | Gas Compressors (unit) | 345 | 409 |
| 轴　承（万套） | Bearings (10 000 sets) | 5744.00 | 6688.00 |
| 工业锅炉（蒸吨） | Industry Boilers (ton) | 1405 | 795 |
| 民用钢质船舶（载重吨） | Civil Steel Ships (ton) | 124708 | 92268 |
| 合成氨（吨） | Synthetic Ammonia (ton) | 921436 | 893720 |
| 化肥（100%）（吨） | Chemical Fertilizer (100%) (ton) | 1179995 | 1270663 |
| #氮　肥 | Nitrogen Fertilizer | 706771 | 695635 |
| 磷　肥 | Phosphate Fertilizer | 472272 | 575028 |
| 配混合饲料（吨） | Mingled Forage (ton) | 941540 | 945045 |
| 农　膜（吨） | Farm-use Membrane (ton) | 5 | |
| 农　药（吨） | Chemical Pesticides (ton) | 4183 | 4870 |

# 11－13 国有及规模以上非国有工业企业主要产品产量占全国的比重（2006年）

# Output of Major Industrial Products of State-owned Industrial Enterprises and Non-state-owned Industrial Enterprises above Designated Sized as Percentage of Nation Total (2006)

| 产品 | Products | 全国 Nation Total | 重庆 Chongqing | 重庆占全国比重（%） Chongqing as % of Nation Total |
|---|---|---|---|---|
| 维纶纤维（吨） | Polyvinyl Alcohol Fiber (ton) | 43295 | 15211 | 35.1 |
| 布（亿米） | Cloth (100 million m) | 437.87 | 3.52 | 0.8 |
| 丝（万吨） | Silk (10 000 tons) | 14.15 | 0.66 | 4.7 |
| 合成洗涤剂（万吨） | Synthetic Detergents (10 000 tons) | 546.13 | 3.41 | 0.6 |
| 合成洗衣粉（万吨） | Synthetic Washing Powder (10 000 tons) | 334.31 | 1.87 | 0.6 |
| 原　盐（万吨） | Salt (10 000 tons) | 5403.16 | 69.91 | 1.3 |
| 卷　烟（亿支） | Cigarettes (100 million units) | 20244.22 | 406.00 | 2.0 |
| 白　酒（万千升） | Liquor (1000 kiloliters) | 397.08 | 8.77 | 2.2 |
| 啤　酒（万千升） | Beer (1000 kiloliters) | 3515.15 | 64.73 | 1.8 |
| 软饮料（万吨） | Soft Beverage (10 000 tons) | 4219.76 | 93.34 | 2.2 |
| 乳制品（万吨） | Dairy Products (10 000 tons) | 1459.58 | 8.88 | 0.6 |
| 原　煤（亿吨） | Coal (100 million tons) | 20.66 | 0.22 | 1.1 |
| 发电量（亿千瓦小时） | Electricity (100 million kwh) | 27557.46 | 275.44 | 1.0 |
| 天然气（亿立方米） | Natural Gas (100 million cu.m) | 585.53 | 70.88 | 12.1 |
| 生　铁（万吨） | Pig Iron (10 000 tons) | 40416.70 | 300.15 | 0.7 |
| 钢（万吨） | Steel (10 000 tons) | 41878.20 | 321.89 | 0.8 |
| 成品钢材（万吨） | Steel Products (10 000 tons) | 46685.43 | 382.87 | 0.8 |
| 铝　材（万吨） | Aluminum Products (10 000 tons) | 833.69 | 66.41 | 8.0 |
| 水　泥（万吨） | Cement (10 000 tons) | 120411.74 | 2533.84 | 2.1 |
| 硫　酸（万吨） | Sulphuric Acid (10 000 tons) | 4860.33 | 190.44 | 3.9 |
| 纯　碱（万吨） | Soda Ash (10 000 tons) | 1597.22 | 9.61 | 0.6 |
| 烧　碱（万吨） | Caustic Soda (10 000 tons) | 1511.78 | 7.41 | 0.5 |
| 农用化学肥料（万吨） | Chemical Fertilizer (10 000 tons) | 5304.81 | 127.07 | 2.4 |
| 化学农药（万吨） | Chemical Pesticides (10 000 tons) | 129.55 | 0.49 | 0.4 |
| 合成氨（万吨） | Synthetic Ammonia (10 000 tons) | 4937.90 | 89.37 | 1.8 |
| 化学原料药（万吨） | Chemical Raw Material Medicine (10 000 tons) | 170.53 | 0.47 | 0.3 |
| 中成药（万吨） | Traditional Chinese Medicine (10 000 tons) | 91.50 | 2.76 | 3.0 |
| 冰醋酸（万吨） | Glacial Acetic Acid (10 000 tons) | 142.05 | 32.10 | 22.6 |
| 精甲醇（万吨） | Refined Methanol (10 000 tons) | 762.25 | 29.44 | 3.9 |
| 油　漆（万吨） | Paint (10 000 tons) | 352.37 | 4.73 | 1.3 |
| 牙　膏（自然支）（亿支） | Toothpaste (100 million units) | 64.05 | 3.55 | 5.5 |
| 卫生陶瓷（万件） | Toilet Wares (10 000 tons) | 11800 | 239.72 | 2.0 |
| 变压器（万千伏安） | Transformers (10 000 kilovolt-amperes) | 73645.50 | 4492.97 | 6.1 |
| 微波通信设备（部） | Microwave Communication Equipment (unit) | 28795 | 1354 | 4.7 |
| 汽　车（万辆） | Motor Vehicles (10 000 vehicles) | 738.49 | 51.99 | 7.0 |
| 摩托车（万辆） | Motorcycles (10 000 vehicles) | 2027.37 | 534.60 | 26.4 |

# 主要统计指标解释

**工业** 指从事自然资源的开采，对采掘品和农产品进行加工和再加工的物质生产部门。具体包括：（1）对自然资源的开采，如采矿、晒盐、森林采伐等（不包括禽兽捕猎和水产捕捞）；（2）对农副产品的加工、再加工，如粮油加工、食品加工、轧花、缫丝、纺织、制革等；（3）对采掘品的加工、再加工，如炼铁、炼钢、化工生产、石油加工、机器制造、木材加工等，以及电力、自来水、煤气的生产和供应等；（4）对工业品的修理、翻新，如机器设备的修理、交通运输工具（包括小卧车）的修理等。

本年鉴中涉及的企业登记注册类型：

（1）国有企业：指企业全部资产归国家所有，并按《中华人民共和国企业法人登记管理条例》规定登记注册的非公司制的经济组织。不包括有限责任公司中的国有独资公司。

（2）集体企业：指企业资产归集体所有，并按《中华人民共和国企业法人登记管理条例》规定登记注册的经济组织。

（3）股份合作企业：指以合作制为基础，由企业职工共同出资入股，吸收一定比例的社会资产投资组建，实行自主经营，自负盈亏，共同劳动，民主管理，按劳分配与按股分红相结合的一种集体经济组织。

（4）联营企业：指两个及两个以上相同或不同所有制性质的企业法人或事业单位法人，按自愿、平等、互利的原则，共同投资组成的经济组织。联营企业包括国有联营企业、集体联营企业、国有与集体联营企业和其他联营企业。

（5）有限责任公司：指根据《中华人民共和国公司登记管理条例》规定登记注册，由两个以上、五十个以下的股东共同出资，每个股东以其所认缴的出资额对公司承担有限责任，公司以其全部资产对其债务承担责任的经济组织。有限责任公司包括国有独资公司以及其他有限责任公司。

（6）股份有限公司：指根据《中华人民共和国公司登记管理条例》规定登记注册，其全部注册资本由等额股份构成并通过发行股票筹集资本，股东以其认购的股份对公司承担有限责任，公司以其全部资产对其债务承担责任的经济组织。

（7）私营企业：指由自然人投资设立或由自然人控股，以雇佣劳动为基础的营利性经济组织。包括按照《公司法》、《合伙企业法》、《私营企业暂行条例》以及《个人独资企业法》规定登记注册的私营有限责任公司、私营股份有限公司、私营合伙企业和私营独资企业。

（8）其他内资企业：指上述第（1）至第（7）之外的其他内资经济组织。

（9）与港澳台商合资经营企业：指港澳台地区投资者与内地企业依照《中华人民共和国中外合资经营企业法》及有关法律的规定，按合同规定的比例投资设立、分享利润和分担风险的企业。

（10）与港澳台商合作经营企业：指港澳台地区投资者与内地企业依照《中华人民共和国中外合作经营企业法》及有关法律的规定，依照合作合同的约定进行投资或提供条件设立、分配利润和分担风险的企业。

（11）港澳台商独资经营企业：指依照《中华人民共和国外资企业法》及有关法律的规定，在内地由港澳台地区投资者全额投资设立的企业。

（12）港澳台商投资股份有限公司：指根据国家有关规定，经外经贸部依法批准设立，其中港、澳、台商的股本占公司注册资本的比例达 25% 以上的股份有限公司。凡其中港、澳、台商的股本占公司注册资本的比例小于 25%的，属于内资企业中的股份有限公司。

（13）中外合资经营企业：指外国企业或外国人与中国内地企业依照《中华人民共和国中外合资经营企业法》及有关法律的规定，按合同规定的比例投资设立、分享利润和分担风险的企业。

（14）中外合作经营企业：指外国企业或外国人与中国内地企业依照《中华人民共和国中外合作经营企业法》及有关法律的规定，依照合作合同的约定进行投资或提供条件设立、分配利润和分担风险的企业。

（15）外资企业：指依照《中华人民共和国外资企业法》及有关法律的规定，在中国内地由外国投资者全额投资设立的企业。

（16）外商投资股份有限公司：指根据国家有关规定，经外经贸部依法批准设立，其中外资的股本占公司注册资本的比例达 25% 以上的股份有限公司。凡其中外资股本占公司注册资本的比例小于 25%的，属于内资企业中的股份有限公司。

**国有控股企业** 是对混合所有制经济的企业进行的“国有控股”分类。它是指这些企业的全部资产中国有资产（股份）相对其他所有者中的任何一个所有者占资（股）最多的企业。该分组反映了国有经济控股情况。

**轻工业** 指主要提供生活消费品和制作手工工具的工业。

**重工业** 指为国民经济各部门提供物质技术基础的主要生产资料的工业。

**工业总产值** 指以货币形式表现的，工业企业在一定时期内生产的工业最终产品或提供工业性劳务活动的总价值量。

**工业增加值** 指工业企业在报告期内以货币形式表现的工业生产活动的最终成果，是企业全部生产活动的总成果扣除了在生产过程中消耗或转移的物质产品和劳务价值后的余额，是企业生产过程中新增加的价值。

**实收资本** 指企业实际收到的投资人投入的资本。按投资主体可分为国家资本、集体资本、法人资本、个人资本、港澳台资本和外商资本等。

**资产总计** 指企业拥有或控制的能以货币计量的经济资源。包括各种财产、债权和其他权利。资产按其流动性划分为流动资产、长期投资、固定资产、无形及递延资产和其他资产。

（1）流动资产：指企业可以在一年内或者超过一年的一个营业周期内变现或耗用的资产。包括现金及各种存款、短期投资、应收及预付款项、存货等。

（2）固定资产：指使用期限较长，单位价值较高，并且在使用过程中保持原有实物形态的资产。

（3）无形资产：指企业长期使用而没有实物形态的资产。包括专利权、非专利技术、商标权、著作权、土地使用权、商誉等。

**负债合计** 指企业承担的能以货币计量，将以资产或劳务偿付的所有债务。负债一般按偿还期长短分为流动负债和长期负债。

（1）流动负债：指企业在一年内或者超过一年的一个营业周期内需要偿还的债务，包括短期借款、应付及预收款项、应付工资、应交税金和应付利润等。

（2）长期负债：指企业在一年以上或者超过一年的一个营业周期以上需要偿还的债务，包括长期借款、应付债务、长期应付款项等。

**所有者权益** 指企业投资者对企业净资产所拥有的权利。所有者权益等于企业全部资产减去全部负债后的余额，其中包括投资者对企业的最初投入，以及资本公积金、盈余公积金和未分配利润。

**固定资产原价** 指企业在建造、购置、安装、改建、扩建、技术改造某项固定资产时所支出的全部货币总额。它一般包括买价、包装费、运杂费和安装费等。

**固定资产净值** 指固定资产原价减去历年已提折旧额后的净额。

**主营业务收入** 指企业销售产品和提供劳务等主要经营业务取得的收入。

**主营业务成本** 指企业销售产品和提供劳务等主要经营业务过程中的实际成本。

**主营业务税金及附加** 指企业销售产品和提供劳务等主要经营业务应负担的城市维护建设税、消费税、资源税和教育费附加。

**主营业务利润** 指企业销售产品和提供劳务等主要经营业务收入扣除其成本、费用、税金后的利润。

**利润总额** 指企业在一定时期的最终经营成果，是企业的收入减去相关的成本与费用后的差额，收入大于相关的成本费用，企业就盈利，反之则亏损。

**应交增值税** 指企业在报告期内应交纳的增值税额。

**利税总额** 指企业利润总额、产品销售税金及附加、应交增值税之和。

**工业经济效益综合指数** 是综合衡量地区工业经济效益总体水平的一种特殊相对数，是反映一定时期工业经济运行质量的主要指标。工业经济效益综合指数由总资产贡献率、资本保值增值率、资产负债率、流动资产周转率、成本费用利润率、全员劳动生产率和产品销售率的实际数值分别除以该项指标的全国标准值，并乘以各自的权数，加总后除以总权数求得。该指标可从静态水平和动态趋势上较为全面地反映各地区工业经济效益的变化情况，并可在一定程度上消除地区对比的不可比因素。

**工业增加值率** 指在一定时期内工业增加值占同期工业总产值的比重，反映降低中间消耗的经济效益。计算公式为：

工业增加值率（%）=工业增加值（现价）/工业总产值（现价）×100%

**总资产贡献率** 反映企业全部资产的获利能力，是企业经营业绩和管理水平的集中体现，是评价和考核企业盈利能力的核心指标。计算公式为：

总资产贡献率（%）=（利润总额+税金总额+利息支出）/平均资产总额×100%

**资产负债率** 该指标既反映企业经营风险的大小，也反映企业利用债权人提供的资金从事经营活动的能力。计算公式为：资产负债率（%）=负债总额/资产总额×100%

**流动资产周转次数** 指在一定时期内流动资产完成的周转次数，反映流动资产的周转速度。计算公式为：

流动资产周转次数=产品销售收入/全部流动资产平均余额

**工业成本费用利润率** 指在一定时期内实现的利润与成本费用之比，是反映工业生产成本及费用投入的经济效益指标，同时也是反映降低成本的经济效益的指标。计算公式为：

工业成本费用利润率（%）=利润总额/成本费用总额×100%

**全员劳动生产率** 指根据产品的价值量指标计算的平均每一就业人员在单位时间内的产品生产量。是考核企业经济活动的重要指标，是企业生产技术水平、经营管理水平、职工技术熟练程度和劳动积极性的综合表现。目前，我国的全员劳动生产率是将工业企业的增加值除以同一时期全部就业人员的平均人数来计算的。计算公式为：

全员劳动生产率=工业增加值/全部从业人员平均人数

**产品销售率** 指工业销售产值与同期全部工业总产值之比，反映工业产品已实现销售的程度，分析工业产销衔接情况，研究工业产品满足社会需求程度的指标。计算公式为：

产品销售率（%）=现价工业销售产值/报告期现价工业总产值×100%

**销售利润率** 指企业利润与销售收入的比率。计算公式为：

销售利润率（%）=利润/销售收入×100%

**资本积累率** 指企业所有者权益增长额与年初所有者权益的比率。计算公式为：

资本积累率（%）=所有者权益增长额/年初所有者权益×100%

**流动比率** 指流动资产与流动负债的比率，它表明每一元流动负债有多少流动资产作为偿还的保证，反映企业用可在短期内转变为现金的流动资产偿还到期流动负债的能力。计算公式为：

流动比率=流动资产/流动负债

**速动比率** 指企业速动资产与流动负债的比率。计算公式为：速动比率=速动资产/流动负债

**产权比率** 指企业负债总额与所有者权益的比率，是企业财务结构稳健与否的重要标志，也称资本负债率。计算公式为：产权比率=负债总额/所有者权益

# Explanatory Notes on Main Statistical Indicators

**Industry** refers to the material production sector which is engaged in extraction of natural resources and processing and reprocessing of minerals and agricultural products, including 1) extraction of natural resources, such as mining, salt production, logging (but not including hunting and fishing); 2) processing and reprocessing of farm and sideline produces, such as rice husking, flour milling, wine making, oil pressing, cotton ginning, silk reeling, spinning and weaving, and leather making; 3) manufacture of industrial products, such as steel making, iron smelting, chemicals manufacturing, petroleum processing, machine building, timber processing; water and gas production and electricity generation and supply; 4) repairing of industrial products such as the repairing of machinery and means of transport (including cars). Prior to 1984, the rural industry run by villages and cooperative organizations under village was classified into agriculture. Since 1984, it has been grouped into industry.

Types of enterprise registration involved in this yearbook are as the following:

(1) State-owned Enterprises: refer to non-corporation economic units where the entire assets are owned by the state and which have registered in accordance with the *Regulation of the People's Republic of China on the Management of Registration of Corporate Enterprises*. Excluded from this category are sole state-funded corporations in the limited liability corporations.

(2) Collective-owned Enterprises: refer to economic units where the assets are owned collectively and which have registered in accordance with the *Regulation of the People's Republic of China on the Management of Registration of Corporate Enterprises.*

(3) Cooperative Enterprises: refer to a form of collective economic units (enterprises) where capitals come mainly from employees as their shares, with certain proportion of capital from the outside, where production is organized on the basis of independent operation, independent accounting for profits and losses, joint work, democratic management, and a distribution system that integrates remuneration according to work with dividend according to capital share.

(4) Joint Ownership Enterprises: refer to economic units established by two or more corporate enterprises or corporate institutions of the same or different ownership, through joint investment on the basis of equality, voluntary participation and mutual benefits. They include state joint ownership enterprises, collective joint ownership enterprises, joint state-collective enterprises, other joint ownership enterprises.

(5) Limited Liability Corporations: refer to economic units established with investment from 2-50 investors and registered in accordance with the *Regulation of the People's Republic of China on the Management of Registration of Corporations*, each investor bearing limited liability to the corporation depending on its share of investment, and the corporation bearing liability to its debt to the maximum of its total assets. Limited liability corporations include exclusive state-funded limited liability corporations and other limited liability corporations.

(6) Share holding Corporations Ltd.: refer to economic units registered in accordance with the Regulation of the *People's Republic of China on the Management of Registration of Corporations*, with total registered capitals divided into equal shares and raised through issuing stocks. Each investor bears limited liability to the corporation depending on the holding of shares, and the corporation bears liability to its debt to the maximum of its total assets.

(7) Private Enterprises: refer to profit-making economic units invested and established by natural persons, or controlled by natural persons using employed labor. Included in this category are private limited liability corporations, private share-holding corporations Ltd., private partnership enterprises and private-funded enterprises registered in accordance with the *Corporation Law, Partnership Enterprises Law and Interim Regulations on Private Enterprise*.

(8) Other Domestic-funded Enterprises: refer to domestic-funded economic units other than those mentioned above.

(9) Joint-venture Enterprises with Funds from Hong Kong, Macao and Taiwan: refer to enterprises jointly established by invertors from Hong Kong, Macao and Taiwan with enterprises in the mainland of China in accordance with the *Law of the People's Republic of China on Sino-foreign Joint Venture Enterprises* and other relevant laws, where the share of investment, profits and risks is stipulated in the contract.

(10) Cooperative Enterprises with Funds from Hong Kong Macau and Taiwan: established by investors from Hong Kong, Macau and Taiwan with enterprises in the mainland of China in accordance with the *Law of the People's Republic of China on*

*Sino-foreign Cooperative Enterprises* and other relevant laws, where the investment or provision of facilities, and the share of profits and risks is stipulated in the cooperative contract.

(11) Enterprises with Sole (exclusive) Investment from Hong Kong, Macau and Taiwan: refer to enterprises established in the mainland of China with exclusive investment from investors from Hong Kong, Macau and Taiwan in accordance with the *Law of the People's Republic of China on Foreign-Funded Enterprises* and other relevant laws.

(12) Share-holding Corporations Ltd. with Investment from Hong Kong, Macau and Taiwan: refer to share-holding corporations Ltd. established with the approval from the former Ministry of Foreign Trade and Economic Relations in line with relevant state regulations, where the share of investment from Hong Kong, Macau or Taiwan businessmen exceeds 25% of the total registered capital of the corporation. In case the share of investment from Hong Kong, Macau or Taiwan is less than 25% of the total registered capital, the enterprise is to be classified as domestic-funded share-holding corporation Ltd.

(13) Joint-venture Enterprises with Foreign Investment: refer to enterprises jointly established by foreign enterprises or foreigners with enterprises in the mainland of China in accordance with the *Law of the People's Republic of China on Sino-foreign Joint Venture Enterprises* and other relevant laws, where the share of investment, profits and risks is stipulated in the contract.

(14) Cooperation Enterprises with Foreign Investment: refer to enterprises jointly established by foreign enterprises or foreigners with enterprises in the mainland of China in accordance with the *Law of the People's Republic of China on Sino-foreign Cooperative Enterprises* and other relevant laws, where the investment or provision of facilities, and the share of profits and risks is stipulated in the cooperative contract.

(15) Enterprises with Sole (exclusive) Foreign Investment: refer to enterprises established in the mainland of China with exclusive investment from foreign investors in accordance with the *Law of the People's Republic of China on Foreign-Funded Enterprises* and other relevant laws.

(16) Share-holding Corporations Ltd. with Foreign Investment: refer to share-holding corporations Ltd. established with the approval from the Ministry of Foreign Trade and Economic Relations in line with relevant state regulations, where the share of investment from foreign investors exceeds 25% of the total registered capital of the corporation. In case the share of foreign investment is less than 25% of the total registered capital, the enterprise is to be classified as domestic-funded share-holding corporation Ltd.

**State-holding Enterprises** refer to a classification of enterprises of mixed ownership. It means the state-owned asset of total assets is more than that of other owners. The classification shows the status of share held by state-owned economy.

**Light Industry** refers to the industry, which produces consumer goods and hand tools.

**Heavy Industry** refers to the industry which produces capital goods, and provides various sectors of the national economy with necessary material and technical basis.

According to the above principle of classification, the repairing trades which are engaged primarily in repairing products of heavy industry are classified into heavy industry while these engaged in repairing products of light industry are classified into light industry.

**Gross Industrial Output Value** is the total volume of industrial final products and industrial services in value terms within a certain time.

**Value Added of Industry** refers to the final results of industrial trade in money terms during the reference period. The value added is the balance that the total results of industrial production deduct the used or transferred products and their value. It is the newly increased value.

**Capital Obtained** refers to capital actually received by the enterprise from investors. It can be further classified by investors as state capital, capital from Hong Kong, Macao and Taiwan and foreign Capital.

**Total Assets** refer to all assets which are owned or controlled by enterprises, including circulating assets, long-term investment, fixed assets, intangible assets and deferred assets, other long-term assets, and deferred taxes, etc. The summation of above items is equal to total assets shown in the balance sheets of the enterprises.

(I) Circulating assets (working capital) refer to assets which can be cashed in or spent or consumed in an operating cycle of one year or over one year, including cash, all kinds of deposits, short term investment, receivables, advance payment, stock, etc.

(II) Fixed assets refer to the assets with high unit value can keep its original body in use and last for a long period.

(III) Intangible assets refer to the assets without material form used by enterprises over a long time, such as patents, non-patent technologies, trade marks, copyright, land use right, business reputation, etc.

**Total Liabilities** refer to the debts that enterprises are responsible for repayment, including liquid liabilities and long-term liabilities. Total liabilities correspond to the summation item of liabilities shown in the balance sheets of the enterprises.

(I) Liquid liabilities (also called quick liabilities or immediate liabilities) refer to enterprises total debt payable within an operating cycle of one year or over one year, including short term loans, payables and advance payments, wages payable, taxes payable and profit payable, etc.

(II) Long-term liabilities refers to total debt payable within an operating cycle of one year or over one year, including long-term loans, payable liabilities, long-term payables, etc.

**Creditors' Equity** refers to investors' ownership of net assets of the enterprise. It is equal to the total assets of the enterprise minus its total liabilities, including the primary input from investors, capital accumulation fund, surplus accumulation fund and undistributed profit.

**Original Value of Fixed Assets** refers to the original value of all fixed assets owned by industrial enterprises, calculated at the cost paid at the time of purchase, installation, reconstruction, expansion, and technical innovation and transformation of the said assets, which includes expenses on purchase, package, transportation, and installation, etc.

**Net Value of Fixed Assets** is obtained by deducting depreciation over years from the original value of fixed assets.

**Major Business Revenue** refers to the revenue from the sales of products by industrial enterprises and the revenue from services provided and etc.

**Major Business Cost** refers to the actual cost of products of industrial enterprises and industrial services provided, etc.

**Tax and Extra Charges on Major Business** refer to the tax on city maintenance and construction, consumption tax, resources tax and extra charges for education, which should be borne by the enterprises in selling products and providing industrial services.

**Major Business Profit** refers to the profit gained by the enterprises by deducting cost, charges and taxes from the business income of the enterprises obtained in selling products and providing industrial services.

**Total Profits** refer to the final results gained by the enterprises. It is got as using the total revenue taking off related costs and fees. Only if the revenue is more than the costs, the enterprises gain the profits.

**Value Added Tax Payable** refers to the amount of the value-added tax, which should be paid by the enterprises in the reporting period.

**Total Value of Profit and Tax (Pre-tax Profits)** refers to the sum of the total profits, products sales tax and surcharges and the value added tax payable of industrial enterprises. It is also called Pre-tax profits.

**Industrial Comprehensive Index of Economic Efficiency** is a special kind of relative figure to comprehensively measure overall economic efficiency of regional industry, showing the quality of industrial economic efficiency of the reference period. Industrial comprehensive index of economic efficiency is calculated with 7 items of ratio of total assets to industrial output value, ratio of creditors' equity of current year to that of previous year, ratio of liabilities to assets, turnover ratio of output value, circulating funds, ratio of profits to cost, overall labor productivity, ratio of sales to products. The actual figure of every indicator above is divided by responding national standard numerical value, and the results multiply correlative weight coefficients, then the total number is divided by general weight coefficient. The index comprehensively reflects the changes of regional industrial economic efficiency in static and dynamic status, eliminating the incomparable factors at a certain extent.

**Value Added Rate of Industry** refers to the ratio of value added of industry in a given period to the gross output value in the same period, which reflects the economic efficiency of cutting down the intermediate input and is calculated as follows:

*Value Added Rate of Industry (%) =Value Added of Industry (at Current Prices)/Gross Output Value (at Current Prices) ×100%*

**Ratio of Total Assets to Industrial Output Value** reflects the profit-making capability of all assets of the enterprise and is a key indicator manifesting the performance and management and evaluating the profit-making potential of the enterprise. It is calculated as follows:

*Ratio of Total Assets to Industrial Output (%) = [(Total profits + Total taxes + Interest payment) / average assets] × 100%*

**Ratio of Liabilities to Assets** reflect both the operation risk and the capability of the enterprise in making use of the capital from the creditors. It is calculated as follows:

*Ratio of liabilities to assets (%) = Total liabilities/total assets×100%*

**Turnover Ratio of Circulating Funds** refers to times of turnover of circulating funds in a given period of time, which reflects the speed of the turnover of working capital and is calculated as follows:

*Turnover Ratio of Circulating Funds (%) = Sales Revenue of Products/Average Balance of Total Circulating Funds×100%*

**Ratio of Profits to Costs** refers to the ratio of profits realized in a given period to the total costs in the same period, which reflects the economic efficiency of input cost and is calculated as follows:

*Ratio of Profits to Cost (%) =Total Profits/Total Costs×100%*

**Overall Labor Productivity** refers to the average output per employed person in industrial enterprises in value terms. At present, the value added and the average number of staff and workers of an industrial enterprises in a given period are used to calculate the overall labor productivity. The formula used is:

*Overall Labor Productivity = (Value Added of Industry) / (Average Number of Staff and Workers)*

**Ratio of Sales to Products** refers to the ratio of total sales in a given period to the gross output value in the same period, which reflects the extent of industrial output sold and is calculated as follows:

*Ratio of Sales to Products (%) =Total Sales (at Current Prices) / Gross Output Value (at Current Prices) ×100%*

**Ratio of Profits to Sales** refers to the ratio of total profits to the sales revenue in a given period and is calculated as follows: *Ratio of Profits to Sales (%) =Total Profits /Sales Revenue×100%*

**Ratio of Accumulated Capital to Original Capital** refers to the ratio of the increased volume of creditors' equity to the creditors' equity at the year's beginning. The formula used is:

*Ratio of Accumulated Capital to Original Capital (%) = Increased Volume of Creditors' Equity / Creditors' Equity at Year's Beginning×100%*

**Circulating Rate** refers to the rate of the circulating funds to the circulating liabilities. It shows the enterprise's guaranteed solvency that the cash changed from circulating funds in a short time to pay for circulating liabilities. The formula is: *Circulating Rate = Circulating Funds / Circulating Liabilities*

**Speed Rate** refers to the rate of the speed funds to the circulating liabilities. The formula is:

*Speed Rate = Speed Funds / Circulating Liabilities*

**Ratio of Equity to Production** refers to the ratio of total liabilities to creditors' equity. It is the sign of financial stability of the enterprises, and also called ratio of total liabilities to total capital. The formula is:

*Ratio of Equity to Production = Total Liabilities / Creditors' Equity*

# 建筑业

*Construction*

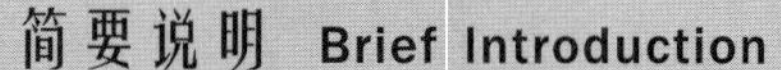

## 简要说明 Brief Introduction

本章资料包括全市建筑业基本情况、建筑企业房屋施工及竣工面积和劳务分包建筑业企业主要指标、建筑业企业主要经济和经济效益指标，由市统计局固定资产投资处提供。

Data in this chapter show the general situation of the construction, floor space of buildings under construction and completed and main indicators of construction enterprises of work subcontractors, main economic indicators and efficiency indicators of construction. Data in this chapter are provided by Division of Statistics of Investment in Fixed Assets, Municipal Bureau of Statistics.

# 12－1 建筑业基本情况（1985－2006年）
# Basic Statistics on Construction (1985-2006)

| 年 份<br>Year | 企业数（个）<br>Number of Enterprises (unit) | 年末从业人数（万人）<br>Number of Employment (10 000 persons) | 建筑业总产值（万元）<br>Gross Output Value of Construction (10 000 yuan) | 建筑业增加值（万元）<br>Value-added of Construction (10 000 yuan) | 房屋建筑施工面积（万平方米）<br>Floor Space under Construction (10 000 sq.m) | 房屋建筑竣工面积（万平方米）<br>Floor Space Completed (10 000 sq.m) |
|---|---|---|---|---|---|---|
| 1985 | 298 | 14.12 | 96201 | 20517 | 684.85 | 340.18 |
| 1986 | 291 | 17.12 | 112719 | 26225 | 674.54 | 345.37 |
| 1987 | 303 | 18.08 | 138515 | 35738 | 740.55 | 350.79 |
| 1988 | 399 | 20.71 | 183070 | 39989 | 866.76 | 372.69 |
| 1989 | 400 | 20.60 | 196510 | 50763 | 853.54 | 391.35 |
| 1990 | 445 | 20.89 | 220685 | 69913 | 905.58 | 450.19 |
| 1991 | 465 | 21.50 | 262155 | 84556 | 915.31 | 458.23 |
| 1992 | 482 | 23.58 | 340256 | 109961 | 1015.59 | 490.88 |
| 1993 | 607 | 22.47 | 426228 | 124993 | 1238.22 | 537.78 |
| 1994 | 561 | 26.61 | 656959 | 203632 | 1456.78 | 577.22 |
| 1995 | 556 | 28.24 | 810548 | 261437 | 1678.02 | 656.38 |
| 1996 | 1473 | 64.43 | 2052964 | 564293 | 4065.24 | 2276.97 |
| 1997 | 1501 | 68.98 | 2440552 | 688463 | 4451.06 | 2562.73 |
| 1998 | 1655 | 80.46 | 2896198 | 783225 | 5275.68 | 2837.02 |
| 1999 | 1735 | 75.49 | 3175927 | 871003 | 5481.86 | 2974.82 |
| 2000 | 1785 | 73.37 | 3486579 | 945158 | 6088.49 | 3083.72 |
| 2001 | 1721 | 83.99 | 4368064 | 1208296 | 7962.27 | 4341.38 |
| 2002 | 1778 | 82.05 | 5015839 | 1353087 | 8707.39 | 4711.06 |
| 2003 | 1760 | 81.80 | 5862095 | 1287202 | 9754.10 | 4939.62 |
| 2004 | 2442 | 86.91 | 6902774 | 1519837 | 10184.46 | 5167.65 |
| 2005 | 2310 | 83.10 | 7835658 | 1716125 | 10722.57 | 5155.18 |
| 2006 | 2455 | 86.72 | 8950918 | 1945849 | 11522.42 | 5309.27 |

注：1）1993年实行一套表制度，附营建筑企业有所增加；1996年以前口径范围包括全民、城镇集体建筑安装企业，1996年以后为资质等级四级以上的建筑安装企业（下表同）。
2）2002年起建筑业执行新建筑资质，2002年房屋建筑施工、竣工面积和2003年起所有数据不含劳务分包企业（下表同）。
3）建筑业增加值2003年前按工程结算利润计算，2003年起按营业利润计算（下表同）。

Note: a) The system of one suit of tables was implemented in 1993, affiliated construction enterprises increased. The statistics before 1996 included whole people-owned, collective-owned construction and installation enterprises. Statistics after 1996 included construction and installation enterprises of grade 4 and above (the same below).
b) New grade system has been carried out in construction since 2002. Data floor space under construction and completed in 2002, and all data since 2003 exclude construction enterprises of work subcontractors (the same below).
c) Value-added of construction is calculated in terms of profits of project settled accounts before 2003, whereas in terms of business profits since 2003 (the same below).

# 12－2 建筑业企业房屋施工及竣工面积（2005－2006年）
# Floor Space of Buildings under Construction and Completed by Construction Enterprises (2005-2006)

| 指　　标 | Item | 2005 | 2006 |
|---|---|---|---|
| **房屋建筑施工面积（万平方米）** | **Floor Space of Buildings under Construction (10 000 sq.m)** | **10722.57** | **11522.42** |
| #本年新开工面积 | New Floor Space of Buildings in Current Year | 5826.11 | 6536.75 |
| #实行投标承包面积 | Contracted Bidding Floor Space | 7666.88 | 8210.80 |
| #本年新开工 | New Floor Space of Buildings in Current Year | 4705.27 | 4980.15 |
| **房屋建筑竣工面积（万平方米）** | **Floor Space of Buildings Completed (10 000 sq.m)** | **5155.18** | **5309.27** |
| 厂房、仓库 | Works and Warehouses | 401.96 | 415.16 |
| 住　宅 | Residential Buildings | 3750.24 | 3821.96 |
| 办公用房 | Office Buildings | 306.43 | 326.27 |
| 批发和零售用房 | Wholesale and Retail Trade Buildings | 142.57 | 137.55 |
| 住宿和餐饮用房 | Hotels and Restaurants | 52.91 | 75.34 |
| 居民服务业用房 | Residential Service Buildings | 60.76 | 76.67 |
| 教育用房 | Educational Buildings | 214.23 | 242.31 |
| 文化、体育和娱乐用房 | Cultural, Sports and Entertainment Buildings | 29.55 | 26.01 |
| 卫生医疗用房 | Health Care and Medical Buildings | 32.86 | 25.28 |
| 科研用房 | Scientific and Research Buildings | 12.26 | 7.17 |
| 其他用房 | Other Buildings | 151.41 | 155.54 |

# 12－3 劳务分包建筑业企业主要指标（2005－2006年）
# Main Indicators of Construction Enterprises of Work Subcontractors (2005-2006)

单位：万元　(10 000 yuan)

| 指　　标 | Item | 2005 | 2006 |
|---|---|---|---|
| 企业个数（个） | Number of Enterprises (unit) | 105 | 158 |
| 从业人数（人） | Number of Persons Employed (person) | 32642 | 59866 |
| 企业总收入 | Total Revenue | 79252 | 103021 |
| #劳务收入 | Work Revenue | 78638 | 102917 |
| 税　金 | Taxes | 2165 | 2056 |
| 利润总额 | Total Profits | 3104 | 2835 |
| 从业人员劳动报酬 | Earnings of Employed Persons | 40777 | 48466 |

# 12－4 建筑施工企业主要经济指标（2005－2006年）
# Main Economic Indicators of Construction Enterprises (2005-2006)

| 指　　标 | Type | 2005 | 2006 |
|---|---|---|---|
| **企业数（个）** | **Number of Enterprises (unit)** | **2310** | **2455** |
| #国有及国有控股 | State-owned and State-holding | 174 | 188 |
| **年末从业人数（万人）** | **Number of Employment (10 000 persons)** | **83.10** | **86.72** |
| #国有及国有控股 | State-owned and State-holding | 11.81 | 11.22 |
| **建筑业总产值（万元）** | **Output Value of Construction (10 000 yuan)** | **7835658** | **8950918** |
| 按登记注册类型分 | By Registration | | |
| 内资企业 | Domestic-Funded Enterprises | 7809981 | 8926836 |
| #国　有 | State-owned | 1013327 | 1090693 |
| 集　体 | Collective-owned | 456963 | 396741 |
| 港澳台商投资企业 | Enterprises Funded by Hong Kong, Macau and Taiwan | 21069 | 20705 |
| 外商投资企业 | Foreign-funded Enterprises | 4608 | 3377 |
| 按构成分 | By Constitution | | |
| #建筑工程 | Construction | 6970274 | 7833209 |
| 安装工程 | Installation | 636356 | 654064 |
| 按行业分 | By Sector | | |
| #房屋和土木工程建筑业 | Construction of Buildings and Civil Engineering | 7006158 | 7982689 |
| #房屋工程建筑业 | Buildings | 5840873 | 6676882 |
| 建筑安装业 | Construction Installation | 499216 | 495798 |
| 建筑装饰业 | Construction Decoration | 229327 | 235828 |
| 按资质等级分 | By Grade | | |
| 施工总承包 | General Contractors of Construction | 7018788 | 7928069 |
| #一　级 | Class I | 2928888 | 3353588 |
| 二　级 | Class II | 2713251 | 3091887 |
| 专业承包 | Professional Contractors of Construction | 816870 | 1022849 |
| #一　级 | Class I | 214048 | 235189 |
| 二　级 | Class II | 330612 | 407920 |
| **竣工产值（万元）** | **Output Value of Completed Construction (10 000 yuan)** | **5295654** | **5851827** |
| 按登记注册类型分 | By Registration | | |
| 内资企业 | Domestic-Funded Enterprises | 5287686 | 5849640 |
| #国　有 | State-owned | 745706 | 709737 |
| 集　体 | Collective-owned | 338077 | 291005 |
| 港澳台商投资企业 | Enterprises Funded by Hong Kong, Macau and Taiwan | 7715 | 1190 |
| 外商投资企业 | Foreign-funded Enterprises | 253 | 997 |
| 按行业分 | By Sector | | |
| #房屋和土木工程建筑业 | Construction of Buildings and Civil Engineering | 4866598 | 5335754 |
| #房屋工程建筑业 | Buildings | 4264957 | 4657063 |
| 建筑安装业 | Construction Installation | 317595 | 299777 |
| 建筑装饰业 | Construction Decoration | 76795 | 123366 |
| 按资质等级分 | By Grade | | |
| 施工总承包 | General Contractors of Construction | 4831474 | 5269811 |
| #一　级 | Class I | 1933355 | 1887553 |
| 二　级 | Class II | 1881666 | 2258994 |
| 专业承包 | Professional Contractors of Construction | 464180 | 582014 |
| #一　级 | Class I | 116591 | 86320 |
| 二　级 | Class II | 195805 | 266264 |
| **房屋建筑施工面积（万平方米）** | **Floor Space of Building under Construction (10 000 sq.m)** | **10722.57** | **11522.42** |
| **房屋建筑竣工面积（万平方米）** | **Floor Space of Building Completed (10 000 sq.m)** | **5155.18** | **5309.27** |
| **年末自有机械设备台数（万台）** | **Number of Machines Self-owned (year-end)(10 000 units)** | **17.33** | **16.24** |
| **年末自有机械设备总功率（万千瓦）** | **Power of Machines Self-owned (year-end)(10 000 kw)** | **258.26** | **262.19** |

# 12—5 建筑施工企业主要财务和经济效益指标（2006年）

单位：万元

| 指　标 | Item | 合计 Total | 内资企业 Domestic -funded Enterprises |
|---|---|---|---|
| 施工企业个数（个） | Construction Enterprises (unit) | 2455 | 2443 |
| 年平均从业人数（万人） | Annual Persons Engaged (10 000 persons) | 92.84 | 92.66 |
| 自有固定资产原价 | Original Value of Fixed Assets Owned | 2081248 | 2061518 |
| 自有固定资产净价 | Net Value of Fixed Assets Owned | 1771690 | 1755884 |
| 自有机械设备年末台数（万台） | Number of Machinery and Equipment Self-owned (10 000 sets) | 162371.00 | 161068.00 |
| 自有机械设备年末净值 | Net Value of Machinery and Equipment Self-owned | 671564 | 662773 |
| 自有机械设备年末总功率（万千瓦） | Total Power of Machinery and Equipment Self-owned (10 000kw) | 262.19 | 258.86 |
| 总产值 | Gross Output Value | 8950918 | 8926836 |
| 增加值 | Value-added | 1945849 | 1940553 |
| 实收资本 | Total Capital | 2941487 | 2919645 |
| 资产合计 | Total Assets | 8151334 | 8116952 |
| #流动资产 | Circulating Funds | 5693637 | 5676327 |
| 固定资产 | Fixed Assets | 1771690 | 1755884 |
| 无形及递延资产 | Intangible and Deferred Assets | 213119 | 211938 |
| 负债合计 | Total Liabilities | 4477958 | 4465142 |
| 流动负债 | Circulating Liabilities | 4169946 | 4157130 |
| 长期负债 | Long-term Liabilities | 308012 | 308012 |
| 所有者权益 | Creditors' Equity | 3673376 | 3651810 |
| 利税总额 | Total Pre-tax Profits | 576392 | 575655 |
| #利润总额 | Total Profits | 281357 | 281456 |
| 企业总收入 | Total Income of Enterprises | 8835864 | 8798677 |
| 工程结算收入 | Revenue of Project Settled Accounts | 8545521 | 8521641 |
| 其他业务收入 | Other Revenue from Business | 290343 | 277036 |
| 施工面积（万平方米） | Floor Space of Buildings Under Construction (10 000 sq.m) | 11522.42 | 11520.83 |
| 竣工面积（万平方米） | Floor Space of Buildings Completed (10 000 sq.m) | 5309.27 | 5309.27 |
| 全员劳动生产率： | Overall Labor Productivity | | |
| 按总产值计算（元/人） | In Terms of Gross Output Value (yuan/person) | 102046 | 101965 |
| 按增加值计算（元/人） | In Terms of Value-added (yuan/person) | 22250 | 22232 |
| 技术装备率（元/人） | Value of Machines Per Laborer (yuan/person) | 7747 | 7658 |
| 动力装备率（千瓦/人） | Power of Machines Per Laborer (kw/person) | 3 | 3 |
| 房屋建筑面积竣工率（%） | Rate of Floor Space of Buildings Completed (%) | 46.0 | 46.1 |
| 资产负债率（%） | Ratio of Liabilities to Assets (%) | 55.1 | 55.2 |

# Financial Indicators and Economic Efficiency Indicators of Construction Enterprises (2006)

(10 000 yuan)

| #国有经济<br>State- owned Enterprises | #集体经济<br>Collective-owned Enterprises | #联营企业<br>Joint-owned Enterprises | #股份合作企业<br>Share Holding Enterprises | #私营企业<br>Private Enterprises | 港澳台投资企业<br>Enterprises Funded by Hong Kong, Macao and Taiwan | 外商投资企业<br>Foreign-funded Enterprises |
|---|---|---|---|---|---|---|
| 113 | 179 | 6 | 34 | 1160 | 8 | 4 |
| 8.54 | 5.95 | 0.07 | 0.67 | 33.68 | 0.13 | 0.05 |
| 228353 | 125696 | 9388 | 22023 | 696178 | 7548 | 12182 |
| 176457 | 96439 | 9157 | 23845 | 614698 | 7038 | 8768 |
| 12937.00 | 12609.00 | 597.00 | 855.00 | 59697.00 | 501.00 | 802.00 |
| 79027 | 44268 | 3470 | 4513 | 241908 | 122 | 8669 |
| 34.47 | 20.97 | 0.68 | 0.75 | 86.29 | 0.07 | 3.27 |
| 1090693 | 396741 | 6009 | 42081 | 2743346 | 20705 | 3377 |
| 198146 | 88297 | 1602 | 16083 | 648435 | 3746 | 1551 |
| 247931 | 135386 | 11127 | 27520 | 1096640 | 10744 | 11099 |
| 1068119 | 331323 | 15462 | 64543 | 2495735 | 18343 | 16039 |
| 775748 | 223797 | 5743 | 34799 | 1749693 | 10039 | 7272 |
| 176457 | 96439 | 9157 | 23845 | 614698 | 7038 | 8768 |
| 31267 | 3630 | 559 | 37 | 35721 | 1181 | |
| 782886 | 177845 | 3873 | 34270 | 1133869 | 7535 | 5281 |
| 738787 | 168966 | 3873 | 26053 | 1029025 | 7535 | 5281 |
| 44099 | 8878 | | 8217 | 104844 | | |
| 285233 | 153478 | 11589 | 30272 | 1361866 | 10808 | 10758 |
| 54169 | 19787 | 364 | 7567 | 194078 | 697 | 39 |
| 13249 | 7286 | 72 | 5956 | 101723 | 48 | -147 |
| 1158912 | 361869 | 5638 | 44656 | 2511454 | 34652 | 2535 |
| 1128207 | 342291 | 5638 | 44191 | 2466890 | 21351 | 2529 |
| 30705 | 19578 | | 465 | 44564 | 13301 | 6 |
| 885.73 | 542.12 | 17.58 | 106.08 | 3874.30 | | 1.59 |
| 369.22 | 323.60 | 7.29 | 28.77 | 2036.18 | | |
| | | | | | | |
| 136207 | 68648 | 88101 | 68895 | 85804 | 176515 | 67801 |
| 24553 | 15401 | 23507 | 26742 | 20376 | 31987 | 31026 |
| 11510 | 7802 | 57355 | 6952 | 7497 | 1183 | 253482 |
| 5 | 4 | 11 | 1 | 3 | 1 | 2 |
| 41.3 | 59.7 | 41.4 | 27.1 | 52.6 | | |
| 73.4 | 54.1 | 25.0 | 53.1 | 45.2 | 41.1 | 32.9 |

# 主要统计指标解释

**建筑业统计单位** 指从事房屋、构筑物建造和设备安装活动及装饰装修的法人企业。建筑业法人企业应同时具备的条件是：(1) 依法成立，有自己的名称、组织机构和场所，能够承担民事责任；(2) 独立拥有和使用资产，承担负债，有权与其他单位签订合同；(3) 独立核算盈亏，能够编制资产负债表。

**建筑业总产值**（即自行完成施工产值） 是以货币表现的建筑安装企业在一定时期内生产的建筑业产品的总和。建筑业产值包括：

(1) 建筑工程产值：指列入建筑工程预算内的各种工程价值。

(2) 设备安装工程产值：指设备安装工程价值，不包括被安装设备本身价值。

(3) 其他产值：指建筑业总产值中除建筑工程、安装工程以外的产值。包括房屋构筑物修理产值、非标准设备制造产值、总包企业向分包企业收取的管理费以及不能明确划分的施工活动所完成的产值。

① 房屋构筑物修理产值：指房屋和构筑物修理所完成的产值，但不包括被修理房屋、构筑物本身价值和生产设备的修理产值。

② 非标准设备制造产值：指加工制造没有定型的非标准生产设备的加工费和原材料价值（如化工厂、炼油厂用的各种罐、槽，矿井生产统一使用的各种漏斗、三角槽、阀门等）以及附属加工厂为本企业承建工程制作的非标准设备的价值。

**建筑业增加值** 指建筑业企业以货币表现的建筑业生产经营活动的最终成果。目前建筑业增加值采用分配法（收入法）计算，即从收入的角度出发，根据生产要素在生产过程中应得的收入份额计算。具体计算公式为：

建筑业增加值＝本年计提的固定资产折旧＋应付工资＋应付福利费＋管理费用中的劳动待业保险金、税金＋工程结算税金及附加＋营业利润

**房屋建筑施工面积** 指在报告期内施工的全部房屋建筑面积。包括本期内新开工的房屋面积、上期施工跨入本期继续施工的房屋面积、上期停缓建在本期恢复施工的房屋面积、本期竣工的房屋面积及本期施工后又停缓建的房屋面积。

**房屋建筑竣工面积** 指在报告期内房屋建筑按照设计要求全部完工，达到了住人和使用条件，经验收鉴定合格，正式移交使用单位的房屋建筑面积。

**自有机械设备年末总台数** 指归本企业所有，属于本企业固定资产的生产性机械设备年末总台数。包括施工机械、生产设备、运输设备以及其他设备。

**自有机械设备年末总功率** 指本企业自有施工机械、生产设备、运输设备以及其他设备列为在册固定资产的生产性机械设备年末总功率，按设定能力或查定能力计算。包括机械本身的动力和为该机械服务的单独动力设备，如电动机等。计算单位用千瓦，动力换算可按 1 马力＝0.735 千瓦折合成千瓦数。电焊机、变压器、锅炉不计算动力。

**工程结算收入** 指企业承包工程实现的工程价款结算收入，以及向发包单位收取的除工程价款以外的按规定列作营业收入的各种款项，如临时设施费、劳动保险费、施工机械调迁费等以及向发包单位收取的各种索赔款。

**工程结算利润** 指已结算工程实现的利润。如为亏损以“—”号表示。计算公式为：

工程结算利润＝工程结算收入－工程结算成本－经营费用－工程结算税金及附加

**营业利润**：指企业生产经营活动所实现的利润。分为主营业务利润和其他利润。计算公式为：

营业利润＝工程结算利润+其他业务利润－管理费用－财务费用

**企业总收入** 指与企业生产经营直接有关的各项收入，包括工程结算收入和其他业务收入。计算公式为：

企业总收入＝工程结算收入＋其他业务收入

# Explanatory Notes on Main Statistical Indicators

**Statistical Unit in Construction** refers to the corporate enterprises engaged in the construction of buildings and structures, in the installation of equipment and in the decoration activities. A corporate construction enterprise should meet the following 3 requirements: a) being set up in line with relevant legal basis, having its full name, organization and location, and capable of taking civil liabilities; b) independently possessing and using its assets and assuming its liabilities, and entitled to sign contracts with other institutions; and c) making independent accounts of its profits and losses, and capable of compiling its own balance sheet.

**Gross Output Value of Construction** refers to total of construction products and services, expressed in money terms, produced or rendered by construction and installation enterprises during a given period of time. It includes:

(Ⅰ) Output value of construction projects, that is the value of projects covered by the project budgets;

(Ⅱ) Output value of installation projects, that is the value of the installation of equipment, (excluding the value of the equipment to be installed);

(Ⅲ) Output value of others, which is the output value of construction industry excluding that of construction projects and installation projects. It includes: output value of repair of buildings and structures; output value of non-standard equipment manufacturing; overhead expenses received by contracted enterprises to the sub-contracted enterprises and the completed output value of construction activities that have no clear definition.

(a) Output value of repair of buildings and structures, that is the value created through the repairs of buildings or structures, but does not include the value of buildings or structures being repaired and the value of the repair of production equipment;

(b) Output value of manufactured non-standard equipment, that is the value of non-standard production equipment including raw materials and manufacturing cost made for the construction project (i.e., chemical plant; kettles or tanks used by refineries; various fillers, triangle tanks, valves used by mines), and the output value of equipment manufactured by subsidiary workshops.

**Value Added of Construction** refers to the final result of the activities of production and management of construction in monetary terms in the reference period. At present, the value added of construction is calculated with the method of distribution. In other words, it is the sum of incomes of various production factors in the production process. The formula is as follows:

*Value Added of Construction=Depreciation of Fixed Assets in the Year + Wages Payable + Welfare Expenses Payable + Insurance Premium and Tax for Waiting for Employment in the Administrative Expenses + Taxes and Surcharges on Project Settlement + Profit Gained from Project Settlement*

**Floor space of Buildings under Construction** refers to floor space of buildings under construction during the reference period, including newly started buildings, buildings started earlier and continued during the reference period, and buildings suspended earlier but restarted during the reference period, buildings completed during the reference period, and buildings under construction and then suspended during the period.

**Floor Space of Buildings Completed** refers to the floor space of buildings that are completed in the reference period in accordance with the requirements of the design, up to the standard for putting them into use, and have been checked and accepted by concerned departments as qualified ones.

**Total Number of Machinery and Equipment Owned by the Construction Enterprises by the End of Year** refers to the number of machines and equipment owned by the enterprises, and listed as the fixed assets of the enterprises (or units) by the end of the year, including machinery and equipment for construction, production and transportation.

**Total Power of Machinery and Equipment Owned by the Construction Enterprises by the End of Year** refers to the total power of machinery and equipment owned by the enterprises, and listed as the fixed assets of the enterprises (or units) by the end of the year, including machinery and equipment for construction, production and transportation. The power of the machinery is calculated on basis of the designed or verified capacity, covering the power of the machinery/equipment and the separate power equipment serving the machinery/equipment (such as electric motors), but excluding welders, transformers and boilers. The unit used for the calculation of power is kilowatt, with horsepower converted to kilowatt by 1 horsepower= 0.735 kilowatt.

**Income from Settlement of Projects** refers to the income received by the construction enterprise unit from the completed portion of the project through settlement procedures with the contracted during the reference period, and other charges to the contracted as operational costs, such as facility fee, labor insurance premium, moving cost of construction unit, as well as various types of claims to the contracted.

**Profit from Settlement of Projects** refers to profit realized through settled projects. It is calculated with the following formula:

*Profit from Settlement of Projects = Income from Settlement of Projects – Settled Cost – Operation Cost – Settled Taxes and Other Cost*

**Business Profit** refers to profit realized through production and performance of enterprises. It can be divided into two classifications, that is, major business profit and other profit. It is calculated with the following formula:

*Business Profit = Profit from Settlement of Projects + Other Business Profit – Administrative Expenses – Financial Expenses*

**Total Revenue of Enterprises** refers to the sum of income from production and operation of enterprises, including income from settlement of projects and other operational income, namely:

*Total Revenue of Enterprises = Income from Settlement of Projects +Other Operational Income*

# 运输和邮电

## Transportation, Postal and Telecommunication Services

## 简要说明 Brief Introduction

本章反映全市交通运输业和邮电通信业情况，主要包括货物和旅客运输量、港口吞吐量、交通基础设施和运输营运工具、民用车辆和船舶、主要港口码头泊位和仓库、邮电业务、电信主要通信能力和邮电通信水平。本章资料由市统计局工业交通处负责整理编辑。

交通运输有关资料来源于市交通委员会、市公安局、成都铁路局、民航重庆管理部门、港口管理部门和市统计局。邮电通信业资料来源于市邮政局和市通信管理部门。

Data in this chapter show the conditions of transportation, postal and telecommunication services, mainly covering freight and passenger traffic, freight handled at ports, transportation infrastructure and machinery, civil motor vehicles and transport vessels, berths and warehouses at major ports; business volume of postal and telecommunication services, main communication capacity of telecommunication services, and level of postal and telecommunication services. Data in this chapter are prepared and edited by Division of Industry and Transport Statistics, Municipal Bureau of Statistics.

Data on transportation come from Municipal Committee of Communications, Municipal Bureau of Public Security, Bureau of Chengdu Railway, Civil Aviation Administration of Chongqing, Administration of Ports and Municipal Bureau of Statistics. Data of postal and telecommunication services come from Municipal Administration of Posts and Municipal Administration of Telecommunication.

# 13－1 主要年份客货运输量
# Volume of Freight Traffic and Passenger Traffic in Major Years

| 年　份<br>Year | 客运量（万人）<br>Passenger Traffic<br>(10 000 persons) | 旅客周转量（万人公里）<br>Passenger-kilometers<br>(10 000 person-km) | 货运量（万吨）<br>Freight Traffic<br>(10 000 tons) | 货物周转量（万吨公里）<br>Freight ton-kilometers<br>(10 000 ton-km) |
|---|---|---|---|---|
| 1952 | 82 | | 134 | 31531 |
| 1957 | 121 | | 842 | 132103 |
| 1962 | 965 | 12619 | 808 | 147390 |
| 1965 | 1707 | 23268 | 2365 | 141406 |
| 1970 | 2136 | 27461 | 2536 | 111415 |
| 1975 | 3602 | 40180 | 3226 | 276337 |
| 1978 | 5294 | 293741 | 4816 | 1189803 |
| 1980 | 7846 | 417025 | 4469 | 1106294 |
| 1985 | 16923 | 975571 | 13513 | 2004938 |
| 1986 | 18308 | 1119673 | 14860 | 2184266 |
| 1987 | 21002 | 1160714 | 15618 | 2296505 |
| 1988 | 21119 | 1206942 | 22881 | 2470614 |
| 1989 | 22692 | 1185786 | 20764 | 2676052 |
| 1990 | 20332 | 1068775 | 15546 | 2452448 |
| 1991 | 26598 | 1176783 | 16186 | 2702591 |
| 1992 | 32924 | 1543492 | 17419 | 3005694 |
| 1993 | 34025 | 1724473 | 18841 | 3282548 |
| 1994 | 36340 | 1890785 | 21130 | 3077590 |
| 1995 | 39731 | 2104270 | 22796 | 3359847 |
| 1996 | 42370 | 2094740 | 24339 | 3150421 |
| 1997 | 46199 | 2242533 | 23979 | 2972254 |
| 1998 | 49020 | 2346281 | 25328 | 2684566 |
| 1999 | 42442 | 2434000 | 25190 | 2742000 |
| 2000 | 56969 | 2577859 | 26852 | 3063900 |
| 2001 | 59244 | 2662900 | 28212 | 3253200 |
| 2002 | 61918 | 2776900 | 29787 | 3376300 |
| 2003 | 58290 | 2526100 | 32565 | 3680300 |
| 2004 | 63495 | 2994200 | 36434 | 5180300 |
| 2005 | 60436 | 3018038 | 39200 | 6248968 |
| 2006 | 61228 | 3015761 | 42808 | 8213853 |

注：1996年起铁路数据按重庆现地域进行了调整。
Note: Data of railway have been adjusted according to present district of Chongqing since 1996.

# 13－2 主要年份港口吞吐量和公路线路里程
## Freight Handled at Ports and Length of Highways in Major Years

| 年份<br>Year | 港口货物吞吐量（万吨）<br>Freight Handled at Ports (10 000 tons) | 进港<br>Handled in | 出港<br>Handled out | 公路线路里程（公里）<br>Length of Highways (km) |
|---|---|---|---|---|
| 1952 | 61.80 | 26.60 | 35.20 | 743 |
| 1957 | 356.10 | 73.10 | 283.00 | 1021 |
| 1962 | 173.50 | 93.40 | 80.10 | 6044 |
| 1965 | 217.10 | 115.70 | 101.40 | 7221 |
| 1970 | 267.00 | 161.00 | 106.00 | 7538 |
| 1975 | 228.90 | 108.90 | 120.00 | 9753 |
| 1978 | 369.80 | 184.10 | 185.70 | 15421 |
| 1980 | 378.20 | 194.10 | 184.10 | 16811 |
| 1985 | 438.30 | 195.40 | 242.90 | 19377 |
| 1986 | 532.70 | 303.40 | 229.30 | 19666 |
| 1987 | 553.70 | 292.30 | 261.42 | 19942 |
| 1988 | 570.30 | 296.10 | 274.16 | 20609 |
| 1989 | 651.93 | 330.74 | 321.19 | 20944 |
| 1990 | 572.50 | 275.70 | 296.80 | 21162 |
| 1991 | 566.10 | 262.77 | 303.33 | 21474 |
| 1992 | 664.90 | 326.80 | 338.10 | 21804 |
| 1993 | 687.70 | 299.50 | 388.20 | 21990 |
| 1994 | 665.65 | 289.26 | 376.39 | 22148 |
| 1995 | 853.00 | 390.00 | 463.00 | 22556 |
| 1996 | 1076.00 | 492.00 | 584.00 | 26892 |
| 1997 | 2548.70 | 977.20 | 1571.50 | 27045 |
| 1998 | 2477.30 | 1186.60 | 1290.70 | 27210 |
| 1999 | 2599.84 | 1610.44 | 989.40 | 28086 |
| 2000 | 2448.00 | 1485.00 | 963.00 | 30354 |
| 2001 | 2839.87 | 1690.39 | 1149.48 | 30654 |
| 2002 | 3004.00 | 1718.41 | 1285.59 | 31060 |
| 2003 | 3243.76 | 1796.24 | 1447.52 | 31407 |
| 2004 | 4539.00 | 2337.09 | 2201.91 | 32344 |
| 2005 | 5251.30 | 2758.11 | 2493.19 | 98218 |
| 2006 | 5420.43 | 2747.65 | 2672.78 | 100299 |

注：2006年起，公路线路里程包括村道，2005年数据按同口径进行了调整。

Note: Length of Highways has included village roads since 2006, and data of 2005 has been adjusted according to the same range.

# 13—3 主要年份邮电通信指标
## Indicators of Postal and Telecommunication Services in Major Years

| 年 份<br>Year | 邮政局、所（个）<br>Number of Postal Offices (unit) | 邮电业务总量（万元）<br>Total Business Volume from Postal and Telecommunication Services (10 000 yuan) | #电 信<br>Telecommunication Service | 邮电业务收入（万元）<br>Business Revenue from Postal and Telecommunication Services (10 000 yuan) | #电 信<br>Telecommunication Service |
|---|---|---|---|---|---|
| 1952 | 1023 | 12 | | 133 | |
| 1957 | 1846 | 33 | | 874 | |
| 1962 | 1747 | 102 | | 1000 | |
| 1965 | 1751 | 245 | | 1461 | |
| 1970 | 2166 | 267 | | 1371 | |
| 1975 | 1933 | 2190 | | 1726 | |
| 1978 | 1925 | 2650 | | 2103 | |
| 1980 | 1917 | 5071 | | 2650 | |
| 1985 | 1853 | 7268 | | 5796 | |
| 1986 | 1862 | 8264 | | 6840 | |
| 1987 | 1896 | 9719 | | 7675 | |
| 1988 | 1918 | 11853 | | 10120 | |
| 1989 | 2025 | 14351 | | 11734 | |
| 1990 | 2056 | 18999 | | 14222 | |
| 1991 | 2047 | 23708 | | 20585 | |
| 1992 | 2075 | 31305 | | 27608 | |
| 1993 | 2041 | 47627 | | 41653 | |
| 1994 | 1957 | 70543 | | 71212 | |
| 1995 | 2220 | 109627 | | 157568 | |
| 1996 | 2314 | 159929 | | 167313 | |
| 1997 | 1821 | 233471 | 211458 | 223052 | 184899 |
| 1998 | 1958 | 345932 | 319375 | 264846 | 219493 |
| 1999 | 1958 | 519537 | 490494 | 401767 | 349001 |
| 2000 | 2018 | 858200 | 822824 | 544369 | 482075 |
| 2001 | 2154 | 706000 | 635041 | 663200 | 593050 |
| 2002 | 2202 | 867600 | 791573 | 770500 | 695409 |
| 2003 | 2218 | 1213062 | 1128172 | 870787 | 788000 |
| 2004 | 2121 | 1686491 | 1592416 | 1006050 | 918555 |
| 2005 | 2068 | 2101467 | 1996000 | 1121730 | 1030130 |
| 2006 | 2008 | 2761750 | 2634708 | 1197759 | 1099750 |

注：1996年前邮政电信合营，1996年前电信数据包含在邮电通信指标中；邮电业务总量2001年前为1990年不变价，2001年及以后为2000年不变价口径。

Note: Before 1996, postal services and telecommunication services are managed together. So data on telecommunication service before 1996 is included in postal and telecommunication services. Data on total business volume from postal and telecommunication services before 2001 were in terms of 1990 constant price, and since 2001 were in terms of 2000 constant price.

# 13－4 邮电业务主要指标（1985－2006年）
# Main Indicators of Postal and Telecommunication Services (1985-2006)

| 年份<br>Year | 函件（万件）<br>Letters (10 000 pcs) | 特快专递（万件）<br>Express Mail Services (10 000 pcs) | 邮政部门报刊累计数（万份）<br>Accumulated Newspapers and Magazines from Postal Departments (10 000 copies) | 长途电话（万次）<br>Long-distance Calls (10 000 times) | 移动电话用户（万户）<br>Mobile Telephone Subscribers (10 000 subscribers) | 国际互联网络用户（万户）<br>Subscribers of Internet Services (10 000 subscribers) | 本地电话年末用户（万户）<br>Subscribers of Local Telephone at Year-end (10 000 subscribers) | #城市电话用户<br>Urban Telephone Subscribers |
|---|---|---|---|---|---|---|---|---|
| 1985 | 8961 | | 32750 | 477 | | | 3.80 | 3.10 |
| 1986 | 10210 | | 34696 | 515 | | | 4.83 | 3.42 |
| 1987 | 11755 | 1 | 36902 | 595 | | | 5.39 | 3.93 |
| 1988 | 12432 | 1 | 40591 | 707 | | | 6.07 | 4.58 |
| 1989 | 11609 | 2 | 16162 | 724 | | | 6.62 | 5.17 |
| 1990 | 11544 | 2 | 16037 | 873 | 0.08 | | 7.25 | 5.70 |
| 1991 | 11539 | 3 | 17540 | 1227 | 0.09 | | 8.87 | 7.15 |
| 1992 | 13618 | 7 | 18216 | 2132 | 0.15 | | 12.63 | 10.69 |
| 1993 | 16013 | 22 | 18464 | 3519 | 0.59 | | 18.53 | 16.30 |
| 1994 | 16519 | 40 | 15491 | 7022 | 1.73 | | 29.00 | 25.39 |
| 1995 | 14633 | 52 | 16453 | 11650 | 3.62 | | 37.24 | 32.10 |
| 1996 | 14100 | 63 | 15572 | 18288 | 9.00 | 0.03 | 66.50 | 56.33 |
| 1997 | 12159 | 68 | 28025 | 23527 | 19.15 | 0.20 | 126.25 | 108.91 |
| 1998 | 12715 | 97 | 30922 | 23912 | 40.73 | 0.76 | 156.28 | 123.52 |
| 1999 | 13266 | 145 | 33532 | 22210 | 79.90 | 2.49 | 197.88 | 148.22 |
| 2000 | 11542 | 210 | 31232 | 23424 | 160.00 | 10.00 | 268.43 | 186.93 |
| 2001 | 13561 | 260 | 27506 | 22555 | 245.80 | 28.60 | 337.70 | 221.40 |
| 2002 | 18038 | 235 | 27177 | 23607 | 424.70 | 55.60 | 413.63 | 262.34 |
| 2003 | 20497 | 272 | 25945 | 23408 | 619.40 | 88.65 | 533.40 | 343.80 |
| 2004 | 18426 | 334 | 19833 | 26115 | 811.61 | 122.16 | 642.39 | 425.49 |
| 2005 | 12499 | 348 | 22369 | 27450 | 943.40 | 128.66 | 688.91 | 456.51 |
| 2006 | 9553 | 386 | 22455 | 27018 | 1064.60 | 140.60 | 725.50 | 469.07 |

# 13－5 交通基础设施和交通运输营运工具（2005－2006年）
# Transportation Infrastructure and Transportation Machinery (2005-2006)

| 指　　标 | Item | 2005 | 2006 |
|---|---|---|---|
| **交通基础设施** | **Transportation Infrastructure** | | |
| 公路线路里程（公里） | Length of Highways (km) | 98218 | 100299 |
| 按行政等级分 | By Administrative Level | | |
| #国　道 | National | 1853 | 1865 |
| 省　道 | Provincial | 4084 | 4105 |
| 按技术等级分 | By Technical Level | | |
| 等级公路 | Expressway and Class I-IV Highways | 39178 | 41885 |
| #高速公路 | Expressway | 748 | 778 |
| 一级公路 | First Class | 365 | 369 |
| 二级公路 | Second Class | 4829 | 5940 |
| 等外公路 | Highways Below Class IV | 59040 | 58414 |
| 公路桥梁数量（座） | Number of Highway-bridges (unit) | 8472 | 8567 |
| 公路桥梁总延米（延米） | Extended Length of Highway-bridges (extended meter) | 352913 | 363719 |
| 铁路营运里程（公里） | Length of Railways in Operation (km) | 1117 | 1262 |
| 内河航道里程（公里） | Length of Navigable Inland Waterways (km) | 4222 | 4337 |
| #等级航道 | Standard Waterways | 1819 | 1819 |
| 重庆机场出港航线（条） | Number of Civil Aviation Routes from Chongqing (line) | 91 | 95 |
| 国　内 | Domestic Routes | 87 | 87 |
| 国　际（地区） | International (regional) Routes | 4 | 8 |
| **交通运输营运工具** | **Transportation Machinery** | | |
| 公路营运载货汽车（辆） | Business Trucks (vehicle) | 154524 | 175923 |
| 公路营运载客汽车（辆） | Business Buses and Cars (vehicle) | 41126 | 50137 |
| 运输船舶实有数（艘） | Transportation Vessels (vessel) | 4052 | 4178 |
| #交通部门 | Transportation Department | 2142 | 2774 |
| 机动船 | Motor Vessels | 1572 | 2186 |
| 驳　船 | Barges | 570 | 588 |
| 重庆机场飞行起降架次（万架次） | Times of Ascend and Descend of Civil Aircrafts in Chongqing Airport (10 000 times) | 7.30 | 8.90 |

# 13－6 民用车辆、船舶拥有量（2005－2006年）
# Civil Motor Vehicles and Civil Transport Vessels (2005-2006)

| 指　标 | Item | 2005 | 2006 |
|---|---|---|---|
| **民用车辆拥有量（辆）** | **Total Civil Motor Vehicles (vehicle)** | **1107266** | **1320442** |
| #私人民用车辆拥有量 | Private Owned | 859133 | 1027566 |
| #载客汽车 | Buses and Cars | 153288 | 194467 |
| 载货汽车 | Trucks | 77219 | 83021 |
| #汽　车 | Motor Vehicles | 512211 | 603949 |
| 载客汽车 | Buses and Cars | 260744 | 322109 |
| 载货汽车 | Trucks | 200918 | 226079 |
| 其它汽车 | Others | 50549 | 55761 |
| 摩托车 | Motorcycle | 588699 | 709521 |
| **民用船舶拥有量（艘）** | **Civil Transport Vessels (vessel)** | **4052** | **4178** |
| #私人船舶拥有量 | Private Owned | 1910 | 1404 |
| #机动船 | Motor Transport Vessels | 1702 | 1358 |
| #客　船 | For Passengers | 477 | 400 |
| 货　船 | For Cargo | 1022 | 833 |
| 驳　船 | Barges | 64 | 46 |
| #机动船 | Motor Vessels | 3274 | 3544 |
| #客　船 | For Passengers | 807 | 863 |
| 货　船 | For Cargo | 2130 | 2445 |
| 驳　船 | Barges | 634 | 634 |

# 13－7 客货运输量及港口吞吐量（2005－2006年）
# Freight Traffic, Passenger Traffic and Freight Handled at Ports (2005-2006)

| 指　　标 | Item | 2005 | 2006 |
|---|---|---|---|
| **客运量总计（万人）** | **Total Passenger Traffic (10 000 persons)** | **60436** | **61228** |
| 铁　路 | Railway | 1224 | 1388 |
| 公　路 | Highway | 57600 | 58179 |
| 水　路 | Waterway | 1388 | 1421 |
| 民　航 | Civil Aviation | 224 | 240 |
| **旅客周转量总计（亿人公里）** | **Total Passenger-kilometers (100 million person-km)** | **301.80** | **301.57** |
| 铁　路 | Railway | 40.37 | 44.93 |
| 公　路 | Highway | 220.31 | 212.51 |
| 水　路 | Waterway | 11.75 | 11.54 |
| 民　航 | Civil Aviation | 29.37 | 32.59 |
| **货运量总计（万吨）** | **Total Freight Traffic (10 000 tons)** | **39199.84** | **42807.91** |
| 铁　路 | Railway | 1921.40 | 2000.20 |
| 公　路 | Highway | 33377.50 | 36254.00 |
| 水　路 | Waterway | 3896.26 | 4550.00 |
| 民　航 | Civil Aviation | 2.88 | 2.71 |
| 管　道 | Pipeline | 1.80 | 1.00 |
| **货物周转量总计（亿吨公里）** | **Total Freight Ton-kilometers (100 million ton-km)** | **624.90** | **821.39** |
| 铁　路 | Railway | 74.98 | 115.17 |
| 公　路 | Highway | 149.06 | 172.64 |
| 水　路 | Waterway | 400.46 | 533.19 |
| 民　航 | Civil Aviation | 0.39 | 0.38 |
| 管　道 | Pipeline | 0.01 | 0.01 |
| **港口货物吞吐量（万吨）** | **Total Cargo Handled at Ports (10 000 tons)** | **5251.30** | **5420.43** |
| 其中：集装箱 | Of Which: Containers | 232.35 | 393.19 |
| 进港量 | Handled in | 2758.11 | 2747.65 |
| 出港量 | Handled out | 2493.19 | 2672.78 |
| **空港吞吐量** | **Handled at Airports** | | |
| 旅　客（万人） | Civil Aviation Passenger Traffic (10 000 persons) | 605.80 | 805.00 |
| 货　物（万吨） | Civil Aviation Freight Traffic (10 000 tons) | 10.09 | 11.65 |

# 13－8 主要港口码头泊位数（2005－2006年）
# Number of Berths at Major Ports (2005-2006)

| 指　　标 | Item | 2005 | 2006 |
|---|---|---|---|
| **码头岸线长度（米）** | **Length of Quay Line (m)** | **16170** | **16764** |
| 生产用 | For Productive Use | 13391 | 13951 |
| 非生产用 | For Non-Productive Use | 2779 | 2813 |
| **泊位个数（个）** | **Number of Berths (unit)** | **178** | **181** |
| 生产用 | For Productive Use | 144 | 147 |
| 非生产用 | For Non-Productive Use | 34 | 34 |

# 13－9 主要港口码头仓库（2005－2006年）
# Warehouses at Major Ports (2005-2006)

| 指　　标 | Item | 2005 | 2006 |
|---|---|---|---|
| 年末职工人数（人） | Year-end Staff and Workers (person) | 5777 | 7518 |
| 仓库总面积（平方米） | Total Area of Warehouses (sq.m) | 63684 | 61978 |
| 堆场总面积（平方米） | Total Area of Stacking Yard (sq.m) | 425544 | 515779 |
| 集装箱吞吐量合计（吨） | Containers Handled at Ports (ton) | 2323526 | 2581330 |
| 国际集装箱总量 | International Containers | 1473163 | 1429265 |
| 国内集装箱总量 | Domestic Containers | 850363 | 1152065 |
| 集装箱吞吐量合计（TEU） | Containers Handled at Ports (TEU) | 219802 | 300308 |
| 国际集装箱 | International Containers | 158283 | 202451 |
| 国内集装箱 | Domestic Containers | 61519 | 79857 |

注：TEU是“折合20英尺标准箱”的英文缩写。
Note: TEU is the abbreviation of " Twenty-foot Equivalent Unit".

# 13－10 邮电业务基本情况（2005－2006年）
# Statistics on Postal and Telecommunication Services (2005-2006)

| 指　　标 | Item | 2005 | 2006 |
|---|---|---|---|
| 邮政局（所）总数（处） | Number of Postal Offices (unit) | 2068 | 2008 |
| 邮路总长度（公里） | Total Length of Postal Routes (km) | 87436 | 86536 |
| #农村投递线路（公里） | Rural Delivery Routes (km) | 73249 | 72256 |
| 邮电业务总量（万元） | Business Volume of Postal and Telecommunication Services (10 000 yuan) | 2101467 | 2761750 |
| 邮　政 | Postal Services | 105467 | 127042 |
| 电　信 | Telecommunication Services | 1996000 | 2634708 |
| 函件（万件） | Number of Letters (10 000 pcs) | 12499 | 9553 |
| 包件（万件） | Number of Parcels (10 000 pcs) | 139 | 134 |
| 特快专递（万件） | Pieces of Express Mail Services (10 000 pcs) | 348 | 386 |
| 邮政部门报刊累计数（万份） | Number of Newspapers and Magazines Circulation from Postal Departments (10 000 copies) | 22369 | 22455 |
| 集邮业务（万枚） | Philately Business (10000 pcs) | 2059 | 2106 |
| 长途电话（万次） | Number of Long-distance Calls (10 000 times) | 27450 | 27018 |
| 本地电话年末用户（万户） | Year-end Local Telephone Subscribers (10 000 subscribes) | 688.91 | 725.50 |
| 城市电话用户 | Urban Telephone Subscribers | 456.51 | 469.07 |
| #住宅电话 | Residential Telephones | 326.78 | 332.40 |
| 乡村电话用户 | Rural Telephone Subscribers | 232.40 | 256.43 |
| #住宅电话 | Residential Telephones | 217.99 | 240.97 |
| 公用电话（万户） | Public Telephone (10 000 subscribers) | 41.43 | 45.27 |
| 移动电话年末用户（万户） | Year-end Mobile Telephone Subscribers (10 000 subscribes) | 943.40 | 1064.60 |
| 互联网络用户（万户） | Internet Subscribers (10 000 subscribers) | 128.66 | 140.60 |

# 13－11 电信主要通信能力（2005－2006年）
# Main Communication Capacity of Telecommunication Services (2005-2006)

| 项　　目 | Item | 2005 | 2006 |
|---|---|---|---|
| 长话业务电路（2M） | Number of Long Distance Telephone Lines (2M) | 5662 | 4203 |
| 本地交换机容量（万门） | Capacity of Local Telephone Exchanges (10 000 gates) | 1071 | 1126 |
| 移动用户交换机容量（万户） | Capacity of Mobile Telephone Exchanges (10 000 subscribers) | 968 | 1238 |
| 移动电话基站数（个） | Number of Base Stations of Mobile Telephones (unit) | 10463 | 11801 |
| 移动电话信道数（万个） | Number of Signal Channels of Mobile Telephones (10 000 lines) | 42 | 47 |
| 短信息中心容量（万条） | Capacity of Short Messages (10 000 times) | 1368 | 1836 |
| 长途光缆线路长度（公里） | Length of Long Distance Optical Cable Lines (km) | 6601 | 7210 |

# 13－12 邮电通信水平（2005－2006年）
# Level of Postal and Telecommunication Services (2005-2006)

| 项　　目 | Item | 2005 | 2006 |
|---|---|---|---|
| 平均每一邮政局所服务面积（平方公里） | Average Area Served by Every Post Office (sq.m) | 39.85 | 41.04 |
| 平均每一邮政局所服务人口（万人） | Average Persons Served by Every Post Office (10 000 persons) | 0.74 | 0.72 |
| 平均每百人邮电业务总量（元） | Total Revenue from Postal and Telecommunication Services Per 100 Persons (yuan) | 75106 | 98353 |
| 平均每人每年发函件数（件） | Annual Average Number of Letters Mailed Per Capita (piece) | 4.47 | 3.40 |
| 平均每人每年自邮政部门订报刊数（份） | Annual Average Number of Newspapers and Magazines Subscribed from Postal Departments Per Capita (piece) | 7.99 | 8.00 |
| 平均每百人拥有电话机（含移动）（部） | Number of Telephone Sets Owned Per 100 Persons (unit) | 58.34 | 63.75 |
| 平均每百人拥有移动电话（部） | Number of Mobile Telephones Owned Per 100 Persons (unit) | 33.72 | 37.91 |

注：人均指标按年末常住人口计算。

Note: The average persons refer to resident population at year-end.

# 主要统计指标解释

**货（客）运量** 指在一定时期内，各种运输工具实际运送的货物（旅客）数量。是反映运输业为国民经济和人民生活服务的数量指标，也是制定和检查运输生产计划，研究运输发展规模和速度的重要指标。货运按吨计算，客运按人计算。货物不论运输距离长短或货物类别，均按实际重量统计；旅客不论行程远近或票价多少，均按一人一次作为客运量统计。半价票，小孩票也按一人统计。

**货物（旅客）周转量** 指在一定时期内，由各种运输工具运送的货物（旅客）数量与其相应运输距离的乘积之总和。是反映运输业生产总成果的重要指标，也是编制和检查运输生产计划，计算运输效率、劳动生产率以及核算运输单位成本的主要基础资料。通常以吨公里和人公里为计算单位。计算货物周转量通常按发出站与到达站之间的最短距离，也就是计费距离计算。计算公式为：

货物（旅客）周转量=Σ货物（旅客）运输量×运输距离

**公路里程** 指在一定时期内实际达到《公路工程[WTBZ]技术标准 JTJ01-88》规定的等级公路，并经公路主管部门正式验收交付使用的公路里程数。包括大中城市的郊区公路以及通过小城镇街道部分的公路里程和桥梁、渡口的长度，不包括大中城市的街道、厂矿、林区生产用道和农业生产用道的里程。两条或多条公路共同经由同一路段，只计算一次，不得重复计算里程长度。它是反映公路建设发展规模的重要指标，也是计算运输网密度等指标的基础资料。

**内河航道里程** 也称内河通航里程，指在一定时期内，能通航运输船舶及排筏的天然河流、湖泊水库、运河及通航渠道的长度。包括全年季节性通航累计三个月以上的航道，不包括仅供零散流放竹、木排的河道。它是反映内河水运网规模、水平和发展情况的主要指标。

**民用汽车拥有量** 指报告期末，在公安交通管理部门按照《机动车注册登记工作规范》，已注册登记领有民用车辆牌照的全部汽车数量。汽车拥有量统计的主要分类：根据汽车结构分为载客汽车、载货汽车及其他汽车；根据汽车所有者不同分为个人（私人）汽车、单位汽车；根据汽车的使用性质分为营运汽车、非营运汽车和特种汽车；根据汽车大小规格不同载客汽车分为大型、中型、小型和微型，载货汽车分为重型、中型、轻型和微型。

**邮电业务总量** 指以货币表现的邮电通信企业为社会提供各类邮电通信服务的总数量。邮电业务量按专业分类包括函件、包件、汇票、报刊发行、邮政快件、特快专递、邮政储蓄、集邮、公众电报、用户电报、传真、长途电话、出租电路、无线寻呼、移动电话、分组交换数据通信、出租代维等。计算方法为各类产品乘以相应的平均单价（不变价）之和，再加上出租电路和设备、代用户维护电话交换机和线路等的服务收入。它综合反映了一定时期邮电业务发展的总成果，是研究邮电业务量构成和发展趋势的重要指标。计算公式为：

邮电业务总量=Σ（各类邮电业务量×不变单价）+出租代维及其他业务收入

=邮电业务总量+电信业务总量

**本地电话用户** 指接入本地电信运营商固定电话网上的电话用户。包括：住宅用户、单位用户、公用电话用户等。按电话用户位置又分为市内电话用户和农村电话用户。1997 年以前，“市内电话用户”是指接入县城及县以上城市的电话网上的电话用户； “农村电话用户”是指接入县邮电局农话台及县以下农村电话交换点，以县城为中心（除市话用户外）联通县、乡（镇）、行政村、村民小组的用户。从 1997 年起，电话用户数分组调整为以用户所在区域划分为“城市电话用户”和“乡村电话用户”，与过去的按市内电话和农村电话划分方法不同。而电话用户总数、电话机总部数统计范围不变。

**城市电话用户** 指直辖市、省辖市、地级市、县级市的市区、市郊区及县城（包括县人民政府所在地的县城关区或行政建制相当于县人民政府所在地的镇）范围内接入局用交换机的电话用户数，包括分布在农村地区的独立工矿区、林区、驻军等接入局用交换机的电话用户数。

**乡村电话用户** 指按行政区划属于城市范围以外的乡（镇）、村的电话用户数。

**住宅电话用户** 指安装在居民住宅或农民家里并按照住宅电话用户登记注册和收费的电话用户。包括私人付费、单位付费和按规定免费的住宅电话用户。

**移动电话用户** 指通过移动电话交换机进入移动电话网、占用移动电话号码的各类电话用户。包括签约用户和智能网预付费用户。一个移动电话号码统计为一户。

**局用交换机容量** 是指安装在电信运营企业内用于接续本地固定电话的电话交换机容量、有倍增设备按倍增后的数量计数。包括现用和备用的人工或自动交换机的全部容量。不包括用户交换机容量。

**移动电话交换机容量** 指移动电话交换机根据一定话务模型和交换机处理能力计算出来的最大同时服务用户的数量。

# Explanatory Notes on Main Statistical Indicators

**Freight (Passenger) Traffic** refers to the volume of freight (passenger) transported with various means. Freight transport is calculated in tons and passenger traffic is calculated in the number of persons. Despite the type of freight and traveling distance, the freight transport is calculated in the actual weight of the goods; and despite the traveling distance and ticket price, the passenger traffic is calculated by the principle that one person can be counted only once in one travel. The passenger who travels with a half-price ticket or a child ticket is also calculated as one person. The freight (passenger) traffic provides a quantitative measure to show how the transport industry serves the national economy and people, and is also an important indicator for planning the transport industry and for studying the development scale and speed of the transport industry.

**Freight Ton-kilometers (Passenger-kilometers)** refer to the sum of the products of the volume of transported cargo (passengers) multiplying by the transport distance. It is an important indicator to reflect the achievement of transportation industry. Normally, the shortest distance between the departure station and the destination station (i.e., the payable distance) is the basis to calculate the freight ton-kilometers. This is an important indicator to show the total results of the transport industry, to prepare and examine the transport plan and to measure the efficiency, the labour productivity and the unit cost of transport. The formula is as follows:

*Freight Ton-kilometers (Passenger-Kilometers) = ∑ [Freight (Passenger) Traffic × Distance of Transportation]*

**Length of Highways** refers to the length of highways which are built in conformity with the grades specified by the highway engineering standard formulated by the Ministry of Communications, and have been formally checked and accepted by the departments of highways and put into use. The length of highways includes that of the suburb highways at large and medium-sized cities, highways passing through streets at small cities and towns, and also the length of bridge and ferries. It does not include the length of streets in big and medium-sized cities and highways built for the production purpose at factories, mines, forest areas and agricultural areas. If two more highways go the same section of the way, the length of the section is only calculated for once and no duplication is allowed. The length of highways is an important indicator to show the development of the highway construction and to provide essential information to calculate the transport network density.

**Length of Navigable Inland Waterways** an indicator reflecting the size and development of inland water network, it refers to the length of the natural rivers, lakes, reservoirs, canals, and ditches open to navigation during a given period, which enables the transport by ships and rafts. It includes the channels open to navigation for over an accumulative 3 months in a year, yet this does not include the river courses which are only used to float odd logs and bamboo rafts.

**Possession of Civil Motor Vehicles** refer to the total numbers of vehicles that are registered and received vehicles' license tags according to the Work Standard for Motor Vehicles Registration formulated by transport management office under department of public security at the end of reference period. They are divided into following categories according to the structure of motor vehicles: passenger vehicles, trucks and others; and private vehicles and vehicles for units use according to ownerships; working vehicles, non-working vehicles and special motor vehicles according to kind of usage; large passenger vehicles, medium passenger vehicles and small passenger vehicles, heavy trucks, light-heavy trucks and light trucks according to sizes of vehicles.

**Business Volume of Postal and Telecommunication Services** refers to the total amount of post and telecommunications services, expressed in value terms, provided by the post and telecommunications departments for the society. Postal and telecommunication services can be classified as letters, parcels, remittance, issue of newspapers and magazines, fast mail service, express mail service, saving deposits, stamps for collection, public and individual telegraph service, facsimiles, long-distance telephone service, leasing of telephone lines, urban paging service, mobile telephone service, data transfer and transmission, etc.. The accounting approach is to multiply the service products of all types with their average unit price (constant price) to get sum of business value, plus income from other services such as leasing of telephone lines and equipment, maintenance of telephone switchboards and lines on behalf of customers. This indicator reflects the overall results of post and telecommunications service during a given period, and is important to study the composition of business service and the development of post and telecommunications service. The formula is as follows:

*Business Volume of Postal and Telecommunication Services = ∑ (Transaction of Post and Telecommunication Services × Constant Price) + Income from Leasing, Maintenance and other Services = Business Volume of Postal Services + Business Volume of Telecommunication Services*

**Local Telephone Subscribers** refer to subscribers that are connected to the local telecommunication service provider through fix line network, including household subscribers, institutional subscribers and public telephones. They are also classified as city subscribers and rural subscribers according to locations. Before 1997, city subscribers referred to those connected to city telephone networks in county towns and cities, while village subscribers referred to those connected to village telephone stations at and below counties. Since 1997, the classification of telephone subscribers was modified on the basis of physical location of the subscribers as urban telephone subscribers and rural telephone subscribers, which is different from the previous classification of categorizing local telephones and rural telephones, while the definition of total subscribers and total number of telephones remain unchanged.

**Urban Telephone Subscribers** refer to subscribers telephone subscribers, located at municipalities, cities under the jurisdiction of province, cities at prefectural level, downtown and suburb of city at county level town and county towns (including country towns where county government located, and towns of county level according to the administrative organizational system), that are connected to the public line telephone network, including rural mineral area, forest area, military area.

**Rural Telephone Subscribers** refer to telephone subscribers, located at counties (towns) and villages outside the range of cities according to administrative jurisdiction.

**Household Telephone Subscribers** refer to telephone sets installed in resident dwellings, including those with telephone charges paid by individuals, by public units and free of charge.

**Mobile Telephone Subscribers** refer to the persons who own mobile telephone numbers and are connected with the mobile telephone communication network through the mobile telephone switchboards, including contracted subscribers and pre-paid subscribers for intelligent network. One mobile telephone is taken as a subscriber.

**Capacity of Office Telephone Exchanges** refers to the capacity (measured in gate) of telephone exchanges installed in the offices of telecommunication service providers for communication between fixed telephones. It includes the capacity of both manual and automatic exchanges in use and for stand-by purpose, excluding the capacity of subscribers exchanges.

**Capacity of Mobile Telephone Exchanges** refers to the capacity of the maximum services provided to subscribers at one time basing on a certain model and transacting capacity of the mobile telephone exchanges.

14

# 国内贸易

## Domestic Trade

## 简要说明 Brief Introduction

本章主要内容有社会消费品零售总额，星级住宿业和限额以上饮业基本经营情况，批发和零售业商品销售总额，以及限额以上批发和零售业、住宿和餐饮业连锁经营情况，限额以上批发零售和餐饮业企业财务状况。本章资料由市统计局贸易外经处提供。

The data in this chapter cover the total sales of the consumer goods, operation of star-rated hotels and catering trade above designated size, total sales of commodities of wholesale and retail trade, operation of chains in wholesale & retail and hotels &catering trade above designated size, the financial indictors of wholesale & retail and catering enterprises above designated size. All data in this chapter come from Division of Trade and External Economic Relations Statistics, Municipal Bureau of Statistics.

# 14－1 主要年份社会消费品零售总额
# Total Retail Sales of Consumer Goods in Major Years

单位：万元 (10 000 yuan)

| 年 份<br>Year | 社会消费品零售总额<br>Total Retail Sales | 国有经济<br>State-owned | 集体经济<br>Collective -owned | 个体及私营经济<br>Individual and Private | 外资及港澳台经济<br>Funded by Hong Kong,Macao, Taiwan & Foreign Entrepreneurs | 其 他<br>Others |
|---|---|---|---|---|---|---|
| 1952 | 61973 | 19332 | 9941 | 32009 | | 691 |
| 1957 | 108061 | 55533 | 43171 | 4458 | | 4899 |
| 1962 | 124248 | 87477 | 27335 | 6987 | | 2449 |
| 1965 | 134722 | 94009 | 35935 | 2318 | | 2460 |
| 1970 | 163612 | 118044 | 40460 | 2120 | | 2988 |
| 1975 | 217537 | 148811 | 53318 | 11876 | | 3532 |
| 1978 | 250188 | 126981 | 112537 | 6599 | | 4071 |
| 1980 | 366349 | 178516 | 162400 | 17649 | | 7784 |
| 1985 | 690779 | 256981 | 261103 | 155266 | | 17429 |
| 1986 | 780787 | 290656 | 260816 | 207041 | | 22274 |
| 1987 | 926227 | 343448 | 302177 | 253031 | | 27571 |
| 1988 | 1191747 | 430347 | 372593 | 350032 | | 38775 |
| 1989 | 1332450 | 445314 | 380342 | 344338 | | 162456 |
| 1990 | 1371244 | 464257 | 370361 | 352587 | | 184039 |
| 1991 | 1569138 | 524150 | 448634 | 359098 | | 237256 |
| 1992 | 2031140 | 661857 | 554059 | 494300 | | 320924 |
| 1993 | 2573768 | 933913 | 704291 | 492283 | 2372 | 440909 |
| 1994 | 3343325 | 1079062 | 664616 | 880747 | 3166 | 715734 |
| 1995 | 4161295 | 1004126 | 752266 | 1223620 | 23727 | 1157556 |
| 1996 | 4986299 | 1106800 | 792017 | 1550975 | 25224 | 1511283 |
| 1997 | 5681890 | 1137394 | 853410 | 1529836 | 34914 | 2126336 |
| 1998 | 6193991 | 1029384 | 710562 | 2103320 | 82477 | 2268248 |
| 1999 | 6670104 | 1129936 | 643832 | 2562478 | 115128 | 2218730 |
| 2000 | 7199508 | 1075849 | 675284 | 2855855 | 163455 | 2429065 |
| 2001 | 7823114 | 1190283 | 634269 | 3243281 | 205648 | 2549633 |
| 2002 | 8535962 | 1166478 | 544491 | 3717999 | 208733 | 2898261 |
| 2003 | 9346711 | 1117167 | 406950 | 4449249 | 221716 | 3151629 |
| 2004 | 10683290 | 864210 | 201479 | 7404246 | 210630 | 2002725 |
| 2005 | 12157584 | 1052229 | 208145 | 8161399 | 263718 | 2472093 |
| 2006 | 14035809 | 1707749 | 230770 | 9359375 | 339175 | 2398740 |

# 14－2 社会消费品零售总额（2005－2006年）
# Total Retail Sales of Consumer Goods (2005-2006)

单位：万元 (10 000 yuan)

| 指　　标 | Item | 2005 | 2006 |
|---|---|---|---|
| **总　计** | **Total** | **12157584** | **14035809** |
| **按地区分** | **By Region** | | |
| 市 | City | 7147796 | 8338328 |
| 县 | County | 1630276 | 1872093 |
| 县以下 | Below County Level | 3379512 | 3825388 |
| **按登记注册类型分** | **By Registration** | | |
| 国有经济 | State-owned | 1052229 | 1707749 |
| 集体经济 | Collective-owned | 208145 | 230770 |
| 个体及私营经济 | Individual and Private | 8161399 | 9359375 |
| 外资及港澳台经济 | Funded by Hong Kong, Macao, Taiwan & Foreign Entrepreneurs | 263718 | 339175 |
| 其他经济 | Others | 2472093 | 2398740 |
| **按行业分** | **By Sector** | | |
| 批发零售贸易业 | Wholesale and Retail Trade | 10425827 | 11963668 |
| 餐饮业 | Catering Trade | 1619669 | 1942797 |
| 其　他 | Others | 112088 | 129344 |

# 14－3 星级住宿业和限额以上餐饮业基本经营情况（2005－2006年）
# Operation of Star-rated Hotels and Catering Trade above Designated Size (2005-2006)

单位：万元 (10 000 yuan)

| 指　　标 | Item | 2005 | 2006 |
|---|---|---|---|
| 营业收入 | Business Revenue | 420012 | 516487 |
| 　客房收入 | 　Income from Guest Rooms | 112295 | 124740 |
| 　餐费收入 | 　Catering Income | 265101 | 337256 |
| 　商品销售收入 | 　Commodity Sales Revenue | 16257 | 23937 |
| 　其他收入 | 　Other Income | 26358 | 30555 |
| 住宿餐饮设施 | Infrastructure of Hotels and Catering Trade | | |
| 　床位数（个） | 　Resting Beds (unit) | 43426 | 51957 |
| 　餐位数（位） | 　Catering Seats (unit) | 238137 | 283103 |

# 14－4 批发和零售业商品销售总额（2006年）
# Total Sales of Commodities of Wholesale and Retail Trade (2006)

单位：万元 (10 000 yuan)

| 指　　标 | Item | 销售总额 Total Sales | 批　发 Wholesale | 零　售 Retail |
|---|---|---|---|---|
| **总　计** | **Total** | **30894965** | **18785488** | **12109477** |
| **限额以上批发零售贸易业商品销售额** | **Sales of Commodities of Wholesales and Retail Trade above Designated Size** | **14358835** | **10032017** | **4326818** |
| **按登记注册类型分** | **By Registration** | | | |
| 内资企业 | Domestic-funded Enterprises | 13963376 | 9914972 | 4048404 |
| #国有企业 | State-owned | 2558378 | 2372885 | 185493 |
| 集体企业 | Collective-owned | 232246 | 212842 | 19404 |
| 股份合作企业 | Cooperative Share Holding | 236705 | 210529 | 26176 |
| 联营企业 | Joint-owned | 15576 | 8754 | 6822 |
| 有限责任公司 | Limited-liability Companies | 5453095 | 2924132 | 2528963 |
| 股份有限公司 | Share Holding Limited Companies | 2666614 | 2096157 | 570457 |
| 私营企业 | Private | 2629855 | 1940424 | 689431 |
| 港澳台商投资企业 | Enterprises Funded by Hong Kong, Macao and Taiwan | 54514 | 12058 | 42456 |
| 外商投资企业 | Foreign-funded Enterprises | 340945 | 104987 | 235958 |
| **按行业分** | **By Sector** | | | |
| 农畜产品批发业 | Wholesale of Agricultural and Animal Products | 67526 | 59157 | 8369 |
| 食品、饮料及烟草制品批发业 | Wholesale of Food, Beverages & Tobacco Products | 1543658 | 1516399 | 27259 |
| 纺织、服装及日用品批发业 | Wholesale of Textiles, Garments and Daily Goods | 148768 | 148415 | 353 |
| 文化、体育用品及器材批发业 | Wholesale of Cultural and Sports Articles | 201910 | 183170 | 18740 |
| 医药及医疗器材批发业 | Wholesale of Medicines and Medical Appliances | 1330531 | 945686 | 384845 |
| 矿产品、建材及化工产品批发业 | Wholesale of Mineral, Building and Chemical Products | 4437165 | 4128848 | 308317 |
| 机械设备、五金交电及电子产品批发业 | Wholesale of Machinery, Hardware and Electronic Products | 2356574 | 2018396 | 338178 |
| 贸易经纪与代理业 | Trade Agencies | | | |
| 其他批发业 | Other Wholesales | 322228 | 321689 | 539 |
| 综合零售业 | Comprehensive Retails | 2514327 | 491963 | 2022364 |
| 食品、饮料及烟草制品专门零售业 | Special Retail of Food, Beverages and Tobacco Products | 55098 | 17838 | 37260 |
| 纺织、服装及日用品专门零售业 | Special Retail of Textile, Garments and Daily Goods | 68617 | 4013 | 64604 |
| 文化、体育用品及器材专门零售业 | Special Retail of Cultural and Sports Articles | 53974 | 1960 | 52014 |
| 医药及医疗器材专门零售业 | Special Retail of Medicine and Medical Appliances | 91072 | 16592 | 74480 |
| 汽车、摩托车、燃料及零配件专门零售业 | Special Retail of Motor Vehicles, Motorcycles, Fuel and Related Parts | 698506 | 127813 | 570693 |
| 家用电器及电子产品专门零售业 | Special Retail of Household Electric Equipment and Electronic Products | 376389 | 49426 | 326963 |
| 五金、家具及室内装修材料专门零售业 | Special Retail of Hardware, Furniture and Indoor Decoration | 86924 | | 86924 |
| 无店铺及其他零售业 | Non-shops and Other Retails | 5568 | 652 | 4916 |
| **限额以下批发零售贸易业商品销售额** | **Sales of Commodities of Wholesales and Retail Trade below Designated Size** | **16536130** | **8753471** | **7782659** |

# 14－5 限额以上批发和零售业主要商品分类销售额（2005－2006年）
# Sales of Main Commodities of Wholesale and Retail Trade above Designated Size by Category (2005-2006)

单位：亿元 (100 million yuan)

| 指　标 | Item | 销售合计 Total Sales | | 批　发 Wholesale Trade | | 零　售 Retail Trade | |
|---|---|---|---|---|---|---|---|
| | | 2005 | 2006 | 2005 | 2006 | 2005 | 2006 |
| 食品、饮料、烟酒类 | Food, Beverages, Tobacco and Liquor | 220.11 | 279.21 | 177.09 | 222.08 | 43.02 | 57.13 |
| 肉禽蛋类 | Meat, Poultry and Eggs | 4.83 | 7.90 | 0.78 | 0.55 | 4.05 | 7.35 |
| 其他食品类 | Other Food | 56.04 | 72.52 | 25.57 | 35.34 | 30.47 | 37.18 |
| 饮料类 | Beverages | 6.53 | 7.21 | 3.22 | 2.16 | 3.31 | 5.05 |
| 烟酒类 | Tobacco and Liquor | 152.71 | 191.56 | 147.52 | 184.02 | 5.19 | 7.54 |
| 服装鞋帽、针、纺织品类 | Clothing, Shoes, Hats and Textiles | 59.40 | 77.90 | 6.96 | 9.09 | 52.44 | 68.81 |
| 服装类 | Clothing | 39.80 | 55.08 | 3.30 | 5.83 | 36.50 | 49.25 |
| 鞋帽类 | Shoes and Hats | 9.60 | 12.59 | 0.37 | 0.39 | 9.23 | 12.20 |
| 针、纺织品类 | Knitwear and Textiles | 10.00 | 10.22 | 3.29 | 2.87 | 6.71 | 7.35 |
| 化妆品类 | Cosmetics | 10.85 | 11.32 | 1.75 | 1.86 | 9.10 | 9.46 |
| 金银珠宝类 | Gold, Silver and Jewelry | 4.72 | 6.91 | 0.25 | 0.43 | 4.47 | 6.48 |
| 日用品类 | Articles for Daily Use | 25.21 | 26.50 | 6.89 | 7.69 | 18.32 | 18.81 |
| #洗涤用品类 | Washing Articles | 7.31 | 9.62 | 3.50 | 3.09 | 3.81 | 6.53 |
| 儿童玩具类 | Children Toys | 0.61 | 0.93 | 0.08 | 0.04 | 0.53 | 0.89 |
| 五金、电料类 | Hardware and Electrical Materials | 2.37 | 2.64 | 1.24 | 1.31 | 1.13 | 1.33 |
| 体育、娱乐用品类 | Sports and Recreation Articles | 3.17 | 3.70 | 0.48 | 0.36 | 2.69 | 3.34 |
| 书报杂志类 | Newspapers and Magazines | 17.68 | 19.98 | 9.84 | 10.20 | 7.84 | 9.78 |
| 电子出版物及音像制品类 | E-journal and Video Products | 1.61 | 2.47 | 0.81 | 1.30 | 0.80 | 1.17 |
| 家用电器和音像器材类 | Household Appliances and Video Appliances | 69.97 | 107.22 | 28.84 | 57.05 | 41.13 | 50.17 |
| 中西药品类 | Traditional Chinese and Western Medicines | 125.65 | 140.61 | 87.84 | 102.42 | 37.81 | 38.19 |
| #西　药 | Western Medicines | 99.02 | 114.26 | 67.37 | 80.95 | 31.65 | 33.31 |
| 中草药及中成药 | Traditional Chinese Medicines | 25.20 | 23.07 | 19.22 | 18.67 | 5.98 | 4.40 |
| 文化办公用品类 | Cultural and Official Goods | 8.62 | 16.08 | 5.36 | 9.14 | 3.26 | 6.94 |
| 家具类 | Furniture | 2.26 | 2.03 | 0.22 | 0.08 | 2.04 | 1.95 |
| 通讯器材类 | Communication Appliances | 19.90 | 23.43 | 13.28 | 12.74 | 6.62 | 10.69 |
| 煤炭及制品类 | Coal and Related Products | 10.37 | 35.42 | 10.36 | 35.38 | 0.01 | 0.04 |
| 木材及制品类 | Wood and Wooden Products | 0.47 | 0.58 | 0.41 | 0.55 | 0.06 | 0.03 |
| 石油及制品类 | Petroleum and Related Products | 110.48 | 143.62 | 86.94 | 105.34 | 23.54 | 38.28 |
| 化工材料及制品类 | Raw Chemical Materials | 78.22 | 90.36 | 77.48 | 89.83 | 0.74 | 0.53 |
| #化肥类 | Fertilizer | 41.05 | 51.12 | 40.98 | 51.12 | 0.07 | 0.00 |
| 金属材料类 | Metal Materials | 110.26 | 156.14 | 106.79 | 151.89 | 3.47 | 4.25 |
| 建筑及装潢材料类 | Building and Decoration Materials | 13.39 | 13.75 | 9.29 | 5.73 | 4.10 | 8.02 |
| 机电产品设备类 | Mechanical and Electrical Products | 53.39 | 96.80 | 52.46 | 95.69 | 0.93 | 1.11 |
| #农机类 | Agricultural Machinery | 0.35 | 0.87 | 0.32 | 0.86 | 0.03 | 0.01 |
| 汽车类 | Automobile | 108.84 | 146.42 | 43.32 | 70.14 | 65.52 | 76.28 |
| 种子饲料类 | Seed and Feedstuff | 1.14 | 3.01 | 1.13 | 3.00 | 0.01 | 0.01 |
| 棉麻类 | Cotton, Hemp | 0.59 | 2.53 | 0.51 | 2.47 | 0.08 | 0.06 |
| 其他类 | Others | 49.53 | 50.27 | 44.24 | 45.02 | 5.29 | 5.25 |

# 14－6 限额以上批发和零售业、住宿和餐饮业连锁经营情况（2005－2006年）

# Operation of Chains in Wholesale & Retail and Hotels & Catering Trade above Designated Size (2005-2006)

单位：万元 (10 000 yuan)

| 指　标 | Item | 合　计 Total 2005 | 合　计 Total 2006 | #直营店 Direct Management 2005 | #直营店 Direct Management 2006 |
|---|---|---|---|---|---|
| 门店总数（个） | Total Number of Chains (unit) | 6503 | 7550 | 2256 | 2313 |
| #百货店 | Department Stores | 103 | 170 | 103 | 169 |
| 超级市场 | Supermarkets | 115 | 248 | 106 | 137 |
| 营业面积（平方米） | Business Areas (sq.m) | 3133781 | 4049227 | 2178355 | 2463206 |
| #百货店 | Department Stores | 468304 | 736761 | 468304 | 735761 |
| 超级市场 | Supermarkets | 129451 | 157223 | 122125 | 154638 |
| 从业人数（人） | Employment (person) | 112545 | 152469 | 45121 | 55227 |
| #百货店 | Department Stores | 11812 | 16793 | 11812 | 16773 |
| 超级市场 | Supermarkets | 4723 | 4705 | 4494 | 4522 |
| 营业收入（住宿和餐饮业） | Revenue (Hotels & Catering Trade) | 444363 | 780771 | 76944 | 111891 |
| #正餐 | Restaurant | 429516 | 748597 | 66242 | 96044 |
| 快餐 | Snack Counter | 14847 | 32173 | 10702 | 15847 |
| 销售总额（批发和零售业） | Total Sales (Wholesale & Retail Trade) | 2094321 | 2748304 | 2052384 | 2707480 |
| #百货店 | Department Stores | 923187 | 1194411 | 923187 | 1194331 |
| 超级市场 | Supermarkets | 78884 | 180782 | 77711 | 180261 |
| #零售额 | Retail Trade | 1421327 | 1832764 | 1382239 | 1793224 |
| #百货店 | Department Stores | 855576 | 1129875 | 855576 | 1129795 |
| 超级市场 | Supermarkets | 78131 | 114336 | 76958 | 113814 |
| 商品购进总额 | Total Purchases | 2139112 | 2873595 | 1888469 | 2587086 |
| #百货店 | Department Stores | 873089 | 1200662 | 873089 | 1200562 |
| 超级市场 | Supermarkets | 67823 | 132171 | 66517 | 131650 |
| 统一配送商品购进额 | Purchases of Centralized Delivery | 1744718 | 2481442 | 1571326 | 2300713 |
| #百货店 | Department Stores | 591475 | 968214 | 591475 | 968114 |
| 超级市场 | Supermarkets | 67823 | 126478 | 66517 | 126070 |
| 自有配送中心配送商品购进额 | Purchases of Self Delivery Center | 1636793 | 2460632 | 1547284 | 2279904 |
| #百货店 | Department Stores | 591475 | 952699 | 591475 | 952599 |
| 超级市场 | Supermarkets | 49039 | 125922 | 47734 | 125514 |
| 非自有配送中心配送商品购进额 | Purchases of Non-self Delivery Center | 107925 | 20811 | 24043 | 20809 |
| #百货店 | Department Stores |  | 15515 |  | 15515 |
| 超级市场 | Supermarkets | 18784 | 556 | 18784 | 556 |

# 14—7 限额以上批发业企业财务状况（2006年）

单位：万元

| 指标 | Item | 企业数（个）<br>Number of Enterprises (unit) | 流动资产合计<br>Total Circulating Assets | 固定资产原价<br>Original Value of Fixed Assets |
|---|---|---|---|---|
| **总　计** | **Total** | **447** | **2854419** | **784496** |
| #国有及国有控股 | State-owned and State Holding | 100 | 1543094 | 629750 |
| **按登记注册类型分组** | **By Registration** | | | |
| 内资企业 | Domestic-funded Enterprises | 441 | 2848333 | 782505 |
| 国有企业 | State-owned Enterprises | 45 | 535008 | 263861 |
| 集体企业 | Collective-owned Enterprises | 13 | 84193 | 8783 |
| 股份合作企业 | Cooperative Share Holding Enterprises | 7 | 39973 | 1928 |
| 联营企业 | Joint-owned Enterprises | 1 | 578 | 16 |
| 国有与集体联营企业 | Joint State-collective Enterprises | | | |
| 其他联营企业 | Other Joint-owned Enterprises | 1 | 578 | 16 |
| 有限责任公司 | Limited-liability Corporations | 181 | 788506 | 160238 |
| 国有独资公司 | State Sole Funded | 9 | 197077 | 79179 |
| 其他有限责任公司 | Other Limited-liability Corporations | 172 | 591429 | 81058 |
| 股份有限公司 | Share Holding Limited Companies | 30 | 661322 | 296413 |
| 私营企业 | Private Enterprises | 158 | 666692 | 49771 |
| 私营独资企业 | Private-funded Enterprises | 4 | 18446 | 1677 |
| 私营合伙企业 | Private Partnership Enterprises | 3 | 5991 | 211 |
| 私营有限责任公司 | Private Limited Liability Corporations | 143 | 629591 | 46152 |
| 私营股份有限公司 | Private Share Holding Limited Companies | 8 | 12664 | 1730 |
| 其他企业 | Other Enterprises | 6 | 72063 | 1497 |
| 港澳台商投资企业 | Enterprises Funded by Hong Kong, Macao and Taiwan | 3 | 2673 | 890 |
| 合资经营企业（港或澳、台资） | Joint-venture Enterprises | 2 | 436 | 718 |
| 港、澳、台商独资经营企业 | Enterprises with Sole Funded from Hong Kong, Macao and Taiwan | 1 | 2237 | 172 |
| 外商投资企业 | Foreign-funded Enterprises | 3 | 3413 | 1101 |
| 中外合资经营企业 | Joint-venture Enterprises | 2 | 966 | 938 |
| 中外合作经营企业 | Cooperative Enterprises | 1 | 2448 | 162 |
| 外资企业 | Enterprises with Sole Foreign Funds | | | |
| 外商投资股份有限公司 | Share Holding Limited Companies with foreign Funds | | | |
| **按批发行业小类分组** | **By Wholesale Sector** | | | |
| 农畜产品批发 | Wholesale of Agricultural and Animal Products | 10 | 27123 | 32915 |
| 谷物、豆及薯类批发 | Wholesale of Cereal, Bean and Tuber | 2 | 14291 | 13695 |
| 种子、饲料批发 | Wholesale of Seed and Feed | 3 | 7931 | 16320 |
| 棉、麻批发 | Wholesale of Cotton and Fiber Crops | 4 | 4311 | 1912 |
| 其他农畜产品批发 | Other Wholesale of Agricultural and Animal Products | 1 | 590 | 987 |
| 食品、饮料及烟草制品批发 | Wholesale of Food, Beverages & Tobacco Products | 35 | 393935 | 216321 |
| 米、面制品及食用油批发 | Wholesale of Rice, Noodle Products and Edible Oil | 12 | 72661 | 44316 |
| 糕点、糖果及糖批发 | Wholesale of Cake, Candy and Sugar | 3 | 9537 | 2239 |
| 果品、蔬菜批发 | Wholesale of Fruit Products and Vegetables | | | |
| 肉、禽、蛋及水产品批发 | Wholesale of Meat, Poultry, Eggs and Aquatic Products | 1 | 2759 | 1416 |
| 盐及调味品批发 | Wholesale of Salts and Condiments | 3 | 22121 | 25023 |

# Financial Indicators of Wholesale Enterprises above Designated Size (2006)

(10 000 yuan)

| 累计折旧 Total Depreciation | 资产总计 Total Assets | 负债合计 Total Liabilities | 实收资本 Capital Obtained | 主营业务收入 Revenue of Major Business | 主营业务成本 Cost of Major Business | 主营业务税金及附加 Tax and Extra of Major Business | 主营业务利润 Profits of Major Business |
|---|---|---|---|---|---|---|---|
| **212911** | **3945506** | **2965402** | **419237** | **8654261** | **7882771** | **11383** | **701784** |
| 176595 | 2397784 | 1671471 | 242369 | 4871340 | 4288765 | 8316 | 540903 |
| 212098 | 3937439 | 2955954 | 417225 | 8635388 | 7866843 | 11383 | 701481 |
| 85663 | 844059 | 525458 | 126277 | 1768798 | 1443142 | 5327 | 318600 |
| 3319 | 93285 | 82612 | 6123 | 184688 | 177609 | 106 | 6689 |
| 523 | 44829 | 38745 | 4838 | 174240 | 165807 | 93 | 8258 |
| 7 | 587 | 572 | 100 | 6334 | 6055 | 1 | 20 |
| 7 | 587 | 572 | 100 | 6334 | 6055 | 1 | 20 |
| 39209 | 1099255 | 886522 | 137789 | 2348892 | 2178577 | 2305 | 129369 |
| 22923 | 311152 | 234110 | 34942 | 349883 | 283516 | 534 | 37118 |
| 16286 | 788104 | 652412 | 102847 | 1999010 | 1895061 | 1771 | 92251 |
| 70516 | 1035674 | 726894 | 70649 | 2228092 | 2065850 | 2241 | 158750 |
| 12245 | 746082 | 628035 | 67230 | 1778717 | 1687746 | 1271 | 76502 |
| 457 | 19892 | 17620 | 2130 | 131020 | 127000 | 54 | 3889 |
| 86 | 6564 | 4737 | 1850 | 17021 | 15533 | 11 | 1477 |
| 11509 | 703737 | 595170 | 59130 | 1570297 | 1489999 | 1160 | 69497 |
| 192 | 15890 | 10508 | 4120 | 60379 | 55214 | 46 | 1640 |
| 615 | 73667 | 67116 | 4220 | 145628 | 142057 | 40 | 3294 |
| 411 | 3184 | 3122 | 1174 | 9659 | 8981 |  | 351 |
| 299 | 887 | 1000 | 480 | 5434 | 5210 |  | -103 |
| 112 | 2297 | 2122 | 694 | 4225 | 3771 |  | 454 |
| 402 | 4883 | 6327 | 838 | 9215 | 6947 |  | -49 |
| 313 | 1987 | 2023 | 423 | 3990 | 3583 |  | 185 |
| 89 | 2897 | 4304 | 415 | 5224 | 3363 |  | -234 |
| 8085 | 54614 | 52512 | 13787 | 58639 | 52799 | 52 | 5728 |
| 4612 | 23670 | 27953 | 5292 | 31484 | 30503 | 1 | 980 |
| 2480 | 23642 | 17881 | 5502 | 12846 | 10018 | 19 | 2810 |
| 340 | 6377 | 3525 | 2103 | 11747 | 10228 | 32 | 1487 |
| 653 | 925 | 3153 | 891 | 2562 | 2051 |  | 451 |
| 69612 | 617328 | 336055 | 90268 | 1338416 | 1057409 | 4580 | 274293 |
| 15176 | 113735 | 134982 | 27008 | 205797 | 196043 | 95 | 9100 |
| 248 | 13856 | 10059 | 2266 | 40690 | 38373 | 35 | 1318 |
| 328 | 9549 | 6143 | 4055 | 4129 | 3936 | 2 | 191 |
| 8045 | 44872 | 9512 | 4772 | 52509 | 29023 | 401 | 23085 |

14-7 续表1

单位：万元

| 指标 | Item | 企业数（个） Number of Enterprises (unit) | 流动资产合计 Total Circulating Assets | 固定资产原价 Original Value of Fixed Assets |
|---|---|---|---|---|
| 饮料及茶叶批发 | Wholesale of Beverages and Tea | 10 | 5998 | 6275 |
| 烟草制品批发 | Wholesale of Tobacco Products | 1 | 275760 | 136496 |
| 其他食品批发 | Wholesale of other Food | 5 | 5100 | 557 |
| 纺织、服装及日用品批发 | Wholesale of Textiles, Garments and Daily Goods | 17 | 32228 | 3589 |
| 纺织品、针织品及原料批发 | Wholesale of Textiles Goods, Knit Goods and Material | 6 | 15767 | 1550 |
| 服装批发 | Wholesale of Garments | 3 | 7529 | 278 |
| 厨房、卫生间用具及日用杂货批发 | Wholesale of Utensils for kitchen, Toilet and Daily Sundry Goods | 3 | 3807 | 500 |
| 化妆品及卫生用品批发 | Wholesale of Cosmetics and Healthy Goods | 4 | 3360 | 558 |
| 其他日用品批发 | Wholesale of Other Daily Goods | 1 | 1765 | 704 |
| 文化、体育用品及器材批发 | Wholesale of Cultural and Sports Articles | 7 | 122421 | 64865 |
| 文具用品批发 | Wholesale of Cultural Goods | 2 | 25956 | 150 |
| 体育用品批发 | Wholesale of Sports Goods | 1 | 120 | |
| 图书批发 | Wholesale of Books | 2 | 93345 | 63868 |
| 首饰、工艺品及收藏品批发 | Wholesale of Ornaments, Handicrafts and Collections | 1 | 1453 | 40 |
| 其他文化用品批发 | Wholesale of Other Cultural Goods | 1 | 1548 | 808 |
| 医药及医疗器材批发 | Wholesale of Medicines and Medical Appliances | 53 | 545470 | 93468 |
| 西药批发业 | Wholesale of Western Medicine | 46 | 423607 | 58229 |
| 中药材及中成药批发 | Wholesale of Traditional Chinese Medicine | 5 | 120608 | 35106 |
| 医疗用品及器材批发 | Wholesale of Medical Articles and Appliances | 2 | 1256 | 134 |
| 矿产品、建材及化工产品批发 | Wholesale of Mineral, Building and Chemical Products | 216 | 817557 | 307821 |
| 煤炭及制品批发 | Wholesale of Coal and Related Products | 15 | 59408 | 14907 |
| 石油及制品批发 | Wholesale of Petroleum and Related Products | 24 | 102920 | 225786 |
| 非金属矿及制品批发 | Wholesale of Nonmetal Mineral and Related Products | 2 | 2134 | 576 |
| 金属及金属矿批发 | Wholesale of Metal and Metal Mineral | 107 | 346428 | 41232 |
| 建材批发 | Wholesale of Building Materials | 16 | 54005 | 2651 |
| 化肥批发 | Wholesale of Fertilizers | 17 | 203644 | 9064 |
| 农药批发 | Wholesale of Pesticides | 1 | 1819 | 77 |
| 农用薄膜批发 | Wholesale of films for Agriculture | 1 | 976 | 118 |
| 其他化工产品批发 | Wholesale of Other Chemical Products | 33 | 46223 | 13410 |
| 机械设备、五金交电及电子产品批发 | Wholesale of Machinery, Hardware and Electronic Products | 91 | 864120 | 60984 |
| 汽车、摩托车及零配件批发 | Wholesale of Motor Vehicles, Motorcycles and Related Parts | 46 | 537822 | 49034 |
| 五金、交电批发 | Wholesale of Hardware and Transport | 7 | 7933 | 998 |
| 家用电器批发 | Wholesale of Household Electric Equipment | 7 | 203428 | 945 |
| 计算机、软件及辅助设备批发 | Wholesale of Computers, Softwares and Assistant Equipment | 7 | 15954 | 139 |
| 通讯及广播电视设备批发 | Wholesale of Communication, Broadcast and TV Equipment | 8 | 58320 | 7871 |
| 其他机械设备及电子产品批发 | Other Wholesale of Machinery and Electronic Products | 16 | 40664 | 1998 |
| 贸易经纪与代理 | Trade Agencies | | | |
| 其他批发业 | Other Wholesales | 18 | 51565 | 4533 |
| 再生物资回收与批发 | Wholesale of Recycled Materials | 6 | 26928 | 2611 |
| 其他未列明的批发 | Other Wholesale not listed here | 12 | 24637 | 1922 |

14-7 CONTINUED-1

(10 000 yuan)

| 累计折旧<br>Total Depreciation | 资产总计<br>Total Assets | 负债合计<br>Total Liabilities | 实收资本<br>Capital Obtained | 主营业务收入<br>Revenue of Major Business | 主营业务成本<br>Cost of Major Business | 主营业务税金及附加<br>Tax and Extra of Major Business | 主营业务利润<br>Profits of Major Business |
|---|---|---|---|---|---|---|---|
| 967 | 13644 | 9092 | 2634 | 67234 | 62164 | 266 | 4604 |
| 44466 | 416260 | 163244 | 48676 | 936467 | 697409 | 3767 | 235291 |
| 381 | 5411 | 3024 | 857 | 31590 | 30461 | 14 | 705 |
| 993 | 37068 | 31131 | 6155 | 119041 | 109216 | 67 | 6641 |
| 236 | 18258 | 13196 | 3126 | 42056 | 39736 | 15 | 2305 |
| 142 | 8041 | 8897 | 865 | 25345 | 20986 | 23 | 2242 |
| 171 | 4135 | 3827 | 364 | 22237 | 20672 | 8 | 1558 |
| 251 | 3877 | 3489 | 1100 | 19915 | 18661 | 18 | 213 |
| 193 | 2758 | 1721 | 700 | 9488 | 9161 | 3 | 324 |
| 17567 | 207581 | 128047 | 12114 | 265760 | 198462 | 575 | 36732 |
| 19 | 26097 | 22979 | 1300 | 52311 | 49447 | 43 | 2233 |
|  | 120 | 140 | 100 | 12172 | 11144 | 61 | 967 |
| 17355 | 176872 | 101506 | 10204 | 194663 | 131701 | 465 | 33602 |
| 16 | 1476 | 1510 | 80 | 2237 | 2123 | 1 | 24 |
| 178 | 3017 | 1912 | 430 | 4377 | 4046 | 5 | -94 |
| 25419 | 682078 | 574990 | 59894 | 1225995 | 1167149 | 1244 | 55304 |
| 17231 | 498312 | 437175 | 42957 | 1013787 | 966288 | 1069 | 44205 |
| 8153 | 182412 | 136780 | 16779 | 206876 | 196165 | 165 | 10473 |
| 36 | 1354 | 1035 | 158 | 5332 | 4696 | 10 | 626 |
| 74877 | 1194055 | 819682 | 128746 | 3424748 | 3189079 | 3425 | 214413 |
| 3028 | 82441 | 56409 | 14854 | 185672 | 161948 | 298 | 16216 |
| 53782 | 375895 | 147524 | 30259 | 1072546 | 969410 | 1822 | 99752 |
| 173 | 2536 | 2049 | 380 | 9544 | 8334 | 1 | 1210 |
| 10077 | 387854 | 319417 | 52900 | 1309413 | 1266349 | 918 | 37489 |
| 625 | 56652 | 58637 | 3620 | 87456 | 84037 | 36 | 2846 |
| 2749 | 220692 | 187214 | 15978 | 543825 | 516245 | 79 | 25910 |
| 9 | 1892 | 1634 | 300 | 8602 | 7692 | 1 | 909 |
| 31 | 1093 | 987 | 100 | 5929 | 5769 |  | 161 |
| 4404 | 65001 | 45811 | 10355 | 201761 | 169296 | 272 | 29921 |
| 15091 | 1093257 | 972045 | 102303 | 1945053 | 1840234 | 1332 | 100613 |
| 10221 | 750839 | 656401 | 82093 | 1243381 | 1164827 | 959 | 76749 |
| 108 | 8984 | 6636 | 945 | 44521 | 42932 | 56 | 1464 |
| 489 | 204917 | 201531 | 3176 | 362216 | 356636 | 40 | 4943 |
| 55 | 17532 | 14119 | 4910 | 31689 | 30801 | 17 | 669 |
| 3671 | 68176 | 57443 | 6559 | 121887 | 111573 | 160 | 9942 |
| 547 | 42809 | 35915 | 4621 | 141359 | 133466 | 101 | 6847 |
| 1267 | 59525 | 50941 | 5970 | 276609 | 268423 | 108 | 8060 |
| 895 | 32355 | 30328 | 1644 | 178825 | 175452 | 5 | 3368 |
| 372 | 27170 | 20613 | 4326 | 97784 | 92971 | 103 | 4693 |

14-7 续表2

单位：万元

| 指　　标 | Item | 其他业务利润 Profits of Other Business | 营业费用 Business Cost | 管理费用 Management Cost |
|---|---|---|---|---|
| **总　计** | **Total** | **4282** | **325839** | **220849** |
| #国有及国有控股 | State-owned and State Holding | -1546 | 206099 | 170775 |
| **按登记注册类型分组** | **By Registration** | | | |
| 内资企业 | Domestic-funded Enterprises | 4143 | 323281 | 219876 |
| 国有企业 | State-owned Enterprises | 5190 | 78502 | 113026 |
| 集体企业 | Collective-owned Enterprises | 1160 | 4163 | 3220 |
| 股份合作企业 | Cooperative Share Holding Enterprises | 99 | 5227 | 1339 |
| 联营企业 | Joint-owned Enterprises | | 257 | 21 |
| 国有与集体联营企业 | Joint State-collective Enterprises | | | |
| 其他联营企业 | Other Joint-owned Enterprises | | 257 | 21 |
| 有限责任公司 | Limited-liability Corporations | -5802 | 71917 | 45755 |
| 国有独资公司 | State Sole Funded | 3769 | 17123 | 17719 |
| 其他有限责任公司 | Other Limited-liability Corporations | -9571 | 54794 | 28036 |
| 股份有限公司 | Share Holding Limited Companies | 3716 | 102363 | 34146 |
| 私营企业 | Private Enterprises | -225 | 58768 | 21134 |
| 私营独资企业 | Private-funded Enterprises | 105 | 2999 | 1101 |
| 私营合伙企业 | Private Partnership Enterprises | 10 | 986 | 451 |
| 私营有限责任公司 | Private Limited Liability Corporations | -342 | 50523 | 18853 |
| 私营股份有限公司 | Private Share Holding Limited Companies | 1 | 4260 | 728 |
| 其他企业 | Other Enterprises | 4 | 2084 | 1237 |
| 港澳台商投资企业 | Enterprises Funded by Hong Kong, Macao and Taiwan | 132 | 440 | 576 |
| 合资经营企业（港或澳、台资） | Joint-venture Enterprises | 34 | 11 | 450 |
| 港、澳、台商独资经营企业 | Enterprises with Sole Funded from Hong Kong, Macao and Taiwan | 98 | 429 | 126 |
| 外商投资企业 | Foreign-funded Enterprises | 7 | 2118 | 397 |
| 中外合资经营企业 | Joint-venture Enterprises | 7 | 222 | 210 |
| 中外合作经营企业 | Cooperative Enterprises | | 1896 | 187 |
| 外资企业 | Enterprises with Sole Foreign Funds | | | |
| 外商投资股份有限公司 | Share Holding Limited Companies with foreign Funds | | | |
| **按批发行业小类分组** | **By Wholesale Sector** | | | |
| 农畜产品批发 | Wholesale of Agricultural and Animal Products | -333 | 2766 | 2972 |
| 谷物、豆及薯类批发 | Wholesale of Cereal, Bean and Tuber | 91 | 1078 | 1488 |
| 种子、饲料批发 | Wholesale of Seed and Feed | | 1249 | 874 |
| 棉、麻批发 | Wholesale of Cotton and Fiber Crops | 38 | 379 | 578 |
| 其他农畜产品批发 | Other Wholesale of Agricultural and Animal Products | -462 | 60 | 32 |
| 食品、饮料及烟草制品批发 | Wholesale of Food, Beverages & Tobacco Products | 5398 | 59664 | 106796 |
| 米、面制品及食用油批发 | Wholesale of Rice, Noodle Products and Edible Oil | 2709 | 4981 | 5269 |
| 糕点、糖果及糖批发 | Wholesale of Cake, Candy and Sugar | 623 | 1422 | 1035 |
| 果品、蔬菜批发 | Wholesale of Fruit Products and Vegetables | | | |
| 肉、禽、蛋及水产品批发 | Wholesale of Meat, Poultry, Eggs and Aquatic Products | 158 | 157 | 25 |
| 盐及调味品批发 | Wholesale of Salts and Condiments | 907 | 8270 | 10522 |

14-7 CONTINUED-2

(10 000 yuan)

| 营业利润<br>Business Profit | 利润总额<br>Total Profits | 应交所得税<br>Payable Income Tax | 劳动、失业保险费<br>Insurance of Labour and Unemployment | 应付工资<br>Payable Wages | 应付福利费<br>Payable Welfare Funds | 本年应交增值税<br>Payable Value-added Tax | 全部从业人员年平均人数（人）<br>Average Employment (person) |
|---|---|---|---|---|---|---|---|
| **161142** | **155762** | **50259** | **22781** | **140790** | **22002** | **83180** | **58404** |
| 149509 | 143926 | 45565 | 20476 | 111926 | 14309 | 62279 | 37188 |
| | | | | | | | |
| 161666 | 156199 | 50259 | 22692 | 139933 | 21962 | 82729 | 57865 |
| 131328 | 120187 | 40450 | 12080 | 65516 | 8071 | 48100 | 14946 |
| 181 | 468 | 155 | 211 | 1219 | 221 | 760 | 698 |
| 1723 | 2027 | 321 | 78 | 538 | 76 | 521 | 440 |
| -1 | -3 | | | 10 | 1 | 12 | 10 |
| | | | | | | | |
| -1 | -3 | | | 10 | 1 | 12 | 10 |
| 4708 | 6524 | 3490 | 3999 | 28552 | 7549 | 14368 | 15349 |
| 3532 | 4929 | 809 | 2292 | 11171 | 1996 | 5091 | 4076 |
| 1176 | 1595 | 2681 | 1706 | 17380 | 5553 | 9277 | 11273 |
| 16775 | 22511 | 4065 | 5916 | 31068 | 3964 | 8228 | 16791 |
| 6456 | 4075 | 1614 | 375 | 12149 | 1955 | 10581 | 9087 |
| 12 | 87 | 46 | | 556 | 490 | 74 | 307 |
| 48 | 20 | 12 | | 91 | 13 | 111 | 69 |
| 6286 | 3851 | 1513 | 375 | 11046 | 1396 | 9942 | 8375 |
| 110 | 117 | 43 | | 455 | 57 | 453 | 336 |
| 497 | 410 | 165 | 34 | 883 | 124 | 158 | 544 |
| -202 | -205 | | 43 | 183 | | 106 | 150 |
| -209 | -210 | | 23 | 100 | | 36 | 61 |
| 7 | 5 | | 20 | 82 | | 70 | 89 |
| -321 | -232 | | 46 | 674 | 40 | 346 | 389 |
| -88 | 4 | | 9 | 97 | 40 | 48 | 59 |
| -233 | -236 | | 37 | 577 | | 298 | 330 |
| | | | | | | | |
| -1351 | 438 | 41 | 447 | 1646 | 240 | 86 | 1337 |
| -2184 | -222 | | 357 | 765 | 107 | 4 | 545 |
| 517 | 434 | | 1 | 399 | 70 | | 349 |
| 359 | 265 | 41 | 74 | 433 | 57 | 56 | 348 |
| -42 | -39 | | 16 | 49 | 7 | 27 | 95 |
| 114157 | 116245 | 39909 | 11613 | 61763 | 7619 | 46423 | 13493 |
| -334 | 623 | 131 | 765 | 2442 | 551 | -388 | 1802 |
| 217 | 257 | 85 | 107 | 459 | 93 | 374 | 274 |
| | | | | | | | |
| 119 | -1577 | | | 63 | 9 | | 47 |
| 5282 | 5540 | 1655 | 1872 | 6353 | 987 | 5332 | 1692 |

14-7 续表3

单位：万元

| 指　　标 | Item | 其他业务利润 Profits of Other Business | 营业费用 Business Cost | 管理费用 Management Cost |
|---|---|---|---|---|
| 饮料及茶叶批发 | Wholesale of Beverages and Tea | 206 | 2159 | 2268 |
| 烟草制品批发 | Wholesale of Tobacco Products | 789 | 41903 | 87133 |
| 其他食品批发 | Wholesale of other Food | 7 | 773 | 545 |
| 纺织、服装及日用品批发 | Wholesale of Textiles, Garments and Daily Goods | 377 | 6825 | 2423 |
| 纺织品、针织品及原料批发 | Wholesale of Textiles Goods, Knit Goods and Material | 90 | 1066 | 704 |
| 服装批发 | Wholesale of Garments | 10 | 3956 | 364 |
| 厨房、卫生间用具及日用杂货批发 | Wholesale of Utensils for kitchen, Toilet and Daily Sundry Goods | 7 | 1009 | 517 |
| 化妆品及卫生用品批发 | Wholesale of Cosmetics and Healthy Goods | 177 | 633 | 672 |
| 其他日用品批发 | Wholesale of Other Daily Goods | 93 | 161 | 166 |
| 文化、体育用品及器材批发 | Wholesale of Cultural and Sports Articles | 2810 | 18609 | 13806 |
| 文具用品批发 | Wholesale of Cultural Goods | | 723 | 497 |
| 体育用品批发 | Wholesale of Sports Goods | 18 | 831 | 483 |
| 图书批发 | Wholesale of Books | 2327 | 16547 | 12210 |
| 首饰、工艺品及收藏品批发 | Wholesale of Ornaments, Handicrafts and Collections | | 88 | 32 |
| 其他文化用品批发 | Wholesale of Other Cultural Goods | 465 | 420 | 585 |
| 医药及医疗器材批发 | Wholesale of Medicines and Medical Appliances | 3123 | 27948 | 25475 |
| 西药批发业 | Wholesale of Western Medicine | 1310 | 21282 | 18638 |
| 中药材及中成药批发 | Wholesale of Traditional Chinese Medicine | 1813 | 6332 | 6633 |
| 医疗用品及器材批发 | Wholesale of Medical Articles and Appliances | | 334 | 205 |
| 矿产品、建材及化工产品批发 | Wholesale of Mineral, Building and Chemical Products | 4437 | 148280 | 40349 |
| 煤炭及制品批发 | Wholesale of Coal and Related Products | 292 | 18723 | 2793 |
| 石油及制品批发 | Wholesale of Petroleum and Related Products | 926 | 77244 | 11222 |
| 非金属矿及制品批发 | Wholesale of Nonmetal Mineral and Related Products | 33 | 966 | 189 |
| 金属及金属矿批发 | Wholesale of Metal and Metal Mineral | 1725 | 25993 | 13734 |
| 建材批发 | Wholesale of Building Materials | -36 | 2480 | 1188 |
| 化肥批发 | Wholesale of Fertilizers | 550 | 14585 | 5037 |
| 农药批发 | Wholesale of Pesticides | | 629 | 171 |
| 农用薄膜批发 | Wholesale of films for Agriculture | 3 | 101 | 49 |
| 其他化工产品批发 | Wholesale of Other Chemical Products | 944 | 7558 | 5967 |
| 机械设备、五金交电及电子产品批发 | Wholesale of Machinery, Hardware and Electronic Products | -11827 | 57613 | 27061 |
| 汽车、摩托车及零配件批发 | Wholesale of Motor Vehicles, Motorcycles and Related Parts | -13316 | 42591 | 18244 |
| 五金、交电批发 | Wholesale of Hardware and Transport | 79 | 957 | 511 |
| 家用电器批发 | Wholesale of Household Electric Equipment | 95 | 4355 | 1460 |
| 计算机、软件及辅助设备批发 | Wholesale of Computers, Softwares and Assistant Equipment | 8 | 689 | 350 |
| 通讯及广播电视设备批发 | Wholesale of Communication, Broadcast and TV Equipment | 980 | 4624 | 4207 |
| 其他机械设备及电子产品批发 | Other Wholesale of Machinery and Electronic Products | 327 | 4398 | 2290 |
| 贸易经纪与代理 | Trade Agencies | | | |
| 其他批发业 | Other Wholesales | 297 | 4133 | 1967 |
| 再生物资回收与批发 | Wholesale of Recycled Materials | 233 | 2485 | 810 |
| 其他未列明的批发 | Other Wholesale not listed here | 64 | 1648 | 1157 |

14-7 CONTINUED-3

(10 000 yuan)

| 营业利润 Business Profit | 利润总额 Total Profits | 应交所得税 Payable Income Tax | 劳动、失业保险费 Insurance of Labour and Unemployment | 应付工资 Payable Wages | 应付福利费 Payable Welfare Funds | 本年应交增值税 Payable Value-added Tax | 全部从业人员年平均人数（人） Average Employment (person) |
|---|---|---|---|---|---|---|---|
| 355 | 338 | 114 | 208 | 942 | 105 | 840 | 974 |
| 108708 | 111252 | 37921 | 8644 | 51237 | 5830 | 40146 | 8473 |
| -191 | -189 | 4 | 17 | 268 | 44 | 119 | 231 |
| 507 | 133 | 243 | 218 | 2407 | 321 | 1307 | 1950 |
| 454 | 448 | 158 | 12 | 461 | 113 | 147 | 304 |
| -27 | -51 | 64 | 54 | 1232 | 92 | 523 | 994 |
| 13 | 26 | 13 | 74 | 248 | 69 | 146 | 209 |
| 53 | -312 | 1 | 32 | 403 | 46 | 462 | 313 |
| 15 | 23 | 7 | 46 | 64 | 2 | 29 | 130 |
| 7066 | 6255 | 772 | 2266 | 10507 | 1469 | 5777 | 4136 |
| 1586 | 1586 | | 5 | 166 | 23 | 429 | 73 |
| -270 | -271 | 24 | 51 | 610 | 84 | 609 | 234 |
| 5970 | 4988 | 748 | 2072 | 9364 | 1311 | 4679 | 3406 |
| -8 | -8 | | | 25 | 4 | 11 | 30 |
| -213 | -40 | | 138 | 343 | 48 | 50 | 393 |
| 789 | 5317 | 901 | 1784 | 13693 | 1724 | 10555 | 10956 |
| 2862 | 4981 | 696 | 1409 | 10115 | 1258 | 8152 | 8699 |
| -2156 | 328 | 201 | 375 | 3430 | 463 | 2332 | 2172 |
| 82 | 8 | 3 | | 148 | 3 | 71 | 85 |
| 38905 | 24416 | 5318 | 5585 | 33539 | 7411 | 10259 | 16375 |
| 1214 | 2367 | 766 | 81 | 1287 | 169 | 3608 | 766 |
| 12036 | 10518 | 704 | 4298 | 19827 | 2793 | 1518 | 9237 |
| 62 | 61 | 16 | | 63 | 4 | 23 | 58 |
| 1861 | 2446 | 1158 | 644 | 5581 | 3772 | 2754 | 3053 |
| -270 | -261 | 19 | 31 | 608 | 76 | 321 | 587 |
| 5635 | 6538 | 1582 | 103 | 3240 | 231 | -175 | 1517 |
| 54 | 54 | | | 29 | 4 | | 25 |
| -5 | 7 | 2 | 5 | 13 | 2 | | 7 |
| 18317 | 2687 | 1072 | 422 | 2890 | 360 | 2211 | 1125 |
| -742 | 788 | 2662 | 731 | 15775 | 3047 | 7948 | 9407 |
| -2977 | -1313 | 1793 | 383 | 10774 | 1484 | 5745 | 5598 |
| 138 | 120 | 48 | 44 | 320 | 128 | 252 | 299 |
| 46 | 172 | 96 | 5 | 1684 | 218 | 362 | 1313 |
| -396 | -400 | 19 | 6 | 299 | 42 | 186 | 225 |
| 1412 | 1362 | 496 | 264 | 1949 | 266 | 877 | 1496 |
| 1036 | 847 | 210 | 30 | 750 | 909 | 527 | 476 |
| 1812 | 2169 | 414 | 137 | 1459 | 171 | 824 | 750 |
| 31 | 104 | 36 | 64 | 708 | 93 | 127 | 394 |
| 1780 | 2066 | 378 | 73 | 752 | 78 | 696 | 356 |

# 14—8 限额以上零售业企业财务状况（2006年）

单位：万元

| 指　　标 | Item | 企业数（个） Number of Enterprises (unit) | 流动资产合计 Total Circulating Assets | 固定资产原价 Original Value of Fixed Assets |
|---|---|---|---|---|
| **总　　计** | **Total** | **411** | **1087333** | **648694** |
| #国有及国有控股 | State-owned and State Holding | 73 | 564073 | 475649 |
| **按登记注册类型分** | **By Registration** | | | |
| 内资企业 | Domestic-funded Enterprises | 398 | 999780 | 592862 |
| 国有企业 | State-owned Enterprises | 42 | 47175 | 31398 |
| 集体企业 | Collective-owned Enterprises | 14 | 3586 | 1748 |
| 股份合作企业 | Cooperative Share Holding Enterprises | 13 | 3825 | 1888 |
| 联营企业 | Joint-owned Enterprises | 2 | 612 | 195 |
| 国有联营 | State Joint-owned Enterprises | 1 | 144 | 2 |
| 国有与集体联营企业 | Joint State-collective Enterprises | 1 | 468 | 193 |
| 有限责任公司 | Limited-liability Corporations | 118 | 716955 | 491891 |
| 国有独资公司 | State Sole Funded | 1 | 456314 | 407497 |
| 其他有限责任公司 | Other Limited-liability Corporations | 117 | 260642 | 84394 |
| 股份有限公司 | Share Holding Limited Companies | 14 | 11419 | 12125 |
| 私营企业 | Private Enterprises | 191 | 212081 | 53494 |
| 私营独资企业 | Private-funded Enterprises | 10 | 3394 | 1364 |
| 私营合伙企业 | Private Partnership Enterprises | 3 | 979 | 800 |
| 私营有限责任公司 | Private Limited Liability Corporations | 168 | 205175 | 49410 |
| 私营股份有限公司 | Private Share Holding Limited Companies | 10 | 2534 | 1920 |
| 其他企业 | Others | 4 | 4127 | 123 |
| 港澳台商投资企业 | Enterprises Funded by Hong Kong, Macao and Taiwan | 5 | 14719 | 695 |
| 合资经营企业（港或澳、台资） | Joint-venture Enterprises | 3 | 6060 | 146 |
| 港、澳、台商独资经营企业 | Enterprises with Sole Funded from Hong Kong, Macao and Taiwan | 2 | 8659 | 549 |
| 外商投资企业 | Foreign-funded Enterprises | 8 | 72834 | 55136 |
| 中外合资经营企业 | Joint-venture Enterprises | 3 | 16367 | 9121 |
| 中外合作经营企业 | Cooperative Enterprises | 3 | 50028 | 40856 |
| 外资企业 | Enterprises with Sole Foreign Funds | 2 | 6439 | 5160 |
| **按零售行业小类分** | **By Retail Sector** | | | |
| 综合零售 | Comprehensive Retails | 100 | 640873 | 527023 |
| 百货零售 | Department Stores | 47 | 567165 | 462352 |
| 超级市场零售 | Supermarkets | 32 | 65825 | 62046 |
| 其他综合零售 | Other Comprehensive Retails | 21 | 7882 | 2624 |
| 食品、饮料及烟草制品专门零售 | Special Retail of Food, Beverages and Tobacco Products | 16 | 14369 | 13479 |
| 粮油零售 | Retail of Grains and Edible Oil | 6 | 10825 | 9784 |
| 糕点、面包零售 | Retail of Cakes and Bread | 2 | 327 | 315 |
| 肉、禽、蛋及水产品零售 | Retail of Meat, Poultry, Eggs and Water Products | 3 | 2454 | 2979 |
| 饮料及茶叶零售 | Retail of Beverages and Tea | | | |
| 烟草制品零售 | Retail of Tobacco Products | 3 | 637 | 128 |
| 其他食品零售 | Retail of other Food | 2 | 126 | 274 |

# Financial Indicators of Retail Enterprises above Designated Size (2006)

(10 000 yuan)

| 累计折旧<br>Total Depreciation | 资产总计<br>Total Assets | 负债合计<br>Total Liabilities | 实收资本<br>Capital Obtained | 主营业务收入<br>Revenue of Major Business | 主营业务成本<br>Cost of Major Business | 主营业务税金及附加<br>Tax and Extra of Major Business | 主营业务利润<br>Profits of Major Business |
|---|---|---|---|---|---|---|---|
| **129595** | **1756547** | **1398938** | **251917** | **3359293** | **2989874** | **14543** | **335042** |
| 77680 | 1047979 | 830245 | 83684 | 1887725 | 1689305 | 6338 | 186721 |
| | | | | | | | |
| 107888 | 1622551 | 1313203 | 209879 | 3117859 | 2791421 | 14308 | 298742 |
| 9312 | 78179 | 71558 | 11711 | 130916 | 111570 | 409 | 15861 |
| 468 | 5510 | 3869 | 1870 | 16656 | 15690 | 52 | 872 |
| 598 | 5493 | 4181 | 1194 | 31437 | 28892 | 46 | 2422 |
| 181 | 1032 | 200 | 830 | 6723 | 6410 | 4 | 309 |
| 1 | 151 | 155 | 100 | 2261 | 2176 | 1 | 85 |
| 181 | 881 | 45 | 730 | 4462 | 4234 | 4 | 224 |
| 81244 | 1231325 | 977862 | 128782 | 2288695 | 2063310 | 8494 | 212148 |
| 60125 | 870077 | 680385 | 50200 | 1416278 | 1261973 | 5474 | 148832 |
| 21119 | 361248 | 297478 | 78582 | 872417 | 801338 | 3021 | 63316 |
| 3364 | 23290 | 15359 | 7125 | 36737 | 32705 | 100 | 3660 |
| 12626 | 273466 | 236727 | 57913 | 594418 | 522633 | 5160 | 61448 |
| 455 | 5660 | 3874 | 1021 | 17332 | 13507 | 130 | 3300 |
| 187 | 1592 | 441 | 700 | 2837 | 2364 | 14 | 460 |
| 11784 | 260303 | 227868 | 54702 | 562029 | 495525 | 4974 | 57025 |
| 200 | 5911 | 4544 | 1490 | 12220 | 11237 | 43 | 664 |
| 95 | 4257 | 3447 | 455 | 12277 | 10213 | 43 | 2021 |
| 294 | 15827 | 11957 | 5586 | 38520 | 30530 | 107 | 7883 |
| 72 | 6486 | 6037 | 1100 | 7707 | 6564 | 73 | 1070 |
| 222 | 9341 | 5921 | 4486 | 30813 | 23966 | 34 | 6814 |
| 21414 | 118169 | 73777 | 36452 | 202914 | 167923 | 128 | 28417 |
| 3102 | 26761 | 16419 | 7483 | 50801 | 42353 | 102 | 8345 |
| 17959 | 78304 | 41875 | 28239 | 141194 | 116838 | 26 | 17896 |
| 353 | 13104 | 15483 | 730 | 10920 | 8732 | | 2176 |
| | | | | | | | |
| 100401 | 1172960 | 921751 | 132307 | 2089339 | 1842806 | 7423 | 230535 |
| 75980 | 1047693 | 829644 | 91746 | 1756949 | 1548847 | 6697 | 194497 |
| 23916 | 113709 | 83279 | 37443 | 293713 | 257675 | 621 | 33749 |
| 504 | 11558 | 8828 | 3117 | 38678 | 36285 | 104 | 2289 |
| 3784 | 26257 | 28885 | 6431 | 36439 | 33173 | 58 | 2742 |
| 2439 | 18626 | 24480 | 3819 | 22558 | 21639 | 4 | 821 |
| 113 | 530 | 216 | 108 | 1138 | 812 | 17 | 310 |
| 1036 | 5733 | 3347 | 2116 | 6192 | 5500 | 13 | 495 |
| | | | | | | | |
| 57 | 1061 | 703 | 145 | 3102 | 2633 | 10 | 270 |
| 139 | 307 | 139 | 244 | 3449 | 2589 | 14 | 846 |

14-8 续表1

单位：万元

| 指　　标 | Item | 企业数（个） Number of Enterprises (unit) | 流动资产合计 Total Circulating Assets | 固定资产原价 Original Value of Fixed Assets |
|---|---|---|---|---|
| 纺织、服装及日用品专门零售 | Special Retail of Textile, Garments and Daily Goods | 19 | 19238 | 4839 |
| 服装零售 | Retail of Garments | 11 | 11631 | 402 |
| 鞋帽零售 | Retail of Shoes and Hats | 4 | 1606 | |
| 钟表、眼镜零售 | Retail of Clocks and Glasses | 3 | 5824 | 4435 |
| 化妆品及卫生用品零售 | Retail of Cosmetics and Healthy Goods | 1 | 178 | 3 |
| 其他日用品零售 | Retail of Other Daily Goods | | | |
| 文化、体育用品及器材专门零售 | Special Retail of Cultural and Sports Articles | 27 | 18623 | 9533 |
| 文具用品零售 | Retail of Cultural Goods | 2 | 321 | 15 |
| 体育用品零售 | Retail of Sports Goods | | | |
| 图书零售 | Retail of Books | 22 | 16587 | 8571 |
| 珠宝首饰零售 | Retail of Jewellery and Ornaments | 1 | 1149 | 812 |
| 工艺美术品及收藏品零售 | Retail of Handicrafts and Collections | | | |
| 照相器材零售 | Retail of Cameras | 1 | 185 | 11 |
| 其他文化用品零售 | Retail of Other Cultural Goods | 1 | 381 | 125 |
| 医药及医疗器材专门零售 | Special Retail of Medicine and Medical Appliances | 39 | 45834 | 21791 |
| 药品零售 | Retail of Medicine | 38 | 44799 | 21688 |
| 医疗用品及器材零售 | Retail of Medical Articles and Appliances | 1 | 1035 | 103 |
| 汽车、摩托车、燃料及零配件专门零售 | Special Retail of Motor Vehicles, Motorcycles, Fuel and Related Spares | 99 | 206312 | 54908 |
| 汽车零售 | Retail of Motor Vehicles | 80 | 195749 | 47785 |
| 汽车零配件零售 | Retail of Motor Vehicles Related Parts | 2 | 689 | 108 |
| 摩托车及零配件零售业 | Retail of Motorcycles and Related Parts | 6 | 2345 | 90 |
| 机动车燃料零售 | Retail of Motor Fuel | 11 | 7528 | 6924 |
| 家用电器及电子产品专门零售 | Special Retail of Household Electric Equipment and Electronic Products | 64 | 122236 | 6540 |
| 家用电器零售业 | Retail of Household Electric Equipment | 38 | 105805 | 5627 |
| 计算机、软件及辅助设备零售 | Retail of Computers, Softwares and Assistant Equipment | 13 | 10662 | 426 |
| 通信设备零售 | Retail of Communication Equipment | 11 | 4235 | 381 |
| 其他电子产品零售 | Other Retail of Electronic Products | 2 | 1535 | 106 |
| 五金、家具及室内装修材料专门零售 | Special Retail of Hardware, Furniture and Indoor Decoration | 44 | 18592 | 10167 |
| 五金零售 | Retail of Hardware | 5 | 1076 | |
| 家具零售 | Retail of Furnitures | 6 | 2961 | 2343 |
| 其他室内装修材料零售 | Other Retail of Indoor Decoration | 33 | 14555 | 7825 |
| 无店铺及其他零售业 | Non-shops and Other Retails | 3 | 1257 | 414 |
| 生活用燃料零售 | Retail of Living Fuel | | | |
| 其他未列明的零售 | Other Retail not listed here | 3 | 1257 | 414 |

14-8 CONTINUED-1

(10 000 yuan)

| 累计折旧<br>Total Depreciation | 资产总计<br>Total Assets | 负债合计<br>Total Liabilities | 实收资本<br>Capital Obtained | 主营业务收入<br>Revenue of Major Business | 主营业务成本<br>Cost of Major Business | 主营业务税金及附加<br>Tax and Extra of Major Business | 主营业务利润<br>Profits of Major Business |
|---|---|---|---|---|---|---|---|
| 1365 | 25397 | 20437 | 5541 | 39434 | 27689 | 111 | 9306 |
| 172 | 13300 | 10929 | 2720 | 23329 | 18901 | 59 | 2042 |
|  | 2051 | 1515 | 459 | 3488 | 1542 | 15 | 1931 |
| 1191 | 9866 | 7838 | 2333 | 12017 | 6679 | 13 | 5325 |
| 2 | 180 | 155 | 29 | 600 | 568 | 24 | 8 |
| 3481 | 31715 | 25273 | 5674 | 54430 | 42082 | 336 | 9959 |
| 5 | 335 | 257 | 120 | 824 | 729 | 1 | 94 |
| 3114 | 28820 | 23813 | 4530 | 51546 | 39658 | 295 | 9541 |
| 263 | 1959 | 784 | 878 | 511 | 301 | 31 | 180 |
| 8 | 187 | 113 | 91 | 761 | 717 | 1 | 43 |
| 91 | 414 | 307 | 55 | 788 | 678 | 9 | 101 |
| 5276 | 71604 | 58146 | 16362 | 76897 | 67161 | 158 | 8713 |
| 5243 | 70500 | 57302 | 16262 | 75008 | 65660 | 151 | 8332 |
| 33 | 1105 | 844 | 100 | 1889 | 1501 | 7 | 381 |
| 11309 | 266768 | 201759 | 58970 | 639441 | 601644 | 1586 | 33463 |
| 9201 | 248473 | 193516 | 53139 | 577971 | 545903 | 1508 | 27923 |
| 60 | 749 | 712 | 80 | 3275 | 3036 | 4 | 234 |
| 5 | 2551 | 1484 | 1046 | 4402 | 4058 | 3 | 283 |
| 2044 | 14995 | 6047 | 4706 | 53794 | 48647 | 71 | 5024 |
| 2225 | 131243 | 117154 | 15312 | 341702 | 312619 | 2219 | 24184 |
| 1914 | 114104 | 104607 | 9571 | 266003 | 240515 | 2157 | 21360 |
| 149 | 10972 | 7112 | 3400 | 59066 | 56381 | 42 | 2038 |
| 105 | 4583 | 4104 | 1785 | 11347 | 10762 | 15 | 466 |
| 57 | 1584 | 1331 | 556 | 5286 | 4961 | 5 | 319 |
| 1544 | 29143 | 24516 | 11094 | 77072 | 58498 | 2645 | 15929 |
|  | 1076 | 280 | 765 | 5687 | 4034 | 301 | 1352 |
| 872 | 4468 | 3091 | 1890 | 14231 | 10978 | 43 | 3210 |
| 673 | 23599 | 21146 | 8440 | 57153 | 43486 | 2300 | 11367 |
| 209 | 1461 | 1017 | 226 | 4538 | 4202 | 9 | 211 |
| 209 | 1461 | 1017 | 226 | 4538 | 4202 | 9 | 211 |

14-8 续表2

单位：万元

| 指标 | Item | 其他业务利润 Profits of Other Business | 营业费用 Business Cost | 管理费用 Management Cost |
|---|---|---|---|---|
| **总计** | **Total** | **52149** | **209640** | **160050** |
| #国有及国有控股 | State-owned and State Holding | 20760 | 86359 | 95045 |
| **按登记注册类型分** | **By Registration** | | | |
| 内资企业 | Domestic-funded Enterprises | 41338 | 179442 | 142751 |
| 国有企业 | State-owned Enterprises | 1709 | 10838 | 7665 |
| 集体企业 | Collective-owned Enterprises | 129 | 468 | 385 |
| 股份合作企业 | Cooperative Share Holding Enterprises | 18 | 1608 | 547 |
| 联营企业 | Joint-owned Enterprises | | 171 | 8 |
| 国有联营 | State Joint-owned Enterprises | | 45 | 38 |
| 国有与集体联营企业 | Joint State-collective Enterprises | | 126 | -30 |
| 有限责任公司 | Limited-liability Corporations | 31946 | 119261 | 100319 |
| 国有独资公司 | State Sole Funded | 16424 | 63815 | 74683 |
| 其他有限责任公司 | Other Limited-liability Corporations | 15522 | 55446 | 25636 |
| 股份有限公司 | Share Holding Limited Companies | 787 | 1759 | 1729 |
| 私营企业 | Private Enterprises | 6748 | 44951 | 30561 |
| 私营独资企业 | Private-funded Enterprises | 14 | 792 | 490 |
| 私营合伙企业 | Private Partnership Enterprises | | 219 | 107 |
| 私营有限责任公司 | Private Limited Liability Corporations | 6705 | 43417 | 29627 |
| 私营股份有限公司 | Private Share Holding Limited Companies | 30 | 524 | 338 |
| 其他企业 | Others | | 386 | 1537 |
| 港澳台商投资企业 | Enterprises Funded by Hong Kong, Macao and Taiwan | 1441 | 7911 | 1656 |
| 合资经营企业（港或澳、台资） | Joint-venture Enterprises | | 1026 | 150 |
| 港、澳、台商独资经营企业 | Enterprises with Sole Funded from Hong Kong, Macao and Taiwan | 1441 | 6886 | 1506 |
| 外商投资企业 | Foreign-funded Enterprises | 9370 | 22287 | 15643 |
| 中外合资经营企业 | Joint-venture Enterprises | 990 | 3743 | 3195 |
| 中外合作经营企业 | Cooperative Enterprises | 7364 | 13964 | 11125 |
| 外资企业 | Enterprises with Sole Foreign Funds | 1016 | 4580 | 1323 |
| **按零售行业小类分** | **By Retail Sector** | | | |
| 综合零售 | Comprehensive Retails | 38678 | 143883 | 115242 |
| 百货零售 | Department Stores | 26757 | 109164 | 95754 |
| 超级市场零售 | Supermarkets | 11638 | 33174 | 18761 |
| 其他综合零售 | Other Comprehensive Retails | 283 | 1545 | 727 |
| 食品、饮料及烟草制品专门零售 | Special Retail of Food, Beverages and Tobacco Products | 574 | 2507 | 2573 |
| 粮油零售 | Retail of Grains and Edible Oil | 109 | 741 | 853 |
| 糕点、面包零售 | Retail of Cakes and Bread | | 108 | 108 |
| 肉、禽、蛋及水产品零售 | Retail of Meat, Poultry, Eggs and Water Products | 279 | 518 | 1301 |
| 饮料及茶叶零售 | Retail of Beverages and Tea | | | |
| 烟草制品零售 | Retail of Tobacco Products | 31 | 276 | 203 |
| 其他食品零售 | Retail of other Food | 155 | 865 | 108 |

14-8 CONTINUED-2

(10 000 yuan)

| 营业利润<br>Business Profit | 利润总额<br>Total Profits | 应交所得税<br>Payable Income Tax | 劳动、失业保险费<br>Insurance of Labour and Unemployment | 应付工资<br>Payable Wages | 应付福利费<br>Payable Welfare Funds | 本年应交增值税<br>Payable Value-added Tax | 全部从业人员年平均人数（人）<br>Average Employment (person) |
|---|---|---|---|---|---|---|---|
| **16545** | **7232** | **9764** | **4730** | **79573** | **12735** | **82471** | **60174** |
| 17338 | 15390 | 4411 | 1835 | 43100 | 9850 | 38798 | 25537 |
| | | | | | | | |
| 10604 | 1452 | 7360 | 3914 | 71135 | 12587 | 76179 | 56632 |
| 1353 | 1412 | 208 | 961 | 5209 | 673 | 1713 | 4283 |
| 139 | 124 | 22 | 29 | 309 | 32 | 67 | 379 |
| 298 | 309 | 88 | 53 | 466 | 72 | 89 | 630 |
| 132 | 132 | 43 | | 55 | 8 | 41 | 31 |
| 3 | 3 | | | 19 | 3 | 5 | 6 |
| 130 | 129 | 43 | | 37 | 5 | 36 | 25 |
| 13237 | 10751 | 5404 | 2266 | 48640 | 10332 | 65131 | 33653 |
| 14934 | 14527 | 3307 | 389 | 32951 | 8510 | 27694 | 17589 |
| -1697 | -3775 | 2098 | 1876 | 15690 | 1822 | 37437 | 16064 |
| 1030 | 914 | 114 | 127 | 1002 | 142 | 496 | 1767 |
| -5651 | -12222 | 1479 | 478 | 15299 | 1312 | 8313 | 15757 |
| 2307 | 343 | 50 | | 460 | 36 | 161 | 748 |
| 90 | 63 | 10 | | 131 | 13 | 53 | 183 |
| -8031 | -12664 | 1417 | 474 | 14396 | 1233 | 7932 | 14405 |
| -17 | 38 | 2 | 4 | 312 | 29 | 167 | 421 |
| 66 | 32 | 1 | | 155 | 17 | 329 | 132 |
| -305 | -325 | | 260 | 1024 | 46 | 1198 | 648 |
| -184 | -234 | | 20 | 187 | 25 | 147 | 211 |
| -121 | -92 | | 240 | 837 | 21 | 1052 | 437 |
| 6246 | 6105 | 2405 | 556 | 7414 | 102 | 5094 | 2894 |
| 2365 | 2514 | 224 | 243 | 2585 | 15 | 1759 | 1002 |
| 6890 | 6599 | 2146 | 153 | 3869 | 13 | 3322 | 1520 |
| -3009 | -3008 | 34 | 160 | 960 | 75 | 13 | 372 |
| | | | | | | | |
| 5419 | 5769 | 5980 | 2256 | 53834 | 9948 | 40467 | 40399 |
| 10224 | 9726 | 5643 | 1926 | 43483 | 9218 | 35274 | 28950 |
| -5012 | -4165 | 324 | 283 | 9257 | 702 | 5179 | 9979 |
| 206 | 207 | 13 | 47 | 1094 | 28 | 14 | 1470 |
| -1797 | -130 | 20 | 540 | 1467 | 182 | 136 | 1123 |
| -1018 | -92 | 5 | 296 | 573 | 78 | 33 | 510 |
| 83 | 82 | 1 | | 83 | 11 | | 100 |
| -889 | -132 | 2 | 204 | 592 | 56 | 11 | 365 |
| | | | | | | | |
| -2 | -17 | 11 | 6 | 205 | 25 | 92 | 108 |
| 28 | 29 | 1 | 35 | 14 | 11 | 1 | 40 |

14-8 续表3

单位：万元

| 指　　标 | Item | 其他业务利润 Profits of Other Business | 营业费用 Business Cost | 管理费用 Management Cost |
|---|---|---|---|---|
| 纺织、服装及日用品专门零售 | Special Retail of Textile, Garments and Daily Goods | 222 | 5899 | 4183 |
| 服装零售 | Retail of Garments | 62 | 2032 | 2545 |
| 鞋帽零售 | Retail of Shoes and Hats | | 252 | 78 |
| 钟表、眼镜零售 | Retail of Clocks and Glasses | 160 | 3612 | 1557 |
| 化妆品及卫生用品零售 | Retail of Cosmetics and Healthy Goods | | 3 | 3 |
| 其他日用品零售 | Retail of Other Daily Goods | | | |
| 文化、体育用品及器材专门零售 | Special Retail of Cultural and Sports Articles | 502 | 5727 | 3547 |
| 文具用品零售 | Retail of Cultural Goods | | 75 | 28 |
| 体育用品零售 | Retail of Sports Goods | | | |
| 图书零售 | Retail of Books | 503 | 5564 | 3339 |
| 珠宝首饰零售 | Retail of Jewellery and Ornaments | | | 134 |
| 工艺美术品及收藏品零售 | Retail of Handicrafts and Collections | | | |
| 照相器材零售 | Retail of Cameras | | 17 | 20 |
| 其他文化用品零售 | Retail of Other Cultural Goods | -2 | 72 | 26 |
| 医药及医疗器材专门零售 | Special Retail of Medicine and Medical Appliances | 1390 | 5967 | 4660 |
| 药品零售 | Retail of Medicine | 1390 | 5879 | 4557 |
| 医疗用品及器材零售 | Retail of Medical Articles and Appliances | | 88 | 102 |
| 汽车、摩托车、燃料及零配件专门零售 | Special Retail of Motor Vehicles, Motorcycles, Fuel and Related Spares | 1081 | 15336 | 13221 |
| 汽车零售 | Retail of Motor Vehicles | 1038 | 11675 | 12695 |
| 汽车零配件零售 | Retail of Motor Vehicles Related Parts | -8 | 104 | 103 |
| 摩托车及零配件零售业 | Retail of Motorcycles and Related Parts | | 140 | 104 |
| 机动车燃料零售 | Retail of Motor Fuel | 51 | 3417 | 319 |
| 家用电器及电子产品专门零售 | Special Retail of Household Electric Equipment and Electronic Products | 7870 | 18342 | 6543 |
| 家用电器零售业 | Retail of Household Electric Equipment | 7674 | 16687 | 4954 |
| 计算机、软件及辅助设备零售 | Retail of Computers, Softwares and Assistant Equipment | 93 | 1173 | 844 |
| 通信设备零售 | Retail of Communication Equipment | 103 | 349 | 524 |
| 其他电子产品零售 | Other Retail of Electronic Products | | 133 | 221 |
| 五金、家具及室内装修材料专门零售 | Special Retail of Hardware, Furniture and Indoor Decoration | 1773 | 11755 | 9915 |
| 五金零售 | Retail of Hardware | | 378 | 934 |
| 家具零售 | Retail of Furnitures | | 2344 | 455 |
| 其他室内装修材料零售 | Other Retail of Indoor Decoration | 1773 | 9033 | 8525 |
| 无店铺及其他零售业 | Non-shops and Other Retails | 59 | 224 | 166 |
| 生活用燃料零售 | Retail of Living Fuel | | | |
| 其他未列明的零售 | Other Retail not listed here | 59 | 224 | 166 |

## 14-8 CONTINUED-3

(10 000 yuan)

| 营业利润<br>Business Profit | 利润总额<br>Total Profits | 应交所得税<br>Payable Income Tax | 劳动、失业保险费<br>Insurance of Labour and Unemployment | 应付工资<br>Payable Wages | 应付福利费<br>Payable Welfare Funds | 本年应交增值税<br>Payable Value-added Tax | 全部从业人员年平均人数（人）<br>Average Employment (person) |
|---|---|---|---|---|---|---|---|
| 1417 | 250 | 235 | 241 | 3351 | 193 | 983 | 2283 |
| -200 | -175 | 74 | 69 | 1023 | 88 | 232 | 1184 |
| 1500 | 314 | 31 |  | 213 | 74 | 17 | 348 |
| 115 | 108 | 131 | 172 | 2097 | 31 | 734 | 721 |
| 2 | 2 |  |  | 18 |  |  | 30 |
|  |  |  |  |  |  |  |  |
| 2989 | 1821 | 110 | 365 | 3103 | 441 | 1239 | 1578 |
| -13 | -13 |  | 1 | 38 | 5 | 7 | 51 |
|  |  |  |  |  |  |  |  |
| 2950 | 1789 | 109 | 326 | 2974 | 378 | 1166 | 1416 |
| 43 | 43 |  | 38 | 54 | 54 | 41 | 78 |
|  |  |  |  |  |  |  |  |
| 6 | -1 |  |  | 16 |  | 8 | 16 |
| 3 | 3 | 1 |  | 21 | 3 | 16 | 17 |
| -460 | -581 | 71 | 268 | 3327 | 416 | 2118 | 3306 |
| -650 | -772 | 8 | 257 | 3278 | 409 | 2050 | 3286 |
| 191 | 191 | 63 | 11 | 49 | 7 | 68 | 20 |
| 5053 | 3366 | 1665 | 312 | 6930 | 830 | 9729 | 4395 |
| 3547 | 1894 | 1148 | 306 | 5748 | 685 | 4022 | 3497 |
| 20 | 19 | 6 |  | 103 | 13 | 44 | 99 |
| 75 | 75 | 2 | 3 | 132 | 7 | 27 | 126 |
| 1411 | 1378 | 510 | 3 | 947 | 125 | 5635 | 673 |
| 8803 | 459 | 1455 | 571 | 5182 | 459 | 24122 | 5480 |
| 8484 | 71 | 1275 | 494 | 4141 | 332 | 23530 | 4564 |
| 571 | 543 | 179 | 61 | 609 | 75 | 354 | 583 |
| -201 | -103 | 1 | 7 | 313 | 42 | 190 | 280 |
| -51 | -52 |  | 9 | 119 | 10 | 49 | 53 |
| -4851 | -3739 | 221 | 177 | 2229 | 247 | 3611 | 1504 |
| -38 | 8 | 2 |  | 95 | 5 | 274 | 86 |
| 371 | 407 | 192 | 14 | 400 | 44 | 189 | 405 |
| -5184 | -4154 | 27 | 162 | 1735 | 198 | 3148 | 1013 |
| -26 | 17 | 8 |  | 151 | 20 | 65 | 106 |
|  |  |  |  |  |  |  |  |
| -26 | 17 | 8 |  | 151 | 20 | 65 | 106 |

# 14－9 限额以上餐饮业企业财务状况（2006年）

单位：万元

| 指　　标 | Item | 企业数（个） Number of Enterprises (unit) | 流动资产合计 Total Circulating Assets | 固定资产原价 Original Value of Fixed Assets |
|---|---|---|---|---|
| **总　计** | **Total** | **304** | **199151** | **207433** |
| #国有及国有控股 | State-owned and State Holding | 11 | 8906 | 12559 |
| **按登记注册类型分组** | **By Registration** | | | |
| 内资企业 | Domestic-funded Enterprises | 297 | 179161 | 146521 |
| 国有企业 | State-owned Enterprises | 1 | 37 | 182 |
| 集体企业 | Collective-owned Enterprises | 8 | 616 | 482 |
| 股份合作企业 | Cooperative Share Holding Enterprises | 8 | 2542 | 8772 |
| 有限责任公司 | Limited-liability Corporations | 51 | 44722 | 43398 |
| 其他有限责任公司 | Other Limited-liability Corporations | 48 | 43976 | 38993 |
| 股份有限公司 | Share Holding Limited Companies | 6 | 2812 | 2673 |
| 私营企业 | Private Enterprises | 209 | 124402 | 85158 |
| 私营独资企业 | Private-funded Enterprises | 85 | 4852 | 15620 |
| 私营合伙企业 | Private Partnership Enterprises | 22 | 1725 | 6421 |
| 私营有限责任公司 | Private Limited Liability Corporations | 94 | 114967 | 62010 |
| 私营股份有限公司 | Private Share Holding Limited Companies | 8 | 2859 | 1107 |
| 其他企业 | Other Enterprises | 14 | 4030 | 5857 |
| 港澳台商投资企业 | Enterprises Funded by Hong Kong, Macao and Taiwan | 3 | 17738 | 53448 |
| 合资经营企业（港或澳、台资） | Joint-venture Enterprises | 1 | 15915 | 52104 |
| 港、澳、台商独资经营企业 | Enterprises with Sole Funded from Hong Kong, Macao and Taiwan | 2 | 1823 | 1344 |
| 外商投资企业 | Foreign-funded Enterprises | 4 | 2253 | 7465 |
| 外资企业 | Foreign-funded Enterprises | 4 | 2253 | 7465 |
| **按餐饮行业中类分组** | **By Sector** | | | |
| 正餐服务 | Dinner Services | 298 | 196419 | 197448 |
| 快餐服务 | Fast Food Services | 3 | 2542 | 8926 |
| 其他餐饮服务 | Other Catering Services | 3 | 190 | 1059 |

# Financial Indicators of Catering Enterprises above Designated Size (2006)

(10 000 yuan)

| 累计折旧<br>Total Depreciation | 本年折旧<br>Depreciation in 2004 | 资产总计<br>Total Assets | 负债合计<br>Total Liabilities | 实收资本<br>Capital Obtained | 主营业务收入<br>Revenue of Major Business | 主营业务成本<br>Cost of Major Business | 主营业务税金及附加<br>Tax and Extra of Major Business |
|---|---|---|---|---|---|---|---|
| **60401** | **14092** | **421437** | **245597** | **114668** | **335609** | **177609** | **17727** |
| 1702 | 524 | 21370 | 9380 | 5585 | 21291 | 7245 | 986 |
| 47189 | 9220 | 343992 | 181802 | 98900 | 305736 | 167639 | 16262 |
| 52 | 12 | 384 | 308 | 20 | 768 | 701 | 24 |
| 268 | 39 | 978 | 434 | 193 | 3300 | 1716 | 168 |
| 4090 | 393 | 8320 | 7457 | 4019 | 4354 | 2305 | 264 |
| 12451 | 2770 | 89332 | 57426 | 23000 | 71340 | 34690 | 3423 |
| 12256 | 2576 | 84372 | 55858 | 22500 | 69462 | 34015 | 3307 |
| 621 | 171 | 5993 | 3101 | 1970 | 9330 | 4323 | 491 |
| 27914 | 5400 | 230750 | 110700 | 65538 | 208254 | 118793 | 11376 |
| 3606 | 1285 | 20147 | 8625 | 9897 | 41355 | 27086 | 2403 |
| 1508 | 511 | 7327 | 2100 | 3349 | 10894 | 6468 | 670 |
| 22362 | 3548 | 199577 | 98589 | 50531 | 150676 | 81910 | 8044 |
| 437 | 56 | 3699 | 1385 | 1762 | 5329 | 3330 | 260 |
| 1793 | 436 | 8236 | 2375 | 4161 | 8391 | 5111 | 516 |
| 9968 | 4118 | 70538 | 61452 | 12001 | 16612 | 5194 | 805 |
| 9229 | 4023 | 68088 | 58343 | 9884 | 14424 | 4484 | 705 |
| 739 | 95 | 2451 | 3109 | 2118 | 2188 | 710 | 100 |
| 3244 | 754 | 6907 | 2343 | 3767 | 13261 | 4776 | 659 |
| 3244 | 754 | 6907 | 2343 | 3767 | 13261 | 4776 | 659 |
| 55975 | 13076 | 412488 | 241379 | 108256 | 317833 | 170066 | 16919 |
| 4015 | 846 | 7833 | 3964 | 5614 | 16882 | 7184 | 749 |
| 411 | 170 | 1117 | 254 | 798 | 894 | 358 | 58 |

14-9 续表

单位：万元

| 指　　标 | Item | 主营业务利润 Profits of Major Business | 其他业务利润 Profits of Other Business | 营业费用 Business Cost |
|---|---|---|---|---|
| **总　　计** | **Total** | **117282** | **5001** | **92983** |
| #国有及国有控股 | State-owned and State Holding | 10300 | 250 | 7524 |
| **按登记注册类型分组** | **By Registration** | | | |
| 内资企业 | Domestic-funded Enterprises | 100242 | 5004 | 80948 |
| 国有企业 | State-owned Enterprises | 18 | | 25 |
| 集体企业 | Collective-owned Enterprises | 1162 | 28 | 1104 |
| 股份合作企业 | Cooperative Share Holding Enterprises | 1238 | 8 | 1175 |
| 有限责任公司 | Limited-liability Corporations | 25022 | 3487 | 22123 |
| 其他有限责任公司 | Other Limited-liability Corporations | 23935 | 3487 | 20609 |
| 股份有限公司 | Share Holding Limited Companies | 2496 | 391 | 1875 |
| 私营企业 | Private Enterprises | 68687 | 403 | 53250 |
| 私营独资企业 | Private-funded Enterprises | 10698 | 314 | 6614 |
| 私营合伙企业 | Private Partnership Enterprises | 3755 | 5 | 1856 |
| 私营有限责任公司 | Private Limited Liability Corporations | 52609 | 30 | 43660 |
| 私营股份有限公司 | Private Share Holding Limited Companies | 1625 | 54 | 1119 |
| 其他企业 | Other Enterprises | 1620 | 687 | 1396 |
| 港澳台商投资企业 | Enterprises Funded by Hong Kong, Macao and Taiwan | 9215 | 16 | 5930 |
| 合资经营企业（港或澳、台资） | Joint-venture Enterprises | 9235 | 1 | 4635 |
| 港、澳、台商独资经营企业 | Enterprises with Sole Funded from Hong Kong, Macao and Taiwan | -21 | 15 | 1295 |
| 外商投资企业 | Foreign-funded Enterprises | 7825 | -19 | 6106 |
| 外资企业 | Foreign-funded Enterprises | 7825 | -19 | 6106 |
| **按餐饮行业中类分组** | **By Sector** | | | |
| 正餐服务 | Dinner Services | 109389 | 5096 | 85834 |
| 快餐服务 | Fast Food Services | 7504 | -95 | 6858 |
| 其他餐饮服务 | Other Catering Services | 389 | | 291 |

## 14-9 CONTINUED

(10 000 yuan)

| 管理费用<br>Management Cost | 营业利润<br>Business Profit | 利润总额<br>Total Profits | 应交所得税<br>Payable Income Tax | 劳动、失业保险费<br>Insurance of Labour and Unemployment | 应付工资<br>Payable Wages | 应付福利费<br>Payable Welfare Funds | 全部从业人员年平均人数（人）<br>Average Employment (person) |
|---|---|---|---|---|---|---|---|
| **40444** | **5064** | **5002** | **2073** | **916** | **34958** | **3564** | **43506** |
| 6551 | -2056 | -2037 | 21 | 574 | 3219 | 323 | 2481 |
| | | | | | | | |
| 34388 | 4565 | 4513 | 1963 | 906 | 31518 | 3276 | 41259 |
| 8 | 10 | 7 | | | 90 | 13 | 80 |
| 207 | 190 | 161 | 18 | | 434 | 63 | 355 |
| 743 | 496 | 120 | | 19 | 858 | 39 | 838 |
| 12442 | -2223 | -2731 | 293 | 671 | 11667 | 1284 | 8647 |
| 12176 | -1512 | -2019 | 293 | 666 | 11092 | 1259 | 8255 |
| 2217 | 216 | 144 | 32 | 133 | 606 | 46 | 731 |
| 18436 | 4728 | 5848 | 1301 | 83 | 17307 | 1782 | 29894 |
| 2337 | 2558 | 2302 | 695 | 5 | 3426 | 275 | 4178 |
| 1585 | 791 | 780 | 267 | 1 | 1248 | 73 | 1480 |
| 14160 | 1064 | 2514 | 338 | 71 | 12102 | 1417 | 23569 |
| 354 | 315 | 252 | 1 | 7 | 530 | 17 | 667 |
| 336 | 1150 | 964 | 319 | | 557 | 49 | 714 |
| 4900 | -121 | 50 | | 2 | 1964 | 264 | 965 |
| 4243 | -194 | 38 | | | 1738 | 232 | 790 |
| 657 | 73 | 12 | | 2 | 226 | 33 | 175 |
| 1156 | 619 | 439 | 111 | 8 | 1476 | 25 | 1282 |
| 1156 | 619 | 439 | 111 | 8 | 1476 | 25 | 1282 |
| | | | | | | | |
| 38693 | 4085 | 4295 | 1963 | 908 | 33133 | 3536 | 41887 |
| 1609 | 940 | 661 | 111 | 8 | 1707 | 26 | 1487 |
| 142 | 39 | 46 | | | 118 | 2 | 132 |

# 主要统计指标解释

**社会消费品零售额** 指批发和零售业、餐饮业、新闻出版业、邮政业和其他服务业等，售予城乡居民用于生活消费的商品和社会集团用于公共消费的商品之总量。社会消费品零售总额包括：

一、批发和零售业企业：

（1）售予城乡居民的各种生活消费品。

（2）售予入境旅游的外国人、华侨、港澳台同胞的各类商品。

（3）售予行政事业单位、社会团体、军队和武警等机构的商品，以及以零售方式售予各类企业的商品。具体包括：用于非生产和社会交往的办公用品，如通讯设备、计算器具和设备、电讯网络设备、文印设备、音像视听器材和设备、纸张、本册、文具及装订文印材料、家具、日用电器、针纺织品、清洁卫生用品、文体用品、奖品、纪念品、礼品等；供内部人员乘坐的交通工具和燃料；用于办公设施修缮的各类配件、材料、工具等；用于取暖和防暑降温的设备、燃料、材料及食品等；专用于教学的用品和设备；非营利医疗机构的中、西药品、中药材和医疗设备器材；非专用的劳动保护用品；不对外营业的内部食堂用的餐具、炊具、设备、清洁卫生工具和食品、燃料等；军队、武警用于其人员生活的衣着品和个人用品；其他各类非生产性设备和用品。

二、餐饮业出售的主食、菜肴、烟酒饮料和其他商品。

三、新闻出版业、邮政业售予城乡居民、企事业单位、军队和武警等机构的书报杂志、音像制品、邮品等。

四、其他服务业出售的食品、烟酒饮料、服装鞋帽、日常生活用品、医药保健用品、艺术品、工艺美术品、玩具、殡葬用品以及其他消费品。

**商品销售总额** 指对本企业（单位）以外的单位和个人出售（包括对境外直接出口）的商品总额。这个指标反映批发零售贸易业在国内市场上销售商品以及出口商品的总量。商品销售总额包括：（1）售给城乡居民和社会集团消费用的商品；（2）售给工业、农业、建筑业、运输邮电业、批发零售贸易业、餐饮业、服务业等作为生产，经营使用的商品；（3）售给批发零售贸易业作为转卖或加工后转卖的商品；（4）对国（境）外直接出口的商品。不包括出售本企业（单位）自用的废旧包装用品；未通过买卖行为付出的商品；经本单位介绍，由买卖双方直接结算，本单位只收取手续费的业务，购货退出的商品以及商品损耗和损失等。

**住宿和餐饮业经营情况**

（1）营业收入：指住宿和餐饮业法人企业、产业活动单位在经营活动中的因提供服务或销售商品等取得的收入。包括：客房收入、餐费收入、商品销售收入和其他收入。

（2）客房收入：指住宿和餐饮法人企业、产业活动单位在经营活动中因提供住宿服务取得的客房收入。

（3）餐费收入：指住宿和餐饮法人企业、产业活动单位因为顾客提供就餐服务取得的餐费收入。包括：经烹饪、调制加工后出售的各种食品，如主食、炒菜、凉拌菜等的收入。

（4）商品销售收入：指住宿和餐饮法人企业、产业活动单位伴随服务而出售商品所取得的收入。

（5）其他收入：指营业收入中除客房收入、餐费收入、商品销售收入以外的其他收入。包括娱乐、健身和商务服务等。

**连锁企业（或称连锁店、连锁公司）** 指在核心企业或总店的领导下，由分散的、经营同类商品或服务的企业或活动单位，采取共同方针，实行集中采购和分散销售的有机结合，通过规范化经营，实现规模效益的经济联合组织形式。一般连锁店应由若干个分店组成。其经营特征：（1）经营同类商品；（2）使用统一商号；（3）统一采购配送，采购与销售相分离（部分商品可根据物流合理和保质保鲜原则，由供应商直接送货到门店，其余均由总部统一配送）。

连锁门店包括下列两种形式：

直营连锁：指正规连锁。连锁门店均由总部独资或控股开设，在总部的直接领导下统一经营。

加盟连锁：指特许连锁。各连锁门店（被特许人）通过合同形式，取得使用总部（特许人）商标、商号、经营技术和销售总部开发的商品的特许权，各加盟连锁门店为独立法人，在总部指导下统一经营。

# Explanatory Notes on Main Statistical Indicators

**Total Retail Sales of Consumer Goods** refer to the sum of retail sales of commodities sold by wholesale, retail, catering, publishing, post and telecommunications and other service industries to urban and rural households for private consumption and to social institutions for public consumption. Retail sales of consumer goods include:

(I) Sales by wholesale and retail units:

(a) of consumer goods sold to urban and rural households.

(b) of commodities sold to foreigners, overseas Chinese and Chinese compatriots from Hong Kong, Macau and Taiwan visiting in China.

(c) of commodities sold to government agencies, institutions, social organizations, military and armed police units, and commodities sold to enterprises in the form of retail sales. More specifically, they include: office facilities and articles for non-production purposes such as communications equipment, computing equipment and instruments, TV and network equipment, printing and copying equipment, audio-visual equipment and instruments, paper, notebooks, stationeries, furniture, electric appliances, knitwear, sanitation and cleaning articles, cultural and sport articles, articles for prizes, souvenirs, etc.; transport vehicles and fuels for employees; materials, spare parts and tools for the maintenance of office facilities; equipment, fuels, materials and food for winter heating or summer cooling purposes; articles and equipment for teaching purpose; Chinese and western medicines and medical equipment and facilities purchased by non profit-making medical institutes; non-specialized work safety articles; cooking utensils, tableware, equipment, cleaning articles, food and fuels purchased by internal cafeterias; clothes and personal articles purchased by military or armed police units for their officials and soldiers; and other equipment and articles for non-production purposes.

(II) Sales of stable food, cooked dishes, beverages, tobaccos and other articles by catering units.

(III) Sales of books, newspapers, magazines, audio-visual products and post products by publishing, post and telecommunications departments to urban and rural households and to enterprises, institutions, military and armed police units.

（Ⅳ）Sales of food, beverages, tobaccos, clothing, hats, footwear, articles for daily use, medicines, medical and health articles, work of art, handicrafts, toys, funeral articles and other articles by other service industries.

**Total Sales of Commodities** refer to selling of commodities by the establishments and individuals (including direct export). This indicator is used to show the total value of sales of commodities at domestic markets and export. The total sales include: 1) commodities sold to urban and rural residents and social groups for their consumption; 2) commodities sold to establishments in industry, agriculture, construction, transportation, post and telecommunications, wholesale and retail trades, catering trade and public utility for their production and operation; 3) commodities sold to wholesale and retail establishments for re-selling, with or without further processing; and 4) commodities for direct export to other countries. Excluded are selling of waste packaging materials used by the establishments (units) themselves, commodities transferred without buying or selling procedures, commission income from brokerage in transactions whose settlement is directly handled by buyers and sellers, rejected commodities in the purchase, loss in commodities, etc.

**Operation of Hotels and Catering Trade**

(I) Business income: refer to the total turnover of hotels and restaurants that obtain by service offering or commodity sales. It includes room income, catering service income, commodity sales and other income.

(II) Room income: refer to the turnover of hotels and restaurants that obtain by offering accommodation service.

(III) Catering service income: refer to the turnover of hotels and restaurants that obtain by offering catering service for customers, including sales of various foods which are sold after cooking and processing, such as staple food, cooked dishes, cold and dressed dishes and so on.

(Ⅳ) Commodity sales: refer to the turnover of hotels and restaurants that obtain by selling commodities.

(Ⅴ) Other income: refer to the part of business income except for room income, catering service income and commodity sales, such as entertainment, exercise and commercial service and so on.

**Chain Enterprises (also called chain stores or chain corporations)** refer to a form of joint economic entities under which scattered enterprises or establishments engaged in providing homogeneous commodities or services, with the central leadership of core enterprise or headquarters and guided by common policies, conduct centralized purchase and distributed selling of commodities, in order to gain better efficiency through standardized operation. Consisting of a number of branch stores, the chain stores have in general following features: 1) homogeneous commodities, 2) unique name of stores, 3) centralized purchase and delivery which is separated from distributed selling operation (most commodities are delivered from the headquarters except some items which, from logistics, quality or freshness considerations, might be delivered by the suppliers directly).

Chain stores have two categories:

(a) Chain stores under direct management: These are formal chain stores invested or controlled by the headquarters. They operate under the direct and unified management from the headquarters.

(b) Chain stores through license arrangement: Through contracts, chain stores (their owners) obtain licenses from the headquarters to use designated trade marks, names, operation know-how, and to sell the commodity developed by the headquarters. Under this arrangement, each store in the chain is an independent legal entity and operates under the guidance from the headquarters.

# 对外经济贸易和旅游业

*Foreign Economic Relations, Trade and Tourism*

## 简要说明 Brief Introduction

本章内容包括全市海关进出口、利用外资、对外承包工程和劳务合作、旅游情况，以及利用内资方面的资料。海关进出口、利用外资、国外友好城市交流和旅游资料由市统计局贸易外经处分别根据重庆海关、市对外贸易经济委员会、市政府外事办公室和市旅游局的有关资料加工整理，利用内资数据由市统计局贸易外经处提供，外商投资企业生产经营和财务情况由国家统计局重庆调查总队提供，风景名胜区和重点文物由市统计局社会科技处根据市园林局和市文化局的资料整理编辑。

Data in this chapter includes the detailed data of imports & exports, utilization of foreign capital, contracted projects and labor cooperation with the foreign countries (territories), tourism and utilization of domestic capital. Data on imports & exports, utilization of foreign capital, communications with foreign sister cities and tourism are provided by Division of Trade and External Economic Relations Statistics, Municipal Bureau of Statistics according to data from Chongqing Customs of PRC, Municipal Committee of Foreign Trade and Economics, Foreign Affairs Office of Municipal Government and Municipal Tourism Administration. Data on utilization of domestic capital are provided by Division of Trade and External Economic Relations Statistics, Municipal Bureau of Statistics. Statistics on production, business and finance of foreign-funded enterprises are provided by NBS Survey Office in Chongqing. Scenic spots and main cultural relics are edited by Division of Social and Technology Statistics, Municipal Bureau of Statistics with data from Municipal Afforestation Bureau and from Municipal Cultural Bureau.

# 15－1 进出口总值（1987－2006年）
# Total Imports and Exports (1987-2006)

单位：万美元 (USD 10 000)

| 年份 Year | 进出口总值 Total Imports and Exports | 进口总值 Total Imports | 出口总值 Total Exports | 进出口差额 Balance of Imports and Exports |
|---|---|---|---|---|
| 1987 | 29681 | 12235 | 17446 | 5211 |
| 1988 | 41078 | 18907 | 22171 | 3264 |
| 1989 | 60299 | 31247 | 29052 | -2195 |
| 1990 | 68095 | 35366 | 32729 | -2637 |
| 1991 | 61950 | 22701 | 39249 | 16548 |
| 1992 | 74244 | 33377 | 40867 | 7490 |
| 1993 | 85470 | 44310 | 41160 | -3150 |
| 1994 | 123957 | 52430 | 71527 | 19097 |
| 1995 | 141859 | 57126 | 84733 | 27607 |
| 1996 | 158543 | 99178 | 59365 | -39813 |
| 1997 | 167843 | 89828 | 78015 | -11813 |
| 1998 | 103386 | 51975 | 51411 | -564 |
| 1999 | 121044 | 72005 | 49039 | -22966 |
| 2000 | 178547 | 79025 | 99522 | 20497 |
| 2001 | 183384 | 73136 | 110248 | 37112 |
| 2002 | 179401 | 70282 | 109119 | 38837 |
| 2003 | 259488 | 100979 | 158509 | 57530 |
| 2004 | 385735 | 176616 | 209119 | 32503 |
| 2005 | 429283 | 177229 | 252054 | 74825 |
| 2006 | 547013 | 211821 | 335192 | 123371 |

# 15－2 利用外资基本情况（1985－2006年）
# Basic Statistics on Utilization of Foreign Capital (1985-2006)

单位：个、万美元 (unit, USD 10 000)

| 年 份<br>Year | 新签利用外资协议（合同）数<br>New Signed Agreements (Contracts) on Foreign Capital to be Utilized | 协议合同金额<br>Total Amount of Agreements and Contracts | 实际利用外资额<br>Total Amount of Foreign Capital Actually Utilized | #对外借款<br>Foreign Loans | #外商直接投资<br>Foreign Direct investment |
|---|---|---|---|---|---|
| 1985 | 28 | 3991 | 2499 | 736 | 427 |
| 1986 | 21 | 2957 | 3596 | 1464 | 790 |
| 1987 | 31 | 3320 | 4509 | 2451 | 1924 |
| 1988 | 72 | 54862 | 13153 | 10574 | 2069 |
| 1989 | 39 | 3887 | 22479 | 20427 | 756 |
| 1990 | 81 | 19133 | 14489 | 13187 | 332 |
| 1991 | 110 | 12074 | 16143 | 12340 | 977 |
| 1992 | 516 | 59665 | 29745 | 14359 | 10247 |
| 1993 | 795 | 106629 | 41970 | 14895 | 25915 |
| 1994 | 453 | 65266 | 65644 | 17376 | 44953 |
| 1995 | 341 | 112473 | 61554 | 20436 | 37926 |
| 1996 | 233 | 35873 | 44151 | 20772 | 21878 |
| 1997 | 289 | 77109 | 98208 | 36391 | 38466 |
| 1998 | 263 | 75099 | 55163 | 10484 | 43107 |
| 1999 | 199 | 70115 | 32699 | 8564 | 23893 |
| 2000 | 237 | 86888 | 34532 | 9953 | 24436 |
| 2001 | 191 | 71884 | 42442 | 16662 | 25649 |
| 2002 | 169 | 64824 | 45034 | 16817 | 28089 |
| 2003 | 218 | 71397 | 56654 | 25381 | 31112 |
| 2004 | 281 | 66621 | 68214 | 27462 | 40508 |
| 2005 | 266 | 81877 | 70423 | 18296 | 51575 |
| 2006 | 252 | 112960 | 87667 | 17450 | 69595 |

注：2004年以来新签利用外资协议(合同)数、协议合同金额数均不含对外借款。
Note: The indices of new signed agreements (contracts) on foreign capital to be utilized and total amount of agreements & contracts exclude foreign loans since 2004.

# 15－3 国际旅游人数和外汇收入（1985－2006年）
# Number of International Tourists and Foreign Exchange Earnings (1985-2006)

| 年份<br>Year | 接待旅游人数（人次）<br>Number of Tourists (person-time) | #外国人<br>Foreigners | #港澳台同胞<br>Compatriots from Hong Kong, Macao and Taiwan | 旅游外汇收入（万美元）<br>Foreign Exchange Earnings from Tourism (USD 10 000) | 平均每人逗留天数（天）<br>Average Staying Period Per Capita (day) |
|---|---|---|---|---|---|
| 1985 | 49508 | 40460 | 8370 | 527 | 2.1 |
| 1986 | 55152 | 44290 | 8904 | 860 | 1.7 |
| 1987 | 60894 | 52177 | 8253 | 1063 | 1.5 |
| 1988 | 64181 | 45193 | 18711 | 1281 | 1.5 |
| 1989 | 41248 | 21454 | 19595 | 1027 | 1.6 |
| 1990 | 69609 | 19913 | 49570 | 1823 | 1.3 |
| 1991 | 81745 | 29625 | 51950 | 2354 | 1.6 |
| 1992 | 141165 | 52949 | 88050 | 3997 | 1.3 |
| 1993 | 135596 | 59140 | 76025 | 4819 | 1.4 |
| 1994 | 138593 | 93408 | 44180 | 5432 | 1.5 |
| 1995 | 142892 | 93625 | 48942 | 6333 | 2.0 |
| 1996 | 161761 | 108163 | 53238 | 7090 | 2.3 |
| 1997 | 259414 | 154919 | 103720 | 10548 | 2.7 |
| 1998 | 163738 | 116288 | 47211 | 8837 | 3.2 |
| 1999 | 184936 | 133629 | 51173 | 9726 | 3.2 |
| 2000 | 266081 | 192863 | 73218 | 13837 | 3.2 |
| 2001 | 313254 | 219214 | 94040 | 16341 | 3.1 |
| 2002 | 461484 | 310934 | 150550 | 21802 | 2.7 |
| 2003 | 234521 | 181744 | 52777 | 11323 | 2.8 |
| 2004 | 434423 | 338892 | 95531 | 20308 | 2.7 |
| 2005 | 523872 | 418076 | 105796 | 26436 | 3.0 |
| 2006 | 603239 | 488249 | 114990 | 30872 | 3.2 |

# 15－4 对外承包工程和劳务合作（1985－2006年）
# Contracted Projects and Labor Cooperation with Foreign Countries and Territories (1985-2006)

单位：万美元 (USD 10 000)

| 年份<br>Year | 签订合同数（个）<br>Number of Contracts (unit) | 合同金额<br>Value of Contracts | 实际完成营业额<br>Value of Business Fulfilled |
|---|---|---|---|
| 1985 | 9 | 2109 | 572 |
| 1986 | 18 | 1571 | 337 |
| 1987 | 15 | 1540 | 572 |
| 1988 | 13 | 2640 | 2683 |
| 1989 | 27 | 2605 | 2574 |
| 1990 | 14 | 2971 | 2189 |
| 1991 | 16 | 4329 | 2436 |
| 1992 | 19 | 3765 | 2896 |
| 1993 | 13 | 9440 | 2704 |
| 1994 | 45 | 4106 | 4132 |
| 1995 | 33 | 4032 | 3757 |
| 1996 | 35 | 6654 | 3160 |
| 1997 | 22 | 2607 | 2725 |
| 1998 | 24 | 1969 | 3203 |
| 1999 | 235 | 4591 | 3842 |
| 2000 | 231 | 9232 | 5806 |
| 2001 | 232 | 11590 | 6700 |
| 2002 | 117 | 12200 | 7959 |
| 2003 | 94 | 13450 | 8810 |
| 2004 | 81 | 14805 | 10078 |
| 2005 | 70 | 18498 | 12138 |
| 2006 | 72 | 21447 | 16050 |

# 15－5 按商品类别分的进出口总值（2005－2006年）
# Total Imports and Exports by Commodity Category (2005-2006)

单位：万美元 (USD 10 000)

| 商品类别 | Categories of Commodities | 进口 Import | | 出口 Exports | |
|---|---|---|---|---|---|
| | | 2005 | 2006 | 2005 | 2006 |
| **总 值** | **Total Value** | **177229** | **211821** | **252054** | **335192** |
| 活动物、动物产品 | Live Animals and Animal Products | 68 | 71 | 5118 | 6084 |
| 植物产品 | Vegetables Fruits and Cereals | 13552 | 8658 | 1777 | 1704 |
| 动植物油脂及分解产品、精制食用油脂 | Animal and Vegetable Oils Refined Edible Oils and Fats | 5 | 282 | 310 | 135 |
| 食品、饮料、酒及醋；烟草及代用品的制品 | Food, Beverage, Liquor and Vinegar; Tobacco and Tobacco Substitutes | 114 | 21 | 1902 | 2231 |
| 矿产品 | Minerals | 21914 | 18139 | 1792 | 1955 |
| 化学工业及其相关工业的产品 | Chemicals and Related Products | 5241 | 6065 | 29469 | 30581 |
| 塑料及其制品、橡胶及其制品 | Plastic and Related Products, Rubber and Related Products | 4664 | 7034 | 5116 | 7888 |
| 生皮、皮革、毛皮及制品 | Leather, Furs and Related Products; Cases and Bags, Handbags and Similar Containers | 12 | 16 | 714 | 1016 |
| 木及制品、木炭、软木、编制品 | Wood and Wooden Products, Charcoal, Cork, Weave Works | 118 | 79 | 492 | 580 |
| 木浆等、废纸、纸、纸板及其制品 | Paper Pulp, Paper Waste, Paper, Paperboard and Related Products | 938 | 1174 | 128 | 203 |
| 纺织原料及纺织制品 | Textile Materials and Products | 760 | 1092 | 13909 | 12570 |
| 鞋、帽、伞 | Shoes, Hats and Umbrellas; Feather Products, Artificial Furs, Wigs | 12 | 25 | 930 | 818 |
| 石料、石膏、水泥 | Mineral Material Products, Ceramics Glass and Related Products | 668 | 861 | 13719 | 16914 |
| 天然或养殖珍珠 | Jewelry, Precious Metals and Related Products, Artificial Jewelry, Coins | 8 | 1367 | 834 | 1745 |
| 贱金属及其制品 | Base Metals and Related Products | 9059 | 15898 | 25087 | 33781 |
| 机器、机械器具 | Mechanical and Electrical Equipment Recorders, Video recorders and Accessories | 72157 | 87296 | 60922 | 83347 |
| 车辆、航空器、船舶及运输设备 | Vehicles, Aircraft, Ships and Related Transportation Equipment | 32933 | 44984 | 83253 | 126046 |
| 光学、医疗等仪器；钟表、乐器 | Optical and Medical Instruments, Clocks, Musical Instruments | 14336 | 17881 | 4826 | 5700 |
| 武器、弹药及其零件、附件 | Weapons, Ammunition and Accessory | | 6 | … | |
| 杂项制品 | Miscellaneous Products | 670 | 871 | 1747 | 1889 |
| 艺术品 | Art Works | | 1 | 1 | 5 |
| 其 他 | Others | | | 8 | |

# 15－6 按贸易方式分的进出口总值（2005－2006年）
# Total Imports and Exports by Trade Pattern (2005-2006)

单位：万美元 (USD 10 000)

| 指　　标 | Item | 进出口总值 Total Imports and Exports | | 进　口 Imports | | 出　口 Exports | |
|---|---|---|---|---|---|---|---|
| | | 2005 | 2006 | 2005 | 2006 | 2005 | 2006 |
| **总　计** | **Total** | **429283** | **547013** | **177229** | **211821** | **252054** | **335192** |
| 一般贸易 | General Trade | 366225 | 471891 | 142756 | 170752 | 223469 | 301139 |
| 国家间国际组织无偿援助、赠送 | Donation of International Associations | 17 | 129 | | 80 | 17 | 49 |
| 其他境外捐赠物资 | Other Donation Abroad | 2 | 2 | 2 | 2 | | |
| 来料加工装配贸易 | Processing and Assembly with Imported Material | 889 | 924 | 299 | 296 | 591 | 628 |
| 进料加工贸易 | Processing Trade with Imported Material | 37552 | 42700 | 9818 | 9675 | 27734 | 33025 |
| 边境小额贸易 | Frontier Petty Trade | | | | | | |
| 对外承包工程出口货物 | Exported Goods on Contracted Projects with Foreign Countries | 44 | 71 | | | 44 | 71 |
| 外商投资企业作为投资进口的设备物品 | Imported Equipment and Materials as Investment of Foreign Funded Investment Enterprises for Processing and Sold Inside Country | 20652 | 27192 | 20652 | 27192 | | |
| 保税仓库进出境货物 | Import and Export Goods from Bonded Warehouse | 3092 | 3438 | 3092 | 3438 | … | |
| 出口加工区进口设备 | Imported Equipment for Manufacture and Export Zone | 383 | 109 | 383 | 109 | | |
| 其　　他 | Others | 427 | 557 | 228 | 277 | 199 | 280 |

# 15－7 按国别（地区）分的进出口总值（2005－2006年）
# Imports and Exports by Region (2005-2006)

单位：万美元 (USD 10 000)

| 国别（地区） | Region | 进出口总额 Total Imports and Exports | | 进口总额 Imports | | 出口总额 Exports | |
|---|---|---|---|---|---|---|---|
| | | 2005 | 2006 | 2005 | 2006 | 2005 | 2006 |
| **总 计** | **Total** | **429283** | **547013** | **177229** | **211821** | **252054** | **335192** |
| **亚 洲** | **Asia** | | | | | | |
| #阿富汗 | Afghanistan | 548 | 318 | | | 548 | 318 |
| 孟加拉国 | Bangladesh | 1062 | 1152 | … | … | 1062 | 1152 |
| 缅 甸 | Burma | 2753 | 4804 | | | 2753 | 4804 |
| 香 港 | Hong Kong | 12067 | 13185 | 1280 | 400 | 10787 | 12785 |
| 印 度 | India | 13995 | 10762 | 5626 | 1360 | 8369 | 9402 |
| 印度尼西亚 | Indonesia | 6578 | 8400 | 399 | 315 | 6179 | 8085 |
| 伊 朗 | Iran | 7211 | 8428 | 110 | 43 | 7101 | 8385 |
| 以色列 | Israel | 347 | 468 | 36 | 106 | 311 | 362 |
| 日 本 | Japan | 69868 | 64689 | 49693 | 45227 | 20175 | 19462 |
| 老 挝 | Laos | 1878 | 3921 | | 1 | 1878 | 3920 |
| 澳 门 | Macao | 163 | 105 | 1 | | 162 | 105 |
| 马来西亚 | Malaysia | 3005 | 3863 | 994 | 1543 | 2010 | 2320 |
| 巴基斯坦 | Pakistan | 8308 | 8696 | 74 | 4 | 8234 | 8692 |
| 菲律宾 | The Philippines | 4709 | 4808 | 38 | 197 | 4671 | 4611 |
| 卡塔尔 | Qatar | 149 | 383 | 61 | 68 | 87 | 315 |
| 沙特阿拉伯 | Saudi Arabia | 1663 | 2659 | 48 | 112 | 1615 | 2547 |
| 新加坡 | Singapore | 3957 | 5610 | 943 | 646 | 3014 | 4964 |
| 韩 国 | South Korea | 11740 | 15002 | 6450 | 6702 | 5290 | 8300 |
| 斯里兰卡 | Sri Lanka | 1068 | 1318 | … | … | 1068 | 1318 |
| 叙利亚 | Syria | 1686 | 3278 | … | | 1686 | 3278 |
| 泰 国 | Thailand | 5794 | 9607 | 918 | 4384 | 4875 | 5223 |
| 土耳其 | Turkey | 7010 | 10750 | 463 | 539 | 6547 | 10211 |
| 阿拉伯酋长国 | United Arab Emirates | 1827 | 3500 | | 12 | 1827 | 3488 |
| 越 南 | Vietnam | 11269 | 14211 | 24 | 35 | 11245 | 14176 |
| 中 国 | People's Republic of China | 1144 | 2428 | 1144 | 2428 | | |
| 中国台湾 | Taiwan, China | 13378 | 12037 | 10810 | 8525 | 2568 | 3512 |
| **非 洲** | **Africa** | | | | | | |
| #阿尔及利亚 | Algeria | 464 | 1004 | | | 464 | 1004 |
| 吉布提 | Djibouti | 325 | 457 | | | 325 | 457 |
| 埃 及 | Egypt | 704 | 1756 | 1 | 5 | 703 | 1751 |
| 加 纳 | Ghana | 588 | 598 | 192 | 175 | 395 | 423 |
| 几内亚 | Guinea-Bissau | 267 | 290 | | | 267 | 290 |
| 摩洛哥 | Morocco | 347 | 673 | | | 347 | 673 |
| 尼日利亚 | Nigeria | 9916 | 10723 | … | 23 | 9916 | 10700 |
| 南 非 | South Africa | 3678 | 5625 | 1154 | 1324 | 2524 | 4301 |
| 苏 丹 | Sudan | 278 | 490 | | | 278 | 490 |

15-7 续表 CONTINUED

单位：万美元 (USD 10 000)

| 国别（地区） | Region | 进出口总额 Total Imports and Exports | | 进口总额 Imports | | 出口总额 Exports | |
|---|---|---|---|---|---|---|---|
| | | 2005 | 2006 | 2005 | 2006 | 2005 | 2006 |
| 坦桑尼亚 | Tanzania | 116 | 202 | | | 116 | 202 |
| 多　哥 | Togo | 770 | 968 | | | 770 | 968 |
| 布基纳法索 | Burkina Faso | 424 | 493 | … | | 424 | 493 |
| **欧　洲** | **Europe** | | | | | | |
| #比利时 | Belgium | 5333 | 4883 | 536 | 1144 | 4797 | 3739 |
| 丹　麦 | Denmark | 860 | 1498 | 67 | 235 | 793 | 1263 |
| 英　国 | UK | 7896 | 11410 | 3577 | 7226 | 4319 | 4184 |
| 德意志联邦共和国 | Germany | 41039 | 53388 | 26814 | 34885 | 14225 | 18503 |
| 法　国 | France | 4051 | 7085 | 2232 | 4016 | 1818 | 3069 |
| 爱尔兰 | Ireland | 135 | 422 | 1 | 190 | 134 | 232 |
| 意大利 | Italy | 6836 | 12765 | 1529 | 5690 | 5307 | 7075 |
| 荷　兰 | Netherlands | 5724 | 12454 | 855 | 6469 | 4868 | 5985 |
| 希　腊 | Greece | 1816 | 1492 | … | 1 | 1816 | 1491 |
| 葡萄牙 | Portugal | 569 | 645 | 2 | 12 | 567 | 633 |
| 西班牙 | Spain | 6688 | 19275 | 3215 | 15687 | 3473 | 3588 |
| 奥地利 | Austria | 1507 | 1387 | 620 | 359 | 887 | 1028 |
| 芬　兰 | Finland | 1109 | 1051 | 274 | 303 | 835 | 748 |
| 匈牙利 | Hungary | 756 | 1571 | 365 | 920 | 391 | 651 |
| 挪　威 | Norway | 864 | 983 | 50 | 200 | 814 | 783 |
| 波　兰 | Poland | 2255 | 4206 | 48 | 75 | 2207 | 4131 |
| 瑞　典 | Sweden | 4925 | 5645 | 3067 | 3496 | 1858 | 2149 |
| 瑞　士 | Switzerland | 1627 | 2889 | 615 | 1593 | 1012 | 1296 |
| 白俄罗斯 | Belorussia | 12 | 28 | | | 12 | 28 |
| 俄罗斯 | Russia | 1734 | 2342 | 173 | 106 | 1561 | 2236 |
| **拉丁美洲** | **Latin America** | | | | | | |
| #阿根廷 | Argentina | 5952 | 12101 | 1154 | 62 | 4798 | 12039 |
| 巴　西 | Brazil | 9343 | 11264 | 8034 | 8348 | 1309 | 2916 |
| 智　利 | Chile | 761 | 1424 | | | 761 | 1424 |
| 哥伦比亚 | Colombia | 2257 | 5435 | | | 2257 | 5435 |
| 古　巴 | Cuba | 225 | 14 | 213 | | 12 | 14 |
| 墨西哥 | Mexico | 2548 | 3823 | 39 | 655 | 2509 | 3168 |
| 秘　鲁 | Peru | 2934 | 2011 | 1509 | 34 | 1425 | 1977 |
| **北美洲** | **North America** | | | | | | |
| #加拿大 | Canada | 9242 | 11615 | 5098 | 6258 | 4144 | 5357 |
| 美　国 | USA | 64314 | 78430 | 32828 | 33950 | 31485 | 44480 |
| **大洋州** | **Oceania** | | | | | | |
| #澳大利亚 | Australia | 6231 | 8118 | 3306 | 5047 | 2925 | 3071 |
| 新西兰 | New Zealand | 797 | 609 | 24 | 17 | 773 | 592 |

# 15－8 出口主要商品数量和金额（2005－2006年）
# Main Exported Commodities in Volume and Value (2005-2006)

单位：万美元 (USD 10 000)

| 品名 | Name | 数量 Volume | | 金额 Value | |
|---|---|---|---|---|---|
| | | 2005 | 2006 | 2005 | 2006 |
| 鲜冻猪肉（吨） | Fresh Frozen Pork (ton) | 11131 | 6429 | 1735 | 975 |
| 蔬 菜（吨） | Vegetables (ton) | 7256 | 7052 | 863 | 827 |
| 鲜、干水果及坚果（吨） | Fresh, Dried Fruits and Nuts(ton) | 2170 | 392 | 116 | 28 |
| 茶 叶（吨） | Tea (ton) | 10962 | 10213 | 654 | 619 |
| 猪肉罐头（吨） | Canned Pork (ton) | 4300 | 5140 | 524 | 594 |
| 蘑菇罐头（吨） | Canned Mushroom (ton) | 2813 | 3698 | 242 | 372 |
| 猪 鬃（吨） | Bristle (ton) | 1306 | 1512 | 1110 | 1225 |
| 肠 衣（吨） | Casings (ton) | 2798 | 4028 | 2181 | 3105 |
| 填衣用羽毛、羽绒（吨） | Feathers and Dawn for Stuffing (ton) | 387 | 591 | 84 | 710 |
| 药 材（吨） | Medical Materials (ton) | 530 | 528 | 100 | 85 |
| 生 丝（吨） | Raw Silk (ton) | 1137 | 439 | 2323 | 1159 |
| 黏土及其他耐火矿物（吨） | Clay and Other Refractory Minerals (ton) | 148650 | 189437 | 1329 | 1706 |
| 重晶石（吨） | Barite (ton) | 461 | 487 | 9 | 6 |
| 合成有机染料（吨） | Synthetic Organic Dyestuffs (ton) | 97 | 185 | 71 | 111 |
| 医药品（吨） | Medical and Pharmaceutical Products (ton) | 1458 | 1537 | 4255 | 4483 |
| 轮 胎（台） | Tire (unit) | 182254 | 448 | 1447 | 1954 |
| 家用或装饰用木制品（吨） | Wood Products for Household Use and Decoration (ton) | 378 | 455 | 102 | 96 |
| 纸及纸板（未切成形的）（吨） | Paper and Paperboard Unchopped (ton) | 62 | 6 | 5 | 1 |
| 纺织纱线、织物及制品 | Textile Yarn Woven Fabrics and Related Products (value) | | | 14860 | 16311 |
| 水 泥（吨） | Cement (ton) | 2854 | 2999 | 27 | 43 |
| 玻璃制品 | Glass Products (value) | | | 1153 | 1349 |
| 家用陶瓷器（吨） | Porcelain and Pottery Ware for Household Use (ton) | 7533 | 8430 | 1052 | 1429 |
| 硅 铁（吨） | Ferrosilicon (ton) | 4503 | 5005 | 233 | 230 |
| 钢胚及精锻件（吨） | Steel Embryo and Refined Casted Elements (ton) | 37 | 4 | 12 | 1 |
| 钢 材（吨） | Rolled Steel (ton) | 4524 | 53011 | 424 | 3107 |
| 未锻造的铜及铜材（吨） | Unwrought Copper and Rolled Copper (ton) | 72 | 75 | 140 | 83 |
| 未锻造的铝及铝材（吨） | Unwrought Aluminum and Rolled Aluminum (ton) | 42871 | 41577 | 10824 | 13120 |
| 未锻造的锌及锌合金（吨） | Unwrought Zinc and Zinc Alloys (ton) | 2483 | 3093 | 319 | 1018 |
| 未锻造的锰（吨） | Unwrought Manganese (ton) | 18649 | 26156 | 2777 | 3319 |
| 钢铁或铜制标准紧固件（吨） | Standard Fastener Made of Steel Iron or Copper (ton) | 529 | 780 | 103 | 158 |
| 不锈钢厨具、餐具等家用电器（吨） | Steel Kitchen wares and Dish wares (ton) | 247 | 252 | 129 | 108 |
| 手用或机用工具（吨） | Hand Tools and Tools for Machines (ton) | 5689 | 6871 | 1043 | 1399 |
| 锁（吨） | Locks (ton) | 242 | 194 | 67 | 115 |
| 纺织机械 | Textile Machinery (value) | | | 139 | 249 |
| 金属加工机床（台） | Metal Processing Machine Tools (set) | 271777 | 424830 | 642 | 1289 |
| 自动数据处理设备及其部件（万个） | Auto Data Processors and Assemblies (10 000 units) | 12 | 1 | 224 | 132 |

15-8 续表 CONTINUED

单位：万美元 (USD 10 000)

| 品名 | Name | 数量 Volume | | 金额 Value | |
|---|---|---|---|---|---|
| | | 2005 | 2006 | 2005 | 2006 |
| 自动数据处理设备的零件（吨） | Parts of Auto Data Processors (ton) | 115 | 80 | 80 | 90 |
| 轴　承（万个） | Bearings (10 000 units) | 93 | 74 | 80 | 58 |
| 电动机及发电机（万个） | Electric Motors and Power Generators (10 000 units) | 278 | 361 | 406 | 387 |
| 静止式变流器（万个） | Static Converters (10 000 units) | 103 | 72 | 439 | 407 |
| 原电池（万个） | Primary Batteries (10 000 units) | 31117 | 20492 | 1434 | 1382 |
| 蓄电池（万个） | Electric Calculator (10 000 units) | 5 | 14 | 46 | 204 |
| 扬声器（万个） | Loudspeakers (10 000 units) | 14 | 1 | 9 | 4 |
| 录音机及收录（放）音组合机（万个） | Tape Recorders and Sound Recording Apparatus (10 000 sets) | 2 | 19 | 2 | 876 |
| 收音机（万个） | Radios (10 000 sets) | 6 | 30 | 3 | 38 |
| 录放机、像机及唱机的零件（吨） | Parts of Video and Sound Apparatus (ton) | | 1877 | 2935 | 2634 |
| 电视、收音机及无线电讯设备零附件（吨） | Accessories of TV Sets Radios and Radio Communication (ton) | 1216 | 1247 | 1354 | 1684 |
| 电容器（吨） | Electrical Capacitors (ton) | 4 | 7 | 7 | 10 |
| 印刷电路（万个） | Printing Circuits (10 000 units) | 138 | 288 | 104 | 102 |
| 二极管、晶体管及类半导体器件（万个） | Diodes Transistors and Semiconductor Devices (10 000 units) | 38776 | 54657 | 284 | 686 |
| 集成电路及微电子组（万个） | IC and Microcircuits (10 000 units) | 19 | 25 | 9 | 15 |
| 电线和电缆（吨） | Insulated Wires and Cables (ton) | 708 | 876 | 212 | 333 |
| 汽车和汽车底盘（万个） | Motor Vehicles and Chassis (10 000 units) | 14 | 22 | 13144 | 22693 |
| 汽车零件 | Parts of Motor Vehicles (value) | | | 3743 | 5322 |
| 摩托车（个） | Motorcycles (unit) | 1733012 | 2610396 | 58869 | 87594 |
| 自行车（个） | Bicycles(unit) | 49885 | 47036 | 60 | 58 |
| 摩托车及自行车零件 | Parts of Motorcycles and Bicycles (value) | | | 7147 | 9192 |
| 船　舶（个） | Ships (vehecle) | | 2 | | 690 |
| 医疗仪器及器械 | Medical Instruments and Appliances(value) | | | 202 | 286 |
| 日用钟（万个） | Clocks (10 000 units) | 84 | 94 | 221 | 234 |
| 家　具 | Furnitures (value) | | | 479 | 468 |
| 床垫、寝具及类似品 | Mattress Mattess and Related Products (value) | | | 107 | 228 |
| 灯具、照明及类似品 | Lighting Apparatus and Related Products (value) | | | 113 | 96 |
| 旅行用品及箱包 | Travelling Articles and Cases (value) | | | 261 | 484 |
| 服装及衣着附件 | Clothing and Accessories (value) | | | 3871 | 3563 |
| 鞋　类 | Shoes (value) | | | 640 | 634 |
| 塑料制品（吨） | Plastic Products (ton) | 1485 | 1344 | 359 | 399 |
| 玩　具 | Toys (value) | | | 157 | 256 |
| 圣诞用品（吨） | Christmas Articles (ton) | 11 | 37 | 5 | 17 |
| 贵金属或包贵金属的首饰（克） | Jewelry Made of Noble Metal (g) | | 4 | | … |
| 伞（万个） | Umbrellas (10 000 units) | 151 | 91 | 171 | 105 |
| 鬃　刷（万个） | Bristle Brushes (10 000 units) | 1206 | 2071 | 135 | 237 |
| 机电产品 | Mechanical and Electrical Products (value) | | | 156620 | 225868 |
| 高新技术产品 | High-tech Products (value) | | | 14802 | 15389 |

# 15－9 进口主要商品数量和金额（2005－2006年）
# Main Imported Commodities in Volume and Value (2005-2006)

单位：万美元 (USD 10 000)

| 品　　名 | Name | 数　量 Volume | | 金　额 Value | |
|---|---|---|---|---|---|
| | | 2005 | 2006 | 2005 | 2006 |
| 大　豆（吨） | Soybean (ton) | 453986 | 272959 | 13512 | 7469 |
| 食用植物油（吨） | Edible Vegetable Oil (ton) | | 6883 | … | 277 |
| 配制的动物饲料（吨） | Prepared Feeding Stuff (ton) | 57 | 52 | 13 | 4 |
| 天然橡胶（包括胶乳）（吨） | Natural Rubber (including Latex) (ton) | 3812 | 3843 | 535 | 665 |
| 合成橡胶(吨) | Synthetic Rubber (including Latex) (ton) | 1120 | 1265 | 342 | 425 |
| 棉　花（吨） | Cotton (ton) | | 500 | | 67 |
| 铁矿砂及其精矿（吨） | Iron Ore and Refined Ore (ton) | 1537892 | 1810086 | 12576 | 12716 |
| 锰矿砂及其精矿（吨） | Manganese Ore and Refined Ore (ton) | 47562 | 32855 | 711 | 233 |
| 铬矿砂及其精矿（吨） | Chromium Ore and Refined Ore (ton) | 142991 | 60561 | 3265 | 981 |
| 成品油（吨） | Petroleum Products Refined (ton) | 601 | 539 | 231 | 149 |
| 对苯二甲酸（吨） | Telephthalic Acid (ton) | 8008 | 5004 | 641 | 428 |
| 医药品（吨） | Pharmaceutical Products (ton) | 4 | | 279 | |
| 肥　料（吨） | Chemical Fertilizers (ton) | 3521 | 81 | 23 | 3 |
| 合成有机染料（吨） | Synthetic Organic Dyestuffs (ton) | 97 | 134 | 109 | 108 |
| 钛白粉（吨） | Titanium White (ton) | 344 | 795 | 69 | 157 |
| 聚合物油漆及清漆（吨） | Polymer Paint (ton) | 379 | 391 | 132 | 111 |
| 初级形状的塑料（吨） | Plastic in Primary Shape (ton) | 8162 | 9764 | 1613 | 1966 |
| 非泡沫塑料的板、片、膜、箔（吨） | Sheet, Film and Foil Made of Foam Plastic (ton) | 160 | 560 | 174 | 253 |
| 纸及纸板（未切成形的）（吨） | Paper and Paperboard Unchopped (ton) | 2758 | 3419 | 681 | 850 |
| 合成纤维长丝机织物（米） | Synthetic Fibers Long Silk Woven Fabric (meter) | 964676 | 832472 | 406 | 633 |
| 玻璃纤维及其制品（吨） | Glass Fibers and Relative Products (ton) | 104 | 112 | 76 | 86 |
| 钢　材（吨） | Rolled Steel (ton) | 24616 | 22596 | 2340 | 2453 |
| 钢铁制标准坚固件（吨） | Standard Fastener Made of Steel (ton) | 2148 | 3823 | 1957 | 2481 |
| 未锻造的铜及铜材（吨） | Unforged Copper and Rolled Copper (ton) | 112 | 72 | 64 | 54 |
| 钢铁或铝制结构体及其部件（吨） | Structure and Relative Parts Made of Steel or Aluminum (ton) | 243 | 215 | 47 | 87 |
| 钢铁或铝制绞股线、缆及类似品（吨） | Wires and Relative Products Made of Steel or Aluminum (ton) | 239 | 281 | 149 | 149 |
| 活塞式内燃机的零件（吨） | Parts of Piston Combustion Engines (ton) | 9387 | 11672 | 12846 | 17149 |
| 液泵及液体提升机（个） | Liquid Pumps and Elevators (set) | 208779 | 368538 | 3041 | 4147 |
| 制冷设备用压缩机（个） | Compressors for Refrigerating Equipment (set) | 76236 | 132723 | 825 | 1335 |
| 空气调节器（台） | Air Conditioning Unit (ton) | 12900 | 54757 | 133 | 531 |
| 冷冻机及制冷设备 | Refrigerators and Refrigerating Equipment | | | 68 | 298 |
| 机械提升搬运装设备及零件 | Mechanical Elevators for Transport and Relative Parts | | | 823 | 763 |
| 建筑及采矿用机械 | Machinery for Construction and Mining | | | 118 | 250 |
| 食品加工机械 | Machinery for Food Processing | | | 314 | 489 |
| 制造纸及纸制品用机械及零件 | Machinery for Paper and Paper Products Manufacturing and Relative Parts | | | 117 | 857 |
| 印刷装订机械 | Machinery for Printing and Binding | | | 632 | 525 |

15-9 续表 CONTINUED

单位：万美元 (USD 10 000)

| 品名 | Name | 数量 Volume | | 金额 Value | |
|---|---|---|---|---|---|
| | | 2005 | 2006 | 2005 | 2006 |
| 纺织机械 | Textile Machinery | | | 282 | 597 |
| 金属加工机床（个） | Machine Tools (set) | 314 | 255 | 7247 | 3702 |
| 金属冶炼锻造设备及零件 | Metal Smelting and Forging Equipment and Relative Parts | | | 133 | 701 |
| 金属轧机及零件 | Metal Mills and Relative Parts | | | 66 | 336 |
| 玻璃热加工机械 | Machinery for Glass Hot Processing | | | 1466 | 1231 |
| 橡胶或塑料加工机械 | Machinery for Rubber or Plastic Processing | | | 1032 | 1486 |
| 型模及金属铸造用型箱 | Casting Molds for Metal Forging | | | 3868 | 446 |
| 阀　门（个） | Valves (unit) | 898840 | 1194379 | 597 | 864 |
| 自动数据处理及其部件（个） | Automatic Data Processing Machines and Components (set) | 1189 | 20553 | 1432 | 1788 |
| 自动数据处理设备的零件 | Parts of Data Processing Machines | 1 | 4 | 93 | 182 |
| 电动机及发电机（台） | Electric Motors and Generators (set) | 7024280 | 3921653 | 848 | 985 |
| 发电机组及旋转式变流机（台） | Dynamo Units and Rotated Converters (set) | 22 | 21 | 163 | 64 |
| 旋转式电力设备的零件(吨) | Parts of Rotated Electric Equipment (ton) | 3 | 11 | 46 | 43 |
| 变压、整流、电感器及零件 | Transformers, Rectifiers, Inductancers and Relative Parts | | | 383 | 683 |
| 电　池（台） | Batteries (set) | 2439 | 42900 | 11 | 14 |
| 焊接机器及零件 | Welders and Relative Parts | | | 286 | 503 |
| 未录的磁带及类似品(台) | Unrecorded Tapes and Similar Objects (set) | 62548 | 332032 | 66 | 195 |
| 录放机、像机及唱机的零附件（吨） | Parts of Video and Sound Apparatus (ton) | 110 | 144 | 1320 | 1335 |
| 录音机及收录(放)音组合机(包括整套散件)(台) | Tape Recorders and Sound Recording Apparatus (including Accessories) (set) | 40 | 5912 | | 130 |
| 电视收音机及无线电讯设备的零附件（吨） | Accessories of TV Sets, Radios and Radio Communication (ton) | 26 | 21 | 695 | 432 |
| 电容器（吨） | Electrical Capacitors (ton) | 18 | 18 | 143 | 190 |
| 印刷电路（个） | Printing Circuits (unit) | 706816 | 8481722 | 141 | 149 |
| 通断及保护电路装置 | Breaking-off and Safety Circuit Sets | | | 1578 | 4117 |
| 二极管晶体管及类似半导体器件（个） | Diodes Transistors and Semiconductor Devices (unit) | 193933372 | 226188434 | 349 | 549 |
| 集成电路及微电子组件（个） | IC and Microcircuits (unit) | 11963922 | 29717913 | 730 | 2117 |
| 电线和电缆（吨） | Insulated Wires and Cables | 449 | 326 | 369 | 491 |
| 汽车和汽车底盘（个） | Motor Vehicles and Chassis (unit) | 844 | 1136 | 3703 | 2699 |
| 汽车零件 | Parts of Motor Vehicles | | | 28860 | 42124 |
| 医疗仪器及器械 | Medical Instruments and Appliances | | | 2159 | 2536 |
| 计量检测分析自控仪器及器具 | Measuring, Checking and Analyzing Auto-controlling Apparatus | | | 11236 | 13774 |
| 印刷品（吨） | Print (ton) | 9 | 11 | 9 | 9 |
| 塑料制品（吨） | Plastic Products (ton) | 641 | 924 | 542 | 1062 |
| 纽扣及其零件（吨） | Buckles and Relative Parts (ton) | 5 | 3 | 37 | 30 |
| 拉链及其零件 | Zippers and Relative Parts | | | 18 | 47 |
| 机电产品 | Mechanical and Electrical Products | | | 125403 | 162895 |
| 高新技术产品 | High-tech Products | | | 24266 | 27582 |

# 15－10 利用外资情况（2005－2006年）
# Utilization of Foreign Capital (2005-2006)

单位：个、万美元 (unit, USD 10 000)

| 指　　标 | Item | 2005 | 2006 |
|---|---|---|---|
| **新签利用外资协议（合同）数** | **Number of New Signed Agreements and Contracts on Foreign Capital to Be Utilized** | **266** | **252** |
| 外商直接投资 | Foreign Direct Investment | 208 | 223 |
| 外商其他投资 | Other Foreign Investment | 58 | 29 |
| **协议（合同）额** | **Total Amount of Agreements and Contracts** | **81877** | **112960** |
| 外商直接投资 | Foreign Direct Investment | 80213 | 111558 |
| 外商其他投资 | Other Foreign Investment | 1664 | 1402 |
| **实际利用外资额** | **Total Amount of Foreign Capital Actually Utilized** | **70423** | **87667** |
| 对外借款 | Foreign Loans | 18296 | 17450 |
| 外商直接投资 | Foreign Direct Investment | 51575 | 69595 |
| 外商其他投资 | Other Foreign Investment | 552 | 622 |

# 15－11 对外承包工程、劳务合作和设计咨询（2005－2006年）
# Contracted Projects, Labor Cooperations and Design & Consultation with Foreign Countries and Territories (2005-2006)

| 指　　标 | Item | 2005 | 2006 |
|---|---|---|---|
| **签订合同数（个）** | **Number of Contracts (unit)** | **70** | **72** |
| 对外承包工程 | Contracted Projects | 9 | 23 |
| 对外劳务合作 | Labor Cooperation | 58 | 47 |
| 设计咨询 | Design and Consultation | 3 | 2 |
| **合同金额（万美元）** | **Value of Contract (USD 10 000)** | **18498** | **21447** |
| 对外承包工程 | Contracted Projects | 6806 | 19937 |
| 对外劳务合作 | Labor Cooperation | 1427 | 818 |
| 设计咨询 | Design and Consultation | 10265 | 692 |
| **实际完成营业额（万美元）** | **Value of Business Fulfilled (USD 10 000)** | **12138** | **16050** |
| 对外承包工程 | Contracted Projects | 8376 | 13086 |
| 对外劳务合作 | Labor Cooperation | 1973 | 2389 |
| 设计咨询 | Design and Consultation | 1789 | 575 |
| **劳务输出（人）** | **Labor Exported (person)** | **3322** | **4126** |
| #技术人员 | Technicians | 900 | 1200 |

# 15－12 外商直接投资项目（企业）数和投资额（2005－2006年）

单位：个、万美元

| 指　　标 | Item | 签定项目（合同）数 Number of Projects with Contracts Signed | | |
|---|---|---|---|---|
| | | 2005 | 2006 | 至当年底累计 Year-end Accumulation |
| **全市总计** | **Total** | **208** | **223** | **4179** |
| **按投资方式分** | **By Investment Mode** | | | |
| 合资经营 | Joint Venture | 94 | 96 | 2235 |
| 合作经营 | Cooperative Operation | 13 | 13 | 266 |
| 独资经营 | Foreign Enterprises | 100 | 113 | 1674 |
| 股份制 | Share Holding | 1 | 1 | 4 |
| 其　他 | Others | | | |
| **按行业分** | **By Sector** | | | |
| 第一产业 | Primary Industry | 8 | 9 | 71 |
| 第二产业 | Secondary Industry | 98 | 129 | 2690 |
| 工　业 | Industry | 89 | 123 | 2479 |
| 建筑业 | Construction | 9 | 6 | 211 |
| 第三产业 | Tertiary Industry | 102 | 85 | 1418 |
| 交通运输、仓储及邮电通讯业 | Transportation, Storage and Postal and Telecommunication Services | 6 | 4 | 78 |
| 信息传输、计算机服务和软件业 | Information Transmission, Computer Services and Softwares | 2 | 9 | 16 |
| 批发和零售业 | Wholesale and Retail Trade | 14 | 13 | 33 |
| 住宿和餐饮业 | Hotels and Catering Trade | 16 | 5 | 195 |
| 金融业 | Financing | | | |
| 房地产业 | Real Estate | 37 | 26 | 525 |
| 租赁和商务服务业 | Renting and Business Activities | 18 | 15 | 516 |
| 科学研究、技术服务和地质勘测业 | Scientific Research, Technology Services and Geological Prospecting | 2 | | 13 |
| 水利、环境和公共设施管理业 | Administration of Water Conservancy, Environment and Public Facilities | | 3 | 5 |
| 居民服务和其他服务业 | Household Services and Other Services | 2 | 5 | 8 |
| 教　育 | Education | 1 | 4 | 19 |
| 文化、体育与娱乐业 | Culture, Sports and Entertainment | 4 | 1 | 6 |
| 其　他 | Others | | | 4 |
| **按主要国别（地区）分** | **By Country (Region)** | | | |
| 澳　门 | Macao | 2 | 1 | 41 |
| 台　湾 | Taiwan | 17 | 14 | 722 |
| 日　本 | Japan | 12 | 11 | 208 |
| 美　国 | United States | 23 | 12 | 458 |
| 加拿大 | Canada | 5 | 15 | 92 |
| 香　港 | Hong Kong | 72 | 72 | 1835 |
| 新西兰 | New Zealand | 1 | | 12 |
| 新加坡 | Singapore | 10 | 9 | 142 |
| 马来西亚 | Malaysia | 1 | 9 | 47 |
| 澳大利亚 | Australia | 6 | 3 | 53 |
| 法　国 | France | 1 | 2 | 27 |
| 英　国 | United Kingdom | 6 | 4 | 52 |
| 瑞　典 | Sweden | | 1 | 7 |
| 韩　国 | Korea Rep | 11 | 11 | 76 |
| 印度尼西亚 | Indonesia | | | 13 |
| 泰　国 | Thailand | | 1 | 45 |
| 比利时 | Belgium | | | 3 |
| 瑞　士 | Switzerland | | 1 | 5 |

注：本表当年底累计数据除实际利用外资累计数按行业分组和按主要国别分组为1998年开始的累计数外，其余均为1979年开始的累计数。

# Number and Value of Foreign Direct Investment (2005-2006)

(unit, USD 10 000)

| 外商协议投资额 Foreign Investment Through Agreements | | | 实际利用外资额 Foreign Capital Actually Utilized | | |
|---|---|---|---|---|---|
| 2005 | 2006 | 至当年底累计 Year-end Accumulation | 2005 | 2006 | 至当年底累计 Year-end Accumulation |
| **80213** | **111558** | **875862** | **51575** | **69595** | **489825** |
| | | | | | |
| 35450 | 41942 | 394927 | 26339 | 34569 | 289906 |
| 12125 | 11795 | 129063 | 5988 | 876 | 61092 |
| 31158 | 57104 | 341996 | 19248 | 33466 | 133644 |
| 1480 | 717 | 6176 | | 684 | 1330 |
| | | 3700 | | | 3853 |
| | | | | | |
| 4292 | 1498 | 12380 | 175 | 456 | 2185 |
| 28635 | 49983 | 485922 | 15698 | 31043 | 172777 |
| 25547 | 49085 | 441920 | 15377 | 30710 | 169824 |
| 3088 | 898 | 44002 | 321 | 333 | 2952 |
| 47286 | 60077 | 377560 | 35702 | 38096 | 163002 |
| 1129 | 2621 | 23841 | 324 | 669 | 6570 |
| 55 | 809 | 1189 | 155 | 299 | 637 |
| 3969 | 5682 | 27057 | 809 | 1664 | 2639 |
| 1254 | 1503 | 22193 | 257 | 255 | 12600 |
| | 4910 | 5160 | 1000 | 9793 | 14178 |
| 39602 | 34350 | 232374 | 31298 | 23262 | 106908 |
| 883 | 4262 | 55966 | 1643 | 1472 | 15581 |
| 140 | -99 | 778 | 4 | 7 | 115 |
| | 1588 | 1877 | | 50 | 106 |
| 8 | 2885 | 3202 | 17 | | 32 |
| 12 | 1561 | 2932 | | 625 | 2728 |
| 243 | 5 | 291 | 195 | | 249 |
| | | 700 | | | 659 |
| | | | | | |
| 576 | 31 | 5830 | 50 | 102 | 842 |
| 1496 | 872 | 37381 | 398 | 1232 | 11659 |
| -2678 | 7814 | 70281 | 2308 | 6871 | 38866 |
| 7053 | -358 | 77793 | 1869 | 4536 | 26061 |
| -219 | 1432 | 6494 | 149 | 653 | 2528 |
| 32667 | 42144 | 388717 | 24685 | 26133 | 126316 |
| 369 | 206 | 723 | | | 126 |
| 975 | 6135 | 33734 | 1903 | 2609 | 16011 |
| 47 | 2377 | 8597 | 30 | 73 | 1634 |
| 600 | 1242 | 8337 | | 454 | 2558 |
| 362 | 34 | 4436 | 409 | | 2448 |
| 2600 | 286 | 22721 | 488 | 156 | 12240 |
| 21 | 193 | 2482 | | | 1451 |
| 2268 | 1978 | 11586 | 817 | 395 | 2421 |
| -260 | | 1106 | | | 75 |
| | 255 | 6877 | | | 1049 |
| | | 167 | | | 104 |
| -3026 | 193 | 266 | | | 4033 |

Note: All data of year-end accumulation are summed from 1979 except foreign capital actually utilized classified by sector and by country (region) which are summed from 1998.

# 15－13 外商投资企业生产经营和财务情况（2005－2006年）
## Statistics on Production, Business and Finance of Foreign-funded Enterprises (2005-2006)

单位：万元 (10 000 yuan)

| 指　　标 | Item | 2005 | 2006 |
|---|---|---|---|
| 调查企业数（个） | Number of Surveyed Enterprises (unit) | 945 | 957 |
| #第一产业 | Primary Industry | 3 | 4 |
| 第二产业 | Secondary Industry | 497 | 500 |
| 第三产业 | Tertiary Industry | 445 | 453 |
| #港澳台商投资企业 | Enterprises with Funds from Hong Kong, Macao and Taiwan | 428 | 428 |
| 协议总投资额（万美元） | Total Investment on Contracts (USD 10 000) | 966788 | 1122711 |
| #协议外商总投资额 | Total Foreign Investment on Contracts | 517371 | 754149 |
| 当年外商实际投资额（万美元） | Actual Foreign Investment in Current Year (USD 10 000) | 45952 | 44896 |
| 实际现金投资 | Cash Investment | 44052 | 44164 |
| 实际实物投资 | Available Objects as Investment | 1745 | 522 |
| 无形资产作价投资 | Intangible Assets as Investment | 155 | 210 |
| 注册资本金总额（万美元） | Total Registered Capital (USD 10 000) | 458019 | 512897 |
| 中　方 | Chinese Participant | 178641 | 174980 |
| 外　方 | Foreign Participant | 279378 | 337917 |
| 工业总产值 | Gross Output Value of Industry | 5541162 | 7600145 |
| 主营业务收入 | Major Business Revenue | 6952094 | 9256050 |
| 销售（营业）成本 | Business Cost | 5254328 | 7074666 |
| 销售（营业）税金及附加 | Business Tax and Extra Charges | 136635 | 175744 |
| 其他业务收入 | Other Business Revenue | 115290 | 103023 |
| 利润总额 | Total After-tax Profits | 480416 | 630746 |
| 资产总计 | Total Assets | 12219215 | 13425718 |
| 负债总计 | Total Liabilities | 7083588 | 7757031 |
| #流动负债 | Circulating Liabilities | 5028233 | 5524691 |
| 长期负债 | Long Term Liabilities | 1799202 | 2082193 |

# 15－14 旅游事业发展情况（2005－2006年）
## Statistics on Tourism (2005-2006)

| 指　　标 | Item | 2005 | 2006 |
|---|---|---|---|
| **国际旅游者人数（人次）** | **International Tourists (person-time)** | **523872** | **603239** |
| 外国人 | Foreigners | 418076 | 488249 |
| #日　本 | Japan | 59642 | 94660 |
| 新加坡 | Singapore | 7312 | 12527 |
| 泰　国 | Thailand | 5021 | 5548 |
| 美　国 | United States | 149550 | 142041 |
| 加拿大 | Canada | 8797 | 9456 |
| 法　国 | France | 13560 | 16227 |
| 英　国 | United Kingdom | 22862 | 22431 |
| 德　国 | Germany | 31598 | 43117 |
| 意大利 | Italy | 3030 | 4373 |
| 澳大利亚 | Australia | 17542 | 20967 |
| 港澳同胞 | Compatriots from Hong Kong and Macao | 61012 | 58783 |
| 台湾同胞 | Compatriots from Taiwan | 44784 | 56207 |
| 来渝旅游者平均逗留天数（天） | Average Period Tourists Staying in Chongqing (day) | 3.0 | 3.2 |
| 外国人 | Foreigners | 3.1 | 3.2 |
| 港澳同胞 | Compatriots from Hong Kong and Macao | 2.4 | 3.1 |
| 台湾同胞 | Compatriots from Taiwan | 2.6 | 2.5 |
| **旅行社组织国内居民出境旅游人数（万人天）** | **Outbound Tourism of Domestic Residents through Travel Agencies (10 000 person-day)** | **72.70** | **65.30** |
| **国内旅游者人数（万人次）** | **Domestic Tourists (10 000 person-times)** | **5965.32** | **6787.19** |
| **旅游收入** | **Earnings from Tourism** | | |
| 国际旅游外汇收入（万美元） | Foreign Exchange Earnings from Tourism (USD 10 000) | 26436 | 30872 |
| 国内旅游收入（亿元） | Income from Domestic Tourism (100 million yuan) | 279.17 | 321.58 |
| **星级饭店数（个）** | **Number of Tourist Hotel (unit)** | **189** | **207** |
| **年末旅行社数（个）** | **Number of Travel Agencies at Year-end (unit)** | **220** | **223** |
| 国际旅行社 | International Travel Agencies | 23 | 25 |
| 国内旅行社 | Domestic Travel Agencies | 197 | 198 |
| **年末旅行社职工人数（人）** | **Number of Staff and Workers of Travel Agencies at Year-end (person)** | **4092** | **4488** |
| 国际旅行社 | International Travel Agencies | 2374 | 1933 |
| 国内旅行社 | Domestic Travel Agencies | 1718 | 2555 |

# 15－15 星级饭店基本情况（2005－2006年）
# Basic Statistics on Star-rated Hotels (2005-2006)

| 指　　标 | Item | 2005 | 2006 |
|---|---|---|---|
| **星级饭店数（个）** | **Number of Star-rated Hotels (unit)** | **189** | **207** |
| 按星级分 | By Star Level | | |
| #五星级 | 5-star | 5 | 5 |
| 四星级 | 4-star | 26 | 33 |
| 三星级 | 3-star | 72 | 83 |
| 按注册类型分 | By Registration | | |
| 内　资 | Domestic Funded | 179 | 197 |
| #国　有 | State-owned | 81 | 81 |
| 集　体 | Collective-owned | 21 | 20 |
| 私　营 | Private | 48 | 55 |
| 股份制 | Share-holding | 18 | 20 |
| 外商及港澳台投资 | Foreign-funded and Funded from Hong Kong, Macao and Taiwan | 10 | 10 |
| 按饭店客房规模分 | By Capacity | | |
| #300间以上 | With 300 Rooms and Over | 8 | 7 |
| 200-299间 | With 200-299 Rooms | 14 | 15 |
| 100-199间 | With 100-199 Rooms | 57 | 64 |
| 99间以下 | With Less Than 100 Rooms | 110 | 121 |
| **星级饭店客房数（间）** | **Number of Rooms in Star-rated Hotels (unit)** | **20789** | **22264** |
| #五星级 | 5-star | 2059 | 2059 |
| 四星级 | 4-star | 4873 | 5885 |
| 三星级 | 3-star | 8034 | 8725 |
| **星级饭店床位数（张）** | **Number of Beds in Star-rated Hotels (unit)** | **37270** | **39763** |
| #五星级 | 5-star | 3146 | 3146 |
| 四星级 | 4-star | 8159 | 9783 |
| 三星级 | 3-star | 14814 | 16129 |

# 15－16 重庆与国外友好城市交流（2005－2006年）
# Communications with Foreign Sister Cities (2005-2006)

| 指　　标 | Item | 2005 | 2006 |
|---|---|---|---|
| **与国外结成友好城市累计数（个）** | **Total Number of Foreign Sister Cities with Chongqing (unit)** | **17** | **17** |
| **出访交流考查** | **People Sent for Study Tour** | | |
| 批　数（批） | Lots (lots) | 19 | 24 |
| 人（人次） | Person (person-time) | 152 | 485 |
| **派出进修生** | **Sent Abroad to Engage in Advanced Studies** | | |
| 批　数（批） | Lots (lots) | 1 | 1 |
| 人（人次） | Person (person-time) | 4 | 6 |
| **接待来访团组** | **Foreign Institutions Visiting Chongqing** | | |
| 批　数（批） | Lots (lots) | 19 | 17 |
| 人（人次） | Person (person-time) | 221 | 330 |

# 15－17 风景名胜区（2006年）
## Scenic Spots (2006)

| 名 称<br>Name | 级 别<br>Grade | 主要特点<br>Main Characteristics | 面 积 (平方公里)<br>Area (sq.km) | #林 地<br>Forest | #中心游览区<br>Central Sight-seeing | #水 面<br>Water Area | 地 址<br>Address |
|---|---|---|---|---|---|---|---|
| 大足石刻 | 世界文化遗产 | 石刻艺术文化 | 115.5 | | | | 大足县 |
| 长江三峡 | 国家级 | 江峡景观、文化遗址 | 480 | | | | 奉节县、巫山县 |
| 缙云山 | 国家级 | 森林自然景观 | 14 | 13 | 1 | | 北碚区 |
| 北温泉 | 国家级 | 山水泉洞 | 0.568 | 0.471 | 0.094 | 0.003 | 北碚区 |
| 钓鱼城 | 国家级 | 宋古战场遗址 | 2.5 | 0.367 | 0.444 | 0.02 | 合川区 |
| 四面山 | 国家级 | 林湖石瀑 | 213.4 | 110 | 62.4 | 41 | 江津区 |
| 金佛山 | 国家级 | 原始珍稀森林 | 266 | | | | 南川区 |
| 芙蓉江 | 国家级 | 溶洞溪河 | 100.4 | 61 | 28.3 | 11.1 | 武隆县 |
| 天坑地缝 | 省 级 | 地缝式峡谷漏斗奇观 | 340 | | | | 奉节县 |
| 张关溶洞 | 省 级 | | 49.14 | | | | 渝北区 |
| 巫山小三峡 | 省 级 | 山水峡谷 | 370 | | | | 巫山县 |
| 南山、南泉 | 省 级 | 林泉、抗战遗址 | 75 | | | | 南岸区、巴南区 |
| 红池坝 | 省 级 | 高山草场 | 358 | | | | 巫溪县 |
| 百里竹海 | 省 级 | 竹海景观 | 92.4 | 66.64 | 23.76 | 2 | 梁平县 |
| 青龙瀑布 | 省 级 | 高位瀑布 | 60.13 | 25.2 | 8.31 | | 万州区 |
| 小南海 | 省 级 | 地震遗址湖泊 | 30 | 15.2 | 12 | 2.8 | 黔江区 |
| 小溪 | 省 级 | 巴文化、天生桥 | 24 | 2 | 19 | 3 | 涪陵区 |
| 渝北统景 | 省 级 | 温泉峡谷 | 14.5 | 9.5 | 4 | 1 | 渝北区 |
| 黑山-石林 | 省 级 | 石林溪河 | 101 | 79.66 | 21.4 | 0.04 | 万盛区 |
| 黑石山-滚子坪 | 省 级 | 石瀑山水林 | 125 | | | | 江津区 |
| 巴岳山-西温泉 | 省 级 | 森林温泉 | 51 | 26 | 15 | 10 | 铜梁县 |
| 长寿湖 | 省 级 | 湖泊 | 58.7 | 3 | 2.25 | 53.45 | 长寿县 |
| 定明山-运河 | 省 级 | 民居寺庙、人造运河 | 65 | | | | 潼南县 |
| 歌乐山 | 省 级 | 森林、历史纪念地 | 14.2 | 12.2 | 2 | | 沙坪坝区 |
| 东温泉 | 省 级 | 温泉溪河 | 58.7 | | | | 巴南区 |
| 龙泉 | 省 级 | 峡谷温泉 | 74 | | | | 万州区 |
| 井沟 | 省 级 | 文化遗址 | 191 | | | | 忠 县 |
| 青龙湖 | 省 级 | 山林湖泊 | 26.9 | | | | 璧山县 |
| 黄水 | 省 级 | 山林湖泊 | 504 | | | | 石柱县 |
| 古剑山-清溪河 | 省 级 | 山林溪河 | 109.9 | | | | 綦江县 |
| 崩溪河 | 省 级 | 山林溪流 | 47.1 | | | | 城口县 |
| 潭獐峡 | 省 级 | 峡谷溪河 | 76 | | | | 万州区 |
| 乌江百里画廊 | 省 级 | 江峡古镇 | 120 | | | | 酉阳县 |
| 天生三桥 | 省 级 | 喀斯特漏斗,溶洞 | 50 | | | | 武隆县 |
| 明月山 | 省 级 | 山林、牡丹花 | 118.1 | | | | 垫江县 |
| 歇凤山 | 省 级 | 山林、文化 | 97 | | | | 万州区 |

# 15－18 重点文物保护单位（2006年）
# Main Cultural Relics（2006）

| 名　　称　　Name | 时　代　Era | 地　址　Address |
|---|---|---|
| **古遗址** | | |
| 龙骨坡遗址 | 更新世 | 巫山县庙宇镇 |
| 高家镇遗址 | 旧石器 | 丰都县高家镇 |
| 烟墩堡遗址 | 旧石器 | 丰都县汇集乡 |
| 玉溪遗址 | 新石器 | 丰都县高镇乡 |
| 大溪遗址 | 新石器 | 巫山县大溪镇 |
| 杠（音）洽井口遗址群 | 新石器至汉 | 忠县忠州镇 |
| 中坝遗址 | 新石器至汉 | 忠县杠（音）井镇 |
| 李家坝遗址 | 商周至汉 | 云阳县高阳镇 |
| 双堰塘遗址 | 商周至汉 | 巫山县大昌镇 |
| 涂山窑遗址 | 宋 | 南岸区黄桷垭镇新力村 |
| **古墓葬** | | |
| 小田溪墓群 | 战　国 | 涪陵区白涛镇 |
| 巴蔓子墓 | 战国至清 | 渝中区莲花池 |
| 荆竹坝岩棺群 | 汉 | 巫溪县荆竹坝 |
| 汇南墓群 | 汉、南北朝 | 丰都县汇南乡 |
| 石坎崖墓群 | 东　汉 | 江津区凤场乡 |
| 雷劈石崖墓群 | 东　汉 | 南川区太平场乡 |
| 双墙崖墓群 | 东　汉 | 大足县邮亭镇 |
| 柏树林崖墓群 | 东　汉 | 綦江县中峰镇 |
| 七拱嘴崖墓群 | 东　汉 | 綦江县文龙乡 |
| 长沟崖墓群 | 东　汉 | 江津区柏林镇 |
| 南屏墓群 | 东　汉 | 合川区城南南津街 |
| 长孙无忌墓 | 唐 | 武隆县江口镇 |
| 沙坝子墓 | 宋 | 荣昌县许溪乡 |
| 高洞子墓群 | 南　宋 | 永川区板桥镇 |
| 清溪苗王墓 | 明 | 秀山县清溪场镇 |
| 明玉珍睿陵 | 元、明 | 江北区洗布堂街 |
| 秦良玉陵园 | 清 | 石柱县大河乡 |
| **古建筑** | | |
| 盘溪无铭阙 | 汉 | 江北区石马河镇 |
| 丁房阙 | 汉 | 忠县忠州镇 |
| 佑溪无铭阙 | 汉 | 忠县杠（音）井镇 |
| 白帝城 | 汉至清 | 奉节县草塘区 |
| 碑记桥 | 宋 | 涪陵区马武镇 |
| 岩溪桥 | 宋 | 合川区城北高石坎办事处 |
| 河包报恩寺塔 | 宋 | 荣昌县河包镇 |
| 钓鱼城 | 南宋、元 | 合川区城东钓鱼山上 |
| 龙崖城 | 南宋、元 | 南川区马嘴乡 |

15-18 续表1 CONTINUED-1

| 名　　称　Name | 时　代　Era | 地　　址　Address |
|---|---|---|
| 磐石城 | 南宋、元 | 云阳县双江镇 |
| 多功城 | 南宋、元 | 渝北县鸳鸯镇 |
| 天生城 | 南宋、元 | 万州区周家坝 |
| 塔坪寺塔 | 宋、清 | 北碚区静观镇 |
| 独柏寺正殿 | 元 | 潼南县上和镇 |
| 净果寺 | 明 | 合川区古楼镇 |
| 龙兴寺正殿 | 明 | 潼南县小渡镇 |
| 宝轮寺正殿 | 明 | 沙坪坝区磁器口 |
| 铜梁武庙 | 明 | 铜梁县巴川镇 |
| 朝元寺牌坊 | 明 | 璧山县梅江乡 |
| 东华观藏经楼 | 明 | 渝中区凯旋路 |
| 江公享堂 | 明、清 | 江津区几江镇 |
| 缙云寺 | 明、清 | 北碚区缙云山 |
| 宝城寺 | 明、清 | 荣昌县昌元镇 |
| 铁佛寺 | 明、清 | 铜梁县巴川镇 |
| 板桥寺 | 明、清 | 合川区九岭乡 |
| 温泉寺 | 明、清 | 北碚区澄江镇 |
| 东水门及城墙 | 明、清 | 渝中区东水门段 |
| 通道门及城墙 | 明、清 | 渝中区七星岗 |
| 梁平文峰塔 | 明 | 梁平县梁山镇 |
| 湖广会馆 | 清 | 渝中区芭蕉园 |
| 张桓侯庙 | 清 | 云阳县水磨乡 |
| 石宝寨 | 清 | 忠县石宝镇 |
| 双桂堂 | 清 | 梁平县金带镇 |
| 大成殿 | 清 | 璧山县璧城镇 |
| 彭氏宗祠 | 清 | 云阳县里市乡 |
| 利济桥 | 清 | 江津区朱杨镇 |
| 彭氏民居 | 清 | 巴南区南泉镇 |
| 涂山寺 | 清 | 南岸区黄桷垭镇 |
| 合川文峰塔 | 清 | 合川区合阳镇 |
| 黄桷垭文峰塔 | 清 | 南岸区黄桷垭镇 |
| 塔子山文峰塔 | 清 | 江北区寸滩 |
| 觉林寺报恩塔 | 清 | 南岸区下浩觉林寺街 |
| 华岩寺 | 清 | 九龙坡区华岩镇 |
| 何氏百岁坊 | 清 | 璧山县青杠乡 |
| **石窟寺及石刻** | | |
| 灰千岩崖画 | 汉以前 | 江津区四面山镇 |
| 潼南大佛寺摩崖造像 | 隋至宋 | 潼南县梓潼镇 |
| 临江岩摩崖造像 | 唐 | 忠县忠州镇 |

15-18 续表2 CONTINUED-2

| 名　　称　　Name | 时　代　　Era | 地　　址　　Address |
|---|---|---|
| 尖子山摩崖造像 | 唐至宋 | 大足县宝山乡 |
| 北山摩崖造像 | 唐至宋 | 大足县龙岗镇、城东乡、石桌乡 |
| 白鹤梁题刻 | 唐至清 | 涪陵区崇义办事处 |
| 五硐岩摩崖造像 | 唐至清 | 潼南县塘坝镇 |
| 宝顶山摩崖造像 | 宋 | 大足县宝顶镇、石马镇 |
| 涞滩二佛寺摩崖造像 | 宋 | 合川区涞滩镇 |
| 舒成岩摩崖造像 | 宋 | 大足县中敖镇 |
| 妙高山摩崖造像 | 宋 | 大足县季家镇 |
| 西山碑 | 宋 | 万州区太白岩下高笋塘 |
| 罗汉寺古佛崖摩崖造像 | 宋 | 渝中区小什字 |
| 莲花石题刻 | 宋至清 | 江津区几江镇 |
| 弹子石摩崖造像 | 元 | 南岸区弹子石 |
| 石门大佛寺摩崖造像 | 明 | 江津区石门镇 |
| 朝源观道教造像 | 明 | 江津区四面山镇 |
| 大足千佛岩摩崖造像 | 明 | 大足县三驱镇千佛村 |
| 马龙山摩崖造像 | 民　国 | 潼南县卧佛镇 |
| **近现代重要史迹** | | |
| 杨沧白故居及墓 | 清（故居）、1984（墓） | 巴南区木洞镇（故居）、东泉镇（墓） |
| 法国水师兵营 | 1902年 | 南岸区弹子石 |
| 马跑教堂 | 1909年 | 大足县石马镇 |
| 余栋臣故居及墓 | 清 | 双桥区通桥镇 |
| 刘伯承故居 | 清 | 开县赵家镇 |
| 聂荣臻故居 | 清 | 江津区吴滩镇 |
| 赵世炎故居 | 清 | 酉阳县龙潭镇 |
| 杨闇公故居及墓 | 清（故居）、1987（墓） | 潼南县双江镇（故居）、梓潼镇（墓） |
| 张培爵烈士纪念碑及墓 | 1946年（碑）、1934年（墓） | 渝中区沧白路（碑）荣昌昌元镇公园（墓） |
| 重庆“三·三一”惨案烈士墓 | 1927年 | 江北区五里店（群葬墓地） |
| 国民党左派四川省党部暨重庆高中旧址 | 1927-1929年 | 渝中区解放东巷6号 |
| 桂　园 | 1931年 | 渝中区上清寺 |
| 南腰界红三军司令部旧址 | 1934年 | 酉阳县李溪区南腰界乡 |
| 石壕红军烈士墓 | 1935年 | 綦江县石壕镇 |
| 中国西部科学院旧址 | 1935-1949年 | 北碚区朝阳街道 |
| 八路军重庆办事处旧址 | 1938-1946年 | 渝中区红岩村 |
| 黄山、南山陪都遗迹 | 1938-1946年 | 南岸区黄山干部疗养院内 |
| 林　园 | 1938-1946年 | 沙坪坝区山洞街道 |
| 重庆郭沫若旧居既国民政府军事委员会政治部第三厅旧址 | 1938-1946年 | 渝中区天官府、沙坪坝区赖家桥 |
| 国民参政会旧址 | 1938-1946年 | 渝中区中华路 |
| 重庆大韩民国临时政府旧址 | 1938-1946年 | 渝中区莲花池 |

15-18 续表3 CONTINUED-3

| 名　　称　Name | 时　代　Era | 地　　址　Address |
|---|---|---|
| 中苏文协旧址 | 1938-1947年 | 渝中区中山一路 |
| 重庆冯玉祥旧居 | 1939-1945年 | 九龙坡区后工、沙坪坝区陈家桥镇 |
| 育才学校旧址 | 1939-1945年 | 合川区草街镇 |
| 重庆美国大使馆旧址 | 1938-1946年 | 渝中区王家坡 |
| 重庆苏联大使馆旧址 | 1938-1946年 | 渝中区枇杷山 |
| 重庆陈独秀旧居 | 1939-1942年 | 江津区几江镇 |
| 《新华日报》馆及营业部旧址 | 1939-1947年 | 渝中区化龙桥（报馆）、民生路（营业部） |
| 重庆沈钧儒旧居 | 1939-1949年 | 渝中区枣子岚垭 |
| 张自忠墓 | 1940年 | 北碚区北温泉镇 |
| “六．五”隧道惨案旧址 | 1941年 | 渝中区磁器街、十八梯、石灰市隧道 |
| 重庆宋庆龄旧居 | 1942-1945年 | 渝中区两路口 |
| 重庆史迪威旧居 | 1942-1945年 | 渝中区嘉陵新村 |
| 重庆徐悲鸿旧居 | 1942-1946年 | 江北区大石坝 |
| 重庆老舍旧居 | 1943-1946年 | 北碚区天生街道 |
| “中美合作所”集中营旧址 | 1943-1949年 | 沙坪坝区童家桥街道 |
| 重庆谈判旧址 | 1945年 | 渝中区中四路 |
| 中共代表团驻地旧址 | 1946年 | 渝中区中三路305号 |
| 四川革命先烈纪念碑 | 1946年 | 渝中区人民公园 |
| 邹容烈士纪念碑 | 1946年 | 渝中区南区公园 |
| 中国人民解放军第二野战军司令部旧址 | 1949年 | 秀山县中和镇 |
| 南泉革命烈士陵园 | 1953年 | 巴南区南泉镇西 |
| 人民解放纪念碑 | 1950年 | 渝区中解放碑地区 |
| 库里申科烈士墓 | 1958年 | 万州区西山公园 |
| 苏军烈士墓 | 1959年 | 渝中区鹅岭公园 |
| 邱少云烈士纪念碑 | 1962年 | 铜梁县巴川镇 |
| 近现代代表性建筑 | | |
| 大昌民居 | 清 | 巫山县大昌镇 |
| 杨氏民居 | 清 | 潼南县双江镇 |
| 聚奎书院 | 清 | 江津区白沙镇 |
| 客寨桥 | 清 | 秀山县龙凤乡 |
| 江津中学 | 1906年 | 江津区几江镇 |
| 慈云寺 | 1927年 | 南岸区玄坛庙 |
| 菩提金刚塔 | 1930年 | 渝中区观音岩金刚塔 |
| 万县钟楼 | 1931年 | 万州区西山公园 |
| 交通银行旧址 | 1936年 | 渝中区打铜街 |
| 跳伞塔 | 1942年 | 渝中区大田湾体育场 |
| 若瑟堂 | 1946年 | 渝中区民生路 |
| 重庆人民大礼堂 | 1953年 | 渝中区人民路 |

# 15－19 全社会实际利用内资（2005－2006年）
# Total Actual Utilization of Domestic Capital (2005-2006)

单位：万元 (10 000 yuan)

| 项　目 | Item | 2005 | 2006 |
|---|---|---|---|
| **总　计** | **Total** | **2058990** | **2982509** |
| **按行政区划分** | **By District (county)** | | |
| 万州区 | Wanzhou District | 100348 | 144837 |
| 涪陵区 | Fuling District | 55734 | 62944 |
| 渝中区 | Yuzhong District | 110938 | 98723 |
| 大渡口区 | Dadukou District | 47243 | 77683 |
| 江北区 | Jiangbei District | 171596 | 236711 |
| 沙坪坝区 | Shapingba District | 101153 | 185048 |
| 九龙坡区 | Jiulongpo District | 128680 | 169443 |
| 南岸区 | Nan'an District | 206549 | 351939 |
| 北碚区 | Beibei District | 96055 | 188572 |
| 万盛区 | Wansheng District | 4654 | 76027 |
| 双桥区 | Shuangqiao District | 2200 | 2533 |
| 渝北区 | Yubei District | 24503 | 157950 |
| 巴南区 | Ba'nan District | 66855 | 176137 |
| 黔江区 | Qianjiang District | 14610 | 14366 |
| 长寿区 | Changshou District | 90797 | 89773 |
| 江津区 | Jiangjin District | 45142 | 63585 |
| 合川区 | Hechuan District | 46602 | 89867 |
| 永川区 | Yongchuan District | 59259 | 117800 |
| 南川区 | Nanchuan District | 27681 | 30928 |
| 綦江县 | Qijiang County | 21354 | 8042 |
| 潼南县 | Tongnan County | 3852 | 8335 |
| 铜梁县 | Tongliang County | 95403 | 15255 |
| 大足县 | Dazu County | 18429 | 28041 |
| 荣昌县 | Rongchang County | 26751 | 34890 |
| 璧山县 | Bishan County | 43000 | 56017 |
| 梁平县 | Liangping County | 10360 | 14426 |
| 城口县 | Chengkou County | 3720 | 2400 |
| 丰都县 | Fengdu County | 9309 | 11208 |
| 垫江县 | Dianjiang County | 8884 | 14253 |
| 武隆县 | Wulong County | 11302 | 18032 |
| 忠　县 | Zhongxian County | 24019 | 35875 |
| 开　县 | Kaixian County | 163981 | 176012 |
| 云阳县 | Yunyang County | 26067 | 30422 |
| 奉节县 | Fengjie County | 4927 | 1480 |
| 巫山县 | Wushan County | 4850 | 3845 |
| 巫溪县 | Wuxi County | 5142 | 9811 |
| 石柱土家族自治县 | Shizhu County | 13607 | 17980 |
| 秀山土家族苗族自治县 | Xiushan County | 19219 | 9152 |
| 酉阳土家族苗族自治县 | Youyang County | 7540 | 3850 |
| 彭水苗族土家族自治县 | Pengshui County | 136675 | 148317 |
| **按三大经济区分组** | **By Three Economic Spheres** | | |
| 都市发达经济圈 | Advanced Economic Sphere | 953572 | 1642206 |
| 渝西经济走廊 | Economic Corridor in West Chongqing | 394327 | 531320 |
| 三峡库区生态经济区 | Ecological Economic Zone in Three Gorges Reservoir Area | 711091 | 808983 |
| **按资金来源分** | **By Source of Domestic Capital** | | |
| #东部地区 | Eastern Region | 1480168 | 2408160 |
| 中部地区 | Middle Region | 146817 | 140849 |
| 西部地区 | Western Region | 432005 | 433500 |

15-19 续表 CONTINUED

单位：万元 (10 000 yuan)

| 项　目 | Item | 2005 | 2006 |
|---|---|---|---|
| #北　京 | Beijing | 426402 | 620346 |
| 天　津 | Tianjin | 4253 | 61523 |
| 河　北 | Hebei | 29539 | 30194 |
| 山　西 | Shanxi | 8293 | 14804 |
| 内蒙古 | Inner Mongolia | 1053 | 2202 |
| 辽　宁 | Liaoning | 7289 | 103902 |
| 吉　林 | Jilin | 3798 | 1356 |
| 黑龙江 | Heilongjiang | 3724 | 16747 |
| 上　海 | Shanghai | 239890 | 297748 |
| 江　苏 | Jiangsu | 51079 | 46888 |
| 浙　江 | Zhejiang | 317077 | 407187 |
| 安　徽 | Anhui | 15529 | 7788 |
| 福　建 | Fujian | 152161 | 344910 |
| 江　西 | Jiangxi | 5851 | 13441 |
| 山　东 | Shandong | 45034 | 151517 |
| 河　南 | Henan | 17987 | 14089 |
| 湖　北 | Hubei | 53368 | 57062 |
| 湖　南 | Hunan | 38267 | 15562 |
| 广　东 | Guangdong | 176664 | 335902 |
| 广　西 | Guangxi | 5316 | 2033 |
| 海　南 | Hainan | 30780 | 8043 |
| 四　川 | Sichuan | 296610 | 265762 |
| 贵　州 | Guizhou | 68764 | 33920 |
| 云　南 | Yunnan | 27067 | 115143 |
| 西　藏 | Tibet | 629 | 524 |
| 陕　西 | Shaanxi | 9238 | 10654 |
| 甘　肃 | Gansu | 133 | 307 |
| 青　海 | Qinghai | 21193 | 113 |
| 宁　夏 | Ningxia | 196 | 96 |
| 新　疆 | Xinjiang | 1806 | 2746 |
| **按行业分** | **By Sector** | | |
| 第一产业 | Primary Industry | 38813 | 30800 |
| 第二产业 | Secondary Industry | 949952 | 1262178 |
| 采矿业 | Mining and Quarrying | 62822 | 98628 |
| 制造业 | Manufacturing | 557630 | 706862 |
| 电力、燃气及水的生产和供应业 | Electricity, Gas & Water Production and Supply | 255836 | 379302 |
| 建筑业 | Construction | 73664 | 77386 |
| 第三产业 | Tertiary Industry | 1070225 | 1689531 |
| 交通运输、仓储及邮政业 | Transportation, Storage, Postal Services | 38000 | 33784 |
| 信息传输、计算机服务和软件业 | Information Transmission, Computer Service and Soft wares | 9166 | 9323 |
| 批发与零售业 | Wholesale and Retail Trade | 146820 | 125385 |
| 住宿和餐饮业 | Hotels and Restaurants | 39728 | 30910 |
| 金融业 | Financing | 8421 | 3895 |
| 房地产业 | Real Estate | 730352 | 1392949 |
| 租赁与商务服务业 | Renting and Business Activities | 18269 | 15479 |
| 科学研究、技术服务与地质勘查业 | Scientific Research, Technology Services and Geological Prospecting | 11501 | 10300 |
| 水利、环境和公共设施管理业 | Administration of Water Conservancy, Environment and Public Facilities | 10093 | 12502 |
| 居民服务和其他服务业 | Household Services and Other Services | 9811 | 7492 |
| 教　育 | Education | 8817 | 8854 |
| 卫生、社会保障和社会福利业 | Health, Social Security and Social Welfare | 13373 | 4226 |
| 文化、体育与娱乐业 | Culture, Sports and Entertainment | 25874 | 34432 |
| 公共管理与社会组织 | Public Administration and Social Organizations | | |

# 15－20 1000万元以上项目利用内资情况（2005－2006年）

单位：万元 (10 000 yuan)

| 项　目 | Item | 2005 | | |
|---|---|---|---|---|
| | | 项目合同（协议、计划）总资金 Total Capital on Agreements and Contracts | #外省投入 From Outside Chongqing | 实际利用内资 Domestic Capital Actually Utilized |
| **总　计** | **Total** | **10637141** | **8543996** | **1740560** |
| **按资金来源分** | **By Source of Domestic Capital** | | | |
| #北　京 | Beijing | 4249055 | 3065056 | 412227 |
| 天　津 | Tianjin | 56600 | 56600 | 2368 |
| 河　北 | Hebei | 62000 | 53970 | 24843 |
| 山　西 | Shanxi | 50000 | 50000 | 6900 |
| 内蒙古 | Inner Mongolia | | | |
| 辽　宁 | Liaoning | 101466 | 97403 | 6130 |
| 吉　林 | Jilin | 5000 | 3750 | 3068 |
| 黑龙江 | Heilongjiang | 18000 | 18000 | 1500 |
| 上　海 | Shanghai | 1214775 | 1087363 | 224074 |
| 江　苏 | Jiangsu | 202762 | 98565 | 37613 |
| 浙　江 | Zhejiang | 1405046 | 1348322 | 275139 |
| 安　徽 | Anhui | 47978 | 46778 | 12096 |
| 福　建 | Fujian | 900169 | 904927 | 131524 |
| 江　西 | Jiangxi | 24000 | 23500 | 2900 |
| 山　东 | Shandong | 245127 | 237607 | 37909 |
| 河　南 | Henan | 19988 | 10182 | 12723 |
| 湖　北 | Hubei | 82200 | 73740 | 32429 |
| 湖　南 | Hunan | 47245 | 53120 | 23647 |
| 广　东 | Guangdong | 514077 | 408213 | 142513 |
| 广　西 | Guangxi | 4100 | 3400 | 2900 |
| 海　南 | Hainan | 71460 | 59014 | 28730 |
| 四　川 | Sichuan | 827420 | 591751 | 208916 |
| 贵　州 | Guizhou | 103160 | 95040 | 62189 |
| 云　南 | Yunnan | 253363 | 120710 | 20058 |
| 西　藏 | Tibet | | | |
| 陕　西 | Shaanxi | 97500 | 24500 | 6996 |
| 甘　肃 | Gansu | | | |
| 青　海 | Qinghai | 34650 | 12485 | 21168 |
| 宁　夏 | Ningxia | | | |
| 新　疆 | Xinjiang | | | |
| #东部地区 | Eastern Region | 9022537 | 7341474 | 1323070 |
| 中部地区 | Middle Region | 294411 | 275873 | 95263 |
| 西部地区 | Western Region | 1320193 | 926649 | 322227 |

# Utilization of Domestic Capital of Project above 10 Million Yuan (2005-2006)

单位：万元 (10 000 yuan)

| 项 目 | Item | 2006 项目合同（协议、计划）总资金 Total Capital on Agreements and Contracts | #外省投入 From Outside Chongqing | 实际利用内资 Domestic Capital Actually Utilized |
|---|---|---|---|---|
| **总 计** | **Total** | **19494319** | **15645603** | **2710709** |
| **按资金来源分** | **By Source of Domestic Capital** | | | |
| #北 京 | Beijing | 5362126 | 3706622 | 607468 |
| 天 津 | Tianjin | 763071 | 573057 | 60941 |
| 河 北 | Hebei | 68936 | 61420 | 27345 |
| 山 西 | Shanxi | 97900 | 82740 | 14357 |
| 内蒙古 | Inner Mongolia | 35000 | 20000 | 1200 |
| 辽 宁 | Liaoning | 1305411 | 1201849 | 102330 |
| 吉 林 | Jilin | 5000 | 3750 | 612 |
| 黑龙江 | Heilongjiang | 21500 | 21500 | 15000 |
| 上 海 | Shanghai | 1579092 | 1594396 | 286796 |
| 江 苏 | Jiangsu | 371967 | 263549 | 33220 |
| 浙 江 | Zhejiang | 2297373 | 2201828 | 370459 |
| 安 徽 | Anhui | 90530 | 89330 | 3116 |
| 福 建 | Fujian | 2549113 | 1752333 | 323532 |
| 江 西 | Jiangxi | 41600 | 39100 | 10701 |
| 山 东 | Shandong | 303364 | 295744 | 146550 |
| 河 南 | Henan | 26100 | 20642 | 10941 |
| 湖 北 | Hubei | 139678 | 135868 | 37366 |
| 湖 南 | Hunan | 35787 | 41662 | 6123 |
| 广 东 | Guangdong | 2353457 | 1887708 | 315248 |
| 广 西 | Guangxi | | 500 | |
| 海 南 | Hainan | 85660 | 77214 | 7170 |
| 四 川 | Sichuan | 981401 | 757659 | 185608 |
| 贵 州 | Guizhou | 94360 | 384860 | 26815 |
| 云 南 | Yunnan | 759887 | 310266 | 110935 |
| 西 藏 | Tibet | | | |
| 陕 西 | Shaanxi | 126006 | 122006 | 6876 |
| 甘 肃 | Gansu | | | |
| 青 海 | Qinghai | | | |
| 宁 夏 | Ningxia | | | |
| 新 疆 | Xinjiang | | | |
| #东部地区 | Eastern Region | 17039570 | 13854540 | 2281059 |
| 中部地区 | Middle Region | 458095 | 426117 | 98216 |
| 西部地区 | Western Region | 1996654 | 1364946 | 331434 |

15-20 续表1

单位：万元 (10 000 yuan)

| 项目 | Item | 2005 | | |
|---|---|---|---|---|
| | | 项目合同（协议、计划）总资金 Total Capital on Agreements and Contracts | #外省投入 From Outside Chongqing | 实际利用内资 Domestic Capital Actually Utilized |
| **按行业分** | **By Sector** | | | |
| 第一产业 | Primary Industry | 157200 | 137570 | 18396 |
| 第二产业 | Secondary Industry | 5667338 | 4436147 | 817257 |
| 采矿业 | Mining and Quarrying | 121684 | 115731 | 43230 |
| 制造业 | Manufacturing | 2696336 | 2412118 | 460829 |
| 电力、燃气及水的生产和供应业 | Electricity, Gas & Water Production and Supply | 2609852 | 1683852 | 251963 |
| 建筑业 | Construction | 239466 | 224446 | 61235 |
| 第三产业 | Tertiary Industry | 4812603 | 3970279 | 904907 |
| 交通运输、仓储及邮政业 | Transportation, Storage, Postal Services | 114842 | 78974 | 26060 |
| 信息传输、计算机服务和软件业 | Information Transmission, Computer Service and Soft wares | 2100 | 105 | 105 |
| 批发与零售业 | Wholesale and Retail Trade | 139949 | 139581 | 71472 |
| 住宿和餐饮业 | Hotels and Restaurants | 55515 | 53515 | 26915 |
| 金融业 | Financing | 10000 | 6000 | 6000 |
| 房地产业 | Real Estate | 4050387 | 3399777 | 709221 |
| 租赁与商务服务业 | Renting and Business Activities | 6000 | 4400 | 4400 |
| 科学研究、技术服务与地质勘查业 | Scientific Research, Technology Services and Geological Prospecting | 14965 | 10216 | 6426 |
| 水利、环境和公共设施管理业 | Administration of Water Conservancy, Environment and Public Facilities | 164042 | 85646 | 8294 |
| 居民服务和其他服务业 | Household Services and Other Services | 17500 | 16000 | 5060 |
| 教　育 | Education | 18600 | 17340 | 7430 |
| 卫生、社会保障和社会福利业 | Health, Social Security and Social Welfare | 23500 | 22500 | 11280 |
| 文化、体育与娱乐业 | Culture, Sports and Entertainment | 195203 | 136225 | 22244 |
| 公共管理与社会组织 | Public Administration and Social Organizations | | | |
| **按登记注册类型分** | **By Registration** | | | |
| 国有企业 | State-owned | 1203488 | 1034290 | 181970 |
| 集体企业 | Collective-owned | 13483 | 13483 | 12123 |
| 股份合作企业 | Cooperative Share Holding | 1277500 | 909800 | 135511 |
| 联营企业 | Joint Ownership | | | |
| 有限责任公司 | Limited Liabilities | 4206837 | 3671788 | 786715 |
| 股份有限公司 | Share-holding Ltd. | 2837093 | 2136531 | 248751 |
| 私营企业 | Private | 546975 | 360950 | 150857 |
| 其他企业 | Others | 1000 | 1000 | 520 |
| 港、澳、台商投资企业 | Funded by Hong Kong, Macao and Taiwan | 27500 | 7000 | 20750 |
| 外商投资企业 | Foreign-funded | 73960 | 12385 | 12385 |
| 个　人 | Individual | 447805 | 396269 | 190698 |
| 其　他 | Others | 1500 | 500 | 280 |

15-20 CONTINUED-1

单位：万元 (10 000 yuan)

| 项　目 | Item | 2006 项目合同（协议、计划）总资金 Total Capital on Agreements and Contracts | #外省投入 From Outside Chongqing | 实际利用内资 Domestic Capital Actually Utilized |
|---|---|---|---|---|
| **按行业分** | **By Sector** | | | |
| 第一产业 | Primary Industry | 101475 | 84095 | 14034 |
| 第二产业 | Secondary Industry | 8329498 | 6675900 | 1140915 |
| 采矿业 | Mining and Quarrying | 1184039 | 1173487 | 84081 |
| 制造业 | Manufacturing | 3916909 | 3481303 | 625482 |
| 电力、燃气及水的生产和供应业 | Electricity, Gas & Water Production and Supply | 2960434 | 1759494 | 372916 |
| 建筑业 | Construction | 268116 | 261616 | 58436 |
| 第三产业 | Tertiary Industry | 11063346 | 8885608 | 1555760 |
| 交通运输、仓储及邮政业 | Transportation, Storage, Postal Services | 121903 | 120945 | 26927 |
| 信息传输、计算机服务和软件业 | Information Transmission, Computer Service and Soft wares | 31500 | 30500 | 3500 |
| 批发与零售业 | Wholesale and Retail Trade | 166961 | 164821 | 61236 |
| 住宿和餐饮业 | Hotels and Restaurants | 70600 | 68600 | 17460 |
| 金融业 | Financing | 5000 | 2600 | 2600 |
| 房地产业 | Real Estate | 9895995 | 7979036 | 1380913 |
| 租赁与商务服务业 | Renting and Business Activities | 4000 | 1300 | 1300 |
| 科学研究、技术服务与地质勘查业 | Scientific Research, Technology Services and Geological Prospecting | 15577 | 10727 | 5170 |
| 水利、环境和公共设施管理业 | Administration of Water Conservancy, Environment and Public Facilities | 164610 | 84379 | 10844 |
| 居民服务和其他服务业 | Household Services and Other Services | 28000 | 26000 | 2700 |
| 教　育 | Education | 43500 | 43000 | 8300 |
| 卫生、社会保障和社会福利业 | Health, Social Security and Social Welfare | 13500 | 12500 | 2200 |
| 文化、体育与娱乐业 | Culture, Sports and Entertainment | 502200 | 341200 | 32610 |
| 公共管理与社会组织 | Public Administration and Social Organizations | | | |
| **按登记注册类型分** | **By Registration** | | | |
| 国有企业 | State-owned | 1575208 | 1479260 | 274743 |
| 集体企业 | Collective-owned | | | |
| 股份合作企业 | Cooperative Share Holding | 1432667 | 892307 | 154363 |
| 联营企业 | Joint Ownership | | | |
| 有限责任公司 | Limited Liabilities | 9997986 | 8338449 | 1258062 |
| 股份有限公司 | Share-holding Ltd. | 4573543 | 3591399 | 591532 |
| 私营企业 | Private | 603227 | 408878 | 110397 |
| 其他企业 | Others | 1000 | 1000 | 613 |
| 港、澳、台商投资企业 | Funded by Hong Kong, Macao and Taiwan | 469633 | 225373 | 70540 |
| 外商投资企业 | Foreign-funded | 80000 | 24000 | 24000 |
| 个　人 | Individual | 753680 | 678562 | 223159 |
| 其　他 | Others | 7375 | 6375 | 3300 |

15-20 续表2

单位：万元 (10 000 yuan)

| 项目 | Item | 2005 | | |
|---|---|---|---|---|
| | | 项目合同（协议、计划）总资金 Total Capital on Agreements and Contracts | #外省投入 From Outside Chongqing | 实际利用内资 Domestic Capital Actually Utilized |
| **按行政区划分** | **By District (county)** | | | |
| 万州区 | Wanzhou District | 1407795 | 1396555 | 82011 |
| 涪陵区 | Fuling District | 111266 | 108366 | 41182 |
| 渝中区 | Yuzhong District | 165896 | 146046 | 90458 |
| 大渡口区 | Dadukou District | 225348 | 96915 | 42069 |
| 江北区 | Jiangbei District | 739052 | 655552 | 123696 |
| 沙坪坝区 | Shapingba District | 309012 | 298834 | 77524 |
| 九龙坡区 | Jiulongpo District | 602344 | 484058 | 102524 |
| 南岸区 | Nan'an District | 1422366 | 1146366 | 197149 |
| 北碚区 | Beibei District | 547970 | 463670 | 91436 |
| 万盛区 | Wansheng District | 17500 | 17500 | 3962 |
| 双桥区 | Shuangqiao District | 7000 | 7000 | 2200 |
| 渝北区 | Yubei District | 70430 | 50322 | 10340 |
| 巴南区 | Ba'nan District | 203165 | 121460 | 64935 |
| 黔江区 | Qianjiang District | 74860 | 62010 | 12630 |
| 长寿区 | Changshou District | 278960 | 258420 | 87067 |
| 江津区 | Jiangjin District | 320177 | 153235 | 41625 |
| 合川区 | Hechuan District | 314800 | 200000 | 44530 |
| 永川区 | Yongchuan District | 216430 | 208430 | 47174 |
| 南川区 | Nanchuan District | 29829 | 24577 | 26053 |
| 綦江县 | Qijiang County | 48786 | 36536 | 16145 |
| 潼南县 | Tongnan County | 3500 | 3500 | 1340 |
| 铜梁县 | Tongliang County | 128088 | 120326 | 80403 |
| 大足县 | Dazu County | 60202 | 58202 | 13400 |
| 荣昌县 | Rongchang County | 41900 | 37050 | 18515 |
| 璧山县 | Bishan County | 190100 | 190100 | 36185 |
| 梁平县 | Liangping County | 14067 | 11757 | 5769 |
| 城口县 | Chengkou County | 8270 | 8270 | 3720 |
| 丰都县 | Fengdu County | 30015 | 22240 | 6100 |
| 垫江县 | Dianjiang County | 50713 | 42264 | 6442 |
| 武隆县 | Wulong County | 692748 | 153000 | 8400 |
| 忠　县 | Zhongxian County | 91852 | 91573 | 21341 |
| 开　县 | Kaixian County | 524661 | 471653 | 136930 |
| 云阳县 | Yunyang County | 178712 | 167762 | 22627 |
| 奉节县 | Fengjie County | 186500 | 185740 | 4541 |
| 巫山县 | Wushan County | | | |
| 巫溪县 | Wuxi County | 32000 | 32000 | 5059 |
| 石柱土家族自治县 | Shizhu County | 43700 | 37480 | 12309 |
| 秀山土家族苗族自治县 | Xiushan County | 36427 | 35027 | 12956 |
| 酉阳土家族苗族自治县 | Youyang County | 11100 | 10600 | 6390 |
| 彭水苗族土家族自治县 | Pengshui County | 1199600 | 929600 | 133423 |
| **按三大经济区分** | **By Three Economic Spheres** | | | |
| 都市发达经济圈 | Advanced Economic Sphere | 4285583 | 3463223 | 800131 |
| 渝西经济走廊 | Economic Corridor in West Chongqing | 1378312 | 1056456 | 331532 |
| 三峡库区生态经济区 | Ecological Economic Zone in Three Gorges Reservoir Area | 4973246 | 4024317 | 608897 |

15-20 CONTINUED-2

单位：万元 (10 000 yuan)

| 项　目 | Item | 2006 | | |
|---|---|---|---|---|
| | | 项目合同（协议、计划）总资金 | | 实际利用内资 |
| | | Total Capital on Agreements and Contracts | #外省投入 From Outside Chongqing | Domestic Capital Actually Utilized |
| **按行政区划分** | **By District (county)** | | | |
| 万州区 | Wanzhou District | 1472425 | 1454477 | 137993 |
| 涪陵区 | Fuling District | 133266 | 129816 | 51561 |
| 渝中区 | Yuzhong District | 254913 | 222313 | 81334 |
| 大渡口区 | Dadukou District | 242383 | 164883 | 74656 |
| 江北区 | Jiangbei District | 1269185 | 1234185 | 218327 |
| 沙坪坝区 | Shapingba District | 1417102 | 908587 | 175920 |
| 九龙坡区 | Jiulongpo District | 735535 | 724904 | 127065 |
| 南岸区 | Nan'an District | 4094023 | 3260174 | 340817 |
| 北碚区 | Beibei District | 962925 | 769075 | 186367 |
| 万盛区 | Wansheng District | 276600 | 166600 | 75200 |
| 双桥区 | Shuangqiao District | 11558 | 9723 | 2533 |
| 渝北区 | Yubei District | 1390546 | 1162419 | 147007 |
| 巴南区 | Ba'nan District | 928065 | 701565 | 175307 |
| 黔江区 | Qianjiang District | 74860 | 62010 | 12066 |
| 长寿区 | Changshou District | 353310 | 338310 | 87013 |
| 江津区 | Jiangjin District | 468165 | 306333 | 61321 |
| 合川区 | Hechuan District | 326778 | 211978 | 80327 |
| 永川区 | Yongchuan District | 667349 | 497579 | 102428 |
| 南川区 | Nanchuan District | 529520 | 528130 | 26750 |
| 綦江县 | Qijiang County | 25000 | 13950 | 2600 |
| 潼南县 | Tongnan County | 2000 | 2000 | 1800 |
| 铜梁县 | Tongliang County | 73100 | 69600 | 11355 |
| 大足县 | Dazu County | 62977 | 57239 | 23944 |
| 荣昌县 | Rongchang County | 82600 | 82100 | 29445 |
| 璧山县 | Bishan County | 153250 | 153250 | 52750 |
| 梁平县 | Liangping County | 14903 | 13267 | 10396 |
| 城口县 | Chengkou County | 6000 | 6000 | 1100 |
| 丰都县 | Fengdu County | 26190 | 20500 | 6131 |
| 垫江县 | Dianjiang County | 35892 | 27444 | 8371 |
| 武隆县 | Wulong County | 732100 | 193400 | 12873 |
| 忠　县 | Zhongxian County | 163368 | 163089 | 32596 |
| 开　县 | Kaixian County | 660276 | 603068 | 151682 |
| 云阳县 | Yunyang County | 312112 | 301162 | 25802 |
| 奉节县 | Fengjie County | 133900 | 133140 | 801 |
| 巫山县 | Wushan County | | | |
| 巫溪县 | Wuxi County | 32806 | 32806 | 9435 |
| 石柱土家族自治县 | Shizhu County | 71950 | 64730 | 14888 |
| 秀山土家族苗族自治县 | Xiushan County | 37287 | 35887 | 4548 |
| 酉阳土家族苗族自治县 | Youyang County | 15400 | 12650 | 3170 |
| 彭水苗族土家族自治县 | Pengshui County | 1244700 | 807260 | 143030 |
| **按三大经济区分** | **By Three Economic Spheres** | | | |
| 都市发达经济圈 | Advanced Economic Sphere | 11294677 | 9148105 | 1526800 |
| 渝西经济走廊 | Economic Corridor in West Chongqing | 2678897 | 2098482 | 470453 |
| 三峡库区生态经济区 | Ecological Economic Zone in Three Gorges Reservoir Area | 5520745 | 4399016 | 713456 |

# 主要统计指标解释

**进出口总额** 海关进出口总额指实际进出我国国境的货物总金额，进出我国关境并列入海关统计的货物包括：我国境内法人和其他组织以一般贸易、易货贸易、加工贸易、补偿贸易、寄售代销贸易等方式进出口的货物，保税区和保税仓库进出境货物，租赁期一年以上的租赁进出口货物，边境小额贸易货物，国际援助物资及捐赠品，溢卸货物，无进出口经营权的单位经批准临时进出口的货品等。进出口总额用以观察一个国家在对外贸易方面的总规模。我国规定出口货物按 FOB 型价值统计，进口货物按 CIF 型价值统计。

**利用外资** 指我国各级政府、部门、企业和其他经济组织通过对外借款、吸收外商直接投资以及用其他方式筹措的境外现汇、设备、技术等。

**对外借款** 指通过对外正式签订借款协议，从境外筹措的资金，包括外国政府贷款、国际金融组织贷款、外国商业银行贷款、出口信贷以及对外发行债券等。1996 年及以前还包括对外发行股票。

**外商直接投资** 指外国企业、经济组织或个人（包括华侨、港澳台胞以及我国在境外注册的企业）按我国有关政策、法规，用现汇、实物、技术等在我国境内开办外商独资企业、与我国境内的企业或经济组织共同举办中外合资经营企业、合作经营企业或合作开发资源的投资（包括外商投资收益的再投资），以及经政府有关部门批准的项目投资总额内企业从境外借入的资金。

**外商其他投资** 指除对外借款和外商直接投资以外的各种利用外资的形式。包括企业在境内外股票市场公开发行的以外币计价的股票（目前主要是在香港证券市场发行的 H 股和在境内证券市场发行的 B 股）发行价总额，国际租赁进口设备的应付款，补偿贸易中外商提供的进口设备、技术、物料的价款，加工装配贸易中外商提供的进口设备、物料的价款。

**对外承包工程** 指我国境内企业法人或者其他经济组织按照国际通行做法，在过及港澳台地区承揽、实施工程建设项目的勘察、设计、施工、监理、设备材料采购、安装调试、工程咨询、工程管理等经营活动。

**对外劳务合作** 指我国境内企业法人与国（境）外允许招收或雇佣外籍劳务人员的公司、中介机构或私人雇主签定合同，并按合同约定的条件有组织地招聘、选拔、派遣我国公民到国（境）外为外方雇主提供劳务服务并进行管理的经济活动。

**对外设计咨询** 指我国境内企业法人或者其他经济组织在国外及港澳台地区承担地形地貌测绘，地质资源普查与勘探，建设区域规划，工程设计、生产工艺、技术资料和工程技术咨询，工程项目的可行性考察、研究和评估，工程监理，技术指导等经济活动。

**国际旅游人数** 指来我国参观、访问、旅行、探亲、访友、休养、考察、参加会议和从事经济、科技、文化、教育、体育、宗教等活动的外国人、华侨、港澳和台湾同胞的人数。不包括外国在我国的常住机构，如使领馆、通讯社、企业办事处的工作人员；来我国常驻的外国专家、留学生以及在岸逗留不过夜人员。

**国内旅游者人数** 指我国大陆居民和在我国常住 1 年以上的外国人、华侨、港澳台同胞离开常住地在境内其他地方的旅游设施内至少停留一夜，最长不超过 12 个月的人数。

**国际旅游（外汇）收入** 指入境游客在中国（大陆）境内旅行、游览过程中由于交通、参观游览、住宿、餐饮、购物、娱乐等全部花费。

**国际旅行社** 指经营对外招徕并接待外国人、华侨、港澳同胞和台湾同胞来中国、归国或回内地的旅游业务的旅行社。

**国内旅行社** 指负责经营招徕、组团、接待国内旅客的旅游业务，以及不对外招徕，负责经营接待国际旅行社或其它涉外部门组织的外国人、华侨、港澳同胞和台湾同胞来中国、归国或回内地的旅游业务的旅行社。

**星级饭店** 指设备、设施、服务符合《旅游饭店星级的划分与评定》（中华人民共和国国家标准），通过相关旅游管理部门评定，并取得星级饭店称号的饭店（含预备星级饭店）。

**内资** 指重庆市外中华人民共和国境内（不包括港、澳、台地区）的企、事业单位、社会团体及其他投资者，来渝以从事经济社会活动为主要目的，遵循市场机制法则，本着互利互惠的原则进行的独资、合资、参股合作等而流入的资金。它不包括中央和各级政府无偿捐赠及公益性捐赠。

# Explanatory Notes on Main Statistical Indicators

**Total Imports and Exports at Customs** refer to the value of commodities imported into and exported from the boundary of China. That commodities which are listed into the customs statistic either include: imported and exported goods of corporations or other Organizations in China by ordinary trade, commodity exchanged trade, processing trade, compensated trade, proxy sale trade, and so on; imported and exported goods from bonded districts and warehouses; leasing imported and exported commodities whose leasing period is one year and above; frontier petty trading commodities; contributions or supplies donated by International; spilled and unloaded goods; temporary approved imported and exported goods of corporations without imported and exported running right. The indicator of the total imports and exports at customs can be used to observe the total size of external trade in a country. In accordance with the stipulation of the Chinese government, imports are calculated at CIF, while exports are calculated at FOB.

**Utilization of Foreign Capital** refers to remittance, equipment and technology financed from abroad, by loans, foreign direct investment and other forms undertaken by the Chins governments at all levels, by various departments, enterprises and other economic units.

**Foreign Loans** refer to funds borrowed from abroad through formal signing of borrowing agreements with foreign institutions, including loans of foreign governments, loans of international financial institutions, commercial loans of foreign banks, export credit, and funds raised by Chinese bonds (and shares before 1996) issued abroad.

**Foreign Direct Investment** refers to the investments inside China by foreign enterprises and economic organizations or individuals (including overseas Chinese, compatriots from Hong Kong and Macao, and Chinese enterprises registered abroad), following the relevant policies and laws of China, for the establishment of ventures exclusively with foreign own investment, Sino-foreign joint ventures and cooperative enterprises or for co-operative exploration of resources with enterprises or economic organizations in China. It includes the re-investment of the foreign entrepreneurs with the profits gained from the investment and the funds that enterprises borrow from abroad in the total investment of projects which are approved by the relevant department of the government.

**Other Foreign Investment** refers to all forms of utilization of foreign capitals other than foreign borrowings and foreign direct investment. It includes the total value of stock shares in foreign currencies issued by enterprises at domestic or foreign stock exchanges (now mainly consisting of K shares issued at Hong Kong Security Market and B shares issued at domestic security markets), rent payable for the imported equipment through international leasing arrangement, cost of imported equipment, technology and materials provided by foreign counterparts in compensation trade and processing and assembly trade.

**Contracted Projects with Foreign Countries** refer to projects' administrations, including exploration, designing, construction, supervision, procurement of material, installment and adjustment, projects' consultation and management, which are undertaken abroad and in Hong Kong, Macao, Taiwan by corporations or other Economic organizations in China according to international traditional.

**Service Co-operation with Foreign Countries** refers to the activities of providing labor services and management to employers abroad by recruiting, selecting and dispatching Chinese citizens according to the contracts which are signed between corporations in China and foreign companies, mediate agencies or personal employers allowed recruiting and employing outlanders.

**Overseas Design and Consultation Service** refers to the economic activities, including geographic and topographic mapping, geological resource prospecting and survey, planning of construction areas, consultation of engineering designing, manufacturing techniques, technologic information and engineering techniques, as well as feasibility study research, evaluation and supervision, which are undertaken abroad and in Hong Kong, Macao, Taiwan by corporations or other Economic organizations in China.

**International Tourists** refer to foreigners, overseas Chinese, Chinese compatriots from Hong Kong, Macao and Taiwan coming to China for sight-seeing, visits, tours, family reunions, vacations, study tours, conferences and other activities of a business, scientific and technological, cultural, educational and religious nature. It does not include representatives and employees of resident institutions of foreign countries in China such as embassies, consulates, news agencies and offices of foreign companies and organizations, nor does it include long-term foreign experts or students residing in China, or persons in transition without spending a night in China.

**Domestic Tourists** refer to residents of the mainland of China who stay for one night at least but no more than 12 months at tourist facilities in other places than their permanent residence within the territory of the mainland China, including foreigners, overseas Chinese and Chinese compatriots from Hong Kong, Macao and Taiwan who have resided in China for over one year.

**Foreign Exchange Earnings from International Tourism** refer to the total expenditures cost in the process of foreigners' tourism in the mainland of China, including traffic, visit, accommodation, table, shopping and amusement expenditures.

**International Travel Agencies** refer to travel agencies engaged in the promotion, solicitation, organization and reception of tours to the mainland of china by foreigners, overseas Chinese, Chinese compatriots from Hong Kong, Macao and Taiwan.

**Domestic Travel Agencies** refer to travel agencies engaged tin the promotion, solicitation, organization and reception of domestic tourists, and in the reception of foreigners, overseas Chinese, Chinese compatriots from Hong Kong, Macao and Taiwan organized by international travel agencies or other departments concerned, without their own promotion and solicitation programs.

**Star-Hotels** refer to hotels whose facilities, installments and services are consistent with *Stars Distinction and Estimate of Hotels* (standards of PRC) and have passed the estimate of travel management department and gained the title.

**Domestic Capital** refers to capital inpoured by the way of sole investment, joint venture and cooperative operation from the corporations, social unions and other investors within China boundaries but outside Chongqing municipality (excluding Hong Kong, Macao, Taiwan) who consider engaging economic and social activities as their main destination in Chongqing, and follow the market system on behalf of equality. It excludes the subscription for no payment of central and local governments.

# 金融业

Financial Statistics

## 简要说明 Brief Introduction

本章资料包括全市金融机构信贷收支、证券和保险业情况，由市统计局综合处根据有关部门资料整理编辑。资料分别来源于中国人民银行重庆营业部、重庆市发展和改革委员会、重庆证监局、重庆保监局和重庆保险行业协会。

The data in this chapter includes credit funds balance of financial institutions, securities and insurance. All information is prepared by Division of Comprehensive Statistics, Municipal Bureau of Statistics. The data come from Chongqing Operations Office of the People's Bank of China, Chongqing Municipal Development and Reform Commission, China Securities Regulatory Commission Chongqing Bureau, China Insurance Regulatory Commission Chongqing Bureau and Chongqing Insurance Association.

# 16－1 金融机构（含外资）存贷款年末余额（1980－2006年）
## Year-end Deposit and Loan Balances of Financial Institutions (Including Foreign-funded) (1980-2006)

单位：亿元 (100 million yuan)

| 年份 Year | 本外币存款余额 Total Deposit Balance of RMB and Foreign Currencies | 人民币存款余额 Total Deposit Balance of RMB | #企业存款 Enterprise Deposits | #储蓄存款 Urban and Rural Saving Deposits | 本外币贷款余额 Total Loan Balance of RMB and Foreign Currencies | 人民币贷款余额 Total Loan Balance of RMB | #短期贷款 Short-term Loans | #中长期贷款 Medium & Long-term Loans |
|---|---|---|---|---|---|---|---|---|
| 1980 | | 29.15 | 11.32 | 6.22 | | 42.19 | 40.96 | 1.23 |
| 1981 | | 33.98 | 11.86 | 8.35 | | 50.29 | 47.69 | 2.21 |
| 1982 | | 38.66 | 12.44 | 10.56 | | 55.30 | 51.50 | 3.05 |
| 1983 | | 45.22 | 15.29 | 13.34 | | 63.25 | 58.14 | 4.32 |
| 1984 | | 70.86 | 25.40 | 18.39 | | 84.53 | 70.42 | 11.76 |
| 1985 | | 62.38 | 22.87 | 25.41 | | 101.56 | 84.85 | 14.89 |
| 1986 | | 84.57 | 27.94 | 34.79 | | 131.70 | 110.61 | 18.86 |
| 1987 | | 110.37 | 31.84 | 44.46 | | 163.63 | 125.85 | 22.99 |
| 1988 | | 123.47 | 38.22 | 50.50 | | 183.32 | 141.01 | 25.90 |
| 1989 | | 146.71 | 39.27 | 68.17 | | 214.41 | 167.66 | 29.65 |
| 1990 | | 198.00 | 48.51 | 92.17 | | 268.40 | 205.63 | 38.30 |
| 1991 | | 253.57 | 63.76 | 121.95 | | 336.85 | 249.51 | 58.82 |
| 1992 | | 315.70 | 83.75 | 154.45 | | 408.64 | 294.63 | 78.75 |
| 1993 | | 386.86 | 89.57 | 198.05 | | 495.71 | 357.59 | 98.88 |
| 1994 | | 518.27 | 143.26 | 285.40 | | 596.96 | 409.16 | 136.46 |
| 1995 | | 676.70 | 193.38 | 401.45 | | 755.39 | 501.66 | 185.89 |
| 1996 | 885.91 | 846.43 | 266.42 | 500.71 | 968.71 | 913.93 | 601.10 | 219.05 |
| 1997 | 1147.92 | 1098.67 | 429.42 | 580.67 | 1224.01 | 1156.13 | 873.14 | 248.06 |
| 1998 | 1359.52 | 1306.04 | 483.80 | 724.54 | 1443.65 | 1358.61 | 978.51 | 299.59 |
| 1999 | 1638.21 | 1580.80 | 544.00 | 909.10 | 1693.64 | 1611.68 | 1093.09 | 398.22 |
| 2000 | 1982.21 | 1904.71 | 645.54 | 1085.36 | 1966.40 | 1881.29 | 1246.81 | 470.70 |
| 2001 | 2377.99 | 2294.05 | 750.81 | 1317.17 | 1969.97 | 1871.98 | 1043.84 | 631.26 |
| 2002 | 2903.42 | 2821.04 | 909.43 | 1595.01 | 2338.17 | 2244.72 | 1191.70 | 754.57 |
| 2003 | 3512.82 | 3438.61 | 1098.15 | 1896.56 | 2976.67 | 2774.81 | 1378.85 | 1010.69 |
| 2004 | 4105.09 | 4039.61 | 1230.85 | 2189.73 | 3309.13 | 3246.28 | 1362.75 | 1346.91 |
| 2005 | 4784.76 | 4727.72 | 1337.05 | 2545.85 | 3779.28 | 3719.52 | 1471.86 | 1810.83 |
| 2006 | 5587.50 | 5519.75 | 1551.98 | 2949.05 | 4443.84 | 4388.28 | 1510.73 | 2392.26 |

# 16－2 金融机构（含外资）本外币信贷资金平衡表(2005－2006年)

## Credit Funds Balance of RMB and Foreign Currencies of Financial Institutions (Including Foreign-funded) (2005-2006)

单位:亿元 (100 million yuan)

| 项　　目 | Item | 2005 | 2006 |
|---|---|---|---|
| **资金来源总计** | **All Sources** | **3899.59** | **4622.64** |
| #各项存款余额 | Total Deposit Balance | 4784.76 | 5587.50 |
| #企事业单位存款 | Deposits of Enterprises and Undertakings | 1357.05 | 1584.11 |
| 活期存款 | Demand | 1103.08 | 1327.42 |
| 定期存款 | Time | 253.98 | 256.69 |
| 储蓄存款 | Urban and Rural Saving Deposits | 2577.63 | 2980.23 |
| 活期存款 | Demand | 814.07 | 957.57 |
| 定期存款 | Time | 1763.56 | 2022.66 |
| **资金运用总计** | **All Uses** | **3899.59** | **4622.64** |
| 各项贷款余额 | Total Loan Balance | 3779.28 | 4443.84 |
| #短期贷款 | Short-term Loans | 1484.76 | 1517.28 |
| 中长期贷款 | Medium & Long-term Loans | 1825.48 | 2410.27 |
| 有价证券及投资 | Securities and Investment | 120.31 | 178.80 |

注：外币折本币所用汇率为当年最后一个交易日的中间汇率。

Note: The exchange rates of foreign currencies for RMB are the middle rates of exchange on the last market day in current year.

# 16－3 金融机构（含外资）人民币信贷资金平衡表（2005－2006年）
# Credit Funds Balance of RMB of Financial Institutions (Including Foreign-funded) (2005-2006)

单位：亿元 (100 million yuan)

| 项　　目 | Item | 2005 | 2006 |
|---|---|---|---|
| **资金来源总计** | **All Sources** | **5069.77** | **5869.35** |
| ＃各项存款余额 | Total Deposit Balance | 4727.72 | 5519.75 |
| ＃企业存款 | Enterprise Deposits | 1337.05 | 1551.98 |
| ＃定期存款 | Time | 245.48 | 248.79 |
| 财政存款 | Treasury Deposits | 105.90 | 155.91 |
| 机关团体存款 | Deposits of Government Agencies and Organizations | 194.23 | 230.72 |
| 储蓄存款 | Urban and Rural Saving Deposits | 2545.85 | 2949.05 |
| ＃定期储蓄 | Time | 1740.13 | 1999.88 |
| 农业存款 | Agricultural Deposits | 87.92 | 99.35 |
| 信托及委托存款 | Trusted Deposits | 10.78 | 4.56 |
| 金融债券 | Bonds | 0.01 | |
| 同业往来 | Interbank Deposits | 32.15 | 48.43 |
| 各项准备 | Various Reserves | 50.58 | 61.10 |
| ＃贷款损失准备金 | Reserve for Loan Losses | 48.21 | 57.71 |
| **资金运用总计** | **All Uses** | **5069.77** | **5869.35** |
| ＃各项贷款余额 | Total Loan Balance | 3719.52 | 4388.28 |
| ＃短期贷款 | Short-term Loans | 1471.86 | 1510.73 |
| ＃工业贷款 | Industrial Loans | 322.64 | 341.08 |
| 商业贷款 | Commercial Loans | 166.47 | 151.18 |
| 农业贷款 | Agricultural Loans | 183.40 | 270.26 |
| 个人短期消费贷款 | Personal Short-term Consumer Loans | 32.06 | 41.95 |
| 中期流动资金贷款 | Medium-term Circulating Asset Loans | | |
| 中长期贷款 | Medium & Long-term Loans | 1810.83 | 2396.26 |
| ＃基本建设贷款 | Loans to Capital Construction | 916.54 | 1390.67 |
| 技术改造贷款 | Loans to Technique Innovation | 38.24 | 36.07 |
| 个人中长期消费贷款 | Personal Medium & Long-term Consumer Loans | 382.36 | 484.61 |
| 委托贷款 | Trusted Loans | 2.73 | 0.85 |
| 票据融资 | Bills for Financing | 427.94 | 479.60 |
| ＃贴　现 | Discount | 426.94 | 479.60 |
| 有价证券及投资 | Securities and Investment | 222.59 | 294.44 |
| 同业往来 | Interbank Loans | 5.34 | 59.69 |
| 外汇占款 | Purchase of Foreign Exchanges | -0.06 | -0.51 |
| 固定资产 | Fixed Assets | 94.32 | 95.78 |
| 库存现金 | Cash on Hand | 42.26 | 44.55 |

# 16－4 金融机构人民币现金收入和支出（2005－2006年）

# Cash Income and Expenditures of RMB of Financial Institutions (2005-2006)

单位：亿元 (100 million yuan)

| 项　目 | Item | 2005 | 2006 |
|---|---|---|---|
| **现金收入合计** | **Total Cash Income** | **10383.72** | **11357.39** |
| 商品销售收入 | Income from Commodity Sales | 952.97 | 936.20 |
| 服务事业收入 | Income from Services | 482.71 | 490.23 |
| 税款收入 | Income from Taxes | 50.80 | 60.86 |
| 城乡个体经营收入 | Income from Individual Business | 233.56 | 217.58 |
| 储蓄存款收入 | Income from Saving Deposits | 7619.44 | 8342.82 |
| 其他金融机构收入 | Income from Other Financial Institutions | 40.21 | 28.88 |
| 居民归还贷款收入 | Income from Household Loan Recovery | 154.81 | 178.77 |
| 汇兑收入 | Income from Remittances | 73.77 | 77.88 |
| 有价证券收入 | Income from Securities | 8.73 | 8.58 |
| 其他收入 | Other Income | 766.73 | 1015.59 |
| #兑换外币收入 | Income from Foreign Currency Exchanges | 0.70 | 1.59 |
| **现金回笼** | **Cash Withdrawn** | **36.85** | **37.22** |
| **现金支出合计** | **Total Cash Expenditures** | **10346.87** | **11320.17** |
| 工资性支出 | Wages | 905.71 | 901.27 |
| #国家工资及奖金支出 | Expenditures for Wages and Bonus from Government | 402.86 | 381.94 |
| 国家对个人其他支出 | Other Payments to Individuals from Government | 129.31 | 136.26 |
| 其他单位工资性支出 | Expenditures for Wages of Other Units | 355.64 | 356.09 |
| 农副产品采购支出 | Purchases of Agricultural and Sideline Products | 150.17 | 165.08 |
| 工矿及其他产品采购支出 | Purchases of Industrial & Mineral Products and Other Products | 109.31 | 100.19 |
| 行政事业管理费支出 | Government and Enterprise Overhead | 458.63 | 514.09 |
| 城乡个体经营支出 | Expenditure for Individual Business | 276.11 | 246.19 |
| 储蓄存款支出 | Expenditure for Saving Deposits | 7438.53 | 8168.19 |
| 其他金融机构支出 | Expenditure for Other Financial Institutions | 24.46 | 34.30 |
| 居民提取贷款支出 | Expenditure for Household Loan Drawn | 118.72 | 109.98 |
| 汇兑支出 | Expenditure for Remittances | 69.47 | 56.38 |
| 有价证券支出 | Expenditure for Securities | 4.78 | 2.85 |
| 其他支出 | Other Expenditure | 790.99 | 1021.64 |
| #兑换外币支出 | Expenditure for Foreign Currency Exchanges | 2.05 | 2.27 |
| **现金投放** | **Currency Issuance** | | |

# 16－5 金融机构（含外资）本外币贷款结构（2005－2006年）
# Loan Composition of RMB and Foreign Currency of Financial Institutions (Including Foreign-funded) (2005-2006)

单位：亿元 (100 million yuan)

| 项 目 | Item | 2005 | 2006 |
|---|---|---|---|
| **贷款总计** | **Total Loans** | **3569.00** | **4183.00** |
| 按贷款对象分 | By Loanee | | |
| 内资企业贷款 | Loans to Domestic-funded Enterprises | 2799.00 | 3249.94 |
| #国有企业 | State-owned | 996.21 | 1067.26 |
| 港澳台商投资企业贷款 | Loans to Funded by Hong Kong, Macao and Taiwan | 43.59 | 70.72 |
| 外商投资企业贷款 | Loans to Foreign-funded Enterprises | 100.30 | 88.26 |
| 个人贷款 | Individual Loans | 618.74 | 774.36 |
| #个人消费 | Personal Expenditure | 414.42 | 526.57 |
| 境外贷款 | Loans Abroad | | |
| 按行业分 | By Sector | | |
| #农林牧渔业 | Primary Industry | 173.00 | 179.00 |
| 制造业 | Manufacturing | 718.24 | 715.16 |
| 交通运输、仓储和邮政业 | Transportation, Storage, Postal Services | 369.06 | 466.34 |
| 批发和零售业 | Wholesale and Retail Trade | 242.61 | 288.36 |
| 房地产业 | Real Estate | 401.62 | 479.01 |
| 水利、环境和公共设施管理业 | Water Conservancy, Environment & Public Utility Administration | 279.03 | 354.15 |

注：本表数据不含商业银行在人民银行的再贴现。
Note: Data excludes the rediscount.

# 16－6 上市公司情况（1993－2006年）
# Number of Listed Companies (1993-2006)

单位：个 (unit)

| 年 份 Year | 全市总计 Total | 上交所 Shanghai Stock Exchange | 深交所 Shenzhen Stock Exchange | 仅发A股公司 A Share Only | 发A、B股公司 A&B Share | 仅发B股公司 B Share Only |
|---|---|---|---|---|---|---|
| 1993 | 3 | 1 | 2 | 3 | | |
| 1994 | 5 | 2 | 3 | 5 | | |
| 1995 | 7 | 3 | 4 | 6 | | 1 |
| 1996 | 11 | 4 | 7 | 10 | | 1 |
| 1997 | 19 | 8 | 11 | 17 | 1 | 1 |
| 1998 | 19 | 8 | 11 | 17 | 1 | 1 |
| 1999 | 22 | 9 | 13 | 20 | 1 | 1 |
| 2000 | 25 | 11 | 14 | 23 | 1 | 1 |
| 2001 | 26 | 12 | 14 | 24 | 1 | 1 |
| 2002 | 27 | 13 | 14 | 25 | 1 | 1 |
| 2003 | 27 | 13 | 14 | 25 | 1 | 1 |
| 2004 | 29 | 14 | 15 | 27 | 1 | 1 |
| 2005 | 29 | 14 | 15 | 27 | 1 | 1 |
| 2006 | 29 | 14 | 15 | 27 | 1 | 1 |

注：本表不包括重庆钢铁、庆铃汽车和长安物流三家仅发H股的公司。
Note: Three listed companies of Chongqing Steel, Qingling Motor and Changan Logistics which issue H share only are not included in this tables.

# 16－7 有价证券发行情况（1981－2006年）
# Issuance of Securities (1981-2006)

单位：亿元 (100 million yuan)

| 年份<br>Year | 国债发行额<br>Issued Value of National Debt | 企业债券发行额<br>Issued Value of Corporate Bonds | 股票发行量（万股）<br>Amount of Issued Shares (10 000 shares) | A股<br>A Shares | B股<br>B Shares | 股票筹资额<br>Raised Capital of Shares | A股<br>A Shares | B股<br>B Shares |
|---|---|---|---|---|---|---|---|---|
| 1981 | 0.57 | | | | | | | |
| 1982 | 0.53 | | | | | | | |
| 1983 | 0.53 | | | | | | | |
| 1984 | 0.54 | | | | | | | |
| 1985 | 0.83 | | | | | | | |
| 1986 | 0.84 | 1.50 | | | | | | |
| 1987 | 0.83 | 0.59 | | | | | | |
| 1988 | 0.66 | 1.85 | | | | | | |
| 1989 | 3.09 | 0.39 | | | | | | |
| 1990 | 1.84 | 1.95 | | | | | | |
| 1991 | 1.88 | 3.90 | | | | | | |
| 1992 | 5.81 | 5.45 | | | | | | |
| 1993 | 3.94 | 4.18 | 7220 | 7220 | | 2.08 | 2.08 | |
| 1994 | 8.29 | 1.17 | 3000 | 3000 | | 1.13 | 1.13 | |
| 1995 | 12.96 | | 17200 | 5200 | 12000 | 5.30 | 0.52 | 4.78 |
| 1996 | 2.06 | 3.60 | 50610 | 15610 | 35000 | 10.41 | 4.56 | 5.85 |
| 1997 | 13.31 | 4.85 | 42039 | 42039 | | 26.76 | 26.76 | |
| 1998 | 23.62 | 3.40 | 5000 | 5000 | | 3.75 | 3.75 | |
| 1999 | 12.10 | 4.10 | 10000 | 10000 | | 7.21 | 7.21 | |
| 2000 | 23.46 | | 29600 | 29600 | | 22.63 | 22.63 | |
| 2001 | 20.20 | | 3108 | 3108 | | 4.73 | 4.73 | |
| 2002 | 20.77 | 15.00 | 2000 | 2000 | | 3.16 | 3.16 | |
| 2003 | 34.12 | | 3275 | 3275 | | 3.74 | 3.74 | |
| 2004 | 19.67 | | 22285 | 22285 | | 15.65 | 15.65 | |
| 2005 | 17.18 | 17.00 | | | | | | |
| 2006 | 30.39 | 30.00 | | | | | | |

注：股票发行量和筹资额均不含H股。
Note: Amount of issued shares and raised capital of shares don't include H share.

## 16－8 保险业务基本情况（1996－2006年）
## Basic Statistics on Insurance Business (1996-2006)

单位：亿元 (100 million yuan)

| 年份 Year | 保费收入 Premium | 财产保险 Property Insurance | 人身保险 Life Insurance | 赔款及给付 Claim and Payments | 财产保险 Property Insurance | 人身保险 Life Insurance |
|---|---|---|---|---|---|---|
| 1996 | 12.82 | 8.05 | 4.77 | 6.48 | 4.44 | 2.04 |
| 1997 | 19.52 | 9.03 | 10.49 | 7.18 | 4.39 | 2.79 |
| 1998 | 22.77 | 9.31 | 13.46 | 10.64 | 6.55 | 4.09 |
| 1999 | 25.39 | 10.04 | 15.35 | 8.91 | 4.96 | 3.95 |
| 2000 | 27.71 | 10.72 | 16.99 | 8.27 | 5.28 | 2.99 |
| 2001 | 33.72 | 11.32 | 22.40 | 11.25 | 5.91 | 5.34 |
| 2002 | 46.17 | 13.31 | 32.86 | 14.20 | 7.57 | 6.63 |
| 2003 | 57.93 | 15.24 | 42.69 | 14.53 | 8.56 | 5.97 |
| 2004 | 66.51 | 17.45 | 49.06 | 16.25 | 9.43 | 6.82 |
| 2005 | 73.10 | 19.46 | 53.64 | 17.59 | 10.54 | 7.05 |
| 2006 | 93.24 | 24.17 | 69.07 | 20.51 | 12.08 | 8.43 |

## 16－9 按险种分的保险业务指标（2005－2006年）
## Statistics on Insurance Business by Classification (2005-2006)

单位：万元 (10 000 yuan)

| 项目 | Item | 保费 Premium 2005 | 保费 Premium 2006 | 赔款及给付 Claim and Payment 2005 | 赔款及给付 Claim and Payment 2006 |
|---|---|---|---|---|---|
| **合 计** | **Total** | **730989** | **932436** | **175913** | **205078** |
| **财产保险** | **Property Insurance** | **194608** | **241696** | **105441** | **120786** |
| 企业财产保险 | Enterprise Property Insurance | 18903 | 15727 | 6079 | 6433 |
| 家庭财产保险 | Family Property Insurance | 2883 | 2587 | 368 | 277 |
| 机动车辆保险 | Motor Vehicle Insurance | 139557 | 188192 | 82280 | 98084 |
| #交强险 | Traffic Accident Third Party Compulsory Insurance | | 35706 | | 1224 |
| 工程保险 | Projects Insurance | 5347 | 7491 | 2129 | 781 |
| 责任保险 | Liability Insurance | 6303 | 8371 | 2573 | 3704 |
| 信用保险 | Export Credit Insurance | 1184 | 1796 | 707 | 344 |
| 保证保险 | Guarantee Insurance | 1997 | -192 | 2779 | 2271 |
| 船舶保险 | Ship Insurance | 7465 | 7318 | 4511 | 4962 |
| 货物运输保险 | Freight Transport Insurance | 10005 | 9179 | 3296 | 3253 |
| 特殊风险保险 | Extraneous Risks Insurance | | 236 | | 1 |
| 农业保险 | Agriculture Insurance | 838 | 839 | 688 | 641 |
| 其他保险 | Other Insurances | 127 | 153 | 31 | 36 |
| **人身保险** | **Life Insurance** | **536381** | **690740** | **70472** | **84293** |
| 寿 险 | Life Insurance | 448954 | 592651 | 36353 | 47965 |
| 健康险 | Health Insurance | 56351 | 60385 | 23460 | 22937 |
| 人身意外伤害险 | Unforeseen Human Injury Insurance | 31076 | 37704 | 10659 | 13390 |

# 16－10 主要金融机构数（2005－2006年）
## Number of Main Financial Institutions (2005-2006)

单位：个 (unit)

| 指　　标 | Item | 2005 | 2006 |
|---|---|---|---|
| **银行机构** | **Banks** | | |
| 内资银行 | Dometic-funded Banks | | |
| 省（市）级分行/市联社会 | Sivisions /Rural Credit Cooperative at Provincial Level | 21 | 27 |
| 一级支行/地（区）级联合社 | Divisions at 1st Level /Rural Credit Cooperative at District Level | 36 | 46 |
| 二级支行/信用社 | Divisions at 2nd Level /Credit Cooperative | 542 | 605 |
| 分理处（分社） | Small Local Branch | 1548 | 1470 |
| 储蓄所 | Saving Offices | 1610 | 2882 |
| 中外合资、外资银行分行 | Bank Branches of Joint-venture with Foreign Investment and Sole Foreign Investment | 4 | 5 |
| **保险机构** | **Insurance Companies** | | |
| 保险公司法人机构 | Corporate Entity of Insurance Companies | | 2 |
| 内资保险公司 | Dometic-funded Insurance Companies | | |
| 省（市）级分公司 | Divisions at Provincial Level | 18 | 19 |
| 中心支公司 | Center Sub-divisions | 13 | 22 |
| 支公司 | Sub-divisions | 161 | 158 |
| 营销服务部 | Operating & Service Offices | 740 | 771 |
| 中外合资、外资保险公司 | Insurance Company Branches of Joint-venture with Foreign Investment and Sole Foreign Investment | 2 | 3 |
| 外资保险公司代表处 | Agencies of Foreign-funded Insurance Companies | 1 | 1 |
| 专业保险中介机构 | Professional Insurance Intermediary Institutions | | |
| 保险代理公司 | Insurance Agent Companies | 17 | 19 |
| 保险公估公司 | Insurance Assessment Companies | 8 | 8 |
| 保险经纪公司 | Insurance Broker Companies | 7 | 9 |
| **证券机构** | **Security Companies** | | |
| 内资证券公司 | Dometic-funded Security Companies | | |
| 法人机构 | Corporate Entity | 1 | 1 |
| 营业部 | Operating Offices | 63 | 63 |
| 服务部 | Service Offices | 26 | 26 |
| 中外合资、外资证券公司分公司 | Security Company Branches of Joint-venture with Foreign Investment and Sole Foreign Investment | | |

注：1）中外合资、外资金融机构数只统计到省（市）级。
2）保险机构数不含中国出口信用保险公司重庆营业管理部。

Note: a) Financial Institutions of Joint-venture with foreign investment and sole foreign investment at provincial level are only accounted.
b) Data of insurance companies excludes Chongqing Operation Office of China Export & Credit Insurance Corporation.

# 主要统计指标解释

**信贷资金** 指金融机构以信用方式积聚和分配的货币资金。金融机构信贷资金的来源有各项存款、金融债券发行、应付及暂收款、对国际金融机构负债、流通中货币、各项准备、所有者权益和其他项目等；信贷资金的运用有各项贷款、有价证券及投资、应收及预付款、委托投资、金银占款、外汇占款、库存现金、财政借款及在国际金融机构中的资产等。

**存款** 指企业、机关、团体或居民根据资金必须收回的原则，把货币资金存入银行或其他信贷机构保管并取得一定利息的一种信用活动形式。根据存款对象或性质的不同可划分为企业存款、财政存款、机关团体存款、基本建设存款、储蓄存款、农村存款、委托存款、其他存款等科目。它是银行信贷资金的主要来源。

**贷款** 指银行或其他信贷机构根据资金必须归还的原则，按一定利率，为企业、个人等提供资金的一种信用活动形式。我国银行贷款分为短期贷款、中期流动资金贷款、中长期贷款、信托贷款、融资租赁、委托贷款、票据融资、各项垫款等。

**金融机构往来** 指各金融机构之间的资金往来，包括同业存放款和同业拆借款。

**准备金** 指各金融机构在中央银行的存款及缴存中央银行的法定准备金。

**保险公司** 在中国境内的、经过保险监督部门批准设立，并依法登记注册的各类商业保险公司。

**保费** 指投保人为取得保险人在约定范围内所承担赔偿责任而支付给保险人的费用。

**赔款** 指保险人根据保险合同的规定，向被保险人支付的赔偿保险责任损失的金额。

**给付** 包括死伤医疗给付和满期给付。死伤医疗给付是指保险人根据人寿保险及长期健康保险合同的规定，因被保险人在保险期内发生保险责任范围内的保险事故支付给被保险人（或受益人）的金额。满期给付是指被保险人生存期满，保险人按人寿保险合同规定支付给被保险人的满期保险金额。

**证券** 由债券购买者承购的或因销售产品而拥有的，可在金融市场上交易并代表一定债权的书面证明。包括政府债券、金融债券、企业债券、商业票据、股票、支付固定收入但不提供法人企业残余价值分享权的优先股等。

**股票** 指股票购买者及直接投资者对其投资企业净资产所拥有的权益。股票是股份公司签发的证明股东投资并按其所持股份享有权益和承担义务的权益性证券。

# Explanatory Notes on Main Statistical Indicators

**Credit Funds** refer to the funds issued as loans by banking institutions. The sources of credit funds of the banking institutions included deposits, issue of financial bonds, account-payable and temporary gathering, liabilities to international financial institutions, currency in circulation, various reserves, owners rights and interests and other items. The credit funds can be used in forms of loans, securities and investment, account receivable and advance payment, entrusted investment, gold, foreign exchange, cash on hand, government debt and assets in the international financial institutions.

**Deposit** is a form of credit by which enterprises, institutions, organizations or households can put money into banks and other credit institutions for safekeeping and interest earning under the principle of free withdrawal. According to different depositors, deposits are divided into enterprise deposits, treasury deposits, deposits of government agencies and organizations, capital construction deposits, savings deposits, rural saving deposits, entrusted deposits and other deposits. Deposits are major sources of the credit funds of banks.

**Loan** is a form of credit by which banks and other credit institutions provide funds at certain interest rate to enterprises and individuals in the light of the principle of unconditional repayment. Loans from Chinese banks include circulating capital loans, fixed assets loans, loans to urban and rural individuals engaged in industrial and commercial business and agricultural loans.

**Transactions between Financial Institutions** refer to flow of capital between financial institutions, including inter-bank deposits and loans.

**Reserve Funds** refer to savings of financial institutions in the central bank and designated reserves to the central bank.

**Insurance Companies** refer to commercial insurance companies of various forms registered by law and established in China with the approval of insurance regulatory agencies.

**Premium** is the fee paid by the insurant based on a proportion of the benefit he or she may get from the insurance plus the insurance value. It includes the income from the deposit of property insurance and personal insurance.

**Settled Claim** is the compensation paid by the insurer to the insurant in accordance with the insurance contract.

**Payment** includes payment for death, injury or medical treatment and mature payment. Payment for death, injury or medical treatment refers to the money paid to the insurant (of the beneficiary) in accordance with the life of health insurance contract when the insurant encounters accidents within the insured period covered in the contract. Mature payment refers to the mature payment to the insurant in accordance with the life insurance contract at the end of the insured period for the loss which has been checked and found to be in the range of liability of the insurance after an accident has happened to the insured property or to a person who has insured his life. It is further divided into settled and unsettled claim.

**Securities** refer to written certificates representing creditors' rights, purchased by bond holders or owned by selling products, which can be transacted at the financial markets. They include government bonds, financial bonds, corporation bonds, commercial drafts, stocks, preferential stocks that provide fixed income without the right to share the residual value of corporations, etc.

**Stocks** refer to the rights by stockholders and direct investors on the net assets of corporations they invested in. Stocks refer to negotiable securities on creditor's rights, issued by stock companies certifying the investment by stockholders and their rights and duties depending on their stocks.

# 17

# 教育、科技和文化业

## *Education, Science, Technology and Culture*

## 简要说明 Brief Introduction

本章资料主要包括全市教育事业、科学技术活动和文化事业的基本情况，由市统计局社会科技处根据有关部门资料整理编辑。

教育部分包括各类教育的学校、教师和学生情况，由市教育委员会提供；科学技术部分主要包括科技机构、大中型工业企业和高等学校的科技活动情况，以及2006年R&D资源清查主要数据，由市科学技术委员会、市教育委员会和市统计局社会科技处提供；专利资料由市知识产权局提供；商标申请注册来源于市工商行政管理局；产品质量监督检查由市质量技术监督局资料提供；文化部分主要包括图书馆、文物、群众艺术文化、广播电视、新闻出版等情况，资料主要来自市文化局、市广播电视局、市新闻出版局。

The data in this chapter show the basic statistics on education, scientific & technological activities and culture undertakings. All data are edited by Division of Social and Technology Statistics, Municipal Bureau of Statistics according to data from related departments.

Education covers the data on schools, teachers and students of various kinds, rooting from Municipal Education Committee. The data on science and technology mainly include scientific and technological activities in scientific & technological institutions, large and medium-sized industrial enterprises, universities and colleges, and survey of R&D resources in 2006, being provided by Municipal Scientific and Technological Committee, Municipal Education Committee and Division of Social and Technology Statistics, Municipal Bureau of Statistics. The data on patent are provided by Municipal Bureau of Intellectual Properties. Applications for registration of trademarks come from Municipal Administration for Industry and Commerce. The data on results of sampling supervision & check on product quality are from Municipal Bureau of Quality and Technical Supervision. Data on culture includes libraries, cultural relics, mass arts & culture, broadcasting, televisions, news and publication from Municipal Culture Bureau, Municipal Administration of Broadcasting and Television, Municipal Bureau of News and Publication.

# 17－1 主要年份各级各类学校数
# Number of Various Schools in Major Years

单位：所 (unit)

| 年 份 Year | 普通高等学校 Regular Institutions of Higher Education | 普通中等专业学校 Specialized Secondary Schools | 普通中学 Regular Secondary Schools | 小 学 Primary Schools | 特殊教育学校 Schools for the Blind, Deaf and Deaf-mute | 幼儿园 Kindergartens |
|---|---|---|---|---|---|---|
| 1952 | 7 | 50 | 128 | 12920 | | |
| 1957 | 9 | 43 | 249 | 16201 | | |
| 1962 | 10 | 14 | 402 | 14148 | | |
| 1965 | 11 | 52 | 696 | 31503 | | |
| 1970 | 11 | 22 | 1700 | 21253 | | |
| 1975 | 8 | 72 | 1366 | 25465 | | |
| 1978 | 13 | 76 | 2948 | 25002 | | |
| 1980 | 16 | 73 | 1989 | 25120 | | |
| 1985 | 18 | 74 | 1788 | 22793 | 7 | 5800 |
| 1986 | 19 | 77 | 1739 | 22486 | 19 | 5230 |
| 1987 | 19 | 81 | 1759 | 22094 | 18 | 5542 |
| 1988 | 20 | 82 | 1753 | 21629 | 20 | 5009 |
| 1989 | 20 | 82 | 1751 | 20972 | 23 | 4726 |
| 1990 | 20 | 82 | 1753 | 20248 | 24 | 5232 |
| 1991 | 20 | 82 | 1762 | 19829 | 29 | 4486 |
| 1992 | 20 | 82 | 1766 | 19496 | 32 | 4814 |
| 1993 | 20 | 82 | 1746 | 18849 | 30 | 4061 |
| 1994 | 20 | 83 | 1725 | 18175 | 31 | 4094 |
| 1995 | 22 | 83 | 1638 | 19637 | 30 | 6046 |
| 1996 | 22 | 81 | 1651 | 16779 | 36 | 5538 |
| 1997 | 22 | 81 | 1606 | 16261 | 37 | 5741 |
| 1998 | 22 | 81 | 1555 | 15737 | 37 | 5412 |
| 1999 | 23 | 78 | 1552 | 15223 | 42 | 6007 |
| 2000 | 22 | 62 | 1568 | 14730 | 42 | 6659 |
| 2001 | 29 | 52 | 1607 | 13076 | 44 | 3726 |
| 2002 | 29 | 47 | 1574 | 12031 | 38 | 3477 |
| 2003 | 33 | 39 | 1564 | 10966 | 41 | 3093 |
| 2004 | 34 | 38 | 1511 | 10409 | 43 | 3408 |
| 2005 | 35 | 37 | 1414 | 9558 | 43 | 3287 |
| 2006 | 38 | 30 | 1373 | 8754 | 44 | 3376 |

注：2001年起幼儿园资料按教育部对幼儿园数的认定标准统计，与以往年数不可比（下表同）。

Note: The Data of kindergartens are in accordance with the definition by Ministry of Education since 2001, so it is not comparable with previous years (the same below).

# 17－2 主要年份各级各类学校在校学生数
# Number of Student Enrollment in Various Schools in Major Years

单位：人 (person)

| 年份 Year | 普通高等学校 Regular Institutions of Higher Education | 普通中等专业学校 Specialized Secondary Schools | 普通中学 Regular Secondary Schools | 小学 Primary Schools | 特殊教育学校 Schools for the Blind, Deaf and Deaf-mute | 幼儿园 Kindergartens |
|---|---|---|---|---|---|---|
| 1952 | 6437 | 20712 | 61345 | 1524145 | | |
| 1957 | 15211 | 29238 | 181423 | 1539805 | | |
| 1962 | 21173 | | 163628 | 1640036 | | |
| 1965 | 17408 | 19715 | 266504 | 1967997 | | |
| 1970 | 4235 | | 651232 | 2130534 | | |
| 1975 | 10194 | 18901 | 963304 | 3415196 | | |
| 1978 | 16357 | 25626 | 1631581 | 4035934 | | |
| 1980 | 25349 | 33954 | 1323181 | 4316902 | | |
| 1985 | 39871 | 31952 | 1102702 | 3857331 | 418 | 296336 |
| 1986 | 44454 | 34591 | 1107545 | 3610433 | 543 | 306591 |
| 1987 | 47644 | 36894 | 1122462 | 3279059 | 571 | 409209 |
| 1988 | 49981 | 38580 | 1124510 | 2858642 | 669 | 389185 |
| 1989 | 48449 | 40719 | 1111706 | 2581889 | 831 | 351175 |
| 1990 | 49331 | 40820 | 1080755 | 2393235 | 803 | 413552 |
| 1991 | 49964 | 41100 | 978204 | 2314986 | 1179 | 505799 |
| 1992 | 54121 | 44023 | 868431 | 2361261 | 1966 | 549271 |
| 1993 | 63795 | 53031 | 790396 | 2500362 | 1850 | 445940 |
| 1994 | 71118 | 52795 | 876008 | 2595400 | 1415 | 534177 |
| 1995 | 73398 | 62734 | 977079 | 2638555 | 1783 | 577162 |
| 1996 | 79929 | 69491 | 1012654 | 2737051 | 1832 | 588854 |
| 1997 | 83764 | 78800 | 1002915 | 2854307 | 1706 | 590464 |
| 1998 | 86913 | 91479 | 1083691 | 2884385 | 2325 | 613298 |
| 1999 | 101601 | 91954 | 1282599 | 2802741 | 9007 | 625666 |
| 2000 | 132512 | 84524 | 1477861 | 2761308 | 21160 | 640804 |
| 2001 | 170006 | 77056 | 1540317 | 2777859 | 18383 | 599282 |
| 2002 | 211221 | 86046 | 1574357 | 2797557 | 17199 | 587645 |
| 2003 | 255266 | 95057 | 1663728 | 2779441 | 14483 | 572538 |
| 2004 | 303913 | 99541 | 1707489 | 2718999 | 15973 | 544759 |
| 2005 | 357926 | 96883 | 1735166 | 2609754 | 12463 | 536266 |
| 2006 | 405118 | 106736 | 1794129 | 2523824 | 12151 | 530842 |

注：本章普通高等学校数据均含研究生（以下各表同）。
Note: Data of Regular institutions of higher education in this chapter includes postgraduates (the same as following tables).

# 17－3 主要年份各级各类学校专任教师数
## Number of Full-time Teachers in Various Schools in Major Years

单位：人 (person)

| 年 份 Year | 普通高等学校 Regular Institutions of Higher Education | 普通中等专业学校 Specialized Secondary Schools | 普通中学 Regular Secondary Schools | 小 学 Primary Schools | 特殊教育学校 Schools for the Blind, Deaf and Deaf-mute | 幼儿园 Kindergartens |
|---|---|---|---|---|---|---|
| 1952 | 839 | 1090 | 3385 | 41698 | | |
| 1957 | 2193 | 2446 | 7940 | 52530 | | |
| 1962 | 3297 | | | 55213 | | |
| 1965 | 3336 | 2336 | | 78503 | | |
| 1970 | 3177 | | 24970 | 73695 | | |
| 1975 | 3574 | 2659 | 42893 | | | |
| 1978 | 3914 | | | | | |
| 1980 | 5025 | 3944 | 60953 | 125304 | | |
| 1985 | 8061 | 4443 | 58886 | 119119 | 74 | 11937 |
| 1986 | 8236 | | 55071 | 113724 | 101 | 12054 |
| 1987 | 8622 | | 57044 | 112163 | 113 | 15090 |
| 1988 | 8823 | 4665 | 60450 | 111596 | 145 | 15873 |
| 1989 | 8726 | 4745 | 61938 | 109691 | 186 | 15898 |
| 1990 | 8677 | 4726 | 64056 | 110580 | 186 | 17443 |
| 1991 | 8596 | 4786 | 64934 | 111305 | 277 | 19313 |
| 1992 | 8696 | 4502 | 65030 | 111667 | 321 | 19244 |
| 1993 | 8777 | 4663 | 63555 | 113834 | 326 | 18388 |
| 1994 | 9186 | 4664 | 65316 | 116603 | 360 | 19729 |
| 1995 | 9409 | 4542 | 67498 | 117497 | 353 | 19948 |
| 1996 | 9400 | 4505 | 69503 | 117711 | 383 | 20111 |
| 1997 | 9432 | 4538 | 70661 | 119881 | 411 | 20665 |
| 1998 | 9498 | 4615 | 72333 | 121062 | 400 | 20962 |
| 1999 | 9987 | 4791 | 76158 | 120229 | 469 | 21088 |
| 2000 | 10449 | 4125 | 81766 | 119014 | 569 | 22598 |
| 2001 | 12125 | 3248 | 85030 | 118623 | 474 | 12067 |
| 2002 | 13954 | 2953 | 87427 | 117543 | 510 | 11666 |
| 2003 | 16013 | 2656 | 89560 | 115212 | 543 | 12141 |
| 2004 | 18214 | 2821 | 92051 | 114007 | 541 | 12351 |
| 2005 | 20184 | 2333 | 93997 | 114326 | 556 | 13220 |
| 2006 | 23717 | 1888 | 95782 | 113724 | 584 | 13615 |

# 17—4 主要年份文化事业机构数
# Number of Cultural Institutions in Major Years

单位：个 (unit)

| 年 份<br>Year | 专业剧团<br>Specialized Dramatic Groups | 文化馆、艺术馆<br>Cultural Centers and Art Centers | 图书馆<br>Libraries |
|---|---|---|---|
| 1975 | 54 | 33 | 10 |
| 1978 | 54 | 36 | 10 |
| 1980 | 55 | 35 | 21 |
| 1985 | 54 | 35 | 25 |
| 1986 | 52 | 35 | 26 |
| 1987 | 51 | 35 | 26 |
| 1988 | 45 | 35 | 27 |
| 1989 | 44 | 35 | 35 |
| 1990 | 42 | 39 | 36 |
| 1991 | 42 | 39 | 38 |
| 1992 | 42 | 39 | 38 |
| 1993 | 41 | 39 | 41 |
| 1994 | 36 | 40 | 41 |
| 1995 | 36 | 40 | 42 |
| 1996 | 39 | 46 | 42 |
| 1997 | 39 | 47 | 42 |
| 1998 | 39 | 47 | 42 |
| 1999 | 36 | 46 | 42 |
| 2000 | 35 | 44 | 42 |
| 2001 | 36 | 44 | 42 |
| 2002 | 32 | 44 | 43 |
| 2003 | 32 | 44 | 44 |
| 2004 | 29 | 44 | 44 |
| 2005 | 29 | 42 | 43 |
| 2006 | 36 | 41 | 43 |

# 17－5 教育事业基本情况（2005－2006年）
# Basic Statistics on Education (2005-2006)

单位：人、所 (person, unit)

| 指　　标 | Item | 2005 | 2006 |
|---|---|---|---|
| **学校数** | **Number of Schools** | | |
| 普通高等学校 | Regular Institutions of Higher Education | 35 | 38 |
| 普通中等学校 | Secondary Schools | 1634 | 1556 |
| 普通中等专业学校 | Specialized Secondary Schools | 37 | 30 |
| 中等技术学校 | Technical Training Schools | 26 | 21 |
| 中等师范学校 | Teacher Training Schools | 11 | 9 |
| 普通中学 | Regular Secondary Schools | 1414 | 1373 |
| 高　中 | Senior | 277 | 286 |
| 初　中 | Junior | 1137 | 1087 |
| 职业中学 | Vocational Secondary Schools | 183 | 153 |
| 小　学 | Primary Schools | 9558 | 8754 |
| 幼儿园 | Kindergartens | 3287 | 3376 |
| 特殊教育学校 | Schools for the Blind Deaf and Deaf-mute | 43 | 44 |
| **专任教师** | **Number of Full-time Teachers** | | |
| 普通高等学校 | Regular Institutions of Higher Education | 20184 | 23717 |
| 普通中等学校 | Secondary Schools | 103479 | 105428 |
| 普通中等专业学校 | Specialized Secondary Schools | 2333 | 1888 |
| 中等技术学校 | Technical Training Schools | 1756 | 1389 |
| 中等师范学校 | Teacher Training Schools | 577 | 499 |
| 普通中学 | Regular Secondary Schools | 93997 | 95782 |
| 高　中 | Senior | 25774 | 27207 |
| 初　中 | Junior | 68223 | 68575 |
| 职业中学 | Vocational Secondary Schools | 7149 | 7758 |
| 小　学 | Primary Schools | 114326 | 113724 |
| 幼儿园 | Kindergartens | 13220 | 13615 |
| 特殊教育学校 | Schools for the Blind Deaf and Deaf-mute | 556 | 584 |
| **招生数** | **New Student Enrollment** | | |
| 普通高等学校 | Regular Institutions of Higher Education | 121481 | 133845 |
| 普通中等学校 | Secondary Schools | 711326 | 771371 |
| 普通中等专业学校 | Specialized Secondary Schools | 34469 | 40570 |
| 中等技术学校 | Technical Training Schools | 31772 | 38623 |
| 中等师范学校 | Teacher Training Schools | 2697 | 1947 |
| 普通中学 | Regular Secondary Schools | 618236 | 643946 |
| 高　中 | Senior | 182950 | 184239 |
| 初　中 | Junior | 435286 | 459707 |
| 职业中学 | Vocational Secondary Schools | 58621 | 86855 |
| 小　学 | Primary Schools | 365028 | 362368 |
| 幼儿园 | Kindergartens | 364025 | 364586 |
| 特殊教育学校 | Schools for the Blind Deaf and Deaf-mute | 1840 | 1806 |

17-5 续表 CONTINUED

单位：人 (person)

| 指　　标 | Item | 2005 | 2006 |
|---|---|---|---|
| **在校学生数** | **Student Enrollment** | | |
| 普通高等学校 | Regular Institutions of Higher Education | 357926 | 405118 |
| 普通中等学校 | Secondary Schools | 1981532 | 2078856 |
| 普通中等专业学校 | Specialized Secondary Schools | 96883 | 106736 |
| 中等技术学校 | Technical Training Schools | 88574 | 100222 |
| 中等师范学校 | Teacher Training Schools | 8309 | 6514 |
| 普通中学 | Regular Secondary Schools | 1735166 | 1794129 |
| 高　中 | Senior | 481388 | 506077 |
| 初　中 | Junior | 1253778 | 1288052 |
| 职业中学 | Vocational Secondary Schools | 149483 | 177991 |
| 小　学 | Primary Schools | 2609754 | 2523824 |
| 幼儿园 | Kindergartens | 536266 | 530842 |
| 特殊教育学校 | Schools for the Blind Deaf and Deaf-mute | 12463 | 12151 |
| **毕业生数** | **Graduates** | | |
| 普通高等学校 | Regular Institutions of Higher Education | 63574 | 82004 |
| 中等学校 | Secondary Schools | 601372 | 611876 |
| 普通中等专业学校 | Specialized Secondary Schools | 31521 | 30647 |
| 中等技术学校 | Technical Training Schools | 26458 | 27903 |
| 中等师范学校 | Teacher Training Schools | 5063 | 2744 |
| 普通中学 | Regular Secondary Schools | 518545 | 529475 |
| 高　中 | Senior | 133654 | 141448 |
| 初　中 | Junior | 384891 | 388027 |
| 职业中学 | Vocational Secondary Schools | 51306 | 51754 |
| 小　学 | Primary Schools | 447168 | 450958 |
| 幼儿园 | Kindergartens | 262306 | 243047 |
| 特殊教育学校 | Schools for the Blind Deaf and Deaf-mute | 1702 | 1994 |
| **每一教师负担学生数** | **Student-teacher Ratio** | | |
| 普通高等学校 | Regular Institutions of Higher Education | 18 | 17 |
| 普通中等学校 | Secondary Schools | 19 | 20 |
| 小　学 | Primary Schools | 23 | 22 |
| **平均每万人在校学生数** | **Student Enrollment per 10 000 persons** | | |
| 大学生 | University and College Students | 114 | 128 |
| 中专生 | Specialized Secondary School Students | 31 | 34 |
| 中学生 | Secondary School Students | 599 | 622 |
| 小学生 | Primary School Students | 830 | 796 |

注：本表未含技工校、工读校、成人学校、攻读硕士博士学位的在职人员及网络教育数据。
Note: Basic statistics excluded data of skilled workers' schools, reformatory schools, adult schools, incumbent learning for Master and Doctor's degree and network education.

# 17－6 普通高校（含机构）基本情况（2006年）
# Basic Statistics on Regular Institutions of Higher Education (Including Agencies) (2006)

单位：人、所　　(person, unit)

| 指　标 | Item | 学校数 Number of Institutions | 招生数 New Student Enrollment | #研究生 Postgraduates | 毕业生数 Graduates | #研究生 Postgraduates |
|---|---|---|---|---|---|---|
| 总　计 | **Total** | **38** | **133845** | **10475** | **82004** | **5492** |
| 部属学校 | Colleges Affiliated to Ministries | 2 | 23776 | 6289 | 18309 | 3382 |
| 本科院校 | Senior Colleges | 2 | 23776 | 6289 | 18309 | 3382 |
| 市属学校 | Colleges Affiliated to Municipality | 36 | 110069 | 4186 | 63695 | 2110 |
| 本科院校 | Senior Colleges | 13 | 58045 | 4174 | 41635 | 2110 |
| 专科学校 | Junior Colleges | 23 | 32976 | | 14038 | |
| 独立学院 | Self-governing Colleges | | 16122 | | 3822 | |
| 成人高校 | Adult Education Schools | | 2926 | 12 | 4200 | |

| 指　标 | Item | 在校学生数 Student Enrollment | #研究生 Postgraduates | 专任教师数 Full-time Teachers | #教授、副教授 Professors and Associate Professors |
|---|---|---|---|---|---|
| 总　计 | **Total** | **405118** | **29000** | **23717** | **8783** |
| 部属学校 | Colleges Affiliated to Ministries | 87923 | 18275 | 5189 | 2397 |
| 本科院校 | Senior Colleges | 87923 | 18275 | 5189 | 2397 |
| 市属学校 | Colleges Affiliated to Municipality | 317195 | 10725 | 18528 | 6386 |
| 本科院校 | Senior Colleges | 188118 | 10691 | 10515 | 4071 |
| 专科学校 | Junior Colleges | 74006 | | 5343 | 1448 |
| 独立学院 | Self-governing Colleges | 45434 | | 2670 | 867 |
| 成人高校 | Adult Education Schools | 9637 | 34 | | |

注：独立学院和成人高校不计入学校数。
Note: The number of institutions excludes self-governing colleges and adult education schools.

## 17－7 研究生基本情况（1996－2006年）
## Basic Statistics on Postgraduates (1996-2006)

单位：人 (person)

| 年份 Year | 在学人数 Student Enrollment | 招生数 New Student Enrollment | 毕业生数 Graduates |
|---|---|---|---|
| 1996 | 2953 | 1052 | 762 |
| 1997 | 3199 | 1108 | 847 |
| 1998 | 3726 | 1389 | 862 |
| 1999 | 5032 | 2132 | 991 |
| 2000 | 6233 | 2686 | 1084 |
| 2001 | 8358 | 3410 | 1401 |
| 2002 | 11110 | 4423 | 1616 |
| 2003 | 14763 | 6392 | 2715 |
| 2004 | 19367 | 8202 | 3426 |
| 2005 | 24363 | 9436 | 4193 |
| 2006 | 29000 | 10475 | 5492 |

## 17－8 普通高等学校分科学生数（2006年）
## Student Enrollment in Regular Institutions of Higher Education by Field of Study (2006)

单位：人 (person)

| 项目 | Item | 在校学生数 Student Enrollment | #本科 Regular College Course | 招生数 New Student Enrollment | #本科 Regular College Course | 毕业生数 Graduates | #本科 Regular College Course |
|---|---|---|---|---|---|---|---|
| **总计** | **Total** | **405118** | **239873** | **133845** | **67426** | **82004** | **39046** |
| 哲学 | Philosophy | 373 | 63 | 145 | 18 | 65 | 19 |
| 经济学 | Economics | 19301 | 14178 | 5889 | 3998 | 4000 | 2650 |
| 法学 | Law | 24770 | 16266 | 6781 | 3950 | 5927 | 3211 |
| 教育学 | Education | 20489 | 7919 | 6823 | 2131 | 6537 | 1220 |
| 文学 | Literature | 76638 | 57068 | 23757 | 15594 | 11797 | 7578 |
| 历史学 | History | 1795 | 1617 | 555 | 478 | 190 | 171 |
| 理学 | Science | 27500 | 25287 | 7976 | 7162 | 4723 | 4301 |
| 工学 | Engineering | 133244 | 62582 | 46140 | 17833 | 28215 | 11197 |
| 农学 | Agriculture | 8792 | 6146 | 2685 | 1799 | 2052 | 1278 |
| 医学 | Medicine | 18218 | 8561 | 6871 | 2531 | 4065 | 1210 |
| 管理学 | Administration | 73998 | 40186 | 26223 | 11932 | 14433 | 6211 |

# 17－9 普通中等专业学校分类情况（2006年）
# Regular Specialized Secondary Schools by Type (2006)

单位：人 (person)

| 项　目 | Item | 毕业生数 Graduates | 招生数 New Student Enrollment | 在校学生数 Student Enrollment |
|---|---|---|---|---|
| **总　计** | **Total** | **30647** | **40570** | **106736** |
| 农林类 | Agriculture and Forestry | 606 | 500 | 1586 |
| 资源与环境类 | Resources and Environment | 87 | 48 | 113 |
| 能源类 | Energy | 321 | 577 | 1134 |
| 土木水利工程类 | Civil Engineering and water Conservancy | 805 | 1943 | 4461 |
| 加工制造类 | Processing and Manufacture | 5820 | 9495 | 23938 |
| 交通运输类 | Transportation | 219 | 290 | 625 |
| 信息技术类 | Information and Technology | 6119 | 6787 | 16810 |
| 医药卫生类 | Medicine and Health Care | 9074 | 13312 | 35727 |
| 商贸与旅游类 | Trade and Tourism | 1702 | 1533 | 4808 |
| 财经类 | Finance and Economics | 2010 | 2881 | 7151 |
| 文化艺术与体育类 | Culture, Art and Sports | 1007 | 1607 | 4418 |
| 社会公共事务类 | Social Public Affairs | 513 | 343 | 1314 |
| 师范类 | Teacher Training | 2364 | 1098 | 4457 |
| 其　他 | Others | | 156 | 194 |

# 17－10 成人教育基本情况（2006年）
# Basic Statistics on Adult Education (2006)

单位：人、所 (person, unit)

| 项 目 | Item | 学校数 Schools | 毕业生数 Graduates | 招生数 New Student Enrollment | 在校学生数 Student Enrollment | 教职工数 Teachers and Staff | #专任教师 Full-time Teachers |
|---|---|---|---|---|---|---|---|
| **总 计** | **Total** | **1747** | **97858** | **75487** | **268489** | **10507** | **5889** |
| **成人高等学校** | **Adult Higher Education Schools** | **9** | **19902** | **46451** | **128160** | **3516** | **2114** |
| #广播电视大学 | Radio and TV Universities | 1 | 3699 | 8773 | 23467 | 1941 | 1136 |
| 职工、农民高等学院 | Schools of Higher Education for Staff, Workers and Peasants | 7 | 348 | 2639 | 4645 | 908 | 535 |
| 管理干部学院 | Colleges for Management Cadres | | | | | | |
| 教育学院 | Pedagogical Colleges | 1 | 186 | 2232 | 7515 | 667 | 443 |
| **成人中等专业学校** | **Specialized Secondary Schools for Adults** | **94** | **20886** | **29036** | **74908** | **4642** | **2784** |
| #教师进修学校 | Teacher Training Schools | 33 | 918 | 538 | 1548 | 1348 | 860 |
| **成人中学** | **Secondary Schools for Adults** | **39** | **2342** | | **3162** | **204** | **95** |
| 职工中学 | Secondary Schools for Staff and Workers | | 254 | | 701 | 52 | 47 |
| 农民中学 | Secondary Schools for Peasants | 39 | 2088 | | 2461 | 152 | 48 |
| **成人初等学校** | **Primary Schools for Adults** | **1605** | **54728** | | **62259** | **2145** | **896** |
| 职工初等学校 | Primary Schools for Staff and Workers | 106 | 3087 | | 2750 | 38 | 27 |
| 农民初等学校 | Primary Schools for Peasants | 1499 | 51641 | | 59509 | 2107 | 869 |
| #扫盲班 | Literacy Courses | 972 | 24711 | | 30203 | 1541 | 533 |

# 17－11 初中毕业生和小学生毕业生升学率及小学学龄儿童入学率（2005－2006年）

# Percentage of Graduates of Junior Secondary Schools and Primary Schools Entering Higher Level Schools, Percentage of School-aged Children Enrolled (2005-2006)

单位：万人、%　　　　(10 000 persons, %)

| 指　标 | Item | 2005 | 2006 |
|---|---|---|---|
| 初中毕业生数 | Graduates of Junior Secondary Schools | 38.49 | 38.80 |
| 高中阶段学校招生数 | Students entering Senior Secondary Schools | 32.69 | 38.07 |
| 初中毕业生升学率 | Percentage of Graduates of Junior Secondary Schools Entering Senior Secondary Schools | 81.3 | 83.0 |
| 小学毕业生数 | Graduates of Primary Schools | 44.72 | 45.10 |
| 初中学校招生数 | Students entering Junior Secondary Schools | 43.53 | 45.97 |
| 小学毕业生升学率 | Percentage of Graduates of Primary Schools Entering Junior Secondary Schools | 97.3 | 98.9 |
| 学龄儿童数 | School-aged Children | 237.57 | 227.41 |
| 已入学学龄儿童数 | School-aged Children Enrolled in Schools | 237.34 | 227.22 |
| 小学学龄儿童入学率 | Percentage of School-aged Children Enrolled | 99.9 | 99.9 |

# 17－12 幼儿园基本情况（2005－2006年）

# Basic Statistics on Kindergartens (2005-2006)

| 指　标 | Item | 2005 | 2006 |
|---|---|---|---|
| 园　数（所） | Number of Kindergartens (unit) | 3287 | 3376 |
| 班　数（个） | Number of Classes (unit) | 18144 | 17637 |
| 在园幼儿数（人） | Student Enrollment (person) | 536266 | 530842 |
| 教职工数（人） | Number of Staff and Teachers (person) | 21157 | 22210 |
| #教　师 | Teachers | 13220 | 13615 |

# 17－13 各级学校女学生和女专任教师数（2005－2006年）
# Number of Female Students and Full-time Teachers by School Level (2005-2006)

单位：人、%　　(person, %)

| 项　　目 | Item | 2005 | 2006 |
|---|---|---|---|
| **女学生数** | **Number of Female Students** | | |
| 普通高等学校 | Institutions of Higher Education | 171684 | 196617 |
| 普通中等专业学校 | Specialized Secondary Schools | 56815 | 61394 |
| 普通中学 | Regular Secondary Schools | 820424 | 855270 |
| 职业中学 | Vocational Secondary Schools | 70781 | 83467 |
| 小　　学 | Primary Schools | 1242733 | 1199655 |
| **女学生占学生总数的百分比** | **Percentage of Female Students to Total Students** | | |
| 普通高等学校 | Institutions of Higher Education | 48.0 | 48.5 |
| 普通中等专业学校 | Specialized Secondary Schools | 58.6 | 57.5 |
| 普通中学 | Regular Secondary Schools | 47.3 | 47.7 |
| 职业中学 | Vocational Secondary Schools | 47.4 | 46.9 |
| 小　　学 | Primary Schools | 47.6 | 47.5 |
| **女专任教师数** | **Number of Female Full-time Teachers** | | |
| 普通高等学校 | Institutions of Higher Education | 7997 | 9878 |
| 普通中等专业学校 | Specialized Secondary Schools | 1031 | 847 |
| 普通中学 | Regular Secondary Schools | 37695 | 39111 |
| 职业中学 | Vocational Secondary Schools | 3081 | 3337 |
| 小　　学 | Primary Schools | 58004 | 58145 |
| **女专任教师占专任教师总数的百分比** | **Percentage of Female Full-time Teachers to Total Full-time Teachers** | | |
| 普通高等学校 | Institutions of Higher Education | 39.6 | 41.7 |
| 普通中等专业学校 | Specialized Secondary Schools | 44.2 | 44.9 |
| 普通中学 | Regular Secondary Schools | 40.1 | 40.8 |
| 职业中学 | Vocational Secondary Schools | 43.2 | 43.0 |
| 小　　学 | Primary Schools | 50.7 | 51.1 |

# 17－14 科技经费、科技奖励情况（2005－2006年）
# Funds and Rewards for Science and Technology (2005-2006)

单位：万元、项 (10 000 yuan, item)

| 指　　标 | Item | 2005 | 2006 |
|---|---|---|---|
| **市财政科技拨款** | **Appropriate Funds of Science and Technology by Municipal Finance** | **59864** | **74898** |
| 科学事业费 | Funds for Science | 10855 | 13548 |
| 科技三项费 | Funds for Science and Technology Innovation | 48959 | 61033 |
| 科技基建费 | Capital Construction of Science and Technology | 50 | 317 |
| **科技奖励情况** | **Rewards of Science and Technology** | | |
| 科技进步奖 | Advanced Rewards of Science and Technology | | |
| 国家级 | National Rewards | 6 | 7 |
| 一等奖 | 1st Prize | | 1 |
| 二等奖 | 2nd Prize | 6 | 6 |
| 市　级 | Municipal Rewards | 84 | 90 |
| 一等奖 | 1st Prize | 6 | 7 |
| 二等奖 | 2nd Prize | 25 | 27 |
| 三等奖 | 3rd Prize | 53 | 56 |
| 自然科学奖 | Rewards of Natural Science | | |
| 市　级 | Municipal Rewards | 10 | 14 |
| 一等奖 | 1st Prize | 2 | 1 |
| 二等奖 | 2nd Prize | 5 | 6 |
| 三等奖 | 3rd Prize | 3 | 7 |
| 技术发明奖 | Rewards of Technological Invents | | |
| 市　级 | Municipal Rewards | 3 | 6 |
| 一等奖 | 1st Prize | 2 | 2 |
| 二等奖 | 2nd Prize | | 2 |
| 三等奖 | 3rd Prize | 1 | 2 |

# 17－15 科学协会活动情况（2006年）
# Activities of Science and Technology Associations (2006)

| 指　　标 | Item | 合　计 Total | 市级科协 Science and Technology Associations at Municipal Level | 市级学会 Learned Societies at Municipal Level |
|---|---|---|---|---|
| **国内学术会议** | **Domestic Academic Meetings** | | | |
| 举办次数（次） | Holding Number (time) | 218 | 8 | 210 |
| 参加人数（人次） | Number of Participants (person-time) | 27600 | 3000 | 24600 |
| 交流论文数（篇） | Number of Papers Presented (piece) | 4508 | 378 | 4130 |
| **国际学术会议** | **International Academic Meetings** | | | |
| 在国内举行的国际学术会议（次） | Held in China Number (time) | 27 | 2 | 25 |
| 中方参加人数（人次） | Number of Chinese Participants (person-time) | 7133 | 350 | 6783 |
| 中方交流论文（篇） | Number of Chinese Papers Presented (piece) | 787 | 20 | 767 |
| 外方参加人数（人次） | Number of Foreign Participants (person-time) | 336 | 30 | 306 |
| 外方交流论文（篇） | Number of Foreign Papers Presented (piece) | 169 | 19 | 150 |
| **科学考察** | **Scientific Study Tour** | | | |
| 外派科技团组个数（个） | Number of Scientific Groups Sent Abroad (unit) | 38 | 5 | 33 |
| 外派总人次（人次） | Number of Person-times Sent Abroad (person-time) | 228 | 50 | 178 |
| **科普活动** | **Activities for Popular Science** | | | |
| 科普讲座次数（次） | Number of Lectures (time) | 939 | 60 | 879 |
| 科普讲座参加人数（人次） | Number of Participants (person-time) | 164670 | 27920 | 136750 |
| 科普展览次数（次） | Number of Exhibitions (time) | 353 | 60 | 293 |
| 科普展览参加人数（人次） | Number of Participants (person-time) | 561050 | 36300 | 524750 |
| 科技夏（冬）令营（次） | Technical Summer (winter) Camp (time) | | | |
| 青年科技竞赛次数（次） | Number of Teenagers Participating in Science-technology Competitions (time) | 23 | 7 | 16 |
| **科技培训** | **Training Program** | | | |
| 院校培训结业学员数（人） | Number of Persons Trained by Universities and Colleges (person) | | | |
| 培训班培训人次（人次） | Number of Persons Trained by Training Classes (person-time) | 42250 | 2650 | 39600 |
| 外派研修生人数（人次） | Number of Trainees Sent Abroad (person-time) | | | |
| **咨　询** | **Consultative Activities** | | | |
| 无偿咨询项目数（项） | Number of Non-payable Consultative Projects (item) | 1583 | 3 | 1580 |
| 完成技术合同数（项） | Number of Consultative Contracts Completed (item) | 10343 | 173 | 10170 |
| 咨询合同实现金额（万元） | Revenue from Fulfillment of Consultative Contracts (10 000 yuan) | 1760 | 1200 | 560 |
| #技术交易额（万元） | Technology Business Value (10 000 yuan) | 1408 | 1200 | 208 |
| 科技建议被采纳项数（项） | Technological Suggestions Adopted (item) | | | |
| 向市人大、政协提案被采纳（项） | Suggestions Adopted by Chongqing People's Congress and People's Political Consultative Conference (item) | 2 | 2 | |

# 17－16 科技活动基本情况（2006年）
# Basic Statistics on Scientific and Technological Activities (2006)

| 指　　标 | Item | 合　计 Total | 科研机构 Research Institutes | 高等院校 Colleges & Universities | #附属医院 Attached Hospitals |
|---|---|---|---|---|---|
| 有科技活动的单位数（个） | Units Engaged in Scientific and Technological Activities (unit) | 1295 | 27 | 40 | 4 |
| 科技活动人员（人） | Personnel Engaged in Scientific and Technological | 77616 | 5430 | 13216 | 2544 |
| #科学家和工程师 | Scientists and Engineers | 54147 | 3487 | 10960 | 2299 |
| 科技活动经费筹集总额（万元） | Total Funds Raised for Scientific and Technological | 852272 | 56236 | 105440 | 2900 |
| 政府资金 | Funds from Government | 134277 | 44260 | 49772 | 2377 |
| 企业资金 | Funds from Enterprises | 595642 | 4405 | 42069 | 24 |
| 事业单位资金 | Funds from Institutions | 19219 | 5173 | 10975 | 453 |
| 金融机构贷款 | Funds from Financial Institutions | 70566 | | | |
| 国外资金 | Foreign Funds | 16304 | 10 | 609 | 28 |
| 其他资金 | Others | 16264 | 2388 | 2015 | 18 |
| 科技活动经费内部支出（万元） | Inner Expenditure of Funds for Scientific and Technological Activities (10 000 yuan) | 853708 | 48039 | 89957 | 2421 |
| 人员劳务费 | Remuneration for Personnel | 162716 | 11593 | 18803 | 566 |
| 固定资产购建 | Purchases of Fixed Assets | 315686 | 8473 | 22740 | 375 |
| #设备购置 | Facilities | 258330 | 6652 | 13215 | 367 |
| 其　他 | Others | 375306 | 27973 | 48414 | 1480 |
| 科技活动经费外部支出（万元） | Outside Expenditure of Funds for Scientific and Technological Activities (10 000 yuan) | 54365 | 761 | 4519 | 15 |
| 全部科技项目（课题）数（项） | Total Scientific and Technological Projects (item) | 15687 | 652 | 8462 | 631 |
| 科技项目（课题）参加人员全时当量（人年） | Full-time Converted Personnel Engaged in Scientific | 41191 | 3304 | 6764 | 383 |
| #科学家和工程师 | Scientists and Engineers | 32352 | 2193 | 6336 | 373 |
| 科技项目（课题）经费内部支出（万元） | Inner Expenditure of Funds for Scientific and Technological Projects (10 000 yuan) | 591267 | 24290 | 54709 | 1131 |
| 专利申请数（件） | Patents Applied (pcs) | 4308 | 21 | 560 | 9 |
| #发明专利申请数 | Invents | 922 | 17 | 370 | 1 |
| 拥有发明专利（件） | Patents Owned (pcs) | 1444 | 36 | 641 | 15 |
| 发表科技论文（篇） | Scientific and Technological Papers Issued (unit) | 23444 | 1004 | 20895 | 1585 |
| 出版科技著作（种） | Scientific and Technological Works Issued (sort) | 742 | 26 | 704 | 6 |
| 研究与技术开发机构数（个） | Institutes of Research and Technological Development (unit) | 715 | 27 | 173 | 11 |
| 机构从事科技活动人员（人） | Personnel of Institutes Engaged in Scientific and Technological Activities (person) | 36717 | 5430 | 4058 | 305 |
| #科学家和工程师 | Scientists and Engineers | 25300 | 3422 | 2644 | 207 |
| 机构科技经费内部支出（万元） | Inner Expenditure of Scientific and Technological Funds of Institutes (10 000 yuan) | 389445 | 48039 | 22627 | 888 |
| 机构年末固定资产原价（万元） | Year-end Net Value of Fixed Assets of Institutes (10 000 yuan) | 362623 | 165274 | 79644 | 4500 |
| #仪器设备 | Apparatus and Facilities | 446937 | 45500 | 57292 | 4251 |

17-16 续表 CONTINUED

| 指标 | Item | 企业 Enterprises | #工业企业 Industrial Enterprises | 其他 Others |
|---|---|---|---|---|
| 有科技活动的单位数（个） | Units Engaged in Scientific and Technological Activities (unit) | 1069 | 916 | 159 |
| 科技活动人员（人） | Personnel Engaged in Scientific and Technological Activities (person) | 54924 | 48486 | 4046 |
| #科学家和工程师 | Scientists and Engineers | 36746 | 30953 | 2954 |
| 科技活动经费筹集总额（万元） | Total Funds Raised for Scientific and Technological Activities (10 000 yuan) | 683731 | 656171 | 6865 |
| 政府资金 | Funds from Government | 37760 | 35630 | 2485 |
| 企业资金 | Funds from Enterprises | 547944 | 524798 | 1224 |
| 事业单位资金 | Funds from Institutions | 181 | 160 | 2890 |
| 金融机构贷款 | Funds from Financial Institutions | 70361 | 68279 | 205 |
| 国外资金 | Foreign Funds | 15656 | 15656 | 29 |
| 其他资金 | Others | 11829 | 11648 | 32 |
| 科技活动经费内部支出（万元） | Inner Expenditure of Funds for Scientific and Technological Activities (10 000 yuan) | 705737 | 679974 | 9975 |
| 人员劳务费 | Remuneration for Personnel | 128204 | 117499 | 4116 |
| 固定资产购建 | Purchases of Fixed Assets | 280433 | 272727 | 4040 |
| #设备购置 | Facilities | 235683 | 228578 | 2780 |
| 其他 | Others | 297100 | 289748 | 1819 |
| 科技活动经费外部支出（万元） | Outside Expenditure of Funds for Scientific and Technological Activities (10 000 yuan) | 48920 | 47405 | 166 |
| 全部科技项目（课题）数（项） | Total Scientific and Technological Projects (item) | 6129 | 5630 | 444 |
| 科技项目（课题）参加人员全时当量（人年） | Full-time Converted Personnel Engaged in Scientific and Technological Projects (person-year) | 30033 | 27924 | 1090 |
| #科学家和工程师 | Scientists and Engineers | 22993 | 21193 | 830 |
| 科技项目（课题）经费内部支出（万元） | Inner Expenditure of Funds for Scientific and Technological Projects (10 000 yuan) | 508179 | 492902 | 4089 |
| 专利申请数（件） | Patents Applied (pcs) | 3685 | 3635 | 42 |
| #发明专利申请数 | Invents | 525 | 512 | 10 |
| 拥有发明专利（件） | Patents Owned (pcs) | 762 | 721 | 5 |
| 发表科技论文（篇） | Scientific and Technological Papers Issued (unit) | 341 | 126 | 1204 |
| 出版科技著作（种） | Scientific and Technological Works Issued (sort) | 3 | | 9 |
| 研究与技术开发机构数（个） | Institutes of Research and Technological Development (unit) | 462 | 429 | 53 |
| 机构从事科技活动人员（人） | Personnel of Institutes Engaged in Scientific and Technological Activities (person) | 24832 | 23277 | 2397 |
| #科学家和工程师 | Scientists and Engineers | 17393 | 16204 | 1841 |
| 机构科技经费内部支出（万元） | Inner Expenditure of Scientific and Technological Funds of Institutes (10 000 yuan) | 311794 | 301601 | 6986 |
| 机构年末固定资产原价（万元） | Year-end Net Value of Fixed Assets of Institutes (10 000 yuan) | 109514 | 91686 | 8191 |
| #仪器设备 | Apparatus and Facilities | 340413 | 335599 | 3732 |

# 17—17 研究与试验发展（R&D）活动基本情况（2006年）
# Basic Statistics on R&D Activities (2006)

| 指标 | Item | 合计 Total | 科研机构 Research Institutes | 高等院校 Colleges & Universities | #附属医院 Attached Hospitals |
|---|---|---|---|---|---|
| 有R&D活动的单位数（个） | Units Engaged in R&D Activities (unit) | 709 | 14 | 40 | 4 |
| R&D人员全时当量（人年） | Full-time Converted R&D Personnel (person-year) | 27976 | 2617 | 6107 | 375 |
| #科学家和工程师 | Scientists and Engineers | 22732 | 1749 | 5721 | 365 |
| #全时人员 | Full-time Personnel | 20313 | 1799 | 1995 | 150 |
| #基础研究人员 | Personnel of Basic Research | 1871 | 156 | 1693 | 135 |
| 应用研究人员 | Personnel of Application Research | 5555 | 1437 | 3179 | 205 |
| 试验发展人员 | Personnel of Testing Development | 20550 | 1024 | 1235 | 35 |
| R&D经费内部支出（万元） | Inner Expenditure of R&D Funds (10 000 yuan) | 380759 | 22327 | 57909 | 1280 |
| #基础研究 | Basic Research | 10755 | 1265 | 8787 | 508 |
| 应用研究 | Application Research | 44674 | 8763 | 31373 | 685 |
| 试验发展 | Testing Development | 313882 | 9927 | 14195 | 70 |
| #人员劳务费 | Remuneration for Personnel | 81919 | 4957 | 11555 | 304 |
| 固定资产购置 | Purchases of Fixed Assets | 90349 | 3944 | 13767 | 222 |
| #设备购置费 | Facilities | 80114 | 2731 | 7064 | 201 |
| 其　他 | Others | 208491 | 13426 | 32587 | 754 |
| #政府资金 | Funds from Government | 65689 | 18752 | 27174 | 1210 |
| 企业资金 | Funds from Enterprises | 291804 | 606 | 22528 | 24 |
| 国外资金 | Foreign Funds | 691 | 10 | 417 | 28 |
| 其　他 | Others | 22575 | 2959 | 7790 | 18 |
| R&D资金外部支出（万元） | Outside Expenditure of R&D Funds (10 000 yuan) | 29509 | 113 | 2883 | 9 |
| R&D项目（课题）数（项） | R&D Projects (item) | 11141 | 240 | 7505 | 551 |
| 基础研究 | Basic Research | 2232 | 27 | 2201 | |
| 应用研究 | Application Research | 4029 | 135 | 3666 | 121 |
| 试验发展 | Testing Development | 4880 | 78 | 1638 | 430 |
| R&D项目（课题）参加人员全时当量（人年） | Full-time Converted Personnel Engaged in R&D Projects (person-year) | 25305 | 2359 | 6077 | 340 |
| 基础研究 | Basic Research | 1790 | 129 | 1641 | |
| 应用研究 | Application Research | 5261 | 1247 | 3176 | 135 |
| 试验发展 | Testing Development | 18254 | 983 | 1260 | 205 |
| R&D项目（课题）经费内部支出（万元） | Inner Expenditure of R&D Projects (10 000 yuan) | 342369 | 19097 | 44045 | 1055 |
| 基础研究 | Basic Research | 8024 | 1169 | 6414 | |
| 应用研究 | Application Research | 39121 | 8427 | 26723 | 436 |
| 试验发展 | Testing Development | 295224 | 9501 | 10908 | 619 |

17-17 续表 CONTINUED

| 指　标 | Item | 企　业 Enterprises | #工业企业 Industrial Enterprises | 其　他 Others |
|---|---|---|---|---|
| 有R&D活动的单位数（个） | Units Engaged in R&D Activities (unit) | 582 | 502 | 73 |
| R&D人员全时当量（人年） | Full-time Converted R&D Personnel (person-year) | 18698 | 17543 | 554 |
| #科学家和工程师 | Scientists and Engineers | 14802 | 13755 | 460 |
| #全时人员 | Full-time Personnel | 16190 | 15308 | 329 |
| #基础研究人员 | Personnel of Basic Research | 12 | 12 | 10 |
| 应用研究人员 | Personnel of Application Research | 660 | 243 | 279 |
| 试验发展人员 | Personnel of Testing Development | 18026 | 17288 | 265 |
| R&D经费内部支出（万元） | Inner Expenditure of R&D Funds (10 000 yuan) | 298129 | 292033 | 2393 |
| #基础研究 | Basic Research | 692 | 610 | 11 |
| 应用研究 | Application Research | 3747 | 1503 | 791 |
| 试验发展 | Testing Development | 288266 | 284752 | 1494 |
| #人员劳务费 | Remuneration for Personnel | 64323 | 61644 | 1084 |
| 固定资产购置 | Purchases of Fixed Assets | 71938 | 70325 | 700 |
| #设备购置费 | Facilities | 69688 | 68186 | 631 |
| 其　他 | Others | 161869 | 160065 | 609 |
| #政府资金 | Funds from Government | 19477 | 18502 | 286 |
| 企业资金 | Funds from Enterprises | 267683 | 263444 | 986 |
| 国外资金 | Foreign Funds | 251 | 254 | 13 |
| 其　他 | Others | 10718 | 9833 | 1108 |
| R&D资金外部支出（万元） | Outside Expenditure of R&D Funds (10 000 yuan) | 26451 | 25986 | 62 |
| R&D项目（课题）数（项） | R&D Projects (item) | 3168 | 2966 | 228 |
| 基础研究 | Basic Research | 2 | 2 | 2 |
| 应用研究 | Application Research | 102 | 28 | 126 |
| 试验发展 | Testing Development | 3064 | 2936 | 100 |
| R&D项目（课题）参加人员全时当量（人年） | Full-time Converted Personnel Engaged in R&D Projects (person-year) | 16400 | 15590 | 469 |
| 基础研究 | Basic Research | 10 | 10 | 10 |
| 应用研究 | Application Research | 607 | 218 | 231 |
| 试验发展 | Testing Development | 15783 | 15362 | 228 |
| R&D项目（课题）经费内部支出（万元） | Inner Expenditure of R&D Projects (10 000 yuan) | 277313 | 272659 | 1914 |
| 基础研究 | Basic Research | 430 | 430 | 11 |
| 应用研究 | Application Research | 3342 | 1374 | 629 |
| 试验发展 | Testing Development | 273541 | 270855 | 1274 |

## 17－18 普通高等学校教学和科研人员（2006年）
## Personnel of Teaching and Research in Regular Institutions of Higher Education (2006)

单位：人 (person)

| 项　目 | Item | 合　计 Total | 自然科学 Natural Sciences | 工程与技术 Engineering and Technology | 医学科学 Medical Sciences | 农业科学 Agricultural Sciences | 其 他 Other |
|---|---|---|---|---|---|---|---|
| **总　计** | **Total** | **14990** | **2507** | **6342** | **3028** | **939** | **2174** |
| **按职称分** | **By Title** | | | | | | |
| #高　级 | Senior | 5090 | 1051 | 2203 | 960 | 405 | 471 |
| 中　级 | Medium | 5973 | 933 | 2673 | 1164 | 314 | 889 |
| 初　级 | Junior | 2908 | 389 | 1144 | 694 | 174 | 507 |
| **按技术等级分** | **By Technical Grade** | | | | | | |
| #科学家和工程师 | Scientists and Engineers | 13971 | 2373 | 6020 | 2818 | 893 | 1867 |
| 技术员 | Technical Personnel | 298 | 28 | 93 | 144 | 4 | 29 |

## 17－19 普通高等学校科技项目情况（2006年）
## Scientific and Technological Projects of Regular Institutions of Higher Education (2006)

| 项　目 | Item | 课题数（项） Number of Projects (unit) | 当年投入经费（万元） Funds of Projects (10 000 yuan) | 当年支出经费（万元） Expenditures for Projects (10 000 yuan) | 当年投入人员（人年） Personnel Engaged in Projects (person-year) | #科学家和工程师（理工农医类项目） Scientists and Engineers (Science, Industry, Agriculture and Medical Fields) |
|---|---|---|---|---|---|---|
| **总　计** | **Total** | **5438** | **62251** | **48941** | **4999** | **4577** |
| R&D项目 | R&D Projects | 4481 | 47655 | 38277 | 4312 | 3932 |
| 基础研究 | Basic Research | 1333 | 7435 | 5578 | 1154 | 1051 |
| 应用研究 | Application Research | 2711 | 30648 | 25347 | 2623 | 2399 |
| 试验发展 | Testing Development | 437 | 9571 | 7352 | 535 | 482 |
| 非R&D项目 | Non-R&D Projects | 957 | 14597 | 10664 | 686 | 645 |
| R&D成果应用 | Application of R&D Achievements | 522 | 9367 | 7627 | 473 | 445 |
| 科技服务 | Technological Services | 435 | 5229 | 3037 | 213 | 200 |

# 17－20 大中型工业企业科技机构情况（2006年）
# Scientific and Technological Institutions of Large & Medium-sized Industrial Enterprises (2006)

单位：人、万元 (person, 10 000 yuan)

| 项　目 | Item | 科技机构数（个） Number of Institutions (unit) | 科技机构科技活动人数 Personnel of Institutions | 科技机构经费内部支出 Inner Expenditures for Science and Technology |
|---|---|---|---|---|
| **总　计** | **Total** | **222** | **17167** | **260758** |
| **按隶属关系分** | **By Relationship** | | | |
| 中　央 | Central | 49 | 6387 | 107685 |
| 地　方 | Local | 173 | 10780 | 153073 |
| **按登记注册类型分** | **By Registration** | | | |
| 内资企业 | Domestic-funded | 201 | 16073 | 235948 |
| 国有企业 | State-owned | 37 | 2229 | 31815 |
| 集体企业 | Collective-owned | 2 | 5 | 97 |
| 有限责任公司 | Limited Liability Corporations | 94 | 6712 | 88714 |
| #其他有限责任公司 | Other Limited Liability Corporations | 64 | 3709 | 42260 |
| 股份有限公司 | Share Holding Limited Corporations | 25 | 3110 | 58435 |
| 私营企业 | Private Enterprises | 43 | 4017 | 56887 |
| #私营有限责任公司 | Private Limited Liability Corporations | 43 | 4017 | 56887 |
| 港、澳、台商投资企业 | Enterprises Funded by Hong Kong, Macao and Taiwan | 7 | 246 | 1496 |
| 合资经营企业（港或澳、台资） | Joint-venture Enterprises | 4 | 50 | 245 |
| 合作经营企业（港或澳、台资） | Cooperative Enterprises | 1 | 35 | 316 |
| 港、澳、台商独资经营企业 | Enterprises with Sole Funded from Hong Kong, Macao and Taiwan | 1 | 17 | 65 |
| 港、澳、台商投资股份有限公司 | Share-holding Corporations Ltd. with Investment from Hong Kong, Macao and Taiwan | 1 | 144 | 870 |
| 外商投资企业 | Foreign Funded Enterprises | 14 | 848 | 23314 |
| 中外合资经营企业 | Joint-venture Enterprises | 13 | 766 | 22164 |
| 外商投资股份有限公司 | Shareholding Corporations Ltd. with Foreign Investment | 1 | 82 | 1150 |
| **按工业行业分** | **By Industrial Sector** | | | |
| 采矿业 | Mining and Quarrying | 1 | 49 | 26 |
| 煤炭开采和洗选业 | Coal Mining and Dressing | 1 | 49 | 26 |
| 石油和天然气开采业 | Petroleum and Natural Gas Extraction | | | |
| 黑色金属矿采选业 | Ferrous Metals Mining and Dressing | | | |
| 有色金属矿采选业 | Nonferrous Metals Mining and Dressing | | | |
| 非金属矿采选业 | Nonmetal Minerals Mining and Dressing | | | |
| 其他采矿业 | Other Minerals Mining | | | |
| 制造业 | Manufacturing | 218 | 16822 | 260502 |
| 农副食品加工业 | Farm Products and By-food Processing | 3 | 255 | 1335 |
| 食品制造业 | Food Production | 3 | 182 | 2105 |
| 饮料制造业 | Beverage Production | 2 | 197 | 2100 |

17-20 续表 CONTINUED

单位：人、万元 (person, 10 000 yuan)

| 项　目 | Item | 科技机构数（个） Number of Institutions (unit) | 科技机构科技活动人数 Personnel of Institutions | 科技机构经费内部支出 Inner Expenditures for Science and Technology |
|---|---|---|---|---|
| 烟草制品业 | Tobacco Products | | | |
| 纺织业 | Textile Industry | 6 | 96 | 1087 |
| 纺织服装、鞋、帽制造业 | Garments, Shoes and Hats Production | | | |
| 皮革、毛皮、羽毛（绒）及其制品业 | Leather, Furs, Down and Related Products | | | |
| 木材加工及木竹藤棕草制品业 | Timber Processing,Bamboo,Cane,Palm, Straw Products | | | |
| 家具制造业 | Furniture Manufacturing | 2 | 96 | 2104 |
| 造纸及纸制品业 | Papermaking and Paper Products | | | |
| 印刷业、记录媒介的复制 | Printing and Record Medium Reproduction | | | |
| 文教体育用品制造业 | Cultural Educational and Sports Goods | | | |
| 石油加工、炼焦及核燃料加工业 | Petroleum, Coking and Nuclear Fuel Processing | 1 | 114 | 1108 |
| 化学原料及化学制品制造业 | Raw Chemical Materials and Chemical Products | 21 | 835 | 8606 |
| 医药制造业 | Medical and Pharmaceutical Products | 22 | 580 | 7959 |
| 化学纤维制造业 | Chemical Fiber | | | |
| 橡胶制品业 | Rubber Products | 3 | 110 | 369 |
| 塑料制品业 | Plastic Products | 1 | 13 | 64 |
| 非金属矿物制品业 | Nonmetal Mineral Products | 8 | 204 | 3795 |
| 黑色金属冶炼及压延加工业 | Smelting and Pressing of Ferrous Metals | 3 | 195 | 911 |
| 有色金属冶炼及压延加工业 | Smelting and Pressing of Nonferrous Metals | 7 | 633 | 10341 |
| 金属制品业 | Metal Products | 1 | 425 | 2459 |
| 通用设备制造业 | Ordinary Equipment | 18 | 1358 | 33395 |
| 专用设备制造业 | Special Equipment | 10 | 1594 | 17329 |
| 交通运输设备制造业 | Transportation Equipment | 75 | 7935 | 144739 |
| 电气机械及器材制造业 | Electric Equipment and Machinery | 5 | 168 | 9554 |
| 通信设备、计算机及其他电子设备制造业 | Communication, Computers and Other Electronic Equipment | 7 | 745 | 4335 |
| 仪器仪表及文化、办公用机械制造业 | Instruments, Meters,Cultural and Office Machinery | 18 | 1057 | 6244 |
| 工艺品及其他制造业 | Handicraft and Other Production | 2 | 30 | 563 |
| 废弃资源和废旧材料回收加工业 | Recovery and Processing of Waste Resources and Materials | | | |
| 电力、燃气及水的生产和供应业 | Electricpower, Gas & Water Production and Supply | 3 | 296 | 230 |
| 电力、热力的生产和供应业 | Electricpower and Hot Power Production and Supply | 3 | 296 | 230 |
| 燃气生产和供应业 | Gas Production and Supply | | | |
| 水的生产和供应业 | Water Production and Supply | | | |

# 17－21 大中型工业企业科技活动人员与经费筹集情况（2006年）

# Personnel in Scientific and Technological Activities and Funds of Large & Medium-sized Industrial Enterprises (2006)

| 项　目 | Item | 从事科技活动人员数（人）<br>Personnel in Scientific and Technological Activities (person) | #科学家和工程师<br>Scientists and Engineers | 当年筹集额（万元）<br>Funds of Current Year (10 000 yuan) | #政府部门资金<br>Funds from Government | #金融机构贷款<br>Loans of Financial Institutions | #企业自筹<br>Funds Self-raised by Enterprises |
|---|---|---|---|---|---|---|---|
| **总　计** | **Total** | **38607** | **24715** | **557933** | **25947** | **55147** | **452055** |
| **按隶属关系分** | **By Relationship** | | | | | | |
| 中　央 | Central | 11917 | 8495 | 196931 | 15680 | 270 | 160263 |
| 地　方 | Local | 26690 | 16220 | 361002 | 10267 | 54877 | 291792 |
| **按登记注册类型分** | **By Registration** | | | | | | |
| 内资企业 | Domestic-funded | 35430 | 22591 | 452707 | 25579 | 47647 | 369840 |
| 国有企业 | State-owned | 6624 | 3626 | 59988 | 4189 | 1720 | 53417 |
| 集体企业 | Collective-owned | 248 | 95 | 646 | | | 646 |
| 股份合作企业 | Cooperative Enterprises | 43 | 34 | 602 | | | 602 |
| 有限责任公司 | Limited Liability Corporations | 17551 | 11040 | 196312 | 16782 | 20096 | 151062 |
| 国有独资公司 | State Sole Funded Corporaions | 6029 | 4524 | 63372 | 8740 | 270 | 49623 |
| 其他有限责任公司 | Other Limited Liability Corporations | 11522 | 6516 | 132941 | 8042 | 19826 | 101440 |
| 股份有限公司 | Share Holding Corporations Ltd. | 5158 | 3633 | 93005 | 2869 | 1500 | 88607 |
| 私营企业 | Private Enterprises | 5806 | 4163 | 102154 | 1739 | 24331 | 75506 |
| 私营独资企业 | Private-funded Enterprises | 8 | 8 | 48 | | | 23 |
| 私营合伙企业 | Private Partnership Enterprises | 10 | 10 | 70 | | 50 | 20 |
| 私营有限责任公司 | Private Limited Liability Corporations | 5625 | 4018 | 89933 | 1312 | 15795 | 72273 |
| 私营股份有限公司 | Private Share-holding Corporations Ltd. | 163 | 127 | 12103 | 427 | 8486 | 3190 |
| 港、澳、台商投资企业 | Enterprises Funded by Hong Kong, Macao and Taiwan | 1263 | 900 | 31961 | 273 | 4000 | 27488 |
| 合资经营企业（港或澳、台资） | Joint-venture Enterprises | 325 | 195 | 9426 | 100 | 4000 | 5126 |
| 合作经营企业（港或澳、台资） | Cooperative Enterprises | 160 | 87 | 1105 | 43 | | 1062 |
| 港、澳、台商独资经营企业 | Enterprises with Sole Funded from Hong Kong,Macao and Taiwan | 22 | 11 | 1130 | 130 | | 1000 |
| 港、澳、台商投资股份有限公司 | Share-holding Corporations Ltd. with Investment from Hong Kong, Macao and Taiwan | 756 | 607 | 20300 | | | 20300 |
| 外商投资企业 | Foreign Funded Enterprises | 1914 | 1224 | 73265 | 95 | 3500 | 54727 |
| 中外合资经营企业 | Joint-venture Enterprises | 1659 | 1082 | 68368 | 95 | 3500 | 49830 |
| 外资企业 | Enterprises with sole Foreign Investment | 26 | 18 | 2300 | | | 2300 |
| 外商投资股份有限公司 | Shareholding Corporations Ltd. with Foreign Investment | 229 | 124 | 2597 | | | 2597 |
| **按工业行业分** | **By Industrial Sector** | | | | | | |
| 采矿业 | Mining and Quarrying | 2105 | 913 | 2310 | 400 | | 1910 |
| 煤炭开采和洗选业 | Coal Mining and Dressing | 2040 | 886 | 1603 | 400 | | 1203 |
| 石油和天然气开采业 | Petroleum and Natural Gas Extraction | | | | | | |
| 黑色金属矿采选业 | Ferrous Metals Mining and Dressing | 45 | 22 | 700 | | | 700 |
| 有色金属矿采选业 | Nonferrous Metals Mining and Dressing | | | | | | |
| 非金属矿采选业 | Nonmetal Minerals Mining and Dressing | 20 | 5 | 7 | | | 7 |
| 其他采矿业 | Other Minerals Mining | | | | | | |

17-21 续表 CONTINUED

| 项　目 | Item | 从事科技活动人员数（人） Personnel in Scientific and Techonlogical Activities (person) | #科学家和工程师 Scientists and Engineers | 当年筹集额（万元） Funds of Current Year (10 000 yuan) | #政府部门资金 Funds from Government | #金融机构贷款 Loans of Financial Institutions | #企业自筹 Funds Self-raised by Enterprises |
|---|---|---|---|---|---|---|---|
| 制造业 | Manufacturing | 35665 | 23163 | 552150 | 25547 | 55147 | 446800 |
| 农副食品加工业 | Farm Products and By-food Processing | 413 | 326 | 2281 | 148 | 410 | 1701 |
| 食品制造业 | Food Production | 239 | 120 | 2965 | 22 | | 2943 |
| 饮料制造业 | Beverage Production | 644 | 253 | 5500 | 250 | 650 | 4600 |
| 烟草制品业 | Tobacco Products | | | | | | |
| 纺织业 | Textile Industry | 688 | 253 | 2689 | 20 | 100 | 2569 |
| 纺织服装、鞋、帽制造业 | Garments, Shoes and Hats Production | | | | | | |
| 皮革毛皮羽毛（绒）及其制品业 | Leather, Furs, Down and Related Products | | | | | | |
| 木材加工及木竹藤棕草制品业 | Timber Processing,Bamboo, Cane,Palm,Straw Products | 132 | 41 | 100 | | | 100 |
| 家具制造业 | Furniture Manufacturing | 137 | 55 | 2444 | | | 2444 |
| 造纸及纸制品业 | Papermaking and Paper Products | 21 | 19 | 162 | | | 162 |
| 印刷业、记录媒介的复制 | Printing and Record Medium Reproduction | 3 | 3 | 6 | | | 6 |
| 文教体育用品制造业 | Cultural Educational and Sports Goods | | | | | | |
| 石油加工、炼焦及核燃料加工业 | Petroleum, Coking and Nuclear Fuel Processing | 120 | 66 | 1224 | | | 1194 |
| 化学原料及化学制品制造业 | Raw Chemical Materials and Chemical Products | 2143 | 1267 | 46975 | 1636 | 9050 | 35666 |
| 医药制造业 | Medical and Pharmaceutical Products | 1693 | 1081 | 16507 | 877 | 970 | 14660 |
| 化学纤维制造业 | Chemical Fiber | | | | | | |
| 橡胶制品业 | Rubber Products | 202 | 93 | 912 | 14 | | 798 |
| 塑料制品业 | Plastic Products | 13 | 8 | 64 | | | 12 |
| 非金属矿物制品业 | Nonmetal Mineral Products | 893 | 427 | 13582 | 93 | 2800 | 10009 |
| 黑色金属冶炼及压延加工业 | Smelting and Pressing of Ferrous Metals | 854 | 686 | 34065 | | | 34065 |
| 有色金属冶炼及压延加工业 | Smelting and Pressing of Nonferrous Metals | 1719 | 831 | 36339 | 3536 | | 31949 |
| 金属制品业 | Metal Products | 493 | 493 | 2947 | | | 2947 |
| 通用设备制造业 | Ordinary Equipment | 4282 | 2582 | 47242 | 4211 | 1970 | 40769 |
| 专用设备制造业 | Special Equipment | 2788 | 1621 | 22302 | 5785 | | 15177 |
| 交通运输设备制造业 | Transportation Equipment | 14211 | 10028 | 262030 | 6857 | 26781 | 209925 |
| 电气机械及器材制造业 | Electric Equipment and Machinery | 997 | 575 | 25994 | 476 | 8400 | 17118 |
| 通信设备、计算机及其他电子设备制造业 | Communication, Computers and Other Electronic Equipment | 1093 | 896 | 9383 | 1154 | 2396 | 3806 |
| 仪器仪表及文化、办公用机械制造业 | Instruments, Meters,Cultural and Office Machinery | 1794 | 1400 | 14239 | 338 | 1620 | 12112 |
| 工艺品及其他制造业 | Handicraft and Other Production | 93 | 39 | 2198 | 130 | | 2068 |
| 废弃资源和废旧材料回收加工业 | Recovery and Processing of Waste Resources and Materials | | | | | | |
| 电力、燃气及水的生产和供应业 | Electricpower, Gas & Water Production and Supply | 837 | 639 | 3474 | | | 3346 |
| 电力、热力的生产和供应业 | Electricpower and Hot Power Production and Supply | 789 | 608 | 3331 | | | 3203 |
| 燃气生产和供应业 | Gas Production and Supply | 48 | 31 | 143 | | | 143 |
| 水的生产和供应业 | Water Production and Supply | | | | | | |

# 17－22 大中型工业企业科技活动经费支出与项目情况（2006年）
# Expenditures and Projects of Scientific & Technological Activities of Large & Medium-sized Industrial Enterprises (2006)

单位：项、万元 (unit, 10 000 yuan)

| 项目 | Item | 项目数<br>Projects | 科技活动经费支出<br>Expenditures for Scientific and Technological Activities | #用于开发新产品<br>For New Product Develop-ment | 技术改造经费支出<br>Expendi-tures for Technical Transfor-mation | 技术引进经费支出<br>Expendi-tures for Technical Recom-mendation | 购买国内技术用款<br>Purchases of Civil Techno-logy | 研究与发展经费内部支出<br>Internal Expenses for R&D |
|---|---|---|---|---|---|---|---|---|
| **总计** | **Total** | **2510** | **634741** | **371357** | **530288** | **71348** | **13107** | **265129** |
| **按隶属关系分** | **By Relationship** | | | | | | | |
| 中央 | Central | 831 | 246725 | 147051 | 257727 | 52183 | 4666 | 105975 |
| 地方 | Local | 1679 | 388016 | 224306 | 272561 | 19165 | 8441 | 159154 |
| **按登记注册类型分** | **By Registration** | | | | | | | |
| 内资企业 | Domestic-funded | 2302 | 519957 | 303916 | 376742 | 25617 | 12181 | 245103 |
| 国有企业 | State-owned | 421 | 70571 | 48175 | 73099 | 4583 | 525 | 39533 |
| 集体企业 | Collective-owned | 22 | 640 | 635 | 172 | | | 52 |
| 股份合作企业 | Cooperative Enterprises | 4 | 245 | 214 | | | | 71 |
| 有限责任公司 | Limited Liability Corporations | 1138 | 236010 | 118794 | 186570 | 13006 | 8006 | 101605 |
| 国有独资公司 | State Sole Funded Corporaions | 417 | 82760 | 55132 | 57698 | 879 | 535 | 52204 |
| 其他有限责任公司 | Other Limited Liability Corporations | 721 | 153250 | 63662 | 128872 | 12127 | 7471 | 49401 |
| 股份有限公司 | Share Holding Corporations Ltd. | 306 | 97218 | 71556 | 64405 | 5907 | 1059 | 57701 |
| 私营企业 | Private Enterprises | 411 | 115273 | 64542 | 52496 | 2121 | 2591 | 46141 |
| 私营独资企业 | Private-funded Enterprises | 1 | 43 | 43 | 20 | | | 43 |
| 私营合伙企业 | Private Partnership Enterprises | 1 | 60 | | 45222 | 2121 | 2384 | |
| 私营有限责任公司 | Private Limited Liability Corporations | 383 | 100067 | 57343 | 7254 | | 207 | 46098 |
| 私营股份有限公司 | Private Share-holding Corporations Ltd. | 26 | 15103 | 7156 | | | | |
| 港、澳、台商投资企业 | Enterprises Funded by Hong Kong, Macao and Taiwan | 88 | 33378 | 8159 | 27906 | 1244 | 886 | 4328 |
| 合资经营企业（港或澳、台资） | Joint-venture Enterprises | 24 | 9173 | 6960 | 1298 | 1244 | 886 | 3410 |
| 合作经营企业（港或澳、台资） | Cooperative Enterprises | 15 | 1105 | 623 | 1103 | | | 240 |
| 港、澳、台商独资经营企业 | Enterprises with Sole Funded from Hong Kong,Macao and Taiwan | 1 | 400 | | | | | 357 |
| 港、澳、台商投资股份有限公司 | Share-holding Corporations Ltd. with Investment from Hong Kong, Macao and Taiwan | 48 | 22700 | 576 | 25505 | | | 321 |
| 外商投资企业 | Foreign Funded Enterprises | 120 | 81406 | 59282 | 125640 | 44487 | 40 | 15698 |
| 中外合资经营企业 | Joint-venture Enterprises | 98 | 76785 | 56842 | 123972 | 44354 | 40 | |
| 中外合作经营企业 | Cooperative Enterprises | | | | 33 | | | 15169 |
| 外资企业 | Enterprises with sole Foreign Investment | 3 | 2300 | 1915 | 42 | 133 | | |
| 外商投资股份有限公司 | Shareholding Corporations Ltd. with Foreign Investment | 19 | 2321 | 525 | 1593 | | | 529 |
| **按工业行业分** | **By Industrial Sector** | | | | | | | |
| 采矿业 | Mining and Quarrying | 72 | 2628 | 488 | 19343 | | 1 | 300 |
| 煤炭开采和洗选业 | Coal Mining and Dressing | 69 | 2421 | 481 | 12583 | | 1 | 298 |
| 石油和天然气开采业 | Petroleum and Natural Gas Extraction | | | | 4200 | | | |
| 黑色金属矿采选业 | Ferrous Metals Mining and Dressing | 1 | 200 | | 2560 | | | |
| 有色金属矿采选业 | Nonferrous Metals Mining and Dressing | | | | | | | |
| 非金属矿采选业 | Nonmetal Minerals Mining and Dressing | 2 | 7 | 7 | | | | 3 |
| 其他采矿业 | Other Minerals Mining | | | | | | | |

17-22 续表 CONTINUED

单位：项、万元　　　　(unit, 10 000 yuan)

| 项　　目 | Item | 项目数 Projects | 科技活动经费支出 Expendi-tures for Scientific and Technological Activities | #用于开发新产品 For New Product Develop -ment | 技术改造经费支出 Expendi- tures for Technical Transfor - mation | 技术引进经费支出 Expendi- tures for Technical Recom- mendation | 购买国内技术用款 Purchases of Civil Techno - logy | 研究与发展经费内部支出 Internal Expenses for R&D |
|---|---|---|---|---|---|---|---|---|
| 制造业 | Manufacturing | 2365 | 625818 | 369871 | 495608 | 71348 | 13003 | 262057 |
| 农副食品加工业 | Farm Products and By-food Processing | 23 | 2419 | 1634 | 7378 | | 25 | 1330 |
| 食品制造业 | Food Production | 24 | 3200 | 1985 | 518 | | | 1206 |
| 饮料制造业 | Beverage Production | 20 | 4700 | 2571 | 7796 | 3105 | | 1957 |
| 烟草制品业 | Tobacco Products | | 1705 | | 1115 | | | |
| 纺织业 | Textile Industry | 15 | 2176 | 1459 | 6131 | | | 1146 |
| 纺织服装、鞋、帽制造业 | Garments, Shoes and Hats Production | | | | | | | |
| 皮革毛皮羽毛（绒）及其制品业 | Leather, Furs, Down and Related Products | | | | | | | |
| 木材加工及木竹藤棕草制品业 | Timber Processing, Bamboo, Cane, Palm, Straw Products | 4 | 94 | 91 | | | | |
| 家具制造业 | Furniture Manufacturing | 10 | 2568 | 2400 | | 705 | | 2225 |
| 造纸及纸制品业 | Papermaking and Paper Products | 4 | 165 | 162 | 6422 | | 430 | 162 |
| 印刷业、记录媒介的复制 | Printing and Record Medium Reproduction | 1 | 6 | 6 | 3671 | | | 6 |
| 文教体育用品制造业 | Cultural Educational and Sports Goods | | | | | | | 150 |
| 石油加工、炼焦及核燃料加工业 | Petroleum, Coking and Nuclear Fuel Processing | 10 | 1224 | 1114 | 51 | 155 | | 9531 |
| 化学原料及化学制品制造业 | Raw Chemical Materials and Chemical Products | 164 | 52349 | 9913 | 84897 | 8277 | 695 | 8722 |
| 医药制造业 | Medical and Pharmaceutical Products | 147 | 18323 | 10185 | 8346 | | 711 | |
| 化学纤维制造业 | Chemical Fiber | 16 | | | | | | |
| 橡胶制品业 | Rubber Products | 2 | 1686 | 1091 | 19 | | | 771 |
| 塑料制品业 | Plastic Products | 49 | 64 | 64 | | | | 64 |
| 非金属矿物制品业 | Nonmetal Mineral Products | 56 | 13350 | 9611 | 6362 | 1284 | 62 | 9581 |
| 黑色金属冶炼及压延加工业 | Smelting and Pressing of Ferrous Metals | 137 | 36457 | 13190 | 29871 | | | 11288 |
| 有色金属冶炼及压延加工业 | Smelting and Pressing of Nonferrous Metals | 18 | 52983 | 11649 | 24615 | 10693 | 3357 | 13698 |
| 金属制品业 | Metal Products | | 2522 | 2522 | 2376 | | | |
| 通用设备制造业 | Ordinary Equipment | 318 | 48200 | 37816 | 33784 | 1886 | 352 | 27987 |
| 专用设备制造业 | Special Equipment | 193 | 30765 | 20643 | 22912 | | | 19986 |
| 交通运输设备制造业 | Transportation Equipment | 849 | 294053 | 206751 | 225157 | 45078 | 6517 | 121704 |
| 电气机械及器材制造业 | Electric Equipment and Machinery | 68 | 22996 | 17113 | 1867 | 65 | 620 | 14921 |
| 通信设备、计算机及其他电子设备制造业 | Communication, Computers and Other Electronic Equipment | 39 | 9806 | 8231 | 702 | | 100 | 5275 |
| 仪器仪表及文化、办公用机械制造业 | Instruments, Meters, Cultural and Office Machinery | 192 | 22543 | 9172 | 21230 | 100 | 134 | 9493 |
| 工艺品及其他制造业 | Handicraft and Other Production | 6 | 1464 | 498 | 388 | | | 857 |
| 废弃资源和废旧材料回收加工业 | Recovery and Processing of Waste Resources and Materials | | | | | | | |
| 电力、燃气及水的生产和供应业 | Electricpower, Gas & Water Production and Supply | 73 | 6295 | 998 | 15337 | | 103 | 2772 |
| 电力、热力的生产和供应业 | Electricpower and Hot Power Production and Supply | 69 | 5993 | 972 | 14355 | | 103 | 2764 |
| 燃气生产和供应业 | Gas Production and Supply | 4 | 143 | 26 | | | | 8 |
| 水的生产和供应业 | Water Production and Supply | | 159 | | 982 | | | |

# 17－23 大中型工业企业新产品开发情况（2006年）
# New Products Development of Large & Medium-sized Industrial Enterprises (2006)

单位：项、万元　　　　(unit, 10 000 yuan)

| 项　目 | Item | 新产品项目数 Projects of New Products | 新产品销售收入 Sales Revenue of New Products | #新产品出口 Exports of New Products |
|---|---|---|---|---|
| **总　计** | **Total** | **1926** | **7438664** | **970106** |
| **按隶属关系分** | **By Relationship** | | | |
| 中　央 | Central | 595 | 3351821 | 163469 |
| 地　方 | Local | 1331 | 4086843 | 806637 |
| **按登记注册类型分** | **By Registration** | | | |
| 内资企业 | Domestic-funded | 1787 | 4935526 | 865406 |
| 国有企业 | State-owned | 314 | 420497 | 49730 |
| 集体企业 | Collective-owned | 22 | 1986 | |
| 股份合作企业 | Cooperative Enterprises | 3 | 1791 | |
| 有限责任公司 | Limited Liability Corporations | 853 | 2176896 | 126100 |
| 国有独资公司 | State Sole Funded Corporaions | 313 | 443258 | 19433 |
| 其他有限责任公司 | Other Limited Liability Corporations | 540 | 1733638 | 106667 |
| 股份有限公司 | Share Holding Limited Corporations | 257 | 1129566 | 179237 |
| 私营企业 | Private Enterprises | 338 | 1204790 | 510339 |
| 私营独资企业 | Private-funded Enterprises | | | |
| 私营有限责任公司 | Private Limited Liability Corporations | 314 | 1168762 | 510339 |
| 私营股份有限公司 | Private Share-holding Corporations Ltd. | 24 | 36028 | |
| 港、澳、台商投资企业 | Enterprises Funded by Hong Kong, Macao and Taiwan | 47 | 327266 | 53774 |
| 合资经营企业（港或澳、台资） | Joint-venture Enterprises | 17 | 97488 | 53480 |
| 合作经营企业（港或澳、台资） | Cooperative Enterprises | 9 | 8162 | 142 |
| 港、澳、台商独资经营企业 | Enterprises with Sole Funded from Hong Kong, Macao and Taiwan | | 1634 | 152 |
| 港、澳、台商投资股份有限公司 | Share-holding Corporations Ltd. with Investment from Hong Kong, Macao and Taiwan | 21 | 219982 | |
| 外商投资企业 | Foreign Funded Enterprises | 92 | 2175872 | 50926 |
| 中外合资经营企业 | Joint-venture Enterprises | 87 | 2128477 | 49922 |
| 外资企业 | Enterprises with sole Foreign Investment | 3 | 1004 | 1004 |
| 外商投资股份有限公司 | Shareholding Corporations Ltd. with Foreign Investment | 2 | 46391 | |
| **按工业行业分** | **By Industrial Sector** | | | |
| 采矿业 | Mining and Quarrying | 9 | | |
| 煤炭开采和洗选业 | Coal Mining and Dressing | | | |
| 石油和天然气开采业 | Petroleum and Natural Gas Extraction | 8 | | |
| 黑色金属矿采选业 | Ferrous Metals Mining and Dressing | | | |
| 有色金属矿采选业 | Nonferrous Metals Mining and Dressing | | | |
| 非金属矿采选业 | Nonmetal Minerals Mining and Dressing | 1 | | |
| 其他矿采选业 | Other Minerals Mining and Dressing | | | |

17-23 续表 CONTINUED

单位：项、万元 (unit, 10 000 yuan)

| 项　　目 | Item | 新产品项目数 Projects of New Products | 新产品销售收入 Sales Revenue of New Products | #新产品出口 Exports of New Products |
|---|---|---|---|---|
| 制造业 | Manufacturing | 1905 | 7437645 | 970106 |
| 木材及竹材采运业 | Logging and Transport of Timber and Bamboo | | | |
| 农副食品加工业 | Farm Products and By-food Processing | 20 | 29980 | 1297 |
| 食品制造业 | Food Production | 14 | 30366 | |
| 饮料制造业 | Beverage Production | 8 | 76854 | |
| 烟草加工业 | Tobacco Processing | 12 | 32171 | |
| 纺织业 | Textile Industry | | 77389 | 20298 |
| 服装及其他纤维制品制造业 | Garments and other Fiber Products | | | |
| 皮革、毛皮、羽绒及其制品业 | Leather, Furs, Down and Related Products | | | |
| 木材加工及竹、藤、棕、草制品业 | Timber Processing, Bamboo, Cane, Palm Fiber and Straw Products | 4 | 1203 | |
| 家具制造业 | Furniture Manufacturing | 10 | 47780 | |
| 造纸及纸制品业 | Papermaking and Paper Products | 3 | 364 | |
| 印刷业、记录媒介的复制 | Printing and Record Medium Reproduction | 1 | 3136 | |
| 文教体育用品制造业 | Cultural Educational and Sports Goods | | | |
| 石油加工及炼焦业 | Petroleum Refining and Coking | 8 | 5690 | |
| 化学原料及化学制品制造业 | Raw Chemical Materials and Chemical Products | 112 | 449458 | 50978 |
| 医药制造业 | Medical and Pharmaceutical Products | 114 | 276236 | 51791 |
| 化学纤维制造业 | Chemical Fiber | | | |
| 橡胶制品业 | Rubber Products | 16 | 13002 | |
| 塑料制品业 | Plastic Products | 2 | 5887 | |
| 非金属矿物制品业 | Nonmetal Mineral Products | 34 | 200261 | 71703 |
| 黑色金属冶炼及压延加工业 | Smelting and Pressing of Ferrous Metals | 27 | 264140 | 330 |
| 有色金属冶炼及压延加工业 | Smelting and Pressing of Nonferrous Metals | 54 | 366542 | 32496 |
| 金属制品业 | Metal Products | 15 | 81123 | 9780 |
| 通用设备制造业 | Odinary Equipment | 270 | 436579 | 57486 |
| 专用设备制造业 | Special Purpose Equipment | 141 | 216640 | 14892 |
| 交通运输设备制造业 | Transport Equipment | 776 | 4368851 | 617959 |
| 电气机械及器材制造业 | Electric Equipment and Machinery | 64 | 166226 | 10914 |
| 电子及通信设备制造业 | Electronic and Telecommunication Equipment | 38 | 155528 | 1788 |
| 仪器仪表及文化、办公用机械制造业 | Instruments Meters Cultural and Clerical Machinery | 158 | 124582 | 28172 |
| 其他制造业 | Other Manufacturing | 4 | 7657 | 222 |
| 电力、蒸汽、热水的生产和供应业 | Electricity Steam & Hot Water Production and Supply | 12 | 1019 | |
| 煤气生产和供应业 | Gas Production and Supply | 9 | 1019 | |
| 自来水的生产和供应业 | Tap Water Production and Supply | 3 | | |

# 17－24 专利申请受理量及专利授权量（2005－2006年）
# Patent Applications Examined and Authorized (2005-2006)

单位：件 (pcs)

| 项　目 | Item | 申请受理量 Applications Examined | | 专利授权量 Applications Authorized | |
|---|---|---|---|---|---|
| | | 2005 | 2006 | 2005 | 2006 |
| **总　计** | **Total** | **6260** | **6471** | **3591** | **4590** |
| **按种类分** | **By Type** | | | | |
| 发　明 | Creations and Inventions | 918 | 1204 | 178 | 246 |
| 实用新型 | Utility Models | 2412 | 2591 | 1428 | 1935 |
| 外观设计 | Designs | 2930 | 2676 | 1985 | 2409 |
| **按对象分** | **By Object** | | | | |
| 个　人 | Individuals | 2468 | 2723 | 1282 | 1501 |
| 大专院校 | Universities and Colleges | 388 | 487 | 117 | 207 |
| 科研单位 | Research Institutions | 64 | 44 | 24 | 44 |
| 工矿企业 | Industrial and Mineral Enterprises | 3290 | 3160 | 2154 | 2804 |
| 机关团体 | Government Agencies and Organizations | 50 | 57 | 14 | 34 |

# 17－25 商标申请注册情况（2005－2006年）
# Application for Registration of Trade Marks (2005-2006)

单位：件 (pcs)

| 指　标 | Item | 2005 | 2006 | 到2006年底累计 Total at 2006's End |
|---|---|---|---|---|
| 商标申请注册数 | Number of Application for Registration of Trade Marks | 2460 | 3063 | 25176 |
| #著名商标 | Well-known Trade Marks | 5 | | 250 |
| 驰名商标 | Famous Trade Marks | 4 | 4 | 17 |

# 17－26 各类技术合同签定及执行情况（2006年）
# Signed and Implemented Technical Contracts by Type (2006)

| 项　目 | Item | 合同数（项） Number of Contracts (item) | 合同成交金额（万元） Value of Contracts (10 000 yuan) | #技术交易额（万元） Revenue from Fulfillment of Consultative Contracts (10 000 yuan) | 技术交易额比重（%） As Percentage of Contract Value (%) |
|---|---|---|---|---|---|
| **总　计** | **Total** | **2682** | **568381** | **215599** | **37.9** |
| 技术开发 | Technical Development | 1217 | 231972 | 79258 | 34.2 |
| 技术转让 | Technical Transfer | 84 | 27352 | 23195 | 84.8 |
| 技术咨询 | Technical Consultation | 481 | 8670 | 8670 | 100.0 |
| 技术服务 | Technical Services | 900 | 300387 | 104476 | 34.8 |

# 17－27 产品质量监督抽查情况（2006年）
# Results of Sampling Supervision and Check on Product Quality (2006)

| 产品名称 | Name of Product | 监督检验企业数（个） Number of Enterprises Supervised & Checked (unit) | 检验批次（批次） Number of Batch-time Checked (batch-time) | 合格批次（批次） Number of Batch-time Qualified (batch-time) | 批次合格率（%） Rate of Batch-time Qualified (%) |
|---|---|---|---|---|---|
| **总　　计** | **Total** | **33270** | **53709** | **44504** | **82.86** |
| **农用产品** | **Chemical Production** | **1135** | **1537** | **1150** | **74.82** |
| 农用化肥 | Chemical Fertilizers | 849 | 1122 | 784 | 69.88 |
| 化学农药 | Chemical Pesticides | 49 | 49 | 43 | 87.76 |
| 饲　料 | Forages | 200 | 313 | 282 | 90.10 |
| 农用薄膜 | Chemical Film | 34 | 50 | 38 | 76.00 |
| 其　它 | Others | 3 | 3 | 3 | 100.00 |
| **加工食品和饮料** | **Processing Foods and Drinks** | **12143** | **19101** | **15753** | **82.47** |
| 小麦粉、大米 | Wheat Powder and Rice | 1253 | 1466 | 1276 | 87.04 |
| 肉制品 | Meat Products | 349 | 800 | 680 | 85.00 |
| 食用盐 | Edible Salts | 15 | 15 | 15 | 100.00 |
| 调味品 | Condiments | 870 | 2035 | 1828 | 89.83 |
| 保健食品 | Hygienic Food | 113 | 465 | 446 | 95.91 |
| 白　酒 | Distilled Spirit | 2294 | 3151 | 2553 | 81.02 |
| 啤　酒 | Beer | 74 | 135 | 127 | 94.07 |
| 黄酒、果酒 | Millet Wine and Fruit Wine | 38 | 69 | 17 | 24.64 |
| 食用植物油 | Edible Vegetable Oil | 817 | 1027 | 859 | 83.64 |
| 罐　头 | Canned Food | 67 | 83 | 72 | 86.75 |
| 糕点、糖果 | Cake and Sugar | 2717 | 4449 | 3581 | 80.49 |
| 非酒精液体饮料 | Non-alcoholic Beverage | 1067 | 1498 | 1148 | 76.64 |
| 冷冻饮品 | Frozen Beverage | 65 | 123 | 99 | 80.49 |
| 方便主食品 | Instant Staple Food | 661 | 915 | 674 | 73.66 |
| 乳制品 | Dairy Products | 74 | 192 | 175 | 91.15 |
| 其　它 | Others | 1669 | 2678 | 2203 | 82.26 |
| **家用电器** | **Household Appliances** | **84** | **204** | **172** | **84.31** |
| 洗衣机 | Washing Machines | 2 | 3 | 2 | 66.67 |
| 电风扇 | Electric Fans | 34 | 100 | 81 | 81.00 |
| 吸油烟器 | Smoke Absorbers | 5 | 7 | 6 | 85.71 |
| 电冰箱、冷藏冷冻箱 | Refrigerators, Freezers | 2 | 2 | 2 | 100.00 |
| 厨房电器具 | Electric Cooking Utensils | 21 | 47 | 43 | 91.49 |
| 电热器具 | Electric Heating Appliances | 16 | 40 | 37 | 92.50 |
| 其　它 | Others | 4 | 5 | 1 | 20.00 |
| **轻工产品** | **Light Industry Products** | **3896** | **7706** | **6741** | **87.48** |
| 纸 | Paper | 118 | 385 | 353 | 91.69 |
| 纸制品 | Paper Products | 536 | 912 | 724 | 79.39 |
| 玩　具 | Toys | 2 | 2 | 1 | 50.00 |
| 家　具 | Furniture | 996 | 1654 | 1287 | 77.81 |
| 眼　镜（架、片） | Spectacles (glass & frame) | 963 | 1375 | 1323 | 96.22 |
| 灯泡、灯管 | Electric Bulbs & Fluorescence Tubes | 124 | 524 | 509 | 97.14 |
| 镇流器 | Ballast | 3 | 4 | 4 | 100.00 |
| 电热燃气淋浴器 | Water Heaters | 6 | 12 | 12 | 100.00 |
| 铝制品、压力锅 | Aluminum Products | 47 | 47 | 31 | 65.96 |
| 玻璃制品 | Glass Products | 52 | 126 | 96 | 76.19 |
| 日用五金 | Daily Metals | 135 | 361 | 332 | 91.97 |
| 燃气灶具 | Gas Stoves | 7 | 7 | 5 | 71.43 |
| 合成洗涤剂 | Synthetic Detergent | 15 | 24 | 19 | 79.17 |
| 化妆品 | Cosmetics | 21 | 107 | 102 | 95.33 |
| 橡胶、塑料制品 | Rubber and Plastic Products | 625 | 1798 | 1614 | 89.77 |
| 其　它 | Others | 246 | 368 | 329 | 89.40 |

17-27 续表 CONTINUED

| 产品名称 | Name of Product | 监督检验企业数（个） Number of Enterprises Supervised & Checked (unit) | 检验批次（批次） Number of Batch-time Checked (batch-time) | 合格批次（批次） Number of Batch-time Qualified (batch-time) | 批次合格率（%） Rate of Batch-time Qualified (%) |
|---|---|---|---|---|---|
| **纺织、鞋类产品** | **Textile and Shoes Product** | **1906** | **2739** | **2446** | **89.30** |
| 布（印染、色织、坯布） | Cloth | 3 | 4 | 4 | 100.00 |
| 服　装 | Clothes | 116 | 166 | 100 | 60.24 |
| 棉纺织 | Cottony Textile | 2 | 2 | 2 | 100.00 |
| 针织品 | Knit Goods | 28 | 30 | 15 | 50.00 |
| 皮革及制品 | Leather and Leather Products | 91 | 173 | 161 | 93.06 |
| 鞋 | Shoes | 1493 | 2042 | 1932 | 94.61 |
| 丝麻织品 | Silk & Fabrics | 8 | 9 | 6 | 66.67 |
| 其　它 | Others | 165 | 313 | 226 | 72.20 |
| **化工产品** | **Chemical Products** | **450** | **781** | **689** | **88.22** |
| 涂料、油漆 | Paints | 236 | 423 | 374 | 88.42 |
| 化学试剂 | Chemical Reagent | 57 | 87 | 78 | 89.66 |
| 其　它 | Others | 157 | 271 | 237 | 87.45 |
| **建材产品** | **Building Materials Products** | **6982** | **8876** | **7287** | **82.10** |
| 水　泥 | Cement | 519 | 790 | 736 | 93.16 |
| 水泥预制构件 | Cement Prefabricated Components | 2102 | 2313 | 2074 | 89.67 |
| 砖、瓦 | Bricks & Tiles | 2986 | 3418 | 2743 | 80.25 |
| 油毡、油纸 | Asphalt Felt and Oilpaper | 16 | 26 | 20 | 76.92 |
| 平板玻璃 | Plate Glass | 2 | 2 | 2 | 100.00 |
| 水暖管件 | Water Pipe | 148 | 231 | 168 | 72.73 |
| 卫生建筑陶瓷 | Toilet Architectural Poppery | 16 | 16 | 16 | 100.00 |
| 装饰材料 | Decoration Materials | 134 | 589 | 570 | 96.77 |
| 石棉制品 | Asbestos Products | 16 | 21 | 21 | 100.00 |
| 人造板 | Artificial Board | 229 | 279 | 197 | 70.61 |
| 其　它 | Others | 814 | 1191 | 740 | 62.13 |
| **机电产品** | **Medical Electric Products** | **992** | **3130** | **2994** | **95.65** |
| 阀类、泵 | Valves and pumps | 99 | 597 | 580 | 97.15 |
| 电线、电缆 | Electric Wires | 236 | 1505 | 1481 | 98.41 |
| 通用设备 | Universal Equipment | 12 | 14 | 9 | 64.29 |
| 电动工具 | Electric Tools | 17 | 24 | 22 | 91.67 |
| 工业专用设备 | Industry Special Equipment | 60 | 102 | 102 | 100.00 |
| 电工仪器仪表 | Electrician Instruments | 17 | 32 | 32 | 100.00 |
| 低压电器及元件 | Low-voltage Electric Elements | 90 | 149 | 136 | 91.28 |
| 消防器材 | Fire-fighting Equipment & Materials | 3 | 4 | 1 | 25.00 |
| 安全防范设备 | Safety | 41 | 57 | 52 | 91.23 |
| 电动机、柴油机 | Electric and Diesel Engines | 47 | 105 | 100 | 95.24 |
| 汽车、摩托车 | Motor Vehicles and Motorcycles | 150 | 276 | 255 | 92.39 |
| 自行车 | Bicycles | 1 | 1 | | |
| 其　它 | Others | 219 | 264 | 224 | 84.85 |
| **冶金产品及金属制品** | **Metal Products** | **1738** | **3182** | **2352** | **73.92** |
| 线　材 | Wire Rods | 660 | 926 | 635 | 68.57 |
| 型　材 | Section Steel | 517 | 699 | 412 | 58.94 |
| 其　它 | Others | 561 | 1557 | 1305 | 83.82 |
| **能源产品** | **Power Products** | **1877** | **3034** | **2413** | **79.53** |
| 原　煤 | Coal | 1058 | 1764 | 1274 | 72.22 |
| 焦　炭 | Coke | 5 | 5 | 5 | 100.00 |
| 汽油、柴油 | Gasoline and Diesel | 451 | 841 | 802 | 95.36 |
| 其　它 | Others | 363 | 424 | 332 | 78.30 |
| **医疗器械** | **Medicine Appliance** | **4** | **5** | **5** | **100.00** |
| 输液器、注射器 | Transfusion Equipments and Syringes | 1 | 1 | 1 | 100.00 |
| 其　它 | Others | 3 | 4 | 4 | 100.00 |
| **其　它** | **Others** | **2063** | **3414** | **2502** | **73.29** |

# 17－28 文化事业机构和人员数（2005－2006年）
# Cultural Institutions and Personnel (2005-2006)

单位：个、人 (unit, person)

| 项　　目 | Item | 2005 | 2006 |
|---|---|---|---|
| **机构数** | **Total Institutions** | **1299** | **1243** |
| 艺术事业 | Art Institutions | 56 | 64 |
| #艺术表演团体 | Art Performance Troupes | 29 | 36 |
| 艺术表演场所 | Art Centers | 17 | 19 |
| 文物事业 | Cultural Institutions | 62 | 60 |
| 图书馆事业 | Libraries | 43 | 43 |
| 群众文化事业 | Mass Culture Institutions | 1108 | 1057 |
| 艺术教育事业 | Art Education Institutions | 2 | 2 |
| 文艺科研 | Art Research Institutions | 1 | 1 |
| 其　他 | Others | 27 | 16 |
| **从业人员数** | **Total Personnel** | **7602** | **7875** |
| 艺术事业 | Art Institutions | 1717 | 1820 |
| #艺术表演团体 | Art Performance Troupes | 1259 | 1464 |
| 艺术表演场所 | Art Centers | 269 | 180 |
| 文物事业 | Cultural Institutions | 1272 | 1295 |
| 图书馆事业 | Libraries | 755 | 759 |
| 群众文化事业 | Mass Culture Institutions | 2844 | 3084 |
| 艺术教育事业 | Art Education Institutions | 194 | 222 |
| 文艺科研 | Art Research Institutions | 18 | 22 |
| 其　他 | Others | 802 | 673 |

# 17－29 公共图书馆情况（2005－2006年）
## Public Libraries (2005-2006)

| 项　目 | Item | 总计 Total | | #市级 at Municipal Level | |
|---|---|---|---|---|---|
| | | 2005 | 2006 | 2005 | 2006 |
| 总藏量（万册、件） | Total Collections (10 000 volumes) | 768 | 792 | 282 | 295 |
| 书架总长度（万米） | Total Length of Bookshelves (10 000 meters) | 12 | 12 | 4 | 4 |
| 发放借书证数（万个） | Number of Library Cards Distributed (10 000 units) | 15 | 12 | 6 | 3 |
| 图书流通情况 | Circulation of Books | | | | |
| 总流通人次（万人次） | Total Number of Circulation (10 000 person-times) | 595 | 330 | 353 | 85 |
| 书刊外借册次（万册次） | Number of Books Borrowed by Readers (10 000 volume-times) | 472 | 586 | 151 | 136 |
| 为读者举办各种活动服务次数（次） | Number of Service Activities Provided for Readers (time) | 1527 | 577 | 1159 | 183 |
| 总支出（万元） | Total Expenditures (10 000 yuan) | 3856 | 3994 | 1416 | 1676 |
| #藏量购置费 | Purchase Expenses | 623 | 624 | 297 | 316 |
| 本年新购藏量（万册） | Number of Books Purchased During Current Year (10 000 volumes) | 35 | 28 | 8 | 13 |
| 公用房屋建筑面积（万平方米） | Floor Space of Public Buildings (10 000 sq.m) | 13 | 13 | 4 | 4 |
| #书　库 | Stack Rooms | 3 | 4 | 1 | 1 |
| 阅览室座席（个） | Seating Capacity of Reading Rooms (seat) | 8019 | 8600 | 822 | 822 |

# 17－30 文物业情况（2006年）
## Statistics on Cultural Relics (2006)

单位：件、万元　　(pcs, 10 000 yuan)

| 项　目 | Item | 文物业 Cultural Relics | #博物馆 Museums | #文物保护管理机构 Protection and Management Agencies |
|---|---|---|---|---|
| 藏　品 | Number of Collections | 322923 | 241016 | 81647 |
| #一级品 | Grade One | 907 | 841 | 66 |
| 经费支出 | Total Expenditure | 10672 | 6672 | 3023 |
| 维修费 | Maintenance Expenses | 830 | 580 | 127 |

# 17－31 群众艺术馆和文化馆（站）情况（2006年）
## Mass Art Centers and Cultural Centers (2006)

| 项　　目 | Item | 合　计<br>Total | 群众艺术馆<br>Mass Art Centers | 文 化 馆<br>Cultural Centers | 文 化 站<br>Cultural Stations |
|---|---|---|---|---|---|
| 单位数（个） | Number of Units (unit) | 1057 | 1 | 40 | 1016 |
| 举办展览个数（个） | Conducting Exhibitions (unit) | 2539 | 6 | 318 | 2215 |
| 组织文艺活动次数（次） | Organizing Art Performances (time) | 13388 | 12 | 1316 | 12060 |
| 举办培训班 | Training Courses | | | | |
| 班　　次（次） | Classes (time) | 3022 | 14 | 597 | 2411 |
| 结业人数（万人次） | Persons Completed Courses (10 000 person-times) | 11.40 | 0.10 | 1.60 | 9.70 |

# 17－32 艺术表演团体演出情况（2006年）
## Basic Statistics on Performance of Art Troupes (2006)

单位：千场、千人次　　(1000 shows, 1000 persons)

| 种　　类 | Item | 演出场数<br>Number of Performances | 国内演出观众人数<br>Number of Spectators in civil Performances |
|---|---|---|---|
| **总　计** | **Total** | **3.0** | **3054** |
| **按登记注册类型分** | **By Registration** | | |
| 国　有 | State-owned | 2 | 2120 |
| 集　体 | Collective-owned | 1 | 369 |
| 其　他 | Others | … | 565 |
| **按剧种分** | **By Art Troupes** | | |
| 话剧、儿童剧、滑稽剧团 | Drama, Children's Play and Comedy Troupes | … | 366 |
| 歌剧、舞剧、歌舞剧团 | Opera, Dance and Light Music Troupes | … | 604 |
| 歌舞团、轻音乐团 | Song and Dance, Light Music | … | 290 |
| 文工团、宣传队、乌兰牧骑 | Cultural and Performance Troupes and Ulanmuchi (equestrian art troupes) | … | 64 |
| 乐团、合唱团 | Philharmonic and Chorus Troupes | | |
| 戏曲剧团 | Local Opera Troupes | 1.0 | 562 |
| #京　剧 | Local Beijing Opera Troupes | … | 240 |
| 曲艺、杂技、木偶、皮影团 | Recitation and Ballad Troupes, Acrobatics and Circus Troupes, Puppet Show Troupes, and Shadow Play Troupes | 2.0 | 894 |
| 综合性艺术表演团体 | Comprehensive Art Troupes | … | 274 |

# 17－33 广播电台、电视台情况（2005－2006年）
# Statistics on Broadcasting and TV Stations (2005-2006)

| 项　　目 | Item | 2005 | 2006 |
|---|---|---|---|
| **广播电台情况** | **Statistics on Broadcasting Stations** | | |
| 广播电台（座） | Broadcasting Stations (unit) | 1 | 1 |
| 广播节目套数（套） | Number of Programs (set) | 27 | 27 |
| 广播人口覆盖率（%） | Listener Rating (%) | 92.49 | 92.57 |
| 中短波转播发射台（座） | Transmission and Relaying Stations of MW & SW (unit) | 5 | 5 |
| 中短波广播发射功率（千瓦） | Power of MW & SW Transmitters (kw) | 142 | 120 |
| 调频转播发射台（座） | FM Transmission and Relaying Stations (unit) | 58 | 64 |
| 调频发射功率（千瓦） | Power of FM Transmitters (kw) | 147 | 114 |
| 全年公共广播节目播出时间（小时） | Public Program Hours in Whole Year (hour) | 112183 | 107354 |
| #新闻资讯 | News Programs | 21587 | 23237 |
| 专题服务 | Special Subject Service | 29215 | 24174 |
| 综　艺 | Programs of Performance | 24503 | 30890 |
| 广播剧 | Radio Plays | 2766 | 2836 |
| 广　告 | Advertisement | 11504 | 8861 |
| **电视台情况** | **Statistics on TV Stations** | | |
| 电视台（座） | TV Stations (unit) | 1 | 1 |
| 电视节目套数（套） | Number of Programs (unit) | 44 | 45 |
| 电视人口覆盖率（%） | Viewer Rating (%) | 95.96 | 96.02 |
| 电视转播发射台（座） | TV Transmission Stations and Relaying Stations (unit) | 58 | 51 |
| 电视发射功率（千瓦） | Power of TV Transmitters (kw) | 65 | 41 |
| 全年公共电视节目播出时间（小时） | Public Program Hours in Whole Year (hour) | 183393 | 201715 |
| #新闻资讯 | News Programs | 21784 | 20602 |
| 专题服务 | Special Subject Service | 23146 | 25488 |
| 综艺益智 | Programs of Performance and Intelligence | 17948 | 29968 |
| 影视剧 | Films and Teleplays | 85177 | 78411 |
| 广　告 | Advertisement | 22585 | 27894 |

## 17－34 新闻出版事业机构和人员数（2005－2006年）
## Number of Institutions and Persons Engaged in News and Publishing Undertakings (2005-2006)

单位：个、人 (unit, person)

| 指 标 | Item | 2005 | 2006 |
|---|---|---|---|
| **书刊出版社** | **Publishing Houses** | | |
| 机构数 | Institutions | 3 | 3 |
| 从业人员 | Personnel | 971 | 980 |
| **书刊印刷厂** | **Printing Houses** | | |
| 机构数 | Institutions | 65 | 65 |
| 从业人员 | Personnel | 5875 | 5996 |
| **国有书店** | **State-owned Book Stores** | | |
| 机构数 | Institutions | 319 | 315 |
| 从业人员 | Personnel | 3703 | 4972 |

## 17－35 图书、杂志和报纸出版情况（2005－2006年）
## Publication of Books, Magazines and Newspapers (2005-2006)

| 指 标 | Item | 2005 | 2006 |
|---|---|---|---|
| **图 书** | **Books Published** | | |
| 种 数（种） | Number of Publications (kind) | 2339 | 3110 |
| #新出版 | New Publications | 1187 | 1488 |
| 总印数（万册、万张） | Printed Copies (10 000 copies) | 11320 | 11369 |
| 总印张数（万印张） | Printed Sheets (10 000 sheets) | 76886 | 80229 |
| **期 刊** | **Magazines Published** | | |
| 种 数（种） | Number of Publications (kind) | 132 | 133 |
| 每期平均印数(万册) | Average Printed Copies Per Issue (10 000 copies) | 287 | 289 |
| 总印数（万册） | Printed Copies (10 000 copies) | 4082 | 4554 |
| 总印张数（万印张） | Printed Sheets (10 000 sheets) | 23546 | 26085 |
| **报 纸** | **Newspapers Published** | | |
| 种 数（种） | Number of Publications (kind) | 44 | 44 |
| 每期平均印数（万份） | Average Printed Copies Per Issue (10 000 copies) | 282 | 294 |
| 总印数（万份） | Printed Copies (10 000 copies) | 54731 | 57706 |
| 总印张数（万印张） | Printed Sheets (10 000 sheets) | 311007 | 343950 |

# 17－36 图书分类出版数量（2006年）
# Books Published by Category (2006)

| 项目 | Item | 本版图书种数（种） Number of Publications (unit) | #新出版 New Publications | 租型图书种数（种） Number of Publication from Renting (unit) | 总印数（万册） Total Printed Copies (10 000 copies) | 总印张（万印张） Printed Sheets (10 000 sheets) |
|---|---|---|---|---|---|---|
| **总计** | **Total** | **3110** | **1488** | **522** | **11369** | **80229** |
| 哲学、社会科学总论 | Philosophy and General Social Sciences | 76 | 41 | 4 | 54 | 757 |
| 政治、法律 | Politics and Law | 96 | 69 | 3 | 77 | 1353 |
| 军事 | Military Affairs | 2 | 1 | | 3 | 10 |
| 经济 | Economics | 163 | 81 | | 54 | 929 |
| 文化、科学、教育、体育 | Culture, Science, Education and Sports | 1495 | 476 | 468 | 9865 | 62167 |
| 语言、文字 | Languages | 187 | 109 | | 252 | 2724 |
| 文学 | Literature | 191 | 177 | | 172 | 2254 |
| 艺术 | Art | 282 | 181 | 47 | 358 | 2199 |
| 历史、地理 | History and Geography | 67 | 55 | | 91 | 912 |
| 数理科学、化学 | Mathematics and Chemistry | 41 | 13 | | 20 | 229 |
| 生物科学、医药、卫生 | Biology | 56 | 42 | | 81 | 690 |
| 农业科学 | Agricultural Science | 17 | 13 | | 6 | 71 |
| 工业技术 | Industrial Technology | 406 | 212 | | 321 | 5611 |
| 交通运输 | Transportation | 24 | 15 | | 8 | 128 |
| 航空、航天 | Aeronautics and Aerospace | 1 | 1 | | 7 | 93 |
| 环境科学 | Environmental Science | 2 | 2 | | | 7 |
| 综合性图书 | General Books | 1 | | | 2 | 50 |
| 其他 | Others | 3 | | | 1 | 46 |

# 17—37 录像制品和录音制品出版情况（2006年）
## Publication of Video Products (2006)

| 项　　目 | Item | 2006 |
|---|---|---|
| 数码激光视盘 | VCD | |
| 种数（种） | Kind | 125 |
| 数量（万张） | Volume (10 000 disks) | 198.04 |
| 高密度激光视盘 | DVD | |
| 种数（种） | Kind | 29 |
| 数量（万张） | Volume (10 000 disks) | 12.02 |
| 录音带 | Audio-tapes | |
| 种数（种） | Kind | 36 |
| 数量（万盒） | Volume (10 000 cassettes) | 16.07 |
| 激光唱盘 | CDs | |
| 种数（种） | Kind | 56 |
| 数量（万张） | Volume (10 000 disks) | 19.82 |
| 电子出版物 | Electronic Publications | |
| 种数（种） | Kind | 67 |
| 数量（万张） | Volume (10 000 disks) | 234.97 |

# 17—38 图书发行流转及纯销售情况（2005—2006年）
## Statistics on Distribution, Circulation and Net Sales of Books (2005-2006)

单位：万册、万元　　(10 000 copies, 10 000 yuan)

| 项　　目 | Item | 册数 Copies | | 金额 Value | |
|---|---|---|---|---|---|
| | | 2005 | 2006 | 2005 | 2006 |
| **图书购进** | **Purchases** | **49309** | **59413** | **386099** | **399512** |
| **图书销售** | **Sales** | **51206** | **59108** | **384354** | **389395** |
| 对居民和社会集团零售小计 | Retail Sales to Households and Institutions | 25791 | 27966 | 207871 | 169482 |
| 区县 | Districts and Counties | 21370 | 21555 | 191978 | 123440 |
| 县以下 | Below Counties | 4421 | 6411 | 15893 | 46042 |
| 批发合计 | Total Wholesale | 25415 | 31142 | 176483 | 219913 |
| #区县 | Districts and Counties | 24084 | 29409 | 166863 | 206197 |
| 县以下 | Below Counties | 978 | 847 | 6767 | 7145 |
| **图书库存** | **Stock** | **10138** | **8885** | **120210** | **81717** |

# 主要统计指标解释

**普通高等学校** 指按照国家规定的设置标准和审批程序批准举办的，通过全国普通高等学校统一招生考试，招收高中毕业生为主要培养对象，实施高等教育的全日制大学、独立设置的学院和高等专科学校、高等职业学校和其他机构。

大学、独立设置的学院主要实施本科层次以上教育，高等专科学校、高等职业学校实施专科层次教育，其他机构是承担国家普通招生计划任务不计校数的机构。包括普通高等学校分校和批准筹建的普通高等学校等。

**成人高等学校** 指按照国家规定的设置标准和审批程序批准举办的，通过全国成人高等学校统一招生考试，招收具有高中毕业或同等学历的在职从业人员为主要培养对象，利用函授、业余、脱产等多种形式对其实施高等学历教育的学校。包括职工高等学校、农民高等学校、管理干部学院、教育学院、独立函授学院、广播电视大学、其他机构等。其他机构是承担国家成人招生计划任务不计校数的机构。

**小学学龄儿童入学率** 指调查范围内已入小学学习的学龄儿童占校内外学龄儿童总数（包括弱智儿童在内，但不包括盲聋哑儿童）的比重。计算公式：

小学学龄儿童入学率＝已入学的小学学龄儿童数/校内外小学学龄儿童总数×100％

**科技活动** 指在自然科学、农业科学、医药科学、工程与技术科学、人文与社会科学领域（简称科学技术领域）中，与科技知识的产生、发展、传播和应用密切相关的有组织的活动。可分为研究与试验发展（R&D）、研究与试验发展成果应用及相关的科技服务三类活动。该定义是联合国教科文组织考虑成员国特别是发展中国家开展科技统计工作的需要，而对科技活动所作的统计界定。

**科技活动人员** 指直接从事科技活动、以及专门从事科技活动管理和为科技活动提供直接服务的人员。累计从事科技活动的实际工作时间占全年制度工作时间10%以上的人员。（1）直接从事（或参与）科技活动的人员包括：在独立核算的科学研究与技术开发机构、高等学校、各类企业及其他事业单位内设的研究室、实验室、技术开发中心及中试车间（基地）等机构中从事科技活动的研究人员、工程技术人员、技术工人及其它辅助人员；虽不在上述机构工作，但编入科技活动项目（课题）组的人员；科技信息与文献机构中的专业技术人员；从事论文设计的研究生等。（2）专门从事科技活动管理和为科技活动提供直接服务的人员包括：独立核算的科学研究与技术开发机构、科技信息与文献机构、高等学校、各类企业及其他事业单位主管科技工作的负责人，专门从事科技活动的计划、行政、人事、财务、物资供应、设备维护、图书资料管理等工作的各类人员。不包括保卫、医疗保健人员、司机、食堂人员、茶炉工、水暖工、清洁工等为科技活动提供间接服务的人员。

**科学家和工程师** 指科技活动人员中具有高、中级技术职称（职务）的人员和不具有高、中级技术职称（职务）的大学本科及以上学历人员。该指标用来反映投入科技活动人力的素质。

**研究与试验发展**（R&D） 指在科学技术领域，为增加知识总量，以及运用这些知识去创造新的应用而进行的系统的创造性的活动，包括基础研究、应用研究、试验发展三类活动。国际上通常采用R&D活动的规模和强度指标反映一国的科技实力和核心竞争力。

**基础研究** 指为了获得关于现象和可观察事实的基本原理的新知识（揭示客观事物的本质、运动规律，获得新发现、新学说）而进行的实验性或理论性研究，它不以任何专门或特定的应用或使用为目的。其成果以科学论文和科学著作为主要形式。用来反映知识的原始创新能力。

**应用研究** 指为获得新知识而进行的创造性研究，主要针对某一特定的目的或目标。应用研究是为了确定基础成果可能的用途，或是为达到预定的目标探索应采取的新方法（原理性）或新途径。其成果形式以科学论文、专著、原理性模型或发明专利为主。用来反映对基础研究成果应用途径的探索。

**试验发展** 指利用从基础研究、应用研究和实际经验所获得的现有知识，为产生新的产品、材料和装置，建立新的工艺、系统和服务，以及对已产生和建立的上述各项作实质性的改进而进行的系统性工作。其成果形式主要是专利、专有技术、具有新产品基本特征的产品原型或具有新装置基本特征的原始样机等。在社会科学领域，试验发展是指把通过基础研究、应用研究获得的知识转变成可以实施的计划（包括为进行检验和评估实施示范项目）的过程。人文科学领域没有对应的试验发展活动。主要反映将科研成果转化为技术和产品的能力，是科技推动经济社会发展的物化成果。

**研究与试验发展人员** 指参与研究与试验发展项目局研究、管理和辅助工作的人员，包括项目（课题）组人员，企业科技行政管理人员和直接为项目（课题）活动提供服务的辅助人员。反映投入从事拥有自主知识产权的研究开发活动的人力规模。

**研究与试验发展人员全时当量** 指全时人员数加非全时人员按工作量折算为全时人员数的总和。例如：有两个全时人员和三个非全时人员（工作时间分别为20%、30%和70%），则全时当量为2+0.2+0.3+0.7=3.2人年。为国际上比较科技人力投入而制定的可比指标。

**科技活动经费筹集** 指从各种渠道筹集到的计划用于科技活动的经费，包括政府资金、企业资金、事业单位资金、金融机构贷款、国外资金和其他资金等。

**研究与开发机构** 指有明确的任务和研究方向，有一定学术水平的业务骨干和一定数量的研究人员，具有研究、开发、开展学术工作的基本条件，主要进行科学研究与技术开发活动，并且在行政上有独立的组织形式，财务上独立核算盈亏，有权与其他单位签订合同，在银行有单独户头的单位。包括国务院各部门、中国科学院、中国社会科学院和各省、自治区、直辖市以及地（市）以上［含地（市）］各部门所属的国有独立的科学研究与技术开发机构。

**研究与开发机构职工** 指在科学研究与技术开发机构工作，并由其支付工资的各种人员。包括长期职工和临时职工，不包括编制以外的离休，退休人员和停薪留职人员，但包括招聘人员。

**研究与发展经费支出** 指报告期内用于研究与实验发展课题活动（基础研究、应用研究、实验发展）的全部实际支出。包括用于研究与发展课题活动的直接支出，还包括间接用于研究与发展活动的一切支出（院、所管理费、维持院、所正常运转的必需费用和与研究发展有关的基本建设支出）。

**新产品** 指采用新技术原理、新设计构思研制、生产的全新产品，或在结构、材质、工艺等某一方面比原有产品有明显改进，从而显著提高了产品性能或扩大了使用功能的产品。既包括政府有关部门认定并在有效期内的新产品，也包括企业自行研制开发，未经政府有关部门认定，从投产之日起一年之内的新产品。用来反映科技产出及对经济增长的直接贡献。

**专利** 是专利权的简称，是对发明人的发明创造经审查合格后，由专利局依据专利法授予发明人和设计人对该项发明创造享有的专有权。包括发明、实用新型和外观设计。反映拥有自主知识产权的科技和设计成果情况。

**发明** 指对产品、方法或其改进所提出的新的技术方案。是国际通行的反映拥有自主知识产权技术的核心指标。

**实用新型** 指对产品的形状、构造或者其结合所提出的适于实用的新的技术方案。反映具有一定技术含量的技术成果情况。

**外观设计** 指对产品的形状、图案、色彩或者其结合所做出的富有美感并适于工业上应用的新设计。反映拥有自主知识产权的外观设计成果情况。

**驰名商标** 是指在市场上享有较高声誉并为相关公众所熟知的注册商标，也是一种法律保护手段。

**著名商标** 著名商标的知名度介于驰名商标和普通商标之间的商标群落，是驰名商标坚实的后备力量。

**文化事业机构** 指从事专业文化工作和为专业文化工作服务的独立建制的单位。不包括这些单位另外举办独立核算的其他机构和各部门的业余文化组织。

**艺术表演团体** 指从事戏曲、音乐、舞蹈、杂技等专业艺术表演，有独立帐户。不包括半工半艺、半农半艺和民间职业剧团。

**艺术表演观众人数（人次）** 指售票、包场演出或民族地区免费演出的艺术表演观众人次数，不包括彩排审查和内部观摩演出的观看人次数。

# Explanatory Notes on Main Statistical Indicators

**Regular Institutions of Higher Education** refer to educational establishments set up according to the government evaluation and approval procedures, enrolling graduates from senior secondary schools and providing higher education courses and training for senior professionals. They include full-time universities, colleges, high professional schools, high professional vocational schools and others.

Universities and colleges are mainly providing undergraduate courses; those high professional schools and high professional vocational schools are mainly providing professional trainings; and others refer to educational establishments, which are responsible for enrolling students but not covered in the total number of schools, including: branch schools of universities and colleges, and universities and colleges that have been proved and prepared to construct.

**Institutions of Higher Learning for Adults** refer to educational establishments, set up in line with relevant rules approved by the government, enrolling staff and workers with senior secondary school or equivalent education, and providing higher education courses in many forms of correspondence, spare time, or full time for adults. Professionals thus trained receive a qualification equivalent to graduates studying regular courses at regular universities, colleges and professional colleges. Institutions of higher learning for adults include schools of high education for staff and workers, schools of high education for peasants, colleges for management cadres, pedagogical colleges, independent correspondence colleges, Radio and TV universities and other educational establishments. Other educational establishments are responsible for enrolling adult students but not covered in the number of schools.

**Enrollment Rate of Primary School-aged Children** refers to the proportion of school-aged children enrolled at schools to the total number of school-age children both in and outside schools (including retarded children, but excluding blind, deaf and mute children). The formula is:

*Enrollment Rate of Primary School-aged Children =Total Primary School-aged Children at Schools/Total Primary School-age Children Both at and Outside Schools×100%*

**Scientific and Technological Activities (S&T Activities)** refer to organized activities which are closely related with the creation, development, dissemination and application of the scientific and technical knowledge in the fields of natural sciences, agricultural science, medical science, engineering and technological science, humanities and social sciences (referred to as scientific and technological fields). S&T activities can be classified in to 3 categories: research and development (R&D) activities, application of R&D results, and related S&T services. This statistical definition is made by UNICHIEF for scientific and technological activities to meet the need of carrying out statistical work in this field for its member countries in particular those developing countries.

**Personnel Engaged in S&T Activities** refer to personnel directly engaged in S&T activities, in the management of S&T activities, who spend over 10% of the total working hours in a year in S&T activities. 1) Personnel directly engaged in S&T activities include researchers, engineers, technicians and other related personnel engaged in SUT activities in independent-accounting R&D institutions, institutions of higher learning, and in research institutes, laboratories, technology development centers and central experiment workshops under enterprises and institutions. Also included are people working in S&T research project team, professional and technical personnel working in S&T information archiving institutes, and graduate students working on the design of their thesis. 2) Personnel engaged in the management of S&T activities and in providing direct service to S&T activities include senior management people responsible for S&T activities in independent-accounting R&D institutions, S&T information archiving institutes, institutions of higher learning, and in enterprises and institutions where S&T activities are undertaken. Also included are people responsible for the planning, administration, personnel management, financial management, logistics supply, equipment maintenance, information and library management that are related with S&T activities. People providing indirect services are excluded, such as security, medical service, drivers, plumbers, cleaners and those providing catering and related service.

**Scientists and Engineers** refer to persons engaged in S&T activities that have obtained titles of senior and middle level professional positions, and those without such position but have completed university or higher education. This indicator reflects the quality of personnel engaged in S&T activities.

**Research and Development (R&D)** refers to systematic and creative activities in the field of science and technology aiming at increasing the knowledge and using the knowledge for new application. R&D includes 3 categories of activities: basic research, applied research and experiments and development. The scale and intensity of R&D are widely used internationally to reflect the strength of S&T and the core competitiveness of a country in the world.

**Basic Research** refers to empirical or theoretical research aiming at obtaining new knowledge on the fundamental principles of phenomena of observable facts to reveal the nature and law of movement of objects and to acquire new discoveries or new theories. Basic research takes no specific or designated application as the aim of the research. Results of basic research are mainly released or disseminated in the form of scientific papers or monographs. This indicator reflects the original innovation capacity of knowledge.

**Applied Research** refers to creative research aiming at obtaining new knowledge on a specific objective or target. Purpose of the applied research is to identify the possible use of results from basic research, or to explore new (fundamental) methods or new approaches. Results of applied research are expressed in the form of scientific papers, monographs, fundamental models or invention patents. This indicator reflects the exploration of ways to apply the results of basic research.

**Experiments and Development** refer to systematic activities aiming at using the knowledge from basic and applied researches or from practical experience to develop new products, materials and equipment, to establish new production process, systems and services, or to make substantial improvement on the existing products, process or services. Results of experiment and development activities are embodied in patents, exclusive technology, and monotype of new products or equipment. In social sciences, experiment and development activities refer to the process of converting the knowledge from basic or applied researches into feasible programs (including conduct of demonstration projects for assessment and evaluation). There are no experiment and development activities in the science of humanities. This indicator reflects the capability of transferring the results of S&T into technique and products, which is the materialized measurement of S&T pushing forward the economic and social development.

**R&D Personnel** refer to persons engaged in research, management and supporting activities of R&D, including persons in the project teams, persons engaged in the management of S&T activities of enterprises and supporting staff providing direct service to the research projects. This indicator reflects the size of personnel engaged in R&D activities with independent intellectual property.

**Full-time Equivalent of R&D Personnel** refers to the sum of the full-time persons and the full-time equivalent of part-time persons converted by workload. For instance, if there are 2 full-time persons and 3 part-time workers (20%, 30% and 70% of working hours respectively on R&D activities), the full-time equivalent is 2+0.2+0.3+0.7=3.2 person-years. This is an internationally comparable indicator of input of personnel in S&T activities.

**Funding for S&T Activities** refers to funds obtained from various sources for S&T activities including government funds, self-raised funds by enterprises, self-raised funds by institutions, loans from financial institution, foreign funds and other funds.

**Research and Development Institutions** refer to the state-owned institutions which have direct mission and research purpose, a certain number of core member with higher research level and a certain number of research personnel, favorable conditions for R & D and engaging in scientific research and technological development. The institutions also have their own independent organization and finance, authority to sign contracts with other units, with their own accounts in banks. Independent research and development institutions include the institutions attached to central government agencies, Chinese Academy of Sciences. Chinese Academy of Social and the institutions attached to local governments.

**Personnel of Research and Development Institutions** refers to the persons who work and receive payment in research and development institutions. It includes regular full-time and temporary staff and workers, but excludes retirees and persons who leave their work temporarily without payment but still retain their posts.

**Total Expenditure on Research and Development** refers to all actual expenditure made for R&D (basic research, applied research and experimental development) in reference period. It included direct expenditure on R&D and indirect expenditure on R&D (including management expenses, administrative expense and investment in capital construction relating to R&D.

**New Products** refer to new products produced with new technology and new design, or products that represent noticeable improvement in terms of structure, material, or production process so as to improve significantly the character or function of the older versions. They include new products certified by relevant government agencies within the period of certification, as well as new products designed and produced by enterprises within a year without certification by government agencies. This indictor reflects the direct contribution of S&T output to economic growth.

**Patent** is an abbreviation for the patent right and refers to the exclusive right of ownership by the inventors or designers for the creation or inventions, given from the patent offices after due process of assessment and approval in accordance with the Patent Law. Patents are granted for inventions, utility models and designs. This indicator reflects the achievements of S&T and design with independent intellectual property.

**Inventions** refer to the new technical proposals to the products or methods or their modifications. This is universal core indicator reflecting the technologies with independent intellectual property.

**Utility Models** refer to the practical and new technical proposals on the shape and structure of the product or the combination of both. This indicator reflects the condition of technological results with certain technical content.

**Designs** refer to the aesthetics and industrially applicable new designs for the shape, pattern and color of the product, or their combinations. This indicator reflects the appearance design achievements with independent intellectual property.

**Famous Trade Marks** refer to trade marks publicly known with higher honors. It is also a legal protection.

**Well-known Trade Marks** their fames are between famous trade marks and ordinary trade marks. And they are tough reserve force of famous trade marks.

**Cultural Institutions** refer to units which have their own organizational system and independent accounting system and specialize in or serve cultural development. They exclude other establishments run by these cultural institutions and amateur cultural groups established by various departments.

**Art Troupe** refers to the troupe who is engaged in drama, opera, music, dance, acrobatics or other art performance, opens independent accounts with banks and has self-supporting accounting system; excluding the troupes who are engaged partly in industrial or agricultural activities, partly in art performance and the professional troupes organized by the people.

**Number of Spectators at Art Performance** refers to the number of attendants at commercial shows, completely booked shows of free shows given in minority national areas, and does not include the number of spectators at rehearsals for examination and internal shows for study.

# 卫生、体育和其他社会活动

## *Public Health, Sports and Other Social Activities*

## 简要说明 Brief Introduction

本章资料主要包括卫生事业、体育事业、民政事业、劳动和社会保障事业、公检法司情况、安全生产情况、火灾事故和道路交通事故等内容，由市统计局社会科技处根据有关部门资料整理提供。

卫生资料来自市卫生局，体育资料来源于市体育局，民政和劳动社会保障有关资料分别由市民政局、市劳动和社会保障局提供，公检法司资料分别由市公安局、市人民检察院、市高级人民法院和市司法局提供，安全生产情况来自于市安全生产监督管理局，火灾事故和道路交通事故分别由市消防总队和市公安交通管理局提供。

Data in this chapter mainly cover public health, sports, civil affairs, labor & social securities, public security, procuratorial, legal & judicial affairs, work safety, and fires & highway traffic accidents. Data are edited and provided by Division of Social and Technology Statistics, Municipal Bureau of Statistics.

Data on public health come from Municipal Bureau of Public Health. Data on sports are from Municipal Sports Administration. Data on civil affairs and labor & social securities are provided by Municipal Bureau of Civil Affairs and Municipal Bureau of Labor and Social Security. And Data on public security, procuratorial and legal affairs are provided by Municipal Bureau of Public Security, Municipal People's Procuratorate, Higher People's Court and Municipal Bureau of Justice. Data on work safety come from Municipal Administration of Work Safety. Data on fires & highway traffic accidents root from Municipal Fire Brigade and Municipal Bureau of Traffic Administration.

# 18－1 主要年份卫生事业情况
# Statistics on Public Health in Major Years

| 年 份<br>Year | 机构数（个）<br>Number of Institutions (unit) | #医院、卫生院<br>Hospitals | 床位数（张）<br>Number of Hospital Beds (bed) | 卫生技术人员（人）<br>Medical Technical Personnel (person) | #执 业（助理）医师<br>Certified (Assistant) Doctors | #注册护士<br>Registration Nurses |
|---|---|---|---|---|---|---|
| 1952 | 742 | | 5031 | 19807 | | |
| 1957 | 2185 | | 10255 | 30290 | | |
| 1962 | 3591 | | 22971 | 35681 | | |
| 1965 | 3938 | | 20314 | 36762 | 10234 | |
| 1970 | 3579 | 2183 | 25038 | 39813 | 10475 | |
| 1975 | 4221 | 2286 | 37300 | 51536 | 12442 | |
| 1978 | 4789 | 2294 | 48948 | 59934 | 12870 | |
| 1980 | 4686 | 2316 | 51194 | 65441 | 12806 | |
| 1985 | 4796 | 2170 | 54054 | 76486 | 12577 | 11724 |
| 1986 | 5095 | 2140 | 54801 | 77437 | 12895 | 11921 |
| 1987 | 5136 | 2136 | 57178 | 78382 | 13201 | 12156 |
| 1988 | 5148 | 2151 | 59514 | 80153 | 21004 | 13688 |
| 1989 | 5229 | 2152 | 61912 | 81219 | 27789 | 16027 |
| 1990 | 5248 | 2154 | 62568 | 82690 | 28824 | 16929 |
| 1991 | 5326 | 2153 | 64057 | 83973 | 28652 | 17163 |
| 1992 | 5328 | 2160 | 64978 | 85204 | 28643 | 17557 |
| 1993 | 4807 | 2114 | 65859 | 84125 | 29516 | 17714 |
| 1994 | 4795 | 2590 | 66891 | 85586 | 30915 | 18298 |
| 1995 | 4801 | 2505 | 67243 | 86041 | 31169 | 18692 |
| 1996 | 4777 | 2567 | 66339 | 87542 | 30733 | 19289 |
| 1997 | 4743 | 2553 | 69591 | 88423 | 43178 | 19593 |
| 1998 | 4643 | 2438 | 65934 | 83696 | 43423 | 19804 |
| 1999 | 4552 | 2351 | 66003 | 88569 | 44453 | 20263 |
| 2000 | 4382 | 2250 | 65666 | 88619 | 44940 | 20773 |
| 2001 | 4151 | 2020 | 64981 | 86430 | 44666 | 20533 |
| 2002 | 2725 | 1717 | 61875 | 79850 | 37873 | 20729 |
| 2003 | 2705 | 1682 | 63287 | 78628 | 37122 | 20629 |
| 2004 | 2539 | 1574 | 63899 | 77516 | 36603 | 20249 |
| 2005 | 2447 | 1463 | 64674 | 78780 | 37321 | 20842 |
| 2006 | 2478 | 1450 | 68298 | 79805 | 37511 | 21269 |

注：1）本表机构数不含个体办诊所。
2）卫生技术人员数不含离退休人员(表18-1至18-5同)。
3）2002年起卫生统计制度变更，其指标名称和统计口径变化，与往年不可比：从2002年起卫生机构、床位、卫生技术人员统计范围均不含“医学院校”、“卫生学校”和“计生站”。卫生技术人员中，2002年前为医生和护师（士），2002年后改为执业(助理)医师和注册护士(表18-1至18-5同)。

Note: a) Number of institutions in this table exclude individual-run medical units.
b) The number of medical technical personnel exclude retired persons (the same from 18-1 to 18-5).
c) Indices of health care has been changed since 2002, and their range are not comparable with previous years. Since 2002, institutes, hospital beds and medical technical personnel have not covered medical colleges, medical schools and family planning centers. The statistical range of doctors and junior & senior nurses is from 1952 to 2001, whereas of certified (assistant) doctors and registration nurses since 2002 (the same from 18-1 to 18-5).

# 18－2 卫生事业情况（2005－2006年）
# Statistics on Public Health (2005-2006)

| 指　　标 | Item | 2005 | 2006 |
|---|---|---|---|
| 执业（助理）医师数（人） | Certified (Assistant) Doctors (person) | 37321 | 37511 |
| #市医院 | Municipal Hospitals | 11949 | 11777 |
| 县医院 | County Hospitals | 3952 | 3895 |
| 医院床位数（张） | Beds in Hospitals (bed) | 44484 | 46563 |
| 市医院 | Municipal Hospitals | 33594 | 34988 |
| 县医院 | County Hospitals | 10890 | 11575 |
| 孕产妇死亡率（1/10万） | Mortality Rate of Pregnant Women (per 100 000 persons) | 77.7 | 63.5 |
| 新生儿死亡率（‰） | Mortality Rate of New Infants (‰) | 7.9 | 6.9 |
| 急性传染病发病率（1/10万） | Incidence Disease Rate of Acute Infections Diseases (per 100 000 persons) | 324.9 | 337.4 |
| 农村饮用自来水人口比重（%） | Percentage of Rural Population Using Tap Water (%) | 68.3 | 70.3 |

# 18－3 医院、卫生院诊疗情况（2006年）
# Number of Hospital Patients (2006)

| 机构类别 | Type of Institution | 诊疗人次（万人次） Number of Hospital Patients (10 000 person -times) | #门诊急诊 Out-patients | 健康检查人数（万人） Health Examining (10 000 patients) | 住院人数（万人） Hospital Admission (10 000 patients) | 每百门急诊次的入院人数（人） Hospital Admissions Per 100 Patients (person) | 治愈率（%） Rate of Fully Recovery (%) | 好转率（%） Rate of Taking a Turn for the Better (%) | 病死率（%） Mortality Rate by Disease Patients (%) |
|---|---|---|---|---|---|---|---|---|---|
| **医　院** | **Total Hospitals** | **2473** | **2389** | **110** | **99.00** | **4.12** | **52.9** | **42.6** | **1.4** |
| #综合医院 | General Hospitals | 1781 | 1712 | 91 | 75.00 | 4.41 | 52.3 | 42.9 | 1.5 |
| 中医医院 | Hospitals of Chinese Medicine | 348 | 341 | 11 | 12.00 | 3.58 | 51.0 | 45.8 | 0.9 |
| 中西医结合医院 | Hospitals Combining Chinese and Western Medicine | 59 | 57 | 2 | 1.40 | 2.57 | 62.2 | 32.8 | 1.7 |
| 口腔医院 | Hospitals for Mouth Cavity Disease Care | 22 | 22 | | … | 0.36 | 90.6 | 8.5 | |
| 肿瘤医院 | Tumor Hospitals | 8 | 8 | 1 | 0.80 | 10.28 | 30.9 | 56.7 | 2.6 |
| 胸科医院 | Breast Hospitals | 3 | 3 | … | … | 4.88 | 3.6 | 83.0 | 2.0 |
| 妇产（科）医院 | Hospitals for Maternity and Child Care | 39 | 39 | 2 | 0.87 | 2.24 | 89.4 | 10.3 | … |
| 儿科医院 | Hospitals for Children | 92 | 92 | | 3.40 | 3.67 | 69.0 | 29.6 | 0.3 |
| 精神病院 | Mental Hospitals | 46 | 43 | 1 | 1.90 | 4.62 | 42.5 | 54.5 | 0.6 |
| 传染病院 | Hospitals for Infectious Diseases | 5 | 5 | | … | 1.97 | 49.5 | 38.8 | 1.7 |
| **卫生院** | **Township Hospitals** | **2513** | **2484** | **46** | **62.00** | **2.52** | **77.6** | **20.1** | **0.2** |
| #乡镇卫生院 | Rural Township Hospitals | 2376 | 2346 | 43 | 60.00 | 2.59 | 77.1 | 20.6 | 0.2 |

# 18－4 卫生机构、床位、人员数（2006年）
# Number of Health Institutions, Beds and Engaged Personnel (2006)

| 机构类别 | Type of Institutions | 机构数（个） Health Institutions (unit) | 床位数（张） Hospital Beds (bed) | 人员合计（人） Total Personnel (person) | 卫生技术人员 Medical Technical Personnel | 其他技术人员 Other Technical Personnel | 管理人员 Management Personnel | 工勤人员 Logistics Workers |
|---|---|---|---|---|---|---|---|---|
| **总计** | **Total** | **6613** | **68298** | **96742** | **79805** | **2871** | **6343** | **7723** |
| 医院、卫生院 | Total Number of Hospitals | 1450 | 64900 | 76595 | 61793 | 2411 | 5382 | 7009 |
| 医院 | Hospitals | 362 | 46563 | 50050 | 39041 | 1722 | 3980 | 5307 |
| #综合医院 | Comprehensive Hospitals | 259 | 33661 | 36269 | 28399 | 1321 | 2734 | 3815 |
| 中医医院 | Hospitals of Chinese Medicine | 42 | 5358 | 6763 | 5551 | 166 | 534 | 512 |
| 中西医结合医院 | Hospitals Combining Chinese and Western Medicine | 12 | 763 | 943 | 739 | 13 | 85 | 106 |
| 口腔医院 | Hospitals for Mouth Cavity Disease Care | 1 | 40 | 194 | 154 | 11 | 14 | 15 |
| 肿瘤医院 | Tumor Hospitals | 1 | 469 | 552 | 418 | 17 | 74 | 43 |
| 胸科医院 | Breast Hospitals | 1 | 200 | 218 | 146 | 2 | 34 | 36 |
| 妇产（科）医院 | Hospitals for Maternity and Child Care | 1 | 200 | 367 | 275 | 10 | 41 | 41 |
| 儿科医院 | Hospitals for Children | 1 | 536 | 726 | 510 | 34 | 96 | 86 |
| 精神病院 | Mental Hospitals | 19 | 3611 | 1949 | 1426 | 58 | 157 | 308 |
| 传染病院 | Hospitals for Infectious Diseases | 2 | 148 | 171 | 125 | 10 | 17 | 19 |
| 卫生院 | Total Hospital Centers | 1088 | 18337 | 26545 | 22752 | 689 | 1402 | 1702 |
| 城市街道卫生院 | Urban Subdistrict Hospital Centers | 27 | 892 | 1118 | 939 | 35 | 67 | 77 |
| 乡镇卫生院 | Rural Township Hospital Centers | 1061 | 17445 | 25427 | 21813 | 654 | 1335 | 1625 |
| 门诊部 | Clinics | 48 | 230 | 621 | 501 | 13 | 56 | 51 |
| 采供血机构 | Blood Centers | 12 | | 404 | 283 | 21 | 58 | 42 |
| 妇幼保健院（所、站） | Maternity and Child Care Centers | 40 | 1419 | 2167 | 1735 | 68 | 248 | 116 |
| 专科疾病防治院（所） | Specialized Prevention & Treatment Stations | 13 | 149 | 218 | 174 | 9 | 17 | 18 |
| 疾病预防控制中心 | CDC (Epidemic Preventation Stations) | 43 | | 2419 | 1808 | 140 | 259 | 212 |
| 医学科学研究机构 | Research Institutes of Medical Sciences | 2 | | 265 | 71 | 106 | 44 | 44 |
| 医学在职培训机构 | Training Institutes for Medical Staff and Workers | 6 | | 72 | 44 | 11 | 12 | 5 |
| 健康教育所（中心） | Health Care Training Centers | 1 | | 5 | | 4 | 1 | |
| 疗养院 | Sanatoriums | 6 | 1000 | 270 | 166 | 6 | 13 | 85 |
| 社区卫生服务中心 | Community Health Service Centers | 9 | 552 | 664 | 526 | 17 | 55 | 66 |
| 卫生监督所 | Health Supervision Institute | 40 | | 1264 | 988 | 40 | 173 | 63 |
| 其他卫生机构 | Other Health Care Institutions | 8 | 48 | 78 | 16 | 25 | 25 | 12 |
| 诊所、卫生保健所、室 | Clinics、 Hygienic Centers | 4935 | | 11700 | 11700 | | | |

注：本表机构数包含个体办诊所。

Note: Number of institutions in this table include individual-run medical units.

# 18－5 卫生机构各类人员数（2005－2006年）
# Personnel Engaged in Public Health Institutions (2005-2006)

单位：人、% (person, %)

| 人员分类 | Type of Personnel | 人数 Personnel | | 构成 Composition | |
|---|---|---|---|---|---|
| | | 2005 | 2006 | 2005 | 2006 |
| **全市总计** | **Total** | **94761** | **96742** | **100.0** | **100.0** |
| 卫生技术人员 | Medical Technical Personnel | 78780 | 79805 | 83.1 | 82.5 |
| 执业医师 | Certified Doctors | 27183 | 27250 | 28.7 | 28.2 |
| 执业助理医师 | Certified Assistant Doctors | 10138 | 10261 | 10.7 | 10.6 |
| 注册护士 | Registration Nurses | 20842 | 21269 | 22.0 | 22.0 |
| 药剂人员 | Pharmacists | 6263 | 6200 | 6.6 | 6.4 |
| 检验人员 | Laboratory Technicians | 3331 | 3273 | 3.5 | 3.4 |
| 其他人员 | Others | 11023 | 11552 | 11.6 | 11.9 |
| 其他技术人员 | Other Technical Personnel | 2765 | 2871 | 2.9 | 3.0 |
| 管理人员 | Management Personnel | 5905 | 6343 | 6.3 | 6.6 |
| 工勤人员 | Logistics Workers | 7311 | 7723 | 7.7 | 8.0 |
| **每万人口拥有卫生技术人员** | **Number of Medical Technical Personnel Per 10 000 Population** | **24.9** | **24.9** | | |
| #执业（助理）医师 | Certified (Assistant) Doctors | 11.8 | 11.7 | | |

# 18－6 结婚登记和离婚登记情况（2005－2006年）
# Registered Marriages and Divorces (2005-2006)

| 项目 | Item | 2005 | 2006 |
|---|---|---|---|
| 结婚登记对数（对） | Registered Marriages (couple) | 184572 | 219409 |
| 内地居民 | Inland Residents | 183152 | 218009 |
| 涉外及华侨、港澳台居民 | Foreign Marriages | 1420 | 1400 |
| 结婚登记人数（人） | Registered Marriages (person) | 369144 | 438818 |
| 初婚 | First Marriages | 294669 | 345010 |
| 再婚 | Remarriages | 74475 | 93808 |
| 离婚登记数（对） | Registered Divorces (couple) | 56548 | 66141 |
| #内地居民 | Inland Residents | 56416 | 66016 |
| 离婚率（‰） | Divorce Rate (‰) | 3.6 | 4.1 |

# 18－7 民政事业情况（2005－2006年）
# Statistics on Civil Affairs (2005-2006)

| 指　　标 | Item | 2005 | 2006 |
|---|---|---|---|
| 民政经费支出（万元） | Funds for Civil Affairs (10 000 yuan) | 187367 | 231772 |
| 城镇居民最低生活保障人数（人） | Number of Persons Receiving Lowest Cost-of-living in Urban Areas (person) | 75.74 | 81.28 |
| 农村居民最低生活保障人数（人） | Number of Persons Receiving Lowest Cost-of-living in Rural Areas (person) | 1.29 | 4.29 |
| 农村特困户救济人数（人） | Number of Poor Persons Receiving Social Relieves in Rural Area (person) | | 39.29 |
| 农村五保供养人数（人） | Number of Rural Households with Livelihood Guaranteed in Five Aspects (person) | | 13.83 |
| 享受城镇居民最低生活保障人数占非农业人口比重（%） | Coverage Rate of Urban Residents Receiving Lowest Cost-of-living to Non-agricultural Population (%) | 9.3 | 9.6 |
| 各种收养性单位床位数（张） | Beds in Various Adopting Institutions (bed) | 48766 | 58136 |
| 福利企业职工人数（人） | Staff and Workers in Welfare Enterprises (person) | 31360 | 42584 |
| #残疾职工 | Disabled Staff and Workers | 17422 | 19376 |
| 城镇社区服务设施数（个） | Number of Urban Welfare Facilities (unit) | 1644 | 1730 |
| 城镇便民、利民服务网点（个） | Number of Urban Service Points for Civilian (unit) | 7968 | 6285 |
| 福利彩票销售额（万元） | Issue of Welfare Lotteries (10 000 yuan) | 62667 | 91045 |

# 18－8 优抚对象基本情况（2005－2006年）
# Statistics on Residents Receiving Special Cares (2005-2006)

单位：人 (person)

| 项　　目 | Item | 2005 | 2006 |
|---|---|---|---|
| **优抚对象** | **Residents Receiving Special Cares** | **137159** | **134218** |
| 享受定期抚恤金人数 | Persons Receiving Regular Pensions | 7042 | 6630 |
| 享受定期补助人数 | Persons Receiving Regular Subvention | 109692 | 107038 |
| #在乡复员军人 | Demobilized Soldiers in the Countryside | 56590 | 51469 |
| 在乡退伍军人 | Veterans in the Country | 52588 | 55525 |
| 红军失散人员 | Scattered Red Army Soldiers | 54 | 22 |
| 伤残人员 | Wounded and Disabled Persons | 20425 | 20550 |

# 18－9 社会福利事业、企业单位数和工作人员数（2005－2006年）
# Number of Social Welfare Institutions & Enterprises and Personnel Engaged (2005-2006)

单位：个、人 (unit, person)

| 项目 | Item | 机构 Number of Institutions and Enterprises | | 工作人员 Number of Personnel | |
|---|---|---|---|---|---|
| | | 2005 | 2006 | 2005 | 2006 |
| 收养性单位 | Adopting Institutions | 1131 | 1533 | 4027 | 4618 |
| 优抚类 | For Martyrs | 11 | 11 | 124 | 126 |
| 福利类 | For Welfares | 1120 | 1522 | 3903 | 4492 |
| 社会福利企业单位 | Social Welfare Enterprises | 891 | 893 | 31360 | 42584 |
| 福利工厂 | Welfare Factories | 544 | 445 | 15544 | 19853 |
| 假肢厂 | Prosthesis Factories | 1 | 1 | 13 | 13 |
| 其他福利企业 | Others | 346 | 447 | 15803 | 22718 |
| 优抚事业单位 | Administration Agencies for Martyrs | 64 | 62 | 409 | 425 |
| 救助管理站 | Relief Management Stations | 34 | 36 | 316 | 327 |
| 殡葬事业单位 | Funeral and Interment Institutions | 95 | 103 | 1646 | 1793 |
| 福利彩票发行单位 | Welfare Lottery Issuing Units | 1 | 1 | 94 | 99 |
| 募捐单位 | Collecting Purse Units | 14 | 23 | 80 | 112 |
| 社区服务单位 | Community Service Institutions | 98 | 111 | 619 | 657 |

# 18－10 收养性单位基本情况（2006年）
# Basic Statistics on Adopting Institutions (2006)

| 项目 | Item | 院数（个） Number of Homes (unit) | 工作人员（人） Number of Staff and Workers (person) | 床位数（张） Number of Beds (bed) | 年末收养人数（人） Year-end Persons Adopted (person) |
|---|---|---|---|---|---|
| **收养性单位** | **Adopting Social Welfare Institutions** | **1533** | **4618** | **58136** | **48421** |
| 优抚类 | For Martyrs | 11 | 126 | 596 | 388 |
| 荣誉军人康复医院 | Convalescent Hospitals for Honorable Servicemen | 1 | 79 | 180 | 131 |
| 光荣院 | Homes for Disabled Veterans | 10 | 47 | 416 | 257 |
| 福利类 | For Welfares | 1522 | 4492 | 57540 | 48033 |
| 社会福利院 | Social Welfare Homes | 25 | 628 | 4770 | 4044 |
| 儿童福利院 | Baby Welfare Homes | 5 | 163 | 910 | 782 |
| 社会福利医院 | Social Welfare Hospitals | 10 | 468 | 1304 | 1004 |
| 城镇老年性福利机构 | Urban Welfare Homes for the Aged Persons | 79 | 633 | 5499 | 3776 |
| 农村五保供养服务机构 | Welfare Homes for Rural Households with Livelihood Guaranteed in Five Aspects | 1391 | 2505 | 44236 | 37619 |
| 其它福利机构 | Others | 12 | 95 | 821 | 808 |

# 18－11 社会活动参与情况（2005－2006年）
# Participation in Social Activities (2005-2006)

单位：人、个 (person, unit)

| 指 标 | Item | 2005 | 2006 |
|---|---|---|---|
| 省级人大代表人数 | Number of Municipal Deputies of People's Congress | 855 | 855 |
| #女 性 | Female | 186 | 185 |
| 省级政协委员人数 | Number of Municipal Deputies of People's Political Consultative Conferences | 867 | 863 |
| #女 性 | Female | 161 | 161 |
| 基层地方妇联组织数 | Number of Local Women's Federation Unions | 14944 | 14944 |
| 工会基层组织数 | Number of Grassroots Unions | 17699 | 22496 |
| 工会会员人数 | Membership of Grassroots Unions | 2440563 | 3210584 |

# 18－12 基本养老保险情况（2005－2006年）
# Conditions of Basic Endowment Insurance (2005-2006)

单位：万元、万人 (10 000 yuan, 10 000 persons)

| 指 标 | Item | 2005 | 2006 |
|---|---|---|---|
| 年末参加城镇基本养老保险的人数 | Year-end Contributors of Urban Basic Endowment Insurance | 288.28 | 301.69 |
| #参保职工 | Staff and Workers | 188.16 | 197.32 |
| #企 业 | Enterprises | 136.83 | 134.23 |
| 养老保险当年实际缴纳保险金 | Actual Revenue of Urban Basic Endowment Insurance in Current Year | 572459 | 794560 |
| 养老保险实际支付人数 | Actual Payees of Urban Basic Endowment Insurance | 100.12 | 104.37 |
| 养老保险金当年支出额 | Expenses of Urban Basic Endowment Insurance in Current Year | 654280 | 910966 |
| 养老保险当年末结余额 | Balance of Urban Basic Endowment Insurance in Current Year | 296952 | 453139 |
| 应发养老金额 | Retirement Pension Supposed to Provide | 654280 | 910966 |
| 实发养老金额 | Retirement Pension Actually Provided | 654280 | 910966 |
| 社会化发放人数 | Persons Receiving Retirement Pension | 100.12 | 104.37 |
| 社会化发放养老金额 | Retirement Pension | 654280 | 910966 |
| 离休、退休、退职人员年末人数 | Year-end Retirees | 100.12 | 104.37 |

注：年末参加城镇基本养老保险的人数不含机关事业单位参保人数。
Note: Year-end contributors of urban basic endowment insurance exclude the contributors in agencies and institutions.

# 18－13 失业保险基本情况（2005－2006年）
# Basic Conditions of Unemployment Insurance (2005-2006)

| 指　　标 | Item | 2005 | 2006 |
|---|---|---|---|
| 年末失业保险参保人数（万人） | Year-end Active Contributors (10 000 persons) | 188.15 | 193.01 |
| 企　业 | Enterprises | 150.72 | 155.14 |
| #国有企业 | State-owned | 111.84 | 108.49 |
| 集体企业 | Collective-owned | 26.39 | 26.31 |
| 事业单位 | Institutions | 34.88 | 35.32 |
| 其　他 | Others | 2.55 | 2.55 |
| 失业保险当年实际缴纳保险金（万元） | Actual Revenue of Unemployment Insurance in Current Year (10 000 yuan) | 37617.29 | 44404.23 |
| 失业保险实际支付人数（万人） | Actual Payees of Unemployment Insurance (10 000 persons) | 12.44 | 9.75 |
| 失业保险基金当年支出额（万元） | Expenses of Unemployment Insurance in Current Year (10 000 yuan) | 25052.14 | 17758.45 |
| 失业保险基金当年末结余额（万元） | Balance of Unemployment Insurance in Current Year (10 000 yuan) | 44410.34 | 71536.90 |
| 年末城镇登记失业人员数（人） | Year-end Urban Registered Unemployees (person) | 168865 | 154141 |
| 年末企业实有下岗职工人数（人） | Year-end Laid-off Staff and Workers of Enterprises (person) | 38847 | 28825 |
| 城镇登记失业人员就业人数（人） | Employment of Urban Registered Unemployees (person) | 138428 | 156130 |
| 本年企业下岗职工再就业人数（人） | Reemployment of Laid-off Staff and Workers of Enterprises in Current Year (person) | 13058 | 6892 |
| 本年领取失业保险金人月数（万人月） | Beneficiaries of Unemployment Insurance Per Month in Current Year (10 000 person-month) | 97.05 | 58.65 |
| 领取失业保险金人数（万人） | Beneficiaries of Unemployment Insurance in Current Year (10 000 persons) | 12.44 | 9.75 |

# 18－14 基本医疗保险情况（2005－2006年）
# Conditions of Basic Medical Insurance (2005-2006)

单位：万元、万人　　　　(10 000 yuan, 10 000 persons)

| 指　　标 | Item | 2005 | 2006.00 |
|---|---|---|---|
| 年末参保人数 | Year-end Contributors | 237.73 | 257.49 |
| 职　工 | Staff and Workers | 145.80 | 160.09 |
| 离休、退休、退职人员 | Retirees | 91.93 | 97.40 |
| 参加大病统筹的职工人数 | Staff and Workers Participating in Disease System | 0.38 | 0.26 |
| 基本医疗保险当年实际缴纳保险金 | Actual Revenue of Basic Medical Insurance in Current Year | 200105.44 | 278705.45 |
| 基本医疗保险基金当年支出额 | Expenses of Basic Medical Insurance in Current Year | 131634.66 | 194389.16 |
| 基本医疗保险基金当年末结余额 | Balance of Basic Medical Insurance in Current Year | 68470.78 | 84316.29 |

# 18－15 体育事业基本情况（2005－2006年）
# Stadiums & Gymnasiums and Activities of Mass Sports (2005-2006)

| 项　　目 | Item | 2005 | 2006 |
|---|---|---|---|
| 体育经费（万元） | Sports Expenditures (10 000 yuan) | 18399 | 15284 |
| 体育彩票销售额（万元） | Sales Value of Sports Lotteries (10 000 yuan) | 22960 | 25670 |
| 体育场地数（个） | Stadiums and Gymnasiums (unit) | 17351 | 17351 |
| #体育场 | Stadiums | 66 | 66 |
| 体育馆 | Gymnasiums | 31 | 31 |
| 游泳馆 | Natatoriums | 4 | 4 |
| 室内外游泳池 | Indoor and Outdoor Swimming Pools | 120 | 120 |
| 有固定看台的灯光球场 | Illuminated Fields with Fixed Seating | 70 | 70 |
| 《国家体育锻炼标准》达标人数（万人） | Number of Persons Come up to State Physical Training Standards (10 000 persons) | 366 | 394 |
| 举办运动会或比赛次数（次） | Times of Sports Meets or Races Held (time) | 998 | 952 |
| 等级运动员（人） | Number of Athletes in Grade (person) | | |
| 国际级运动健将 | International Master Athletes | 1 | |
| 运动健将 | Master Athletes | 10 | 13 |
| 一级运动员 | First Grade Sportsman | 76 | 41 |
| 二级运动员 | Second Grade Sportsman | 750 | 754 |
| 等级裁判员（人） | Number of Referees in Grade (person) | | |
| 国际裁判 | International Referees | 1 | |
| 国家级裁判 | National Referees | 7 | 13 |
| 一级裁判 | First Grade Referees | 132 | 196 |
| 二级裁判 | Second Grade Referees | 732 | 1202 |

注：1）体育经费包括体育事业费和体育基建支出。
2）体育场地数为2003年普查数。
3）等级运动员和等级裁判员数均为当年发展数。

Note: a) Sports Expenditures include sports funds and expenditure for sports capital construction.
b) Number of stadiums and gyms refers to general survey in 2003.
c) Number of athletes and referees in grade are data of current year.

# 18－16 律师、公证、调解工作基本情况（2005－2006年）
# Lawyers, Notarization and Mediation (2005-2006)

| 项　目 | Item | 2005 | 2006 |
|---|---|---|---|
| **律师工作** | **Lawyers** | | |
| 律师事务所（所） | Number of Law Offices (unit) | 334 | 348 |
| 律师工作者（人） | Number of Lawyers (person) | 3696 | 4083 |
| #专　职 | Full-time Lawyers | 3411 | 3453 |
| 聘请担任法律顾问单位（处） | Number of Units with Permanent Legal Advisors (unit) | 5915 | 6366 |
| 民事诉讼代理（件） | Agent of Civil Cases (case) | 18558 | 20291 |
| 经济诉讼代理（件） | Agent of Economic Cases (case) | 5534 | 5908 |
| 刑事辩护（件） | Defender of Criminal Cases (case) | 5725 | 6138 |
| 行政诉讼代理（件） | Agent of Administrative Action (case) | 1055 | 1052 |
| 非诉讼法律事务（件） | Cases of Non-litigious Legal Affairs (case) | 11940 | 11470 |
| 涉外及涉港澳台法律事务（件） | Agent of Foreign-related, Hong Kong, Macao & Taiwan Legal Affairs (case) | 322 | 528 |
| 解答法律询问（件） | Advisory Services of Legal Affairs (case) | 151823 | 146895 |
| 代写法律事务文书（件） | Legal Documents Written on Behalf of Clients (case) | 27852 | 28764 |
| **公证工作** | **Notarization** | | |
| 公证处（个） | Number of Notarial Offices (unit) | 42 | 41 |
| 公证员（人） | Public Notaries (person) | 208 | 193 |
| 办理公证书（件） | Notarized Documents (case) | 113679 | 139989 |
| **人民调解工作** | **Number of People's Mediation** | | |
| 专职司法助理员（人） | Number of Full-time Judicial Assistants (person) | 1554 | 1734 |
| 人民调解委员会（个） | Number of People's Mediation Committees (unit) | 15435 | 14379 |
| 调解员（人） | Number of Mediators (person) | 83766 | 84418 |
| 调解纠纷（件） | Number of Disputes Mediated (case) | 161922 | 231696 |
| 婚姻家庭 | Family Disputes | 38784 | 58278 |
| 房屋、宅基地 | Housing and Housing Sites | 9833 | 11836 |
| 合　同 | Contract Disputes | 11879 | 16206 |
| 劳　动 | Labor Disputes | 9108 | 11512 |
| 邻　里 | Neighbor Disputes | 26643 | 37401 |
| 赔　偿 | Compensation Disputes | 17195 | 24394 |
| 其　他 | Others | 48480 | 72069 |

# 18－17 国内外公证文书（2005－2006年）
# Domestic and Foreign Related Notarial Documents (2005-2006)

单位：件、%　　(case, %)

| 项　目 | Item | 国内公证文书 Domestic Notarial Documents | | | |
|---|---|---|---|---|---|
| | | 办证件数 Number of Notarial Documents Issued | | 比　重 Proportion | |
| | | 2005 | 2006 | 2005 | 2006 |
| **经济公证合计** | **Total Notarized Documents on Economic Affairs** | **31697** | **38170** | **100.0** | **100.0** |
| #购　销 | Purchases and Sales of Products | 19 | 76 | 0.1 | 0.2 |
| 建筑工程承包 | Construction Project Contracts | 580 | 442 | 1.8 | 1.2 |
| 农林牧渔承包 | Farming, Forestry, Animal Husbandry and Fishery Contracts | 103 | 96 | 0.3 | 0.3 |
| 财产租赁 | Property Leasing | 22 | 66 | 0.1 | 0.2 |
| 劳务合同 | Labor Contracts | 58 | 260 | 0.2 | 0.7 |
| 贷款合同 | Loan Contracts | 13912 | 14834 | 43.9 | 38.9 |
| **民事公证合计** | **Total Notarized Documents on Civil Affairs** | **54387** | **74888** | **100.0** | **100.0** |
| #收　养 | Child Adoption | 23 | 239 | … | **0.3** |
| 继承权 | Right of Inheritance | 7412 | 7709 | 13.6 | 10.3 |
| 遗　嘱 | Testament | 1255 | 708 | 2.3 | 0.9 |
| 房屋买卖 | Purchases and Sales of Houses | 2452 | 2583 | 4.5 | 3.4 |
| 产　权 | Property Right | 2099 | 168 | 3.9 | 0.2 |
| 民事协议 | Agreement Documents | 7863 | 5468 | 14.5 | 7.3 |

| 项　目 | Item | 涉外公证文书 Foreign-related Notarial Documents | | | |
|---|---|---|---|---|---|
| | | 办证件数 Number of Notarial Documents Issued | | 比　重 Proportion | |
| | | 2005 | 2006 | 2005 | 2006 |
| **合　计** | **Total** | **24408** | **23818** | **100.0** | **100.0** |
| #出　生 | Birth | 4198 | 3895 | 17.2 | 16.4 |
| 学　历 | Schooling | 1096 | 2731 | 4.5 | 11.5 |
| 死　亡 | Death | 44 | 51 | 0.2 | 0.2 |
| 婚姻状况 | Marital Status | 662 | 595 | 2.7 | 2.5 |
| 亲属关系 | Kinship Confirmation | 1592 | 1880 | 6.5 | 7.9 |
| 受刑事处分 | Criminal Records | 2236 | 2343 | 9.2 | 9.8 |
| 委托书 | Trust Deeds | 91 | 137 | 0.4 | 0.6 |
| 声明书 | Declaration | 641 | 573 | 2.6 | 2.4 |
| 经　历 | Personal Histories | 151 | 185 | 0.6 | 0.8 |
| 副本与原本相符 | Conformation of Copies and Photo-offset Copies to Originals | 7550 | 5582 | 30.9 | 23.4 |
| 商标注册 | Trademark Registrations | | | | |
| 其他经济合同 | Other Business Contracts | | | | |

# 18－18 公安机关受理查处治安案件情况（2006年）

## Offense Cases against Public Order Handled by Public Security Organs (2006)

单位：起 (case)

| 案件类别 | Category of Cases | 受理 Number of Cases Accepted to be Treated | 查处 Number of Cases Investigated and Treated |
|---|---|---|---|
| **合　计** | **Total** | **92956** | **81877** |
| **扰乱公共秩序** | **Disturbing Public Order** | **4392** | **4035** |
| #扰乱公共场所秩序 | Disturbing Public Place Order | 1380 | 1112 |
| 寻衅滋事 | Making Troubles | 716 | 663 |
| 利用邪教、会道门、迷信或冒用宗教气功名义危害社会 | Do Harm to Social by Making use of Profane Religion, Superstition or Mocking the name of Religion | 435 | 431 |
| **妨害公共安全** | **Disturbing Public Safety** | **3367** | **3254** |
| #违反危险物质管理规定 | Violating Regulations on Management of Dangers | 653 | 636 |
| 非法携带枪支、弹药及管制刀具 | Schlepping Firearms, Ammunitions and Restricted Sword unlawfully | 1472 | 1450 |
| 盗窃损毁公共设施 | Robbing or Damaging Public Installments | 627 | 576 |
| **侵犯他人人身权利、财产权利** | **Infringing Other Personal Right and Property** | **67112** | **56606** |
| #殴打他人 | Beating Other Body | 33834 | 31079 |
| 故意伤害 | Intentionally Injury | 3416 | 3022 |
| 盗　窃 | Larceny | 18991 | 13420 |
| 诈　骗 | Fraud | 1742 | 1028 |
| 抢　夺 | Robbery | 851 | 498 |
| 敲诈勒索 | Extorting and Racketeering | 593 | 458 |
| **妨害社会管理秩序** | **Disturbing Social Order** | **18085** | **17982** |
| #违反旅店业管理 | Violating Management of Hotels | 801 | 801 |
| 卖淫、嫖娼 | Prostitution or Going Whoring | 1807 | 1798 |
| 赌博或为赌博提供条件 | Gambling or Offering Conditions for Gambling | 3222 | 3207 |
| 毒品违法案件 | Kef Illicit Case | 6545 | 6518 |

# 18－19 公安机关立案的刑事案件情况（2005－2006年）
## Criminal Cases Registered in Public Security Organs (2005-2006)

| 指　　标 | Item | 2005 | 2006 |
|---|---|---|---|
| **人民警察数（人）** | **Number of Police (person)** | **24470** | **25704** |
| **刑事案件立案数（起）** | **Total Registered Criminal Cases (case)** | **93510** | **88203** |
| 杀　人 | Homicide | 371 | 361 |
| 伤　害 | Injury | 2336 | 2267 |
| 抢　劫 | Robbery | 7354 | 6400 |
| 强　奸 | Rape | 762 | 716 |
| 拐卖妇女儿童 | Abducting Women or Children | 43 | 36 |
| 盗　窃 | Larceny | 57633 | 53541 |
| 诈　骗 | Fraud | 5086 | 4984 |
| 走　私 | Smuggling | | |
| 伪造、变造货币，出售、购买、运输、持有、使用假币 | Forging Coin, and Selling, Buying, Transporting, Using False Coin | 28 | 21 |
| 其　他 | Others | 19897 | 19877 |
| **刑事案件破案率（%）** | **Detection Rate of Criminal Cases (%)** | **56.0** | **55.8** |

# 18－20 检察机关直接立案侦查案件情况（2006年）
## Cases under Direct Investigation by Procurator's Offices (2006)

| 案件分类 | Category of Cases | 受案（件）Cases Accepted (case) | 立案件数（件）Registered Cases (case) | #大案 Large Cases | 立案人数（人）Person of Cases Registered (person) | #要案 Key Cases | 结案合计 Total Settled Cases 件 (case) | 结案合计 Total Settled Cases 人 (person) |
|---|---|---|---|---|---|---|---|---|
| **合　计** | **Total** | **1245** | **520** | **346** | **646** | **103** | **544** | **682** |
| **贪污贿赂案件** | **Cases on Corruption and Bribery** | **1116** | **453** | **311** | **575** | **96** | **473** | **607** |
| 贪　污 | Corruption | 448 | 142 | 105 | 235 | 13 | 157 | 262 |
| 贿　赂 | Bribery | 578 | 260 | 166 | 283 | 78 | 253 | 274 |
| 挪用公款 | Misappropriation of Public Funds | 66 | 47 | 39 | 50 | 4 | 59 | 63 |
| 集体私分 | Collective Illegal Possession of Public Funds | 17 | 4 | 1 | 7 | 1 | 4 | 8 |
| 巨额财产来源不明 | Unstated Source of Large Properties | 7 | | | | | | |
| 其　他 | Others | | | | | | | |
| **渎职案件** | **Cases on Abuse and Dereliction of Duty** | **129** | **67** | **35** | **71** | **7** | **71** | **75** |
| 滥用职权 | Abuse of Power | 37 | 21 | 14 | 24 | 5 | 25 | 28 |
| 玩忽职守 | Dereliction of Duty | 51 | 35 | 21 | 36 | 1 | 35 | 36 |
| 徇私舞弊 | Fraudulent Practice | 27 | 8 | | 8 | | 8 | 8 |
| 其　他 | Others | 14 | 3 | | 3 | 1 | 3 | 3 |

## 18－21 检察机关审查批准、决定逮捕犯罪嫌疑人和提起公诉被告人情况（2006年）

## Arrests of Criminal Suspects and Defendants under Public Prosecution Approved by Procurator's Offices (2006)

| 案件类别 | Category of Cases | 批捕、决定逮捕合计 Total Arrests | | 决定起诉合计 Total Public Prosecutions | |
|---|---|---|---|---|---|
| | | 件 (case) | 人 (person) | 件 (case) | 人 (person) |
| **合　计** | **Total** | **10956** | **16224** | **13709** | **20202** |
| **公安、安全、监狱机关侦查** | **Handled by Departments of State, Public Security and Prisons** | **10663** | **15902** | **13342** | **19740** |
| 危害国家安全案 | Offences Against State Security | 1 | 2 | 1 | 2 |
| 危害公共安全案 | Offences Against Public Security | 666 | 846 | 1500 | 1749 |
| 破坏社会主义市场经济秩序案 | Offences Against Socialist Economic Order | 231 | 327 | 257 | 422 |
| 侵犯公民人身、民主权利案 | Offences Against Citizens' Personal and Democratic Rights | 2145 | 2857 | 2856 | 3841 |
| 侵犯财产案 | Offences Against Properties | 5831 | 9090 | 6679 | 10477 |
| 妨害社会管理秩序案 | Offences Against Social Management of Order | 1788 | 2779 | 2047 | 3247 |
| 危害国防利益案 | Offences Against National Defense | 1 | 1 | 2 | 2 |
| 军人违反职责案 | Offences on Dereliction of Duty by Servicemen | | | | |
| **检察机关侦查** | **Handled by Procuratorates** | **293** | **322** | **367** | **462** |
| 贪污贿赂案 | Offences on Corruption and Bribery | 276 | 305 | 337 | 432 |
| 渎职案 | Offences on Abuse and Dereliction of Duty | 17 | 17 | 30 | 30 |

## 18－22 人民法院刑事一审案件收结案情况（2005－2006年）

## First Trial Criminal Cases Accepted and Settled by Courts (2005-2006)

单位：件　　(case)

| 类　别 | Category of Cases | 收　案 Accepted Cases | | 结　案 Settled Cases | |
|---|---|---|---|---|---|
| | | 2005 | 2006 | 2005 | 2006 |
| **合　计** | **Total** | **15820** | **15253** | **15081** | **14462** |
| ＃自诉案件 | Private Prosecution | 753 | 584 | 580 | 437 |
| 危害公共安全罪 | Offences against Public Security | 1581 | 1599 | 1532 | 1545 |
| 破坏社会主义市场经济秩序罪 | Offences against Socialist Economic Order | 204 | 264 | 188 | 235 |
| 侵犯公民人身权利、民主权利罪 | Offences against Citizens' Personal and Democratic Rights | 3658 | 3659 | 3336 | 3328 |
| 侵犯财产罪 | Offences against Properties | 7567 | 7057 | 7348 | 6803 |
| 妨害社会管理秩序罪 | Offences against social Management of Order | 2324 | 2270 | 2236 | 2182 |
| 危害国防利益罪 | Offences against National Defense | 5 | 4 | 5 | 4 |
| 贪污贿赂罪 | Offences on Corruption and Bribery | 442 | 367 | 399 | 335 |
| 渎职罪 | Offences on Dereliction of Duty | 38 | 32 | 36 | 29 |
| 其　他 | Others | 1 | 1 | 1 | 1 |

注：收结案中含上年旧存。

Note: Accepted and settled cases include turned over from the previous year.

# 18－23 人民法院民事、行政一审案件收结案情况（2005－2006年）
# First Trial Civil and Administrative Cases Accepted and Settled by Courts (2005-2006)

单位：件 (case)

| 类别 | Category of Cases | 收案 Accepted Cases | | 结案 Settled Cases | |
|---|---|---|---|---|---|
| | | 2005 | 2006 | 2005 | 2006 |
| **民事一审案件** | **First Trial of Civil Cases** | **91801** | **95831** | **82472** | **86197** |
| 婚姻家庭纠纷案件 | Disputes of Marriages and Family Affairs | 29941 | 30557 | 28358 | 28672 |
| 继承纠纷案件 | Disputes of Inheritance | 465 | 515 | 421 | 445 |
| 合同纠纷案件 | Disputes of Contracts | 40093 | 44559 | 34531 | 39810 |
| 权属、侵权纠纷案件 | Disputes of Ownership and Torts | 15293 | 14809 | 13491 | 12273 |
| 其他民事案件 | Other Civil Cases | 6009 | 5391 | 5671 | 4997 |
| **行政一审案件** | **First Trial of Administrative Cases** | **2984** | **2304** | **2754** | **2025** |

注：收案中含上年旧存。
Note: Accepted cases include turned over from the previous year.

# 18－24 安全生产情况（2002－2006年）
# Basic Statistics on Work Safety (2002-2006)

| 年份 Year | 亿元本市生产总值生产安全事故死亡率 Mortality Rate of Work Safety Accident Average 100 Billion Yuan GDP | 工矿商贸企业从业人员十万人生产安全事故死亡率 Mortality Rate of Work Safety Accident of Employment in Industrial & Mining and Commercial & Tradal Enterprises Average 100 000 Persons | 煤炭生产百万吨死亡率 Mortality Rate of Coal Procuction Average 1 Million Tons | 道路交通万车死亡率 Mortality Rate of Highway Traffic Accident Average 10 000 Vehicles |
|---|---|---|---|---|
| 2002 | 1.60 | 2.94 | 21.08 | 37.50 |
| 2003 | 1.60 | 3.58 | 17.82 | 30.70 |
| 2004 | 1.00 | 3.46 | 12.24 | 18.30 |
| 2005 | 0.85 | 10.62 | 13.73 | 14.51 |
| 2006 | 0.68 | 8.49 | 9.30 | 10.83 |

## 18－25 火灾事故情况（2006年）
## Basic Statistics on Fires (2006)

| 项目 | Item | 合计 Total | 按事故发生程度分 By Serious Degree of Fires | | |
|---|---|---|---|---|---|
| | | | 特大 Extra-ordinarily Serious | 重大 Serious | 一般 Ordinary |
| 发生（起） | Fires (case) | 8328 | | 5 | 8323 |
| 死亡（人） | Deaths (person) | 44 | | | 44 |
| 受伤（人） | Injuries (person) | 43 | | 3 | 40 |
| 损失折款（万元） | Losses Converted into Cash (10 000 yuan) | 1859.00 | | 339.20 | 1519.80 |
| 平均每起事故损失（万元） | Average Loss per Fire (10 000 yuan) | 0.22 | | 67.84 | 0.18 |

注：损失折款指直接经济损失（下表同）。
Note: Losses converted into cash refer to direct losses (the same below).

## 18－26 道路交通事故情况（2006年）
## Basic Statistics on Highway Traffic Accidents (2006)

| 类别 | Type | 发生数（起） Number of Traffic Accidents (case) | 死亡人数（人） Number of Deaths (person) | 受伤人数（人） Number of Injuries (person) | 损失折款（万元） Losses Converted into Cash (10 000 yuan) |
|---|---|---|---|---|---|
| **总计** | **Total** | **8999** | **1298** | **12081** | **1774.91** |
| 其中：死亡事故 | Of Which: Deaths | 1079 | 1298 | 932 | 346.50 |
| 伤人事故 | Injuries | 7629 | | 11149 | 1143.13 |
| 财产损失事故 | Assets Losses | 291 | | | 285.28 |
| #机动车 | Motor-driven Vehicles | 8309 | 1171 | 11301 | 1764.31 |
| #汽车 | Automobiles | 5926 | 833 | 8096 | 1597.82 |
| 摩托车 | Motorcycles | 2129 | 260 | 2846 | 124.99 |
| 拖拉机 | Tractors | 119 | 44 | 183 | 20.27 |
| 非机动车 | Non-motor-driven Vehicles | 79 | 11 | 88 | 1.82 |
| #自行车 | Bicycles | 49 | 5 | 55 | 0.89 |
| 行人乘车人 | Pedestrians and Passengers | 119 | 33 | 88 | 7.25 |

注：本表数据不含高速公路交通事故。
Note: Data in this table exclude traffic accidents on expressway.

# 主要统计指标解释

**等级运动员人数** 指经考核正式批准授予等级运动员称号的人数。运动员等级分为国际级运动健将、运动健将、一级运动员、二级运动员、三级运动员、少年级运动员。

**等级裁判员人数** 指经考核正式批准授予等级裁判员称号的人数。裁判员等级分为国际裁判、国家级裁判、一级裁判、二级裁判、三级裁判。

**体育场** 指有400米跑道（中心含足球场），有固定道牙，跑道6条以上，并有固定看台的室外田径场地。体育场按看台容纳观众人数分为：甲级25000人以上，乙级15000-25000人，、丙级5000-15000人，丁级5000人以下。

**体育馆** 指有固定看台，可供篮球、排球、羽毛球、乒乓球、体操等项目训练比赛活动用的室内运动场地。体育馆按看台容纳观众人数分为：甲级6000人以上，乙级4000-6000人，丙级2000-4000人，丁级2000人以下。

**卫生机构** 包括医疗机构、疾病预防控制中心（防疫站）、采供血机构、卫生监督及监测（检验）机构、医学科研和在职培训机构、健康教育所等。

**医疗机构** 包括医院、社区卫生服务中心（站）、疗养院、卫生院、门诊部、诊所（卫生所、医务室）、妇幼保健院（所、站）、专科疾病防治院（所、站）、急救中心（站）和临床检验中心。医疗机构分为非赢利性医疗机构和赢利性医疗机构。

**医院** 包括综合医院、中医医院、中西医结合医院、民族医院、各类专科医院和护理院。

**卫生技术人员** 指卫生机构中医生、护理人员 、药剂人员、检验人员等卫生技术人员。

**医生** 指在医疗、预防保健机构工作且取得《执业医师证书》的执业医师和执业助理医师。

**社会福利企业单位** 指以安置城镇有一定劳动能力的盲、聋、哑和肢体残疾人员就业为目的，享受国家减免税待遇的国有或集体企业。包括福利工厂、福利商业和服务业、假肢厂和安置农场等单位。该指标主要反映我国对残疾人照顾的特殊政策。

**基本养老保险**

（1）参加保险人数：指报告期末按照国家法律、法规和有关政策规定参加基本养老保险的职工人数。包括不能正常缴费、已中断缴费但未终止保险关系的职工人数。

（2）社会统筹基金收入：指根据国家规定，由纳入基本养老保险范围的单位，按照国家规定的缴费基数和缴费比例缴纳的社会统筹基金，以及通过其他方式取得的形成基金来源的收入，包括：单位缴纳的社会统筹基金收入、财政补贴收入、利息收入、其他收入。

（3）社会统筹基金支出：指按照国家政策规定的开支范围和开支标准从社会统筹基金中支付给参加基本养老保险的离休、退休、退职人员个人的养老金、丧葬抚恤补助，以及由于保险关系转移、上下级之间调剂资金等原因而发生的支出。包括：基础性养老金、过渡性养老金、离休金、退休金、退职金、补贴、丧葬抚恤补助、其他支出。

（4）社会统筹基金结余：指截止报告期末基本养老保险的社会统筹基金结余金额。包括银行存款、财政专户、债券投资和其他。

**离休、退休、退职人员** 指正式办理了离休、退休、退职手续，并享受相应的离休、退休、退职待遇的人员。

**失业保险**

（1）参加保险人数：指报告期末按照国家法律、法规和有关政策规定参加了失业保险的城镇企业事业单位的职工及地方政府规定参加失业保险的其他人员的人数。

（2）失业保险金：指为保障失业人员的基本生活而按规定支付的失业保险金金额。

**基本医疗保险**

（1）参加保险人数：指报告期末按国家有关规定参加基本医疗保险的人数。包括参加保险的职工人数和退休人员人数。

（2）社会统筹基金收入：指根据国家有关规定，由纳入基本医疗保险范围的缴费单位，按国家规定的缴费基数和缴费比例缴纳的社会统筹基金，以及通过其他方式取得的形成基金来源的款项，包括：单位缴纳的社会统筹基金收入、财政补贴收入、利息收入、其他收入。

（3）社会统筹基金支出：指按照国家政策规定的开支范围和开支标准从社会统筹基金中支付给参加基本医疗保险的职工和退休人员的医疗保险待遇支出及其他支出。包括：住院医疗费用支出、门急诊医疗费用支出、其他支出。

（4）社会统筹基金结余：指截止报告期末基本医疗保险的社会统筹基金结余金额。包括银行存款、财政专户、债券投资和其他。

**律师** 指依法取得律师执业证书，担任法律顾问，民事（刑事、行政）案件代理人、刑事案件辩护人、办理非诉讼业务，解答法律询问，代写法律事务文书等，为社会提供法律服务的人员。

**公证人员** 指在公证处工作的人员总称，包括公证处主任、副主任、公证员、公证员助理（助理公证员）和其他从事辅助性工作的人员。

**公证文书** 指公证处根据当事人申请，依照事实和法律，按照法定程序制作的，具有法律效力的司法证明文书。

**调解员** 指在人民调解委员会担负调解民间纠纷工作的人员，包括调解委员会的委员和调解小组的调解员。

**调解民间纠纷** 指调解委员会按照法律规定，根据自愿原则，用说服教育的方法调解民间发生的有关民事权利和义务争执的件数，包括调解成功数和调解未成功数。

**立案** 指人民检察院对受理的报案、控告、举报或自首及自行发现的犯罪线索、犯罪嫌疑人进行初步调查后，认为存在职务犯罪事实和应追究刑事责任，并决定作为刑事案件进行侦查的诉讼活动，是追究犯罪的开始。该指标主要反映人民检察院依法将职务犯罪线索作为刑事案件进行侦查的诉讼活动。

**大案** 指贪污、贿赂案数额在 5 万元以上，挪用公款案数额在 10 万元以上，集体私分、巨额财产来源不明、隐瞒境外存款案数额在 50 万元以上以及按照《人民检察院直接受理的渎职、侵权重、特大案件标准（试行）》认定的案件。该指标主要反映人民检察院立案查办的职务犯罪案件中经济损失大、社会危害严重的案件。

**要案** 指县、处级以上干部的犯罪案件。该指标主要反映国家工作人员中县、处级以上干部因职务犯罪被人民检察院依法立案侦查的情况。

**决定逮捕** 指人民检察机关对直接受理、自行侦查的案件，认为需要逮捕犯罪嫌疑人时，依据法律作出的逮捕决定。

**批准逮捕** 指人民检察机关对公安机关、国家安全机关、监狱管理机关提出逮捕的犯罪嫌疑人进行审查，根据事实，依法作出逮捕决定。

**决定起诉** 指人民检察机关对公安机关、国家安全机关、监狱管理机关和检察机关内设机构反贪污贿赂部门移送起诉的刑事犯罪嫌疑人进行审查，根据事实，依法向人民法院提起公诉。

# Explanatory Notes on Main Statistical Indicators

**Number of Athletes in Grades** refers to the number of athletes who have been given titles through examination. The titles of athletes include international masters of sports, masters of sports, first-grade, second-grade and third-grade sportsmen and young athletes.

**Number of Referees in Grades** refers to the number of referees who have been given titles after examination. They are classified as international referees, national referees and referees of the first, second and third grades.

**Stadiums** refer to stadiums for track and field events with six lane 400-meter tracks around soccer fields, permanent track marks and permanent bleachers. Stadiums are classified according to seating capacity. They include: Class A stadiums seating 25000 people each, Class B stadiums seating 15000 to 25000 people each, Class C stadiums seating 5000 to 15000 people each, and Class D stadiums seating fewer than 5000 people.

**Gymnasiums** refer to indoor sports grounds with permanent seats in which basketball, volleyball, badminton, table tennis and gymnastics competitions can be held. Gymnasiums are classified according to seating capacity. They include Class A gymnasiums seating over 6000 people, Class B gymnasiums seating 4000 to 6000 people, Class C gymnasiums seating 2000 to 4000 people, and Class D gymnasiums seating fewer than 2000 people.

**Health Care Institutions** include medical institutions, disease prevention and control centers (epidemic prevention stations), blood gathering and supplying institutions, health supervision and inspection (check up) institutions, medicinal scientific research and on-job training institutions, health education and so on.

**Medical Organizations** include hospitals, health service centers (stations) of communities, nursing homes, health centers, clinics, clinics (health stations and infirmaries), maternity and child care agencies (centers and stations), special disease prevention and curing agencies (centers and stations), first aid centers (stations) and clinical inspection centers. Medical organizations are grouped by two types: profit-making and non-profit-making medical organizations.

**Hospitals** include polyclinics, traditional Chinese medical hospitals, hospitals integrated with traditional Chinese therapeutics and western therapeutics, ethical hospitals, various specialties hospitals and nursing hospitals.

**Medical Technical Personnel** refers to doctors, assistant nurses, pharmacists, and laboratory technicians working in medical institutions.

**Doctors** refer to certified physicians and certified assistant physicians with certifications working in medical and health care and prevention agencies.

**Social Welfare Enterprises** are collective owned enterprises which employ the blind, deaf-mute, and other handicapped people who are able to work in cities and towns and enjoy exemption from state taxes, including welfare plants, welfare commercial services, artificial limb plants and farms, etc. This indicator reflects the preferential policies toward disabled persons.

**Basic Endowment Insurance**

(I) Number of people participating in the insurance program: by the end of reference period, number of staff and workers participating in the insurance program in line with national laws, regulations and related policies, including those who can not make regular payment or interrupt payment but not terminate the insurance program.

(Ⅱ) Revenue of social comprehensive funds: according to national provision, payments made by units covered in basic endowment insurance program, and income from other resources, including: income of social comprehensive funds paid by unites, financial subsidies, interest income and others.

(Ⅲ) Expenditure of social comprehensive funds: refer to payment made to those retired and resigned people covered in endowment insurance program in terms of pension or compensation within the expenditure scope and standards according to related national policies, and the expenditure occurred due to shift of the insurance relationship or adjustment funds among agencies, including: basic pension, transitional pension, pension for resigned people, pension for retired people, pension for people quitting jobs, subsidies, funeral subsidies and other expenditure.

(Ⅳ) Balance of social comprehensive funds: refer to the balance of basic endowment insurance of social comprehensive funds at the end of the reference period, including: bank savings, special fiscal account, investment in bonds and others.

**Retired or Resigned Personnel** refers to people who have formally gone through the formalities for their retirement or quitting work and enjoy the corresponding treatments.

**Unemployment Insurance**

(I) Number of people participated in unemployment insurance program: number of staff and workers in urban enterprises or institutions and other people according to local government regulations participated in unemployment insurance program in line with national law, regulations and related policies by the end of the reference period.

(Ⅱ) Sum of Unemployment Insurance: refer to total amount of insurance paid to un-employees to guarantee their basic lives according to related regulations.

**Basic Medical Care Insurance**

(I) Number of people participated in the insurance program: refer to number of people participated in the basic medical care insurance program according to related regulation by the end of reference period, including: number of staff and workers and retired persons participated in this insurance program.

(Ⅱ) Revenue of social comprehensive funds: according to national provision, payments made by units covered in basic medical care insurance program, and income from other resources, including: income of social comprehensive funds paid by unites, financial subsidies, interest income and others.

(Ⅲ) Expenditure of social comprehensive funds: refer to payment made to those retired and resigned people covered in basic medical care insurance within the expenditure scope and standards according to related national policies, including: expenditure on fee-for-service in hospital, expenditure on fee-for-service in clinic and other expenditure.

(Ⅳ) Balance of social comprehensive funds: refer to the balance of medical care insurance of social comprehensive funds at the end of the reference period, including: bank savings, special fiscal account, investment in bonds and others.

**Lawyers** are certified legal workers according to law, and who are employed by legal counseling firms to act as legal advisers, agents in criminal or civil lawsuits, or defenders in criminal lawsuits, or to handle non-litigious legal affairs, to advise on matters of law or to write legal papers for others, and provide service to the public.

**Notary Personnel** refers to people working for notary offices including: directors, deputy director, notaries, assistant notaries, and other people providing assistance.

**Notary Documents** refer to the judicatory notary documents drawn up by the request of the party and are in accordance with facts and laws and following certain legal proceedings.

**Mediators** refer to workers on people mediation committees responsible for mediating in civil disputes and cases of slight infraction of the law. They include members of the mediation committees and mediators of mediation groups.

**Mediation of Civil Disputes** refers to number of cases made by mediation committees in mediating in civil disputes concerning civil rights and duties through persuasion and education in accordance with the provisions of law on a voluntary basis, so as to solve disputes by helping the parties involved come to an agreement and understanding, including those unsuccessful ones.

**Acceptance of Case** refers to the decision made by the people's procuratorate office on reported cases, prosecution, impeachment, surrender, self-found criminal clues or suspects after initial investigation to confirm the act of crime and to start legal proceedings of the case as criminal case.

**Large Cases** refer to cases involving a corruption or bribery of over 50,000 yuan, or a misappropriation of over 100,000 yuan, Cases of collectively illegal possession of public funds, unstated sources of large properties, or disguised overseas savings deposits involving 500,000 yuan, or a case that has been defined by *Standard on Serious and Large Cases of Misconduct and Tortious that Directly Accepted by People's Procurators Office (trial).* This indicator mainly reflects number of accepted cases of job-related criminals that caused serious economic losses or extremely harmful to the society.

**Key Cases** refer to cases committed by government officials with a ranking of division director or county administrator. This indicator mainly reflects the recorded and spied on cases by the people's procurators offices toward government official with a ranking of division director or county administrator.

**Decision of Arrest** refers to decision made by procurators office, in accordance with laws, to arrest the suspect(s) in the cases that are accepted and to be investigated by procurators office.

**Approval for Arrest** refers to the decision made by procurators office, in accordance with laws and relevant facts, to approve the arrest of the suspect(s) that is proposed by the public security departments, state security departments or authority of prisons.

**Decision on Prosecution** refers to the decision made by procurators office, in accordance with laws and relevant facts, to institute proceedings to the people court against the suspect(s) of criminal cases handed over by the public security departments, state security departments or authority of prisons, or by the anti-corruption departments within the procurators office.

# 区县（自治县）和开发区资料

*Districts (counties) and Development Zones*

## 简要说明 Brief Introduction

本章资料包括2006年按三大经济区和“一圈两翼”分组的全市40个区县（自治县）的主要经济社会统计资料，以及重庆市开发区、经济技术开发区和高新技术产业开发区的主要统计资料。

三大经济区和“一圈两翼”的多数统计数据经过评估和测算取得，其合计数不等于各区县数据直接相加。

本章资料分别由市统计局人口就业处、核算处、工业交通处、固定资产投资处、贸易外经处、社会科技处、综合处和国家统计局重庆调查总队根据有关专业统计资料、各区县统计局资料和市级有关部门的区县资料整理编辑。

Data in this chapter include main economic and social indicators of 40 districts (counties) by region of three economic zones and "one circle two wings" in 2006, as well as main economic indicators of development zones, High-tech Development Zone and Economic and Technology Development Zone in Chongqing.

Most data of three economic zones and "one circle two wings" are assessed and examined, which are not equal to the sums of districts (counties).

Data in this chapter are prepared and edited by Division of Population and Employment Statistics, Division of National Economic Accounting, Division of Industry and Transport Statistics, Division of Statistics of Investment in Fixed Assets, Division of Trade and External Economic Relations Statistics, Division of Social and Technology Statistics, Division of Comprehensive Statistics of Municipal Bureau of Statistics and NBS Survey Office in Chongqing, on basis of data from related divisions of Municipal Bureau of Statistics, statistical bureaus of districts (counties) and from related municipal departments.

# 19－1 各区县（自治县）人口（2006年）
# Population by Region (2006)

| 区 县 | Region | 年末总户数（户籍统计）（万户） Year-end Households (registration statistics) (10 000 households) | 年末总人口（户籍统计）（万人） Year-end Population (registration statistics) (10 000 persons) | #非农业人口 Non-agricultural | #女 性 Female |
|---|---|---|---|---|---|
| **全 市** | **Total** | **1030.66** | **3198.87** | **845.43** | **1536.10** |
| **#都市发达经济圈** | **Metropolitan Advanced Economic Sphere** | **208.67** | **583.71** | **368.48** | **287.07** |
| **渝西经济走廊** | **West Chongqing Economic Corridor** | **325.18** | **1007.58** | **213.69** | **484.14** |
| **三峡库区生态经济区** | **Ecological Economic Zone in Three Gorges Reservoir Area** | **496.81** | **1607.58** | **263.26** | **764.89** |
| **#一小时经济圈** | **One Hour Economic Sphere** | **602.36** | **1792.30** | **633.52** | **868.95** |
| 渝中区 | Yuzhong District | 21.99 | 60.13 | 60.13 | 30.15 |
| 大渡口区 | Dadukou District | 8.72 | 21.98 | 16.26 | 11.00 |
| 江北区 | Jiangbei District | 18.78 | 50.22 | 41.88 | 24.77 |
| 沙坪坝区 | Shapingba District | 24.21 | 74.65 | 54.25 | 36.89 |
| 九龙坡区 | Jiulongpo District | 28.59 | 78.89 | 56.51 | 38.69 |
| 南岸区 | Nan'an District | 18.82 | 55.67 | 44.53 | 27.42 |
| 北碚区 | Beibei District | 22.65 | 65.38 | 30.50 | 32.30 |
| 渝北区 | Yubei District | 33.41 | 90.18 | 37.35 | 44.08 |
| 巴南区 | Ba'nan District | 31.50 | 86.61 | 27.07 | 41.77 |
| 万盛区 | Wansheng District | 8.77 | 26.78 | 12.46 | 13.33 |
| 双桥区 | Shuangqiao District | 1.71 | 4.81 | 2.52 | 2.34 |
| 江津区 | Jiangjin District | 53.03 | 146.58 | 37.90 | 69.98 |
| 合川区 | Hechuan District | 49.30 | 151.79 | 29.19 | 72.60 |
| 永川区 | Yongchuan District | 34.74 | 108.34 | 27.61 | 52.20 |
| 南川区 | Nanchuan District | 20.55 | 65.07 | 9.86 | 31.68 |
| 綦江县 | Qijiang County | 30.15 | 94.69 | 21.03 | 45.60 |
| 潼南县 | Tongnan County | 25.85 | 91.30 | 11.19 | 42.92 |
| 铜梁县 | Tongliang County | 26.58 | 81.12 | 14.03 | 38.89 |
| 大足县 | Dazu County | 26.75 | 93.17 | 16.55 | 44.67 |
| 荣昌县 | Rongchang County | 26.37 | 82.23 | 16.67 | 39.94 |
| 璧山县 | Bishan County | 21.38 | 61.70 | 14.68 | 29.99 |
| 涪陵区 | Fuling District | 37.84 | 112.45 | 32.22 | 54.76 |
| 长寿区 | Changshou District | 30.67 | 88.56 | 19.13 | 42.98 |
| **渝东北翼** | **Northeast of Chongqing** | **325.63** | **1057.19** | **167.39** | **502.67** |
| 万州区 | Wanzhou District | 56.93 | 171.64 | 48.65 | 83.33 |
| 梁平县 | Liangping County | 28.09 | 89.40 | 11.08 | 42.53 |
| 城口县 | Chengkou County | 6.97 | 23.55 | 2.81 | 10.88 |
| 丰都县 | Fengdu County | 24.81 | 80.71 | 13.76 | 38.43 |
| 垫江县 | Dianjiang County | 27.88 | 91.78 | 13.35 | 43.69 |
| 忠 县 | Zhongxian County | 29.98 | 97.34 | 14.83 | 46.71 |
| 开 县 | Kaixian County | 47.90 | 156.01 | 18.57 | 73.30 |
| 云阳县 | Yunyang County | 36.38 | 130.62 | 16.90 | 61.78 |
| 奉节县 | Fengjie County | 30.78 | 102.84 | 12.34 | 48.47 |
| 巫山县 | Wushan County | 19.28 | 60.78 | 9.44 | 28.70 |
| 巫溪县 | Wuxi County | 16.63 | 52.52 | 5.66 | 24.85 |
| **渝东南翼** | **Southeast of Chongqing** | **102.67** | **349.38** | **44.52** | **164.48** |
| 黔江区 | Qianjiang District | 15.94 | 51.25 | 8.69 | 24.15 |
| 石柱县 | Shizhu County | 15.49 | 52.41 | 8.13 | 25.29 |
| 秀山县 | Xiushan County | 16.94 | 63.00 | 8.15 | 30.08 |
| 酉阳县 | Youyang County | 23.28 | 77.45 | 7.88 | 35.95 |
| 彭水县 | Pengshui County | 19.09 | 64.80 | 6.19 | 29.93 |
| 武隆县 | Wulong County | 11.93 | 40.47 | 5.48 | 19.08 |

19-1 续表 CONTINUED

| 区 县 | Region | 人口自然增长（户籍统计） Natural Growth of Population (registration statistics) | | 常住人口（万人） Resident Popolation (10 000 persons) | 城镇化率（%） Urban Rate (%) |
|---|---|---|---|---|---|
| | | 人数（万人） Population (10 000 persons) | 自然增长率（‰） Natural Growth Rate (‰) | | |
| **全 市** | **Total** | **21.68** | **6.81** | **2808.00** | **46.7** |
| **#都市发达经济圈** | **Metropolitan Advanced Economic Sphere** | **0.68** | **1.17** | **658.96** | **86.8** |
| **渝西经济走廊** | **West Chongqing Economic Corridor** | **4.29** | **4.27** | **838.15** | **40.9** |
| **三峡库区生态经济区** | **Ecological Economic Zone in Three Gorges Reservoir Area** | **16.71** | **10.46** | **1310.89** | **30.2** |
| **#一小时经济圈** | **One Hour Economic Sphere** | **6.30** | **3.53** | **1673.59** | **59.7** |
| 渝中区 | Yuzhong District | -0.06 | -1.06 | 70.42 | 100.0 |
| 大渡口区 | Dadukou District | 0.05 | 2.09 | 26.58 | 100.0 |
| 江北区 | Jiangbei District | 0.07 | 1.38 | 66.13 | 100.0 |
| 沙坪坝区 | Shapingba District | 0.11 | 1.47 | 87.68 | 100.0 |
| 九龙坡区 | Jiulongpo District | 0.15 | 1.87 | 96.51 | 100.0 |
| 南岸区 | Nan'an District | 0.12 | 2.14 | 67.95 | 100.0 |
| 北碚区 | Beibei District | 0.05 | 0.79 | 68.65 | 67.2 |
| 渝北区 | Yubei District | 0.13 | 1.52 | 89.85 | 61.4 |
| 巴南区 | Ba'nan District | 0.06 | 0.68 | 85.19 | 64.9 |
| 万盛区 | Wansheng District | 0.05 | 1.99 | 24.98 | 67.7 |
| 双桥区 | Shuangqiao District | 0.04 | 8.37 | 4.66 | 89.5 |
| 江津区 | Jiangjin District | 0.49 | 3.34 | 126.36 | 50.2 |
| 合川区 | Hechuan District | 0.58 | 3.86 | 127.20 | 47.2 |
| 永川区 | Yongchuan District | 0.40 | 3.67 | 92.22 | 51.0 |
| 南川区 | Nanchuan District | 0.45 | 6.97 | 54.28 | 41.4 |
| 綦江县 | Qijiang County | 0.36 | 3.78 | 83.24 | 34.0 |
| 潼南县 | Tongnan County | 0.78 | 8.63 | 70.96 | 25.3 |
| 铜梁县 | Tongliang County | 0.58 | 7.23 | 61.98 | 33.0 |
| 大足县 | Dazu County | 0.16 | 1.73 | 76.01 | 30.9 |
| 荣昌县 | Rongchang County | 0.33 | 3.96 | 64.92 | 33.0 |
| 璧山县 | Bishan County | 0.07 | 1.07 | 51.34 | 34.3 |
| 涪陵区 | Fuling District | 0.65 | 5.77 | 101.31 | 50.4 |
| 长寿区 | Changshou District | 0.68 | 7.67 | 75.17 | 45.1 |
| **渝东北翼** | **Northeast of Chongqing** | **11.23** | **10.67** | **850.90** | **29.5** |
| 万州区 | Wanzhou District | 0.77 | 4.52 | 151.73 | 47.5 |
| 梁平县 | Liangping County | 0.81 | 9.11 | 71.16 | 28.6 |
| 城口县 | Chengkou County | 0.21 | 8.78 | 19.19 | 17.5 |
| 丰都县 | Fengdu County | 1.33 | 16.58 | 64.33 | 25.5 |
| 垫江县 | Dianjiang County | 1.55 | 16.91 | 72.53 | 27.5 |
| 忠 县 | Zhongxian County | 1.02 | 10.55 | 74.60 | 25.9 |
| 开 县 | Kaixian County | 1.75 | 11.28 | 115.72 | 28.6 |
| 云阳县 | Yunyang County | 2.09 | 16.12 | 101.55 | 25.4 |
| 奉节县 | Fengjie County | 0.69 | 6.78 | 85.76 | 25.2 |
| 巫山县 | Wushan County | 0.57 | 9.50 | 50.00 | 22.6 |
| 巫溪县 | Wuxi County | 0.44 | 8.36 | 44.33 | 17.2 |
| **渝东南翼** | **Southeast of Chongqing** | **4.15** | **11.98** | **283.51** | **21.5** |
| 黔江区 | Qianjiang District | 0.46 | 9.11 | 43.89 | 29.3 |
| 石柱县 | Shizhu County | 0.49 | 9.43 | 43.34 | 20.1 |
| 秀山县 | Xiushan County | 0.74 | 11.79 | 49.96 | 20.4 |
| 酉阳县 | Youyang County | 0.90 | 11.68 | 57.52 | 17.2 |
| 彭水县 | Pengshui County | 1.20 | 18.78 | 54.09 | 18.4 |
| 武隆县 | Wulong County | 0.36 | 8.96 | 34.71 | 27.0 |

# 19－2 各区县（自治县）就业（2006年）
# Employment by Region (2006)

| 区 县 | Region | 年末全部就业人员数（万人） Year-end Employment (10 000 persons) | 第一产业 Primary Industry | 第二产业 Secondary Industry | 第三产业 Tertiary Industry | 城镇就业人员（万人） Urban Registered Unemployment (10 000 persons) |
|---|---|---|---|---|---|---|
| **全 市** | **Total** | **1605.45** | **776.56** | **308.23** | **520.66** | **633.99** |
| **#都市发达经济圈** | **Metropolitan Advanced Economic Sphere** | **333.28** | **71.01** | **103.45** | **158.82** | **301.05** |
| **渝西经济走廊** | **West Chongqing Economic Corridor** | **525.94** | **241.62** | **102.68** | **181.64** | **149.01** |
| **三峡库区生态经济区** | **Ecological Economic Zone in Three Gorges Reservoir Area** | **746.23** | **463.93** | **102.10** | **180.20** | **183.93** |
| **#一小时经济圈** | **One Hour Economic Sphere** | **964.56** | **360.09** | **229.06** | **375.41** | **488.93** |
| 渝中区 | Yuzhong District | 48.74 | | 11.11 | 37.63 | 48.74 |
| 大渡口区 | Dadukou District | 15.27 | 1.60 | 8.63 | 5.04 | 11.46 |
| 江北区 | Jiangbei District | 30.23 | 2.80 | 14.24 | 13.19 | 24.76 |
| 沙坪坝区 | Shapingba District | 44.42 | 4.57 | 22.45 | 17.40 | 44.42 |
| 九龙坡区 | Jiulongpo District | 58.95 | 6.27 | 27.79 | 24.89 | 44.09 |
| 南岸区 | Nan'an District | 25.60 | 3.49 | 11.40 | 10.71 | 19.51 |
| 北碚区 | Beibei District | 33.50 | 12.10 | 13.06 | 8.34 | 12.37 |
| 渝北区 | Yubei District | 54.31 | 18.93 | 15.98 | 19.40 | 23.56 |
| 巴南区 | Ba'nan District | 48.53 | 17.03 | 19.19 | 12.31 | 31.59 |
| 万盛区 | Wansheng District | 13.27 | 4.82 | 5.42 | 3.03 | 4.30 |
| 双桥区 | Shuangqiao District | 2.98 | 0.40 | 1.56 | 1.02 | 1.54 |
| 江津区 | Jiangjin District | 76.64 | 27.73 | 24.49 | 24.42 | 18.31 |
| 合川区 | Hechuan District | 97.93 | 38.77 | 19.28 | 39.88 | 20.74 |
| 永川区 | Yongchuan District | 44.17 | 14.85 | 13.14 | 16.18 | 18.48 |
| 南川区 | Nanchuan District | 35.22 | 18.04 | 10.03 | 7.15 | 5.47 |
| 綦江县 | Qijiang County | 55.99 | 23.72 | 16.01 | 16.26 | 10.15 |
| 潼南县 | Tongnan County | 47.09 | 20.77 | 13.28 | 13.04 | 13.05 |
| 铜梁县 | Tongliang County | 36.34 | 16.89 | 9.11 | 10.34 | 11.12 |
| 大足县 | Dazu County | 52.80 | 26.91 | 8.08 | 17.81 | 4.48 |
| 荣昌县 | Rongchang County | 38.40 | 22.91 | 6.82 | 8.67 | 12.42 |
| 璧山县 | Bishan County | 39.53 | 11.46 | 15.56 | 12.51 | 8.88 |
| 涪陵区 | Fuling District | 63.40 | 25.10 | 15.50 | 22.80 | 22.50 |
| 长寿区 | Changshou District | 45.90 | 19.54 | 16.39 | 9.97 | 11.13 |
| **渝东北翼** | **Northeast of Chongqing** | **465.30** | **287.67** | **60.41** | **117.22** | **117.89** |
| 万州区 | Wanzhou District | 84.96 | 39.52 | 19.33 | 26.11 | 30.26 |
| 梁平县 | Liangping County | 42.40 | 28.17 | 5.25 | 8.98 | 11.53 |
| 城口县 | Chengkou County | 12.28 | 5.91 | 4.06 | 2.31 | 1.95 |
| 丰都县 | Fengdu County | 26.19 | 17.81 | 3.06 | 5.32 | 4.66 |
| 垫江县 | Dianjiang County | 51.90 | 34.80 | 11.85 | 5.25 | 6.10 |
| 忠 县 | Zhongxian County | 41.97 | 18.61 | 7.32 | 16.04 | 4.93 |
| 开 县 | Kaixian County | 55.30 | 35.50 | 8.60 | 11.20 | 7.00 |
| 云阳县 | Yunyang County | 54.73 | 29.89 | 9.24 | 15.60 | 10.19 |
| 奉节县 | Fengjie County | 45.75 | 25.26 | 10.51 | 9.98 | 13.05 |
| 巫山县 | Wushan County | 24.02 | 16.40 | 2.68 | 4.94 | 7.32 |
| 巫溪县 | Wuxi County | 24.99 | 18.71 | 2.10 | 4.18 | 5.02 |
| **渝东南翼** | **Southeast of Chongqing** | **175.59** | **128.80** | **18.76** | **28.03** | **27.17** |
| 黔江区 | Qianjiang District | 24.81 | 17.52 | 2.44 | 4.85 | 6.09 |
| 石柱县 | Shizhu County | 24.97 | 13.59 | 6.52 | 4.86 | 4.61 |
| 秀山县 | Xiushan County | 30.12 | 19.88 | 6.33 | 3.91 | 3.14 |
| 酉阳县 | Youyang County | 36.73 | 29.85 | 2.59 | 4.29 | 2.80 |
| 彭水县 | Pengshui County | 31.30 | 24.43 | 2.96 | 3.91 | 4.14 |
| 武隆县 | Wulong County | 25.58 | 15.88 | 5.24 | 4.46 | 2.73 |

19-2 续表 CONTINUED

| 区 县 | Region | 城镇经济单位职工人数（万人） Staff and Workers (10 000 persons) | #国 有 Primary Industry | #集 体 Secondary Industry | 城镇经济单位专业技术人员（万人） Specialized Technicians in Urban Economic Units (10 000 person) | 年末失业人员登记数（人） Urban Registered Unemployment (person) |
|---|---|---|---|---|---|---|
| **全 市** | **Total** | **212.97** | **120.37** | **12.22** | **61.97** | **154141** |
| **#都市发达经济圈** | **Metropolitan Advanced Economic Sphere** | **103.63** | **55.99** | **4.88** | **25.89** | **62000** |
| **渝西经济走廊** | **West Chongqing Economic Corridor** | **48.87** | **25.97** | **3.53** | **15.41** | **35200** |
| **三峡库区生态经济区** | **Ecological Economic Zone in Three Gorges Reservoir Area** | **60.47** | **38.41** | **3.81** | **20.67** | **56941** |
| **#一小时经济圈** | **One Hour Economic Sphere** | **166.61** | **89.13** | **9.67** | **45.20** | **107674** |
| 渝中区 | Yuzhong District | 24.37 | 15.29 | 0.85 | 5.94 | 9547 |
| 大渡口区 | Dadukou District | 6.25 | 3.78 | 0.67 | 1.25 | 3358 |
| 江北区 | Jiangbei District | 11.02 | 6.23 | 0.56 | 2.66 | 6869 |
| 沙坪坝区 | Shapingba District | 10.12 | 4.69 | 0.33 | 2.90 | 10197 |
| 九龙坡区 | Jiulongpo District | 20.01 | 7.63 | 1.08 | 4.54 | 14333 |
| 南岸区 | Nan'an District | 9.72 | 5.88 | 0.57 | 2.65 | 4554 |
| 北碚区 | Beibei District | 5.76 | 3.17 | 0.20 | 1.90 | 2957 |
| 渝北区 | Yubei District | 7.85 | 4.57 | 0.27 | 1.99 | 6505 |
| 巴南区 | Ba'nan District | 8.53 | 4.75 | 0.35 | 2.06 | 3680 |
| 万盛区 | Wansheng District | 2.54 | 2.08 | 0.14 | 0.49 | 3352 |
| 双桥区 | Shuangqiao District | 0.96 | 0.19 | 0.10 | 0.27 | 306 |
| 江津区 | Jiangjin District | 10.82 | 3.94 | 0.76 | 2.96 | 5214 |
| 合川区 | Hechuan District | 6.25 | 3.09 | 0.33 | 2.19 | 4208 |
| 永川区 | Yongchuan District | 4.96 | 3.34 | 0.19 | 1.76 | 3974 |
| 南川区 | Nanchuan District | 3.03 | 1.59 | 0.26 | 0.85 | 4421 |
| 綦江县 | Qijiang County | 5.12 | 3.55 | 0.32 | 1.48 | 3244 |
| 潼南县 | Tongnan County | 2.05 | 1.67 | 0.14 | 0.98 | 1689 |
| 铜梁县 | Tongliang County | 2.56 | 1.58 | 0.21 | 1.04 | 1767 |
| 大足县 | Dazu County | 3.26 | 1.87 | 0.18 | 1.14 | 1610 |
| 荣昌县 | Rongchang County | 3.73 | 1.70 | 0.66 | 1.29 | 3343 |
| 璧山县 | Bishan County | 3.59 | 1.37 | 0.24 | 0.96 | 2072 |
| 涪陵区 | Fuling District | 9.40 | 4.63 | 0.77 | 2.63 | 6523 |
| 长寿区 | Changshou District | 4.71 | 2.54 | 0.49 | 1.27 | 3951 |
| **渝东北翼** | **Northeast of Chongqing** | **34.16** | **21.97** | **1.87** | **12.37** | **34935** |
| 万州区 | Wanzhou District | 10.01 | 5.30 | 0.32 | 3.19 | 11923 |
| 梁平县 | Liangping County | 3.01 | 1.72 | 0.28 | 1.06 | 1655 |
| 城口县 | Chengkou County | 0.93 | 0.76 | 0.07 | 0.29 | 377 |
| 丰都县 | Fengdu County | 1.99 | 1.43 | 0.13 | 0.77 | 2058 |
| 垫江县 | Dianjiang County | 3.00 | 1.79 | 0.13 | 1.13 | 2358 |
| 忠 县 | Zhongxian County | 2.14 | 1.83 | 0.10 | 1.11 | 2690 |
| 开 县 | Kaixian County | 3.55 | 2.68 | 0.21 | 1.58 | 3577 |
| 云阳县 | Yunyang County | 3.73 | 2.23 | 0.22 | 1.32 | 3950 |
| 奉节县 | Fengjie County | 2.57 | 1.76 | 0.12 | 1.09 | 3183 |
| 巫山县 | Wushan County | 1.71 | 1.36 | 0.17 | 0.23 | 1972 |
| 巫溪县 | Wuxi County | 1.52 | 1.11 | 0.12 | 0.60 | 1192 |
| **渝东南翼** | **Southeast of Chongqing** | **12.20** | **9.27** | **0.68** | **4.40** | **11532** |
| 黔江区 | Qianjiang District | 2.23 | 1.86 | 0.10 | 0.83 | 2396 |
| 石柱县 | Shizhu County | 1.96 | 1.37 | 0.21 | 0.75 | 2785 |
| 秀山县 | Xiushan County | 1.86 | 1.46 | 0.10 | 0.70 | 1595 |
| 酉阳县 | Youyang County | 2.14 | 1.87 | 0.04 | 0.89 | 1262 |
| 彭水县 | Pengshui County | 1.86 | 1.32 | 0.10 | 0.75 | 1761 |
| 武隆县 | Wulong County | 2.15 | 1.39 | 0.13 | 0.48 | 1733 |

# 19－3 各区县（自治县）生产总值（2006年）
## Gross Domestic Product by Region (2006)

| 区 县 | Region | 地区生产总值（万元） Gross Domestic Product (10000 yuan) | 第一产业 Primary Industry | 第二产业 Secondary Industry | #工 业 Industry | 第三产业 Tertiary Industry | 人均地区生产总值（元） Per Capita GDP (yuan) |
|---|---|---|---|---|---|---|---|
| **全 市** | **Total** | **34915700** | **4258100** | **15009700** | **12341200** | **15647900** | **12457** |
| **#都市发达经济圈** | **Metropolitan Advanced Economic Sphere** | **15147300** | **553100** | **6781900** | **5810000** | **7812300** | **23224** |
| **渝西经济走廊** | **West Chongqing Economic Corridor** | **9603900** | **1682700** | **4126900** | **3406200** | **3794300** | **11450** |
| **三峡库区生态经济区** | **Ecological Economic Zone in Three Gorges Reservoir Area** | **10164500** | **2022300** | **4100900** | **3125000** | **4041300** | **7747** |
| **#一小时经济圈** | **One Hour Economic Sphere** | **27290200** | **2532700** | **12226900** | **10353600** | **12530600** | **16366** |
| 渝中区 | Yuzhong District | 2432268 | | 230468 | 121847 | 2201800 | 34697 |
| 大渡口区 | Dadukou District | 772504 | 14645 | 603120 | 547973 | 154739 | 29256 |
| 江北区 | Jiangbei District | 1514183 | 20792 | 718213 | 632410 | 775178 | 23082 |
| 沙坪坝区 | Shapingba District | 1930456 | 43102 | 993094 | 894620 | 894260 | 22199 |
| 九龙坡区 | Jiulongpo District | 3152317 | 61409 | 1606070 | 1429889 | 1484838 | 32981 |
| 南岸区 | Nan'an District | 1298000 | 28993 | 761214 | 639886 | 507793 | 19271 |
| 北碚区 | Beibei District | 917982 | 65966 | 503501 | 451716 | 348515 | 13500 |
| 渝北区 | Yubei District | 1831073 | 126581 | 982190 | 809723 | 722302 | 20805 |
| 巴南区 | Ba'nan District | 1163232 | 186239 | 625465 | 522262 | 351528 | 13810 |
| 万盛区 | Wansheng District | 210739 | 29055 | 87381 | 70758 | 94303 | 8431 |
| 双桥区 | Shuangqiao District | 100466 | 2426 | 72136 | 67658 | 25904 | 21559 |
| 江津区 | Jiangjin District | 1489424 | 283522 | 650434 | 553920 | 555468 | 11779 |
| 合川区 | Hechuan District | 1421633 | 235423 | 599954 | 440192 | 586256 | 11172 |
| 永川区 | Yongchuan District | 1261944 | 174909 | 511331 | 422189 | 575704 | 13678 |
| 南川区 | Nanchuan District | 695206 | 133502 | 343832 | 279895 | 217872 | 12800 |
| 綦江县 | Qijiang County | 873146 | 156549 | 375750 | 311716 | 340847 | 10471 |
| 潼南县 | Tongnan County | 635565 | 161642 | 195784 | 137240 | 278139 | 8950 |
| 铜梁县 | Tongliang County | 714418 | 127521 | 375617 | 325930 | 211280 | 11525 |
| 大足县 | Dazu County | 732597 | 141285 | 326801 | 272167 | 264511 | 9627 |
| 荣昌县 | Rongchang County | 661039 | 144715 | 286289 | 255171 | 230035 | 10169 |
| 璧山县 | Bishan County | 758016 | 75912 | 448526 | 410197 | 233578 | 14762 |
| 涪陵区 | Fuling District | 1538664 | 159402 | 811863 | 719969 | 567399 | 15187 |
| 长寿区 | Changshou District | 1000518 | 134678 | 553063 | 464479 | 312777 | 13309 |
| **渝东北翼** | **Northeast of Chongqing** | **5761300** | **1268900** | **2120200** | **1516400** | **2372200** | **6765** |
| 万州区 | Wanzhou District | 1522924 | 190573 | 613932 | 422120 | 718419 | 10040 |
| 梁平县 | Liangping County | 523987 | 119116 | 244655 | 215019 | 160216 | 7354 |
| 城口县 | Chengkou County | 111007 | 26552 | 43732 | 28560 | 40723 | 5776 |
| 丰都县 | Fengdu County | 399474 | 100321 | 129014 | 64256 | 170139 | 6202 |
| 垫江县 | Dianjiang County | 541234 | 114005 | 276556 | 240181 | 150673 | 7452 |
| 忠 县 | Zhongxian County | 500380 | 123447 | 179395 | 119246 | 197538 | 6704 |
| 开 县 | Kaixian County | 751278 | 183562 | 301458 | 231726 | 266258 | 6485 |
| 云阳县 | Yunyang County | 466774 | 146170 | 146837 | 80756 | 173767 | 4593 |
| 奉节县 | Fengjie County | 508594 | 122683 | 183361 | 137178 | 202550 | 5921 |
| 巫山县 | Wushan County | 226569 | 72747 | 44923 | 19945 | 108899 | 4527 |
| 巫溪县 | Wuxi County | 159505 | 57453 | 31804 | 20107 | 70248 | 3593 |
| **渝东南翼** | **Southeast of Chongqing** | **1864200** | **456500** | **662600** | **471200** | **745100** | **6567** |
| 黔江区 | Qianjiang District | 399147 | 62007 | 173891 | 150745 | 163249 | 9080 |
| 石柱县 | Shizhu County | 290168 | 82936 | 94753 | 66703 | 112479 | 6685 |
| 秀山县 | Xiushan County | 296370 | 71257 | 117931 | 102695 | 107182 | 5926 |
| 酉阳县 | Youyang County | 222057 | 87580 | 49943 | 34541 | 84534 | 3856 |
| 彭水县 | Pengshui County | 304714 | 83764 | 99111 | 59918 | 121839 | 5625 |
| 武隆县 | Wulong County | 335495 | 64559 | 150537 | 76082 | 120399 | 9655 |

注：人均地区生产总值按常住人口计算。
Note: Per capita GDP is calculated by resident population.

19-3 续表 CONTINUED

（上年=100） (preceding year=100)

| 区 县 | Region | 地区生产总值指数（可比价） Indices of GDP (comparable prices) | 第一产业 Primary Industry | 第二产业 Secondary Industry | #工 业 Industry | 第三产业 Tertiary Industry | 人均地区生产总值指数 Indices of Per Capital GDP |
|---|---|---|---|---|---|---|---|
| **全 市** | **Total** | **112.2** | **94.5** | **116.9** | **118.0** | **114.0** | **112.0** |
| **#都市发达经济圈** | **Metropolitan Advanced Economic Sphere** | **114.1** | **91.7** | **116.5** | **117.5** | **114.2** | **111.7** |
| **渝西经济走廊** | **West Chongqing Economic Corridor** | **110.7** | **93.3** | **117.2** | **117.9** | **113.9** | **111.0** |
| **三峡库区生态经济区** | **Ecological Economic Zone in Three Gorges Reservoir Area** | **111.0** | **96.3** | **117.2** | **119.0** | **113.6** | **111.2** |
| **#一小时经济圈** | **One Hour Economic Sphere** | **112.7** | **92.9** | **116.8** | **117.7** | **113.9** | **111.9** |
| 渝中区 | Yuzhong District | 110.0 | | 101.5 | 105.5 | 111.1 | 109.0 |
| 大渡口区 | Dadukou District | 111.0 | 96.5 | 111.1 | 111.2 | 111.9 | 109.1 |
| 江北区 | Jiangbei District | 113.1 | 95.2 | 102.2 | 101.8 | 126.1 | 111.3 |
| 沙坪坝区 | Shapingba District | 116.5 | 90.6 | 118.4 | 119.1 | 116.0 | 114.5 |
| 九龙坡区 | Jiulongpo District | 116.6 | 90.1 | 120.4 | 122.8 | 113.9 | 114.4 |
| 南岸区 | Nan'an District | 113.2 | 94.7 | 113.8 | 115.4 | 113.5 | 111.2 |
| 北碚区 | Beibei District | 113.1 | 93.4 | 119.5 | 120.3 | 109.0 | 111.5 |
| 渝北区 | Yubei District | 125.0 | 90.6 | 146.4 | 163.0 | 110.4 | 119.3 |
| 巴南区 | Ba'nan District | 116.0 | 93.8 | 126.1 | 126.4 | 113.6 | 112.7 |
| 万盛区 | Wansheng District | 109.0 | 92.5 | 107.8 | 106.2 | 116.5 | 109.2 |
| 双桥区 | Shuangqiao District | 115.0 | 103.3 | 120.0 | 122.0 | 104.1 | 115.2 |
| 江津区 | Jiangjin District | 112.4 | 93.9 | 118.7 | 121.2 | 116.6 | 112.6 |
| 合川区 | Hechuan District | 112.8 | 93.5 | 124.4 | 123.4 | 111.8 | 113.1 |
| 永川区 | Yongchuan District | 113.1 | 95.1 | 118.7 | 117.9 | 115.1 | 112.9 |
| 南川区 | Nanchuan District | 112.3 | 95.7 | 120.3 | 125.2 | 112.0 | 112.6 |
| 綦江县 | Qijiang County | 110.7 | 91.0 | 119.9 | 124.0 | 112.3 | 111.2 |
| 潼南县 | Tongnan County | 107.0 | 91.4 | 113.3 | 121.0 | 113.1 | 107.2 |
| 铜梁县 | Tongliang County | 111.5 | 93.9 | 117.7 | 120.7 | 113.5 | 111.5 |
| 大足县 | Dazu County | 112.2 | 95.2 | 120.1 | 123.7 | 113.0 | 112.5 |
| 荣昌县 | Rongchang County | 113.1 | 97.3 | 125.1 | 128.7 | 111.2 | 113.4 |
| 璧山县 | Bishan County | 114.5 | 98.5 | 119.0 | 119.3 | 112.3 | 114.5 |
| 涪陵区 | Fuling District | 113.4 | 95.0 | 119.2 | 120.2 | 111.0 | 113.5 |
| 长寿区 | Changshou District | 113.0 | 92.4 | 121.1 | 124.5 | 110.8 | 113.0 |
| **渝东北翼** | **Northeast of Chongqing** | **111.3** | **96.5** | **118.0** | **121.3** | **114.9** | **111.6** |
| 万州区 | Wanzhou District | 114.0 | 97.0 | 117.6 | 125.3 | 116.3 | 114.1 |
| 梁平县 | Liangping County | 111.8 | 97.7 | 121.0 | 122.9 | 109.8 | 112.3 |
| 城口县 | Chengkou County | 112.7 | 103.8 | 118.1 | 106.3 | 112.9 | 113.1 |
| 丰都县 | Fengdu County | 112.1 | 96.0 | 121.7 | 120.6 | 114.2 | 112.5 |
| 垫江县 | Dianjiang County | 112.0 | 97.0 | 116.6 | 120.0 | 116.1 | 112.6 |
| 忠 县 | Zhongxian County | 113.0 | 94.7 | 132.0 | 160.3 | 112.6 | 113.0 |
| 开 县 | Kaixian County | 112.5 | 96.3 | 126.6 | 131.5 | 110.9 | 113.0 |
| 云阳县 | Yunyang County | 110.4 | 99.0 | 117.2 | 121.8 | 114.6 | 110.2 |
| 奉节县 | Fengjie County | 112.5 | 98.1 | 118.6 | 119.9 | 116.3 | 113.0 |
| 巫山县 | Wushan County | 112.0 | 97.7 | 116.7 | 109.5 | 119.7 | 112.3 |
| 巫溪县 | Wuxi County | 109.2 | 101.3 | 123.3 | 117.1 | 110.3 | 109.5 |
| **渝东南翼** | **Southeast of Chongqing** | **109.1** | **98.1** | **114.2** | **114.2** | **112.3** | **109.4** |
| 黔江区 | Qianjiang District | 109.1 | 96.2 | 113.9 | 114.4 | 109.6 | 109.5 |
| 石柱县 | Shizhu County | 112.8 | 103.9 | 120.7 | 124.4 | 112.5 | 112.8 |
| 秀山县 | Xiushan County | 111.3 | 104.7 | 116.1 | 119.6 | 110.3 | 111.9 |
| 酉阳县 | Youyang County | 108.9 | 102.9 | 119.7 | 126.9 | 108.4 | 109.2 |
| 彭水县 | Pengshui County | 107.2 | 92.7 | 115.0 | 126.6 | 112.2 | 107.6 |
| 武隆县 | Wulong County | 112.2 | 94.6 | 117.5 | 107.9 | 117.6 | 112.6 |

# 19－4 各区县（自治县）农业和农村经济（2006年）
# Agriculture and Rural Economy by Region (2006)

| 区 县 | Region | 农林牧渔业总产值（万元） Gross Output Value (10 000 yuan) | 农 业 Farming | 林 业 Forestry | 牧 业 Animal Husbandry | 渔 业 Fishery | 农林牧渔服务业 Farming, Forestry, Animal Husbandry and Fishery Services | 农林牧渔业总产值指数（可比价）（上年=100） Indices of Gross Output (comparable prices) (preceding year=100) |
|---|---|---|---|---|---|---|---|---|
| 全 市 | **Total** | **6372401** | **3409510** | **223069** | **2403097** | **218639** | **118086** | **96.8** |
| **#都市发达经济圈** | **Metropolitan Advanced Economic Sphere** | **713709** | **437100** | **14939** | **213743** | **37407** | **10520** | **95.8** |
| **渝西经济走廊** | **West Chongqing Economic Corridor** | **2513912** | **1336357** | **82761** | **961381** | **98010** | **35403** | **96.2** |
| **三峡库区生态经济区** | **Ecological Economic Zone in Three Gorges Reservoir Area** | **3144780** | **1636053** | **125369** | **1227973** | **83222** | **72163** | **97.6** |
| **#一小时经济圈** | **One Hour Economic Sphere** | **3673009** | **1999501** | **105097** | **1352805** | **156105** | **59501** | **96.1** |
| 渝中区 | Yuzhong District | | | | | | | |
| 大渡口区 | Dadukou District | 22190 | 10932 | 560 | 7820 | 1775 | 1103 | 97.5 |
| 江北区 | Jiangbei District | 32781 | 9845 | 1929 | 17896 | 2120 | 991 | 98.6 |
| 沙坪坝区 | Shapingba District | 64813 | 35730 | 591 | 20553 | 3009 | 4930 | 90.1 |
| 九龙坡区 | Jiulongpo District | 86574 | 54579 | 3452 | 21605 | 3548 | 3390 | 91.6 |
| 南岸区 | Nan'an District | 42323 | 25332 | 789 | 11324 | 4724 | 154 | 96.9 |
| 北碚区 | Beibei District | 98440 | 58321 | 967 | 31935 | 4904 | 2313 | 96.0 |
| 渝北区 | Yubei District | 180830 | 103069 | 3242 | 62633 | 5353 | 6533 | 97.5 |
| 巴南区 | Ba'nan District | 277960 | 160145 | 3524 | 93968 | 13709 | 6614 | 95.1 |
| 万盛区 | Wansheng District | 48128 | 23657 | 7617 | 14900 | 1615 | 339 | 95.7 |
| 双桥区 | Shuangqiao District | 4045 | 1429 | 79 | 2169 | 235 | 133 | 103.5 |
| 江津区 | Jiangjin District | 431440 | 217877 | 49240 | 140261 | 15355 | 8707 | 96.6 |
| 合川区 | Hechuan District | 339009 | 189896 | 6286 | 121722 | 15560 | 5545 | 96.6 |
| 永川区 | Yongchuan District | 269090 | 140792 | 4850 | 110711 | 8793 | 3944 | 98.4 |
| 南川区 | Nanchuan District | 200038 | 93018 | 16676 | 83003 | 4471 | 2870 | 99.0 |
| 綦江县 | Qijiang County | 226897 | 115476 | 1304 | 100435 | 7703 | 1979 | 93.2 |
| 潼南县 | Tongnan County | 228273 | 133414 | 9933 | 70987 | 11860 | 2079 | 92.9 |
| 铜梁县 | Tongliang County | 204042 | 81308 | 3975 | 103935 | 10496 | 4328 | 96.0 |
| 大足县 | Dazu County | 217820 | 116297 | 8811 | 76501 | 10911 | 5300 | 97.7 |
| 荣昌县 | Rongchang County | 205514 | 87305 | 9774 | 97809 | 8115 | 2511 | 100.5 |
| 璧山县 | Bishan County | 122434 | 60234 | 1347 | 53571 | 5955 | 1327 | 100.3 |
| 涪陵区 | Fuling District | 251758 | 128833 | 3578 | 102953 | 8362 | 8032 | 97.3 |
| 长寿区 | Changshou District | 200594 | 93453 | 3892 | 86998 | 10809 | 5442 | 94.6 |
| **渝东北翼** | **Northeast of Chongqing** | **1974889** | **996219** | **81723** | **792368** | **54827** | **49752** | **98.9** |
| 万州区 | Wanzhou District | 307998 | 148629 | 17548 | 124578 | 13906 | 3337 | 97.7 |
| 梁平县 | Liangping County | 184275 | 106169 | 2392 | 67346 | 6096 | 2272 | 98.8 |
| 城口县 | Chengkou County | 42155 | 19044 | 4075 | 18132 | 454 | 450 | 104.4 |
| 丰都县 | Fengdu County | 159250 | 69756 | 5960 | 77266 | 4331 | 1937 | 98.7 |
| 垫江县 | Dianjiang County | 182617 | 83014 | 2703 | 81292 | 6253 | 9355 | 97.3 |
| 忠 县 | Zhongxian County | 219130 | 98403 | 5027 | 98073 | 3061 | 14566 | 96.5 |
| 开 县 | Kaixian County | 282138 | 139251 | 12442 | 114350 | 6552 | 9543 | 98.5 |
| 云阳县 | Yunyang County | 226588 | 102599 | 8759 | 108861 | 4254 | 2115 | 100.3 |
| 奉节县 | Fengjie County | 197164 | 110555 | 4838 | 75150 | 4391 | 2230 | 101.0 |
| 巫山县 | Wushan County | 113891 | 58447 | 10007 | 42433 | 1015 | 1989 | 99.4 |
| 巫溪县 | Wuxi County | 90563 | 40107 | 8781 | 39604 | 494 | 1577 | 103.5 |
| **渝东南翼** | **Southeast of Chongqing** | **724503** | **413790** | **36249** | **257923** | **7707** | **8833** | **100.9** |
| 黔江区 | Qianjiang District | 114070 | 61154 | 10006 | 39782 | 1582 | 1546 | 98.5 |
| 石柱县 | Shizhu County | 126695 | 68795 | 3949 | 51708 | 1128 | 1115 | 105.0 |
| 秀山县 | Xiushan County | 113564 | 67409 | 4973 | 36409 | 970 | 3803 | 106.8 |
| 酉阳县 | Youyang County | 145988 | 84933 | 5780 | 53876 | 849 | 550 | 104.4 |
| 彭水县 | Pengshui County | 134116 | 74834 | 9251 | 47977 | 803 | 1251 | 93.8 |
| 武隆县 | Wulong County | 101398 | 50457 | 2649 | 45982 | 1810 | 500 | 96.3 |

19-4 续表1 CONTINUED-1

| 区县 | Region | 农业商品产值（万元） Output Value of Agricultural Commodities (10 000 yuan) | 农业商品率（%） Commodity Rate (%) | 乡村从业人员（万人） Rural Employment (10 000 persons) | 年末常用耕地面积（公顷） Year-end Common Cultivated Area (hectare) | 农作物播种面积（公顷） Sown Areas of Farm Crops (hectare) | #粮食 Grain | 农用化肥施用量（折纯）（吨） Consumption of Chemical Fertilizer (net) (tons) |
|---|---|---|---|---|---|---|---|---|
| **全市** | **Total** | **3676371** | **57.7** | **1382.62** | **1383977** | **3487655** | **2499275** | **805403** |
| **#都市发达经济圈** | **Metropolitan Advanced Economic Sphere** | **475597** | **66.6** | **133.04** | **110453** | **276813** | **176961** | **61018** |
| **渝西经济走廊** | **West Chongqing Economic Corridor** | **1504032** | **59.8** | **474.10** | **480667** | **1074442** | **772521** | **291502** |
| **三峡库区生态经济区** | **Ecological Economic Zone in Three Gorges Reservoir Area** | **1696742** | **54.0** | **775.47** | **792857** | **2136400** | **1549793** | **452883** |
| **#一小时经济圈** | **One Hour Economic Sphere** | **2247653** | **61.2** | **701.44** | **695274** | **1598399** | **1125944** | **410217** |
| 渝中区 | Yuzhong District | | | | | | | |
| 大渡口区 | Dadukou District | 20580 | 97.6 | 3.81 | 1572 | 3294 | 756 | 3149 |
| 江北区 | Jiangbei District | 21150 | 66.5 | 5.19 | 3305 | 7024 | 4717 | 5200 |
| 沙坪坝区 | Shapingba District | 37435 | 62.5 | 11.55 | 9367 | 18082 | 8969 | 7673 |
| 九龙坡区 | Jiulongpo District | 69933 | 84.0 | 13.86 | 8064 | 17297 | 8929 | 3485 |
| 南岸区 | Nan'an District | 22856 | 54.2 | 7.70 | 4640 | 7204 | 3002 | 3121 |
| 北碚区 | Beibei District | 51592 | 53.7 | 21.79 | 14976 | 34857 | 22235 | 8764 |
| 渝北区 | Yubei District | 87658 | 50.3 | 34.39 | 28607 | 77989 | 52055 | 12507 |
| 巴南区 | Ba'nan District | 156205 | 55.8 | 34.74 | 39922 | 111162 | 76383 | 17119 |
| 万盛区 | Wansheng District | 18613 | 38.9 | 8.97 | 6305 | 22125 | 13638 | 8514 |
| 双桥区 | Shuangqiao District | 2105 | 52.0 | 1.17 | 830 | 1719 | 1330 | 350 |
| 江津区 | Jiangjin District | 285551 | 67.5 | 74.58 | 67975 | 155755 | 110329 | 29595 |
| 合川区 | Hechuan District | 187650 | 56.3 | 72.66 | 74459 | 168618 | 131064 | 29124 |
| 永川区 | Yongchuan District | 140600 | 52.0 | 43.72 | 50113 | 98761 | 71945 | 50439 |
| 南川区 | Nanchuan District | 118236 | 60.0 | 32.55 | 39085 | 91896 | 65063 | 34600 |
| 綦江县 | Qijiang County | 120372 | 53.5 | 40.14 | 49037 | 113907 | 83489 | 28438 |
| 潼南县 | Tongnan County | 151487 | 67.0 | 46.23 | 53470 | 117955 | 79321 | 28646 |
| 铜梁县 | Tongliang County | 131863 | 66.0 | 39.24 | 41515 | 83420 | 66540 | 29204 |
| 大足县 | Dazu County | 131451 | 61.9 | 41.81 | 42488 | 87480 | 62780 | 23392 |
| 荣昌县 | Rongchang County | 110586 | 54.0 | 39.86 | 30785 | 81722 | 53090 | 21660 |
| 璧山县 | Bishan County | 79625 | 65.7 | 33.18 | 24605 | 51454 | 34304 | 7540 |
| 涪陵区 | Fuling District | 149672 | 63.4 | 52.52 | 67297 | 155570 | 100620 | 36215 |
| 长寿区 | Changshou District | 113738 | 56.7 | 41.77 | 36857 | 91659 | 75927 | 21482 |
| **渝东北翼** | **Northeast of Chongqing** | **1064066** | **53.9** | **489.02** | **473668** | **1286109** | **962365** | **269204** |
| 万州区 | Wanzhou District | 180271 | 59.2 | 76.76 | 57425 | 177622 | 121045 | 38296 |
| 梁平县 | Liangping County | 94060 | 51.7 | 46.89 | 42010 | 100476 | 80523 | 21779 |
| 城口县 | Chengkou County | 16518 | 39.6 | 11.54 | 16930 | 42928 | 32959 | 5334 |
| 丰都县 | Fengdu County | 90706 | 57.7 | 41.21 | 36943 | 122218 | 86374 | 18348 |
| 垫江县 | Dianjiang County | 97487 | 56.3 | 47.72 | 37028 | 88724 | 69128 | 36345 |
| 忠县 | Zhongxian County | 128679 | 63.0 | 44.14 | 52947 | 116019 | 89932 | 28137 |
| 开县 | Kaixian County | 152702 | 56.0 | 72.52 | 66112 | 181886 | 136639 | 42175 |
| 云阳县 | Yunyang County | 109915 | 49.0 | 53.69 | 48080 | 147456 | 111360 | 22965 |
| 奉节县 | Fengjie County | 93393 | 47.9 | 43.74 | 51696 | 137270 | 101016 | 19706 |
| 巫山县 | Wushan County | 46899 | 41.9 | 26.74 | 34057 | 90669 | 67738 | 17175 |
| 巫溪县 | Wuxi County | 35119 | 39.5 | 24.07 | 30440 | 81284 | 66114 | 18944 |
| **渝东南翼** | **Southeast of Chongqing** | **364652** | **50.3** | **192.16** | **215035** | **603147** | **410966** | **125982** |
| 黔江区 | Qianjiang District | 58295 | 51.8 | 28.52 | 28373 | 93736 | 62968 | 21712 |
| 石柱县 | Shizhu County | 67247 | 54.0 | 28.28 | 29453 | 80937 | 58093 | 21265 |
| 秀山县 | Xiushan County | 59174 | 53.9 | 35.15 | 33381 | 97818 | 60085 | 19983 |
| 酉阳县 | Youyang County | 69218 | 47.6 | 43.92 | 46986 | 139218 | 92288 | 22630 |
| 彭水县 | Pengshui County | 64819 | 48.8 | 33.44 | 47521 | 114636 | 85112 | 23276 |
| 武隆县 | Wulong County | 39621 | 39.3 | 22.85 | 29321 | 77010 | 52618 | 17116 |

19-4 续表2 CONTINUED-2

| 区 县 | Region | 农村用电量（万千瓦时） Electricity Consumption in Rural Areas (10 000 kwh) | 农药使用量（吨） Consumption of Chemical Pesticides (ton) | 粮食产量（吨） Output of Grain (ton) | 油料产量（吨） Output of Oil-bearing Crops (ton) | 甘蔗产量（吨） Output of Sugarcane (ton) | 烟叶产量（吨） Output of Tobacco (ton) | 茶叶产量（吨） Output of Tea (ton) |
|---|---|---|---|---|---|---|---|---|
| 全 市 | **Total** | **460291** | **19579** | **9105000** | **403265** | **101574** | **91945** | **17087** |
| **#都市发达经济圈** | **Metropolitan Advanced Economic Sphere** | **140043** | **1387** | **640989** | **13067** | **1070** | **762** | **2241** |
| **渝西经济走廊** | **West Chongqing Economic Corridor** | **159042** | **7880** | **3264906** | **123980** | **87485** | **5345** | **9139** |
| **三峡库区生态经济区** | **Ecological Economic Zone in Three Gorges Reservoir Area** | **161206** | **10312** | **5199105** | **266218** | **13019** | **85838** | **5707** |
| **#一小时经济圈** | **One Hour Economic Sphere** | **337104** | **11033** | **4487864** | **147705** | **90051** | **7560** | **12162** |
| 渝中区 | Yuzhong District | | | | | | | |
| 大渡口区 | Dadukou District | 8679 | 41 | 2405 | | | | 5 |
| 江北区 | Jiangbei District | 19374 | 53 | 15421 | 129 | 100 | | 5 |
| 沙坪坝区 | Shapingba District | 35028 | 185 | 44938 | 201 | 13 | | 41 |
| 九龙坡区 | Jiulongpo District | 11927 | 194 | 41155 | 542 | 543 | | |
| 南岸区 | Nan'an District | 6392 | 46 | 11038 | | | | |
| 北碚区 | Beibei District | 40157 | 287 | 77806 | 1300 | 80 | 14 | 58 |
| 渝北区 | Yubei District | 6137 | 162 | 183023 | 5510 | 207 | 88 | 11 |
| 巴南区 | Ba'nan District | 12349 | 419 | 308888 | 2264 | 127 | 660 | 2121 |
| 万盛区 | Wansheng District | 5448 | 93 | 41927 | 1130 | | 73 | 632 |
| 双桥区 | Shuangqiao District | 122 | 16 | 7835 | 162 | | | |
| 江津区 | Jiangjin District | 17715 | 816 | 552168 | 10268 | 65236 | 1061 | 1073 |
| 合川区 | Hechuan District | 10583 | 654 | 576611 | 13223 | 730 | 117 | 104 |
| 永川区 | Yongchuan District | 9661 | 2178 | 400240 | 8840 | 4022 | 12 | 983 |
| 南川区 | Nanchuan District | 14000 | 340 | 301168 | 17169 | | 2778 | 2172 |
| 綦江县 | Qijiang County | 12795 | 513 | 278718 | 8648 | 136 | 1028 | 818 |
| 潼南县 | Tongnan County | 11526 | 385 | 305397 | 29883 | 6510 | 30 | 190 |
| 铜梁县 | Tongliang County | 9279 | 591 | 287875 | 4203 | 520 | 5 | 240 |
| 大足县 | Dazu County | 12075 | 1042 | 317665 | 12931 | 2100 | 235 | 520 |
| 荣昌县 | Rongchang County | 7654 | 637 | 252851 | 13654 | 7787 | 4 | 2080 |
| 璧山县 | Bishan County | 48184 | 615 | 164958 | 1862 | 444 | 2 | 327 |
| 涪陵区 | Fuling District | 23159 | 1304 | 343747 | 4040 | 780 | 1335 | 746 |
| 长寿区 | Changshou District | 14860 | 462 | 277883 | 7400 | 716 | 118 | 36 |
| **渝东北翼** | **Northeast of Chongqing** | **87465** | **5417** | **3244455** | **157014** | **11027** | **29583** | **2264** |
| 万州区 | Wanzhou District | 12097 | 935 | 445422 | 13473 | 493 | 3194 | 98 |
| 梁平县 | Liangping County | 6762 | 625 | 326096 | 11588 | 4324 | 62 | 90 |
| 城口县 | Chengkou County | 1179 | 39 | 91146 | 1295 | | 204 | 351 |
| 丰都县 | Fengdu County | 9671 | 312 | 280036 | 14823 | 63 | 3147 | 6 |
| 垫江县 | Dianjiang County | 5232 | 606 | 301788 | 14655 | 1389 | 386 | 50 |
| 忠 县 | Zhongxian County | 5035 | 687 | 334326 | 25831 | 1707 | 217 | 26 |
| 开 县 | Kaixian County | 9535 | 734 | 498209 | 22825 | 2956 | 1128 | 654 |
| 云阳县 | Yunyang County | 8633 | 432 | 404809 | 15005 | 95 | 1470 | 270 |
| 奉节县 | Fengjie County | 18506 | 701 | 393817 | 19959 | | 4831 | 225 |
| 巫山县 | Wushan County | 6030 | 134 | 206357 | 8424 | | 10862 | 165 |
| 巫溪县 | Wuxi County | 4785 | 212 | 183563 | 4517 | | 4082 | 329 |
| **渝东南翼** | **Southeast of Chongqing** | **35722** | **3129** | **1372681** | **98546** | **496** | **54802** | **2661** |
| 黔江区 | Qianjiang District | 2165 | 569 | 202275 | 12407 | | 11013 | 628 |
| 石柱县 | Shizhu County | 7082 | 388 | 245349 | 11562 | 309 | 5540 | 189 |
| 秀山县 | Xiushan County | 13970 | 1021 | 295138 | 28174 | | 2132 | 1186 |
| 酉阳县 | Youyang County | 4120 | 583 | 365220 | 22268 | | 11495 | 460 |
| 彭水县 | Pengshui County | 3320 | 363 | 215751 | 15436 | 187 | 16297 | 161 |
| 武隆县 | Wulong County | 5065 | 205 | 142498 | 5800 | | 8325 | 37 |

19-4 续表3 CONTINUED-3

| 区 县 | Region | 水果产量（吨） Output of Fruit (ton) | 蔬菜产量（吨） Output of Vegetable (ton) | 肉类总产量（吨） Output of Meat (ton) | #猪 肉 Output of Pork | #牛 肉 Output of Beef | 水产品产量（吨） Output of Aquatic Products (ton) |
|---|---|---|---|---|---|---|---|
| **全 市** | **Total** | **1457446** | **8887579** | **1768491** | **1421485** | **63619** | **226129** |
| **#都市发达经济圈** | **Metropolitan Advanced Economic Sphere** | **100399** | **1488125** | **166379** | **128033** | **830** | **42152** |
| **渝西经济走廊** | **West Chongqing Economic Corridor** | **432477** | **3889013** | **667664** | **510117** | **8873** | **107410** |
| **三峡库区生态经济区** | **Ecological Economic Zone in Three Gorges Reservoir Area** | **924570** | **3510441** | **934448** | **783335** | **53916** | **76567** |
| **#一小时经济圈** | **One Hour Economic Sphere** | **664253** | **5862430** | **961639** | **749213** | **12050** | **171812** |
| 渝中区 | Yuzhong District | | | | | | |
| 大渡口区 | Dadukou District | 665 | 87815 | 6468 | 5624 | 32 | 1902 |
| 江北区 | Jiangbei District | 2210 | 29753 | 9084 | 7047 | 43 | 1046 |
| 沙坪坝区 | Shapingba District | 4100 | 187567 | 13631 | 6085 | 38 | 3953 |
| 九龙坡区 | Jiulongpo District | 14023 | 160336 | 15828 | 10608 | 8 | 4670 |
| 南岸区 | Nan'an District | 2864 | 78295 | 4608 | 3753 | 29 | 3297 |
| 北碚区 | Beibei District | 9523 | 153724 | 22345 | 17780 | 81 | 3919 |
| 渝北区 | Yubei District | 30544 | 320085 | 50350 | 36420 | 237 | 6685 |
| 巴南区 | Ba'nan District | 36470 | 470550 | 69811 | 53788 | 362 | 16680 |
| 万盛区 | Wansheng District | 2633 | 125100 | 11836 | 9854 | 137 | 1600 |
| 双桥区 | Shuangqiao District | 1263 | 4005 | 2256 | 1955 | | 260 |
| 江津区 | Jiangjin District | 106685 | 715231 | 104691 | 82859 | 687 | 15712 |
| 合川区 | Hechuan District | 24278 | 664569 | 104316 | 89239 | 154 | 16100 |
| 永川区 | Yongchuan District | 80765 | 434036 | 111190 | 71266 | 151 | 12561 |
| 南川区 | Nanchuan District | 30000 | 224469 | 60193 | 44757 | 3153 | 5260 |
| 綦江县 | Qijiang County | 16785 | 325281 | 70325 | 53402 | 2798 | 8300 |
| 潼南县 | Tongnan County | 43804 | 368955 | 52467 | 47427 | 380 | 9673 |
| 铜梁县 | Tongliang County | 21300 | 242311 | 67233 | 43516 | 105 | 11258 |
| 大足县 | Dazu County | 22785 | 205643 | 56882 | 44032 | 360 | 7973 |
| 荣昌县 | Rongchang County | 21550 | 319029 | 73665 | 52360 | 930 | 6903 |
| 璧山县 | Bishan County | 60629 | 260384 | 55927 | 21531 | 18 | 11810 |
| 涪陵区 | Fuling District | 55500 | 275187 | 78487 | 62740 | 1540 | 8750 |
| 长寿区 | Changshou District | 75877 | 210105 | 68854 | 59662 | 807 | 13500 |
| **渝东北翼** | **Northeast of Chongqing** | **710501** | **2219621** | **587943** | **481040** | **31338** | **47941** |
| 万州区 | Wanzhou District | 115169 | 436616 | 90532 | 75194 | 3955 | 13042 |
| 梁平县 | Liangping County | 49333 | 284907 | 60702 | 45181 | 1085 | 5830 |
| 城口县 | Chengkou County | 1722 | 30275 | 18319 | 13768 | 756 | 305 |
| 丰都县 | Fengdu County | 17774 | 136747 | 58341 | 35761 | 8928 | 5570 |
| 垫江县 | Dianjiang County | 31100 | 201359 | 68943 | 54201 | 1873 | 5850 |
| 忠 县 | Zhongxian County | 64288 | 168200 | 53962 | 41978 | 2586 | 5046 |
| 开 县 | Kaixian County | 173483 | 266639 | 101874 | 78496 | 3259 | 6700 |
| 云阳县 | Yunyang County | 63421 | 248778 | 83778 | 63147 | 5112 | 1367 |
| 奉节县 | Fengjie County | 167215 | 178404 | 61193 | 53339 | 2402 | 2895 |
| 巫山县 | Wushan County | 22335 | 138096 | 42557 | 36854 | 503 | 750 |
| 巫溪县 | Wuxi County | 4661 | 129600 | 38722 | 32234 | 879 | 586 |
| **渝东南翼** | **Southeast of Chongqing** | **82692** | **805528** | **218909** | **191232** | **20231** | **6376** |
| 黔江区 | Qianjiang District | 29798 | 99800 | 41149 | 35760 | 3149 | 1310 |
| 石柱县 | Shizhu County | 11038 | 89498 | 28846 | 21715 | 3725 | 1280 |
| 秀山县 | Xiushan County | 26061 | 173446 | 42950 | 38404 | 1856 | 838 |
| 酉阳县 | Youyang County | 4440 | 135610 | 49699 | 40636 | 3949 | 930 |
| 彭水县 | Pengshui County | 4434 | 199850 | 48048 | 39939 | 4503 | 168 |
| 武隆县 | Wulong County | 6921 | 107324 | 42092 | 34302 | 3049 | 1850 |

# 19－5 各区县（自治县）工业（2006年）
# Industry by Region (2006)

| 区 县 | Region | 工业总产值（万元） Gross Output Value of Industry (10 000 yuan) | 工业总产值指数（上年=100） Index of Gross Output Value of Industry (preceding year=100) | 工业企业资产合计（万元） Total Property of Industrial Enterprises (10 000 yuan) | 主营业务收入（万元） Revenue of Major Business (10 000 yuan) | 利润总额（万元） Total Profits (10 000 yuan) |
|---|---|---|---|---|---|---|
| 全 市 | **Total** | **32142340** | **127.4** | **36240557** | **32008042** | **1557631** |
| **#都市发达经济圈** | **Metropolitan Advanced Economic Sphere** | **22057839** | **128.3** | **23084034** | **22209933** | **1021787** |
| **渝西经济走廊** | **West Chongqing Economic Corridor** | **5477457** | **128.2** | **6012464** | **5380745** | **295052** |
| **三峡库区生态经济区** | **Ecological Economic Zone in Three Gorges Reservoir Area** | **4607044** | **122.5** | **7144059** | **4417365** | **240792** |
| **#一小时经济圈** | **One Hour Economic Sphere** | **29866746** | **127.5** | **32470182** | **29836265** | **1487422** |
| 渝中区 | Yuzhong District | 1417503 | 120.3 | 2933802 | 1527442 | 49850 |
| 大渡口区 | Dadukou District | 1805388 | 113.1 | 1921856 | 1866753 | 77753 |
| 江北区 | Jiangbei District | 2085557 | 102.4 | 3443522 | 2069775 | 127600 |
| 沙坪坝区 | Shapingba District | 2812089 | 122.8 | 2131979 | 2793264 | 96335 |
| 九龙坡区 | Jiulongpo District | 4873582 | 134.3 | 4715125 | 4958935 | 134021 |
| 南岸区 | Nan'an District | 2156393 | 123.4 | 1885438 | 2191768 | 93865 |
| 北碚区 | Beibei District | 1482832 | 128.1 | 1516279 | 1462539 | 82391 |
| 渝北区 | Yubei District | 3647784 | 168.5 | 3112215 | 3516859 | 257342 |
| 巴南区 | Ba'nan District | 1776711 | 127.2 | 1423818 | 1822599 | 102630 |
| 万盛区 | Wansheng District | 141539 | 109.2 | 247252 | 138145 | 3752 |
| 双桥区 | Shuangqiao District | 415475 | 142.5 | 233193 | 424643 | -11766 |
| 江津区 | Jiangjin District | 1138364 | 121.4 | 1731172 | 1053031 | 77906 |
| 合川区 | Hechuan District | 327664 | 133.4 | 611271 | 316343 | 34727 |
| 永川区 | Yongchuan District | 618425 | 123.9 | 475632 | 578353 | 37954 |
| 南川区 | Nanchuan District | 449404 | 134.7 | 494600 | 456178 | 42897 |
| 綦江县 | Qijiang County | 463162 | 113.6 | 595345 | 471568 | 11830 |
| 潼南县 | Tongnan County | 134185 | 140.6 | 129727 | 126038 | 4984 |
| 铜梁县 | Tongliang County | 347325 | 127.3 | 301245 | 342272 | 7484 |
| 大足县 | Dazu County | 239404 | 134.5 | 166341 | 241919 | 19148 |
| 荣昌县 | Rongchang County | 386935 | 143.1 | 341380 | 414008 | 15155 |
| 璧山县 | Bishan County | 815575 | 133.3 | 685306 | 818246 | 50981 |
| 涪陵区 | Fuling District | 1512174 | 119.1 | 2334072 | 1436288 | 67491 |
| 长寿区 | Changshou District | 819276 | 119.2 | 1039612 | 809300 | 103092 |
| **渝东北翼** | **Northeast of Chongqing** | **1551966** | **127.8** | **2246381** | **1470171** | **49627** |
| 万州区 | Wanzhou District | 603515 | 125.0 | 853335 | 538031 | 17872 |
| 梁平县 | Liangping County | 114336 | 128.7 | 80065 | 110900 | 1855 |
| 城口县 | Chengkou County | 50717 | 100.0 | 67174 | 47584 | -1616 |
| 丰都县 | Fengdu County | 101868 | 120.3 | 176479 | 81023 | 1723 |
| 垫江县 | Dianjiang County | 244985 | 137.3 | 224117 | 248340 | 13180 |
| 忠 县 | Zhongxian County | 61934 | 128.5 | 113760 | 60170 | 2531 |
| 开 县 | Kaixian County | 241745 | 138.5 | 409803 | 247185 | 13172 |
| 云阳县 | Yunyang County | 53199 | 128.7 | 100181 | 54156 | 595 |
| 奉节县 | Fengjie County | 36508 | 134.4 | 90190 | 41489 | 1723 |
| 巫山县 | Wushan County | 22972 | 108.9 | 56368 | 21862 | -656 |
| 巫溪县 | Wuxi County | 20187 | 122.1 | 74909 | 19430 | -752 |
| **渝东南翼** | **Southeast of Chongqing** | **723628** | **122.5** | **1523994** | **701606** | **20582** |
| 黔江区 | Qianjiang District | 259955 | 116.8 | 564978 | 257033 | 12234 |
| 石柱县 | Shizhu County | 100134 | 139.1 | 184455 | 94895 | 4787 |
| 秀山县 | Xiushan County | 189298 | 129.6 | 155340 | 181061 | -4944 |
| 酉阳县 | Youyang County | 37424 | 105.3 | 82035 | 32506 | 1443 |
| 彭水县 | Pengshui County | 37318 | 135.4 | 80636 | 38054 | 1824 |
| 武隆县 | Wulong County | 99499 | 114.6 | 456551 | 98058 | 5238 |

注：本表为全部国有和规模以上非国有工业企业统计数。

Note: Data of industry in this table refer to state-owned industrial enterprises and non-state-owned industrial enterprises above designated size.

19-5 续表 CONTINUED

| 区 县 | Region | 经济效益综合指数 Comprehensive Index of Economic Efficiency | 总资产贡献率（%） Ratio of Total Assets to Industrial Output Value (%) | 资产负债率（%） Ratio of Liabilities to Assets (%) | 产品销售率（%） Ratio of Sales to Products (%) | 全员劳动生产率（元/人年） Overall Labor Productivity (yuan/person--year) |
|---|---|---|---|---|---|---|
| **全 市** | **Total** | **153.7** | **10.5** | **59.8** | **98.4** | **87750** |
| **#都市发达经济圈** | **Metropolitan Advanced Economic Sphere** | **156.8** | **10.3** | **60.3** | **98.6** | **95510** |
| **渝西经济走廊** | **West Chongqing Economic Corridor** | **149.8** | **11.2** | **60.5** | **98.4** | **72524** |
| **三峡库区生态经济区** | **Ecological Economic Zone in Three Gorges Reservoir Area** | **153.2** | **10.6** | **57.7** | **97.6** | **86530** |
| **#一小时经济圈** | **One Hour Economic Sphere** | **156.4** | **10.7** | **59.6** | **98.6** | **91005** |
| 渝中区 | Yuzhong District | 193.4 | 7.2 | 65.0 | 100.5 | 165336 |
| 大渡口区 | Dadukou District | 154.9 | 10.9 | 58.0 | 98.8 | 86276 |
| 江北区 | Jiangbei District | 127.4 | 7.0 | 56.9 | 96.8 | 60920 |
| 沙坪坝区 | Shapingba District | 150.1 | 9.6 | 66.8 | 98.9 | 99841 |
| 九龙坡区 | Jiulongpo District | 132.6 | 7.1 | 58.7 | 99.4 | 83110 |
| 南岸区 | Nan'an District | 165.9 | 13.7 | 60.3 | 98.4 | 101272 |
| 北碚区 | Beibei District | 162.4 | 12.5 | 57.7 | 99.7 | 89804 |
| 渝北区 | Yubei District | 223.9 | 17.5 | 61.9 | 97.2 | 153128 |
| 巴南区 | Ba'nan District | 163.5 | 15.2 | 56.9 | 99.0 | 79414 |
| 万盛区 | Wansheng District | 98.2 | 8.3 | 63.8 | 97.1 | 28292 |
| 双桥区 | Shuangqiao District | 85.7 | -1.2 | 79.0 | 102.0 | 74254 |
| 江津区 | Jiangjin District | 186.9 | 9.9 | 62.0 | 95.9 | 132941 |
| 合川区 | Hechuan District | 155.0 | 10.6 | 67.1 | 98.5 | 50719 |
| 永川区 | Yongchuan District | 171.2 | 15.4 | 54.1 | 97.7 | 83841 |
| 南川区 | Nanchuan District | 212.4 | 16.4 | 51.6 | 100.9 | 110845 |
| 綦江县 | Qijiang County | 103.8 | 7.7 | 64.5 | 99.6 | 43843 |
| 潼南县 | Tongnan County | 151.2 | 9.5 | 47.7 | 97.2 | 80345 |
| 铜梁县 | Tongliang County | 142.9 | 9.3 | 57.0 | 98.6 | 76917 |
| 大足县 | Dazu County | 174.5 | 21.8 | 44.6 | 98.8 | 49665 |
| 荣昌县 | Rongchang County | 157.0 | 14.0 | 53.6 | 99.5 | 63313 |
| 璧山县 | Bishan County | 157.4 | 14.4 | 62.4 | 97.9 | 66869 |
| 涪陵区 | Fuling District | 174.6 | 10.5 | 57.3 | 97.7 | 128530 |
| 长寿区 | Changshou District | 212.7 | 15.2 | 43.1 | 99.5 | 115860 |
| **渝东北翼** | **Northeast of Chongqing** | **125.4** | **7.9** | **60.4** | **96.1** | **57434** |
| 万州区 | Wanzhou District | 126.4 | 6.6 | 61.4 | 93.3 | 74288 |
| 梁平县 | Liangping County | 118.8 | 11.7 | 58.6 | 99.8 | 20707 |
| 城口县 | Chengkou County | 92.6 | 4.7 | 55.5 | 97.9 | 55937 |
| 丰都县 | Fengdu County | 118.8 | 5.2 | 58.3 | 91.1 | 77698 |
| 垫江县 | Dianjiang County | 165.8 | 13.0 | 51.0 | 97.7 | 72924 |
| 忠 县 | Zhongxian County | 113.6 | 7.3 | 55.4 | 93.7 | 45749 |
| 开 县 | Kaixian County | 169.7 | 10.9 | 68.4 | 101.6 | 79721 |
| 云阳县 | Yunyang County | 94.1 | 4.8 | 54.8 | 97.8 | 32406 |
| 奉节县 | Fengjie County | 106.3 | 7.5 | 68.4 | 98.2 | 31208 |
| 巫山县 | Wushan County | 71.3 | 5.7 | 62.7 | 96.5 | 24574 |
| 巫溪县 | Wuxi County | 59.9 | 2.6 | 49.2 | 97.1 | 26103 |
| **渝东南翼** | **Southeast of Chongqing** | **141.4** | **11.3** | **64.3** | **98.5** | **87908** |
| 黔江区 | Qianjiang District | 324.1 | 19.9 | 61.0 | 99.0 | 342684 |
| 石柱县 | Shizhu County | 124.1 | 8.4 | 62.8 | 97.5 | 46445 |
| 秀山县 | Xiushan County | 95.9 | 5.2 | 68.2 | 98.3 | 47872 |
| 酉阳县 | Youyang County | 112.9 | 5.7 | 48.2 | 99.3 | 57363 |
| 彭水县 | Pengshui County | 126.4 | 8.1 | 44.7 | 98.5 | 48295 |
| 武隆县 | Wulong County | 118.8 | 6.1 | 73.9 | 98.5 | 68404 |

# 19—6 各区县（自治县）建筑业（2006年）
# Construction by Region (2006)

| 区　县 | Region | 建筑企业单位数（个）Number of Construction Enterprises (unit) | 建筑企业从业人员（人）Employment of Construction Enterprises (person) | 建筑业总产值（万元）Gross Output Value of Construction (10 000 yuan) | 房屋建筑施工面积（万平方米）Space Floor under Construction (10 000 sq.m) | 房屋建筑竣工面积（万平方米）Space Floor Completed (10 000 sq.m) | #住　宅 Residential Buildings |
|---|---|---|---|---|---|---|---|
| **全　市** | **Total** | **2455** | **867153** | **8950918** | **11522.42** | **5309.27** | **3821.96** |
| **#都市发达经济圈** | **Metropolitan Advanced Economic Sphere** | **1373** | **412217** | **5364285** | **5818.16** | **2224.75** | **1591.58** |
| **渝西经济走廊** | **West Chongqing Economic Corridor** | **520** | **226446** | **1693192** | **2664.17** | **1517.73** | **1122.98** |
| **三峡库区生态经济区** | **Ecological Economic Zone in Three Gorges Reservoir Area** | **562** | **228490** | **1890209** | **3040.09** | **1566.79** | **1107.40** |
| **#一小时经济圈** | **One Hour Economic Sphere** | **2016** | **702584** | **7764210** | **9684.83** | **4225.64** | **3090.91** |
| 渝中区 | Yuzhong District | 303 | 51539 | 685178 | 795.82 | 191.77 | 147.77 |
| 大渡口区 | Dadukou District | 61 | 12275 | 107567 | 109.96 | 50.97 | 21.98 |
| 江北区 | Jiangbei District | 100 | 26718 | 409084 | 402.80 | 163.43 | 121.52 |
| 沙坪坝区 | Shapingba District | 167 | 41724 | 626915 | 584.77 | 184.20 | 125.28 |
| 九龙坡区 | Jiulongpo District | 261 | 81718 | 1175316 | 1465.45 | 685.81 | 452.25 |
| 南岸区 | Nan'an District | 99 | 35528 | 570569 | 219.45 | 70.19 | 55.11 |
| 北碚区 | Beibei District | 49 | 21610 | 192620 | 262.62 | 121.19 | 75.99 |
| 渝北区 | Yubei District | 241 | 89560 | 1053427 | 1221.95 | 389.62 | 298.55 |
| 巴南区 | Ba'nan District | 92 | 51545 | 543609 | 755.34 | 367.57 | 293.13 |
| 万盛区 | Wansheng District | 22 | 3004 | 15654 | 17.37 | 7.90 | 4.46 |
| 双桥区 | Shuangqiao District | 6 | 430 | 4827 | 6.15 | 3.80 | |
| 江津区 | Jiangjin District | 77 | 42585 | 337832 | 603.57 | 260.60 | 195.99 |
| 合川区 | Hechuan District | 87 | 22183 | 177904 | 362.75 | 238.58 | 166.71 |
| 永川区 | Yongchuan District | 68 | 62001 | 480871 | 557.87 | 288.74 | 241.51 |
| 南川区 | Nanchuan District | 38 | 6743 | 48399 | 65.42 | 34.78 | 27.79 |
| 綦江县 | Qijiang County | 40 | 10283 | 62476 | 95.26 | 56.26 | 32.29 |
| 潼南县 | Tongnan County | 37 | 25142 | 192127 | 256.52 | 182.70 | 119.54 |
| 铜梁县 | Tongliang County | 30 | 11795 | 87818 | 165.87 | 109.19 | 92.91 |
| 大足县 | Dazu County | 32 | 10261 | 95892 | 154.17 | 84.70 | 64.83 |
| 荣昌县 | Rongchang County | 37 | 19060 | 93146 | 173.60 | 129.97 | 89.42 |
| 璧山县 | Bishan County | 46 | 12959 | 96246 | 205.62 | 120.51 | 87.53 |
| 涪陵区 | Fuling District | 87 | 32349 | 359514 | 577.35 | 238.48 | 177.45 |
| 长寿区 | Changshou District | 36 | 31572 | 347219 | 625.15 | 244.68 | 198.90 |
| **渝东北翼** | **Northeast of Chongqing** | **360** | **141963** | **1017531** | **1587.58** | **963.75** | **659.87** |
| 万州区 | Wanzhou District | 157 | 51804 | 434185 | 672.79 | 366.87 | 238.15 |
| 梁平县 | Liangping County | 14 | 3595 | 22258 | 35.78 | 26.83 | 10.77 |
| 城口县 | Chengkou County | 4 | 695 | 1636 | 5.62 | 1.60 | 1.40 |
| 丰都县 | Fengdu County | 15 | 5199 | 35948 | 90.99 | 46.70 | 35.20 |
| 垫江县 | Dianjiang County | 33 | 21830 | 97833 | 182.42 | 146.50 | 125.16 |
| 忠　县 | Zhongxian County | 26 | 15005 | 99793 | 142.82 | 72.56 | 53.18 |
| 开　县 | Kaixian County | 41 | 27211 | 178922 | 223.10 | 151.94 | 114.51 |
| 云阳县 | Yunyang County | 22 | 6404 | 63071 | 87.02 | 39.60 | 24.35 |
| 奉节县 | Fengjie County | 27 | 6097 | 64478 | 118.07 | 84.91 | 42.55 |
| 巫山县 | Wushan County | 14 | 2140 | 12810 | 18.01 | 17.22 | 11.29 |
| 巫溪县 | Wuxi County | 7 | 1983 | 6597 | 10.96 | 9.02 | 3.31 |
| **渝东南翼** | **Southeast of Chongqing** | **79** | **22606** | **165945** | **250.01** | **119.88** | **71.18** |
| 黔江区 | Qianjiang District | 27 | 11716 | 73774 | 66.57 | 40.65 | 24.05 |
| 石柱县 | Shizhu County | 10 | 1999 | 23790 | 37.45 | 21.46 | 18.01 |
| 秀山县 | Xiushan County | 8 | 2429 | 13570 | 55.49 | 6.97 | 5.12 |
| 酉阳县 | Youyang County | 7 | 2020 | 13514 | 25.25 | 8.92 | 1.26 |
| 彭水县 | Pengshui County | 10 | 1068 | 11335 | 16.39 | 11.28 | 5.51 |
| 武隆县 | Wulong County | 17 | 3374 | 29962 | 48.86 | 30.60 | 17.23 |

注：本表数据不包括劳务分包企业；受建筑企业所在地影响，各区县总产值汇总数不等于全市数。

Note: Data in this table exclude construction enterprises of work subcontractors. Total gross output value of construction is unequal to the sum of all regions due to the effect of locality of construction enterprises.

# 19—7 各区县（自治县）公路交通运输业（2006年）

## Highway Transportation by Region (2006)

| 区县 | Region | 公路里程（公里） Length of Highways (km) | #等级公路 Expressway and Class I-IV Highways | 公路客运量（万人） Passenger Traffic by Highways (10 000 persons) | 公路货运量（万吨） Freight Traffic by Highways (10 000 tons) |
|---|---|---|---|---|---|
| **全　市** | **Total** | **100299** | **41885** | **58179** | **36254** |
| **#都市发达经济圈** | **Metropolitan Advanced Economic Sphere** | **8568** | **5255** | **15894** | **10736** |
| **渝西经济走廊** | **West Chongqing Economic Corridor** | **25079** | **12718** | **20138** | **8955** |
| **三峡库区生态经济区** | **Ecological Economic Zone in Three Gorges Reservoir Area** | **66652** | **23912** | **22147** | **6816** |
| **#一小时经济圈** | **One Hour Economic Sphere** | **39964** | **21112** | **40997** | **21265** |
| 渝中区 | Yuzhong District | | | 260 | 636 |
| 大渡口区 | Dadukou District | 184 | 175 | 442 | 1739 |
| 江北区 | Jiangbei District | 429 | 429 | 2309 | 1152 |
| 沙坪坝区 | Shapingba District | 926 | 337 | 1222 | 1002 |
| 九龙坡区 | Jiulongpo District | 780 | 676 | 1632 | 1079 |
| 南岸区 | Nan'an District | 563 | 411 | 2574 | 1989 |
| 北碚区 | Beibei District | 1114 | 686 | 1440 | 946 |
| 渝北区 | Yubei District | 2428 | 1469 | 1660 | 1323 |
| 巴南区 | Ba'nan District | 2144 | 1072 | 4355 | 870 |
| 万盛区 | Wansheng District | 813 | 379 | 405 | 1049 |
| 双桥区 | Shuangqiao District | 87 | 74 | 130 | 153 |
| 江津区 | Jiangjin District | 4040 | 2630 | 3076 | 740 |
| 合川区 | Hechuan District | 2984 | 1957 | 1749 | 894 |
| 永川区 | Yongchuan District | 2669 | 859 | 4238 | 1647 |
| 南川区 | Nanchuan District | 2670 | 842 | 1010 | 212 |
| 綦江县 | Qijiang County | 3033 | 2169 | 1009 | 2300 |
| 潼南县 | Tongnan County | 1532 | 789 | 552 | 274 |
| 铜梁县 | Tongliang County | 1893 | 791 | 1069 | 168 |
| 大足县 | Dazu County | 2211 | 568 | 3121 | 727 |
| 荣昌县 | Rongchang County | 1605 | 1061 | 1430 | 170 |
| 璧山县 | Bishan County | 1542 | 599 | 2349 | 621 |
| 涪陵区 | Fuling District | 3581 | 736 | 1377 | 680 |
| 长寿区 | Changshou District | 2736 | 2403 | 3588 | 894 |
| **渝东北翼** | **Northeast of Chongqing** | **47248** | **15501** | **13554** | **4188** |
| 万州区 | Wanzhou District | 4599 | 1321 | 5224 | 942 |
| 梁平县 | Liangping County | 3447 | 1322 | 1016 | 411 |
| 城口县 | Chengkou County | 1453 | 879 | 94 | 73 |
| 丰都县 | Fengdu County | 3778 | 731 | 1742 | 294 |
| 垫江县 | Dianjiang County | 2303 | 1637 | 1363 | 873 |
| 忠　县 | Zhongxian County | 3754 | 1440 | 1058 | 129 |
| 开　县 | Kaixian County | 8056 | 2452 | 1026 | 628 |
| 云阳县 | Yunyang County | 6611 | 1812 | 1199 | 201 |
| 奉节县 | Fengjie County | 7474 | 1374 | 214 | 130 |
| 巫山县 | Wushan County | 3009 | 1102 | 303 | 347 |
| 巫溪县 | Wuxi County | 2764 | 1431 | 315 | 160 |
| **渝东南翼** | **Southeast of Chongqing** | **13087** | **5272** | **3628** | **1054** |
| 黔江区 | Qianjiang District | 2003 | 1400 | 1293 | 186 |
| 石柱县 | Shizhu County | 2430 | 1163 | 323 | 227 |
| 秀山县 | Xiushan County | 1999 | 672 | 405 | 101 |
| 酉阳县 | Youyang County | 1949 | 282 | 575 | 243 |
| 彭水县 | Pengshui County | 1809 | 736 | 714 | 90 |
| 武隆县 | Wulong County | 2897 | 1019 | 318 | 207 |
| **其　他** | **Others** | | | | **9747** |

注：1）2006年起，公路里程包括村道。
2）渝中区公路归为市政道路，不属于本表统计范围。
3）指标“其他”为市直管企业、经开区及高新区合计数。

Note: a) Length of Highways has included village roads since 2006.
b) Highways in Yuzhong District are civil roads, which don't belong to the statistic range of this table.
c) Index of "others" includes data of enterprises managed by municipal units directly, Chongqing High-tech and Economic & Technology Development Zones.

# 19－8 各区县（自治县）固定资产投资（2006年）
# Investment in Fixed Assets by Region (2006)

| 区 县 | Region | 全社会固定资产投资（万元）Total Investment in Fixed Assets (10 000 yuan) | #建设与改造投资 Construction and Innovation | #工 业 Industry | #房地产开发 Real Estate Development | 全社会固定资产投资指数（上年=100）Index of Total Investment (preceding year=100) |
|---|---|---|---|---|---|---|
| **全 市** | **Total** | **24518351** | **18222051** | **7354706** | **6296300** | **124.9** |
| **#都市发达经济圈** | **Metropolitan Advanced Economic Sphere** | **12792852** | **7575631** | **2665970** | **5217221** | **127.9** |
| **渝西经济走廊** | **West Chongqing Economic Corridor** | **5056032** | **4456721** | **2534331** | **599311** | **121.8** |
| **三峡库区生态经济区** | **Ecological Economic Zone in Three Gorges Reservoir Area** | **6669467** | **6189699** | **2154405** | **479768** | **121.7** |
| **#一小时经济圈** | **One Hour Economic Sphere** | **19060324** | **13111208** | **5807213** | **5949116** | **125.9** |
| 渝中区 | Yuzhong District | 988012 | 585621 | 51810 | 402391 | 103.9 |
| 大渡口区 | Dadukou District | 605589 | 421907 | 208197 | 183682 | 125.3 |
| 江北区 | Jiangbei District | 1605183 | 838941 | 259747 | 766242 | 134.6 |
| 沙坪坝区 | Shapingba District | 1482894 | 996603 | 261858 | 486291 | 137.5 |
| 九龙坡区 | Jiulongpo District | 1514706 | 776959 | 295264 | 737747 | 120.1 |
| 南岸区 | Nan'an District | 1978035 | 847243 | 381059 | 1130792 | 127.4 |
| 北碚区 | Beibei District | 652094 | 531950 | 237915 | 120144 | 136.4 |
| 渝北区 | Yubei District | 2807123 | 1726190 | 549001 | 1080933 | 124.9 |
| 巴南区 | Ba'nan District | 1159216 | 850217 | 421119 | 308999 | 153.1 |
| 万盛区 | Wansheng District | 231046 | 226703 | 211178 | 4343 | 187.1 |
| 双桥区 | Shuangqiao District | 44055 | 35140 | 21733 | 8915 | 112.0 |
| 江津区 | Jiangjin District | 807269 | 702224 | 427221 | 105045 | 130.3 |
| 合川区 | Hechuan District | 884728 | 803231 | 471040 | 81497 | 126.6 |
| 永川区 | Yongchuan District | 876250 | 757348 | 382562 | 118902 | 125.2 |
| 南川区 | Nanchuan District | 364707 | 326293 | 154606 | 38414 | 109.7 |
| 綦江县 | Qijiang County | 328601 | 294503 | 187431 | 34098 | 109.3 |
| 潼南县 | Tongnan County | 219967 | 192524 | 48773 | 27443 | 97.2 |
| 铜梁县 | Tongliang County | 335181 | 309047 | 170739 | 26134 | 100.1 |
| 大足县 | Dazu County | 295045 | 241031 | 94408 | 54014 | 117.7 |
| 荣昌县 | Rongchang County | 262410 | 226193 | 138163 | 36217 | 130.4 |
| 璧山县 | Bishan County | 406773 | 342484 | 226477 | 64289 | 125.7 |
| 涪陵区 | Fuling District | 611748 | 553167 | 268192 | 58581 | 122.6 |
| 长寿区 | Changshou District | 599692 | 525689 | 338720 | 74003 | 123.6 |
| **渝东北翼** | **Northeast of Chongqing** | **3705774** | **3429922** | **971046** | **275852** | **120.2** |
| 万州区 | Wanzhou District | 1020702 | 916189 | 327944 | 104513 | 110.5 |
| 梁平县 | Liangping County | 241809 | 228809 | 50742 | 13000 | 114.2 |
| 城口县 | Chengkou County | 113956 | 110956 | 48933 | 3000 | 149.0 |
| 丰都县 | Fengdu County | 276414 | 264623 | 85494 | 11791 | 118.7 |
| 垫江县 | Dianjiang County | 231246 | 210725 | 59424 | 20521 | 104.6 |
| 忠 县 | Zhongxian County | 336162 | 308188 | 85966 | 27974 | 132.5 |
| 开 县 | Kaixian County | 497477 | 444675 | 136220 | 52802 | 125.5 |
| 云阳县 | Yunyang County | 352355 | 338158 | 41062 | 14197 | 121.0 |
| 奉节县 | Fengjie County | 335689 | 311395 | 53036 | 24294 | 125.7 |
| 巫山县 | Wushan County | 180140 | 177470 | 29521 | 2670 | 137.8 |
| 巫溪县 | Wuxi County | 119824 | 118734 | 52704 | 1090 | 153.9 |
| **渝东南翼** | **Southeast of Chongqing** | **1752253** | **1680921** | **576447** | **71332** | **124.2** |
| 黔江区 | Qianjiang District | 260195 | 238844 | 50861 | 21351 | 136.2 |
| 石柱县 | Shizhu County | 291444 | 284912 | 39424 | 6532 | 127.8 |
| 秀山县 | Xiushan County | 166202 | 157961 | 63936 | 8241 | 110.7 |
| 酉阳县 | Youyang County | 175166 | 167469 | 53154 | 7697 | 132.6 |
| 彭水县 | Pengshui County | 507652 | 496339 | 295834 | 11313 | 116.1 |
| 武隆县 | Wulong County | 351594 | 335396 | 73238 | 16198 | 129.2 |

19-8 续表 CONTINUED

| 区 县 | Region | 商品房竣工面积（平方米） Floor Space Completed of Commercial Buildings (sq.m) | #住 宅 Residential Buildings | 商品房销售面积（平方米） Floor Space Sold of Commercial Buildings (sq.m) | #住 宅 Residential Buildings | 商品房销售额（万元） Sales Revenue of Commercial Buildings (sq.m) | #住 宅 Residential Buildings |
|---|---|---|---|---|---|---|---|
| **全 市** | **Total** | **22248444** | **17000451** | **22284585** | **20117030** | **5056850** | **4186980** |
| **#都市发达经济圈** | **Metropolitan Advanced Economic Sphere** | **14907015** | **11276791** | **13249904** | **12213114** | **3894823** | **3316281** |
| **渝西经济走廊** | **West Chongqing Economic Corridor** | **3551297** | **2921148** | **4931685** | **4523107** | **633144** | **514204** |
| **三峡库区生态经济区** | **Ecological Economic Zone in Three Gorges Reservoir Area** | **3790132** | **2802512** | **4102996** | **3380809** | **528883** | **356495** |
| **#一小时经济圈** | **One Hour Economic Sphere** | **19362757** | **14788001** | **19058591** | **17528083** | **4650731** | **3928920** |
| 渝中区 | Yuzhong District | 1261440 | 893333 | 640558 | 597385 | 244274 | 194049 |
| 大渡口区 | Dadukou District | 396230 | 251169 | 496043 | 462293 | 139782 | 113178 |
| 江北区 | Jiangbei District | 2415607 | 1622332 | 1335735 | 1111427 | 429651 | 317670 |
| 沙坪坝区 | Shapingba District | 1499448 | 1243130 | 1387880 | 1303882 | 459547 | 391967 |
| 九龙坡区 | Jiulongpo District | 2087193 | 1545014 | 2146979 | 1917076 | 673418 | 524168 |
| 南岸区 | Nan'an District | 2396575 | 1883708 | 2182543 | 2094062 | 584868 | 548473 |
| 北碚区 | Beibei District | 846496 | 706950 | 549382 | 480583 | 105427 | 83698 |
| 渝北区 | Yubei District | 3449517 | 2634599 | 3598953 | 3424847 | 1065887 | 981994 |
| 巴南区 | Ba'nan District | 554509 | 496556 | 911831 | 821559 | 191969 | 161084 |
| 万盛区 | Wansheng District | 123731 | 92709 | 104205 | 74746 | 15085 | 6933 |
| 双桥区 | Shuangqiao District | 143180 | 99306 | 103385 | 85227 | 10172 | 6223 |
| 江津区 | Jiangjin District | 460380 | 391241 | 840434 | 801916 | 121360 | 111064 |
| 合川区 | Hechuan District | 583404 | 522725 | 868333 | 773861 | 108620 | 83479 |
| 永川区 | Yongchuan District | 316204 | 259396 | 584797 | 537787 | 89830 | 70473 |
| 南川区 | Nanchuan District | 160413 | 126358 | 297879 | 284880 | 37460 | 33075 |
| 綦江县 | Qijiang County | 223602 | 168611 | 256347 | 232040 | 39907 | 28824 |
| 潼南县 | Tongnan County | 329668 | 245652 | 294349 | 248250 | 26575 | 17790 |
| 铜梁县 | Tongliang County | 279479 | 263707 | 351012 | 345223 | 42418 | 39812 |
| 大足县 | Dazu County | 309854 | 230559 | 320783 | 290568 | 36564 | 28263 |
| 荣昌县 | Rongchang County | 266645 | 216934 | 425626 | 397783 | 45569 | 38812 |
| 璧山县 | Bishan County | 354737 | 303950 | 484535 | 450826 | 59584 | 49456 |
| 涪陵区 | Fuling District | 294345 | 195251 | 360997 | 303047 | 52820 | 38548 |
| 长寿区 | Changshou District | 610100 | 394811 | 516005 | 488815 | 69944 | 59887 |
| **渝东北翼** | **Northeast of Chongqing** | **2254540** | **1763442** | **2635122** | **2115252** | **336879** | **216175** |
| 万州区 | Wanzhou District | 740078 | 486689 | 964689 | 707198 | 136450 | 71447 |
| 梁平县 | Liangping County | 84725 | 76512 | 97971 | 93758 | 10331 | 9049 |
| 城口县 | Chengkou County | | | | | | |
| 丰都县 | Fengdu County | 186481 | 153421 | 170175 | 137147 | 18071 | 11651 |
| 垫江县 | Dianjiang County | 162513 | 111524 | 247880 | 240675 | 22484 | 20212 |
| 忠 县 | Zhongxian County | 339762 | 284127 | 405725 | 354799 | 69919 | 55531 |
| 开 县 | Kaixian County | 395315 | 345576 | 321966 | 248032 | 37957 | 23315 |
| 云阳县 | Yunyang County | 166263 | 131630 | 141504 | 131630 | 12394 | 11268 |
| 奉节县 | Fengjie County | 144154 | 138714 | 242594 | 164837 | 22378 | 11552 |
| 巫山县 | Wushan County | | | 5442 | | 4745 | |
| 巫溪县 | Wuxi County | 35249 | 35249 | 37176 | 37176 | 2150 | 2150 |
| **渝东南翼** | **Southeast of Chongqing** | **631147** | **449008** | **590872** | **473695** | **69240** | **41885** |
| 黔江区 | Qianjiang District | 195220 | 101597 | 137474 | 79591 | 21108 | 9457 |
| 石柱县 | Shizhu County | 145017 | 127550 | 174803 | 153093 | 14414 | 10389 |
| 秀山县 | Xiushan County | 86960 | 57953 | 31711 | 23585 | 4353 | 1782 |
| 酉阳县 | Youyang County | 108923 | 88670 | 89833 | 73370 | 9895 | 5659 |
| 彭水县 | Pengshui County | 73648 | 53794 | 68473 | 66623 | 8319 | 7762 |
| 武隆县 | Wulong County | 21379 | 19444 | 88578 | 77433 | 11151 | 6836 |

# 19—9 各区县（自治县）社会消费品零售总额（2006年）
# Total Retail Sales of Consumer Goods by Region (2006)

| 区 县 | Region | 社会消费品零售总额（万元） Total Retail Sales of Consumer Goods (10 000 yuan) | 批发零售贸易业 Wholesale and Retail Trade | 餐饮业 Catering Trade | 其他行业 Others | 社会消费品零售总额指数（上年=100） Index of Total Retail Sales of Consumer Goods (preceding year=100) |
|---|---|---|---|---|---|---|
| **全 市** | **Total** | **14035809** | **11963668** | **1942797** | **129344** | **115.4** |
| **#都市发达经济圈** | **Metropolitan Advanced Economic Sphere** | **7120737** | **6183284** | **896674** | **40779** | **116.9** |
| **渝西经济走廊** | **West Chongqing Economic Corridor** | **3223218** | **2683937** | **510757** | **28524** | **114.0** |
| **三峡库区生态经济区** | **Ecological Economic Zone in Three Gorges Reservoir Area** | **3691854** | **3096447** | **535366** | **60041** | **113.9** |
| **#一小时经济圈** | **One Hour Economic Sphere** | **11067940** | **9473795** | **1522908** | **71237** | **115.9** |
| 渝中区 | Yuzhong District | 1800921 | 1611757 | 173505 | 15659 | 112.2 |
| 大渡口区 | Dadukou District | 126874 | 103543 | 22604 | 727 | 117.7 |
| 江北区 | Jiangbei District | 831577 | 690347 | 127264 | 13966 | 120.1 |
| 沙坪坝区 | Shapingba District | 1043846 | 895629 | 121491 | 26726 | 118.8 |
| 九龙坡区 | Jiulongpo District | 1270924 | 1146572 | 110593 | 13759 | 118.5 |
| 南岸区 | Nan'an District | 831441 | 688429 | 143012 | | 118.8 |
| 北碚区 | Beibei District | 369998 | 322955 | 43822 | 3221 | 118.5 |
| 渝北区 | Yubei District | 512734 | 429280 | 81432 | 2022 | 136.2 |
| 巴南区 | Ba'nan District | 369236 | 320907 | 47980 | 349 | 118.8 |
| 万盛区 | Wansheng District | 96328 | 80422 | 14779 | 1127 | 114.8 |
| 双桥区 | Shuangqiao District | 19220 | 15183 | 3685 | 352 | 115.1 |
| 江津区 | Jiangjin District | 500515 | 421113 | 68612 | 10790 | 115.5 |
| 合川区 | Hechuan District | 460452 | 392792 | 67284 | 376 | 115.5 |
| 永川区 | Yongchuan District | 504600 | 428824 | 72956 | 2820 | 115.5 |
| 南川区 | Nanchuan District | 227295 | 202490 | 24360 | 445 | 115.1 |
| 綦江县 | Qijiang County | 279261 | 214417 | 58350 | 6494 | 115.1 |
| 潼南县 | Tongnan County | 204063 | 169808 | 29540 | 4715 | 114.8 |
| 铜梁县 | Tongliang County | 253855 | 205043 | 41802 | 7010 | 115.2 |
| 大足县 | Dazu County | 229167 | 188056 | 36235 | 4876 | 114.8 |
| 荣昌县 | Rongchang County | 219277 | 168524 | 44358 | 6395 | 115.1 |
| 璧山县 | Bishan County | 245849 | 208603 | 34572 | 2674 | 115.5 |
| 涪陵区 | Fuling District | 467564 | 407624 | 58807 | 1133 | 116.1 |
| 长寿区 | Changshou District | 260164 | 201513 | 53454 | 5197 | 114.2 |
| **渝东北翼** | **Northeast of Chongqing** | **2170170** | **1809816** | **311885** | **48469** | **115.3** |
| 万州区 | Wanzhou District | 566712 | 470171 | 79012 | 17529 | 116.1 |
| 梁平县 | Liangping County | 185682 | 154981 | 29224 | 1477 | 115.0 |
| 城口县 | Chengkou County | 33537 | 28499 | 4592 | 446 | 114.0 |
| 丰都县 | Fengdu County | 154008 | 132029 | 19188 | 2791 | 115.5 |
| 垫江县 | Dianjiang County | 207318 | 166782 | 31474 | 9062 | 115.0 |
| 忠 县 | Zhongxian County | 185090 | 154515 | 25658 | 4917 | 114.8 |
| 开 县 | Kaixian County | 328447 | 272228 | 45567 | 10652 | 115.5 |
| 云阳县 | Yunyang County | 209882 | 171936 | 31798 | 6148 | 115.3 |
| 奉节县 | Fengjie County | 150542 | 127230 | 19214 | 4098 | 115.0 |
| 巫山县 | Wushan County | 93643 | 80871 | 10032 | 2740 | 114.5 |
| 巫溪县 | Wuxi County | 66529 | 58220 | 7442 | 867 | 113.8 |
| **渝东南翼** | **Southeast of Chongqing** | **797699** | **680057** | **108004** | **9638** | **114.4** |
| 黔江区 | Qianjiang District | 168082 | 149624 | 18458 | | 114.4 |
| 石柱县 | Shizhu County | 121081 | 98387 | 19427 | 3267 | 114.8 |
| 秀山县 | Xiushan County | 132511 | 116940 | 13780 | 1791 | 114.8 |
| 酉阳县 | Youyang County | 129694 | 112900 | 13240 | 3554 | 113.8 |
| 彭水县 | Pengshui County | 139217 | 118224 | 18527 | 2466 | 114.0 |
| 武隆县 | Wulong County | 111240 | 86855 | 21564 | 2821 | 114.5 |

# 19－10 各区县（自治县）财政收支（2006年）
## Financial Budgetary Revenue and Expenditures by Region (2006)

单位：万元 (10 000 yuan)

| 区县 | Region | 区县级地方财政收入 Financial Budgetary Revenue at District (county) Level | #一般预算收入 General Budgetary Revenue | #增值税 Value-added Tax | #营业税 Business Tax | #企业所得税 Enterprises Income Tax | #个人所得税 Personal Income Tax |
|---|---|---|---|---|---|---|---|
| **全市** | **Total** | **2323650** | **1762409** | **228759** | **373430** | **82295** | **59563** |
| **#都市发达经济圈** | **Metropolitan Advanced Economic Sphere** | **1325077** | **946568** | **91953** | **235192** | **42017** | **30382** |
| **渝西经济走廊** | **West Chongqing Economic Corridor** | **492818** | **376880** | **64335** | **53565** | **18447** | **12081** |
| **三峡库区生态经济区** | **Ecological Economic Zone in Three Gorges Reservoir Area** | **505755** | **438961** | **72471** | **84673** | **21831** | **17100** |
| **#一小时经济圈** | **One Hour Economic Sphere** | **1963089** | **1441961** | **180218** | **309484** | **68554** | **46453** |
| 渝中区 | Yuzhong District | 131888 | 125628 | 9755 | 51983 | 8091 | 8862 |
| 大渡口区 | Dadukou District | 50757 | 43338 | 8608 | 6706 | 731 | 701 |
| 江北区 | Jiangbei District | 148168 | 118684 | 8210 | 25391 | 6377 | 2925 |
| 沙坪坝区 | Shapingba District | 151123 | 128962 | 9250 | 21128 | 3129 | 2972 |
| 九龙坡区 | Jiulongpo District | 115282 | 74661 | 12392 | 15415 | 2793 | 2373 |
| 南岸区 | Nan'an District | 92581 | 67999 | 5192 | 16704 | 1243 | 1914 |
| 北碚区 | Beibei District | 43669 | 38243 | 4611 | 7386 | 1323 | 1480 |
| 渝北区 | Yubei District | 105789 | 102208 | 4414 | 32051 | 3351 | 3004 |
| 巴南区 | Ba'nan District | 57892 | 52374 | 5998 | 7489 | 1196 | 1154 |
| 万盛区 | Wansheng District | 14800 | 14338 | 3822 | 2495 | 1177 | 476 |
| 双桥区 | Shuangqiao District | 8028 | 7282 | 2213 | 915 | 190 | 140 |
| 江津区 | Jiangjin District | 80926 | 65928 | 14442 | 9492 | 4513 | 1960 |
| 合川区 | Hechuan District | 71038 | 44341 | 5464 | 8412 | 1614 | 1790 |
| 永川区 | Yongchuan District | 63808 | 50032 | 7484 | 8107 | 2022 | 1691 |
| 南川区 | Nanchuan District | 25405 | 24136 | 5046 | 3606 | 1920 | 591 |
| 綦江县 | Qijiang County | 36187 | 28664 | 6862 | 4911 | 1496 | 1023 |
| 潼南县 | Tongnan County | 16851 | 13860 | 1574 | 1845 | 289 | 507 |
| 铜梁县 | Tongliang County | 55427 | 39133 | 3083 | 2709 | 1125 | 1035 |
| 大足县 | Dazu County | 32341 | 25851 | 2920 | 3082 | 1392 | 654 |
| 荣昌县 | Rongchang County | 33198 | 27207 | 4764 | 3103 | 1354 | 985 |
| 璧山县 | Bishan County | 54809 | 36108 | 6661 | 4888 | 1355 | 1229 |
| 涪陵区 | Fuling District | 82442 | 70757 | 13557 | 13175 | 4681 | 2291 |
| 长寿区 | Changshou District | 62752 | 47756 | 10373 | 7552 | 3409 | 1699 |
| **渝东北翼** | **Northeast of Chongqing** | **253125** | **222171** | **31176** | **40040** | **8451** | **8655** |
| 万州区 | Wanzhou District | 75098 | 58843 | 7884 | 15133 | 3181 | 2471 |
| 梁平县 | Liangping County | 22996 | 21077 | 2656 | 2388 | 282 | 855 |
| 城口县 | Chengkou County | 8278 | 8077 | 1533 | 882 | 316 | 173 |
| 丰都县 | Fengdu County | 16631 | 13734 | 1359 | 2745 | 365 | 648 |
| 垫江县 | Dianjiang County | 28232 | 24968 | 3342 | 2724 | 1235 | 910 |
| 忠县 | Zhongxian County | 20723 | 19282 | 1843 | 2939 | 461 | 714 |
| 开县 | Kaixian County | 30157 | 29514 | 5140 | 4361 | 582 | 1035 |
| 云阳县 | Yunyang County | 14413 | 13840 | 2133 | 3008 | 358 | 734 |
| 奉节县 | Fengjie County | 16716 | 16120 | 2558 | 2591 | 639 | 479 |
| 巫山县 | Wushan County | 11439 | 11118 | 1919 | 2276 | 575 | 428 |
| 巫溪县 | Wuxi County | 8442 | 5598 | 809 | 993 | 457 | 208 |
| **渝东南翼** | **Southeast of Chongqing** | **107436** | **98277** | **17365** | **23906** | **5290** | **4455** |
| 黔江区 | Qianjiang District | 30389 | 27069 | 6546 | 5801 | 546 | 954 |
| 石柱县 | Shizhu County | 12125 | 11387 | 1711 | 3348 | 664 | 1041 |
| 秀山县 | Xiushan County | 16826 | 16051 | 3564 | 3869 | 507 | 984 |
| 酉阳县 | Youyang County | 12395 | 10022 | 1346 | 2108 | 1202 | 445 |
| 彭水县 | Pengshui County | 17561 | 16922 | 1492 | 5899 | 1222 | 591 |
| 武隆县 | Wulong County | 18140 | 16826 | 2706 | 2881 | 1149 | 440 |

注：都市发达经济圈和一小时经济圈的财政收支数据包括经开区和高新区，九龙坡、南岸、渝北区数据不含经开区和高新区。

Note: Data of Metropolitan Advanced Economic Sphere and One Hour Economic Sphere include Chongqing High-tech and Economic & Technology Development Zones, which are excluded from districts of Jiulongpo, Nan'an and Yubei.

19-10 续表 CONTINUED

单位：万元 (10 000 yuan)

| 区　县 | Region | 区县级财政预算内支出 Financial Budgetary Expenditures at District (county) Level | #一般预算支出 General Budgetary Expenditures | #基本建设支出 Expenditure of Capital Construction | #教育支出 Expenditure of Education | #卫生支出 Expenditure of Public Health | #社会保障补助支出 Social Security Subsidies |
|---|---|---|---|---|---|---|---|
| **全　市** | **Total** | **5083793** | **3943943** | **498211** | **637800** | **132975** | **122979** |
| **#都市发达经济圈** | **Metropolitan Advanced Economic Sphere** | **2223248** | **1491160** | **277253** | **153728** | **43302** | **54219** |
| **渝西经济走廊** | **West Chongqing Economic Corridor** | **994062** | **882136** | **72785** | **177050** | **34905** | **26997** |
| **三峡库区生态经济区** | **Ecological Economic Zone in Three Gorges Reservoir Area** | **1866483** | **1570647** | **148173** | **307022** | **54768** | **41763** |
| **#一小时经济圈** | **One Hour Economic Sphere** | **3542693** | **2646158** | **376220** | **370411** | **89911** | **90755** |
| 渝中区 | Yuzhong District | 219168 | 178817 | 9334 | 17407 | 6265 | 4437 |
| 大渡口区 | Dadukou District | 86571 | 61672 | 7275 | 6284 | 1815 | 3150 |
| 江北区 | Jiangbei District | 212302 | 161631 | 26286 | 19002 | 6676 | 7071 |
| 沙坪坝区 | Shapingba District | 250039 | 196289 | 29754 | 21021 | 4796 | 17139 |
| 九龙坡区 | Jiulongpo District | 193013 | 134753 | 17136 | 15269 | 5064 | 3629 |
| 南岸区 | Nan'an District | 231802 | 143463 | 24072 | 17270 | 4159 | 4821 |
| 北碚区 | Beibei District | 97210 | 81211 | 3915 | 10292 | 2102 | 3536 |
| 渝北区 | Yubei District | 226458 | 166606 | 18923 | 18995 | 7066 | 2517 |
| 巴南区 | Ba'nan District | 172061 | 112980 | 6085 | 20355 | 3578 | 5723 |
| 万盛区 | Wansheng District | 39304 | 38116 | 2904 | 6454 | 1137 | 1124 |
| 双桥区 | Shuangqiao District | 13303 | 12080 | 857 | 1717 | 342 | 624 |
| 江津区 | Jiangjin District | 152125 | 135327 | 16379 | 25458 | 5782 | 4386 |
| 合川区 | Hechuan District | 126492 | 109187 | 8031 | 23066 | 3004 | 2872 |
| 永川区 | Yongchuan District | 124510 | 109552 | 10584 | 23506 | 6068 | 3095 |
| 南川区 | Nanchuan District | 63315 | 61259 | 2262 | 9979 | 2091 | 1825 |
| 綦江县 | Qijiang County | 88911 | 80063 | 3987 | 19040 | 4451 | 3588 |
| 潼南县 | Tongnan County | 60019 | 57509 | 4294 | 13484 | 2088 | 1501 |
| 铜梁县 | Tongliang County | 91652 | 74626 | 13049 | 13182 | 2340 | 1556 |
| 大足县 | Dazu County | 75480 | 67831 | 2126 | 14296 | 2597 | 3419 |
| 荣昌县 | Rongchang County | 72624 | 66737 | 2436 | 15733 | 2111 | 1432 |
| 璧山县 | Bishan County | 86327 | 69849 | 5876 | 11135 | 2894 | 1575 |
| 涪陵区 | Fuling District | 203354 | 170450 | 14654 | 21151 | 6018 | 5116 |
| 长寿区 | Changshou District | 122029 | 102412 | 11528 | 18482 | 5686 | 4423 |
| **渝东北翼** | **Northeast of Chongqing** | **1096531** | **887042** | **73912** | **191832** | **29044** | **24821** |
| 万州区 | Wanzhou District | 236274 | 189979 | 12128 | 33170 | 6986 | 5029 |
| 梁平县 | Liangping County | 67788 | 64701 | 6456 | 13202 | 2371 | 1644 |
| 城口县 | Chengkou County | 43486 | 43205 | 3719 | 8451 | 811 | 1283 |
| 丰都县 | Fengdu County | 73789 | 56942 | 4948 | 11231 | 2132 | 1598 |
| 垫江县 | Dianjiang County | 70317 | 66529 | 6040 | 16340 | 2759 | 1300 |
| 忠　县 | Zhongxian County | 87278 | 72143 | 5430 | 14201 | 2253 | 1987 |
| 开　县 | Kaixian County | 126679 | 114561 | 11069 | 29441 | 3379 | 2950 |
| 云阳县 | Yunyang County | 148939 | 88750 | 7520 | 22564 | 3391 | 2525 |
| 奉节县 | Fengjie County | 111473 | 80247 | 8237 | 18261 | 1718 | 3512 |
| 巫山县 | Wushan County | 74188 | 58493 | 4459 | 11297 | 1730 | 1677 |
| 巫溪县 | Wuxi County | 56320 | 51492 | 3906 | 13674 | 1514 | 1316 |
| **渝东南翼** | **Southeast of Chongqing** | **444569** | **410743** | **48079** | **75557** | **14020** | **7403** |
| 黔江区 | Qianjiang District | 107373 | 103510 | 19298 | 12613 | 3342 | 1572 |
| 石柱县 | Shizhu County | 57304 | 53004 | 3581 | 10767 | 2115 | 1430 |
| 秀山县 | Xiushan County | 65104 | 63085 | 7035 | 12947 | 2068 | 767 |
| 酉阳县 | Youyang County | 79090 | 74133 | 7752 | 17257 | 2956 | 1056 |
| 彭水县 | Pengshui County | 66210 | 62919 | 6058 | 14431 | 1855 | 969 |
| 武隆县 | Wulong County | 69488 | 54092 | 4355 | 7542 | 1684 | 1609 |

# 19－11 各区县（自治县）金融机构存贷款、人民生活和社会福利（2006年）

# Deposit and Loan of Financial Institutions, People's Livelihood and Social Welfare by Region (2006)

| 区县 | Region | 年末金融机构人民币存款余额（万元） Year-end Deposit Balance of RMB of Financial Institutions (10 000 yuan) | #城乡居民储蓄 Saving Deposits of Urban and Rural Residents | 年末金融机构人民币贷款余额（万元） Year-end Loan Balance of RMB of Financial Institutions (10 000 yuan) | 城镇经济单位职工年平均工资（元） Average Wages of Staff and Workers at Post (yuan) | 农村居民人均纯收入（元） Per Capita Net Income of Rural Residents (yuan) |
|---|---|---|---|---|---|---|
| **全　市** | **Total** | **55197500** | **29490500** | **43882800** | **19215** | **2873.83** |
| **#都市发达经济圈** | **Metropolitan Advanced Economic Sphere** | **34065002** | **14046358** | **34269097** | **22830** | **4062.75** |
| **渝西经济走廊** | **West Chongqing Economic Corridor** | **8679221** | **6819667** | **3894978** | **15609** | **3512.18** |
| **三峡库区生态经济区** | **Ecological Economic Zone in Three Gorges Reservoir Area** | **12453277** | **8624475** | **5718725** | **15956** | **2520.45** |
| **#一小时经济圈** | **One Hour Economic Sphere** | **45389582** | **22581746** | **39701029** | **20275** | **3601.26** |
| 渝中区 | Yuzhong District | 12490817 | 2922581 | 17306610 | 24989 | |
| 大渡口区 | Dadukou District | 792681 | 505726 | 683418 | 24056 | 4789.64 |
| 江北区 | Jiangbei District | 3411722 | 1470113 | 2150095 | 24029 | 4728.27 |
| 沙坪坝区 | Shapingba District | 3503008 | 2137456 | 2036514 | 23798 | 4796.37 |
| 九龙坡区 | Jiulongpo District | 4883811 | 2289497 | 3642685 | 21281 | 4743.03 |
| 南岸区 | Nan'an District | 2617186 | 1395686 | 2337751 | 23123 | 5004.24 |
| 北碚区 | Beibei District | 1293299 | 928163 | 650961 | 20654 | 3813.00 |
| 渝北区 | Yubei District | 2754538 | 1439852 | 1813467 | 21848 | 3604.38 |
| 巴南区 | Ba'nan District | 1286019 | 911930 | 674683 | 18677 | 3606.86 |
| 万盛区 | Wansheng District | 272537 | 203688 | 109008 | 16027 | 3267.63 |
| 双桥区 | Shuangqiao District | 110903 | 69352 | 35554 | 20239 | 3742.71 |
| 江津区 | Jiangjin District | 1349796 | 1075196 | 576418 | 15578 | 3691.03 |
| 合川区 | Hechuan District | 1333836 | 1124113 | 714505 | 15312 | 3594.59 |
| 永川区 | Yongchuan District | 1113503 | 872401 | 422087 | 15867 | 3681.69 |
| 南川区 | Nanchuan District | 480677 | 361659 | 221728 | 14314 | 3165.61 |
| 綦江县 | Qijiang County | 698743 | 559416 | 340986 | 17124 | 3418.51 |
| 潼南县 | Tongnan County | 473683 | 425629 | 156648 | 14887 | 3199.31 |
| 铜梁县 | Tongliang County | 757168 | 659004 | 284652 | 14819 | 3715.04 |
| 大足县 | Dazu County | 485813 | 395578 | 170670 | 13918 | 3529.39 |
| 荣昌县 | Rongchang County | 602632 | 462072 | 171347 | 14906 | 3488.49 |
| 璧山县 | Bishan County | 737013 | 589539 | 353478 | 16486 | 3751.75 |
| 涪陵区 | Fuling District | 1483094 | 923923 | 999225 | 16282 | 2853.94 |
| 长寿区 | Changshou District | 1082129 | 786258 | 404395 | 20719 | 3480.06 |
| **渝东北翼** | **Northeast of Chongqing** | **7994729** | **5741678** | **2839236** | **15380** | **2530.09** |
| 万州区 | Wanzhou District | 2273856 | 1627208 | 955995 | 16546 | 2739.13 |
| 梁平县 | Liangping County | 646919 | 551226 | 154349 | 15150 | 2919.81 |
| 城口县 | Chengkou County | 130679 | 82090 | 78055 | 13454 | 2075.32 |
| 丰都县 | Fengdu County | 504600 | 407827 | 222730 | 15138 | 2479.05 |
| 垫江县 | Dianjiang County | 570972 | 481138 | 190879 | 16157 | 3099.50 |
| 忠　县 | Zhongxian County | 784954 | 617245 | 195288 | 15566 | 2750.49 |
| 开　县 | Kaixian County | 1102491 | 814943 | 199136 | 15608 | 2607.22 |
| 云阳县 | Yunyang County | 719776 | 492901 | 174951 | 14557 | 2336.89 |
| 奉节县 | Fengjie County | 463671 | 300641 | 167722 | 14226 | 2231.67 |
| 巫山县 | Wushan County | 341664 | 201066 | 143218 | 13517 | 2145.12 |
| 巫溪县 | Wuxi County | 212965 | 146854 | 110604 | 13360 | 2028.96 |
| **渝东南翼** | **Southeast of Chongqing** | **1813189** | **1167076** | **1342535** | **15460** | **2271.69** |
| 黔江区 | Qianjiang District | 333616 | 203434 | 328873 | 19723 | 2278.73 |
| 石柱县 | Shizhu County | 355678 | 250559 | 125506 | 15121 | 2457.26 |
| 秀山县 | Xiushan County | 239398 | 168761 | 102537 | 15943 | 2172.17 |
| 酉阳县 | Youyang County | 314716 | 202186 | 118107 | 13506 | 2030.98 |
| 彭水县 | Pengshui County | 232042 | 159867 | 339681 | 14888 | 2232.22 |
| 武隆县 | Wulong County | 282813 | 178501 | 211363 | 13380 | 2456.80 |

19-11 续表1 CONTINUED-1

| 区 县 | Region | 农村居民人均生活消费支出（元） Per Capita Living Consumption of Rural Residents (yuan) | #食品支出 Expenditure of Food | 农村居民人均住房面积（平方米） Per Capita Rural Residential Area (sq.m) | 城镇居民最低生活保障人数（人） Number of Urban Residents Receiving Lowest-living-security (person) |
|---|---|---|---|---|---|
| 全 市 | **Total** | **2205.21** | **1150.98** | **34.30** | **812788** |
| **#都市发达经济圈** | **Metropolitan Advanced Economic Sphere** | **3370.40** | **1636.87** | **39.59** | **229770** |
| **渝西经济走廊** | **West Chongqing Economic Corridor** | **2676.50** | **1387.13** | **34.84** | **190631** |
| **三峡库区生态经济区** | **Ecological Economic Zone in Three Gorges Reservoir Area** | **2074.23** | **1084.83** | **34.61** | **392387** |
| **#一小时经济圈** | **One Hour Economic Sphere** | **2804.66** | **1423.45** | **36.27** | **465384** |
| 渝中区 | Yuzhong District | | | | 23854 |
| 大渡口区 | Dadukou District | 3449.14 | 1589.77 | 44.81 | 11281 |
| 江北区 | Jiangbei District | 3556.50 | 1738.06 | 36.57 | 20403 |
| 沙坪坝区 | Shapingba District | 3715.85 | 1735.86 | 44.77 | 26090 |
| 九龙坡区 | Jiulongpo District | 3829.22 | 1736.45 | 44.42 | 29391 |
| 南岸区 | Nan'an District | 4153.90 | 1875.21 | 46.07 | 36931 |
| 北碚区 | Beibei District | 3498.55 | 1693.62 | 36.66 | 14452 |
| 渝北区 | Yubei District | 3509.51 | 1757.29 | 38.37 | 30643 |
| 巴南区 | Ba'nan District | 2587.65 | 1323.04 | 37.54 | 36725 |
| 万盛区 | Wansheng District | 2747.53 | 1392.17 | 43.84 | 25471 |
| 双桥区 | Shuangqiao District | 2903.44 | 1309.07 | 36.57 | 1494 |
| 江津区 | Jiangjin District | 2758.24 | 1444.28 | 37.38 | 35242 |
| 合川区 | Hechuan District | 2847.76 | 1503.61 | 33.47 | 18069 |
| 永川区 | Yongchuan District | 2765.49 | 1464.30 | 36.91 | 13586 |
| 南川区 | Nanchuan District | 2390.47 | 1225.18 | 37.42 | 13877 |
| 綦江县 | Qijiang County | 3006.58 | 1559.79 | 32.02 | 26315 |
| 潼南县 | Tongnan County | 2180.40 | 1200.84 | 30.11 | 16576 |
| 铜梁县 | Tongliang County | 2866.25 | 1425.20 | 39.13 | 8549 |
| 大足县 | Dazu County | 2563.91 | 1288.37 | 33.40 | 7565 |
| 荣昌县 | Rongchang County | 2462.75 | 1190.41 | 30.67 | 14761 |
| 璧山县 | Bishan County | 2858.17 | 1564.46 | 34.48 | 9126 |
| 涪陵区 | Fuling District | 2049.62 | 1094.49 | 35.90 | 24328 |
| 长寿区 | Changshou District | 2585.13 | 1278.78 | 39.18 | 20655 |
| **渝东北翼** | **Northeast of Chongqing** | **2046.78** | **1077.14** | **35.18** | **270325** |
| 万州区 | Wanzhou District | 2125.32 | 1057.38 | 35.46 | 82789 |
| 梁平县 | Liangping County | 2493.49 | 1405.60 | 44.87 | 5528 |
| 城口县 | Chengkou County | 1841.55 | 1010.94 | 31.14 | 2807 |
| 丰都县 | Fengdu County | 1949.94 | 967.52 | 33.35 | 22575 |
| 垫江县 | Dianjiang County | 2513.53 | 1192.60 | 36.18 | 9417 |
| 忠 县 | Zhongxian County | 2116.56 | 1124.62 | 36.77 | 26824 |
| 开 县 | Kaixian County | 1877.96 | 943.55 | 39.41 | 19665 |
| 云阳县 | Yunyang County | 1883.93 | 1040.81 | 34.33 | 25971 |
| 奉节县 | Fengjie County | 1737.78 | 1002.76 | 28.30 | 24381 |
| 巫山县 | Wushan County | 1769.78 | 954.25 | 29.02 | 35684 |
| 巫溪县 | Wuxi County | 2184.17 | 1133.31 | 32.72 | 14684 |
| **渝东南翼** | **Southeast of Chongqing** | **2057.04** | **1068.22** | **32.33** | **77079** |
| 黔江区 | Qianjiang District | 2293.06 | 1180.14 | 31.86 | 11214 |
| 石柱县 | Shizhu County | 2370.71 | 1226.27 | 32.11 | 16009 |
| 秀山县 | Xiushan County | 1723.61 | 886.19 | 28.40 | 10691 |
| 酉阳县 | Youyang County | 2036.80 | 1031.94 | 34.12 | 19529 |
| 彭水县 | Pengshui County | 2030.12 | 1073.65 | 31.06 | 12192 |
| 武隆县 | Wulong County | 1899.97 | 1017.63 | 36.79 | 7444 |

19-11 续表2 CONTINUED-2

| 区县 | Region | 社会福利收养单位（个）Adopting Social Welfare Institutions (unit) | 社会福利收养单位床位数（张）Beds in Adopting Social Welfare Institutions (bed) | 城镇社区服务设施数（个）Number of Urban Welfare Facilities (unit) | 城镇便民利民服务网点（个）Number of Urban Service Points for Civilian (unit) |
|---|---|---|---|---|---|
| **全　市** | **Total** | **1533** | **58136** | **1730** | **6285** |
| **#都市发达经济圈** | **Metropolitan Advanced Economic Sphere** | **239** | **13949** | **693** | **2625** |
| **渝西经济走廊** | **West Chongqing Economic Corridor** | **466** | **15918** | **476** | **765** |
| **三峡库区生态经济区** | **Ecological Economic Zone in Three Gorges Reservoir Area** | **828** | **28269** | **561** | **2895** |
| **#一小时经济圈** | **One Hour Economic Sphere** | **780** | **32684** | **1237** | **4519** |
| 渝中区 | Yuzhong District | 18 | 985 | 151 | 752 |
| 大渡口区 | Dadukou District | 4 | 191 | 45 | 105 |
| 江北区 | Jiangbei District | 10 | 503 | 56 | 306 |
| 沙坪坝区 | Shapingba District | 31 | 2089 | 53 | 55 |
| 九龙坡区 | Jiulongpo District | 16 | 919 | 89 | 645 |
| 南岸区 | Nan'an District | 17 | 1123 | 125 | 413 |
| 北碚区 | Beibei District | 44 | 1542 | 67 | 293 |
| 渝北区 | Yubei District | 53 | 2142 | 68 | 2 |
| 巴南区 | Ba'nan District | 38 | 1561 | 39 | 54 |
| 万盛区 | Wansheng District | 9 | 288 | 25 | 15 |
| 双桥区 | Shuangqiao District | 3 | 44 | 7 | 7 |
| 江津区 | Jiangjin District | 44 | 1946 | 24 | 111 |
| 合川区 | Hechuan District | 47 | 2062 | 28 | 281 |
| 永川区 | Yongchuan District | 82 | 3530 | 29 | 228 |
| 南川区 | Nanchuan District | 41 | 1403 | 25 | |
| 綦江县 | Qijiang County | 23 | 665 | 18 | 18 |
| 潼南县 | Tongnan County | 62 | 60 | 15 | |
| 铜梁县 | Tongliang County | 37 | 2450 | 25 | 48 |
| 大足县 | Dazu County | 24 | 741 | 170 | 57 |
| 荣昌县 | Rongchang County | 69 | 1555 | 88 | |
| 璧山县 | Bishan County | 25 | 1174 | 22 | |
| 涪陵区 | Fuling District | 50 | 1977 | 58 | 1004 |
| 长寿区 | Changshou District | 25 | 840 | 10 | 125 |
| **渝东北翼** | **Northeast of Chongqing** | **597** | **20135** | **331** | **1231** |
| 万州区 | Wanzhou District | 69 | 3694 | 50 | 800 |
| 梁平县 | Liangping County | 33 | 929 | 15 | 103 |
| 城口县 | Chengkou County | 25 | 970 | 6 | 240 |
| 丰都县 | Fengdu County | 40 | 1077 | 27 | |
| 垫江县 | Dianjiang County | 29 | 1589 | 36 | |
| 忠　县 | Zhongxian County | 83 | 3142 | 31 | 63 |
| 开　县 | Kaixian County | 131 | 1850 | 65 | |
| 云阳县 | Yunyang County | 61 | 2880 | 66 | |
| 奉节县 | Fengjie County | 69 | 2019 | 12 | |
| 巫山县 | Wushan County | 25 | 905 | 9 | |
| 巫溪县 | Wuxi County | 32 | 1080 | 14 | 25 |
| **渝东南翼** | **Southeast of Chongqing** | **156** | **5317** | **162** | **535** |
| 黔江区 | Qianjiang District | 45 | 1203 | 22 | 300 |
| 石柱县 | Shizhu County | 18 | 400 | 14 | |
| 秀山县 | Xiushan County | 23 | 727 | 90 | 212 |
| 酉阳县 | Youyang County | 29 | 688 | 8 | |
| 彭水县 | Pengshui County | 15 | 1271 | 16 | 23 |
| 武隆县 | Wulong County | 26 | 1028 | 12 | |

注：都市发达经济圈和一小时经济圈的社会福利收养单位及床位数包含重庆市本级数据。

Note: Number of adoption social welfare institutions and that of beds of Metropolitan Advanced Economic Sphere and One Hour Economic Sphere include the data of institutions at municipal level.

# 19－12 各区县（自治县）教育和文化（2006年）
# Education and Culture by Region (2006)

| 区 县 | Region | 学校数（所） Number of Schools (unit) | #普通中学 Regular Secondary Schools | #小 学 Primary Schools | 专任教师数（人） Full-time Teachers (person) | #普通中学 Regular Secondary Schools | #小 学 Primary Schools |
|---|---|---|---|---|---|---|---|
| **全 市** | **Total** | **13772** | **1373** | **8754** | **257104** | **95782** | **113724** |
| **#都市发达经济圈** | **Metropolitan Advanced Economic Sphere** | **1925** | **271** | **737** | **66877** | **20585** | **19133** |
| **渝西经济走廊** | **West Chongqing Economic Corridor** | **4477** | **428** | **2487** | **72727** | **29740** | **33177** |
| **三峡库区生态经济区** | **Ecological Economic Zone in Three Gorges Reservoir Area** | **7370** | **674** | **5530** | **117500** | **45457** | **61414** |
| **#一小时经济圈** | **One Hour Economic Sphere** | **6999** | **789** | **3531** | **155514** | **57092** | **59342** |
| 渝中区 | Yuzhong District | 141 | 19 | 39 | 7767 | 2249 | 2201 |
| 大渡口区 | Dadukou District | 81 | 6 | 23 | 2094 | 855 | 797 |
| 江北区 | Jiangbei District | 179 | 18 | 60 | 4464 | 1458 | 1804 |
| 沙坪坝区 | Shapingba District | 228 | 39 | 67 | 12005 | 3133 | 2220 |
| 九龙坡区 | Jiulongpo District | 252 | 35 | 65 | 9289 | 2936 | 2581 |
| 南岸区 | Nan'an District | 183 | 23 | 48 | 7822 | 1846 | 1575 |
| 北碚区 | Beibei District | 179 | 25 | 84 | 8052 | 2167 | 1955 |
| 渝北区 | Yubei District | 435 | 52 | 256 | 8971 | 3369 | 3296 |
| 巴南区 | Ba'nan District | 247 | 54 | 95 | 6413 | 2572 | 2704 |
| 万盛区 | Wansheng District | 146 | 15 | 85 | 2308 | 941 | 1139 |
| 双桥区 | Shuangqiao District | 19 | 3 | 9 | 488 | 209 | 235 |
| 江津区 | Jiangjin District | 761 | 56 | 492 | 9705 | 4012 | 4218 |
| 合川区 | Hechuan District | 423 | 38 | 142 | 10294 | 3665 | 4186 |
| 永川区 | Yongchuan District | 656 | 50 | 280 | 9123 | 3333 | 3531 |
| 南川区 | Nanchuan District | 306 | 41 | 183 | 4846 | 1849 | 2524 |
| 綦江县 | Qijiang County | 525 | 58 | 417 | 7424 | 2997 | 3935 |
| 潼南县 | Tongnan County | 322 | 48 | 235 | 5770 | 2805 | 2614 |
| 铜梁县 | Tongliang County | 218 | 27 | 103 | 5831 | 2578 | 2764 |
| 大足县 | Dazu County | 576 | 33 | 265 | 7023 | 3113 | 3320 |
| 荣昌县 | Rongchang County | 354 | 39 | 211 | 5602 | 2429 | 2709 |
| 璧山县 | Bishan County | 171 | 20 | 65 | 4313 | 1809 | 2002 |
| 涪陵区 | Fuling District | 345 | 60 | 161 | 9979 | 3993 | 4255 |
| 长寿区 | Changshou District | 252 | 30 | 146 | 5931 | 2774 | 2777 |
| **渝东北翼** | **Northeast of Chongqing** | **4979** | **431** | **3767** | **73831** | **28817** | **37948** |
| 万州区 | Wanzhou District | 631 | 68 | 333 | 14024 | 5035 | 5654 |
| 梁平县 | Liangping County | 374 | 37 | 266 | 5812 | 2254 | 2934 |
| 城口县 | Chengkou County | 199 | 8 | 183 | 1999 | 607 | 1288 |
| 丰都县 | Fengdu County | 334 | 55 | 188 | 5410 | 2197 | 2826 |
| 垫江县 | Dianjiang County | 295 | 44 | 166 | 6518 | 2671 | 3329 |
| 忠 县 | Zhongxian County | 621 | 31 | 516 | 6364 | 2927 | 3163 |
| 开 县 | Kaixian County | 816 | 57 | 682 | 11058 | 4344 | 5985 |
| 云阳县 | Yunyang County | 498 | 64 | 383 | 7708 | 2772 | 4573 |
| 奉节县 | Fengjie County | 522 | 30 | 447 | 6823 | 2721 | 3834 |
| 巫山县 | Wushan County | 356 | 17 | 300 | 4108 | 1845 | 2016 |
| 巫溪县 | Wuxi County | 333 | 20 | 303 | 4007 | 1444 | 2346 |
| **渝东南翼** | **Southeast of Chongqing** | **1794** | **153** | **1456** | **27759** | **9873** | **16434** |
| 黔江区 | Qianjiang District | 240 | 20 | 199 | 4094 | 1618 | 2242 |
| 石柱县 | Shizhu County | 297 | 21 | 263 | 4591 | 1549 | 2838 |
| 秀山县 | Xiushan County | 344 | 27 | 279 | 4932 | 1870 | 2792 |
| 酉阳县 | Youyang County | 429 | 43 | 343 | 6043 | 2074 | 3655 |
| 彭水县 | Pengshui County | 306 | 28 | 246 | 4710 | 1638 | 2885 |
| 武隆县 | Wulong County | 178 | 14 | 126 | 3389 | 1124 | 2022 |

注：本表教育数据统计口径包括普通高校、中专、职高、普通中学、小学、幼儿园和特殊教育及工读学校（下表同）。
Note: Data of education in this table include regular institutions of higher education, specialized secondary schools, vocational senior schools, regular secondary schools, primary schools, kindergartens, schools of special educations and reformatory schools (the same below).

19-12 续表 CONTINUED

| 区 县 | Region | 在校学生数（人） Student Enrollment (person) | #普通中学 Regular Secondary Schools | #小 学 Primary Schools | 广播覆盖率（%） Listener Rating of Broadcasting (%) | 电视覆盖率（%） Viewer Rating of Television (%) | 公共图书馆（个） Number of Public Libraries (unit) | 公共图书馆藏书（万册） Book Collection in Public Libraries (10 000 volumes) |
|---|---|---|---|---|---|---|---|---|
| **全 市** | **Total** | **5550984** | **1794129** | **2523824** | **92.57** | **96.02** | **43** | **792.08** |
| **#都市发达经济圈** | **Metropolitan Advanced Economic Sphere** | **1207655** | **313541** | **339317** | | | **11** | **517.72** |
| **渝西经济走廊** | **West Chongqing Economic Corridor** | **1518885** | **540442** | **695439** | | | **12** | **107.95** |
| **三峡库区生态经济区** | **Ecological Economic Zone in Three Gorges Reservoir Area** | **2824444** | **940146** | **1489068** | | | **20** | **166.41** |
| **#一小时经济圈** | **One Hour Economic Sphere** | **3031415** | **964614** | **1175182** | | | **26** | **696.55** |
| 渝中区 | Yuzhong District | 131560 | 32889 | 32984 | 100.00 | 100.00 | 3 | 342.28 |
| 大渡口区 | Dadukou District | 39941 | 12748 | 16005 | 100.00 | 100.00 | 1 | 5.82 |
| 江北区 | Jiangbei District | 76244 | 20705 | 29142 | 100.00 | 100.00 | 1 | 12.78 |
| 沙坪坝区 | Shapingba District | 211171 | 47686 | 43681 | 100.00 | 100.00 | 1 | 20.73 |
| 九龙坡区 | Jiulongpo District | 184486 | 44375 | 48839 | 100.00 | 100.00 | 1 | 7.96 |
| 南岸区 | Nan'an District | 146100 | 27453 | 31883 | 100.00 | 100.00 | 1 | 12.57 |
| 北碚区 | Beibei District | 145706 | 34132 | 31532 | 99.57 | 98.71 | 1 | 86.60 |
| 渝北区 | Yubei District | 151077 | 48454 | 56898 | 99.00 | 96.99 | 1 | 17.43 |
| 巴南区 | Ba'nan District | 121370 | 45099 | 48353 | 95.49 | 97.99 | 1 | 11.55 |
| 万盛区 | Wansheng District | 40149 | 14662 | 19875 | 96.71 | 97.16 | 1 | 4.56 |
| 双桥区 | Shuangqiao District | 9555 | 3833 | 4199 | 100.00 | 100.00 | 1 | 1.00 |
| 江津区 | Jiangjin District | 205026 | 69241 | 95823 | 98.95 | 99.15 | 1 | 23.80 |
| 合川区 | Hechuan District | 222917 | 73394 | 94737 | 95.00 | 95.00 | 1 | 18.36 |
| 永川区 | Yongchuan District | 183253 | 52122 | 66812 | 96.45 | 96.64 | 1 | 8.74 |
| 南川区 | Nanchuan District | 99838 | 33113 | 50359 | 96.52 | 95.50 | 1 | 6.58 |
| 綦江县 | Qijiang County | 146855 | 52239 | 73271 | 94.52 | 90.01 | 1 | 2.24 |
| 潼南县 | Tongnan County | 150604 | 60421 | 76882 | 96.42 | 98.45 | 1 | 10.10 |
| 铜梁县 | Tongliang County | 119091 | 51611 | 52335 | 100.00 | 100.00 | 1 | 8.00 |
| 大足县 | Dazu County | 143847 | 59707 | 64732 | 96.00 | 95.00 | 1 | 9.03 |
| 荣昌县 | Rongchang County | 110205 | 39594 | 54689 | 100.00 | 100.00 | 1 | 8.60 |
| 璧山县 | Bishan County | 87545 | 30505 | 41725 | 99.95 | 93.01 | 1 | 6.94 |
| 涪陵区 | Fuling District | 183360 | 64586 | 78882 | 98.60 | 96.60 | 2 | 58.41 |
| 长寿区 | Changshou District | 121515 | 46045 | 61544 | 99.80 | 97.00 | 1 | 12.47 |
| **渝东北翼** | **Northeast of Chongqing** | **1857257** | **632384** | **956451** | | | **11** | **63.28** |
| 万州区 | Wanzhou District | 312914 | 102022 | 120122 | 94.00 | 95.00 | 1 | 18.87 |
| 梁平县 | Liangping County | 139650 | 49009 | 68553 | 95.01 | 90.01 | 1 | 1.30 |
| 城口县 | Chengkou County | 36693 | 10335 | 22043 | 68.00 | 93.00 | 1 | 0.90 |
| 丰都县 | Fengdu County | 126537 | 40973 | 68711 | 91.40 | 95.56 | 1 | 4.60 |
| 垫江县 | Dianjiang County | 167826 | 59443 | 77405 | 100.00 | 98.00 | 1 | 4.45 |
| 忠 县 | Zhongxian County | 138263 | 52873 | 71644 | 98.16 | 98.45 | 1 | 3.04 |
| 开 县 | Kaixian County | 296881 | 103433 | 162589 | 95.01 | 96.06 | 1 | 18.70 |
| 云阳县 | Yunyang County | 240731 | 78985 | 139934 | 95.30 | 98.00 | 1 | 2.35 |
| 奉节县 | Fengjie County | 201073 | 66617 | 114148 | 89.19 | 98.15 | 1 | 6.22 |
| 巫山县 | Wushan County | 110247 | 36689 | 63632 | 82.89 | 94.75 | 1 | 0.50 |
| 巫溪县 | Wuxi County | 86442 | 32005 | 47670 | 87.00 | 93.51 | 1 | 2.35 |
| **渝东南翼** | **Southeast of Chongqing** | **662312** | **197131** | **392191** | | | **6** | **32.25** |
| 黔江区 | Qianjiang District | 102702 | 32332 | 57117 | 94.62 | 95.21 | 1 | 6.00 |
| 石柱县 | Shizhu County | 95000 | 32184 | 52466 | 64.52 | 80.93 | 1 | 3.50 |
| 秀山县 | Xiushan County | 118505 | 34756 | 74217 | 24.75 | 86.33 | 1 | 4.59 |
| 酉阳县 | Youyang County | 151706 | 44251 | 90748 | 60.59 | 88.65 | 1 | 5.92 |
| 彭水县 | Pengshui County | 130495 | 33187 | 83629 | 59.99 | 93.38 | 1 | 3.20 |
| 武隆县 | Wulong County | 63904 | 20421 | 34014 | 87.28 | 94.34 | 1 | 9.04 |

# 19－13 各区县（自治县）卫生（2006年）
# Public Health by Region (2006)

| 区县 | Region | 卫生机构数（个） Number of Health Institutions (unit) | #医院、卫生院 Number of Hospitals and Health Centers | 卫生机构床位数（张） Hospital Beds in Health Institutions (bed) | 卫生技术人员（人） Medical Technical Personnel (person) | #执业（助理）医师 Certified (Assistant) Doctors | #注册护士 Registration Nurses |
|---|---|---|---|---|---|---|---|
| **全市** | **Total** | **6613** | **1450** | **68298** | **79805** | **37511** | **21269** |
| **#都市发达经济圈** | **Metropolitan Advanced Economic Sphere** | **2170** | **257** | **25949** | **29539** | **13263** | **9559** |
| **渝西经济走廊** | **West Chongqing Economic Corridor** | **1531** | **379** | **18744** | **20526** | **9778** | **5178** |
| **三峡库区生态经济区** | **Ecological Economic Zone in Three Gorges Reservoir Area** | **2912** | **814** | **23605** | **29740** | **14470** | **6532** |
| **#一小时经济圈** | **One Hour Economic Sphere** | **4129** | **731** | **49314** | **55182** | **25490** | **15930** |
| 渝中区 | Yuzhong District | 431 | 24 | 6558 | 8432 | 3787 | 2889 |
| 大渡口区 | Dadukou District | 137 | 11 | 981 | 1252 | 600 | 400 |
| 江北区 | Jiangbei District | 387 | 33 | 3539 | 3552 | 1371 | 1247 |
| 沙坪坝区 | Shapingba District | 218 | 35 | 3005 | 2953 | 1335 | 927 |
| 九龙坡区 | Jiulongpo District | 274 | 32 | 3430 | 3649 | 1671 | 1194 |
| 南岸区 | Nan'an District | 189 | 22 | 2234 | 2808 | 1302 | 888 |
| 北碚区 | Beibei District | 151 | 26 | 2591 | 2300 | 1119 | 648 |
| 渝北区 | Yubei District | 123 | 42 | 1223 | 1846 | 830 | 430 |
| 巴南区 | Ba'nan District | 260 | 32 | 2388 | 2747 | 1248 | 936 |
| 万盛区 | Wansheng District | 49 | 13 | 1097 | 1120 | 418 | 415 |
| 双桥区 | Shuangqiao District | 17 | 4 | 179 | 148 | 60 | 49 |
| 江津区 | Jiangjin District | 192 | 41 | 2549 | 2616 | 1339 | 548 |
| 合川区 | Hechuan District | 203 | 29 | 2158 | 2342 | 1161 | 613 |
| 永川区 | Yongchuan District | 138 | 42 | 2758 | 2548 | 1320 | 754 |
| 南川区 | Nanchuan District | 75 | 42 | 1419 | 1391 | 584 | 301 |
| 綦江县 | Qijiang County | 146 | 36 | 2113 | 2001 | 896 | 682 |
| 潼南县 | Tongnan County | 165 | 42 | 1080 | 1599 | 728 | 417 |
| 铜梁县 | Tongliang County | 145 | 36 | 1366 | 1771 | 994 | 411 |
| 大足县 | Dazu County | 122 | 42 | 1316 | 1670 | 678 | 259 |
| 荣昌县 | Rongchang County | 152 | 24 | 1361 | 1817 | 887 | 427 |
| 璧山县 | Bishan County | 127 | 28 | 1348 | 1503 | 713 | 302 |
| 涪陵区 | Fuling District | 258 | 63 | 2705 | 3142 | 1542 | 653 |
| 长寿区 | Changshou District | 170 | 32 | 1916 | 1975 | 907 | 540 |
| **渝东北翼** | **Northeast of Chongqing** | **1902** | **506** | **14451** | **18522** | **9304** | **4084** |
| 万州区 | Wanzhou District | 699 | 71 | 3593 | 5144 | 2554 | 1531 |
| 梁平县 | Liangping County | 105 | 37 | 1132 | 1231 | 647 | 283 |
| 城口县 | Chengkou County | 61 | 26 | 310 | 451 | 212 | 69 |
| 丰都县 | Fengdu County | 117 | 37 | 1007 | 1145 | 583 | 214 |
| 垫江县 | Dianjiang County | 48 | 27 | 1110 | 1433 | 704 | 306 |
| 忠县 | Zhongxian County | 167 | 46 | 1401 | 1852 | 798 | 444 |
| 开县 | Kaixian County | 154 | 45 | 1554 | 2209 | 1294 | 432 |
| 云阳县 | Yunyang County | 121 | 93 | 1711 | 1911 | 1010 | 275 |
| 奉节县 | Fengjie County | 216 | 36 | 1308 | 1490 | 810 | 286 |
| 巫山县 | Wushan County | 82 | 28 | 774 | 801 | 339 | 129 |
| 巫溪县 | Wuxi County | 132 | 60 | 551 | 855 | 353 | 115 |
| **渝东南翼** | **Southeast of Chongqing** | **582** | **213** | **4533** | **6101** | **2717** | **1255** |
| 黔江区 | Qianjiang District | 66 | 30 | 1097 | 1297 | 512 | 418 |
| 石柱县 | Shizhu County | 69 | 34 | 802 | 1201 | 522 | 211 |
| 秀山县 | Xiushan County | 79 | 35 | 688 | 934 | 359 | 153 |
| 酉阳县 | Youyang County | 190 | 41 | 697 | 1184 | 591 | 213 |
| 彭水县 | Pengshui County | 76 | 43 | 688 | 754 | 371 | 145 |
| 武隆县 | Wulong County | 102 | 30 | 561 | 731 | 362 | 115 |

注：卫生机构数含个体诊所。
Note: Number of health institutions include individual-run medical units.

# 19－14 重庆市开发区主要统计指标（2006年）
# Main Indicators of Development Zones in Chongqing (2006)

单位：万元 (10 000 yuan)

| 指　　标 | Item | 北部新区和两区合计 Total | 经开区 Economic & Technology Development Zone | 高新区 High-tech Development Zone |
|---|---|---|---|---|
| 开发区生产总值 | Gross Domestic Product | 2176229 | 1110369 | 1065860 |
| 工业总产值 | Gross Output Value of Industry | 7611387 | 3607120 | 4004267 |
| 工业增加值 | Value-added of Industry | 1938546 | 802059 | 1136487 |
| 固定资产投资完成额 | Completed Investment in Fixed Assets | 2465514 | 1227204 | 1238310 |
| #基础设施建设 | Infrastructure Construction | 925971 | 354570 | 571401 |
| 入库税金 | Laid-up Taxes | 716504 | 385881 | 330623 |
| 开发区留成财政收入 | Financial Budgetary Revenues | 427928 | 235026 | 192902 |
| 进出口总额（万美元） | Total Imports and Exports ( USD 10 000 ) | 144905 | 112204 | 32701 |
| #出　口 | Total Imports | 46723 | 17595 | 29128 |
| 招商引资签约合同投资总额 | Absorbed Capitals on Contract | 1461319 | 1047914 | 413405 |
| #合同外资（万美元） | Foreign Capitals on Contract ( USD 10 000 ) | 25770 | 19841 | 5929 |
| 招商引资到位资金 | Absorbed Capitals Utilized | 910748 | 549346 | 361402 |
| #实到外资（万美元） | Foreign Capitals Utilized ( USD 10 000 ) | 22639 | 19577 | 3062 |

| 指　　标 | Item | #北部新区 Northern New Development Zone | 经开园 Economic & Technology Development Garden | 高新园 High-tech Development Garden |
|---|---|---|---|---|
| 开发区生产总值 | Gross Domestic Product | 870113 | 624612 | 245501 |
| 工业总产值 | Gross Output Value of Industry | 2916347 | 2322668 | 593679 |
| 工业增加值 | Value-added of Industry | 676312 | 480703 | 195609 |
| 固定资产投资完成额 | Completed Investment in Fixed Assets | 1657676 | 877743 | 779933 |
| #基础设施建设 | Infrastructure Construction | 743483 | 308864 | 434619 |
| 入库税金 | Laid-up Taxes | 351533 | 284176 | 67357 |
| 开发区留成财政收入 | Financial Budgetary Revenues | 323583 | 206851 | 116732 |
| 进出口总额（万美元） | Total Imports and Exports ( USD 10 000 ) | 93066 | 91211 | 1855 |
| #出　口 | Total Imports | 6993 | 6425 | 568 |
| 招商引资签约合同投资总额 | Absorbed Capitals on Contract | 1229338 | 953745 | 275593 |
| #合同外资（万美元） | Foreign Capitals on Contract ( USD 10 000 ) | 17489 | 16179 | 1310 |
| 招商引资到位资金 | Absorbed Capitals Utilized | 676108 | 404979 | 271129 |
| #实到外资（万美元） | Foreign Capitals Utilized ( USD 10 000 ) | 17885 | 16648 | 1237 |

注：1）本表包括重庆市北部新区、经济技术开发区、高新技术产业开发区的数据。
　　2）经开区入库税金已扣除烟草数据。

Note: a) Statistics in this table are on basis of region, including Northern New Development Zone, Economic & Technology Development Zone and High-tech Development Zone.
　　b) Laid-up taxes of Economic & Technology Development Zone excludes data of tobacco.

# 19－15 重庆市经济技术开发区主要统计指标（2005－2006年）
# Main Indicators of Chongqing Economic and Technology Development Zone (2005-2006)

| 项　　目 | Item | 2005 | 2006 |
|---|---|---|---|
| 占地面积（平方公里） | Land Area Used (sq.km) | 93.30 | 93.30 |
| 企业累计数（个） | Number of Enterprises (unit) | 3380 | 2750 |
| 总收入（亿元） | Total Revenue (100 million yuan) | 318.61 | 496.18 |
| 经开区生产总值（万元） | GDP (10 000 yuan) | 730859 | 1110369 |
| #第二产业 | Secondary Industry | 579627 | 952977 |
| #工　业 | Industry | 498732 | 802059 |
| 第三产业 | Tertiary Industry | 146200 | 152360 |
| 工业总产值（万元） | Gross Output Value of Industry (10 000 yuan) | 2159359 | 3607120 |
| 税金总额（万元） | Total Profits and Taxes (10 000 yuan) | 226212 | 385881 |
| 地方财政收入（万元） | Local Financial Revenue (10 000 yuan) | 277678 | 235026 |
| 进出口总额（万美元） | Total Exports and Imports (USD 10 000) | 72569 | 112204 |
| #出　口 | Exports | 12525 | 17595 |
| 当年批准外商投资企业（户） | Foreign-funded Enterprises Authorized (household) | 26 | 30 |
| #投资额在1000万美元以上 | With Investment over USD 10 million | 4 | 9 |
| 外商投资企业投资总额（万美元） | Contracted Capital of Foreign-funded Enterprises (USD 10 000) | 34676 | 102537 |
| 外商投资企业实际到位资金（万美元） | Actual Executed Fund of Foreign-funded Enterprises (USD 10 000) | 13131 | 29262 |
| #实际到位外资 | Executed Value of Foreign Fund | 11503 | 19577 |
| 年末累计高新技术企业户数（户） | Year-end Total High-tech Enterprises (household) | 80 | 93 |
| 高新技术企业产值（万元） | Output Value of High-tech Enterprises (10 000 yuan) | 1552733 | 2843659 |
| 占工业总产值比重（%） | As Percentage of Gross Output Value of Industry (%) | 71.9 | 78.8 |
| 技术合同登记项目（项） | Registered Projects of Technological Contracts (unit) | 42 | 26 |
| 成交金额（万元） | Business Volume (10 000 yuan) | 4498 | 2113 |
| 全社会固定资产投资额（万元） | Investment in Fixed Assets (10 000 yuan) | 1389969 | 1227204 |
| #基础设施建设 | Infrastructure Construction | 244007 | 354570 |
| 社会从业人员人数（万人） | Employment (10 000 persons) | 8.64 | 9.25 |
| 人均经开区生产总值（万元） | Per Capita GDP (10 000 yuan) | 8.46 | 12.00 |
| 人均工业总产值（万元） | Per Capita Gross Output Value of Industry (10 000 yuan) | 25.00 | 38.98 |
| 人均总收入（万元） | Per Capita Income (10 000 yuan) | 36.89 | 53.62 |
| 人均创税（万元） | Per Capita Taxes Created (10 000 yuan) | 2.62 | 4.17 |

# 19－16 重庆市高新技术产业开发区主要统计指标（2005－2006年）
# Main Indicators of Chongqing High-tech Development Zone (2005-2006)

| 项 目 | Item | 2005 | 2006 |
|---|---|---|---|
| 占地面积（平方公里） | Land Area (sq.km) | 20 | 20 |
| 开发区基建投资总额（万元） | Investment in Capital Construction (10 000 yuan) | 428855 | 571401 |
| 区级财政收入（万元） | Financial Revenue (10 000 yuan) | 146828 | 192902 |
| 企业数（个） | Number of Enterprises (unit) | 11412 | 13225 |
| 工业增加值（万元） | Industrial Value-added (10 000 yuan) | 988710 | 1136487 |
| 工业总产值（万元） | Gross Output Value of Industry (10 000 yuan) | 3315341 | 4004267 |
| 总收入（万元） | Total Revenue (10 000 yuan) | 3885975 | 5223566 |
| #技术收入 | Technical Revenue | 448176 | 1038971 |
| 产品销售收入 | Product Sales Revenue | 3247660 | 3882592 |
| 净利润（万元） | Net Profits (10 000 yuan) | 170875 | 235936 |
| 实际上缴税额（万元） | Total Taxes (10 000 yuan) | 211489 | 278794 |
| 注册企业进出口总额（万美元） | Total Exports and Imports of Registered Enterprises (USD 10 000) | 48100 | 73391 |
| #出 口 | Exports | 45253 | 71435 |
| 年末从业人员（万人） | Total Employment (10 000 persons) | 10.58 | 11.78 |
| 人均总产值（万元） | Gross Output Value Per Capita (10 000 yuan) | 32.41 | 35.65 |
| 人均总收入（万元） | Total Income Per Capita (10 000 yuan) | 37.98 | 29.69 |
| 人均创利润（万元） | Per Capita Profits (10 000 yuan) | 1.67 | 2.10 |
| 人均创税（万元） | Per Capita Taxes (10 000 yuan) | 2.07 | 2.48 |
| 人均出口额（万美元） | Per Capita Exports (USD 10 000) | 0.44 | 0.64 |

注：本表前四项指标按地域统计，其余指标均为国家科委火炬计划值。
Note: The first four indices in this table are on basis of region, and others refer to *Torch Plan* of State Scientific and Technological Committee.

# 三峡工程重庆库区移民情况

*Resettlement of Chongqing Reservoir Area of Three Gorges Project*

## 简要说明 Brief Introduction

本章资料包括三峡工程重庆库区城乡人口迁移、农村生产安置人口、移民工程投资、房屋建筑面积情况，由市统计局综合处根据市移民局资料整理编辑。

This chapter includes resettlement of urban and rural residents, resettlement of rural residents for production in Chongqing Reservoir Area of Three Gorges Projects, and completed investment and floor space of buildings of Three Gorges Resettlement Projects. Data are prepared and edited by Division of Comprehensive Statistics, Municipal Bureau of Statistics using information from Chongqing Resettlement Affairs Bureau of Three Gorges.

# 20－1 三峡工程重庆库区城乡人口迁移情况（2006年底止）
# Resettlement of Urban and Rural Residents in Chongqing Reservoir Area of Three Gorges Project (End of 2006)

单位：人　(person)

| 项　目 | Item | 应迁人口 Residents ought to be Resettled 合计 Total | 城镇 Urban | 乡村 Rural | 实迁人口 Actually Resettled Residents 合计 Total | 城镇 Urban | 乡村 Rural | 县内安置 Resettled inside the County | 县外安置 Resettled outside the County | #市外安置 Resettled outside Chong-qing |
|---|---|---|---|---|---|---|---|---|---|---|
| 搬迁总人数 | **Total Resettled Residents** | **951335** | **636155** | **315180** | **1023593** | **678877** | **344716** | **171292** | **173424** | **123738** |
| 1. 90米以下 | Below 90m | 51894 | 38383 | 13511 | 9124 | 5415 | 3709 | 3484 | 225 | 225 |
| 2. 90米-135米 | 90-135m | 385371 | 268665 | 116706 | 309944 | 229749 | 80195 | 43938 | 36257 | 24693 |
| 3. 135米-156米 | 135-156m | 325967 | 190850 | 135117 | 449343 | 286321 | 163022 | 65601 | 97421 | 67419 |
| 4. 156米-175米 | 156-175m | 188103 | 138257 | 49846 | 255182 | 157392 | 97790 | 58269 | 39521 | 31401 |

注：本表不含生产安置人口。
Note: Resettled persons for production in this table are excluded.

# 20－2 三峡工程重庆库区农村生产安置人口（2006年底止）
# Resettlement of Rural Residents for Production in Chongqing Reservoir Area of Three Gorges Project (End of 2006)

单位：人　(person)

| 项　目 | Item | 应迁人口 Residents ought to be Resettled | 实际生产安置人口 Actually Resettled Residents | 县内安置 Resettled inside the County 小计 Sub-total | 农业安置 Engaged in Agriculture | 二、三产业安置 Engaged in Secondary & Tertiary Industry | 其他 Others | 县外安置 Resettled outside the County | #市外安置 Resettled outside Chong-qing |
|---|---|---|---|---|---|---|---|---|---|
| 搬迁总人数 | **Total Resettled Residents** | **329142** | **420944** | **254980** | **169909** | **32961** | **52110** | **165964** | **122557** |
| 1. 90米以下 | Below 90m | 33909 | 19052 | 18169 | 14449 | 1605 | 2115 | 883 | 674 |
| 2. 90米-135米 | 90-135m | 132078 | 96403 | 53736 | 31391 | 5627 | 16718 | 42667 | 27719 |
| 3. 135米-156米 | 135-156m | 114957 | 186608 | 103680 | 75500 | 9159 | 19021 | 82928 | 61901 |
| 4. 156米-175米 | 156-175m | 48198 | 118881 | 79395 | 48569 | 16570 | 14256 | 39486 | 32263 |

# 20－3 三峡移民工程投资完成情况（2006年）
# Completed Investment in Three Gorges Resettlement (2006)

单位：万元 (10 000 yuan)

| 项目 | Item | 工程设计总投资 Total Planned Investment | 移民资金累计计划 Total Resettlement Funds on Plan | 移民资金累计完成 Total Investment Completed | 本年计划移民资金 Investment Planned in This Year | 本年完成移民资金 Investment Completed in This Year |
|---|---|---|---|---|---|---|
| **合 计** | **Total** | **3696635** | **3837010** | **3811080** | **198257** | **192470** |
| **农村移民安置** | **Resettlement of Rural Residents** | | **823518** | **828204** | **57570** | **56134** |
| 内迁生产安置 | Resettlement Inside for Production | | 253563 | 199037 | 16772 | 16685 |
| 土地开发 | Land Development | | 218331 | 166622 | 13378 | 13166 |
| 小型水利设施 | Mini Water Conservancies | | 17222 | 11226 | 3017 | 2217 |
| 过渡期生活补助 | Living Subsidies During Interim | | 18010 | 21189 | 377 | 1302 |
| 内迁生活安置 | Resettlement Inside for Living | | 291441 | 286207 | 40798 | 34039 |
| 基础设施 | Capital Construction | | 9957 | 26777 | 2750 | 2390 |
| 农村道路 | Rural Roads | | 10986 | 12572 | 1580 | 1901 |
| 农村建房 | Rural Buildings | | 232147 | 191787 | 33498 | 26815 |
| 村组副业 | Other Avocations Founding | | 3273 | 3383 | 17 | 17 |
| 搬迁补偿 | Compensation for Resettlement | | 375 | 3866 | | |
| 学校搬迁补偿 | Compensation for School Moving | | 1334 | 1387 | | |
| 其 他 | Others | | 33370 | 46436 | 2953 | 2916 |
| 外迁生产安置 | Resettlement Outside for Production | | 171895 | 243471 | | 483 |
| 外迁生活安置 | Resettlement Outside for Living | | 106618 | 99489 | | 4928 |
| **城市迁建** | **Resettlement and Reconstruction of Cities** | **1495821** | **1382463** | **1405252** | **39777** | **44289** |
| 基础设施 | Capital Construction | 822811 | 864429 | 887755 | 11350 | 25863 |
| 征 地 | Land Requisition | 150106 | 234162 | 253431 | 7010 | 10306 |
| 场地平整 | Ground Grading | 63637 | 85679 | 100417 | 5108 | 1484 |
| 道 路 | Roads | 273881 | 299735 | 288572 | -6808 | 3347 |
| 大中型桥梁 | Bridges of Large & Medium-sized | 33525 | 33254 | 32332 | -97 | 14 |
| 给排水 | Water Supply and Drainage | 114504 | 90746 | 93842 | 3021 | 4471 |
| 邮电通讯 | Posts and Communications | 8294 | 12830 | 12849 | 741 | 440 |
| 广播电视 | Broadcasting and TV | 5825 | 2236 | 3398 | 34 | 34 |
| 防洪护岸 | Flood Prevention and Embankment | 72440 | 29944 | 34722 | | |
| 输气管道 | Gas Tubes | 18919 | 6097 | 8981 | 564 | 564 |
| 输变电 | Transmission and Transformer Substations | 23445 | 23271 | 21650 | 69 | 179 |
| 绿 化 | Afforestations | 3111 | 11509 | 10680 | 1030 | 878 |
| 其 他 | Others | 55123 | 34968 | 26880 | 679 | 4147 |
| 城市建房 | Urban Buildings | 673011 | 518034 | 517497 | 28427 | 18426 |
| **集镇迁建** | **Resettlement and Reconstruction of Towns** | **230235** | **254355** | **245799** | **20985** | **21131** |
| 基础设施 | Capital Construction | 70036 | 90841 | 90027 | 6939 | 9233 |
| 集镇建房 | Buildings in Towns | 138127 | 141711 | 128417 | 14046 | 10938 |
| 道 路 | Roads | 22072 | 21803 | 27355 | | 960 |
| **工矿企业迁建** | **Resettlement and Reconstruction of Industrial and Mineral Enterprises** | **1186965** | **771348** | **748578** | **47696** | **44516** |
| **专项设施复建** | **Reconstruction of Special Establishment** | **730984** | **496136** | **469847** | **19952** | **15572** |
| 公 路 | Highways | 187049 | 161107 | 160685 | 5503 | 4933 |
| 大中型桥梁 | Bridges of Large & Medium-sized | 50957 | 51325 | 50790 | 398 | 1230 |
| 港口码头 | Quays at Ports | 148164 | 101270 | 95569 | 1236 | 2747 |
| 港 口 | Ports | 10355 | 19976 | 17263 | 83 | 228 |
| 码 头 | Quays | 136645 | 80369 | 77431 | 1078 | 2444 |
| 停靠站 | Harbours | 1164 | 925 | 876 | 75 | 75 |
| 水电站 | Hydro-power Stations | 110731 | 34433 | 30832 | 1106 | 1941 |
| 抽水站 | Pumping Stations | 1929 | 2929 | 1656 | 702 | 570 |
| 输变电 | Transmission and Transformer Substations | 25207 | 22293 | 25725 | 96 | 64 |
| 110KV变电站 | 110KV Substations | 3751 | 1948 | 1695 | | |
| 110KV输电线路 | 110KV Transmission Circuits | 7833 | 3340 | 4637 | | |
| 35KV及以下变电站 | 35KV and below Substations | 4267 | 6145 | 5487 | 325 | |
| 35KV及以下输电线路 | 35KV and below Transmission Circuits | 9356 | 10860 | 13907 | -229 | 64 |

注：由于计划调整，本表部分数据为负数。
Note: Minus appear in this table due to the adjustment plan.

20-3 续表 CONTINUED

单位：万元 (10 000 yuan)

| 项目 | Item | 工程设计总投资 Total Planned Investment | 移民资金累计计划 Total Resettlement Funds on Plan | 移民资金累计完成 Total Investment Completed | 本年计划移民资金 Investment Planned in This Year | 本年完成移民资金 Investment Completed in This Year |
|---|---|---|---|---|---|---|
| 广播电视 | Broadcasting and TV | 9404 | 9535 | 9315 | 459 | 420 |
| 中转站 | Intermediate Stations | 384 | 707 | 625 | | 18 |
| 线　路 | Circuits | 9019 | 8828 | 8690 | 459 | 402 |
| 输气管道 | Gas Tubes | 12441 | 9360 | 7588 | 326 | 326 |
| 汛后工程 | Projects after Floodwater | 100000 | 2249 | 2060 | | |
| 库底清理 | Liquidation below Water Line | 8132 | 11206 | 12851 | | 297 |
| 邮政通讯 | Posts and Communications | 33705 | 21432 | 20898 | 896 | 1132 |
| 文物古迹 | Cultural Relics and Historic Sites | 27100 | 59429 | 43466 | 7670 | |
| 水文网站 | Hydrographic Stations | 4105 | 4390 | 3525 | | 114 |
| 汽　渡 | Transilience of Cars | 3625 | 1254 | 1243 | 8 | |
| 航道设施 | Equipment of Water-routes | 8436 | 3924 | 3643 | 1554 | 1799 |
| **环境保护** | **Environmental Protection** | **49175** | **13654** | **11712** | **4622** | **2954** |
| 水土保持 | Water and Earth Maintenance | 766 | 244 | 88 | | |
| 城集镇迁建 | Urban Resettlement | 37219 | 4824 | 4787 | 950 | 945 |
| 污水治理 | Waste Governance | 25909 | 3147 | 3283 | 724 | 696 |
| 垃圾处理 | Rubbish Management | 11311 | 1676 | 1504 | 226 | 249 |
| 其　他 | Others | 11190 | 8587 | 6838 | 3672 | 2009 |
| **勘测设计费** | **Costs of Reconnaissance and Design** | | **59476** | **62177** | **4100** | **3901** |
| **监理费** | **Costs of Monitor** | | **31569** | **26931** | **2500** | **2324** |
| 单项监理 | Single Monitor | | 14723 | 13194 | 2164 | 2006 |
| 综合监理 | Comprehensive Monitor | | 16847 | 13737 | 336 | 318 |
| **滑坡治理** | **Landslide Treatment** | **3455** | **4491** | **12580** | **1055** | **1649** |

## 20－4 三峡移民工程房屋建筑面积情况（2006年）
## Floor Space of Building Construction of Three Gorges Resettlement Project (2006)

单位：万平方米 (10 000 sq.m)

| 项目 | Item | 设计总面积 Total Designed Area | 累计竣工建筑面积 Total Space Floor Completed | 本年计划竣工面积 Space Floor Planned to Complete in This Year | 本年竣工面积 Space Floor Complete in This Year | 本年竣工房屋价值（万元） Value of Completed Buildings in This Year (10 000 yuan) |
|---|---|---|---|---|---|---|
| **合　计** | **Total** | **2606.76** | **3753.46** | **213.95** | **260.83** | **85822.20** |
| 一、厂房 | Factory Buildings | 320.82 | 382.84 | 0.32 | 3.55 | |
| 二、住宅 | Residential Buildings | 1742.76 | 2799.60 | 211.35 | 253.79 | 82609.13 |
| 1、农村住房 | Rural Areas | 475.00 | 953.89 | 89.12 | 116.41 | 24492.87 |
| 2、城（集）镇住房 | Urban Areas | 1085.31 | 1556.84 | 121.78 | 130.88 | 57616.26 |
| 3、工矿企业住房 | Industrial and Mining Enterprises | 182.45 | 288.87 | 0.45 | 6.50 | 500.00 |
| 三、办公用房 | Offices | 256.74 | 290.47 | 0.34 | 1.29 | 557.79 |
| 四、商业、居民服务业用房 | Buildings for Commerce and Residential Services | 140.55 | 142.37 | 1.68 | 0.74 | 1734.28 |
| 五、文化教育用房 | Buildings for Culture and Education | 83.36 | 70.71 | 0.26 | 0.26 | 171.00 |
| 六、医疗用房 | Buildings for Medical Cares | 30.14 | 29.01 | | 1.00 | 650.00 |
| 七、科研用房 | Buildings for Research | 0.41 | 0.40 | | | |
| 八、其他用房 | Buildings for Other Purposes | 31.98 | 38.06 | | 0.20 | 100.00 |

# 中国统计出版社最新资料书简目

（仅供参考，以最后出书为准）

中国统计年鉴-2007
中国统计摘要-2007
国际统计年鉴-2007
2007中国发展报告
中国区域经济统计年鉴-2007
长江和珠江三角洲及港澳特别行政区统计年鉴-2007
中国社会统计年鉴-2007
中国第三产业统计年鉴-2007
中国城市统计年鉴-2006
中国劳动统计年鉴-2007
中国人口统计年鉴-2007
中国工业经济统计年鉴-2007
中国建筑业统计年鉴-2007
中国城市（镇）生活与价格年鉴-2007
中国商品交易市场统计年鉴-2007
中国连锁餐饮企业统计年鉴-2007
中国连锁零售业统计年鉴-2007
中国能源统计年鉴-2007
全国农产品成本收益资料汇编-2007
中国贸易外经统计年鉴-2007
中国基本单位统计年鉴-2006
中国民政统计年鉴-2007
中国农村统计年鉴-2007
中国农村住户调查年鉴-2007（中文）
中国农村住户调查年鉴-2007（英文）
中国县（市）社会经济调查年鉴-2007
中国农产品价格调查年鉴-2007
中国经济普查年鉴-2004
中国百强县（市）发展年鉴-2007
中国教育经费统计年鉴-2006
中国农村全面建设小康监测报告-2007
中国农村贫困监测报告-2007
中国国内生产总值核算历史资料(1952-2004)
中国高技术产业统计年鉴-2007
中国科学技术协会统计年鉴-2007
工业企业科技活动资料-2007
中国棉花年鉴-2006

2004年经济普查年鉴系列
2005年中国1%人口抽样调查系列资料

北京统计年鉴-2007
天津统计年鉴-2007
河北经济年鉴-2007
山西统计年鉴-2007
内蒙古统计年鉴-2007
辽宁统计年鉴-2007
吉林统计年鉴-2007

黑龙江统计年鉴-2007
上海统计年鉴-2007
江苏统计年鉴-2007
浙江统计年鉴-2007
安徽统计年鉴-2007
福建统计年鉴-2007
江西统计年鉴-2007
山东统计年鉴-2007
河南统计年鉴-2007
湖北统计年鉴-2007
湖南统计年鉴-2007
广东统计年鉴-2007
广西统计年鉴-2007
海南统计年鉴-2007
重庆统计年鉴-2007
四川统计年鉴-2007
贵州统计年鉴-2007
云南统计年鉴-2007
西藏统计年鉴-2007
陕西统计年鉴-2007
甘肃年鉴-2007
青海统计年鉴-2007
宁夏统计年鉴-2007
新疆统计年鉴-2007
新疆生产建设兵团统计年鉴-2007
石家庄统计年鉴-2007
唐山统计年鉴-2007
邯郸统计年鉴-2007
张家口经济年鉴-2007
呼和浩特经济统计年鉴-2007
包头统计年鉴-2007
沈阳年鉴-2007
大连统计年鉴-2007
长春统计年鉴-2007
吉林市社会经济统计年鉴-2007
四平统计年鉴-2007
延吉统计年鉴-2007
哈尔滨统计年鉴-2007
齐齐哈尔经济统计年鉴-2007
黑龙江垦区统计年鉴-2007
上海浦东新区统计年鉴-2007
南京统计年鉴-2007
苏州统计年鉴-2007
无锡统计年鉴-2007
常州统计年鉴-2007
徐州统计年鉴-2007
南通统计年鉴-2007
盐城统计年鉴-2007
镇江统计年鉴-2007

江阴统计年鉴-2007
杭州统计年鉴-2007
宁波统计年鉴-2007
绍兴统计年鉴-2007
台州统计年鉴-2007
舟山统计年鉴-2007
温州统计年鉴-2007
金华统计年鉴-2007
嘉兴统计年鉴-2007
湖州统计年鉴-2007
安庆统计年鉴-2007
福州统计年鉴-2007
厦门经济特区年鉴-2007
福州经济技术开发区年鉴-2007
南昌经济社会统计年鉴-2007
上饶经济社会统计年鉴-2007
九江经济统计年鉴-2007
济南统计年鉴-2007
青岛统计年鉴-2007
潍坊统计年鉴-2007
郑州统计年鉴-2007
洛阳统计年鉴-2007
三门峡统计年鉴-2007
南阳统计年鉴-2007
武汉统计年鉴-2007
宜昌统计年鉴-2007
十堰统计年鉴-2007
荆州统计年鉴-2007
长沙统计年鉴-2007
广州统计年鉴-2007
东莞统计年鉴-2007
惠州统计年鉴-2007
深圳统计年鉴-2007
南宁统计年鉴-2007
柳州经济统计年鉴-2007
来宾统计年鉴-2007
海口统计年鉴-2007
成都统计年鉴-2007
贵阳统计年鉴-2007
昆明统计年鉴-2007
西安统计年鉴-2007
兰州年鉴-2007
庆阳年鉴-2007
银川统计年鉴-2007
乌鲁木齐统计年鉴-2007
吐鲁番统计年鉴-2007

新疆调查年鉴-2007
内蒙古经济社会调查年鉴-2007

欲购以上图书请与中国统计出版社发行部联系

电话：（010）63376907，63376908　　同楫行书店电话：68783171，68783172

通讯地址：北京市西城区三里河月坛南街57号　　邮政编码：100826

## 如何浏览年鉴

两种浏览方式：为方便用户浏览和使用年鉴，本书提供了Excel表格（超文本模式）和PDF（电子阅读）两种浏览方式。默认为Excel格式，方便查阅和临时性计算。同时提供安装Acrobat Reader软件，方便阅读PDF文书。

本光盘中所有资料的浏览查阅和计算加工，许可均不得用于营业性用途，否则必追究其法律责任。

# 重庆市统计年鉴

# CHONGQING STATISTICAL YEARBOOK 2007

## How to browse the yearbook

Two modes to browse: In order to browse and use the yearbook easily, two modes-Excel (HTML form) and PDF form-are offered. Excel mode is acquiescent, which provides more convenient consultation and temporary calculation. Acrobat Reader is provided to read PDF.

The consultation and calculation of data in this disk are not permitted for commercial purposes without written permission from the publisher. Legal responsibilities are reserved to prosecute.

重庆市统计局　国家统计局重庆调查总队　编

CHONGQING MUNICIPAL BUREAU OF STATISTICS
NBS SURVEY OFFICE IN CHONGQING